Michael Jaensch

Grundzüge des Bürgerlichen Rechts

Michael Jaensch

Grundzüge des Bürgerlichen Rechts

mit 64 Fällen und Lösungen

4., neu bearbeitete Auflage

CFM C.F. Müller

Michael Jaensch, Jahrgang 1968, Dr. jur. (Bonn 1996), ist seit 2001 Professor für deutsches und europäisches Zivil- und Zivilprozessrecht an der Hochschule für Technik und Wirtschaft Berlin. Er lehrt Bürgerliches Recht, Methodik, Europarecht und Internationales Privatrecht.

Bibliografische Information der Deutschen Nationalbibliothek

Die Deutsche Nationalbibliothek verzeichnet diese Publikation in der Deutschen Nationalbibliografie; detaillierte bibliografische Daten sind im Internet über <http://dnb.d-nb.de> abrufbar.

ISBN 978-3-8114-4742-4

E-Mail: kundenservice@cfmueller.de

Telefon: +49 89 2183 7923
Telefax: +49 89 2183 7620

www.cfmueller.de
www.cfmueller-campus.de

Satz: Gottemeyer, Rot
Druck: CPI Clausen & Bosse, Leck

Vorwort

Dieses Lehrbuch wendet sich an Studenten der ersten Semester juristischer und wirtschaftsrechtlicher Studiengänge an Universitäten und Fachhochschulen. Es dient aber auch Studenten höherer Semester zur Wiederholung prüfungsrelevanter Problemfelder. Entstanden ist dieses Buch aus einem Vorlesungsskript, welches ich für meine zivilrechtlichen Vorlesungen an der HTW Berlin im Studiengang Wirtschaftsrecht erstellt und über mehrere Jahre erprobt habe.

Das Werk vereint Elemente eines Lehrbuchs sowie einer Fallsammlung. Nach der Einführung in die theoretischen Grundlagen werden diese unmittelbar anhand von Fällen im Gutachtenstil vertieft. So soll verdeutlicht werden, an welchen Stellen eines juristischen Gutachtens bestimmte Fragestellungen eingebaut und wie diese gelöst werden. Die Zitierweise von Urteilen erfolgt – für ein Lehrbuch ungewöhnlich – unter Angabe des Datums der Urteilsverkündung und des Aktenzeichens, um so deren Auffinden in Datenbanken und im Internet zu erleichtern.

Das vorliegende Buch bietet eine Darstellung der prüfungsrelevanten Bereiche des Allgemeinen Teils, des Schuldrechts Allgemeiner und Besonderer Teil mit dem Schwerpunkt auf dem Kaufrecht sowie des Sachenrechts in Grundzügen. Es wird nicht der Anspruch erhoben, die angesprochenen Bereiche lückenlos zu erfassen; vielmehr geht es darum, dem Leser einen Überblick zu vermitteln sowie ausgewählte Themen, die im Text zur Verdeutlichung gesondert formatiert sind, zu vertiefen.

Im Allgemeinen Teil werden in erster Linie die Willenserklärung, die Geschäftsfähigkeit, die Stellvertretung und die Willensmängel angesprochen. Dazwischen finden sich kleinere Kapitel zu sonstigen Gebieten des Allgemeinen Teils (Bedingung und Befristung, Form, Verjährung, Einwendungen und Einreden), die zum allgemeinen Verständnis des BGB unerlässlich sind. Im Schuldrecht Allgemeiner Teil steht die Pflichtverletzung im Mittelpunkt. Nach einer kurzen Erörterung der Leistungspflicht werden die einzelnen Pflichtverletzungstatbestände (Unmöglichkeit, Leistungs- und Annahmeverzögerung, allgemeine Pflichtverletzung) anhand von Fällen beleuchtet. Die Darstellung des Besonderen Teils des Schuldrechts hat seinen Schwerpunkt im Kaufrecht. Ausgelöst durch die Schuldrechtsreform sind vor allem hier viele grundlegende Urteile und wissenschaftliche Beiträge veröffentlicht worden, welche das Kaufrecht zurzeit besonders spannend machen. Darüber hinaus wird auf den Werkvertrag, das Recht der AGB, den Verbraucherschutz und den Darlehensvertrag eingegangen. Abweichend von der Systematik des BGB finden sich unter der Überschrift der Darlehenssicherung neben den schuldrechtlichen Personalsicherheiten (Bürgschaft, Schuldbeitritt und Garantie) auch Ausführungen zu den sachenrechtlichen Realsicherheiten (Pfandrecht, Hypothek und Grundschuld). Schließlich enthalten die Ausführungen zum Schuldrecht die gesetzlichen Schuldverhältnisse (GoA, ungerechtfertigte Bereicherung, unerlaubte Handlung und die Produkthaftung). Das Sachenrecht wird in Grundzügen dargestellt, wobei sich die Ausführungen auf die Übertragung des Eigentums an beweglichen Sachen konzentrieren. Hier findet sich ferner in der Form eines Exkurses das Recht der Abtretung als ein weiteres Verfügungsgeschäft. Die gewonnenen Erkenntnisse bieten eine fundierte Grundlage für weiterführende Aspekte des Sachenrechts.

Mit der hier vorliegenden 4. Auflage wurde das Lehrbuch überarbeitet, aktualisiert und ergänzt. Die Neuauflage widmet sich weiterhin verstärkt den Einflüssen des Europarechts und des Vertragsschlusses im Internet. Mit dem Kaufrechtsänderungsgesetz vom 28. April 2017 (BGBl. I 969) wurden die Gewährleistungsrechte des Käufers überarbeitet (insbesondere zum Ersatz von Aus- und Einbaukosten sowie dem Totalverweigerungsrecht des Verkäufers). Das Gesetz zur Umsetzung der Verbraucherrechterichtlinie vom 20. September 2013 (BGBl. I 3642) führte zu weitreichenden Änderungen im Verbraucherschutzrecht. Rechtsprechung und Literatur konnten bis Ende 2017 berücksichtigt werden.

An dieser Stelle möchte ich mich für die zahlreichen studentischen Fragen und Anregungen in meinen Veranstaltungen sowie für Leserzuschriften bedanken, die dieses Buch nicht unwesentlich geformt und beeinflusst haben. Ein besonderer Dank gelten Herrn *Torsten Funk* sowie Herrn *Khanh Duong Pham* für die wertvollen Hinweise bei der Durchsicht des Manuskripts.

Berlin, im Januar 2018 *Michael Jaensch*

Inhaltsverzeichnis

Fallregister

Die Zahlen verweisen auf die Randnummern.

Abgekürzt zitierte Literatur

AnwKo/*Bearbeiter*	BGB, Anwaltkommentar, Bonn Band 1, Allgemeiner Teil mit EGBGB, 2005; Band 2, Schuldrecht Teilband 1, §§ 241–610, 2005; Band 2, Schuldrecht Teilband 2, §§ 611–853, 2005; Band 3, Sachenrecht, 2004.
BeckOK/*Bearbeiter*	Bürgerliches Gesetzbuch, Beck'scher Online-Kommentar, 43. Edition, München
Erman/*Bearbeiter*	Bürgerliches Gesetzbuch, Kommentar, 15. Auflage 2017, Köln Band 1, §§ 1–761; Band 2, §§ 762–2385
Jaensch, Michael	Klausurensammlung Bürgerliches Recht, 2012, Heidelberg
Jauernig/*Bearbeiter*	Bürgerliches Gesetzbuch, Kommentar, 16. Auflage 2015, München.
JurisPK/*Bearbeiter*	Juris PraxisKommentar BGB, 8. Auflage 2017, Saarbrücken.
MüKo/*Bearbeiter*	Münchener Kommentar zum Bürgerlichen Gesetzbuch, München Band 1, §§ 1 – 240, 7. Auflage 2015; Band 2, §§ 241 – 432, 7. Auflage 2016; Band 3, §§ 433 – 534, 7. Auflage 2016; Band 4, §§ 535 – 630, 7. Auflage 2016; Band 5/1, §§ 631 – 651, 7. Auflage 2018; Band 6, §§ 705 - 853, 7. Auflage 2017; Band 7, §§ 854 – 1296, 7. Auflage 2017.
Palandt/*Bearbeiter*	Palandt, Bürgerliches Gesetzbuch, Kurzkommentar, 77. Auflage 2018, München.
RGRK/*Bearbeiter*	Das Bürgerliche Gesetzbuch, Kommentar, Band II, 5. Teil, §§ 812–831, 12. Auflage 1989, Berlin.
Soergel/*Bearbeiter*	Bürgerliches Gesetzbuch, Kommentar, Stuttgart Band 2, §§ 104 –240, 13. Auflage 1999; Band 5/3, §§ 328 –432, 13. Auflage 2010; Band 10, §§ 652 –704, 13. Auflage 2012; Band 14, §§ 854 –984, 13. Auflage 2002.
Staudinger/*Bearbeiter*	Kommentar zum Bürgerlichen Gesetzbuch, Berlin Buch I, §§ 90 – 133, 2017; Buch I, §§ 164 – 240, 2014; Buch II, §§ 244 – 248, 2016; Buch II, §§ 255 – 314, 2014; Buch II, §§ 255 – 304, 2014; Buch II, §§ 311, 311a, 312a–f, 2012; Buch II, §§ 315 – 326, 2015; Buch II, §§ 657 – 704, 2006; Buch II, §§ 765 – 778, 2012; Buch II, §§ 812 – 822, 2007; Buch III, §§ 925 – 984, 2017; Buch III, §§ 1204 – 1296, 2009.

A. Einleitung

I. Objektives und subjektives Recht

Das Recht eines Einzelnen (subjektives Recht) ergibt sich aus der Rechtsordnung (objektives Recht). Voneinander zu unterscheiden ist daher das subjektive Recht des Einzelnen, etwas verlangen zu können (subjektiver Anspruch), und das objektive Recht, d. h. die Rechtsordnung, aufgrund derer der Einzelne einen Anspruch hat. 1

Die juristische Ausbildung konzentriert sich auf Fallgestaltungen, in denen nach dem *subjektiven* Anspruch einer Person gefragt wird.

Beispiel: Was kann der Käufer vom Verkäufer verlangen?

Die Antwort auf die Fallfrage erfolgt aufgrund des *objektiven* Rechts.

Beispiel: Aufgrund § 433 Abs. 1 Satz 1 BGB kann der Käufer vom Verkäufer die Übereignung der Kaufsache verlangen.

II. Rechtsquellen

Das *objektive* Recht basiert auf unterschiedlichen Rechtsquellen, die aus geschriebenem (oder kodifiziertem) und, wo das geschriebene Recht Raum lässt, ungeschriebenem Recht bestehen. 2

Zum *geschriebenen* Recht zählen:

- das Grundgesetz (die deutsche Verfassung); insbesondere die Grundrechte der Art. 6 GG (Ehe und Familie), Art. 9 GG (Vereinigungsfreiheit) und Art. 14 GG (Eigentum) haben Bedeutung für das Zivilrecht. 3

  Zwar geht die Verfassung unterrangigen Rechtsquellen vor. In der Fallbearbeitung auf dem Gebiet des Zivilrechts sollten Hinweise auf die Verfassung jedoch möglichst unterbleiben. Denn die Grundrechte sind Abwehrrechte des Einzelnen gegen den Staat und entfalten keine unmittelbare Wirkung zwischen den Einzelnen. Die Grundrechte strahlen lediglich mittelbar über die Generalklauseln, wie §§ 138, 242 BGB, in die Zivilrechtsordnung hinein.
  Wird bei der Fallbearbeitung das Bedürfnis empfunden, auf Grundrechte etwa in Verbindung mit den Generalklauseln zu verweisen, ist zunächst sicherzustellen, dass nicht speziellere Ausformungen der grundgesetzlichen Regelungen im Zivilrecht übersehen wurden; z. B. ist ein Vertrag, der aufgrund einer arglistigen Täuschung zustande gekommen ist, nicht etwa aufgrund § 138 Abs. 1 BGB ggf. i. V. m. Art. 2 Abs. 1 GG nichtig, sondern gemäß § 123 Abs. 1 BGB anfechtbar. (Nicht mit Kanonen auf Spatzen schießen!)

- Gesetze im *formellen* Sinne; dies sind die Gesetzesbücher wie das BGB und das HGB, aber auch das GmbHG, AktG usw. Sie werden von der Legislative (dem Parlament) erlassen.

- Rechtsverordnungen, z. B. die Straßenverkehrs-Ordnung; Rechtsverordnungen entsprechen in ihrem abstrakt-generellen Aufbau einem Gesetz.[1] Jedoch werden sie nicht von der Legislative, sondern aufgrund einer speziellen gesetzlichen Ermächtigung von der Exekutive erlassen. Sind sie daher nur Gesetze im *materiellen* Sinn.

- Landesrecht; allerdings bricht Bundesrecht Landesrecht, Art. 31 GG.

  Das Landesrecht hat aufgrund der konkurrierenden Gesetzgebungsbefugnis des Bundes im bürgerlichen Recht, Art. 74 Nr. 1 GG, nur untergeordnete Bedeutung.
  Vor der Vereinheitlichung des bürgerlichen Rechts durch das BGB im Jahre 1900 herrschte im Deutschen Reich eine starke Rechtszersplitterung, in Preußen galt das Allgemeine Preußische Landrecht (ALR), in einigen Teilen im Westen des Reiches der Code Civil.

4 Zum *ungeschriebenen* Recht zählen:

- Gewohnheitsrecht; es gilt bei lang anhaltender Übung, die von allen Beteiligten anerkannt und für Recht befunden wird, z. B. die Sicherungsübereignung sowie bis zur ihrer Kodifizierung mit Wirkung zum 1. Januar 2002 die positive Vertragsverletzung (pVV, nunmehr § 280 Abs. 1 BGB) und die culpa in contrahendo (cic, nunmehr § 311 Abs. 2 und 3 BGB).
- Richterrecht; hierbei handelt es sich um Entscheidungen der Gerichte. Zwar kennt das deutsche Recht (im Gegensatz zur *doctrine of precedent* im *common law*) keine Bindung an vorangegangene Entscheidungen, aber der Gleichbehandlungsgrundsatz (Art. 3 Abs. 1 GG) sowie die Wahrscheinlichkeit, dass die Entscheidung von höheren Gerichten aufgehoben würde, wenn sie nicht der ständigen Rechtsprechung entspricht, führen dazu, dass Richter sich an bereits ergangenen Urteilen orientieren.
- Gebräuche und Verkehrssitten, soweit das Gesetz dies zulässt, z. B. §§ 157, 242 BGB, § 346 HGB.

III. Privatrecht – Öffentliches Recht

5 Das Privatrecht regelt die Beziehungen zwischen den Bürgern, wohingegen das öffentliche Recht die Beziehung des einzelnen Bürgers zum Staat betrifft. Das Strafrecht ist streng genommen Teil des öffentlichen Rechts, traditionell ist es jedoch vom öffentlichen Recht getrennt. Im Einzelfall kann es Abgrenzungsschwierigkeiten geben, welchem Rechtsgebiet ein Sachverhalt zuzuordnen ist, etwa wenn der Staat im Rechtsverkehr wie eine Privatperson auftritt.

Kennzeichnend für das Privatrecht ist die Gleichberechtigung der Beteiligten, im öffentlichen Recht hingegen das Bestehen eines Über- und Unterordnungsverhältnisses. Daher führt die *Subordinations- oder Subjektionstheorie*, die nach dem Bestehen eines solchen Über- und Unterordnungsverhältnisses fragt, i. d. R. zu einem brauchbaren Abgrenzungskriterium.

1 „Abstrakt-generell" bedeutet, dass sich die Norm auf einen abstrakten Sachverhalt (z.B. Kaufvertrag und nicht ein konkret abgeschlossener Kaufvertrag) und einen generellen Personenkreis (Käufer und Verkäufer und nicht individuell der Käufer K und der Verkäufer V) bezieht.

Die Subjektionstheorie versagt z. B. im Familienrecht, da das Eltern-Kind-Verhältnis auch ein Über- und Unterordnungsverhältnis darstellt und dennoch dem Privatrecht zuzuordnen ist.

Andere Abgrenzungstheorien sind:
- die *Interessentheorie*; was dem privaten Interesse dient ist Privatrecht, was dem öffentlichen Interesse dient, ist öffentliches Recht; die Theorie hat ihre Schwächen vor allem im Arbeits-, Miet- und Verbraucherschutzrecht;
- die *Subjektstheorie*, das Auftreten des Staates als Hoheitsträger bestimmt die Einordnung in die Rechtsgebiete, d. h. nur wenn der Staat als Hoheitsträger auftritt, liegt öffentliches Recht vor.[2]

Zum Privatrecht gehören insbesondere das Bürgerliche Recht, Handelsrecht, Gesellschaftsrecht (BGB, HGB, GmbHG, AktG) und das Arbeitsvertragsrecht, zum öffentlichen Recht hingegen das Staats- und Verfassungsrecht, Verwaltungsrecht, Steuerrecht, Sozialrecht, Völkerrecht, Strafrecht und Verfahrensrecht (bei der ZPO besteht eine Überschneidung zum Privatrecht).

2 Im Einzelnen zu den Abgrenzungskriterien s. BeckOK-*Reimer*, VwGO, Edition 43, Stand: 1. April 2016, § 40 Rn. 45 ff.

B. Das Bürgerliche Gesetzbuch (BGB)

6 Die wichtigste Rechtsquelle des Zivilrechts ist das Bürgerliche Gesetzbuch vom 18. August 1896. Es trat am 1. Januar 1900 in Kraft.

I. Die Geschichte des BGB

7 Das BGB hat römische und germanische Wurzeln. Das Abstraktionsprinzip[1] und der abstrakte Aufbau des BGB entstammen den römisch-rechtlichen Wurzeln. Germanische Sitten und Gebräuche haben insbesondere das Familien- und Erbrecht geprägt.

Die Wurzeln des BGB gehen zurück auf das 6. Jahrhundert nach Christus, als unter dem oströmischen Kaiser Justinian das *Corpus Iuris Civilis*, eine Sammlung alter und neuer Gesetze, zusammengestellt wurde. Das *Corpus Iuris Civilis* wird auch *Codex Justinianus* genannt. Ihm wurde in Byzanz Gesetzeskraft verliehen, geriet dann aber in Vergessenheit. In der Renaissance erfolgte zunächst in Italien mit der Rückbesinnung auf die Antike auch die Wiederentdeckung des *Codex Justinianus*. Er wurde durch Gelehrte kommentiert (sog. *Digesten*) und an italienischen Universitäten (zuerst in Bologna) gelehrt. Dort wurde er u. a. auch von deutschen Studenten aufgenommen und nach Deutschland gebracht, wo er über die Jahrhunderte in Verbindung mit germanischen Sitten übernommen und zum Gemeinen Recht (*ius commune*) entwickelt wurde (sog. *Rezeption*).

Entsprechend dem Wunsch nach nationaler Einheit im 19. Jahrhundert wurde kurz nach Reichsgründung von 1871 bis 1887 durch die 1. Kommission eine Gesamtkonzeption für das BGB entwickelt und in den Motiven veröffentlicht. Die Motive wurden von der 2. Kommission überarbeitet, welche in den Protokollen ihren Entwurf eines BGB vorstellte und begründete. Das BGB wurde am 18. August 1896 verabschiedet und trat am 1. Januar 1900 für das gesamte Deutsche Reich in Kraft.

Das BGB ist zwar nicht unpolitisch (Ausdruck des Liberalismus, Bestehen von persönlichem Eigentum), aber dennoch sehr anpassungsfähig. Es galt im deutschen Kaiserreich, der Weimarer Republik, bis 1975 in der ehemaligen DDR und ist bis heute geltendes Recht in Deutschland. Das BGB ist im Laufe der Jahre mehrfach geändert worden, insbesondere wurde das Miet- und das Arbeitsrecht um soziale Prinzipien ergänzt sowie der Verbraucherschutz eingeführt. Die grundlegendste Reform erfuhr das BGB durch Art. 1 des Gesetzes zur Modernisierung des Schuldrechts vom 26. November 2001 (Schuldrechtsreform),[2] welches am 1. Januar 2002 in Kraft trat.

1 Näheres hierzu unter Rn. 21 f.

2 BGBl. I, 3138.

II. Der Aufbau des BGB

Im Gegensatz zur Kasuistik des Allgemeinen Preußischen Landrechts[3] von 1794 (ALR) folgt das BGB einem abstrahierenden und generalisierenden Aufbau. So werden die Hauptregeln stets in einem Allgemeinen Teil vorgezogen (*lex generalis*, s. z. B. 1. Buch des BGB oder Abschnitte 1 bis 7 des 2. Buches des BGB), welche sodann für besondere Fälle im Detail geregelt werden (*lex specialis*, z. B. das Kaufvertragsrecht im Abschnitt 8 des 2. Buches des BGB). Sofern ein Sachverhalt speziell geregelt wird, geht die spezielle Regelung der allgemeinen vor (z. B. § 437 BGB geht den allgemeinen Regeln der §§ 280 ff., 323 ff. BGB vor; Vorrang der *lex specialis* vor der *lex generalis*). 8

Nach der Struktur des BGB wird das Allgemeine ausgeklammert, vor die Klammer gezogen und für eine Vielzahl von Fällen geregelt. Der Vorteil dieses Aufbaus ist eine durchgehende Strukturierung des Gesetzes, kurze und knappe Vorschriften sowie die Vermeidung von Wiederholungen. Als nachteilig erweist sich, dass ein abstrakter Gesetzesaufbau für den Laien unübersichtlich und unverständlich ist. Das Verständnis der einzelnen Normen erschließt sich erst, wenn das gesamte System des Gesetzes überblickt wird (z. B. Schadensersatz nach §§ 280 ff. BGB oder nach § 346 Abs. 4 BGB).

III. Grundpfeiler des BGB

Fall 1: Grundfälle Vertragsrecht 9

V und K schließen einen Kaufvertrag, wonach V sein Auto an K für € 20 000 verkauft.
- Sind V und K frei, sonstige Vereinbarungen zu treffen, z. B. dass das Auto vor Übergabe an K vom TÜV abgenommen sein muss?
- Einige Tage nach Vertragsschluss überlegt es sich V anders und will K den Wagen nicht mehr übereignen. Was kann K tun?
- Wie kommt der Kaufvertrag zwischen V und K zustande?
- Was können V und K voneinander verlangen?
- Was müssen V und K zur Erfüllung des Kaufvertrages unternehmen?
- Aufgrund des Kaufvertrages übereignet V den Wagen an K. Später stellt sich heraus, dass der Kaufvertrag unwirksam war. Wie wirkt sich dies auf die Eigentümerstellung des K aus?

1. Privatautonomie

Das BGB entstand in der Zeit des Liberalismus. Demnach soll sich der Staat zurückziehen und der Einzelne seine Angelegenheiten selbst regeln. Er überlässt es im Grundsatz jedermann, seine Rechtsverhältnisse selbständig, ohne staatliche Interventionen zu regeln (Privatautonomie). 10

Als Ausprägung der Privatautonomie im Zivilrecht herrscht *Vertragsfreiheit*. Grundsätzlich ist jeder frei zu entscheiden, mit wem (Abschlussfreiheit) und mit welchem Inhalt 11

3 Genauer „Das allgemeine Landrecht für die preußischen Staaten".

(Inhalts- oder Gestaltungsfreiheit) er einen Vertrag abschließen will. Die Vertragsfreiheit wird jedoch eingeschränkt durch den Grundsatz von Treu und Glauben (§ 242 BGB), sowie wenn das Gesetz von einem strukturell unterschiedlichen Kräfteverhältnis der Vertragsparteien ausgeht (z. B. Arbeits-, Miet- und Verbraucherschutzrecht). Dabei setzt das BGB die gesetzlichen Rahmenbedingungen, innerhalb derer der Einzelne seine Rechtsverhältnisse gestalten kann. Seit Inkrafttreten des Allgemeinen Gleichbehandlungsgesetzes (AGG) geht die wohl herrschende Ansicht davon aus, dass § 21 Abs. 1 Satz 1 AGG die Abschlussfreiheit einschränkt und aus der Vorschrift ein Kontrahierungszwang zugunsten des unzulässig Diskriminierten hergeleitet werden kann.[4]

Beispiel: Im Fall 1 sind V und K bei der Gestaltung des Kaufvertrages frei und können den Kaufpreis und sonstige Vertragsbedingungen aushandeln. Sie können daher auch vereinbaren, dass das Auto vor Übergabe vom TÜV abgenommen sein muss.

Der überwiegende Teil des 2. Buchs des BGB (Schuldrecht) besteht daher aus nicht zwingenden Normen (*dispositives* Recht), die die Parteien in beiderseitigem Einverständnis abbedingen können.

Lediglich zur Durchsetzung der sich aus den Rechtsverhältnissen ergebenden Ansprüche muss sich der Einzelne an das Gericht wenden.

Beispiel: Sollte K im Fall 1 sich weigern, den Kaufpreis zu zahlen, kann V vor dem zuständigen Gericht gegen K auf Zahlung des Kaufpreises klagen. Gewinnt er den Prozess, kann er einen Gerichtsvollzieher beauftragen, von K den Kaufpreis einzutreiben.

2. Persönliches Eigentum

12 Grundlage des BGB und für das Schließen von Verträgen ist das Bestehen persönlichen Eigentums. Nach der liberalen Auffassung des 19. Jahrhunderts kann der Eigentümer frei mit seinem Eigentum verfahren, ist dabei aber an das Gesetz gebunden, § 903 BGB.

IV. Das Rechtsgeschäft

13 Seine Rechtsverhältnisse gestaltet der Einzelne durch Rechtsgeschäfte. Diese bestehen aus einer oder mehreren Willenserklärungen. Das Wesen einer rechtsgeschäftlichen Willenserklärung liegt darin, dass die Rechtsfolgen eintreten, die durch ihre Abgabe gewollt sind.[5]

Beispiel: V unterbreitet K das Angebot, ihm sein Auto für € 10 000 zu verkaufen (erste Willenserklärung). K nimmt das Angebot des V an (zweite Willenserklärung). Als Rechtsfolge entsteht ein Kaufvertrag (Rechtsgeschäft), kraft dessen V von K die Zahlung des Kaufpreises und K von V die Übereignung des Autos verlangen kann.

---

4 *Thüsing/von Hoff*, NJW 2007, 21 ff.; JurisPK-*Backmann*, § 145 Rn. 36; Palandt/*Ellenberger*, Einf. v. § 145 Rn. 8; a.A. *Armbrüster*, NJW 2007, 1494 ff.; Palandt/*Grüneberg*, § 21 AGG, Rn. 7.

5 *Medicus/Peters*, AT BGB, 11. Auflage 2016, Rn. 174; im Einzelnen zur Willenserklärung s. Rn. 62 ff.

1. Ein- und mehrseitige Rechtsgeschäfte

Es kann zwischen einseitigen und zwei- oder mehrseitigen Rechtsgeschäften unterschieden werden. 14

Bei einem *einseitigen* Rechtsgeschäft tritt die gewollte Rechtsfolge bereits mit der Wirksamkeit einer Willenserklärung ein. 15

Beispiele: M kündigt seinen Mietvertrag und beendet damit das Mietverhältnis. Einer Zustimmung des Vermieters bedarf es hierzu nicht.

A verspricht durch Aushang in der Nachbarschaft, dem Finder seines Hundes € 500 zu zahlen (Auslobung, § 657 BGB).

K ficht den Kaufvertrag über den Kauf des Autos an und vernichtet damit den Kaufvertrag, selbst wenn V immer noch an dem Kaufvertrag festhalten möchte.

K erklärt seinen Rücktritt von dem Kaufvertrag mit V und kann somit von V die Rückabwicklung des Kaufes (Rückgabe des Autos gegen Rückzahlung des Kaufpreises) verlangen (Rückgewährschuldverhältnis).

Bei einem *zwei- oder mehrseitigen* Rechtsverhältnis sind zwei oder mehrere Willenserklärungen erforderlich. Hierbei handelt es sich in erster Linie um Verträge oder Beschlüsse von Gesellschaftern. 16

Beispiel: V unterbreitet K sein Angebot zum Verkauf des Autos, welches K durch Erklärung gegenüber V annimmt und somit mit ihm einen Kaufvertrag abschließt.

2. Verpflichtungsgeschäft und Verfügungsgeschäft

Bei Rechtsgeschäften ist zwischen dem Verpflichtungsgeschäft und dem Verfügungsgeschäft zu unterscheiden. Diese Unterscheidung zieht sich wie ein roter Faden durch das gesamte Zivilrecht. 17

a) Verpflichtungsgeschäft

Durch ein Verpflichtungsgeschäft *verpflichtet* sich eine Partei gegenüber der anderen, eine Leistung zu erbringen. Dies geschieht i. d. R. durch einen Vertrag. Die Leistungspflicht kann einseitig oder gegenseitig eingegangen werden. Stehen die Leistungsverpflichtungen im Gegenseitigkeitsverhältnis, spricht man von einem *Synallagma*. 18

Beispiele: Durch den zwischen V und K geschlossenen Kaufvertrag verpflichtet sich V, K das Auto zu übereignen und K, V den Kaufpreis zu zahlen (gegenseitig verpflichtender Vertrag; Kaufvertrag, § 433 BGB).

V willigt gegenüber K ein, ihm das Eigentum an dem Auto unentgeltlich zu übertragen (einseitig verpflichtender Vertrag; Schenkungsvertrag, § 516 BGB).

G beauftragt seinen Freund K, ihm das Auto des V zu beschaffen. Willigt K in den Auftrag ein, so ist er, ohne eine Gegenleistung verlangen zu können, verpflichtet, den Wagen zu beschaffen (grds. einseitig verpflichtender Vertrag, § 662 BGB). Muss K an V einen Kaufpreis zahlen, um das Auto zu erlangen, kann er von G den Kaufpreis als Ersatz seiner Aufwendungen verlangen, § 670 BGB (daher ist der Auftrag, § 662 BGB, ein unvollkommen zweiseitig verpflichtender Vertrag[6]).

6 Näher hierzu *H. P. Westermann/Bydlinski/Weber*, BGB – Schuldrecht AT, 8. Auflage 2013, Rn. 2/16 ff.

19 Indem die Parteien ein Verpflichtungsgeschäft eingehen, ist damit noch keine Aussage über die Erfüllung der eingegangenen Verpflichtungen getroffen. Selbst nach Abschluss eines Kauf- oder Schenkungsvertrages bleibt der Verkäufer oder Schenkende Eigentümer des Kauf- oder Schenkungsgegenstandes.

b) Verfügungsgeschäft

20 Ein Verfügungsgeschäft ist unmittelbar darauf gerichtet, ein bestehendes Recht zu übertragen, zu belasten, aufzuheben oder seinen Inhalt zu ändern. Es wird i. d. R. abgeschlossen, um ein Verpflichtungsgeschäft zu *erfüllen*. Das Verfügungsgeschäft wird daher auch „Erfüllungsgeschäft" genannt.

Beispiele: Nach Abschluss des Kaufvertrages (Verpflichtungsgeschäft) einigen sich V und K, dass das Eigentum an dem Auto von V auf K übergehen soll, infolgedessen übergibt V das Auto dem K (Verfügungsgeschäft; Übereignung von beweglichen Sachen, § 929 Satz 1 BGB).

K kauft von V dessen Forderung gegenüber S (Verpflichtungsgeschäft). Infolgedessen tritt V seine Forderung an K ab (Verfügungsgeschäft; Abtretung, § 398 BGB).

V und K schließen (vor einem Notar) einen Kaufvertrag über ein Grundstück (Verpflichtungsgeschäft). In Erfüllung des Kaufvertrages übereignet V das Grundstück an K, indem sie die Auflassung erklären und K als Eigentümer in das Grundbuch eingetragen wird (Verfügungsgeschäft, Übereignung von Grundstücken, §§ 873, 925 BGB).

3. Das Trennungs- und Abstraktionsprinzip

21 Bei der Übertragung eines Rechts geht dieses auf den Anderen über. Dem auf die Übertragung gerichteten Verfügungsgeschäft liegt i. d. R. ein Verpflichtungsgeschäft (auch „Kausalgeschäft") zugrunde. Das Verpflichtungsgeschäft bildet den Rechtsgrund (*causa*) für das Verfügungsgeschäft.

Beispiel: In Erfüllung des Kaufvertrages übereignet der Verkäufer V dem Käufer K das Auto. K zahlt den Kaufpreis.
Sofern V K das Auto unentgeltlich übereignet, liegt der Übereignung ein (u. U. zeitgleich) geschlossener Schenkungsvertrag zugrunde.

22 Das Verpflichtungsgeschäft und das Verfügungsgeschäft sind zwei voneinander getrennte Rechtsgeschäfte (*Trennungsprinzip*). Die Unwirksamkeit des einen berührt nicht die Wirksamkeit des anderen Rechtsgeschäfts (*Abstraktionsprinzip*). Das Verfügungsgeschäft besteht abstrakt vom Verpflichtungsgeschäft, d.h. die Verfügung ist losgelöst von jeglicher Ursache (Rechtsgrund oder *causa*).[7]

Beispiel: V verkauft K sein Auto. Infolgedessen übereignet er es ihm. Sollte sich später herausstellen, dass der Kaufvertrag unwirksam war, hat die Unwirksamkeit des Kaufvertrages keinen Einfluss auf die Wirksamkeit des Verfügungsgeschäfts. Die Übereignung wird für sich allein betrachtet, ohne dabei auf den Kaufvertrag zurückzugreifen. K bleibt trotz Nichtigkeit des Kaufvertrages Eigentümer des Autos.

Allerdings hat im vorgenannten Beispiel der Käufer K das Eigentum an dem Auto ohne Rechtsgrund (wirksamer Kaufvertrag) erhalten und ist deshalb um das Auto unge-

---

7 Ausführlich hierzu *Kreutz*, ZJS 2009, 136 ff.

rechtfertigt bereichert. V kann von K daher die Herausgabe des Eigentums an dem Auto nach den Grundsätzen der ungerechtfertigten Bereicherung verlangen (§ 812 Abs. 1 Satz 1, 1. Alt. BGB).

▶ **Hinweis:** Das Trennungs- und Abstraktionsprinzip sind für den juristischen Laien oder Anfänger häufig unverständlich. Allerdings handelt es sich hierbei um die Grundprinzipien des deutschen Zivilrechts, deren Missachtung regelmäßig zu unbrauchbaren Klausurergebnissen führt. In der Trennung zwischen Verpflichtungs- und Verfügungsgeschäft unterscheidet sich das deutsche Zivilrecht von den meisten fremden Rechtsordnungen. Nach z. B. österreichischem oder französischem Recht wird das Eigentum an der Kaufsache bereits durch Abschluss des Kaufvertrages übertragen (Kausalprinzip).

▶ **Beachte:** Niemals (*sic!*) darf auf die Frage nach der Eigentümerstellung des Käufers geantwortet werden, dass dieser Eigentümer ist, weil er mit dem Verkäufer einen Kaufvertrag abgeschlossen hat!

4. Ausnahmen vom Abstraktionsprinzip

Nur in Ausnahmefällen schlägt die Ungültigkeit des Verpflichtungsgeschäfts auf das Verfügungsgeschäft durch. 23

a) Fehleridentität

Liegt beim Verpflichtungs- als auch beim Verfügungsgeschäft derselbe Unwirksamkeitsgrund vor, so besteht Fehleridentität mit der Folge, dass beide Geschäfte unwirksam sind. Bei der Fehleridentität handelt es sich streng genommen nicht um eine Ausnahme von dem Abstraktionsprinzip, sondern um dessen Bestätigung. Denn der Fehler wird für Verpflichtungs- und Verfügungsgeschäft *getrennt* geprüft. 24

Die wichtigsten Regelbeispiele lassen sich wie folgt zusammenfassen:

aa) Mangel der Geschäftsfähigkeit, §§ 104 ff. BGB

Beispiel: Der unerkannt geisteskranke V schließt mit K einen Kaufvertrag über sein Auto und übereignet es ihm. 25

Die Willenserklärung des geschäftsunfähigen – da geisteskranken – V zum Abschluss des Kaufvertrages ist nichtig, §§ 104 Nr. 2, 105 Abs. 1 BGB. Ferner hat V dem K nicht das Eigentum an dem Auto übertragen, da die auf den Eigentumsübergang gerichtete Willenserklärung (Einigung nach § 929 Satz 1 BGB) wegen V's Geschäftsunfähigkeit nichtig ist. Die Nichtigkeitswirkung des § 105 Abs. 1 BGB betrifft das Verpflichtungs- und das Verfügungsgeschäft.

bb) Inhalts- und Erklärungsirrtum, § 119 Abs. 1 BGB

Beispiel: A erblickt im Antiquariat seines Freundes B einen kleinen Taschenbuchband, den er schon lange gesucht hat. B fordert A auf, den Band mitzunehmen und übergibt es dem erfreuten A. Aus Sicht eines objektiven Dritten muss A verstehen, B wolle ihm das Buch schenken. Allerdings will B es ihm nur leihen.

A und B schließen einen Schenkungsvertrag (§ 516 BGB), aufgrund dessen A dem B das Buch übereignet (§ 929 BGB). B will dem A das Buch aber nur leihen (§ 598 BGB) und ihm lediglich den Besitz an dem Buch übergeben. B's (Inhalts-)Irrtum bezieht sich auf den Inhalt des schuldrechtlichen und des dinglichen Erklärungstatbestands. B kann daher beide Rechtsgeschäfte nach § 119 Abs. 1 BGB anfechten und auf diese Weise die Nichtigkeit des schuldrechtlichen und des dinglichen Vertrages nach § 142 Abs. 1 BGB herbeiführen.

cc) Irrtum über eine verkehrswesentliche Eigenschaft, § 119 Abs. 2 BGB (str.)

27 **Beispiel:** K kauft von dem Galleristen V ein Bild in der irrigen Annahme, dass es von Pierre-Auguste Renoir stammt. V übereignet K das Bild, dabei vereinbaren die beiden, dass das Bild noch einen Monat in V's Galerie verbleiben solle. Tatsächlich wurde das Bild von Lieschen Müller gemalt, einer begnadeten, aber doch eher unbekannten Künstlerin. Als K seinen Irrtum noch vor Übergabe des Bildes erkennt, ficht er den Kauf (und die Übereignung) an. Der Fehler (Irrtum über die verkehrswesentliche Eigenschaft) könnte auf die Übereignung durchschlagen, sofern angenommen werden kann, dass K der Übereignung des Bildes nur aufgrund des Irrtums über die Urheberschaft zugestimmt hat.

Das RG hat im Falle des § 119 Abs. 2 BGB Fehleridentität angenommen.[8] Gegen die Anfechtbarkeit des Verfügungsgeschäfts spricht jedoch, dass die verkehrswesentliche Eigenschaft einer beteiligten Person oder des Verfügungsgegenstandes für die Verfügungserklärung i. d. R. unerheblich ist. Denn jene Erklärung betrifft lediglich die Übertragung selbst.[9]

Wäre der Fall nur leicht abgeändert, indem V das Bild im Zuge der Übereignung unmittelbar K übergeben hätte, wäre der Fall grundlegend anders zu beurteilen. Ab Übergabe der Kaufsache ist nach zutreffender h. A. die Anfechtung des Kaufvertrages nach § 119 Abs. 2 BGB aufgrund des Vorrangs der §§ 434 ff. BGB ausgeschlossen. Denn durch die Übergabe nach § 929 Satz 1 BGB geht i. d. R. auch die Gefahr nach § 446 BGB über, es gilt das speziellere Gewährleistungsrecht.[10]

▶ **Hinweis:** Juristische Fälle sind nie auswendig zu lernen. Stattdessen ist anzustreben, die den Fällen zugrundeliegenden Prinzipien zu begreifen. Juristische Klausuren haben stets unbekannte Fallgestaltungen zum Gegenstand. Auswendig gelernte Falllösungen können bei der Bearbeitung von Klausuren leicht in die Irre führen.

dd) Arglistige Täuschung und widerrechtliche Drohung, § 123 BGB

28 **Beispiel:** K kauft von V dessen Forderung gegen S und erhält die Forderung an sich abgetreten. Später ficht K den Kaufvertrag (und gleichzeitig auch die Abtretung) an, da ihn V bei Vertragsabschluss arglistig über die Zahlungsfähigkeit von S getäuscht hat (§ 123 Abs. 1, 1. Alt. BGB).

Die Anfechtung führt zur Unwirksamkeit des Kausal- wie auch des Verfügungsgeschäfts (§ 142 Abs. 1 BGB), da K aufgrund der arglistigen Täuschung nicht nur den Kaufvertrag geschlossen, sondern auch der Abtretung zugestimmt hat.

---

8 RG, Urteil vom 18. Oktober 1907, II 197/07, RGZ 66, 385, 390.

9 Ebenso *Petersen*, Jura 2004, 98, 100; *Grigoleit*, AcP 199 (1999), 379, 398 f.; *Forster* JuS 2011, 1090, 1091; *Lieder/Bernheith*, JuS 2016, 673, 677 f.

10 Zum Verhältnis von § 119 Abs. 2 BGB zu §§ 434 ff. BGB s. Rn. 294.

Beispiel: K droht V mit Schlägen, sollte dieser ihm nicht seine Uhr veräußern. Später ficht V den Kaufvertrag und gleichzeitig auch die Übereignung der Uhr an, da ihn K zum Verkauf und zur Übereignung durch widerrechtliche Drohung bestimmt hat (§ 123 Abs. 1, 2. Alt. BGB).

Die Anfechtung führt zur Unwirksamkeit des Kausal- wie auch des Verfügungsgeschäfts (§ 142 Abs. 1 BGB), da V aufgrund der widerrechtlichen Drohung nicht nur den Kaufvertrag geschlossen, sondern auch der Übereignung zugestimmt hat.

ee) Verstoß gegen ein Verbotsgesetz, § 134 BGB

Beispiel: Beim Handel mit Heroin ist der Kaufvertrag wie auch dessen Übereignung nach § 134 BGB unwirksam. 29

Das Betäubungsmittelgesetz will nicht nur den Verkauf, sondern auch die tatsächliche Weitergabe von Heroin unterbinden.

ff) Sittenwidrige Rechtsgeschäfte, § 138 Abs. 1 BGB

Im Grundsatz ist davon auszugehen, dass lediglich das Kausalgeschäft sittenwidrig, das Verfügungsgeschäft hingegen wertneutral ist. Fehleridentität liegt nur vor, wenn mit der Verfügung ein sittenwidriger Zweck verfolgt wird. 30

Beispiel: Kredithai G gewährt gemäß vertraglicher Vereinbarung seinem Schuldner S ein Darlehen in Höhe von € 100 000 und lässt sich im Vertrag zur Sicherung des Darlehens die Übereignung von S' Yacht im Wert von € 170 000 zusagen. S übereignet im Folgenden G die Yacht zur Sicherheit.

Der Kreditvertrag zwischen G und S ist aufgrund der in ihm vereinbarten Übersicherung nach § 138 Abs. 1 BGB nichtig. Da auch die Sicherungsübereignung dem Zweck der Übersicherung dient, wird auch diese von der Nichtigkeit nach § 138 Abs. 1 BGB erfasst.

gg) Wucher, § 138 Abs. 2 BGB

Beispiel: G gewährt S ein Darlehen zu einem Zinssatz von 200 %. 31

Nicht nur die Zinsvereinbarung (Darlehensvertrag), sondern auch die Zinszahlungen (Verfügungsgeschäft) sind nichtig.

b) Abbedingung des Abstraktionsprinzips durch Parteivereinbarung

Die Gestaltungsfreiheit gestattet es den Parteien, vom Abstraktionsprinzip abzuweichen. Hierzu sind die folgenden zwei Konstruktionen denkbar. 32

aa) Bedingungszusammenhang

Die Vertragsparteien schließen das Verfügungsgeschäft unter der Bedingung (§ 158 BGB) ab, dass das Verpflichtungsgeschäft wirksam ist. 33

Beispiel: V übereignet K sein Auto unter der Bedingung, dass der Kaufvertrag wirksam ist. Später stellt sich heraus, dass der Kaufvertrag nichtig ist. Aufgrund der vereinbarten Bedingung ist auch das Verfügungsgeschäft nichtig. V hat somit sein Eigentum an dem Auto nicht verloren und kann den Besitz an dem Auto von K nach § 985 BGB sowie nach § 812 Abs. 1 Satz 1, 1. Alt. BGB herausverlangen.

bb) Einheitlichkeitswillen

34 Das Verpflichtungs- und das Verfügungsgeschäft können nach dem Willen der Vertragsparteien zu einem einheitlichen Rechtsgeschäft zusammengefasst werden. Ist in einem solchen Fall das Verpflichtungsgeschäft als Teil des einheitlichen Rechtsgeschäfts nichtig, wird aufgrund § 139 BGB vermutet, dass das gesamte Rechtsgeschäft (d. h. Verpflichtungs- und Verfügungsgeschäft) nichtig ist.

35 Da jedoch das Abstraktionsprinzip als grundlegender Leitfaden das BGB durchzieht, kann ein Einheitlichkeitswillen wie auch ein Bedingungszusammenhang nur in eindeutigen Ausnahmefällen angenommen werden. Die vertraglichen Konstruktionen können nicht benutzt werden, um nachträglich das u. U. unliebsame Abstraktionsprinzip auszuhebeln.

▶ **Vertiefung:** Zum Abstraktionsprinzip s. *Bayerle*, JuS 2009, 1079 ff.; *Lorenz*, JuS 2009, 489 ff.; *Kreutz*, ZJS 2009, 136 ff.; *Petersen*, Jura 2004, S. 98 ff.; zu den philosophischen und historischen Hintergründen des Abstraktionsprinzips s. *Strack*, Jura 2011, 5 ff.

C. Die juristische Falllösung

Die Lösung juristischer Fragestellungen folgt einem festen Schema. Dieses soll an dem folgenden Beispiel erläutert werden. **36**

Fall 2: Der antike Schreibtisch

K entdeckt in V's Antiquitätengeschäft einen alten Schreibtisch, der weiß lackiert ist. V bietet K den Schreibtisch zu einem Kaufpreis in Höhe von € 750 an, nach einigem Zögern stimmt K dem Angebot von V zu. Sie vereinbaren, dass V den Schreibtisch noch abbeizt und K ihn eine Woche später abholen kann. Als K nach einer Woche wieder vorbeischaut, teilt V ihm mit, er habe den Schreibtisch bereits an D verkauft und übereignet. Welche Ansprüche hat K?

I. Fallfrage

Ausgangspunkt jeder Klausurbearbeitung ist die Fallfrage. In der geforderten Lösung interessiert *ausschließlich* der Gegenstand der Fallfrage. Ausführungen, die nicht im direkten Bezug zur Fallfrage stehen, sind in der konkreten Klausur falsch, mögen sie an sich auch noch so interessant und zutreffend sein. Diese Feststellung erscheint banal, leider wird sie aber in Klausuren häufig nicht beachtet. **37**

▶ **Tipp:** In der Klausur ist zu empfehlen, nach der ersten Lektüre der Klausuraufgabe eine Minute innezuhalten, den Adrenalinspiegel abklingen zu lassen und sich dann in Ruhe dem Inhalt der Fallfrage zu widmen.

Lautet die Fallfrage „Wie ist die Rechtslage?", so sind alle *sinnvoll* denkbaren Ansprüche aller Beteiligten gegeneinander zu prüfen. Ist lediglich nach den Ansprüchen eines oder mehrerer Beteiligten gefragt, beschränkt sich die Prüfung auf alle sinnvoll denkbaren Ansprüche dieser Personen. Ist nur nach konkret bezeichneten Ansprüchen von Beteiligten gefragt, so sind nur diese Ansprüche zu prüfen. Hinweise in der Fallbearbeitung auf über die Fallfrage hinausgehende Ansprüche (etwa um zu zeigen, was man noch so alles weiß) sind zu unterlassen.

Im vorliegenden Fall 2 ist nach sämtlichen denkbaren Ansprüchen gefragt, die K gegen V und D haben könnte.

II. Aufteilung in Zweipersonenverhältnisse

Nach Klärung der Fallfrage ist der Sachverhalt in Zweipersonenverhältnisse aufzuteilen, denn ein Anspruch richtet sich stets von einem Anspruchsinhaber (Gläubiger) gegen den Anspruchsgegner (Schuldner). **38**

Im Beispiel wären die Ansprüche zu prüfen, die K gegen V und gegen D haben könnte.

Der grobe Klausuraufbau lautet daher:

I. Ansprüche K gegen V
[...]
II. Ansprüche K gegen D
[...]

III. Anspruchsgrundlagen

39 Innerhalb der einzelnen Zweipersonenverhältnisse ist sodann nach der gesetzlichen Grundlage der möglichen Ansprüche des jeweiligen Anspruchsinhabers (Anspruchsgrundlage) zu suchen.

40 Eine Anspruchsgrundlage legt fest, dass eine Person von einer anderen etwas verlangen kann oder anders gewendet, dass eine Person einer anderen gegenüber zu etwas verpflichtet ist. Häufig kommt dies auch im Wortlaut der Vorschrift zum Ausdruck (z. B. „kann verlangen" in §§ 280 Abs. 1 Satz 1, 985 BGB oder „ist verpflichtet" in §§ 433 Abs. 1 Satz 1 und Abs. 2, 812 Abs. 1 Satz 1 BGB). In anderen Fällen ergibt sich die Verpflichtung aus dem Sinnzusammenhang (z. B. „hat ... den Schaden zu ersetzen", § 122 Abs. 1 BGB oder „ist ... die empfangene Leistung zurückzugewähren", § 346 Abs. 1 BGB).

Eine gesetzliche Vorschrift lässt sich leicht als Anspruchsgrundlage enttarnen, wenn sie eine Antwort auf die Frage liefert „Was will wer von wem woraus?".

Beispiele: Kaufvertrag, § 433 Abs. 1 Satz 1 BGB: Die Übereignung des Kaufgegenstands will K von V aus dem Kaufvertrag.

Schadensersatz statt der Leistung wegen nachträglicher Unmöglichkeit, §§ 280 Abs. 1, Abs. 3, 283 BGB: Schadensersatz statt der Leistung begehrt K von V aus §§ 280 Abs. 1, Abs. 3, 283 BGB, da die Kaufsache nach Vertragsschluss und vor Gefahrübergang durch ein Verschulden des V zerstört wurde.

Herausgabe wegen ungerechtfertigter Bereicherung, § 812 Abs. 1 Satz 1, 1. Alt. BGB: Die Rückübereignung der Kaufsache verlangt V von K aus § 812 Abs. 1 Satz 1, 1. Alt. BGB, da V ihm die Kaufsache aufgrund eines unwirksamen Kaufvertrages übereignet hat.

Herausgabe des Eigentums, §§ 985 f. BGB: E verlangt als Eigentümer von dem nicht berechtigten Besitzer B aus §§ 985 f. BGB das Buch zurück, das B sich von D ohne Es Erlaubnis ausgeliehen hat.

41 Keine Anspruchsgrundlage enthält hingegen der Eigentumsübergang nach § 929 BGB. Die Vorschrift beschreibt lediglich, wie das Eigentum an beweglichen Sachen übertragen wird, bietet jedoch keinen Anspruch auf die Übertragung. Auch § 142 Abs. 1 BGB ist keine Anspruchsgrundlage. Sie besagt lediglich, dass ein angefochtenes Rechtsgeschäft nichtig ist, und begründet nicht etwa einen Anspruch auf Anfechtung.

IV. Prüfungsreihenfolge

Die Suche nach den Anspruchsgrundlagen richtet sich nach der folgenden Prüfungsreihenfolge: 42

1. Vertragliche Ansprüche

a) Primäransprüche

Primäransprüche sind Ansprüche, auf die ein Vertrag gerichtet ist. 43

Beispiele: Ansprüche aus Kaufvertrag (§ 433 BGB), Mietvertrag (§ 535 BGB), Dienstvertrag (§ 611 BGB), Werkvertrag (§ 631 BGB).

b) Sekundäransprüche

Sekundäransprüche sind zu prüfen, wenn der Primäranspruch (z. B. Übereignung einer mangelfreien Kaufsache) nicht erfüllt wird, z. B. weil die Kaufsache zerstört wurde (Unmöglichkeit), der Verkäufer trotz Fristsetzung die Kaufsache nicht übereignet (Nichtleistung) oder er eine mangelhafte Kaufsache übereignet (Schlechtleistung). 44

Sekundäransprüche richten sich in erster Linie auf Schadensersatz oder auf Rückabwicklung des Vertrages wegen Rücktritt.

Beispiele: Schadensersatz statt der Leistung wegen anfänglicher/nachträglicher Unmöglichkeit (§ 311a Abs. 2 BGB/§§ 280 Abs. 1, Abs. 3, 283 BGB), Nichtleistung (§§ 280 Abs. 1, Abs. 3, 281 BGB) oder Schlechtleistung (§ 437 Nr. 3 BGB i. V. m. §§ 280 Abs. 1, Abs. 3, 281/283 oder § 311a Abs. 2 BGB); Rückgewähr der empfangenen Leistung (§ 346 Abs. 1 BGB), Wertersatz für die empfangene Leistung (§ 346 Abs. 2 BGB).

2. Quasi-vertragliche Ansprüche

Quasi-vertragliche Ansprüche sind Ansprüche, die aufgrund eines vertraglichen Schuldverhältnisses entstehen. 45

Beispiele: Ersatz des Vertrauensschadens infolge Anfechtung (§ 122 BGB), Verletzung einer vorvertraglichen Pflicht (§§ 280 Abs. 1, 241 Abs. 2, 311 Abs. 2/3 BGB – cic), Verletzung einer sonstigen Pflicht aus einem Schuldverhältnis (§ 280 Abs. 1 BGB – pVV).

3. Dingliche Ansprüche

Dingliche Ansprüche beziehen sich auf Ansprüche, die aufgrund eines Rechts an einer Sache selbst entstehen. 46

Beispiele: Anspruch des Eigentümers gegen den unrechtmäßigen Besitzer auf Herausgabe der Sache (§§ 985, 986 BGB).

4. Ansprüche aus gesetzlichen Schuldverhältnissen

47 Schuldverhältnisse können nicht nur durch Parteivereinbarung, sondern auch aufgrund gesetzlicher Normen entstehen. Das Schuldverhältnis, aufgrund dessen Ansprüche bestehen, entsteht in diesem Fall kraft Gesetz.

Beispiele: Anspruch auf Herausgabe der ungerechtfertigten Bereicherung (§ 812 BGB), Anspruch auf Schadensersatz wegen unerlaubter Handlung (§ 823 BGB).

V. Gutachtenstil

48 Die Falllösung erfolgt im *Gutachtenstil*. Charakteristisch ist hierfür der „könnte ... müsste"-Stil, der dem Anfänger ungewohnt und hölzern vorkommen mag. Hieran sollte jedoch kein Anstoß genommen werden. Mit der Zeit schleift sich ein gefälligerer Stil ein.

49 Begonnen wird mit einem *Obersatz*. Dabei wird zunächst der mögliche Anspruch genannt („ ... könnte Anspruch haben"), dann werden die Anspruchsvoraussetzungen angeführt („müsste"). In einem weiteren Schritt ist der Sachverhalt unter die Anspruchsvoraussetzungen zu fassen (d. h. zu *subsumieren*). Am Schluss der Prüfung wird zur besseren Verständlichkeit das Ergebnis festgestellt.

Das Gegenstück zum Gutachtenstil ist der *Urteilsstil*. Beim Urteilsstil wird das Ergebnis vorweg genannt und anschließend begründet (z. B. ... hat einen Anspruch, da ...). Der Urteilsstil ist in der Klausurbearbeitung grundsätzlich unzulässig. Nur wenn eine Rechtsfrage unzweifelhaft feststeht und keiner näheren Erörterung bedarf, kann sie ausnahmsweise im Urteilsstil dargelegt werden. Für den Anfänger empfiehlt es sich aus Übungszwecken ausschließlich den für ihn sehr ungewohnten Gutachtenstil zu verwenden. Die Unterscheidung zwischen den beiden Darstellungsformen hat ihren Ursprung in der richterlichen Fallbearbeitung. Sie eignet sich aber auch zur Vorbereitung auf Vertragsverhandlungen. Nach Durchsicht der Akten erstellt der Richter ein Votum im Gutachtenstil, indem er auf alle möglichen Problempunkte eingeht, die für die Urteilsfindung relevant sein könnten. Auf diese Weise ist er auf sämtliche Eventualitäten vorbereitet, die im laufenden Verfahren auftreten können. Zum Schluss des Verfahrens fällt der Richter seine Entscheidung im Urteilsstil und legt hierzu nur die tragenden Gründe dar.

50 In einem Gutachten sind einleitende Sätze, wie in etwa „Im vorliegenden Fall sind die Rechtsbeziehungen zwischen dem V und dem K zu untersuchen" oder ähnliches, zu unterlassen.

Ein juristisches Gutachten hat mit einem aus dem Deutschunterricht bekannten Aufsatz wenig gemein. Es fehlt eine ausformulierte Einleitung. Der unter Umständen etwas hölzerne Könnte-Müsste-Stil wird nicht als Ausdrucksfehler gewertet, sondern unterstützt die korrekte juristische Denkweise. Randbemerkungen und blumige Ausschmückungen unterbleiben. Der Stil ist sachlich und objektiv.

51 Die folgende Lösung erhebt keinen Anspruch einer vorbildlichen Klausurbearbeitung, sondern soll lediglich als Orientierungshilfe dienen. Es kommt an dieser Stelle weniger auf den Inhalt, sondern in erster Linie auf den Aufbau an.

I. Ansprüche K gegen V

1. Kaufvertrag, § 433 Abs. 1 Satz 1 BGB

K könnte von V die Übereignung des Schreibtisches aus dem Kaufvertrag verlangen, § 433 Abs. 1 Satz 1 BGB. Nach der Vorschrift kann der Käufer vom Verkäufer aufgrund eines Kaufvertrages die Übereignung der Kaufsache verlangen.[1]

a) Anspruch entstanden[2]
Der Anspruch des K müsste entstanden sein. Hierzu müsste zwischen V und K ein Kaufvertrag zustande gekommen sein. V und K haben sich über den Verkauf des Schreibtisches zu einem Kaufpreis in Höhe von € 750 geeinigt. Daher ist ein Kaufvertrag zustande gekommen.[3] Ein Anspruch des K gegen V auf Übereignung des Schreibtisches ist entstanden.

b) Anspruch erloschen
Der Anspruch könnte wegen Unmöglichkeit erloschen sein, § 275 Abs. 1 BGB. Nach § 275 Abs. 1 BGB ist der Anspruch auf die Leistung ausgeschlossen, soweit diese für den Schuldner oder jedermann unmöglich geworden ist. V hat nach Abschluss des Kaufvertrages mit K den Schreibtisch an D übereignet. Er ist daher nicht mehr in der Lage, den Schreibtisch K zu übereignen. K's Anspruch aus dem Kaufvertrag auf Übereignung ist somit wegen (nachträglicher, subjektiver) Unmöglichkeit untergegangen.
K hat gegen V keinen Anspruch aus dem Kaufvertrag auf Übereignung des Schreibtisches.

2. §§ 280 Abs. 1 und Abs. 3, 283 Satz 1 BGB

K könnte von V Schadensersatz statt der Leistung nach §§ 280 Abs. 1 und Abs. 3, 283 Satz 1 BGB verlangen. Nach den vorgenannten Vorschriften kann der Gläubiger vom Schuldner Schadensersatz statt der Leistung verlangen, wenn der Schuldner wegen Unmöglichkeit (zur Leistung) von seiner Leistungspflicht nach § 275 BGB befreit ist. V hat bereits anderweitig über den Schreibtisch verfügt und ist somit nicht mehr in der Lage, seine Leistungsverpflichtung aus dem Kaufvertrag K gegenüber zu erfüllen. Er ist nach § 275 Abs. 1 BGB von seiner Leistungspflicht befreit.
V müsste den Eintritt der Unmöglichkeit nach § 280 Abs. 1 Satz 2 BGB zu vertreten haben. V's Vertretenmüssen wird aufgrund seiner Pflichtverletzung, die im Eintritt der Unmöglichkeit besteht, vermutet.
Die Voraussetzungen der §§ 280 Abs. 1 und Abs. 3, 283 Satz 1 BGB sind erfüllt. K kann von V aus §§ 280 Abs. 1 und Abs. 3, 283 Satz 1 BGB Schadensersatz statt der Leistung verlangen.

II. Anspruch K gegen D

§ 985 BGB

K könnte von D die Herausgabe des Schreibtisches nach § 985 BGB verlangen. Nach § 985 BGB kann der Eigentümer vom Besitzer die Herausgabe der Sache verlangen. Dazu müsste K Eigentümer und D Besitzer des Schreibtisches sein. D hat die tatsächliche Gewalt über den Schreibtisch und ist Besitzer, § 854 Abs. 1 BGB. Fraglich ist, ob K Eigentümer ist. Er könnte das Eigentum von V nach § 929 Satz 1 BGB übertragen erhalten haben. Dazu müssten V und K sich über den Eigentumsübergang geeinigt und V müsste K den Schreibtisch übergeben haben. V und K hatten sich aber nur über den Abschluss des Kaufvertrages geeinigt und nicht über die Übereignung, welche erst nach dem Abbeizen vollzogen werden sollte. Zudem fehlt es an der Übergabe des Schreibtisches an K. Daher ist K nicht Eigentümer des Schreibtisches geworden.
K hat gegen D keinen Anspruch auf Herausgabe des Schreibtisches nach § 985 BGB.

1 Häufig empfiehlt es sich, die Anspruchsvoraussetzungen sinngemäß aus dem Gesetz abzuschreiben, um sich dann den einzelnen Voraussetzungen zu widmen

2 Untergliedert wird nur, wenn mindestens zwei Gliederungspunkte vorhanden sind, ohne „2." kein „1.", ohne „b)" kein „a)", s. Rn. 53

3 Da hier der Abschluss des Kaufvertrages durch zwei übereinstimmende Willenserklärungen unproblematisch ist, darf unmittelbar festgestellt werden, dass ein Kaufvertrag zustande gekommen ist, s. Rn. 57

III. Gesamtergebnis

K kann von V nach §§ 280 Abs. 1, Abs. 3, 283 Satz 1 BGB Schadensersatz statt der Leistung verlangen. K stehen keine Ansprüche gegen D zu.

VI. Zehn Faustregeln für die Falllösung

1. Der Sachverhalt ist unantastbar!

52 Nicht am Sachverhalt herumbasteln, um ihn lösbar zu machen.

Negativbeispiel: „Der Sachverhalt ist dahingehend auszulegen (etwa auch noch nach §§ 133, 157 BGB), dass …"

Den Sachverhalt nicht anzweifeln. Er ist niemals strittig. Alle Sachverhaltsangaben sind bewiesen.

2. Gedanken gliedern, nicht zergliedern!

53 Jeden neuen Gedanken mit einem Obersatz einleiten. Der Leser muss stets wissen, was Gegenstand der Prüfung ist.

Beispiel: „Gemäß § 349 BGB müsste A gegenüber B den Rücktritt erklärt haben."

Unter den Sachverhalt subsumieren (Untersatz).

Beispiel: „A erklärt B gegenüber den Rücktritt." und nicht etwa „Dies ist laut Sachverhalt der Fall".

Den Sachverhalt nicht wiederholen oder nacherzählen. In der Klausur ist ein Gutachten und kein epischer Aufsatz verlangt.

Negativbeispiel: „Die Eltern verweigern ihre Zustimmung ihrem Sohn gegenüber. Dann fordert C die Eltern zur Genehmigung auf. Diese schweigen auf die Aufforderung hin (vgl. § 108 BGB)."

Nie sofort anfangen zu schreiben. Zunächst eine Lösungsskizze anfertigen. Als Faustregel ist etwa ein Drittel der Bearbeitungszeit auf die Lösungsskizze zu verwenden.

Nur sinnvolle Absätze bilden, wenn möglich durch Überschriften gliedern.

Beispiel: Gliederungspunkt „a) …" ist nur zulässig, wenn ein „b) …" folgt. Insbesondere ist Gliederungspunkt „a) Anspruch entstanden" nur sinnvoll, wenn später „b) Anspruch erloschen" geprüft wird.

3. In den Entscheidungen eindeutig sein!

54 Varianten dürfen nur wenn unbedingt erforderlich aufgezeigt werden, wie etwa in einer Anwaltsklausur, die bei Anfängern praktisch nie gestellt wird. Im Zweifel ist im Hilfsgutachten weiterzuprüfen.

Keine unbestimmten Ausdrücke verwenden. Im Ergebnis steht stets der Indikativ.

Negativbeispiel: „Daher könnte A (vielleicht) einen Anspruch haben." oder „So könnte man davon ausgehen, dass …".

4. Die Anspruchsgrundlage eindeutig bestimmen!

Es ist stets mit der Anspruchsgrundlage zu beginnen. Diese ist genau zu zitieren. **55**

Beispiel: Nicht etwa „Anspruch aus § 812 BGB", sondern „Anspruch aus § 812 Abs. 1 Satz 1, 1. Alt. BGB".

Jede Anspruchsgrundlage, welche auch aus einer Paragraphenkette bestehen kann, muss gesondert geprüft werden.

Negativbeispiel: „A könnte einen Anspruch aus §§ 985, 812 BGB haben."

5. Die Tatbestandsmerkmale eindeutig kennzeichnen!

Jedes Tatbestandsmerkmal einer Norm gesondert prüfen. **56**

Beispiel: Damit die Willenserklärung des Stellvertreters dem Geschäftsherrn nach § 164 Abs. 1 Satz 1 BGB zugerechnet werden kann, muss der Stellvertreter im Namen des Geschäftsherrn und im Rahmen seiner Vertretungsmacht handeln. Die Tatbestandsmerkmale „Handeln im fremden Namen" und „Vertretungsmacht" sind zwei voneinander unabhängige Tatbestandsmerkmale und daher getrennt zu prüfen.

6. Gutachtenstil einhalten!

Die Fallbearbeitung erfolgt im Gutachtenstil. Eingangs ist das Problem zu beschreiben. **57** Sodann sind die Voraussetzungen zu nennen. Schließlich erfolgt die Subsumtion der relevanten Teile des Sachverhalts unter die einzelnen Voraussetzungen. Dies führt zum typischen Könnte-Müsste-Stil.

Beispiel: „A könnte von B die Übereignung der Sache verlangen, dazu müsste ein Kaufvertrag zwischen den beiden Parteien zustande gekommen sein."

Das Ergebnis nicht vorwegnehmen.

Negativbeispiel: „Die Willenserklärung ist unwirksam, da …". Das Wort „da" im Gutachten am besten ganz vermeiden.

Nur in unproblematischen Fällen darf das Ergebnis unmittelbar festgestellt werden („Feststellungsstil").

Beispiel: Wenn laut Sachverhalt A die Sache von B kauft, kann die Einigung zum Vertragsschluss schlicht festgestellt werden. Auf das Erfordernis eines Angebots und einer Annahme ist nicht einzugehen.

Nur wesentliche Probleme sind zu problematisieren. Nicht sich „warmschreiben".

Beispiel: Um schon einmal einige Seiten zu Papier zu bringen, hält sich der unsichere Verfasser langatmig bei Selbstverständlichkeiten auf, um am Ende der Bearbeitungszeit zu beklagen, die Klausur sei zeitlich nicht zu schaffen gewesen.

Überflüssiges ist falsch. Exkurse führen i. d. R. zu Punktabzügen.

7. Kein Verweis nach vorn!

58 Probleme unmittelbar lösen und nicht den Leser auf später vertrösten. Sofern das Bedürfnis auftritt, nach vorne zu verweisen, ist die Gliederung zu überdenken.

Negativbeispiel: „Fraglich ist, ob A ein Anfechtungsrecht hat. Dies wird später zu erörtern sein."

8. In einfachen Sätzen argumentieren!

59 Zu vermeiden sind langatmige Sätze, Füllwörter („nämlich"), Blumigkeit, Originalitäten, rhetorische Fragen („Hat A eine Willenserklärung abgegeben?"), Kraftausdrücke („selbstverständlich", „natürlich", „ohne Zweifel", „völlig").

Das Gutachten ist im objektiven Stil zu verfassen, ein Ich-Bezug unterbleibt.

Negativbeispiel: „Daher meine ich, dass ..."

9. Lesbar und korrekt schreiben!

60 Eine unsaubere Form lässt darauf schließen, dass der Verfasser mit dem Fall überfordert war. Die Sprache ist das Werkzeug des Juristen.

10. Ausgangspunkt (Anspruch) und Ergebnis (Entscheidung)

61 Jedes Gutachten beginnt mit der Darstellung eines möglichen Anspruchs (könnte ...) und endet mit einem Ergebnis.

▶ **Vertiefung:** Grundlegend *Schimmel*, Juristische Klausuren und Hausarbeiten richtig formulieren, 12. Auflage 2016; zu Struktur, Taktik, Darstellung und Stil einer zivilrechtlichen Klausur s. *Beck*, Jura 2012, 262 ff. (mit ausführlichen Subsumtionsbeispielen); *Fleck/Arnold*, JuS 2009, 881 ff.; zur prüfungsbezogenen Einführung in die juristische Arbeitstechnik s. *Quittnat*, Der Privatrechtsfall, 6. Auflage 2005; zur wissenschaftlichen Argumentationstechnik s. *Pilniok*, JuS 2009, 394 ff.

D. BGB – Allgemeiner Teil

I. Die Willenserklärung

Fall 3: Trierer Weinversteigerung 62

In Trier finden Weinversteigerungen statt, bei der das Heben der Hand die Abgabe eines bestimmten Mehrgebotes bedeutet. A, der sich zu Besuch bei einem Bekannten in Trier aufhält, betritt ein Lokal, in dem zu dieser Zeit eine Weinversteigerung stattfindet. Auf die Versteigerung wird vor dem Lokal auf einem großen, gut sichtbaren Schild hingewiesen. Als Ortsfremder ist A mit den Versteigerungsbräuchen nicht vertraut. Als er am anderen Ende des Raumes seinen Bekannten sieht, winkt er ihm zu. Der Versteigerer wertet das Winken des A als Mehrgebot und erteilt ihm den Zuschlag. Der überraschte A erfährt, dass er soeben ein 500 l Fass Wein zu € 1500 ersteigert hat. Muss A den Versteigerungspreis zahlen?

Der Fall wurde 1899 als Schulfall eingeführt.[1] Einen in der Sache ähnlichen Fall entschied der BGH im so genannten Sparkassenfall.[2]

Die Falllösung beginnt wie folgt: 63

Anspruch V gegen A

§ 433 Abs. 2 BGB

V könnte einen Anspruch gegen A auf Zahlung von € 1500 nach § 433 Abs. 2 BGB haben, wenn zwischen ihnen ein Kaufvertrag zustande gekommen ist. Hierzu sind zwei übereinstimmende Willenserklärungen erforderlich und zwar ein Antrag, § 145 BGB, und dessen Annahme, §§ 146 ff. BGB. Fraglich ist, ob A einen Antrag abgegeben hat …

In dem Trierer Weinversteigerungsfall kommt es entscheidend darauf an, ob A mit seinem Wink eine Willenserklärung abgegeben hat. Auf die Willenserklärung ist daher näher einzugehen.

▶ **Beachte:** In der Fallbearbeitung sind die Voraussetzungen einer Willenserklärung nicht stereotypisch durchzuprüfen. Auf den nun im Folgenden näher zu beleuchtenden objektiven und/oder subjektiven Tatbestand einer Willenserklärung ist in der Falllösung nur einzugehen, sofern es die konkrete Fallgestaltung erfordert.

Eine Willenserklärung besteht aus einem objektiven und einem subjektiven Tatbestand. Sie ist die Erklärung einer Person (objektiver Tatbestand), die den auf die Herbeiführung einer Rechtsfolge gerichteten Willen (subjektiver Tatbestand) zum Ausdruck bringt. 64

---

1 *Isay*, Die Willenserklärung im Thatbestande des Rechtsgeschäfts, 1899, 25; zur Urheberschaft s. *Manigk*, Das rechtswirksame Verhalten, 1939, 229.

2 BGH, Urteil vom 7. Juni 1984, IX ZR 66/83, BGHZ 91, 324 ff.; vgl. ferner die Dailer-Problematik s. *Oechsler*, Jura 2012, 422 ff.

65 **Abgrenzung zur geschäftsähnlichen Handlung**

Wesentlich für die Willenserklärung ist, dass die Rechtsfolge eintritt, weil sie von dem Erklärenden gewollt ist (z. B. die Beendigung eines Vertrages durch die Kündigungserklärung). Tritt der Erfolg unabhängig von dem Willen des Erklärenden ein (z. B. Verzugseintritt durch Mahnung aufgrund § 286 Abs. 1 BGB oder Wiedereintritt der schwebenden Unwirksamkeit der Willenserklärung eines Minderjährigen durch Aufforderung zur Genehmigung nach § 108 Abs. 2 Satz 1 BGB), liegt keine Willenserklärung, sondern eine geschäftsähnliche Handlung vor. Die für die Willenserklärung geltenden Vorschriften gelten analog.[3]

1. Objektiver Tatbestand

66 Der objektive Tatbestand einer Willenserklärung ist jedes Verhalten, welches nach außen einen bestimmten rechtsgeschäftlichen Willen erkennen lässt.

a) Ausdrückliche Erklärung

67 Die objektive Erklärung kann ausdrücklich (schriftlich oder mündlich) abgegeben werden.

b) Konkludente Erklärung

68 Die objektive Erklärung kann auch konkludent, d. h. durch schlüssiges Verhalten erfolgen.

Beispiele: A trinkt im Laden des B ein zum Verkauf ausstehendes Fläschchen aus. B bietet das Fläschchen durch das Aufstellen im Laden zum Kauf an (konkludente Erklärung), A nimmt das Angebot durch das Austrinken an (konkludente Erklärung).

Durch den Einstieg in die U-Bahn wird durch konkludentes Verhalten die Annahme des Angebots des Verkehrsbetriebes zum Abschluss eines Beförderungsvertrages erklärt.[4]

69 In einigen Fällen knüpft das Gesetz an bestimmte Verhaltensweisen eine gesetzliche Erklärungsvermutung.

Vernichtet der Erblasser sein Testament, wird aufgrund § 2255 Satz 2 BGB ein Widerruf vermutet. Die Vermutung kann widerlegt werden, wenn Tatsachen vorgebracht werden, die einen anderen Erklärungsinhalt belegen.

70 Die ausdrückliche Erklärung kann zum konkludenten Verhalten im Widerspruch stehen. Welcher Erklärung zur Bestimmung des objektiven Tatbestands Vorrang einzuräumen ist, lässt sich anschaulich dem sog. Hamburger Parkplatzfall entnehmen.

---

3 Zum Begriff der Analogie s. Rn. 123.

4 Ob der Einsteigende tatsächlich einen Beförderungsvertrag abschließen will oder beabsichtigt, schwarz zu fahren, ist nicht Gegenstand des objektiven, sondern des subjektiven Tatbestandes.

Fall 4: Hamburger Parkplatzfall[5] 71

Die Stadt Hamburg hat auf einer öffentlichen Fläche einen gebührenpflichtigen Parkplatz eingerichtet. A, der der Ansicht ist, dass er bereits genug Steuern zahle und die Stadt demnach verpflichtet sei, Parkplätze unentgeltlich zur Verfügung zu stellen, erklärt dem Parkwächter P beim Fahren auf den Parkplatz, dass er den Abschluss eines „Parkvertrages" ablehne und dennoch auf dem Parkplatz parken werde. P erwidert, A könne gerne auf der Fläche parken, müsse aber die Parkgebühr entrichten. Nachdem A seinen Wagen abgestellt hat, verlangt P die Parkgebühr. Zu Recht?

Die Benutzung des Parkplatzes ist für sich allein genommen als schlüssiges Vertragsangebot zu werten. Dem steht die ausdrückliche Erklärung des A entgegen, keinen Vertrag abschließen zu wollen. Es stellt sich die Frage, ob entgegen der ausdrücklichen Erklärung des A aufgrund schlüssigen Verhaltens ein Angebot angenommen werden kann, welches P dadurch schlüssig angenommen hat, indem er A auf dem Parkplatz parken ließ. 72

Im Anschluss an die zutreffende herrschende Ansicht ist – unter Berufung auf den Grundsatz der *protestatio facto contraria* (treuwidriger Vorbehalt entgegen dem eigenen *tatsächlichen* Verhalten) – dem konkludenten Handeln Vorrang vor der ausdrücklichen Erklärung einzuräumen. Dem schlüssig Handelnden ist es nach Treu und Glauben (§ 242 BGB) verwehrt, sich auf seine ausdrückliche Erklärung zu berufen, wenn er sich zu dieser in Widerspruch setzt mit dem Ziel, einen ungerechtfertigten Vorteil zu erlangen.[6] Aufgrund des schlüssigen Verhaltens wird ein Vertrag geschlossen. Nach der Gegenansicht darf der entgegenstehende Wille nicht unberücksichtigt bleiben;[7] ein Vertrag käme hiernach nicht zustande, ausgetauschte Leistungen wären nach § 812 Abs. 1 Satz 1, 1. Alt. BGB herauszugeben. 73

Venire contra factum proprium 74

Der Grundsatz der *protestatio facto contraria* (treuwidriger Vorbehalt entgegen dem eigenen *tatsächlichen* Verhalten) ist nicht zu verwechseln mit dem Verbot widersprüchlichen Verhaltens (*venire contra factum proprium*), wonach sich der Erklärende nicht treuwidrig zu seinem eigenen *früheren* Verhalten in Widerspruch setzen darf.

Faktischer Vertrag (sozialtypisches Verhalten) 75

Der BGH[8] kommt in seiner Entscheidung des Hamburger Parkplatzfalls zwar zum gleichen Ergebnis wie die hier vertretene herrschende Meinung, bedient sich dazu aber der auf dem Gebiet der allgemeinen Rechtsgeschäftslehre zweifelhaften Rechtsfigur des faktischen Vertrages (sozialtypisches Verhalten).[9] Nach dieser Rechtsfigur kommt ein Vertrag unabhängig vom Willen des Erklärenden allein aufgrund der gesellschaftlichen Bewertung seines Verhaltens zustande. Die Rechtsfigur ist auch

---

5 Frei nach *Faust*, BGB AT, 6. Auflage 2018, § 3 Rn. 2; *Wolf/Neuner*, AT BGB, 11. Auflage 2016, § 37 Rn. 46; nach BGH, Urteil vom 14. Juli 1956, V ZR 223/54, BGHZ 21, 319 ff.

6 BGH, Urteil vom 9. Mai 2000, VI ZR 173/99, NJW 2000, 3429, 3431; *Bork*, AT BGB, 4. Auflage 2016, Rn. 744.

7 *Faust*, BGB AT, 6. Auflage 2018, § 3 Rn. 2; *Köhler*, BGB AT, 41. Auflage 2017, § 8 Rn. 29; *Wolf/Neuner*, AT BGB, 11. Auflage 2016, § 370 Rn. 47; *Larenz*, BGB AT, 7. Auflage 1989, 536; s. auch BGH, Urteil vom 6. Dezember 2001, III ZR 296/00, NJW 2002, 817.

8 BGH Urteil vom 14. Juli 1956, V ZR 223/54, BGHZ 21, 319, 333 ff.

9 Auf dem Gebiet des Arbeitsrechts (faktischer Arbeitsvertrag) und des Gesellschaftsrechts (faktische Gesellschaft) hat die Lehre vom faktischen Vertrag durchaus seine Berechtigung.

eingesetzt worden, um einen Anspruch auf das erhöhte Beförderungsentgelt gegen schwarzfahrende Minderjährige zu begründen.[10] Jedoch findet die Lehre vom faktischen Vertrag keine Stütze im Gesetz und darf insbesondere nicht zur Umgehung des Minderjährigenschutzes führen. Der BGH hat seine Rechtsprechung nie ausdrücklich aufgegeben, hat aber seither den faktischen Vertrag zur Urteilsbegründung nicht mehr herangezogen.[11]

---

76 In dem Trierer Weinversteigerungsfall (Fall 3) hat A keinen mündlichen oder schriftlichen Kaufantrag abgegeben. Fraglich ist aber, ob A durch das Heranwinken des Bekannten konkludent den objektiven Tatbestand einer Willenserklärung gesetzt hat. In dem Trierer Weinlokal, in dem die Versteigerung stattfand, entspricht es der Verkehrssitte, dass das Heben der Hand ein Angebot darstellt, welches durch den Zuschlag vom Versteigerer angenommen werden kann. Durch das Heben seiner Hand hat A konkludent einen Antrag zum Abschluss eines Kaufvertrages abgegeben. A hat somit den objektiven Tatbestand eines Angebots erfüllt.

c) Schweigen

77 Schweigen ist grundsätzlich keine Willenserklärung, es sei denn, die Parteien vereinbaren (ausdrücklich oder konkludent), dass in einer bestimmten Situation dem Schweigen die Bedeutung einer Willenserklärung zukommt.[12]

78 In bestimmten Fällen knüpft das Gesetz an das Schweigen eine Erklärungswirkung:

- Schweigen als **Ablehnung**, §§ 108 Abs. 2 Satz 2, 177 Abs. 2 Satz 2, 415 Abs. 2 Satz 2 BGB (Verweigerung der Genehmigung nach Aufforderung).

  Bewertet das Gesetz das Schweigen als Ablehnung, tritt die Erklärungswirkung kraft Gesetz ein, selbst wenn hierzu kein entsprechender Geschäftswille gebildet wurde.[13] Die Regeln über Willenserklärungen gelten daher nicht. Eine Anfechtung[14] der Ablehnung ist nicht möglich.[15]

- Schweigen als **Zustimmung**, § 416 Abs. 1 Satz 2 (Übernahme einer Hypothekenschuld), § 455 Satz 2 (Schweigen als Billigung eines Kaufs auf Probe), § 516 Abs. 2 Satz 2 BGB (Schweigen als Annahme einer vollzogenen Schenkung), § 362 HGB (Schweigen des Kaufmanns auf Anträge).

  In den Fällen, in denen das Gesetz dem Schweigen die Bedeutung einer Annahme beimisst, wird der Willensentschluss fingiert. Der Schweigende wird so behandelt, als habe er eine Willenserklärung abgeben wollen.[16] Es sind daher die Vorschriften über Willenserklärungen anzuwenden. Daher kann die durch Schweigen abgegebene Willenserklärung auch angefochten werden mit der Einschränkung, dass der Anfechtende sich nicht auf den Irrtum über die Bedeutung des Schweigens berufen kann.[17]

▶ **Vertiefung:** Zur Bedeutung des Schweigens im Rechtsverkehr s. *Petersen*, Jura 2003, 687 ff.

---

10 LG Bremen, Urteil vom 17. August 1966, 8 O 512/66, NJW 1966, 2360 f.; vgl. ferner AG Köln, Urteil vom 9. Juli 1986, 119 C 68/86, NJW 1987, 447 (Generaleinwilligung der Eltern); a. A. zutreffend AG Hamburg, 24. April 1986, 22b C 708/85, NJW 1987, 448.

11 Vgl. BGH, Urteil vom 25. September 1985, IVa ZR 22/84, BGHZ 95, 393, 399.

12 Zur Bedeutung des Schweigens bei Vertragsannahme s. Rn. 116 ff.

13 *Hanau*, AcP (1965) , 220, 224.

14 Zur Anfechtung s. Rn. 272 ff.

15 Palandt/*Ellenberger*, Einf. v. § 116 Rn. 12.

16 *Hanau*, AcP 165 (1965), 220, 224.

17 *Medicus/Petersen*, AT BGB, 11. Auflage 2016, Rn. 352.

2. Subjektiver Tatbestand

Neben dem objektiven Erklärungstatbestand muss zusätzlich der subjektive Tatbestand erfüllt sein, damit eine Willenserklärung vorliegt. 79

Im Trierer Weinversteigerungsfall (Fall 3) liegt im Heben der Hand der objektive Erklärungstatbestand. Das eigentliche Problem des Falles liegt im subjektiven Tatbestand, da A kein Angebot zum Abschluss eines Vertrages abgeben wollte, Dritte sein Verhalten jedoch dahingehend verstehen konnten. Es stellt sich die Frage, ob der tatsächliche Wille oder das Verständnis Dritter entscheidend für das Bestehen einer Willenserklärung ist. 80

Nach der *Willenstheorie* (vorherrschend im 19. Jahrhundert) ist für das Vorliegen einer Willenserklärung der Wille des Erklärenden entscheidend. Diese Theorie stellt die Selbstbestimmung des Erklärenden in den Vordergrund. Nach der *Erklärungstheorie* ist für das Vorliegen einer Willenserklärung entscheidend, wie Dritte die Erklärung nach Treu und Glauben auslegen und verstehen durften. Diese Theorie gibt dem Schutz des Rechtsverkehrs den Vorrang.
Das BGB entscheidet sich nicht generell für eine Lösung. Den §§ 133 und 157 BGB lässt sich ein vermittelnder Lösungsansatz im Spannungsfeld zwischen Selbstbestimmung und Verkehrsschutz entnehmen. Nach § 133 BGB ist eine Willenserklärung auszulegen und dabei der tatsächliche Wille zu erforschen. Die Auslegung hat gemäß Treu und Glauben mit Rücksicht auf die Verkehrssitte zu erfolgen, § 157 BGB. Es ist folglich auf den Willen (subjektives Element) abzustellen, wie ihn Dritte aufgrund der Erklärung verstehen durften (objektives Element). Entscheidend ist daher der *objektive Empfängerhorizont*.[18]

Der subjektive Tatbestand einer Willenserklärung ist wie folgt aufgebaut:

- **Handlungswille:** Der Wille, überhaupt eine Handlung vorzunehmen. Der Handlungswille fehlt z. B. bei Bewusstlosigkeit oder Sprechen im Schlaf, aber auch bei *vis absoluta* (körperlicher Zwang zur Handlung, wie etwa das Führen der Hand). 81
  Fehlt der Handlungswille, liegt keine Willenserklärung vor, weil der objektive Erklärungstatbestand von keinem inneren Willen getragen wird.

- **Erklärungsbewusstsein:** Das Bewusstsein, eine Erklärung mit rechtsgeschäftlicher Relevanz abzugeben. Das Erklärungsbewusstsein fehlt, z. B. wenn einer Berühmtheit in der Autogrammstunde ein Wechsel untergeschoben wird, der mitunterschrieben wird. 82
  Fehlt das Erklärungsbewusstsein sind die Rechtsfolgen umstritten. Gemäß der früher vertretenen Willenstheorie liegt keine Willenserklärung vor. Nach der heute herrschenden Ansicht gilt hingegen folgendes:

- **potenzielles Erklärungsbewusstsein:** Fehlt das Erklärungsbewusstsein, liegt eine Willenserklärung vor, wenn der Erklärende bei Anwendung der im Verkehr erforderlichen Sorgfalt hätte erkennen und vermeiden können, dass seine Äußerung nach Treu und Glauben und der Verkehrssitte als Willenserklärung aufgefasst werden durfte, und wenn der Empfänger sie auch tatsächlich so verstanden hat (potenzielles Erklärungsbewusstsein oder Erklärungsverantwortung).[19] 83

---

18 S. Rn. 120 ff.

19 BGH, Urteil vom 7. Juni 1984, IX ZR 66/83, BGHZ 91, 324 ff.; BGH, Urteil vom 14. Mai 2002, XI ZR 155/01, NJW 2002, 2325, 2327; BGH, Urteil vom 5. Oktober 2006, III ZR 166/05, BB 2006, 2494 Rn. 19; BGH, Urteil vom 24. Februar 2016, XII ZR 5/15, BGHZ 209, 105 Rn. 37.

84 Fehlt das potenzielle Erklärungsbewusstsein, liegt *keine* Willenserklärung vor. Liegt aufgrund des potenziellen Erklärungsbewusstseins eine Willenserklärung vor, bleibt dem Erklärenden die Möglichkeit, seine Willenserklärung gemäß §§ 119 ff. BGB anzufechten mit der Folge, dass er den entstandenen Vertrauensschaden zu ersetzen hat, § 122 BGB.[20]

85 ▪ **Geschäftswille:** Der Wille, ein bestimmtes Geschäft abzuschließen. Der Geschäftswille fehlt, wenn der Erklärende gemäß seiner objektiven Erklärung ein anderes Geschäft abgeschlossen hat, als er eigentlich abschließen wollte; z. B.: A erklärt gegenüber B, ihm seinen Pkw zu leihen, tatsächlich will er ihn vermieten, oder: A unterbreitet ein Kaufangebot in Höhe von € 1000, will aber nur ein Angebot in Höhe von € 100 unterbreiten.
Beim fehlenden Geschäftswillen liegt eine Willenserklärung vor. Dem Erklärenden bleibt die Möglichkeit der Anfechtung, §§ 119 ff. BGB, einen Vertrauensschaden hat er je nach Fallgestaltung zu ersetzen, § 122 BGB.[21]

86 **Rechtsbindungswille**

Der Begriff des Rechtsbindungswillens enthält keine eigenständige Aussage für den Aufbau des subjektiven Tatbestands der Willenserklärung.[22] Mangelt es am Rechtsbindungswillen, fehlt entweder das Erklärungsbewusstsein (z. B. Gefälligkeit, hier will der Erklärende nichts Rechtsgeschäftliches erklären) oder der Geschäftswille (z. B. invitatio ad offerendum, hier will der Erklärende eine unverbindliche Einladung aussprechen, dass ein anderer ihm gegenüber ein verbindliches Angebot abgibt). Allerdings veranschaulicht der Begriff das wesentliche Problem der Gefälligkeit[23] und der invitatio ad offerendum. Er wird daher in diesem Zusammenhang häufig verwendet.

87 Im Trierer Weinversteigerungsfall (Fall 3) hebt A bewusst die Hand. Er hat daher einen Handlungswillen. Fraglich ist, ob er über ein Erklärungsbewusstsein verfügt, als er seinem Bekannten zuwinkte. A wollte nur seinen Bekannten herbeiholen, jedoch keine Willenserklärung zum Abschluss einen Kaufvertrages abgeben. Indem ihm der Wille mangelt, sich rechtlich zu binden, fehlte ihm das Erklärungsbewusstsein.

88 Trotz fehlendem Erklärungsbewusstsein könnte dennoch eine Willenserklärung vorliegen, sofern A über ein potenzielles Erklärungsbewusstsein verfügt. Hierzu ist erforderlich, dass der Erklärende (hier: A) hätte erkennen können, dass sein Verhalten die Bedeutung einer Willenserklärung hat, und der Erklärungsempfänger es auch tatsäch-

20 BGH, Urteil vom 7. Juni 1984, IX ZR 66/83, BGHZ 91, 324 ff.; *Medicus/Petersen*, AT BGB, 11. Auflage 2016, Rn. 605 ff. Die Auswirkungen des potenziellen Erklärungsbewusstseins sind im Einzelnen umstr., einen Überblick bietet MüKo/*Armbrüster*, § 119 Rn. 94 ff.; so wird z.B. die Haftung nach § 122 BGB nur für ausdrückliche Erklärungen bejaht, *Flume*, Allgemeiner Teil des Bürgerlichen Rechts, Band II, Das Rechtsgeschäft, 4. Auflage 1992, 450. Für andere ist lediglich der Handlungswille für eine Willenserklärung erforderlich; fehlt das Erklärungsbewusstsein, läge eine anfechtbare Willenserklärung vor, *Musielak*, AcP 211 (2011), 769, 801.

21 Einzelheiten zur Anfechtung s. unter Rn. 272 ff.

22 *Musielak/Hau*, Grundkurs BGB, 15. Auflage 2017, Rn. 78.

23 BGH, Urteil vom 23. Juli 2015, III ZR 346/14, BGHZ 206, 254 Rn. 8; *Medicus/Petersen*, AT BGB, 11. Auflage 2016, Rn. 191; *H. P. Westermann/Bydlinski/Weber*, BGB – Schuldrecht AT, 8. Auflage 2013, Rn. 2/32 f.

lich so verstanden hat. A war sich zwar nicht bewusst, auf einer Versteigerung zu sein, er hätte dies – sowie die Bedeutung des Handhebens – aber jederzeit erkennen können, wenn er sich nur umgeschaut hätte. Der Versteigerer V versteht das Zuwinken auch als Angebot. Daher verfügt A über ein potenzielles Erklärungsbewusstsein. Der subjektive Tatbestand der Willenserklärung ist erfüllt. Eine Willenserklärung liegt vor. In dem Heben der Hand ist ein konkludentes Angebot zum Abschluss eines Kaufvertrages zu sehen.

▶ **Vertiefung:** Zum Aufbau einer Willenserklärung s. *Musielak/Hau*, Grundkurs BGB, 15. Auflage 2017, Rn. 50 ff. sowie *Petersen*, Jura 2006, 178 ff., der jedoch Rechtsbindungswille und Erklärungsbewusstsein synonym verwendet.

3. Wirksamwerden einer Willenserklärung, § 130 BGB

Eine Willenserklärung muss kundgegeben werden, um wirksam zu werden. Hierzu gehört ihre Abgabe, was in § 130 Abs. 1 BGB vorausgesetzt wird, und grundsätzlich auch ihr Zugang, § 130 Abs. 1 BGB. **89**

a) Abgabe

Durch die Abgabe wird die Willenserklärung rechtlich existent. Hierzu ist erforderlich, dass der Erklärende *willentlich* alles getan hat, damit die Willenserklärung wirksam wird. Eine empfangsbedürftige Willenserklärung muss daher mit *Wissen und Wollen* des Erklärenden in die Richtung des Empfängers gebracht werden.[24] An der Abgabe mangelt es, wenn der Erklärende ein Schriftstück verfasst, dieses jedoch entgegen seinem Willen von einem Dritten abgeschickt wird.[25] **90**

Im Trierer Weinversteigerungsfall (Fall 3) erfolgt die Kundgabe von A's Willenserklärung unter Anwesenden und ist unproblematisch. Auf die Abgabe der Willenserklärung wäre deshalb in der Klausur nicht vertieft im Gutachtenstil einzugehen. Es genügt die Feststellung, dass A durch das Heben der Hand sein Angebot abgibt.

Einen Sonderfall bildet der Fall der so genannten *scheinbaren Willenserklärung*. **91**

Fall 5a: Bestellformular mit Eigenleben

A füllt ein Bestellformular aus, legt es aber zur Seite, da er sich über die Bestellung noch nicht im Klaren ist. Der Einbrecher B findet das ausgefüllte Formular und gibt es zur Post. Hat A ein Angebot abgegeben?

Die rechtliche Würdigung der scheinbaren Willenserklärung ist umstritten. Nach der früher vertretenen Willenstheorie ist das Vorliegen einer Willenserklärung zu verneinen,

24 H.A., *Wolf/Neuner*, AT BGB, 11. Auflage 2016, § 33 Rn. 2; *Medicus/Petersen*, AT BGB, 11. Auflage 2016, Rn. 263 ff.

25 Andere wollen dem Empfänger einen Schadensersatzanspruch gemäß § 122 BGB analog zusprechen, wobei zudem umstritten ist, ob es einer Anfechtung bedarf, zur Streitübersicht s. *Petersen*, Jura 2006, 426 f.

da es am Erklärungsbewusstsein fehlt. Nach der heute wohl h. A. ist erforderlich, dass die Willenserklärung mit dem Willen des Erklärenden in Richtung des Empfängers gebracht wird, anderenfalls ist sie nicht abgegeben worden.[26] Die Gegenansicht setzt die scheinbare Willenserklärung mit den Fällen des potenziellen Erklärungsbewusstseins gleich und bejaht die Abgabe einer anfechtbaren Willenserklärung, sofern die Abgabe dem Erklärenden zurechenbar ist.[27] Nach einer dritten Ansicht hindert der fehlende Abgabewille nicht das Zustandekommen der Willenserklärung, sofern dies für den Empfänger nicht erkennbar ist.[28]

Die scheinbare Willenserklärung ist mit dem fehlenden Erklärungsbewusstsein vergleichbar. Der Unterschied besteht lediglich darin, dass der Erklärende die rechtliche Bedeutung der Erklärung zwar erkennt, sie aber (noch) nicht will. In entsprechender Anwendung der Lehre vom potenziellen Erklärungsbewusstsein ist die Willenserklärung daher abgegeben, wenn der Erklärende unter Beobachtung der im Verkehr erforderlichen Sorgfalt hätte erkennen können, dass die Willenserklärung in Richtung des Empfängers gelangt und dieser sie als abgegeben ansieht. Diese in zurechenbarer Weise abgegebene Willenserklärung ist entsprechend § 119 Abs. 1 BGB anfechtbar. Im Falle der Anfechtung hat der vermeintlich Erklärende den entstandenen Vertrauensschaden nach § 122 BGB analog zu ersetzen.[29] Im Fall 5 a) liegt nach der hier vertretenen Auffassung keine Abgabe vor. Denn A wollte keine Willenserklärung abgeben. Ihm ist die Abgabe durch B auch nicht zuzurechnen, da ihm kein Sorgfaltsverstoß vorgeworfen werden kann.

92 **Fall 5b**

A legt das ausgefüllte Bestellformular versehentlich in das Postausgangsfach, und seine Sekretärin B schickt es weisungsgemäß ab. Hat A ein Angebot abgegeben?

Dass die Sekretärin B das Formular abschicken werde, hätte A aufgrund seiner Anweisung, die Briefe im Postausgangsfach zu versenden, erkennen können. Eine Willenserklärung liegt vor.

b) Zugang

93 Das Gesetz unterscheidet zwischen der empfangsbedürftigen Willenserklärung (§ 130 Abs. 1 Satz 1 BGB „Eine Willenserklärung, die einem anderen gegenüber abzugeben ist, …") und der nicht empfangsbedürftigen Willenserklärung (z. B. Auslobung, § 657 BGB; Eigentumsaufgabe (Dereliktion), § 959 BGB (str.);[30] Erbschaftsannahme, § 1943 BGB; Testament, § 2247 BGB).

26 BGH, Urteil vom 30. Mai 1975, V ZR 206/73, BGHZ 65, 13, 14 f.; Erman/*A. Arnold*, § 130 Rn. 4.
27 *Medicus/Petersen*, AT BGB, 11. Auflage 2016, Rn. 266; Soergel/*Hefermehl*, § 130 Rn. 5; ähnlich MüKo/*Einsele*, § 130 Rn. 14, Vertretenmüssen der Abgabe.
28 Jauernig/*Mansel*, § 130 Rn. 1.
29 Erman/*A. Arnold*, § 130 Rn. 4; MüKo/*Einsele*, § 130 Rn. 14, in unmittelbarer Anwendung; abweichend Erman/*Palm*, 12. Auflage 2008, § 130 Rn. 4, keine Erklärung, aber § 122 BGB analog.
30 H.A., BeckOK/*Kindl*, § 959 Rn. 1; MüKo/*Oechsler*, § 959 Rn. 3; a.A. Willensbetätigung, Staudinger/*Gursky-Wiegand*, § 959 Rn. 1.

aa) Nicht empfangsbedürftige Willenserklärungen

Nicht empfangsbedürftige Willenserklärungen werden mit ihrer Abgabe wirksam. 94

Beispiel: Auslobung, Testament.

bb) Empfangsbedürftige Willenserklärungen

Empfangsbedürftige Willenserklärungen müssen dem Erklärungsempfänger zugehen, 95
um wirksam zu werden.

i) Unter Anwesenden

Eine *mündliche* Willenserklärung wird unter Anwesenden nach der *Vernehmens-* 96
theorie[31] unmittelbar wirksam, sofern der Empfänger die Willenserklärung akustisch wahrgenommen hat.

Beispiel: V macht K in einer lauten Diskothek das Angebot zum Verkauf seines Pkws zum Preis von € 50 000. K schlägt ein, da er akustisch wahrnahm, V habe € 15 000 gesagt.

In dem Beispielsfall hat K das mündliche Angebot des V nicht verstanden. Es ist dem K daher nicht zugegangen.

Nach der Vernehmenstheorie trägt der Erklärende das Risiko, dass der Empfänger sein Wort auch zutreffend erfasst. Daher gehen eine unsaubere Aussprache aber auch Sprachunkenntnis oder Taubheit des Empfängers grundsätzlich zu Lasten des Erklärenden.[32] Das gilt erst recht (*a fortiori*), wenn der Empfänger das Verstandene mehrfach unwidersprochen wiederholt (*argumentum a minore ad maius*, d.h. Schluss vom Kleineren auf das Größere).[33]

Beispiel: Dialektbedingt spricht eine Kundin das gewünschte Reiseziel (Porto) undeutlich aus, woraufhin die Mitarbeiterin des Reisbüros das Ziel falsch versteht (Bordeaux) und es zur Sicherheit zweimal wiederholt, ohne dass die Kundin ihr widerspricht. Der Vertrag kommt mit dem Reiseziel Bordeaux zustande.

Härtefälle der Vernehmenstheorie, etwa bei einer unerkannten Schwerhörigkeit des 97
Empfängers, vermeidet die herrschende *eingeschränkte* oder *abgeschwächte Vernehmenstheorie*.[34] Danach ist die Willenserklärung als wirksam anzusehen, wenn der Erklärende keinen Anlass zum Zweifel am richtigen akustischen Verständnis des Erklärungsempfängers haben kann. Der Empfänger muss auf evtl. Hörschwierigkeiten, die dem Erklärenden nicht erkennbar sind, hinweisen und sich vergewissern, ob er richtig verstanden hat. Somit wird das Risiko des richtigen Verständnisses in billiger Weise zwischen dem Erklärenden und dem Erklärungsempfänger verteilt.

---

31 *Flume*, Allgemeiner Teil des Bürgerlichen Rechts, Band II, Das Rechtsgeschäft, 4. Auflage 1992, 240 f.

32 Palandt/*Ellenberger*, § 130 Rn. 14.

33 AG Stuttgart-Bad Cannstatt, Urteil vom 16. März 2012, 12 C 3263/11.

34 *Medicus/Petersen*, AT BGB, 11. Auflage 2016, Rn. 289; *Wolf/Neuner*, AT BGB, 11. Auflage 2016, § 33 Rn. 38.

Im Trierer Weinversteigerungsfall (Fall 3) ist A's Willenserklärung durch das Handheben wirksam geworden. Seine Willenserklärung über das Angebot, das Weinfass zum Preis von € 1500 zu ersteigern, ist wirksam.

98 Eine *schriftliche* Willenserklärung wird unter Anwesenden durch deren Übergabe wirksam.

ii) Unter Abwesenden

99 Nach § 130 Abs. 1 Satz 1 BGB wird eine empfangsbedürftige Willenserklärung unter Abwesenden mit deren Zugang wirksam.

Wann ist in den folgenden Situationen die Willenserklärung zugegangen und somit wirksam geworden?

Ausgangssituation: A unterbreitet B ein schriftliches Angebot.

100 a) A unterschreibt das Angebot, der Brief wird unbemerkt in den Papierkorb geweht und schließlich vernichtet.

Die Willenserklärung ist nicht abgegeben worden, ein Zugang kann daher nicht erfolgen.

101 b) Der Brief wird abgesandt, geht aber auf der Post verloren.

Die Willenserklärung ist abgegeben worden. Die Willenserklärung wird mangels Zugang nicht wirksam.

102 c) Der Brief kommt an, er wird am Freitagabend in den Bürobriefkasten des B eingeworfen. Diebe stehlen den Brief am Sonntag. Am Montagmorgen findet B den Brief folglich nicht vor.

d) Der Brief befindet sich am Montagmorgen noch im Briefkasten. Der Angestellte des B, der den Briefkasten leert, verliert den Brief auf dem Weg zum Schreibtisch des B.

e) Der Brief wird auf den Schreibtisch des B gelegt, dort aber von ihm übersehen.

Die Frage, wann eine Erklärung zugegangen ist, entscheidet darüber, wer das Risiko des Verlustes der Erklärung zu tragen hat. Zudem hat sie Bedeutung für den Widerruf der Willenserklärung, der nur bis zu deren Zugang möglich ist, § 130 Abs. 1 Satz 2 BGB. Je früher die Willenserklärung zugeht, desto geringer ist das Verlustrisiko für den Erklärenden und desto eher ist seine Willenserklärung unwiderruflich.

Das Gesetz definiert den Begriff des Zugangs nicht. § 130 Abs. 1 Satz 1 BGB trifft lediglich die Entscheidung, dass anders als nach der in Ländern des *common law* verbreiteten *postal rule* die Abgabe für die Wirksamkeit einer Willenserklärung nicht ausreicht, sondern dass deren Zugang erforderlich ist.

103 Wann eine Willenserklärung nach § 130 Abs. 1 Satz 1 BGB zugeht, ist umstritten. Nach einer Ansicht wird eine Willenserklärung wirksam, wenn sie in den Machtbereich des Empfängers gelangt.[35] Im obigen Beispiel wäre danach die Willenserklärung bereits in der Variante c) am Freitagabend zugegangen und somit wirksam geworden.

35 *Flume*, Allgemeiner Teil des Bürgerlichen Rechts, Band II, Das Rechtsgeschäft, 4. Auflage 1992, 230 ff.; ähnlich *Effer-Uhe*, JZ 2016, 770, 778; *Leipold*, Festschrift Medicus, 2009, 251, 261 ff., Zugang bei (technischer) Möglichkeit der Kenntnisnahme.

Nach der herrschenden Ansicht ist eine Willenserklärung zugegangen, wenn sie derart in den Machtbereich des Empfängers gelangt ist, dass nach der Verkehrsauffassung mit dessen Kenntnisnahme gerechnet werden kann.[36] Auf die tatsächliche Kenntnisnahme kommt es nicht an. Nach der Verkehrsauffassung wird zu den regulären Bürozeiten mit der Kenntnisnahme gerechnet.

Elektronische Willenserklärungen (Email), die in einer Mailbox abgelegt werden, gelten als zugegangen, wenn der Empfänger sie unter gewöhnlichen Umständen abrufen kann, arg. e § 312i Abs. 1 Satz 2 BGB, sofern der Empfänger mit seiner Emailadresse zuvor im Rechtsverkehr aufgetreten ist.[37] Umstritten ist, was unter „gewöhnlichen Umstanden" zu verstehen ist.[38] Emails werden zur raschen Übermittlung von Informationen genutzt. Es ist somit davon auszugehen, dass eine Person, die Emails im Rechtsverkehr nutzt, täglich ihren Posteingang überprüft. Daher gelten Emails am Tage ihres Eingangs als zugegangen.[39] Erreicht die Email zur Unzeit (z.B. während der Nacht oder außerhalb der üblichen Geschäftszeiten) den Posteingang, so geht die Email am darauffolgenden Tage zu, wenn mit dem Abrufen der Email gerechnet werden kann.[40]

Gemäß der h. A. ist die Willenserklärung erst in der Variante d) am Montag zugegangen.

Unstrittig kommt es auf eine später erfolgte *tatsächliche Kenntnisnahme* nicht mehr an. Demnach ist auch in der Variante e) der Zugang zu bejahen. Allerdings ist *spätestens* bei tatsächlicher Kenntnisnahme eine Willenserklärung zugegangen.[41] Die Zugangsdefinition ist insofern einzuschränken. Wenn in Abwandlung von der Variante c) der B den Brief am Samstag liest, ist die Willenserklärung am Samstag zugegangen.

Zugangsvereitelung 104

Grundsätzlich trägt der Erklärende das Übermittlungsrisiko. Gelangt die Willenserklärung nicht in den Machtbereich des Empfängers, geht sie nicht zu. Etwas anderes gilt aufgrund Treu und Glauben (§ 242 BGB), wenn der Empfänger den Zugang vereitelt (z. B. weil ein Postkasten fehlt, wird der Brief vor die Tür gelegt, wo er abhandenkommt; die an die vom Empfänger angegebene Adresse gesandte Email wird zurückgewiesen, da der Speicherplatz des Postfachs erschöpft ist). Hierbei ist zu unterscheiden:
Erfolgt die Vereitelung *fahrlässig* (z. B. der Empfänger hätte mit dem Empfang der Email rechnen müssen, er vergisst aber, für den hinreichenden Speicherplatz zu sorgen), scheitert zwar der Zugang. Der Erklärende muss noch einmal versuchen, die Willenserklärung zu übermitteln, notfalls gemäß § 132 Abs. 1 BGB mit Hilfe eines Gerichtsvollziehers.[42] Sofern die Willenserklärung beim erneuten Übermittlungsversuch tatsächlich zugeht, wird die Rechtzeitigkeit der Willenserklärung aufgrund Treu und Glauben (§ 242 BGB) zu dem Zeitpunkt fingiert, an dem die Willenserklärung das erste Mal in den Machtbereich des Empfängers gelangt und mit der Kenntnisnahme zu rechnen gewesen wäre.[43]

---

36 H.A. und ständige Rechtsprechung, s. BGH, Urteil vom 5. Dezember 2007, XII ZR 148/05, NJW 2008, 843 Rn. 9; *Eisfeld*, JA 2006, 851, 852.

37 Palandt/*Ellenberger*, § 130 Rn. 7a.

38 Vgl. Übersicht des AG Meldorf, Urteil vom 29. März 2011, 81 C 1601/10, NJW 2011, 2890, 2891.

39 LG Nürnberg-Fürth, Urteil vom 7. Mai 2002, 2 HKO 9434/01, MMR 2003, 620.

40 MüKo/*Einsele*, § 130 Rn. 19.

41 *Bork*, AT BGB, 4. Auflage 2016, Rn. 621; *Medicus/Petersen*, AT BGB, 11. Auflage 2016, Rn. 276; Staudinger/*Singer-Benedict*, § 130 Rn. 39; *Eisfeld*, JA 2006, 851.

42 *Bork*, AT BGB, 4. Auflage 2016, Rn. 637.

43 *Bork*, AT BGB, 4. Auflage 2016, Rn. 637; *Köhler*, BGB AT, 41. Auflage 2017, § 6 Rn. 30.

Wird der Zugang *vorsätzlich* vereitelt, ist ein weiterer Übermittlungsversuch nicht zumutbar und daher nicht erforderlich. Der Zugang der Willenserklärung wird fingiert.[44]
Problematisch ist der Fall, in dem der Empfänger eines Übergabe-Einschreibens, dieses nicht bei der Post abholt, obwohl er in seinem Briefkasten einen Benachrichtigungsschein vorgefunden hat.[45] Allein der Einwurf des Benachrichtigungsscheins begründet noch keinen Zugang, da er nicht die Willenserklärung enthält. Wird das Einschreiben nicht abgeholt, sei nach Ansicht des BGH nur die *Rechtzeitigkeit* der Willenserklärung zu fingieren. Der Erklärende müsste demzufolge einen weiteren Übermittlungsversuch unternehmen (s. o.). Denn der Empfänger wisse nicht, welche Erklärung das Einschreiben enthält und vereitele somit nicht vorsätzlich den Zugang einer *bestimmten* Willenserklärung.[46] Nach zutreffender Ansicht ist hingegen der *Zugang* der Erklärung aufgrund Treu und Glauben (§ 242 BGB) zu dem Zeitpunkt zu fingieren, an dem damit zu rechnen war, dass der Empfänger das Einschreiben bei der Post abholt. Denn für den Zugang ist lediglich die Möglichkeit der Kenntnisnahme erforderlich. Daher kann es keinen Unterschied machen, ob der Brief in den Machtbereich des Empfängers gelangt, der Empfänger ihn jedoch nicht liest, oder ob der Empfänger eine Mitteilung zur Abholung des Briefes erhält und er diesen nicht abholt.[47]

▶ **Vertiefung:** Zur Zugangsproblematik s. *Weiler*, JuS 2005, 788 ff.; *Eisfeld*, JA 2006, 851 ff.

c) Widerruf

105 Solange oder bis eine abgegebene, empfangsbedürftige Willenserklärung noch nicht beim Erklärungsempfänger zugegangen ist, kann sie vom Erklärenden widerrufen werden, § 130 Abs. 1 Satz 2 BGB.

106 **Fall 6: Der Widerruf**

Zufällig erfährt A in Fall 5b) von seiner Sekretärin noch am selben Tag von der Aufgabe des Bestellformulars zur Post. Deshalb ruft er sofort beim Versandhaus an und widerruft seine Bestellung.

Nach § 130 Abs. 1 Satz 2 BGB ist das Angebot zum Abschluss eines Kaufvertrages vor seinem Zugang beim Versandhaus wirksam widerrufen worden.

107 **Fall 7: Widerrufsvarianten**

Das Angebot des A wird am Freitagabend in den Bürobriefkasten des B eingeworfen. Das Büro des B öffnet erst wieder am Montag um 8.00 h.

a) Der Widerruf des A wird am Montag um 9.00 h in den Bürobriefkasten des B eingeworfen. B liest zuerst den Widerruf und dann den Brief. Ist das Angebot des A wirksam?

44 BGH, Urteil vom 26. November 1997, VIII ZR 22/97, BGHZ 137, 205, 209 f.; *Bork*, AT BGB, 4. Auflage 2016, Rn. 637; *Köhler*, BGB AT, 41. Auflage 2017, § 6 Rn. 30; *D. Schwab/Löhnig*, Einführung in das Zivilrecht, 20. Auflage 2016, Rn. 506.

45 Zu unterscheiden ist das *Übergabe*-Einschreiben von dem *Einwurf*-Einschreiben. Bei letzterem wird das Einschreiben in den Briefkasten eingeworfen, was der Briefträger urkundlich bestätigt. Das Einwurf-Einschreiben geht daher wie ein gewöhnlicher Brief zu, nur der Beweis des Zugangs wird erleichtert, s. MüKo/*Einsele*, § 130 Rn. 21.

46 BGH, Urteil vom 26. November 1997, VIII ZR 22/97, BGHZ 137, 205, 208 ff. sowie Urteil vom 29. November 2006, VIII ZR 92/06, BGHZ 170, 86, 98 Rn. 34; zustimmend *Bork*, AT BGB, 4. Auflage 2016, Rn. 627.

47 *Wolf/Neuer*, AT BGB, 11. Auflage 2016, § 33 Rn. 16.

Der Brief ist spätestens am Montag um 8.00 h zugegangen. Der am selben Tag um 9.00 h zugegangene Widerruf ist verspätet. Auf die tatsächliche Kenntnisnahme von Willenserklärung und Widerruf kommt es nicht an.[48] Hiergegen wird eingewendet, dass der Empfänger vor Kenntnisnahme noch nicht auf den Bestand der Willenserklärung vertrauen konnte, er daher nicht schutzbedürftig sei. Daher will eine Ansicht dem Empfänger die Berufung auf § 130 Abs. 1 Satz 2 BGB verwehren, wenn er die Willenserklärung erst nach oder zeitgleich mit dem Widerruf zur Kenntnis nimmt.[49] Es erscheint jedoch fragwürdig, die gesetzliche Wertung von § 130 Abs. 1 Satz 2 BGB zugunsten des Erklärenden auszuhebeln, dessen Widerruf verspätet zugeht, da der Erklärende es über die Wahl des Zugangswegs in der Hand hat, den Zeitpunkt des Zugangs von Willenserklärung und Widerruf zu bestimmen. Einer Korrektur von § 130 Abs. 1 Satz 2 BGB aufgrund Billigkeitserwägungen bedarf es nicht.

b) B liest den Brief am Samstag. Am Sonntag wird der Widerruf des A im Büro des B eingeworfen. Ist das Angebot des A wirksam?

Spätestens im Zeitpunkt der Kenntnisnahme ist der Zugang erfolgt. Das Angebot des A ist daher am Samstag zugegangen, als B den Brief las. Der am Sonntag eingeworfene Widerruf ist verspätet.

c) Am Samstag wird der Widerruf des A im Büro des B eingeworfen. Am Sonntag liest B zufällig zuerst den Brief und dann den Widerruf. Ist das Angebot des A wirksam?

Geht man nach den dargestellten Grundsätzen auch hier davon aus, dass spätestens mit Kenntnisnahme der Zugang erfolgt, wäre der Widerruf verspätet. Denn B liest den Widerruf erst nach dem Angebot. Allerdings kann es auf die zufällige Reihenfolge der Kenntnisnahme nicht ankommen. Interessengerechter ist es, von einem gleichzeitigen Zugang auszugehen. Das Angebot ist demnach widerrufen worden.

4. Zustandekommen eines zweiseitigen Rechtsgeschäfts

Ein Vertrag ist ein zweiseitiges Rechtsgeschäft, an das die Parteien gebunden sind (*pacta sunt servanda*) und welches im Hinblick auf bestimmte Rechtsfolgen abgeschlossen wird. **108**

a) Angebot und Annahme

Ein zweiseitiges Rechtsgeschäft, wie z. B. ein Kaufvertrag, kommt durch Angebot (§ 145 BGB) und Annahme (§§ 146 ff. BGB) zustande. Der Antragende ist grundsätzlich durch sein Angebot gebunden, es sei denn, dass er die Gebundenheit ausgeschlossen hat (§ 145 BGB). **109**

48 *Medicus/Peters*, AT BGB, 11. Auflage 2016, Rn. 300.

49 *Hübner*, Allgemeiner Teil des Bürgerlichen Gesetzbuches, 2. Auflage 1996, Rn. 737; weitergehender Erman/*Palm*, 12. Auflage 2008, § 130 Rn. 15, Widerruf möglich, wenn der Empfänger im Zeitpunkt der Kenntnisnahme weiß, dass ein Widerruf an ihn unterwegs ist.

Beispiele: Angebot in einer eBay-Auktion
Gemäß den allgemeinen Geschäftsbedingungen (AGB) von eBay kann ein Angebot aus berechtigten Gründen vor Ende der Auktion zurückgenommen werden. Als berechtigter Grund wird der Diebstahl der zu versteigernden Ware aufgeführt. Jeder Bieter kann das Verkaufsangebot daher nur in der Art verstehen, dass der Verkäufer seine Gebundenheit im Einklang mit § 145 BGB dahingehend einschränkt, das Angebot widerrufen zu können, sollte die angebotene Ware gestohlen werden.[50]

Kein Angebot liegt vor bei der *invitatio ad offerendum*. Hierunter wird eine unverbindliche Einladung an andere verstanden, ein Angebot abzugeben.

Beispiel: Auslegen von Waren im Schaufenster, Angebot von Waren in einem Katalog oder Onlineshop[51].

Im Trierer Weinversteigerungsfall (Fall 3) hat A, indem er die Hand hebt, schlüssig das Angebot zum Abschluss des Kaufvertrages abgegeben. Durch den Zuschlag hat der Versteigerer das Angebot des A angenommen, § 156 Satz 1 BGB. Durch das Angebot des A und den Zuschlag ist wirksam ein Kaufvertrag zustande gekommen. A muss den Versteigerungspreis bezahlen.

---

110 **1. Falsche Auszeichnung von Waren**

Sofern Waren in einem Supermarkt falsch ausgezeichnet sind und der Käufer sie zu diesem Preis erwerben möchte, ist der Verkäufer nicht aufgrund eines bereits abgeschlossenen Kaufvertrages zum Verkauf zum falschen Preis verpflichtet. Die Auszeichnung ist lediglich eine *invitatio*. Der Käufer unterbreitet das Angebot an der Kasse.[52] Hierfür spricht, dass der Verkäufer sich vorbehalten will, an der Kasse mit einzelnen Kunden keine Verträge zu schließen (z. B. bei Bestehen eines Hausverbots wegen eines früheren Ladendiebstahls) oder die Bonität des Kunden zu prüfen. Auch will er sich nicht gezwungen sehen, den Vertrag bei falscher Preisauszeichnung nach § 119 Abs. 1 BGB anfechten und dem Kunden ggf. Schadensersatz (§ 122 BGB) zahlen zu müssen. Bemerkt der Verkäufer die falsche Preisauszeichnung an der Kasse, kann er das Angebot des Käufers unter Änderung ablehnen und ein neues Angebot unterbreiten, § 150 Abs. 2 BGB, welches der Käufer annehmen oder ablehnen kann. Unerheblich ist, dass der Verkäufer durch die falsche Preisauszeichnung u.U. eine Ordnungswidrigkeit nach § 10 Abs. 1 i. V. m. § 1 Preisangabenverordnung (PAngV) begeht.

2. Tanken an einer Selbstbedienungstankstelle

Ein Kunde, der an einer Selbstbedienungstankstelle tankt, schließt bereits zu diesem Zeitpunkt mit dem Tankstellenbetreiber einen Kaufvertrag ab.[53] Indem der Betreiber die Zapfsäule zum Tanken freischaltet, gibt er ein bindendes Angebot an einen unbestimmten Personenkreis ab (*offerta ad incertas personas*), den an dieser Säule getankten Kraftstoff zu kaufen. Dabei überlässt er gemäß § 315 Abs. 1 BGB dem Käufer, die Menge des Kraftstoffs festzulegen. Der Käufer nimmt den Antrag an, indem er den Kraftstoff tankt. Der Zugang der Annahme ist gemäß § 151 Satz 1 BGB entbehrlich.[54]

---

50 BGH, Urteil vom 8. Juni 2011, VIII ZR 305/10, NJW 2011, 2643 Rn. 17.

51 Abweichend *Föhlisch/Stariradeff*, NJW 2016, 353, 357 f., die aufgrund der angebotenen gängigen Zahlungsmittel dafür plädieren, im Onlineshop von einer *offerta ad incertas personas* des Warenanbieters auszugehen.

52 *Dietrich*, DB 1972, 957 ff.; *Fritzsche*, JA 2006, 674, 678 f.; Jauernig/*Mansel*, § 145 Rn. 3; Erman/*C. Armbrüster*, § 145 Rn. 10; MüKo/*Busche*, § 145 Rn. 12; offengelassen BGH, Urteil vom 28. Januar 1976, VIII ZR 246/74, BGHZ 66, 51, 55 f.; a. A. Palandt/*Ellenberger*, § 145 Rn. 8; *Medicus/Petersen*, AT BGB, 11. Auflage 2016, Rn. 363; *Conrad/Bisenius*, JA 2012, 740, 742 f.

53 BGH, Urteil vom 4. Mai 2011, VIII ZR 171/10, ZGS 2011, 376 Rn. 13.

54 *Faust*, JuS 2011, 929 f.

▶ **Vertiefung:** Ausführlich zum Vertragsschluss beim Selbsttanken *Faust*, JuS 2011, 929 ff.

3. Vertragsschluss bei einer Internetauktion (eBay)

Ersteigert der Käufer eine vom Verkäufer auf der Plattform eines Internetauktionshauses angebotene Ware, kommt der Vertrag nicht aufgrund Zuschlag nach § 156 BGB, sondern durch Angebot und Annahme zustande. Der Verkäufer gibt ein befristetes verbindliches Angebot (§§ 145, 148 BGB) an den Meistbietenden ab, welches dieser durch sein Gebot annimmt. Die Annahme steht unter der auflösenden Bedingung (§ 158 Abs. 2 BGB), dass kein höheres Gebot unterbreitet wird. Der Vertrag kommt daher bereits zustande, wenn das Höchstgebot abgeben wird und nicht erst mit dem Ablauf der Auktionsfrist.[55] Nach § 156 Satz 1 BGB hingegen kommt der Vertrag erst durch den Zuschlag zustande. Der Zuschlag ist die Willenserklärung des Auktionators, mit der dieser das Gebot eines Bieters annimmt. An einem solchen Zuschlag fehlt es typischerweise bei der von Internetauktionshäusern durchgeführten Auktion. Diese stellt keine Versteigerung im Sinne des § 156 BGB dar.[56]

▶ **Hinweis:** Zu rechtlichen Fragen im Rahmen einer eBay-Versteigerung s. *Schlömer/Dittrich*, BB 2007, 2129 ff; *Oechsler*, Jura 2012, 497 ff.

b) Rechtzeitigkeit der Annahme

Das Angebot bindet den Antragenden, es sei denn, dass er die Gebundenheit ausgeschlossen hat, § 145 BGB. Die Annahme muss daher zügig geschehen, weil der Antragende nicht auf unbestimmte Zeit gebunden sein soll. Die §§ 146 ff. BGB enthalten hierzu nähere Regelungen. 111

Im Grundsatz gilt, dass ein Antrag so bald wie möglich anzunehmen ist, es sei denn, der Antragende bestimmt etwas anderes. Ein Angebot unter Anwesenden ist sofort anzunehmen, § 147 Abs. 1 BGB. Unter Abwesenden ist ein Angebot in einem Zeitrahmen anzunehmen, den der Antragende unter regelmäßigen Umständen erwarten kann, § 147 Abs. 2 BGB. Zugunsten des Antragenden ist die Vorschrift eng auszulegen und der Zeitrahmen im Zweifel knapp zu bemessen. Der Antragende kann eine Frist zur Annahme setzen, § 148 BGB. 112

Eine verspätete Annahme gilt als neues Angebot, § 150 Abs. 1 BGB, welches seinerseits wiederum der Annahme bedarf. Geht die Annahme dem Antragenden verspätet zu, ist es ihm jedoch erkennbar, dass sie ihm bei regelmäßiger Beförderung rechtzeitig zugegangen wäre, so muss der Antragende dem Annehmenden die Verspätung unverzüglich, d. h. ohne schuldhaftes Zögern (§ 121 Abs. 1 Satz 1 BGB), anzeigen, sofern er das Zustandekommen des Vertrages verhindern möchte, § 149 BGB. 113

c) Annahme unter Änderung

Fall 8: Verhandlungsgeschick? 114

A bietet B einen Wagen für € 20 000 an. B erklärt die Annahme des Angebots, bietet jedoch nur € 15 000. A schlägt sofort ein. Später reut es B, nicht noch weniger geboten zu haben. Kann A dennoch von B Zahlung der € 15 000 verlangen?

55 OLG Hamm, Urteil vom 10. Januar 2012, 4 U 145/11, NJW 2012, 1156, 1157.
56 BGH, Urteil vom 3. November 2004, VIII ZR 375/03, BB 2005, 235, 236.

Anspruch A gegen B

- **§ 433 Abs. 2 BGB**
A könnte von B die Zahlung von € 15 000 nach § 433 Abs. 2 BGB verlangen. Hierzu müssten die Parteien einen Vertrag mit einem Kaufpreis in entsprechender Höhe abgeschlossen haben. Ein Vertrag setzt zwei übereinstimmende Willenserklärungen voraus. A's Angebot zum Vertragsabschluss in Höhe von € 20 000 wurde von B unter Abänderung des Kaufpreises auf € 15 000 angenommen. Es stehen sich zwei divergierende Willenserklärungen gegenüber. Es kommt hierdurch nicht zum Vertragsschluss.

B's Annahmeerklärung könnte ein neues Angebot darstellen. Nach § 150 Abs. 2 BGB gilt eine Annahme unter Änderung als neuer Antrag. B's abgeänderte Annahme ist demzufolge wie ein neues Angebot zu werten, an das er nach § 145 BGB gebunden ist. Indem A einschlägt, nimmt er das Angebot des B an. Ein Vertrag mit einem Kaufpreis von € 15 000 ist zustande gekommen. A kann von B Zahlung in Höhe von € 15 000 gemäß § 433 Abs. 2 BGB verlangen.

▶ **Hinweis:** Im Fall 8 geht es in erster Linie darum, den Gutachtenstil anhand einer einfachen Fallgestaltung einzuüben. Falsch wäre es, die Fallfrage schlicht mit dem Satz zu beantworten, A könne von B die Zahlung aus dem Kaufvertrag wegen § 150 Abs. 2 BGB verlangen.

Eine Annahme unter Änderung gilt als Ablehnung verbunden mit einem neuen Angebot, § 150 Abs. 2 BGB. Allerdings muss der Empfänger des ursprünglichen Vertragsangebots nach den Grundsätzen von Treu und Glauben (§ 242 BGB) seine Änderungen deutlich zum Ausdruck bringen. Schiebt er dem anderen Teil eine Vertragsänderung unter, was der andere nicht bemerkt, kommt der Vertrag ohne die Änderung zustande.[57]

Beispiel: A unterbreitet B ein schriftliches Angebot. B ändert Teile des Angebots im gleichen Schriftbild und schickt es zurück. Im Begleitschreiben geht B auf die vorgenommenen Änderungen nicht ein. A nimmt daher an, B habe keine Änderung vorgenommen. Der Vertrag kommt ohne die Änderungen des B zustande.

d) Entbehrlichkeit des Zugangs der Annahme, § 151 BGB

115 **Fall 9: Die Katalogbestellung**

A bestellt beim B-Versand einen Fernseher aus dessen Katalog per Fax. B nimmt die Bestellung auf, schickt aber keine Bestätigung, da dies im Versandhandel nicht üblich ist. Ist ein Vertrag zustande gekommen?

Der Katalog des B ist lediglich eine *invitatio ad offerendum*. Das Angebot zum Vertragsschluss unterbreitet A. Fraglich ist hier, ob das Angebot des A angenommen wurde, da dem A die Annahme des B nicht zuging. Nach § 151 BGB kommt ein Vertrag auch ohne den *Zugang* der Annahme zustande, sofern der Antragende auf deren Zugang verzichtet oder nach der Verkehrssitte mit deren Zugang nicht zu rechnen ist.

Ob eine Verkehrssitte i. S. v. § 151 BGB vorliegt, ist Fallfrage. Sie besteht z. B. im Versandhandel oder bei für den Empfänger des Angebots lediglich rechtlich vorteilhaften Rechtsgeschäften wie dem Schuldbeitritt, der Bürgschaft und der Sicherungsabtretung.[58]

57 BGH, Urteil vom 14. Mai 2014, VII ZR 334/12, NJW 2014, 2100 Rn. 17.
58 Palandt/*Ellenberger*, § 151 Rn. 4.

Durch § 151 BGB soll im Interesse des Antragenden ein schneller Vertragsschluss ermöglicht werden. Der Antragende kann auf die Erleichterung, die ihm § 151 BGB bietet, verzichten und trotz einer entsprechenden Verkehrssitte auf den Zugang der Annahme bestehen.[59]

Strittig sind die Anforderungen an die Annahme. Während eine Ansicht den bloßen inneren Entschluss des Annehmenden genügen lassen will,[60] verlangt die h.M. eine Willensbetätigung, die ein objektiver Dritter wahrnehmen könnte.[61]

Im Fall 9 stellt die Aufnahme der Bestellung eine objektive Willensbetätigung dar. Die Annahme ist dem A zwar nicht zugegangen. Nach § 151 Satz 1 BGB kommt ein Vertrag jedoch zustande, wenn nach der Verkehrssitte mit dem Zugang der Annahme nicht zu rechnen ist. Im Versandhandel ist mit einer Bestätigung der Bestellung nicht zu rechnen. Daher bedurfte es des Zugangs der Willenserklärung nicht. Ein Vertrag ist zustande gekommen.

▶ **Hinweis:** Da in Fall 9 eine objektive Willensbetätigung vorliegt, kommt es auf den Meinungsstreit, ob eine Willensbetätigung erforderlich ist, nicht an. Der Streit ist daher in einer Klausur nur kurz darzustellen und kann unter Hinweis auf deren Unerheblichkeit im konkreten Fall offengelassen werden.

§ 151 BGB regelt nicht Fälle des Schweigens. Er setzt einen inneren Entschluss und nach h. A. sogar eine Willensbetätigung voraus.

e) Schweigen als Annahme

Grundsätzlich ist Schweigen keine Willenserklärung. Wer schweigt, stimmt weder zu, noch lehnt er ab. 116

Fall 10: Unbestellte Ware

A wird vom Versandhaus V unaufgefordert ein Buch zugesandt. Im Begleitschreiben wird mitgeteilt, dass A den Kaufpreis in Höhe von € 20 zu zahlen hat, sofern er das Buch nicht innerhalb von 14 Tagen zurücksendet. Kann V nach 14 Tagen den Kaufpreis verlangen, falls A das Buch schlicht zur Seite legt?

Anspruch V gegen A

- **§ 433 Abs. 2 BGB**

V könnte von A Zahlung des Kaufpreises nach § 433 Abs. 2 BGB verlangen, sofern ein Kaufvertrag zwischen den Parteien zustande gekommen ist. Hierzu sind zwei übereinstimmende Willenserklärungen erforderlich. V hat ein Angebot zum Abschluss des Kaufvertrages an A abgegeben, welches diesem zugegangen und damit wirksam ist. A müsste das Angebot auch angenommen haben. A legt das Buch schlicht zur Seite. Er schweigt auf das Angebot und gibt keine Willenserklärung zur Annahme des Vertrages ab. Ein Kaufvertrag ist nicht zustande gekommen. V kann von A nicht Zahlung des Kaufpreises verlangen.

59 Staudinger/*Bork*, § 151 Rn. 9.

60 *Flume*, Allgemeiner Teil des Bürgerlichen Rechts, Band II, Das Rechtsgeschäft, 4. Auflage 1992, 655; ausführlich *Schwarze*, AcP 202 (2002), 607 ff.

61 BGH, Urteil vom 24. Februar 2016, XII ZR 5/15, BGHZ 209, 105 Rn. 38; Staudinger/*Bork*, § 151 Rn. 14 ff.; MüKo/*Busche*, § 151 Rn. 9.

▶ **Hinweis:** Liest A das Buch, gibt er hiermit konkludent eine Willenserklärung zur Annahme des Vertrages ab. Auf den Zugang der Annahme hat V konkludent nach § 151 Satz 1, 2. Alternative BGB verzichtet. Ein Kaufvertrag kommt zustande und V kann von A Zahlung des Kaufpreises verlangen. Dies gilt aufgrund § 241a BGB jedoch nur, sofern A das Buch tatsächlich kaufen möchte.

---

117 **Bedeutung von § 241a BGB**

Gegen den Willen des Verbrauchers (§ 13 BGB) kommt beim Zusenden unbestellter Ware durch einen Unternehmer (§ 14 BGB) kein Kaufvertrag zustande. Das gilt auch bei einer Willensbetätigung nach § 151 BGB. Nutzt der Verbraucher die unbestellt zugesandte Ware, kommt dennoch kein Kaufvertrag zustande, wenn der Verbraucher keinen Vertragsschluss will. Ferner sind alle sonstigen Ansprüche des Unternehmers gegen den Verbraucher (z. B. nach §§ 812, 985 BGB auf Herausgabe der Ware) ausgeschlossen.[62] Den Verbraucher trifft daher keine Aufbewahrungspflicht.

---

118 Den Parteien ist es freigestellt zu vereinbaren, dass das Schweigen auf ein Angebot eine Annahme darstellt. Im Rahmen von Handelsgeschäften kommt dem Schweigen eine stärkere Bedeutung zu. Das Schweigen eines Kaufmanns, dessen Gewerbebetrieb die Besorgung von Geschäften für andere mit sich bringt, auf das Angebot, ein solches Geschäft abzuschließen, gilt nach § 362 Abs. 1 Satz 1 HGB als Annahme.[63] Schweigen kann auch im Geschäftsverkehr aufgrund bestehender Handelsbräuche als Annahme gewertet werden, § 346 HGB. Anerkannt ist das Schweigen auf ein *kaufmännisches Bestätigungsschreiben*.

Die Rechtsfigur des kaufmännischen Bestätigungsschreibens hat sich im Rechtsverkehr zwischen ordentlichen Kaufleuten herausgebildet. Verhandlungen zwischen den Parteien ziehen sich häufig einige Zeit hin. Am Ende geht man per Handschlag auseinander. Am Folgetag fasst eine der Parteien die Ergebnisse zusammen und übermittelt sie der anderen Partei. Hierdurch wird der Inhalt der Verhandlung für die Akten festgehalten, auf welche später bei Bedarf zurückgegriffen werden kann. Ist die andere Partei mit der Zusammenfassung nicht einverstanden, widerspricht sie zeitnah. Meinungsverschiedenheiten werden somit unmittelbar aufgedeckt. Zukünftige Konflikte lassen sich vermeiden. Der Vertragsinhalt lässt sich leichter beweisen.

119 Unter den folgenden Voraussetzungen gilt das Schweigen auf ein kaufmännisches Bestätigungsschreiben als Zustimmung:

- Bei den Vertragsparteien handelt es sich um Kaufleute oder Personen, die kaufmannsähnlich am Rechtsverkehr teilnehmen (wie z. B. Vertreter der Freien Berufe);
- das Schreiben bezieht sich auf einen unmittelbar zuvor (bis zu fünf Tage) stattgefundenen (vermeintlichen) Vertragsschluss;
- das Schreiben gibt den (vermeintlichen) Vertragsinhalt wieder;
- der Vertragsinhalt weicht nicht derart von dem tatsächlich Vereinbarten ab, dass mit der Verweigerung des Einverständnisses des Gegenübers zu rechnen ist;
- der Vertragsinhalt wird nicht bewusst unrichtig dargestellt;
- der Empfänger erklärt nicht unverzüglich (i. d. R. binnen von drei Tagen) seinen Widerspruch.

Liegen die Voraussetzungen vor, so kommt ein Vertrag mit dem Inhalt des Bestätigungsschreibens zustande. Bittet der Verfasser des Bestätigungsschreibens um eine

---

62 *Jäckel/Tonikidis*, JuS 2014, 1064 f.; a.A. *Köhler*, JuS 2014, 865, 869.
63 Näher hierzu *Bülow/Artz*, Handelsrecht, 7. Auflage 2015, Rn. 364 f.

Gegenbestätigung, spricht dies nicht an sich gegen die Anwendung der Regeln zum kaufmännischen Bestätigungsschreiben. Es ist im Einzelfall zu prüfen, welchen Zweck die Gegenbestätigung verfolgt. Dient sie etwa lediglich als Zugangsbestätigung, liegt ein Bestätigungsschreiben vor, eine fehlende Gegenbestätigung schadet nicht. Entscheidend ist, ob der Verfasser davon ausgeht, ein Vertrag sei zustande gekommen, den er mit seinem Schreiben lediglich bestätigt.[64]

Das kaufmännische Bestätigungsschreiben kann je nach Fallgestaltung *deklaratorische* oder *konstitutive* Bedeutung haben. Deklaratorische Bedeutung kommt ihm zu, sofern bereits eine Einigung erreicht worden war, die dem Inhalt des Schreibens entspricht. Das Schreiben bestätigt in diesem Fall lediglich die bestehende Vereinbarung. Konstitutive Bedeutung hat das Bestätigungsschreiben, wenn es inhaltlich von dem tatsächlich Vereinbarten abweicht oder wenn eine Einigung nicht erreicht worden war. Ein Vertrag wird durch das Schweigen auf das Bestätigungsschreiben mit dessen Inhalt begründet.

▶ **Vertiefung:** Zum kaufmännischen Bestätigungsschreiben s. *Schärtl*, JA 2007, 567 ff.; *Lettl*, JuS 2008, 849 ff. (mit Klausurbeispiel).

5. Auslegung der Willenserklärung

Fall 11: Håkjærringkjøtt-Fall 120

A und B vereinbaren den Kauf von Håkjærringkjøtt unter der Annahme, dass dies das norwegische Wort für Walfischfleisch sei. Wie Jedermann weiß, bedeutet es jedoch Haifischfleisch. Mit welchem Inhalt ist der Vertrag zustande gekommen?

Bei der Auslegung einer Willenserklärung ist der tatsächliche Wille des Erklärenden zu ergründen, § 133 BGB. Das bedeutet, dass der Erklärungsempfänger den Erklärenden nicht an den Buchstaben seiner Erklärung festhalten darf. Er muss sich vielmehr bemühen, die wahre Absicht des Erklärenden zu ermitteln. Da es dem Erklärungsempfänger nicht möglich ist, die Gedanken des Erklärenden zu lesen, kann er bei der Ermittlung des tatsächlichen Willens des Erklärenden nur von den objektiven Umständen der Erklärung ausgehen. Dabei hat er nach § 157 BGB so vorzugehen, wie Treu und Glauben mit Rücksicht auf die Verkehrssitte es erfordern. Eine Willenserklärung ist daher nach dem objektiven Empfängerhorizont (§§ 133, 157 BGB) so auszulegen, wie ein verständiger Dritter sie verstehen könnte. § 157 BGB setzt den Rahmen, in dem § 133 BGB zur Geltung kommt.

Beispiel: Im Trierer Weinversteigerungsfall (Fall 3) konnte jeder verständige Dritte unter dem Heben der Hand des A nur ein schlüssiges Angebot zum Abschluss des Kaufvertrages sehen. Somit war das Handheben dementsprechend auszulegen.

Zeitlicher Ansatzpunkt der Auslegung 121

Bei der Auslegung einer Willenserklärung sind nur solche Umstände zu berücksichtigen, die dem Empfänger im Zeitpunkt des Zugangs erkennbar waren. Aus Umständen, die erst danach auftreten, kann nicht geschlossen werden, dass der Empfänger diese Erklärung in einem anderen als in dem

64 BGH, Urteil vom 24. Oktober 2006, X ZR 124/03, NJW-RR 2007, 325 Rn. 27.

zum Zeitpunkt des Zugangs erkennbaren Sinn verstehen musste. Das nachträgliche Verhalten des Erklärenden kann bei der Auslegung nur berücksichtigt werden, sofern es Rückschlüsse auf den tatsächlichen Willen und das tatsächliche Verständnis der am Rechtsgeschäft Beteiligten im Zeitpunkt des Zugangs der Erklärung zulässt.[65]

---

122 Stimmt der subjektive Wille der Vertragsparteien jedoch überein, ist es unschädlich, dass dieser Wille keinen objektiven Ausdruck gefunden hat. Eine Falschbezeichnung schadet nicht (*falsa demonstratio non nocet*).[66] Im Håkjærringskjøtt-Fall wäre jede Erklärung nach dem objektiven Empfängerhorizont (§§ 133, 157 BGB) dahingehend auszulegen, dass es um den Kauf von Haifischfleisch geht. Denn der jeweilige Wille des Erklärenden, Walfischfleisch zu kaufen, kommt nicht zum Ausdruck. Aufgrund des übereinstimmenden Parteiwillens ist aber ein Vertrag über Walfischfleisch zustande gekommen (§ 133 BGB) – unabhängig von den objektiven Umständen der Erklärung.

▶ **Vertiefung:** *Biehl*, Grundsätze der Vertragsauslegung, JuS 2010, 195 ff.

---

123 **Auslegung von gesetzlichen Normen und Rechtsfortbildung durch Analogie und teleologische Reduktion**

Eine Norm wird analog (oder entsprechend) angewendet, wenn sie einen bestimmten Sachverhalt nicht regelt, obwohl sie ihn nach dem Ergebnis der Auslegung – anhand von Wortlaut, Systematik, Historie sowie Sinn und Zweck der Norm – regeln müsste (planwidrige offene *Regelungslücke*) und – etwa aufgrund des Gleichheitssatzes, Art. 3 Abs. 1 GG – ein *Regelungsbedarf* besteht. Regelt eine Norm hingegen einen Sachverhalt, den sie nach dem Ergebnis der Auslegung nicht regeln sollte (planwidrige verdeckte Regelungslücke), so ist die Norm bei bestehendem Regelungsbedarf teleologisch zu reduzieren. Der Vorgang der Analogie und der teleologischen Reduktion wird Rechtsfortbildung genannt.

▶ **Vertiefung:** *Larenz/Canaris*, Methodenlehre der Rechtswissenschaft, 3. Auflage 1995, Kapitel 4 und 5; *Bitter/Rauhut*, Grundzüge zivilrechtlicher Methodik – Schlüssel zu einer gelungenen Fallbearbeitung, JuS 2009, 289 ff.

---

6. Dissens und Konsens

124 Der Abschluss eines Vertrages setzt zwei übereinstimmende Willenserklärungen voraus. Ein Dissens verhindert im Zweifel den Vertragsschluss. Das Gesetz unterscheidet zwischen einem offenen und einem versteckten Dissens, §§ 154 f. BGB.

a) Offener Dissens, § 154 BGB

125 Haben sich die Parteien noch nicht über die Punkte einer Vereinbarung geeinigt, über die sie sich haben einigen wollen, und ist den Parteien der Einigungsmangel bewusst, so liegt ein offener Dissens vor. Ein solcher offener Dissens besteht etwa, wenn die

---

65 BGH, Urteil vom 7. Dezember 2006, VII ZR 166/05, NJW-RR 2007, 529 Rn. 18.

66 RG, Urteil vom 8. Juni 1920, II 549/19, RGZ 99, 147, 148; BGH, Urteil vom 18. Januar 2008, V ZR 174/06, NJW 2008, 1658 Rn. 12.

Parteien noch nicht über die wesentlichen Vertragsbestandteile (*essentialia negotii*) übereingekommen sind. In diesem Fall ist der Vertrag nach § 154 BGB im Zweifel nicht geschlossen.

Beispiel: In den Vertragsverhandlungen können sich die Parteien weder über den Kaufpreis, noch über eine Methode zu dessen Berechnung einigen (*essentialia negotii*). Ein Vertrag kommt nicht zustande.[67]

§ 154 BGB ist eine Auslegungsregel, sie gilt nur „im Zweifel". Das heißt, sofern Tatsachen vorliegen, die belegen, dass die Parteien sich trotz des Dissenses binden wollten, ist ein Vertrag geschlossen worden.

Beispiel: Obwohl noch keine Einigkeit hinsichtlich § 6 der Vereinbarung erzielt wurde, beginnen A und B bereits mit der Ausführung des Vertrages und zeigen damit, dass sie von einer bindenden Vereinbarung ausgehen. Entgegen § 154 BGB ist es zu einem Vertragsschluss gekommen.

b) Versteckter Dissens, § 155 BGB

Sind sich die Parteien über den Einigungsmangel nicht bewusst, so gilt das Vereinbarte, sofern anzunehmen ist, dass die Parteien den Vertrag auch ohne die Bestimmung, über die sie sich nicht geeinigt haben, geschlossen hätten, § 155 BGB. Die Vorschrift betrifft die Fälle, in denen Vertragsbestimmungen doppeldeutig sind oder anderweitige Missverständnisse zwischen den Parteien bestehen. **126**

Beispiele: A schlägt schriftlich einen Kaufpreis in Höhe von € 100 vor, B verliest sich und versteht € 1000. Er antwortet, er stimme dem vorgeschlagenen Kaufpreis in Höhe von € 1000 zu. Ein Vertrag ist nicht zustande gekommen, da sich die Parteien über eine wesentliche Vertragsbestimmung (*essentialia negotii*) nicht geeinigt haben, und nicht anzunehmen ist, dass sie ohne Einigung über den Kaufpreis den Vertrag geschlossen hätten.

A und B einigen sich über die Lieferung bestimmter Waren. Zu den Modalitäten der Anlieferung äußern die Parteien abweichende Vorstellungen, sie vergessen jedoch, hierüber eine Vereinbarung zu treffen. Den Vertragsschluss wollen beide Parteien. Gemäß § 155 BGB ist ein Vertrag zustande gekommen. Für die Lieferungsmodalitäten gilt dispositives Recht (z. B. Leistungsort und Leistungszeit, §§ 269, 271 BGB), wenn nicht im Wege der ergänzenden Auslegung ein anderes Ergebnis erreicht werden kann.

67 Vgl. hierzu BGH, Urteil vom 7. Februar 2006, KZR 24/04, NJW-RR 2006, 1139 Rn. 21; die Vorinstanz hatte hingegen unter Berufung auf § 154 Abs. 1 BGB einen wirksamen Vertrag angenommen und die Vertragslücke hinsichtlich der Höhe des Kaufpreises durch ergänzende Vertragsauslegung zu schließen versucht.

c) Sonderfall der sich widersprechenden Allgemeinen Geschäftsbedingungen (AGB)

127 **Fall 12a): Kollidierende AGB**

K bestellt bei V Ware. Dieser bestätigt die Bestellung unter Beifügung seiner AGB, die denen von K in Teilen widersprechen. Kann V von K die Abnahme der Ware verlangen?

Anspruch V gegen K

- **§ 433 Abs. 2 BGB**

V könnte von K die Abnahme der Ware nach § 433 Abs. 2 BGB verlangen. Dazu müsste ein Kaufvertrag zwischen V und K zustande gekommen sein. Hierzu sind zwei übereinstimmende Willenserklärungen erforderlich. In K's Bestellung liegt ein Angebot. Dieses müsste V angenommen haben. V erklärt die Annahme jedoch unter Erweiterung seiner in Teilen widersprechenden AGB. Gemäß § 150 Abs. 2 BGB ist die Erweiterung als Ablehnung des unterbreiteten Angebots verbunden mit einem neuen Angebot zu werten. Die Bestätigung des V ist eine Annahme unter Abänderung und somit ein neues Angebot, welches K nicht angenommen hat. Ein Vertrag ist nach § 154 Abs. 1 BGB im Zweifel nicht geschlossen, wenn sich die Parteien nicht über alle Punkte geeinigt haben, über die nach der Erklärung auch nur einer Partei eine Einigung hätte erreicht werden sollen. V sprach die Geltung seiner AGB an, über die noch keine Einigung erzielt wurde. Ein Vertrag wurde nicht geschlossen. V kann nicht von K die Abnahme der Ware nach § 433 Abs. 2 BGB verlangen.

128 **Fall 12b)**

Wie in Fall 12a), K rührt sich nicht auf V's Bestellungsbestätigung. V übersendet K die Ware, die dieser wortlos annimmt. Nunmehr reut es V, K die Ware verkauft und übereignet zu haben, da er sie an D unter wesentlich besseren Konditionen hätte verkaufen können. Kann V von K die Ware zurückverlangen?

Anspruch V gegen K

- **§ 812 Abs. 1 Satz 1, 1. Alt. BGB**

V könnte von K die Ware gemäß § 812 Abs. 1 Satz 1, 1. Alt. BGB zurückverlangen. Hierzu müsste K etwas ohne rechtlichen Grund durch Leistung des V erlangt haben. K hat von V das Eigentum an der Ware nach § 929 Satz 1 BGB übereignet bekommen und daher durch Leistung etwas erlangt.[68] Fraglich ist, ob dies ohne rechtlichen Grund geschah. Ein rechtlicher Grund für die Übereignung läge vor, wenn zwischen V und K ein Kaufvertrag zustande gekommen ist. Hierzu sind zwei übereinstimmende Willenserklärungen erforderlich. K hat mit seiner Bestellung ein Angebot abgegeben. Dieses hat V nur unter Erweiterung seiner AGB angenommen. In V's erweiterter Annahme liegt ein neues Angebot, § 150 Abs. 2 BGB. Dieses müsste K angenommen haben. Indem K die gelieferte Ware widerspruchslos entgegennimmt, nahm er das Angebot des V konkludent an. Es ist daher ein Kaufvertrag zustande gekommen. Ein rechtlicher Grund für die Leistung des V liegt vor. V hat keinen Anspruch gegen K auf Herausgabe des Eigentums an der Ware nach § 812 Abs. 1 Satz 1, 1. Alt. BGB.

---

68 Als Tatbestandsvoraussetzungen von § 812 Abs. 1 Satz 1, 1. Alt. BGB (Leistungskondiktion) sind das Vorhandensein einer *Leistung*, das Erlangen von *etwas* und ein hierzu *fehlender rechtlicher Grund* zu prüfen. Im vorliegenden Fall ist nur der fehlende rechtliche Grund zweifelhaft. Die ersten beiden Tatbestandsmerkmale werden daher im „Feststellungsstil" kurz konstatiert. Die Leistung (eine bewusste, zweckgerichtete Vermehrung fremden Vermögens) erfolgt durch die von V veranlasste Lieferung der Ware an K. Letzterer hat aufgrund der Leistung das Eigentum („etwas") an der Ware erlangt.

Das eigentliche Problem widersprechender AGB liegt jedoch nicht in der Frage, ob ein Vertrag zustande gekommen ist, sondern mit welchem Inhalt, d.h. konkret mit welchen Klauseln er zustande gekommen ist. In strenger Anwendung von § 150 Abs. 2 BGB, obsiegt die Partei, die die AGB zufälligerweise das letzte Mal unwidersprochen vorgelegt hat (sog. Theorie des letzten Worts). Eine interessengerechtere Lösung führt über die Anwendung der Auslegungsregel für den versteckten Dissens nach § 155 BGB.

Fall 12c) 129

K legt seiner Bestellung seine AGB bei, gemäß denen der Gerichtsstand Berlin sei. V bestätigt die Bestellung unter Beifügung seiner AGB, die als Gerichtsstand Hamburg vorsehen. Es kommt zur Abwicklung des Vertrages. Welcher Gerichtsstand wurde vereinbart?

In strenger Anwendung von § 150 Abs. 2 BGB lehnt V das Angebot von K unter Beifügung seiner AGB ab und unterbreitet ein neues Angebot, welches K konkludent im Rahmen der Vertragsabwicklung annimmt. Die Bestimmungen von V's AGB wären damit Vertragsbestandteil geworden, Gerichtsstand wäre Hamburg. Dies hätte zur Folge, dass dessen AGB gelten, der zufällig das letzte Wort hatte. Um dieses unbillige Ergebnis zu vermeiden, werden die AGB-Bestimmungen, die sich widersprechen, nicht Vertragsbestandteil. Aufgrund der Vertragsabwicklung zeigen die Parteien, dass sie trotz des Dissenses gebunden sein wollen. Der Vertrag kommt nach § 155 BGB ohne die sich widersprechenden Gerichtsstandsklauseln zustande. Statt der sich widersprechenden AGB gelten die gesetzlichen Regelungen, vgl. § 306 Abs. 2 BGB.[69] Verbleibende Vertragslücken sind durch Vertragsauslegung zu schließen.

▶ **Vertiefung:** Ausführlich zum Problem kollidierender AGB's. *Rödl*, AcP 215 (2015), 683 ff.

II. Die Geschäftsfähigkeit

Geschäftsfähigkeit ist die Fähigkeit, selbstständig durch Rechtsgeschäft Rechte und Pflichten zu begründen, z. B. Willenserklärungen abzugeben und Verträge zu schließen. 130

Zu unterscheiden ist die Geschäftsfähigkeit von der *Rechtsfähigkeit*. Sie umschreibt die Fähigkeit, Träger von Rechten und Pflichten sein zu können, z. B. Eigentümer einer Sache zu sein. Die Rechtsfähigkeit beginnt bei natürlichen Personen mit Vollendung der Geburt, § 1 BGB, und endet mit dem Tod. Juristische Personen sind mit ihrer Entstehung nach Maßgabe des Gesetzes rechtsfähig (z. B. bei einer AG oder GmbH mit deren Eintragung ins Handelsregister). 131

1. Geschäftsunfähigkeit

Im Grundsatz ist jeder Mensch geschäftsfähig. Einschränkungen sieht das Gesetz nur zum Schutz des jeweiligen Betroffenen vor. 132

69 *Medicus/Petersen*, AT BGB, 11. Auflage 2016, Rn. 435.

a) Tatbestand der Geschäftsunfähigkeit

133 Gemäß § 104 BGB ist geschäftsunfähig, wer nicht das siebente Lebensjahr vollendet hat (Nr. 1), oder dauerhaft geisteskrank ist (Nr. 2). Keine Geschäftsunfähigkeit i. S. d. § 104 Nr. 2 BGB besteht bei einem *lucidum intervallum* (lichter Moment)[70] und – mangels Dauerhaftigkeit – bei Trunkenheit (s. hierzu § 105 Abs. 2 BGB).

134 Es wird auch eine *partielle* Geschäftsunfähigkeit für abgegrenzte Lebensbereiche anerkannt, z. B. in Bezug auf die Führung eines Prozesses durch einen Rechtsanwalt, der zurückgehend auf das Schlüsselerlebnis einer pflichtwidrigen Fristversäumnis einen Schock erlitt und infolge der Schockwirkung sein Verhalten in der Prozessführung nicht mehr seinen Erkenntnissen gemäß bestimmen konnte[71] oder bezogen auf das Führen von Prozessen im Allgemeinen wegen Querulantenwahn.[72]

Die Anerkennung von Querulantenwahn als partielle Geschäftsunfähigkeit ist bedenklich. Die §§ 104 ff. BGB sollen den Geschäftsunfähigen schützen. Hier wird aber in erster Linie nicht der Betroffene, sondern die Behörde oder das Gericht vor unsinnigen Anträgen geschützt.

135 Eine *relative* Geschäftsunfähigkeit (je nach Schwierigkeitsgrad des Rechtsgeschäfts) ist hingegen nicht anerkannt, da die fließende Unterscheidung nach der Schwere des Rechtsgeschäfts zu Rechtsunsicherheit führen würde; eine gesetzliche Lösung für den Problemkreis bietet die Betreuung, §§ 1896 ff. BGB.[73]

b) Rechtsfolge

aa) Abgabe der Willenserklärung

i) § 105 Abs. 1 BGB

136 Die Willenserklärung eines Geschäftsunfähigen ist nichtig, § 105 Abs. 1 BGB.

Beispiel: Die Eltern E schenken ihrem sechsjährigen Kind K ein Fahrrad. Die Willenserklärungen des K zum Abschluss des Schenkungsvertrages (§ 516 Abs. 1 BGB) und der Übereignung (§ 929 Satz 1 BGB) sind aufgrund § 105 Abs. 1 BGB nichtig.

Gemäß dem Wortlaut des § 181 BGB können die Eltern ihr geschäftsunfähiges Kind auch nicht vertreten. Die Rechtsprechung lässt die Vertretung jedoch in Fällen, in denen der Geschäftsunfähige lediglich einen rechtlichen Vorteil erwirbt, im Wege der teleologischen Reduktion zu;[74] andernfalls wäre für Schenkungen an Geschäftsunfähige ein Ergänzungspfleger zu bestellen (§§ 1629 Abs. 2 Satz 1, 1795 Abs. 2, 1909 BGB).

---

70 Staudinger/*Klumpp*, § 104 Rn. 25 ff.

71 BGH, Urteil vom 13.05.1959, V ZR 151/58, BGHZ 30, 112, 116 ff.

72 VGH Kassel, Urteil vom 1. Juni 1967, V OE 13/67, NJW 1968, 70.

73 Die Geschäftsunfähigkeit aufgrund Entmündigung wurde durch das Betreuungsgesetz vom 12. September 1990 aufgehoben. Durch die Betreuung (§§ 1896 ff. BGB) ist ein weniger einschneidendes Institut geschaffen worden (s. Aufgabenkreis, § 1896 Abs. 2 BGB, Einwilligungsvorbehalt nur zur Abwendung einer erheblichen Gefahr, § 1903 Abs. 1 BGB).

74 BGH, Urteil vom 8. Juni 1989, IX ZR 234/87, NJW 1989, 2542, 2543.

ii) § 105 Abs. 2 BGB

Nichtig ist auch eine Willenserklärung, die im Zustand der Bewusstlosigkeit (z. B. Reden im Schlaf) oder vorübergehender Störung der Geistestätigkeit (z. B. Trunkenheit) abgegeben wurde, § 105 Abs. 2 BGB. Der Zustand begründet jedoch keine Geschäftsunfähigkeit. Von Bedeutung ist diese Unterscheidung für den Zugang von Willenserklärungen. Der Zugang einer Willenserklärung, die gegenüber einer bewusstlosen oder betrunkenen Person abgegeben wurde, richtet sich nicht nach § 131 Abs. 1 BGB (Zugang beim gesetzlichen Vertreter, den es im Fall von § 105 Abs. 2 BGB nicht gibt), sondern nach § 130 BGB.[75] 137

Fall 13: Sein erster Kaufvertrag 138

Der sechsjährige K erwirbt von seinem Taschengeld am Kiosk von V Schokolade für € 0,10. Als K's Mutter hiervon erfährt, schickt sie K zurück zu V, um sich die € 0,10 zurückzuholen. Zu Recht?

Ansprüche K gegen V

1. § 985 BGB

K könnte von V die Herausgabe der € 0,10 nach § 985 BGB verlangen.

Hierzu müsste V Besitzer und K Eigentümer der Zehn-Cent-Münze sein. V ist als Inhaber der tatsächlichen Sachherrschaft Besitzer des Geldstücks, § 854 Abs. 1 BGB.

Fraglich ist, ob K Eigentümer des Geldstücks ist. K war Eigentümer, er könnte sein Eigentum jedoch an V nach § 929 Satz 1 BGB durch Einigung und Übergabe verloren haben.

▶ **Beachte:** Grob falsch wäre es, hier statt auf § 929 Satz 1 BGB auf den Kaufvertrag nach § 433 BGB abzustellen. Der Kaufvertrag begründet nur einen Anspruch auf die Übereignung (Verpflichtungsgeschäft), die rechtsgeschäftliche Übertragung des Eigentums (Verfügungsgeschäft) richtet sich für bewegliche Sachen nach den §§ 929 ff. BGB (s. im Einzelnen Rn. 17 ff.).

Die Übergabe des Geldes ist wirksam erfolgt. Sie ist ein Realakt, auf den die §§ 104 ff. BGB keine Anwendung finden. Allerdings könnte die Einigungserklärung des K nach § 105 Abs. 1 BGB nichtig sein, sofern K geschäftsunfähig ist. K hat das siebente Lebensjahr nicht vollendet und ist gemäß § 104 Nr. 1 BGB geschäftsunfähig. Seine Einigungserklärung ist nach § 105 Abs. 1 BGB nichtig.

▶ **Beachte:** Der Gutachtenstil erfordert, mit der Rechtsfolge zu beginnen (konkret: Nichtigkeit aufgrund § 105 Abs. 1 BGB) und sodann deren Voraussetzungen zu prüfen (konkret: Geschäftsunfähigkeit nach § 104 Nr. 1 BGB). Falsch wäre es, mit § 104 BGB zu beginnen.

K hat sein Eigentum nicht verloren und ist weiterhin Eigentümer des Geldstücks.

▶ **Beachte:** Unberücksichtigt soll an dieser Stelle bleiben, dass K sein Alleineigentum auf Grund § 948 BGB verliert. V erwirbt per Gesetz nach § 948 BGB Miteigentum an dem Geldstück, sobald er es in die Kasse zu den anderen Geldstücken legt und sich die Geldstücke vermengen (s. hierzu Rn. 961).

K kann von V die Herausgabe des Geldstücks nach § 985 BGB verlangen.

V könnte die Herausgabe der € 0,10 nach § 986 BGB verweigern, sofern er ein Recht zum Besitz an dem Geld hat. Ein Recht zum Besitz besteht aufgrund des nach § 105 Abs.1 BGB unwirksa-

75 Im Einzelnen s. Rn. 143.

men Kaufvertrages zwischen K und V nicht (s. unter 2.). V kann die Herausgabe der € 0,10 nicht verweigern.

2. § 812 Abs. 1 Satz 1, 1. Alt. BGB
K könnte von V € 0,10 nach § 812 Abs. 1 Satz 1, 1. Alt. BGB herausverlangen. Voraussetzung ist, dass V von K (a) durch dessen Leistung (b) etwas (c) ohne rechtlichen Grund erlangt hat.

a) Eine Leistung ist jede bewusste und zweckgerichtete Vermehrung fremden Vermögens. K hat durch die Zahlung der € 0,10 V's Vermögen gewollt und zweckgerichtet vermehrt.

b) V müsste durch die Leistung etwas (i. d. R. entweder Eigentum oder Besitz) erlangt haben. V hat den Besitz an dem Geldstück erlangt (s. o.).

c) Den Besitz an dem Geld müsste V ohne rechtlichen Grund erworben haben. Ein rechtlicher Grund für die Besitzerlangung des V könnte ein Kaufvertrag zwischen ihm und K sein. V und K haben sich über den Kauf geeinigt. Der Kaufvertrag könnte jedoch nach § 105 Abs. 1 BGB unwirksam sein. Der sechsjährige K kann als Geschäftsunfähiger, § 104 Nr. 1 BGB, keine wirksame Willenserklärung abgeben. Seine Einigungserklärung zum Abschluss des Kaufvertrages ist nach § 105 Abs. 1 BGB nichtig. Ein Kaufvertrag ist nicht zustande gekommen. V hat den Besitz an dem Geld ohne rechtlichen Grund von K erlangt.

▶ **Hinweis:** Der vorliegende Fall ist ein Beispiel für die Fehleridentität (s. Rn. 25). Das schuldrechtliche Verpflichtungsgeschäft wie auch das dingliche Verfügungsgeschäft sind aufgrund der Geschäftsunfähigkeit des K nach § 105 Abs. 1 BGB nichtig.

K kann somit von V den Besitz an den € 0,10 nach § 812 Abs. 1 Satz 1, 1. Alt. BGB herausverlangen.

3. Ergebnis
K kann von V die 0,10 € aus § 985 und aus § 812 Abs. 1 Satz 1, 1. Alt. BGB herausverlangen. Es herrscht Anspruchskonkurrenz, d. h. K kann die € 0,10 nur einmal verlangen.

iii) § 105a BGB

139 **§ 105a BGB ist eine Ausnahmevorschrift zu § 105 Abs. 1 BGB für geringwertige Geschäfte des täglichen Lebens eines volljährigen Geschäftsunfähigen. Was ein Geschäft des täglichen Lebens ist, richtet sich nach der objektiven Verkehrsauffassung.[76] Der Vertrag ist wirksam, sofern Leistung und Gegenleistung bewirkt sind und keine erhebliche Gefahr für Person und Vermögen des Geschäftsunfähigen besteht.**

---

140 **1. Umfang der Wirksamkeitsfiktion**

Nach § 105a BGB wird die Wirksamkeit des *schuldrechtlichen* Vertrages nur bzgl. der Leistung und Gegenleistung fingiert („gilt"). Der Vertrag als solcher bleibt aufgrund von § 105 Abs. 1 BGB nichtig (sog. „vertragsloser Vertrag"). Von der Wirksamkeitsfiktion *nicht* erfasst ist das *dingliche* Rechtsgeschäft.[77] Dennoch können die Leistungen nicht nach §§ 812 ff. BGB oder § 985 BGB zurückgefordert werden.[78] Denn § 105a BGB bildet den rechtlichen Grund für die Leistung (§§ 812 ff. BGB) und gewährt ein Recht zum Besitz (§ 986 BGB). Dass hierdurch auf Dauer Eigentum und Besitz auseinander

---

76 Regierungsbegründung, BT-Drs. 14/9266, S. 43, die Regierungsbegründung nennt als Beispiel für Geschäfte des täglichen Lebens den Erwerb von Nahrungsmitteln und kosmetischen Artikeln (z.B. Zahnpasta), die nach Menge und Wert das übliche Maß nicht übersteigen; z. B. umfasst die Definition den Kauf von einer Tube Zahnpasta, nicht hingegen den von 100 Tuben, vgl. Jauernig/*Mansel*, § 105a Rn. 3.

77 *Franzen*, JR 2004, 221, 224; *Löhnig/Schärtl*, AcP 204 (2004), 25, 37 ff.; a. A. *Joussen*, ZGS 2003, 101, 104 f.

78 Regierungsbegründung, BT-Drs. 14/9266, S. 43.

fallen, wie es übrigens auch aufgrund von § 241a Abs. 1 BGB vorkommen kann, ist hinzunehmen; insbesondere wird es häufig nicht mehr auf die Übereignung ankommen, da die Sache verbraucht worden ist.[79]

2. § 105a BGB überflüssig? 141

Trotz aller Ungereimtheiten, die § 105a BGB verursachen mag, ist die Norm entgegen einer in der Literatur vertretenen Auffassung nicht überflüssig. Es wird argumentiert, wer ein Geschäft des täglichen Lebens tätige, befände sich stets in einem lichten Moment (*lucidum intervallum*) und sei daher gemäß § 104 Nr. 2 BGB nicht geschäftsunfähig. Das Geschäft sei somit im vollen Umfang wirksam und § 105a BGB nur ein Akt symbolischer Gesetzgebung.[80] Jedoch kann vom Geschäft des täglichen Lebens nicht zwingend auf den Zustand eines lichten Moments geschlossen werden.[81] Wann ein Geschäft des täglichen Lebens vorliegt, richtet sich nach der objektiven Verkehrsauffassung. Der lichte Moment des Betroffenen ist hingegen subjektiv (*ex post*, ggf. unter Zuhilfenahme eines psychiatrischen Gutachtens) und nicht aus Sicht eines objektiven Dritten zum Zeitpunkt des Vertragsschlusses (objektive Verkehrsauffassung) festzustellen. Die Gefahr der unerkannten Geistesstörung trägt der Rechtsverkehr[82] und nicht der Geisteskranke. Wer eine Tube Zahnpasta kauft (Geschäft des täglichen Lebens), kann den Kauf subjektiv – entgegen des Anscheins, den er durch den Kauf erweckt – im Zustand der krankhaften Störung der Geistestätigkeit (§ 104 Nr. 2 BGB) tätigen. In diesem Fall greift § 105a BGB.

bb) Zugang einer gegenüber einem Geschäftsunfähigen abzugebenden Willenserklärung, § 131 Abs. 1 BGB

Der Zugang einer an einen Geschäftsunfähigen gerichteten Willenserklärung muss gegenüber dem gesetzlichen Vertreter erfolgen, § 131 Abs. 1 BGB. 142

Hinsichtlich der Wirksamkeit einer Willenserklärung, die einem Bewusstlosen oder Betrunkenen (§ 105 Abs. 2 BGB) gegenüber abgegeben wird, ist nicht § 131 Abs. 1 BGB, sondern § 130 Abs. 1 BGB anwendbar, da kein Fall von Geschäftsunfähigkeit i. S. v. § 104 BGB vorliegt. Für Fälle des § 105 Abs. 2 BGB ist daher zu unterscheiden: Eine mündliche Willenserklärung ist unwirksam, da sie nicht vernommen wird (Vernehmenstheorie). Eine schriftliche Willenserklärung wird wie unter Abwesenden mit deren Zugang wirksam, § 130 Abs. 1 BGB. Der Zugang erfolgt zu dem Zeitpunkt, an dem mit der Wiedererlangung des Bewusstseins oder des nüchternen Zustands nach gewöhnlichen Umständen zu rechnen ist. 143

2. Beschränkte Geschäftsfähigkeit

Beschränkt geschäftsfähig sind Minderjährige ab dem vollendeten siebenten Lebensjahr bis zum vollendeten 18. Lebensjahr (§§ 106, 2 BGB). Die §§ 114 f. BGB, (beschränkte Geschäftsfähigkeit aufgrund Geistesschwäche, Verschwendungs-, Trunk- oder Rauschgiftsucht) wurden durch das Betreuungsgesetz aufgehoben. 144

79 Zu den Auswirkungen von § 105a BGB auf die Gewährleistungsrechte des Geschäftsunfähigen s. Rn. 683.
80 Jauernig/*Mansel*, § 105a Rn. 3.
81 Zutreffend daher AnwKo/*Baldus*, § 105a Rn. 35; *Lipp*, FamRZ 2003, 721, 725.
82 Palandt/*Ellenberger*, Einf. v. § 104 Rn. 3.

Willenserklärungen von beschränkt Geschäftsfähigen (Minderjährigen) sind nicht *per se* nichtig, sondern können unter den Voraussetzungen der §§ 107 ff. BGB wirksam sein.

a) Von vorneherein wirksamer Vertrag eines Minderjährigen

145 Die von einem Minderjährigen abgegebene Willenserklärung ist von Anfang an wirksam, wenn ihm das betreffende Rechtsgeschäft einen lediglich rechtlichen Vorteil bringt, *e contrario* § 107 BGB.

aa) Abgrenzung rechtlich vorteilhaft / rechtlich nachteilig

146 Maßgeblich für das Bestehen eines rechtlichen Vorteils sind die *unmittelbaren* rechtlichen Wirkungen des Rechtsgeschäfts. Mittelbare rechtliche Folgen und wirtschaftliche Wirkungen bleiben unberücksichtigt.

147 **Beispiel:** A übereignet dem achtjährigen M eine Klapperschlange.

Der Nachteil der Futterbeschaffung ist nur wirtschaftlicher Art und daher unbeachtlich. Die Gefährlichkeit der Klapperschlange ist eine Haftungsfrage (§ 832 BGB, Haftung des Aufsichtspflichtigen). Rechtlich ist das Geschäft für den Minderjährigen lediglich vorteilhaft, da M das Eigentum an dem Tier erwirbt.

148 **Beispiel:** A verkauft dem minderjährigen M ein Buch im Wert von € 100 für einen Preis von € 10.

M erlangt durch den Kaufvertrag zwar einen wirtschaftlichen Vorteil. Zugleich wird er aber zur Zahlung des Kaufpreises verpflichtet. Das Geschäft ist daher rechtlich nachteilig, ungeachtet des wirtschaftlichen Vorteils. Gegenseitig verpflichtende Verträge (z. B. Kaufvertrag, Dienstvertrag, Werkvertrag, Darlehensvertrag) sind für den Minderjährigen stets rechtlich nachteilig.

148a **Beispiel:** A unterbreitet dem minderjährigen M ein Angebot, ein Buch für € 10 zu erwerben.

Das Angebot an einen Minderjährigen auf Abschluss eines gegenseitig verpflichtenden Vertrages (hier: Kaufvertrag) verschafft dem Minderjährigen die Möglichkeit, einen Vertrag zu schließen. Eine Verpflichtung zum Vertragsschluss ist hiermit nicht verbunden. Daher ist das Vertragsangebot an den Minderjährigen für diesen lediglich rechtlich vorteilhaft.[83] Lehnt der Minderjährige das Angebot ab, ist dies (auch) rechtlich nachteilig, da ihm hiermit die mit dem Angebot geschaffenen Möglichkeiten entzogen werden.[84] Aus den gleichen Gründen ist auch die Ausübung von Gestaltungsrechten als rechtlich nachteilig einzuordnen[85] (z.B. der Widerruf einer Willenserklärung durch den Minder-

83 H.A., Palandt/*Ellenberger*, § 131 Rn. 3; *Fleck*, JZ 2012, 941, 948; *Boemke/Schönfelder*, JuS 2013, 7, 10; offengelassen *Ludwig*, Jura 2011, 9, 13 f.
84 MüKo/*J. Schmitt*, § 107 Rn. 60; a.A. *Fleck*, JZ 2012, 941, 947.
85 Palandt/*Ellenberger*, § 107 Rn. 2.

jährigen[86] als auch gegenüber dem Minderjährigen[87] sowie die Genehmigung oder deren Verweigerung[88]).

Beispiel: A übereignet dem minderjährigen M ein Grundstück im Wert von € 100 000, welches mit einer Grundschuld in Höhe von € 10 000 belastet ist. 149

Die Grundschuld bezieht sich nur auf das Grundstück und begründet keine persönliche Schuld des M. Das Rechtsgeschäft ist für M rechtlich vorteilhaft, da er das – wenn auch belastete – Eigentum an dem Grundstück erhält. Zudem sind gewöhnliche öffentliche Lasten des Grundstücks (z. B. Grundsteuer; offengelassen für außerordentliche öffentliche Lasten wie Erschließungs- und Anliegerbeiträge) keine unmittelbaren rechtlichen Nachteile, da sie sich aus den Grundstückserträgen decken lassen und somit keine Vermögensgefährdung darstellen.[89]

Beispiel: A übereignet dem minderjährigen M einen Pkw. 150

Das Geschäft ist lediglich rechtlich vorteilhaft, da der Minderjährige das Eigentum an dem Pkw erhält. Die mittelbaren Folgen des Eigentumserwerbs, z. B. Kfz-Steuer, Haftpflichtversicherung, Benzinkosten etc., bleiben unberücksichtigt.

Beispiel: A übereignet dem minderjährigen M ein vermietetes Grundstück. 151

Aufgrund § 566 BGB (Kauf bricht nicht Miete) würde der Minderjährige unmittelbar durch die Übereignung Partei der laufenden Mietverträge mit sämtlichen Pflichten eines Vermieters werden. Die Übereignung eines vermieteten Grundstücks an den Minderjährigen ist daher rechtlich nachteilig.[90] Ebenso ist die Übereignung einer Eigentumswohnung rechtlich nachteilig, da den Minderjährigen als Mitglied der Eigentümergemeinschaft persönliche Verpflichtungen (z.B. anteilige Übernahme der Kosten für Instandsetzung und Verwaltung) treffen.[91]

Nach überkommener Rechtsprechung sollte der schuldrechtliche Schenkungsvertrag dann nicht lediglich rechtlich vorteilhaft sein, sofern der dingliche Vertrag für den Minderjährigen rechtlich nachteilig ist, da die Schenkung zusammen mit dem dinglichen Vertrag als Einheit zu betrachten sei. Andernfalls könnte aufgrund § 181 letzter Hbs. BGB der Minderjährigenschutz umgangen werden (sog. Gesamtbetrachtungslehre).[92] Die h.L. lehnt die Gesamtbetrachtungslehre als Durchbrechung des Trennungsprinzips ab und wahrt den Minderjährigenschutz durch eine teleologische Reduktion von § 181 letzter Hbs. BGB.[93] Demnach wird die Ausnahme des letzten Halbsatzes nicht auf für den Minderjährigen nachteilige Verfügungsgeschäfte angewendet, es bleibt beim Selbstkontrahierungsverbot

86 Palandt/*Ellenberger*, § 107 Rn. 2; a.A. *Fleck*, JZ 2012, 941, 947 f.
87 Palandt/*Ellenberger*, § 131 Rn. 3, § 107 Rn. 2; a.A. *Ludwig*, Jura 2011, 9, 13 f. (rechtlich neutral).
88 A.A. *Fleck/Schweinfest*, JuS 2010, 885, 887.
89 BGH, Beschluss vom 25. November 2004, V ZB 13/04, NJW 2005, 415, 417 f.; kritisch zu dieser wirtschaftlichen Bewertung *J. Schmitt*, NJW 2005, 1090, 1092 f.; *Staudinger*, Jura 2005, 547, 550 ff.; weitergehend *Wilhelm*, NJW 2006, 2353, 2354 f., § 107 BGB nicht auf Grundstücksgeschäfte anzuwenden; *Benecke*, ZJS 2008, 217, 220 f., kein lediglich rechtlich vorteilhaftes Rechtsgeschäft.
90 BGH, Beschluss vom 3. Februar 2005, V ZB 44/04, BGHZ 162, 137, 140 f.
91 BGH, Beschluss vom 30. September 2010, V ZB 206/10, BGHZ 187, 119 Rn. 13 f.
92 BGH, Beschluss vom 9. Juli 1980, V ZB 16/79, BGHZ 78, 28, 34 f.; einschränkend BGH, Beschluss vom 25. November 2004, V ZB 13/04, BGHZ 161, 170, 173 ff.; anschaulich zur Gesamtbetrachtungslehre und § 181 letzter Hbs. BGB *Petersen*, Jura 2007, 418, 419 f.; *Keller*, JA 2009, 561 ff.
93 MüKo/*Schubert*, § 181 Rn. 87; Jauernig/*Mansel*, § 181 Rn. 10.

des § 181 BGB. Der BGH hat die Gesamtbetrachtungslehre inzwischen aufgegeben.[94] Eine teleologische Reduktion ist nicht erforderlich, wenn bereits das Grundgeschäft – z. B. Schenkungsvertrag mit Rücktrittsrecht, welches wegen § 346 Abs. 2 bis 4 BGB zu Wert- oder Schadensersatzpflichten führen kann – rechtlich nachteilig ist.[95]

Beispiel: Der minderjährige M gibt ohne Zustimmung der Eltern seine Stimme in einer Gesellschaftsversammlung ab.

Unabhängig vom Gegenstand des Beschlusses ist die Stimmabgabe stets mit einem unmittelbaren rechtlichen Nachteil verbunden, da die Abgabe der Stimme zum Verbrauch des Stimmrechts führt.[96]

▶ **Vertiefung:** Eine Übersicht zu lediglich rechtlich vorteilhaften Geschäften Minderjähriger bietet *Preuß*, JuS 2006, 305 ff.; zur Grundstücksschenkung an einen Minderjährigen s. die Anfängerhausarbeit von *Eickelmann*, JuS 2011, 997 ff.

152 **Fall 14a): Ein gutes Geschäft**

Der 17-jährige M kauft bei V ein Gemälde für € 1000, dessen Wert € 2000 beträgt. Hat M einen Anspruch auf Übereignung des Gemäldes gegen V, wenn seine Eltern ihre Zustimmung zum Vertragsabschluss verweigern?

Anspruch M gegen V

- **§ 433 Abs. 1 Satz 1 BGB**

M könnte von V die Übereignung des Gemäldes nach § 433 Abs. 1 Satz 1 BGB verlangen, wenn zwischen ihnen ein Kaufvertrag zustande gekommen ist.

M und V haben sich über den Kauf geeinigt. Zu prüfen ist, ob die Einigungserklärung des M wirksam ist. Diese könnte der Zustimmung der gesetzlichen Vertreter des minderjährigen M bedürfen, §§ 106 ff. BGB. Nach § 107 BGB ist für die Wirksamkeit einer Willenserklärung, die nicht lediglich rechtlich vorteilhaft ist, die Einwilligung der Eltern erforderlich. Fraglich ist, ob der Kaufvertrag für M lediglich rechtlich vorteilhaft ist. M erwirbt das Gemälde zur Hälfte seines tatsächlichen Wertes. Das Geschäft ist für ihn mit einem wirtschaftlichen Vorteil verbunden. Allerdings wird M durch den Kaufvertrag zur Zahlung des Kaufpreises verpflichtet, § 433 Abs. 2 BGB. Der Vertrag ist daher für M nicht lediglich rechtlich vorteilhaft. M bedarf zum Abschluss des Kaufvertrages der Zustimmung seiner Eltern. Seine Eltern verweigern ihre Zustimmung zu dem Vertrag. Der Vertragsschluss ist daher nichtig, § 108 Abs. 1 BGB.

M hat keinen Anspruch gegen V auf Übereignung des Gemäldes aus § 433 Abs. 1 Satz 1 BGB.

153 **Fall 14b)**

Wie Fall 14a). V hat das Gemälde bereits M zum Eigentumsübergang übergeben. Kann V nach der von M's Eltern verweigerten Genehmigung von M das Gemälde herausverlangen?

---

94 BGH, Beschluss vom 30. September 2010, V ZB 206/10, BGHZ 187, 119 Rn. 6.

95 BGH, Beschluss vom 25. November 2004, V Z.B. 13/04, BGHZ 161, 170, 174; *Menzel/Führ*, JA 2005, 859, 864; *J. Schmitt*, NJW 2005, 1090, 1091.

96 *J. W. Flume*, NZG 2014, 17 f.

Ansprüche V gegen M

1. § 985 BGB
V könnte von M das Gemälde nach § 985 BGB herausverlangen. Hierzu müsste M Besitzer und V Eigentümer des Gemäldes sein. M ist als Inhaber der tatsächlichen Sachherrschaft Besitzer, § 854 Abs. 1 BGB. V war Eigentümer des Gemäldes. Er könnte sein Eigentum nach § 929 Satz 1 BGB durch Einigung und Übergabe an M verloren haben.

▶ **Hinweis:** Ein Kardinalfehler wäre es, an dieser Stelle, an der es um den möglichen Eigentumsübergang von V an M geht, auf den Kaufvertrag einzugehen!

Das Gemälde wurde von V dem M übergeben. Beide haben sich über den Eigentumsübergang geeinigt. Die Einigungserklärung des M könnte jedoch nach §§ 106 ff. BGB unwirksam sein. Die Willenserklärung des minderjährigen M bedürfte der Genehmigung seiner Eltern, sofern sie nicht lediglich rechtlich vorteilhaft ist, § 107 BGB. Fraglich ist, ob die Einigungserklärung lediglich rechtlich vorteilhaft ist. Durch die Übereignung erhält M das Eigentum an dem Gemälde, weitere unmittelbare Rechtsfolgen sind mit ihr nicht verbunden.

▶ **Hinweis:** Insbesondere ist M aufgrund der Einigungserklärung i. S. v. § 929 Satz 1 BGB nicht verpflichtet, den Kaufpreis zu zahlen. Die Zahlungsverpflichtung ergibt sich aus dem Kaufvertrag (§ 433 Abs. 2 BGB), der von dem dinglichen Rechtsgeschäft der Eigentumsübertragung streng zu trennen ist. Hier wird die Bedeutung des Trennungsprinzips[97] deutlich.

Die dingliche Einigungserklärung ist für M daher unmittelbar lediglich rechtlich vorteilhaft und e contrario § 107 BGB wirksam, ohne dass es der Zustimmung seiner Eltern bedarf. V hat sein Eigentum an M nach § 929 Satz 1 BGB verloren. Er ist nicht mehr Eigentümer des Gemäldes. Er kann das Gemälde nicht von M nach § 985 BGB herausverlangen.

2. § 812 Abs. 1 Satz 1, 1. Alt. BGB
V könnte von M die Herausgabe des Gemäldes aus § 812 Abs. 1 Satz 1, 1. Alt. BGB verlangen. Hierzu müsste M durch Leistung des V etwas ohne rechtlichen Grund erlangt haben.

Eine Leistung ist die bewusste und zweckgerichtete Vermehrung fremden Vermögens. Durch die Übergabe des Bildes hat V das Vermögen des M bewusst und zweckgerichtet vermehrt. Eine Leistungsbeziehung liegt vor.

M hat das Eigentum an dem Gemälde nach § 929 Satz 1 BGB (s. o.) und somit „etwas" durch die Leistung erworben.

Schließlich müsste es an dem rechtlichen Grund für den Eigentumserwerb durch Leistung fehlen. Ein rechtlicher Grund könnte ein wirksamer Kaufvertrag zwischen V und M sein. V und M haben sich über den Kauf geeinigt. Fraglich ist, ob der Vertrag aufgrund M's Minderjährigkeit nach §§ 106 ff. BGB wirksam ist. Der Vertrag bedarf der Zustimmung der Eltern, sofern er für den Minderjährigen nicht lediglich rechtlich vorteilhaft ist. Als gegenseitig verpflichtender Vertrag ist der Kaufvertrag für M rechtlich nachteilig und bedarf der Zustimmung von M's Eltern. Eine Einwilligung (§ 107 BGB) lag nicht vor. Die erforderliche Genehmigung (§ 108 Abs. 1 BGB) wurde verweigert. Der Kaufvertrag ist daher unwirksam. Ein rechtlicher Grund liegt nicht vor.

V kann von M die Rückübereignung des Gemäldes nach § 812 Abs. 1 Satz 1, 1. Alt. BGB verlangen.

3. Ergebnis
V kann von M die Rückübereignung des Gemäldes nach § 812 Abs. 1 Satz 1, 1. Alt. BGB verlangen.

97 S. Rn. 21 f.

bb) „Einwilligung" und „Genehmigung"

154 Das Gesetz spricht in § 107 BGB von Einwilligung und in § 108 BGB von Genehmigung. Die Begriffe sind in §§ 183 Satz 1, 184 Abs. 1 BGB definiert. Der Oberbegriff für Einwilligung und Genehmigung ist die Zustimmung, § 182 BGB. Eine Einwilligung ist die vorherige Zustimmung. Sie ist bis zur Vornahme des Rechtsgeschäfts widerruflich, § 183 BGB. Eine Genehmigung ist die nachträgliche Zustimmung. Sie führt zur rückwirkenden (*ex tunc*) Wirksamkeit des Rechtsgeschäfts, § 184 Abs. 1 BGB. Bis zur Erteilung der Genehmigung ist das Rechtsgeschäft schwebend unwirksam.

cc) Beschränkung der gesetzlichen Vertretungsmacht

155 Zu bestimmten Rechtsgeschäften des Minderjährigen bedürfen die Eltern, § 1643 BGB, oder der Vormund, §§ 1821 ff. BGB, der Zustimmung des Familien- oder des Vormundschaftsgerichts.

Zu diesen Rechtsgeschäften zählen unter anderem
- Kaufvertrag und Verfügung über Grundstücke, §§ 1643 Abs. 1, 1821 Abs. 1 Nr. 1 BGB,
- Abschluss eines Gesellschaftsvertrages oder Erwerb/Veräußerung eines Erwerbsgeschäftes, §§ 1643 Abs. 1, 1822 Nr. 3 BGB,
- Abschluss eines Lehrvertrages mit einer Laufzeit von über einem Jahr, § 1822 Nr. 6 BGB (nur für Vormund, vgl. § 1643 Abs. 1 BGB),
- Abschluss eines Darlehensvertrages, §§ 1643 Abs. 1, 1822 Nr. 8 BGB.

dd) Ausschluss der gesetzlichen Vertretungsmacht

156 Neben des Insichgeschäfts oder der Mehrfachvertretung (§ 181 BGB) sind die Eltern, (§ 1629 Abs. 2 Satz 1 BGB) oder der Vormund in den Fällen des § 1795 BGB von der Vertretung des Minderjährigen ausgeschlossen. Es ist ein Ergänzungspfleger zu bestellen, § 1909 BGB. Die Genehmigung des Vormundschaftsgerichts kann den Ausschluss der Vertretungsmacht nicht überbrücken.

ee) Problem „Generalkonsens"

157 Die Einwilligung der Eltern kann sich zwar auch auf mehrere Rechtsgeschäfte beziehen, es muss sich dabei aber um einen abgegrenzten Kreis von Geschäften handeln.

Beispiel: Der 17-jährige M zieht mit Einwilligung seiner Eltern in eine eigene Wohnung.

Die Mietzahlung ist von der Einwilligung gedeckt, nicht jedoch der Kauf einer Digitalkamera.

Eine Einwilligung der gesetzlichen Vertreter in sämtliche Rechtsgeschäfte des Minderjährigen (Generalkonsens) ist unzulässig. Andernfalls könnten sie den Minderjährigenschutz der §§ 106 ff. BGB aushebeln und sich ihrer erzieherischen Pflichten entziehen. Die Vorschriften zum Minderjährigenschutz sind zwingend. Die gesetzlichen Vertreter sollen im jeweiligen Einzelfall oder in überschaubaren Fällen zum Wohle des Minderjährigen über das rechtlich (auch) nachteilige Rechtsgeschäft entscheiden.

ff) Erfüllung an Minderjährige

Die Erfüllung eines schuldrechtlichen Vertrages gegenüber einem Minderjährigen bedarf der Zustimmung des gesetzlichen Vertreters. Über das Ergebnis herrscht Einigkeit, lediglich die dogmatische Begründung ist strittig.[98] 158

H.A.: Theorie der realen Leistungserbringung:[99] Die Erfüllung ist tatsächlicher Natur und kein Rechtsgeschäft. Die §§ 106 ff. BGB finden daher keine Anwendung. Allerdings ist ein Minderjähriger nicht empfangszuständig. Daher kann an einen Minderjährigen ohne die Zustimmung des gesetzlichen Vertreters nicht erfüllt werden.[100]

A.A.: Theorie des Realvertrages:[101] Durch rechtsgeschäftliche Einigung ordnen die Parteien die Zuwendung einer Verpflichtung zu. Da durch die Erfüllung der Minderjährige seinen Erfüllungsanspruch aus dem Vertrag verliert und damit einen rechtlichen Nachteil erleidet, bedarf der Zuordnungsvertrag der Zustimmung des gesetzlichen Vertreters nach §§ 107 f. BGB.[102]

Fall 15: Nicht ohne meine Eltern 159

Der minderjährige M schließt mit Einwilligung der Eltern einen Vertrag mit V über den Erwerb eines Mountainbikes zu einem Kaufpreis von € 400. Die Eltern wollen sichergehen, dass M richtig unterwiesen wird, wie das Mountainbike zu fahren ist. Sie untersagen M daher, eigenständig das Rad bei V abzuholen. Dessen ungeachtet macht sich M allein auf zu V, der ihm in Erfüllung des Vertrages das Mountainbike übereignet. Kann M weiterhin die Erfüllung des Kaufvertrages verlangen? Kann V von M das Mountainbike zurückfordern?

I. Anspruch M gegen V

§ 433 Abs. 1 Satz 1 BGB
M könnte von V die Übereignung des Mountainbikes aus dem Kaufvertrag nach § 433 Abs. 1 Satz 1 BGB verlangen.

1. Anspruch entstanden
Ein Kaufvertrag ist zwischen V und M durch Einigung der Parteien und mit Einwilligung der Eltern zustande gekommen, § 107 BGB. Der Anspruch des M gegen V ist entstanden.

▶ **Hinweis:** An dieser Stelle wäre es ermüdend, im Detail das Zustandekommen des Kaufvertrages zu prüfen. Die Probleme des Falles liegen offensichtlich an anderer Stelle. Daher genügt es, kurz im Urteilsstil die Wirksamkeit des Kaufvertrages zu begründen.

2. Anspruch erloschen
Der Anspruch des M könnte aufgrund Erfüllung durch V erloschen sein, § 362 Abs. 1 BGB. V könnte M das Mountainbike zur Erfüllung des Kaufvertrages nach § 929 Satz 1 BGB übereignet haben. Hierzu sind Einigung und Übergabe notwendig. Das Rad ist von V an M übergeben worden. Ferner haben sie sich über den Eigentumsübergang geeinigt. Allerdings könnte die

98 Vgl. *H. P. Westermann/Bydlinski/Weber*, BGB – Schuldrecht AT, 8. Auflage 2013, Rn. 19/6 f.
99 *Larenz*, Lehrbuch des Schuldrechts, Band I, 14. Auflage 1987, 238 ff.; Jauernig/*Stürner*, § 362 Rn. 2; MüKo/*Fetzer*, § 362 Rn. 12; Soergel/*Schreiber*, Vor § 362 Rn. 6.
100 BGH, Urteil vom 21. April 2015, XI ZR 234/14, BGHZ 205, 90 Rn. 15; *Larenz*, Lehrbuch des Schuldrechts, Band I, 14. Auflage 1987, 240; a. A. Soergel/*Schreiber*, Vor § 362 Rn. 7.
101 *Ehmann*, JZ 1968, 549, 550 ff.; *ders.* JZ 2003, 702, 710 f.; *Rother*, AcP 169 (1969), 1 ff.
102 *Rother*, AcP 169 (1969), 1, 30 f.

Einigungserklärung des minderjährigen M nach §§ 107 ff. BGB unwirksam sein. Nach § 107 BGB bedarf ein Rechtsgeschäft, welches nicht lediglich rechtlich vorteilhaft ist, der Einwilligung des gesetzlichen Vertreters. Durch die Übereignung erwirbt M das Eigentum an dem Rad. Einen unmittelbaren rechtlichen Nachteil erleidet er hierdurch nicht. Das Rechtsgeschäft ist nicht zustimmungsbedürftig und nach § 107 BGB wirksam. M ist Eigentümer des Rades geworden.

Fraglich ist jedoch, ob durch die Erfüllungshandlung die Erfüllungswirkung des § 362 Abs. 1 BGB eingetreten ist. Nach der Theorie des Realvertrages sei die Erfüllung ein Rechtsgeschäft, auf welches folglich die §§ 106 ff. BGB anzuwenden seien. Wegen der Erfüllungswirkung nach § 362 BGB verliere M aufgrund der Erfüllung seinen Anspruch aus dem Kaufvertrag, die Erfüllung sei daher rechtlich nachteilig und somit zustimmungsbedürftig. An der fehlenden Zustimmung der Eltern würde die Erfüllung scheitern. Nach der herrschenden Theorie der realen Leistungserbringung ist die Erfüllung kein Rechtsgeschäft, sondern eine rein tatsächliche Handlung, auf die die §§ 106 ff. BGB keine Anwendung finden. Allerdings fehle dem Minderjährigen die Empfangszuständigkeit. An den Minderjährigen könne daher nicht ohne die Zustimmung der Eltern erfüllt werden. Beide Ansichten gelangen zu dem Ergebnis, dass die Erfüllungswirkung des § 362 Abs. 1 BGB durch die Übereignung an den Minderjährigen bei fehlender Zustimmung der Eltern nicht eintritt. Einer Entscheidung des Meinungsstreits bedarf es somit nicht. Die Erfüllungswirkung des § 362 Abs. 1 BGB ist aufgrund der fehlenden Zustimmung der Eltern des M nicht eingetreten.

Der Anspruch des M gegen V aus dem Kaufvertrag ist nicht erloschen. M kann von V weiterhin die Übereignung eines Mountainbikes nach § 433 Abs. 1 Satz 1 BGB verlangen.

II. Ansprüche V gegen M

1. § 985 BGB

V könnte von M die Herausgabe des Mountainbikes nach § 985 BGB verlangen. M ist Besitzer, § 854 Abs. 1 BGB. V war Eigentümer, hat aber sein Eigentum an dem Rad an M nach § 929 Satz 1 BGB verloren (s. o.). V kann daher von M nicht die Herausgabe nach § 985 BGB verlangen.

▶ **Hinweis:** Da beim Anspruch aus § 985 BGB keine neuen Probleme auftreten, kann die Prüfung des Anspruchs kurz abgehandelt werden. Ausführliche Erörterungen im Gutachtenstil erübrigen sich.

2. § 812 Abs. 1 Satz 1, 1. Alt. BGB

V könnte von M einen Anspruch auf Herausgabe des Mountainbikes nach § 812 Abs. 1 Satz 1, 1. Alt. BGB haben. Dazu müsste M durch Leistung des V etwas ohne rechtlichen Grund erlangt haben.

Leistung ist die bewusste und zweckgerichtete Vermehrung fremden Vermögens. V hat durch die Übergabe des Rades an M dessen Vermögen bewusst und zweckgerichtet vermehrt. Eine Leistung liegt vor.

M hat das Eigentum an dem Rad (etwas) nach § 929 Satz 1 BGB erlangt (s. o.).

M müsste die Leistung ohne rechtlichen Grund erlangt haben. Der rechtliche Grund für die Übereignung an M durch V ist die Erfüllung des Kaufvertrages. Dieser ist zwar aufgrund der Einwilligung der Eltern des M nach § 107 BGB wirksam abgeschlossen, allerdings tritt die mit der Leistung bezweckte Erfüllungswirkung nicht ein (s. o.).[103] Ein rechtlicher Grund für die Leistung liegt nicht vor. V kann von M nach § 812 Abs. 1 Satz 1, 1. Alt. BGB die Rückübereignung des Rades verlangen.

III. Gesamtergebnis

M kann von V die Übereignung eines Mountainbikes nach § 433 Abs. 1 Satz 1 BGB verlangen. V hat gegen M einen Anspruch auf Rückübereignung des Mountainbikes nach § 812 Abs. 1 Satz 1, 1. Alt. BGB.

103 Der fehlende Eintritt des Erfüllungserfolges ist ein Unterfall von § 812 Abs. 1 Satz 1, 1. Alt. BGB (*condictio indebiti*) und nicht von § 812 Abs. 1 Satz 2, 2. Alt. BGB (Zweckverfehlung), s. Rn. 882.

Als Fazit gilt, dass ein schuldrechtlicher Vertrag gegenüber einem Minderjährigen gegen den Willen des gesetzlichen Vertreters nicht erfüllt werden kann. Versucht der Vertragspartner des Minderjährigen dennoch die Erfüllung, so bleibt er aus dem Vertrag weiterhin verpflichtet und muss ihn „erneut" erfüllen. Das zur fehlgeschlagenen Erfüllung Geleistete kann er vom Minderjährigen nach § 812 Abs. 1 Satz 1, 1. Alt. BGB herausverlangen, sofern der Minderjährige nicht entreichert ist, § 818 Abs. 3 BGB. Der Vertragspartner trägt somit das Entreicherungsrisiko. Hätte M das Mountainbike im vorangegangenen Beispiel zerstört, könnte er von V ein neues Rad verlangen. V hingegen würde mit seinem Rückübereignungsanspruch aus § 812 Abs. 1 Satz 1, 1. Alt. BGB wegen § 818 Abs. 3 BGB leer ausgehen.
In der Praxis tritt das geschilderte Problem jedoch selten auf, da die Zustimmung des gesetzlichen Vertreters zum Vertragsabschluss i. d. R. dahingehend nach dem objektiven Empfängerhorizont gemäß §§ 133, 157 BGB ausgelegt werden kann, dass sie auch die Vertragserfüllung erfasst.

gg) Sog. Taschengeldparagraph, § 110 BGB

Die Einwilligung der gesetzlichen Vertreter in die Vornahme rechtlich nachteiliger Geschäfte kann ausdrücklich oder konkludent erfolgen. Der § 110 BGB (sog. Taschengeldparagraph) enthält für die nach § 107 BGB erforderliche Einwilligung der Eltern eine Auslegungsregel. 160

Überlassen die Eltern dem Minderjährigen einen bestimmten Betrag zur freien Verfügung, so willigen sie konkludent in alle Geschäfte ein, die mit diesem Betrag bewirkt – d. h. tatsächlich bezahlt – werden können. Der vom Minderjährigen geschlossene Vertrag wird mit dem Bewirken der *gesamten* Leistung wirksam. Die Leistung ist nicht bewirkt, wenn der Minderjährige nur eine Anzahlung leistet oder verspricht, er werde die geschuldete Leistung mit Mitteln bewirken, die ihm zur freien Verfügung stehen.[104] § 110 BGB betrifft nicht nur das Verpflichtungsgeschäft (z. B. Kaufvertrag, § 433 BGB), sondern auch das zu dessen Erfüllung abgeschlossene Verfügungsgeschäft (z. B. Übereignung des Kaufpreises, § 929 BGB).[105]

Fall 16: Das Taschengeld 161

Der 16-jährige M erhält von seinen Eltern ein monatliches Taschengeld in Höhe von € 40. M kauft von V ein Moped für € 200. Sie vereinbaren, dass der Kaufpreis in fünf Raten in Höhe von € 40 zu zahlen ist. Nach Zahlung der zweiten Rate erfahren die Eltern des M von dem Kauf und verweigern ihre Zustimmung. Ist M zur Zahlung der restlichen Raten verpflichtet?

Anspruch V gegen M

- **§ 433 Abs. 2 BGB**

V könnte von M Zahlung der restlichen Raten aus dem Kaufvertrag, § 433 Abs. 2 BGB, verlangen. Dazu müsste der Kaufvertrag zwischen den Parteien wirksam abgeschlossen worden sein. Eine Einigung zwischen den Parteien liegt vor. Der Vertrag könnte aber wegen der beschränkten Geschäftsfähigkeit des 16-jährigen M nach §§ 106 ff. BGB unwirksam sein. Ein Rechtsgeschäft, das für den Minderjährigen, der das siebente Lebensjahr vollendet hat, nicht lediglich rechtlich vorteilhaft ist, bedarf der Zustimmung des gesetzlichen Vertreters. Der Kaufvertrag ist aufgrund der Verpflichtung zur Kaufpreiszahlung für M nicht lediglich rechtlich vorteilhaft. Daher ist für die Wirksamkeit des Vertrages die Zustimmung von M's Eltern erforderlich, §§ 107 f. BGB. Eine

104 MüKo/*J. Schmitt*, § 110 Rn. 12.
105 BeckOK/*Wendtland*, § 110 Rn. 12; *Fleck/Schweinfest*, JuS 2010, 885, 887.

Einwilligung könnte nach § 110 BGB vorliegen. Nach § 110 BGB ist ein Vertrag von Anfang an wirksam, sofern die vertragsmäßige Leistung des Minderjährigen mit Mitteln bewirkt wird, die ihm vom gesetzlichen Vertreter zur freien Verfügung überlassen worden sind. M hat die Raten mit seinem Taschengeld bezahlt, welches ihm von seinen Eltern zur freien Verfügung überlassen wurde. Allerdings setzt die Wirksamkeit des Vertrages nach § 110 BGB voraus, dass die gesamte Leistung vom Minderjährigen tatsächlich „bewirkt" ist. M hat erst zwei von fünf Raten des Kaufpreises bezahlt. Die Leistung ist somit noch nicht bewirkt. Der Vertrag ist nicht nach § 110 BGB gültig. Der Vertrag bedarf der Genehmigung von M's Eltern, § 108 Abs. 1 BGB. Diese haben die Genehmigung verweigert, ein Kaufvertrag ist nicht zustande gekommen.

V kann von M nicht die Zahlung der drei restlichen Raten nach § 433 Abs. 2 BGB verlangen.

▶ **Hinweis:** Es ist nicht Gegenstand der Fallfrage, ob M seine bereits geleisteten zwei Raten zurückverlangen kann. Daher ist hierauf nicht einzugehen.

hh) Teilgeschäftsfähigkeit, §§ 112 f. BGB

162 Für die in §§ 112 f. BGB genannten Rechtskreise (Betrieb eines Erwerbsgeschäfts, Aufnahme eines Dienst- oder Arbeitsverhältnisses) bewirkt die Ermächtigung der gesetzlichen Vertreter (im Falle des Erwerbsgeschäfts mit Zustimmung des Familien- bzw. Vormundschaftsgerichts, §§ 1643 Abs. 1, 1822 Nr. 3 BGB), dass der Minderjährige beschränkt auf diesen Rechtskreis voll geschäftsfähig wird. Man spricht hier von einer Teilgeschäftsfähigkeit. Sie soll dem Minderjährigen den Einstieg in das Berufsleben erleichtern.

Eine Lehre ist kein Arbeitsverhältnis im Sinne von § 113 BGB, da hier nicht das Arbeitsverhältnis, sondern die Ausbildung überwiegt.[106]

b) Schwebend unwirksamer Vertrag eines Minderjährigen

163 Willenserklärungen, die rechtlich nachteilig sind, bedürfen zu ihrer Wirksamkeit der Einwilligung des gesetzlichen Vertreters. Fehlt es an der Einwilligung, so ist der Vertrag bis zur Erteilung der Genehmigung schwebend unwirksam, § 108 Abs. 1 BGB. Der Zustand der schwebenden Unwirksamkeit ist für den Vertragspartner belastend, da er die Ungewissheit erdulden muss, ob es zur Vertragsabwicklung kommen wird, und er daher seine Leistung bereithalten muss. Das Gesetz bietet ihm die Möglichkeit, den Schwebezustand entweder durch Aufforderung zur Genehmigung nach § 108 Abs. 2 BGB oder durch Widerruf gemäß § 109 BGB zu beenden.

aa) Genehmigung, § 108 Abs. 1 BGB

164 Erteilt der gesetzliche Vertreter die Genehmigung, so wird der Vertrag von Anfang an (*ex tunc*) wirksam (§§ 108, 184 Abs. 1 BGB). Verweigert er die Zustimmung, wird der Vertrag endgültig unwirksam.

106 BFH, Urteil vom 13. November 1986, IV R 322/84, BB 1987, 251; Palandt/*Ellenberger*, § 113 Rn. 2.

bb) Aufforderung zur Genehmigung, § 108 Abs. 2 BGB

Der Vertragspartner hat die Möglichkeit, den für ihn unbequemen Schwebezustand zu beenden, indem er den gesetzlichen Vertreter – bei Eintritt der Volljährigkeit den vormals Minderjährigen, § 108 Abs. 3 BGB – zur Genehmigung auffordert, § 108 Abs. 2 BGB. Die Aufforderung ist eine geschäftsähnliche Handlung.[107] Infolge der Aufforderung kann die Genehmigung entgegen § 182 Abs. 1 BGB nur noch gegenüber dem Vertragspartner erteilt werden. Der Vertragspartner erhält auf diese Weise Gewissheit, ob eine Genehmigung tatsächlich erfolgt. Eine bereits dem Minderjährigen gegenüber erteilte Genehmigung wird infolge der Aufforderung *ex tunc* unwirksam; in diesem Fall wird der bereits wirksam gewordene Vertrag wieder schwebend unwirksam. Wird eine Genehmigung innerhalb von 14 Tagen nach Empfang der Aufforderung nicht erteilt, so gilt sie als verweigert. Der Vertrag ist endgültig nichtig. **165**

Nach zutreffender h. A. gilt § 108 Abs. 2 BGB nur für den Fall der Genehmigung und nicht analog auch für die Einwilligung.[108] Zum einen fehlt es an einer Regelungslücke, da im Gesetzgebungsverfahren die Regelung bewusst nur für die Genehmigung geschaffen wurde.[109] Ferner besteht kein Regelungsbedarf, da es an einer Vergleichbarkeit der Rechtslage von Einwilligung und Genehmigung mangelt. Sofern eine Einwilligung vorliegt, entsteht kein Schwebezustand, den der Vertragspartner beseitigen könnte, der Vertrag ist von Anfang an wirksam. Sofern der Vertragspartner sich das Vorliegen der Einwilligung bei Vertragsschluss nicht nachweisen lässt, hat er die sich hieraus ergebende Unsicherheit zu erdulden und muss ggf. Feststellungsklage erheben. Hat der Vertragspartner den Schwebezustand aufgrund der Minderjährigkeit seines Gegenübers verkannt und daher keine Vorlage einer Einwilligung verlangt, kann er den Schwebezustand nach § 109 BGB durch Widerruf beenden. **166**

Fall 17: Die Schwarzfahrt **167**

Der 12-jährige M benutzt ohne Einwilligung der Eltern die U-Bahn, um zur Schule zu fahren. Der Kontrolleur K verlangt von M, der keinen gültigen Fahrschein vorweisen kann, ein „erhöhtes Fahrgeld" von € 40 und stützt sich dabei auf Ziffer 2 der Beförderungsbedingungen. Von dem Verkehrsbetrieb V angeschrieben erklären die Eltern des M, sie seien nicht damit einverstanden, dass M U-Bahn fahre. Welche Ansprüche hat V gegen M?

Ansprüche V gegen M

1. Beförderungsvertrag
V könnte von M € 40 als erhöhtes Beförderungsentgelt aufgrund eines Beförderungsvertrages verlangen. Hierzu müsste zwischen V und M ein Vertrag durch zwei übereinstimmende Willenserklärungen zustande gekommen sein. Durch das Betreten der U-Bahn durch M und aufgrund der Beförderungsleistung von V könnte konkludent ein solcher Vertrag geschlossen worden sein. Der Vertrag könnte nach §§ 107 f. BGB nichtig sein, sofern die Eltern des M keine Zustimmung für das rechtlich nicht lediglich vorteilhafte Rechtsgeschäft erteilen. Der Abschluss des Vertrages ist aufgrund der Pflicht zur Zahlung eines Beförderungsentgeltes nicht lediglich rechtlich vorteil-

107 Zum Begriff der geschäftsähnlichen Handlung s. Rn. 65.
108 Ausführlich *Kohler*, Jura 1984, 349 ff.
109 *Mugdan*, Die gesammten Materialien zum Bürgerlichen Gesetzbuch, Band I, 676 f. (Protokolle 129 f.).

haft und bedarf infolge der mangelnden Einwilligung der Genehmigung durch die Eltern, § 108 Abs. 1 BGB. Aufgrund der Verweigerung der Genehmigung gegenüber V nach § 108 Abs. 2 Satz 1 BGB ist der Vertrag endgültig unwirksam.

Der Vertrag könnte aufgrund sozialtypischen Verhaltens im modernen Massenverkehr zustande gekommen sein.[110] Allerdings ist diese Rechtsfigur im Gesetz nicht vorgesehen. Zudem kann sie nicht herangezogen werden, um die zwingenden Normen des Minderjährigenschutzes zu umgehen. Die Lehre vom sozialtypischen Verhalten ist abzulehnen. Ein Vertrag zwischen V und M besteht nicht.

Ein Anspruch von V gegen M auf € 40 aus dem Beförderungsvertrag besteht nicht.

2. §§ 812 Abs. 1 Satz 1, 2. Alt., 818 Abs. 2 BGB

V könnte von M Wertersatz nach §§ 812 Abs. 1 Satz 1, 2. Alt., 818 Abs. 2 BGB verlangen. Hierzu müsste M auf sonstige Weise auf Kosten von V etwas ohne rechtlichen Grund erlangt haben. Dies wäre insbesondere der Fall, wenn der Anspruchsgegner in den Zuweisungsgehalt eines fremden Rechts eingegriffen hätte (Eingriffskondiktion).

Der Schwarzfahrer M hat durch die erschlichene Beförderung in den Zuweisungsgehalt von V's Recht eingegriffen, nur Fahrkarteninhaber zu befördern, ohne dass hierfür ein rechtlicher Grund (s. o.) vorlag. Durch die Fahrt hat er einen Gebrauchsvorteil und damit „etwas" erlangt.[111] Er ist daher nach § 818 Abs. 2 BGB zum Wertersatz verpflichtet, welcher dem regulären Fahrpreis entspricht.

M könnte sich jedoch auf Entreicherung nach § 818 Abs. 3 BGB berufen. Allerdings hätte er ohnehin zur Schule fahren müssen, und ist somit um die Beförderung zu seinem Ziel bereichert.[112] V kann somit von M Wertersatz nach §§ 812 Abs. 1 Satz 1, 2. Alt., 818 Abs. 2 BGB in Höhe des regulären Fahrpreises verlangen.

3. Ergebnis

V kann von M nicht das „erhöhte Fahrgeld" von € 40, sondern nur Wertersatz nach §§ 812 Abs. 1 Satz 1, 2. Alt., 818 BGB verlangen.

---

168 **Bösgläubigkeit eines Minderjährigen**

Selbst bei bestehender Entreicherung ist ein Anspruch gegen den Minderjährigen nicht zwingend ausgeschlossen. Sofern der Minderjährige die Einsicht hat, den Unwert des Schwarzfahrens bei der deliktsähnlichen Eingriffskondiktion (§ 812 Abs. 1 Satz 1, 2. Alt. BGB) zu erkennen (vgl. § 828 Abs. 3 BGB), ist es ihm wegen § 819 Abs. 1 BGB verwehrt, sich auf § 818 Abs. 3 BGB zu berufen. Besteht der Bereicherungsanspruch gegen den Minderjährigen auf der Grundlage der vertragsähnlichen Leistungskondiktion (§ 812 Abs. 1 Satz 1, 1. Alt., Satz 2 BGB), ist gemäß §§ 166 Abs. 1, 107 ff. BGB auf die Kenntnis des gesetzlichen Vertreters abzustellen.[113]

---

cc) Widerruf, § 109 BGB

169 Bis zur Erteilung der Genehmigung besteht ein Widerrufsrecht des gutgläubigen Vertragspartners des Minderjährigen, welches entgegen § 131 Abs. 2 Satz 1 BGB, wonach eine rechtlich nachteilige Erklärung dem gesetzlichen Vertreter zugehen muss, auch gegenüber dem Minderjährigen ausgeübt werden kann, § 109 Abs. 1 Satz 2 BGB. Das

---

110 S. Rn. 75.

111 Ob ein schlichter Gebrauchsvorteil „etwas" im Sinne von § 812 Abs. 1 Satz 1 BGB sein kann, ist umstr., im Einzelnen hierzu s. Rn. 887.

112 Anders wäre bei einer reinen Luxusfahrt zu entscheiden.

113 Im Einzelnen hierzu s. Rn. 907.

Widerrufsrecht entfällt, wenn der Vertragspartner die Minderjährigkeit oder das Fehlen der behaupteten Einwilligung und somit den Eintritt der schwebenden Unwirksamkeit bei Vertragsschluss gekannt hat, § 109 Abs. 2 BGB.

Fall 18: Moped für Minderjährige 170

Der 17-jährige M einigt sich mit dem Verkäufer V über den Kauf eines Mopeds. Die Übergabe und Bezahlung soll in einigen Tagen erfolgen. Die Eltern des M wissen von dem Kauf nichts. Da M sehr erwachsen wirkt, geht V von der Volljährigkeit des M aus. Einige Tage später erfährt V jedoch, dass M minderjährig ist. Er fordert daraufhin die Eltern des M, die mittlerweile dem Kauf M gegenüber zugestimmt haben, schriftlich zur Genehmigung auf. Der Brief wird tags darauf zugestellt. Nunmehr kommt V zu dem Schluss, von dem Geschäft mit M Abstand zu nehmen, da er das Moped zu einem höheren Preis an C verkaufen kann. Er erklärt M, den er zufällig auf der Straße trifft, er widerrufe seine Zustimmung zum Vertrag. Kurze Zeit später erscheint M mit seinen Eltern im Geschäftslokal des V. Sie verlangen die Übereignung des verkauften Mopeds. Zu Recht?

Anspruch von M gegen V

- **§ 433 Abs. 1 Satz 1 BGB**

M könnte von V die Übereignung des Mopeds nach § 433 Abs. 1 Satz 1 BGB verlangen. Voraussetzung hierfür ist, dass ein wirksamer Kaufvertrag zwischen beiden Parteien zustande gekommen ist. Die hierzu erforderlichen übereinstimmenden Willenserklärungen von M und V liegen vor. Fraglich ist, ob die Willenserklärungen wirksam sind.

1. Willenserklärung des M
Die Einigungserklärung des M zum Vertragsschluss müsste nach §§ 107 f. BGB wirksam sein. Der Vertragsschluss eines Minderjährigen, der für diesen nicht lediglich rechtlich vorteilhaft ist und ohne Einwilligung des gesetzlichen Vertreters erfolgt, ist bis zu dessen Genehmigung schwebend unwirksam. Durch den Kaufvertrag wird M verpflichtet, den Kaufpreis zu zahlen. Daher ist er für M nicht lediglich rechtlich vorteilhaft. Eine Einwilligung der Eltern lag nicht vor. Allerdings wurde der Vertragsschluss von den Eltern dem M gegenüber gemäß § 108 Abs. 1 i. V. m. § 182 Abs. 1 BGB genehmigt. M's Willenserklärung ist somit rückwirkend wirksam geworden, § 184 Abs. 1 BGB.

▶ **Hinweis:** Zu beachten ist im Folgenden die Wahl der Obersätze. Falsch wäre es hier, den Sachverhalt chronologisch nachzuerzählen (vgl. Faustregeln unter Rn. 53). Stattdessen sind die möglichen Rechtsfolgen in den Obersätzen voranzustellen und sodann deren Voraussetzungen zu prüfen.

Infolge der Aufforderung des V gegenüber M's Eltern, den Vertrag zu genehmigen, könnte die bereits M gegenüber erklärte Genehmigung unwirksam geworden sein. Nach § 108 Abs. 2 Satz 1, letzter Hbs. BGB wird eine vor der Aufforderung dem Minderjährigen gegenüber erklärte Genehmigung unwirksam. Indem die Aufforderung des V an die Eltern diesen zugeht, wird die Aufforderung, die als geschäftsähnliche Handlung wie eine Willenserklärung gewertet wird, nach § 130 Abs. 1 Satz 1 BGB analog wirksam. Die bereits gegenüber M erteilte Genehmigung wird unwirksam. Der ursprüngliche Zustand der schwebenden Unwirksamkeit von M's Willenserklärung ist aufgrund § 108 Abs. 2 Satz 1, letzter Hbs. BGB wiederhergestellt.

M's Willenserklärung könnte durch Genehmigung der Eltern gegenüber V nach § 108 Abs. 2 Satz 1, 1. Hbs. BGB wirksam geworden sein. Indem die Eltern zusammen mit M bei V erscheinen, um der Forderung des M auf Übereignung des Mopeds Nachdruck zu verleihen, ist ihr Auftreten nach dem objektiven Empfängerhorizont (§§ 133, 157 BGB) als Genehmigung des Vertrages zu verstehen. Somit ist M's Willenserklärung zum Kauf des Mopeds wirksam.

2. V's Willenserklärung
Fraglich ist, ob V's Erklärung zum Vertragsschluss wirksam ist. V könnte seine Erklärung wirksam nach § 109 Abs. 1 BGB widerrufen haben. Gemäß § 109 Abs. 1 Satz 1 BGB ist der andere Teil

bis zur Genehmigung zum Widerruf berechtigt. Fraglich ist, ob V's Widerruf rechtzeitig erfolgt ist. Zwar hatten die Eltern des M den Vertrag bereits gegenüber M genehmigt, als V gegenüber M seine Erklärung widerrief, allerdings ist diese Genehmigung durch die Aufforderung des V zur Abgabe der Genehmigung unwirksam geworden und der ursprüngliche Schwebezustand wiederhergestellt worden (s. o.). Dadurch lebt auch das Widerrufsrecht nach § 109 BGB wieder auf. Umstritten ist jedoch, ob der Widerruf, der nach einer Aufforderung zur Genehmigung ergeht, aus Gründen des widersprüchlichen Verhaltens (*venire contra factum proprium*) nach § 242 BGB ausgeschlossen ist, sofern keine angemessene Zeit zwischen Aufforderung und Widerruf abgewartet wird.[114] Für die Annahme des widersprüchlichen Verhaltens spricht, dass V den Widerruf nutzt, um ein anderes, vorteilhafteres Geschäft abzuschließen. Allerdings widersprechen sich die Aufforderung zur Genehmigung und der Widerruf nicht. Denn nach § 108 Abs. 2 Satz 1 BGB ergeht keine Aufforderung, eine Genehmigung abzugeben, sondern sich darüber zu erklären, *ob* eine Genehmigung erteilt wird. Die Entscheidungsfreiheit des gesetzlichen Vertreters, die Genehmigung zu erklären oder sie zu verweigern, entspricht der Entscheidungsfreiheit des anderen Teils, am Vertrag festzuhalten oder ihn zu widerrufen.[115] Dem Widerruf des V, der gemäß § 109 Abs. 1 Satz 2 BGB dem M gegenüber erklärt wurde, steht daher nicht der Einwand des widersprüchlichen Verhaltens nach § 242 BGB entgegen. V hat die Minderjährigkeit des M bei Vertragsschluss nicht gekannt, so dass der Widerruf auch nicht nach § 109 Abs. 2 BGB ausgeschlossen ist. V hat seine Einigungserklärung wirksam widerrufen. Ein Vertrag ist daher nicht zustande gekommen.

Ein Anspruch des M gegen V aus § 433 Abs. 1 Satz 1 BGB besteht nicht.

▶ **Vertiefung:** Zu einer Abwandlung des Falles s. *Jaensch*, Klausurensammlung, Fall 2: Ein Motorrad zum 18.

dd) Eintritt der Volljährigkeit, § 108 Abs. 3 BGB

171 Mit Eintritt der unbeschränkten Geschäftsfähigkeit (Vollendung des 18. Lebensjahres, §§ 2, 106 BGB) kann der nunmehr Volljährige (und nicht mehr der gesetzliche Vertreter) den von ihm als Minderjährigen vorgenommenen schwebend unwirksamen Vertrag selbst genehmigen, § 108 Abs. 3 BGB. Die Wirksamkeit des Vertrages tritt daher nicht aufgrund der Volljährigkeit *ipso iure*, sondern erst mit der Genehmigung ein.

172 Umstritten ist, ob die Genehmigung nach § 108 Abs. 3 BGB eine empfangsbedürftige Willenserklärung ist. Dies wird von einer Ansicht verneint.[116] Die Genehmigung des Volljährigen trete an die Stelle der Genehmigung des gesetzlichen Vertreters. Da aufgrund § 182 Abs. 1 BGB die Genehmigung des gesetzlichen Vertreters auch gegenüber dem Minderjährigen erfolgen kann, könne der nunmehr Volljährige sich selbst gegenüber die Genehmigung erklären. Die Genehmigung erhalte den Charakter einer Bestätigung. Ein Zugang erübrige sich in diesem Fall. Für den Verzicht auf den Zugang wird eine Analogie zur Bestätigung eines anfechtbaren Rechtsgeschäfts nach § 144 BGB, welche keines Zugangs bedarf, angeführt. Zudem sei der Vertragspartner nicht schutzbedürftig. Ist er über die Erklärung der Genehmigung im Unklaren, kann er nach § 108 Abs. 2 BGB den Volljährigen zur Erklärung der Genehmigung ihm gegenüber auffordern. Es ist allerdings nicht ersichtlich, warum der Vertragspartner überhaupt der Unsicherheit

114 So Musielak/*Hau*, Grundkurs BGB, 15. Auflage 2017, Rn. 374 f.

115 *Flume*, Allgemeiner Teil des Bürgerlichen Rechts, Band II, Das Rechtsgeschäft, 4. Auflage 1992, 198; *Wilhelm*, NJW 1992, 1666 f.; Staudinger/*Klumpp*, § 109 Rn. 12.

116 *Paal/Leyendecker*, JuS 2006, 25, 27 ff.

über die Erklärung der Genehmigung ausgesetzt werden soll.[117] Die Genehmigung nach § 108 Abs. 3 BGB ist entgegen der dargestellten Ansicht eine empfangsbedürftige Willenserklärung, die nur gegenüber dem Vertragspartner erklärt werden kann.

c) Neutrales Geschäft

Ein neutrales Rechtsgeschäft bringt dem Minderjährigen weder einen unmittelbaren rechtlichen Vorteil noch einen Nachteil. Nach dem Wortlaut von § 107 BGB bedürfte ein neutrales Geschäft der Einwilligung der gesetzlichen Vertreter, weil es nicht lediglich rechtlich vorteilhaft ist. Da § 107 BGB aber den Minderjährigen nur vor Nachteilen schützen soll und er bei neutralen Geschäften nicht schutzbedürftig ist, wird die Norm teleologisch reduziert.[118] Rechtlich neutrale Geschäfte sind *nicht* zustimmungsbedürftig. **173**

Beispiele:

a) Der Minderjährige tritt als Vertreter auf. Er haftet selbst dann nicht, wenn er (ohne Zustimmung seiner Eltern) ohne Vertretungsmacht handelt, § 179 Abs. 3 Satz 2 BGB. § 165 BGB bestätigt, dass ein beschränkt Geschäftsfähiger Vertreter sein kann.
b) Leistungsbestimmung durch den unbeteiligten minderjährigen Dritten, § 317 BGB.
c) Verfügung über ein fremdes Recht durch den Minderjährigen mit Zustimmung des Berechtigten, § 185 BGB.
d) Verfügung des nichtberechtigten Minderjährigen (dennoch scheitert entgegen der h. A. der gutgläubige Erwerb, s. den nachfolgenden Fall 19).
e) Nicht hingegen die Verweigerung der Genehmigung gemäß § 177 Abs. 1 BGB, d.h. wenn ein minderjähriger Geschäftsherr die Genehmigung des schwebend unwirksamen Vertrages verweigert, den der in seinem Namen handelnde vollmachtslose Vertreter abgeschlossen hat. Denn durch die Verweigerung verliert der Minderjährige die durch den schwebend unwirksamen Vertrag geschaffenen Möglichkeiten (vgl. hierzu Rn. 148a).[119] Die Genehmigung erfordert als ein nicht lediglich rechtlich vorteilhaftes einseitiges Rechtsgeschäft die Einwilligung des gesetzlichen Vertreters, §§ 111, 107 BGB.

Fall 19: Trau' keinem unter 18 **174**

Der 17-jährige M leiht sich von V dessen Fahrrad. Einen Tag später übereignet M das Fahrrad an den gutgläubigen D. Ist D Eigentümer geworden?

Durch die Übereignung an den gutgläubigen D nach §§ 932, 929 BGB erwirbt M keinen rechtlichen Vorteil. M ist nicht Eigentümer des Fahrrades. Er verliert daher kein Eigentum und erleidet auch keinen rechtlichen Nachteil. Das Rechtsgeschäft ist für M rechtlich neutral. Nach der h. M. ist die Verfügung eines Minderjährigen über eine ihm nicht gehörende Sache als neutrales Geschäft nicht zustimmungsbedürftig.[120] Nach der zutreffenden Gegenansicht[121] erfolgt kein gutgläubiger Erwerb, da die §§ 932 ff. BGB nicht den guten Glauben an die Geschäftsfähigkeit

117 JurisPK/*J. Lange*, § 108 Rn. 36.

118 *Staudinger/Steinrötter*, JuS 2012, 97, 98; a.A. teleologische Extension, *Schreiber*, Jura 1987, 221, 222.

119 A.A. *Fleck/Schweinfest*, JuS 2010, 885, 887, die Verweigerung der Genehmigung sei ein neutrales Rechtsgeschäft, da es nicht Sinn des Minderjährigenschutzes sei, den Minderjährigen davor zu schützen, dass ein Vertrag nicht zustande kommt.

120 MüKo/*J. Schmitt*, § 107 Rn. 36; *Schreiber*, Jura 1987, 221 f.; *v. Olshausen*, AcP 189 (1989), 223, 233 ff.

121 *Medicus*, AT BGB, 11. Auflage 2016, Rn. 567 f.; MüKo/*Oechsler*, § 932 Rn. 10; *Kindler/Paulus*, JuS 2013, 393, 394 f.

schützen. Nach den allgemeinen Rechtsscheingrundsätzen, deren gesetzliche Ausprägung die §§ 932 ff. BGB sind, darf der Gutgläubige nicht besser gestellt werden, als wenn seine Annahme zuträfe.[122] Wäre der Minderjährige Eigentümer, würde der Gutgläubige kein Eigentum erwerben, da dann das Rechtsgeschäft für den Minderjährigen aufgrund seines Eigentumsverlustes rechtlich nachteilig wäre. Der gutgläubige Erwerb des D scheitert. Er ist nicht Eigentümer geworden.

d) Einseitige Rechtsgeschäfte, § 111 BGB

175 Einseitige Rechtsgeschäfte Minderjähriger bedürfen grundsätzlich der Einwilligung des gesetzlichen Vertreters, § 111 BGB. Eine Genehmigung ist nicht möglich. Der Grund hierfür ist, dass ein einseitiges Rechtsgeschäft ohne die Zustimmung des Erklärungsempfängers wirksam ist. Anders als bei zweiseitigen Rechtsgeschäften hat der Erklärungsempfänger keine Wahl, ob er sich auf das Rechtsgeschäft einlässt oder von ihm Abstand nimmt. Deshalb darf dieser nicht über die Wirksamkeit des Rechtsgeschäfts im Unklaren gelassen werden. Eine solche Unklarheit bestünde, wenn

- ein einseitiges Rechtsgeschäft nach § 108 BGB schwebend unwirksam sein könnte; oder
- dem Erklärungsempfänger die Einwilligung auf sein Verlangen hin nicht nachgewiesen wird.

§ 111 BGB, der die Genehmigungsfähigkeit einseitiger Rechtsgeschäfte ausschließt und dem Erklärungsempfänger die Möglichkeit gibt, einen Nachweis der Einwilligung zu verlangen, dient daher seinem Schutz.

> **Beispiel:** Der 17-jährige M kündigt seinen Mietvertrag mit V ohne Wissen seiner Eltern. Muss V auf die Genehmigung der Eltern des M warten, bis er sich um einen Nachmieter kümmern kann?

Die Kündigung des M bedarf der Zustimmung der Eltern, da sie für M nicht lediglich rechtlich vorteilhaft ist, § 107 BGB. Denn durch sie verliert M seine Rechte aus dem Mietvertrag. Eine Einwilligung in die Kündigung liegt nicht vor. Selbst wenn die Eltern mit der Kündigung einverstanden sein sollten, können sie die ausgesprochene Kündigung ihres Sohnes M nicht genehmigen. Die Kündigung ist unwirksam und muss erneut ausgesprochen werden. Die fehlende Genehmigungsfähigkeit der Kündigung hat für den Minderjährigen nachteilige Folgen, wenn z. B. eine Kündigungsfrist zu beachten war. § 111 gibt dem Schutz des Erklärungsempfängers Vorrang vor dem Minderjährigenschutz.

---

176 **1. Zustimmungsbedürftige einseitige Rechtsgeschäfte**

§ 111 BGB greift nur bei *zustimmungsbedürftigen* einseitigen Rechtsgeschäften; d. h., dass das Rechtsgeschäft für den Minderjährigen unmittelbar rechtlich (auch) nachteilig sein muss. Rechtlich vorteilhafte oder neutrale einseitige Rechtsgeschäfte sind *e contrario* § 107 BGB wirksam. Eine Einwilligung ist nicht, wie es § 111 BGB gemäß seinem Wortlaut voraussetzt, erforderlich.
Auf den ersten Blick nicht ganz einfach ist die Einordnung der Vollmacht unter § 111 BGB. Erteilt ein minderjähriger Geschäftsherr eine Vollmacht zum Abschluss eines Kaufvertrages, so entsteht ihm allein durch die Vollmachtserteilung weder ein rechtlicher Vor- noch Nachteil. Die Vollmachtserteilung für sich gesehen ist rechtlich neutral. Allerdings kann der Minderjährige aufgrund der Vollmacht un-

---

122 *Chiusi*, AcP 202 (2002), 494, 495 f.; s. auch Rn. 984.

mittelbar aus dem Vertrag verpflichtet werden, den der Vertreter im Namen des Minderjährigen abschließt. Daher ist eine Vollmacht zum Abschluss eines (auch) rechtlich nachteiligen Rechtsgeschäfts selbst (auch) rechtlich nachteilig und damit gemäß § 111 BGB zustimmungsbedürftig.[123]

2. Zustimmung zur Genehmigungsfähigkeit **177**

Da die fehlende Genehmigungsfähigkeit einseitiger Rechtsgeschäfte nach § 111 BGB nur dem Schutz des anderen Teils dient, kann dieser der Genehmigungsfähigkeit zustimmen und sich somit freiwillig auf den Schwebezustand einlassen.[124] Statt § 111 BGB gilt dann § 108 BGB (vgl. hierzu auch die entsprechenden Normen im Recht der Stellvertretung, §§ 174, 180 BGB, Rn. 254a).

e) Zugang einer gegenüber einem beschränkt Geschäftsfähigen abzugebenden Willenserklärung, § 131 Abs. 2 BGB

Auch der Zugang einer Willenserklärung, die einem Minderjährigen gegenüber abzugeben ist, bedarf der Zustimmung des gesetzlichen Vertreters, es sei denn, die Willenserklärung ist für den Minderjährigen nicht rechtlich nachteilig, § 131 Abs. 2 BGB. Bei einem gegenseitigen Vertrag ist der Zugang eines Angebots an einen Minderjährigen lediglich rechtlich vorteilhaft, da er ihm lediglich die Möglichkeit zur Vertragsannahme gibt. Rechtlich nachteilig ist hingegen der Zugang einer an den Minderjährigen gerichteten Annahme- oder Widerrufserklärung (s. Rn. 148a). **178**

Genehmigungsfähiger Zugang der Annahmeerklärung gegenüber einem Minderjährigen? **179**

Nach h. A. kann der gesetzliche Vertreter den Zugang einer rechtlich nachteiligen Willenserklärung, der gemäß § 131 Abs. 2 BGB nicht wirksam erfolgt ist, nach § 108 Abs. 1 BGB genehmigen, da angenommen wird, dass durch die Genehmigung der rechtlich nachteiligen Willenserklärung des Minderjährigen auch der Zugang der Erklärung des Vertragspartners umfasst ist.[125] Nach a. A. wird § 131 Abs. 2 BGB durch § 108 BGB verdrängt.[126] Das Problem der Genehmigung des Zugangs stellt sich in den meisten Fällen jedoch nicht. Denn der Zugang der nachteiligen Willenserklärung beim gesetzlichen Vertreter erfolgt spätestens bei dessen Kenntniserlangung von dem zu genehmigenden Vertrag. Einer Genehmigung des Zugangs bedarf es somit nur, wenn es auf die rückwirkende Wirksamkeit der Willenserklärung ankommt. Der Zugang einseitiger Erklärungen, die der Vertragspartner dem Minderjährigen gegenüber abgegeben hat, kann wie in § 111 BGB nicht genehmigt werden.[127]

▶ **Vertiefung:** Zur Minderjährigenproblematik s. *Lorenz*, JuS 2010, 11 ff.; *Paal/Leyendecker*, JuS 2006, 25 ff.; einen umfassenden Überblick zur Wiederholung für Fortgeschrittene geben *Staudinger/Steinrötter*, JuS 2012, 97 ff. und *Lipp*, Jura 2015, 477 ff.

123 *Fleck/Schweinfest*, JuS 2010, 885, 886.

124 RG, Urteil vom 29. März 1911, V 335/10, RGZ 76, 89, 91 f.; BGH, Urteil vom 9. März 1990, V ZR 244/88, BGHZ 110, 363, 369 f.

125 BGH, Urteil vom 17. April 1967, II ZR 228/64, BGHZ 47, 352, 357 f.

126 *Brauer*, JuS 2004, 472, 473 f.; Jauernig/*Mansel*, § 131 Rn. 3; in der Begründung abweichend *Leenen*, Jura 2007, 721, 724 f., teleologische Reduktion von § 131 Abs. 2 BGB für den Vertragsschluss von Minderjährigen.

127 BGH, Urteil vom 17. April 1967, II ZR 228/64, BGHZ 47, 352, 358.

III. Die Stellvertretung

180 Personen schließen grundsätzlich Rechtsgeschäfte für sich selbst ab (Eigengeschäft). Es ist aber auch möglich, dass eine Person ein Rechtsgeschäft nicht für sich, sondern mit Wirkung für einen anderen abschließt (Fremdgeschäft). Ein solches Fremdgeschäft kommt durch die Stellvertretung unter den Voraussetzungen der §§ 164 ff. BGB zustande.

Die Stellvertretung muss zulässig sein, damit die Willenserklärung des Vertreters dem Geschäftsherrn zugerechnet werden kann. Dies ist i. d. R. unproblematisch und daher in einer Klausur nicht anzusprechen. Unzulässig ist eine Stellvertretung bei höchstpersönlichen Geschäften (Eheschließung, Testament), und wenn die Vertragsparteien oder das Gesetz eine Stellvertretung ausschließen.

1. Eigene Willenserklärung des Vertreters

181 Bei der Stellvertretung gibt der Vertreter eine *eigene* Willenserklärung im Namen des Vertretenen (Geschäftsherr) aufgrund einer von dem Geschäftsherrn erteilten Vollmacht mit der Folge ab, dass der Geschäftsherr durch die Willenserklärung des Vertreters unmittelbar berechtigt und verpflichtet wird. Der Vertreter kann zur Abgabe (aktive Stellvertretung) aber auch zum Empfang einer Willenserklärung für den Geschäftsherrn (passive Stellvertretung) auftreten.

182 Zur Illustration, wie die Rechtsfigur der Stellvertretung in die Klausur eingebaut werden kann, dient der folgende Fall.

Fall 20: Grundfall Stellvertretung

V erklärt gegenüber D, er kaufe den Wagen im Namen des G. D stimmt zu. G hatte V zum Kauf des Wagens bevollmächtigt. Kann G von D die Übereignung des Wagens verlangen?

Anspruch G gegen D

§ 433 Abs. 1 Satz 1 BGB
G könnte von D die Übereignung des Wagens nach § 433 Abs. 1 Satz 1 BGB verlangen, wenn zwischen ihnen ein Kaufvertrag zustande gekommen ist. D hat dem Vertragsschluss zugestimmt. G hingegen hat keine entsprechende Erklärung abgegeben. Allerdings könnte V's Willenserklärung zum Vertragsschluss nach § 164 Abs. 1 Satz 1 BGB unmittelbar für und gegen G wirken. Dazu müsste V im Namen des G aufgetreten sein und innerhalb der ihm zustehenden Vertretungsmacht gehandelt haben. V handelt im Namen des G. G hat V zum Abschluss des Kaufvertrages bevollmächtigt. V tritt daher als G's Stellvertreter auf. Somit wirkt V's Willenserklärung unmittelbar für und gegen G, § 164 Abs. 1 Satz 1 BGB. Es ist ein Kaufvertrag zwischen G und D zustande gekommen. G kann von D die Übereignung des Wagens nach § 433 Abs. 1 Satz 1 BGB verlangen.

a) Keine Geschäftsunfähigkeit des Vertreters

183 Da die Willenserklärung eines *Geschäftsunfähigen* aufgrund § 105 Abs. 1 BGB nichtig ist, kann er nicht als Vertreter eine eigene Willenserklärung abgeben.

Hingegen schadet die *beschränkte Geschäftsfähigkeit* des Vertreters nicht, § 165 BGB. Die Norm unterstützt die teleologische Reduktion von § 107 BGB für neutrale Geschäfte. Denn dem Minderjährigen erwachsen aus einer Willenserklärung, die er als Vertreter abgibt, keine unmittelbaren rechtlichen Nachteile. Selbst wenn der Minderjährige ohne Vertretungsmacht auftritt, haftet er ohne Zustimmung seines gesetzlichen Vertreters nicht, § 179 Abs. 3 Satz 2 BGB. Die Stellvertretung ist daher als rechtlich neutrales Geschäft ohne Einwilligung des gesetzlichen Vertreters des Minderjährigen wirksam, vgl. § 107 BGB. Nichts anderes stellt § 165 BGB klar. **184**

▶ **Vertiefung:** Zur Geschäftsfähigkeit im Recht der Stellvertretung s. *Chiusi*, Jura 2005, 532 f.

b) Abgrenzung der Stellvertretung zu anderen Rechtsinstituten

aa) Bote

Vom Stellvertreter, der eine eigene Willenserklärung abgibt, ist der Bote abzugrenzen. Dieser übermittelt eine fremde Willenserklärung. Sein Handeln ist tatsächlicher, nicht rechtlicher Natur. Dies führt im Vergleich zur Stellvertretung zu den folgenden Unterschieden: **185**

Bote	Stellvertretung
▪ Der Bote muss nicht geschäftsfähig sein.	▪ Der Vertreter muss mindestens beschränkt geschäftsfähig sein, § 165 BGB.
▪ Eventuelle Formerfordernisse sind vom Geschäftsherrn und nicht vom Boten zu wahren.	▪ Formerfordernisse sind vom Vertreter zu wahren.
▪ Unbewusste Willensmängel des Boten führen zum Anfechtungsrecht des Geschäftsherrn nach § 120 BGB.	▪ Es ist auf den Willensmangel des Vertreters abzustellen, § 166 Abs. 1 BGB.
▪ Bei der Auslegung ist der Wille des Geschäftsherrn und nicht der des Boten zu ermitteln.	▪ Bei der Auslegung ist der Wille des Vertreters zu ermitteln.
▪ Kommt es auf die Kenntnis an (z. B. § 932 BGB), ist auf die Kenntnis des Geschäftsherrn abzustellen.	▪ Es ist auf die Kenntnis des Vertreters abzustellen, § 166 Abs. 1 BGB.

Ob eine Person als Stellvertreter oder als Bote handelt, ist nach deren Auftreten zu beurteilen. Tritt sie gegenüber einem Dritten als völlig weisungsgebunden und unselbständig auf, so handelt sie lediglich als Bote, der eine fremde Willenserklärung überbringt.

Beispiel: A teilt B mit, er solle ihm von C sagen, er kündige.

Tritt die Person aber eigenständig auf, ist sie Vertreter.

Beispiel: A teilt B mit, er kündige „für" (korrekt: „im Namen des") C den Vertrag.

▶ **Vertiefung:** Zur Stellvertretung und Botenschaft s. *Petersen*, Jura 2009, 904 f.

bb) Zurechnung fremden Handelns

186 Die §§ 164 ff. BGB betreffen nur die Zurechnung einer Willenserklärung. Daher sind die folgenden Tatbestände kein Fall der Stellvertretung.

i) Besitzübergabe

187 Die Besitzübergabe ist ein Realakt. Der Besitz wirkt für den „Geschäftsherrn" nicht nach §§ 164 ff. BGB (ganz h. A.[128]), sondern entweder über §§ 854 f. BGB (Besitz und Besitzdienerschaft) oder § 868 BGB (mittelbarer Besitz).[129]

> **Beispiel:** D übereignet dem Stellvertreter V ein Pferd. Der bevollmächtigte V erklärt sich mit dem Eigentumsübergang im Namen des G einverstanden und nimmt das Pferd entgegen.

Die Einigungserklärung des V nach § 929 Satz 1 BGB wird G gemäß § 164 Abs. 1 BGB zugerechnet. Da der Stellvertreter den Besitz des Geschäftsherrn i. d. R. aufgrund eines Leih- oder Dienstvertragsverhältnisses innehat, erwirbt der Geschäftsherr mit der Übergabe an den Stellvertreter den mittelbaren Besitz an der Sache, so dass auch er Besitzer ist, § 868 BGB. Das Eigentum geht somit nach § 929 Satz 1 BGB unmittelbar mit der Übergabe des Pferdes an V auf den Geschäftsherrn G über.

Eine Mindermeinung[130] spricht sich u. a. unter Berufung auf die Gesetzesmaterialien für die analoge Anwendung von § 164 BGB auf den Besitzerwerb aus, da der Besitzerwerb einen rechtsgeschäftsähnlichen Charakter habe.

ii) Verschulden des Erfüllungsgehilfen

188 Das Verschulden einer Person (z. B. Arbeitnehmer), deren sich der Schuldner zur Erfüllung seiner Verbindlichkeit bedient, hat sich der Schuldner wie eigenes Verschulden anrechnen zu lassen, § 278 BGB. § 278 BGB ist eine reine Zurechnungsnorm für das Verschulden des Erfüllungsgehilfen und keine Anspruchsgrundlage.

> **Beispiel:** Der Arbeitnehmer A des Handwerksmeisters M führt bei M's Kunden K Reparaturen aus. Dabei beschädigt er fahrlässig K's Einrichtung.

K könnte von M Schadensersatz nach § 280 Abs. 1 BGB verlangen wegen der Verletzung der dem M obliegenden vertraglichen Pflicht, auf die Rechtsgüter seines Vertragspartners K Rücksicht zu nehmen, § 241 Abs. 2 BGB. Voraussetzung für den Schadensersatzanspruch ist, dass M die Pflichtverletzung zu vertreten hat, § 280 Abs. 1 Satz 2 BGB. Das bedeutet, er müsste den Schaden durch sein vorsätzliches oder fahrlässiges Handeln, § 276 BGB, verursacht haben. M selbst trifft kein Verschulden. Allerdings hat sich M des A zur Erfüllung seiner vertraglichen Verpflichtungen K gegenüber bedient. Daher ist die Fahrlässigkeit des A dem M nach § 278 BGB zuzurechnen.

▶ **Vertiefung:** Zu § 278 BGB, insbesondere zur Abgrenzung zu § 831 BGB s. *Lorenz*, JuS 2007, 983 ff.

---

128 BGH, Urteil vom 9. Februar 1955, IV ZR 188/54, BGHZ 16, 259, 263 f.
129 BGH, Urteil vom 16. Oktober 2015, V ZR 240/14, NJW 2016, 1887 Rn. 21.
130 *Klinck*, AcP 205 (2005), 487 ff.

iii) Verschulden des Verrichtungsgehilfen

Jemand ist zum Ersatz des Schadens verpflichtet, den sein Verrichtungsgehilfe einem **189** Dritten widerrechtlich zufügt, § 831 BGB. Im Gegensatz zur Zurechnungsnorm des § 278 BGB, der für die Zurechnung des Vertretenmüssens innerhalb von Schuldverhältnissen gilt, ist § 831 BGB eine selbständige deliktische Anspruchsgrundlage. Der Schuldner kann sich exculpieren, sofern er darlegen kann, dass er den Verrichtungsgehilfen ordnungsgemäß ausgewählt und überwacht hat, § 831 Abs. 1 Satz 2 BGB.

iv) Organhaftung juristischer Personen

Das Verschulden der Vereinsorgane ist nach § 31 BGB dem Verein zuzurechnen. Das **190** Gleiche gilt aufgrund § 89 BGB für den Fiskus, Körperschaften, Stiftungen und Anstalten des öffentlichen Rechts. §§ 31, 89 BGB sind wie § 278 BGB Zurechnungsnormen und keine Anspruchsgrundlagen.

2. Vertretungshandeln

a) Offenkundigkeitsprinzip

Der Vertreter muss dem Dritten deutlich machen, dass dieser nicht mit seinem Gegen- **191** über (dem Vertreter), sondern mit einer anderen Person (dem Geschäftsherrn) eine rechtliche Beziehung eingeht. Entscheidend für die Erkennbarkeit der Stellvertretung ist der objektive Empfängerhorizont (§ 157 BGB). Das Offenkundigkeitsprinzip dient dazu, dem Dritten Klarheit über die Person seines Vertragspartners zu verschaffen.

aa) Handeln im fremden Namen, § 164 Abs. 1 Satz 1 BGB

Gemäß § 164 Abs. 1 Satz 1 BGB muss der Vertreter für den Dritten erkennbar „im frem- **192** den Namen" auftreten.

> **Beispiel:** V kauft im Namen von G den Wagen des D für € 50 000. D würde den Wagen niemals an V verkaufen, da er um dessen chronischen Geldmangel weiß. Von der Zahlungsfähigkeit des G ist er hingegen überzeugt.

bb) Schlüssiges Handeln im fremden Namen, § 164 Abs. 1 Satz 2 BGB

Das Handeln im fremden Namen kann auch durch schlüssiges Verhalten geschehen. **193** Dies stellt § 164 Abs. 1 Satz 2 BGB klar.

Ein Beispiel für § 164 Abs. 1 Satz 2 BGB ist das sog. „unternehmensbezogene Geschäft". Ergibt sich aus den Umständen, dass sich das Rechtsgeschäft auf das Geschäft eines Kaufmanns bezieht, wird im Zweifel der tatsächliche Geschäftsinhaber Vertragspartner und nicht die Person, die im Geschäft des Kaufmanns auftritt.

> **Beispiel:** G ist Inhaber eines Reisebüros und als solcher im Gewerberegister eingetragen. Die Geschäfte führt – mit seiner Zustimmung – V. Dieser beauftragt das Busunternehmen D mit einer Tagesfahrt. Wer ist Vertragspartner geworden?

Der Vertrag kommt zwischen G und D zustande, auch wenn D den V für den Geschäftsinhaber gehalten haben sollte. Denn aus den Umständen ergibt sich, dass D mit dem tatsächlichen Geschäftsinhaber den Vertrag abschließen wollte.

cc) Mangel der Offenkundigkeit

194 Tritt der Vertreter gegenüber dem Dritten im eigenen und nicht im fremden Namen auf, so wird der Vertreter und nicht der Geschäftsherr Vertragspartner. Der Mangel des Willens des Vertreters, ein Eigengeschäft abzuschließen, ist gemäß § 164 Abs. 2 BGB unerheblich. Eine Verletzung des Offenkundigkeitsprinzips verhindert daher das Zustandekommen des Fremdgeschäfts. Es liegt ein Eigengeschäft des Vertreters vor. In diesem Fall kann eine sog. mittelbare Stellvertretung vorliegen, welche keine Stellvertretung i. S. v. § 164 ff. BGB ist.[131]

195 Im *Umkehrschluss* zu § 164 Abs. 2 BGB kommt es zum Fremdgeschäft, wenn der Vertreter zwar nach seinem objektiven Auftreten im fremden Namen handelt, er gemäß seinem inneren Willen aber im eigenen Namen handeln will. Strittig ist lediglich, ob dieses Vertretergeschäft anfechtbar sein soll.

> **Beispiel:** G bevollmächtigt V ein Auto bei D zu kaufen. G teilt D mit, er habe V bevollmächtigt. Als V das Auto sieht, möchte er es selbst erwerben und einigt sich mit D über den Kauf, ohne G zu erwähnen.

D musste aufgrund der Mitteilung davon ausgehen, dass V das Auto für G erwirbt. Nach dem objektiven Empfängerhorizont liegt ein Handeln im fremden Namen vor, das Rechtsgeschäft ist zwischen G und D zustande gekommen.

Fraglich ist, ob das Rechtsgeschäft anfechtbar ist, wenn der Vertreter entgegen dem objektiven Empfängerhorizont nicht im fremden Namen auftreten wollte. Die h. A. verneint eine Anfechtbarkeit unter Berufung auf den Umkehrschluss aus § 164 Abs. 2 BGB, dass der innere Wille des Vertreters unbeachtlich ist.[132] In Teilen der Literatur wird diese Ansicht abgelehnt, da § 164 Abs. 2 BGB eine nicht analogiefähige Ausnahmevorschrift sei.[133] Uneinigkeit besteht aber, ob V, G oder beide anfechtungsberechtigt sein sollen.[134]

196 Eine Anfechtung ist im Einklang mit der h. A. unter Berufung auf § 164 Abs. 2 BGB abzulehnen, da keiner der Beteiligten schutzbedürftig ist, unabhängig ob eine Vollmacht besteht oder nicht:

- V kann in keinem Fall Vertragspartner werden. Durch eine Anfechtung wird der Vertrag zwischen D und G lediglich vernichtet, § 142 Abs. 1 BGB. Ohne Anfechtung wird

131 Zur mittelbaren Stellvertretung s. Rn. 205.

132 Palandt/*Ellenberger*, § 164 Rn. 16; vgl. BGH, Urteil vom 5. Oktober 1961, VII ZR 207/60, BGHZ 36, 30, 33 f.

133 Soergel/*Leptien*, § 164 Rn. 12, 35; Staudinger/*Schilken*, § 164 Rn. 21; Erman/*Maier-Reimer*, § 164 Rn. 26.

134 Der Geschäftsherr, Soergel/*Leptien*, § 164 Rn. 12; differenzierend nach Bestand der Vertretungsmacht Erman/*Maier-Reimer*, § 164 Rn. 26; Staudinger/*Schilken*, § 164 Rn. 21, bei Vertretungsmacht soll der Geschäftsherr, ohne Vertretungsmacht der Vertreter anfechtungsberechtigt sein.

V durch das Rechtsgeschäft nicht gebunden, sofern eine Vollmacht besteht. Fehlt es an einer Vollmacht, haftet der Vertreter zwar auf Erfüllung nach § 179 Abs. 1 BGB. Da er ein Eigengeschäft abschließen wollte, entspricht die Erfüllungshaftung jedoch seinem wahren Willen.

- D schließt den Vertrag mit demjenigen ab, mit dem er ihn abzuschließen meint, nämlich G. Besteht keine Vollmacht, kann entweder G genehmigen oder V haftet als Vertreter ohne Vertretungsmacht, §§ 177 ff. BGB.
- G wird Vertragspartner und erhält das, was er will. Besteht keine Vollmacht, ist er nicht gebunden, kann aber das Geschäft durch Genehmigung an sich ziehen, § 177 BGB.

dd) Zweck der Offenkundigkeit

Die Offenkundigkeit dient dem Schutz des Dritten. Dieser muss zunächst annehmen, mit demjenigen das Geschäft abzuschließen, der ihm gegenübersteht. Nur wenn dieser zu erkennen gibt, dass er nicht im eigenen, sondern im fremden Namen auftritt, ist der Dritte in der Lage zu entscheiden, ob er mit der anderen Person (Geschäftsherrn) ein Rechtsgeschäft eingehen möchte. **197**

Wird der Offenkundigkeitsgrundsatz nicht gewahrt, kommt zum Schutz des Vertragspartners das Geschäft mit dem Vertreter zustande, vgl. § 164 Abs. 2 BGB.

b) Ausnahmen vom Offenkundigkeitsprinzip

Da das Offenkundigkeitsprinzip lediglich dem Schutz des Vertragspartners dient, kann auf das Handeln im fremden Namen verzichtet werden, wenn der Vertragspartner dieses Schutzes nicht bedarf. **198**

aa) Unbestimmter Geschäftsherr

Gibt der Vertreter zwar zu verstehen, dass er lediglich im fremden Namen handelt, nennt aber nicht den Geschäftsherrn, so schadet dies nicht, sofern der Dritte sich auf den Vertragsschluss mit Wirkung für einen noch unbestimmten Geschäftsherrn einlässt. Ebenso können Vertreter und Dritter vereinbaren, dass der Geschäftsherr später benannt werden soll. Gelingt dem Vertreter die Benennung nicht, so richtet sich seine Haftung dem Dritten gegenüber als Vertreter ohne Vertretungsmacht nach §§ 177 ff. BGB. Demnach ist die Haftung nach § 179 Abs. 3 Satz 1 BGB ausgeschlossen, da der Dritte den Mangel der Vertretungsmacht kannte. **199**

bb) Geschäft für den, den es angeht

Auf die Offenkundigkeit wird verzichtet, wenn es dem Dritten gleichgültig ist, mit wem er einen Vertrag schließt. Der Vertragspartner des Dritten bestimmt sich in diesem Fall allein nach dem Willen des Vertreters.[135] Dies ist i. d. R. bei Bargeschäften des täglichen **200**

135 Vgl. BGH, Urteil vom 16. Oktober 2015, V ZR 240/14, NJW 2016, 1887 Rn. 10.

Lebens anzunehmen, bei denen Leistung und Gegenleistung unmittelbar erbracht werden. Ein solches Geschäft wird als „Geschäft für den, den es angeht" bezeichnet.

Beispiel: G schickt V in den Supermarkt, um für ihn einen Liter Milch zu kaufen. Wortlos legt V im Supermarkt die Milch der Kassiererin vor, zahlt und geht. Wer ist Vertragspartei geworden?

Dem Inhaber des Supermarktes ist es gleichgültig, ob der Kaufvertrag mit G oder V zustande kommt. V möchte den Vertrag für G abschließen. Auf die Offenkundigkeit (nicht jedoch auf die Vertretungsmacht) kann verzichtet werden. Der Vertrag kommt zwischen G und dem Inhaber des Supermarktes zustande.

c) Handeln unter fremdem Namen

201 Kein Handeln im fremden Namen, sondern unter fremdem Namen liegt vor, wenn jemand nicht für einen Anderen, sondern als ein Anderer auftritt. Hierbei sind zwei Fallgruppen zu unterscheiden.

aa) Pseudonym

202 Schließt jemand unter einem Pseudonym einen Vertrag, macht sich der Gegenüber unter dem verwendeten Namen keine Vorstellung. Es kommt ihm einzig auf die Person des Auftretenden an. Der Vertragspartner ist zwar falsch bezeichnet, aber eindeutig individualisiert. Es liegt kein Fall der Stellvertretung vor. Stattdessen kommt der Vertrag mit dem unter dem Pseudonym Auftretenden zustande.[136]

Beispiel: A möchte unerkannt bleiben, und übernachtet im Hotel unter dem Namen „Meyer". Wer ist Vertragspartei geworden?

Es kommt ein Vertrag des Hotels mit A zustande, es liegt ein Eigengeschäft des A vor. Der Erklärende tritt zwar unter falschem Namen auf, dem Geschäftspartner ist jedoch der wirkliche Namensträger gleichgültig. Es kommt ihm nur auf die Person des Auftretenden an.

bb) Falsche Identität

203 Ein Handeln unter falscher Identität liegt vor, wenn der Gegenüber mit dem verwendeten Namen konkrete Vorstellungen verbindet und somit über die Identität seines Vertragspartners getäuscht wird. Der Gegenüber meint, mit dem Träger der Identität einen Vertrag zu schließen. Der Handelnde gibt hingegen die Willenserklärung für sich (Eigengeschäft) und nicht für einen anderen (Fremdgeschäft) ab. Daher können die §§ 164 ff. BGB nicht unmittelbar herangezogen werden. Zum Schutz des Gegenübers gelten die §§ 164 ff. BGB jedoch analog.

Beispiel: Der zwielichtige A gibt sich als den für seine Seriosität bekannten B aus und kauft von C einen Wagen. Wer ist Vertragspartei geworden?

136 BGH, Urteil vom 8. Dezember 2005, III ZR 99/05, NJW-RR 2006, 701 Rn. 12.

Die falsche Identitätsvorstellung des C ist schutzwürdig. Kommt es dem Dritten auf die Identität seines Gegenübers an, sind die §§ 164 ff. BGB analog beim Handeln unter fremdem Namen anwendbar.[137] Es kommt zum Fremdgeschäft, das wie ein Fall des Vertreters ohne Vertretungsmacht behandelt wird. Demnach kann das Geschäft noch mit B zustande kommen, wenn dieser es genehmigt, § 177 BGB analog. Verweigert er die Genehmigung, steht es dem C frei, von A nach seiner Wahl Schadensersatz oder Erfüllung zu verlangen, § 179 Abs. 1 BGB analog.

Beispiel: A bietet unter dem passwortgeschützten Konto seiner Ehefrau B eine gebrauchte Stereoanlage zum Verkauf an. C gibt das Maximalgebot ab und verlangt von B die Übergabe der Stereoanlage. Zu Recht?

Auch in diesem Beispiel nimmt der Gegenüber C an, mit der Kontoinhaberin B einen Vertrag zu schließen und wird von A über dessen Identität getäuscht. A handelt unter falscher Identität. Es wird in analoger Anwendung von §§ 164 ff. BGB ein Fremdgeschäft zwischen B und C geprüft.[138] Die Ansprüche von C hängen davon ab, ob eine Vollmacht des A aufgrund Rechtsscheins angenommen werden kann (s. hierzu unter Rn. 238).

Fall 21: Pkw mit Fahrzeugbrief vom Betrüger 204

C leiht A seinen Pkw. A verkauft K den Pkw mit den gesetzlich vorgesehenen Gewährleistungen und übergibt ihn mitsamt Papieren dem K zum Eigentumsübergang. Kann C von K den Pkw herausverlangen?

Anspruch C gegen K

- **§ 985 BGB**

C könnte einen Anspruch gegen K auf Herausgabe des Pkw aus § 985 BGB haben. Dazu müsste K Besitzer und C Eigentümer des Pkw sein. K hat die tatsächliche Sachherrschaft über den Pkw, § 854 Abs. 1 BGB, und ist Besitzer. C war Eigentümer. Er könnte aber sein Eigentum durch einen gutgläubigen Erwerb des K von A nach §§ 929 Satz 1, 932 Abs. 1 BGB verloren haben. Die Eigentumsübertragung erfolgte zwischen K und A nach § 929 Satz 1 BGB durch Einigung und Übergabe. K müsste jedoch über die Eigentümerstellung des A im guten Glauben gewesen sein. Für das Vorliegen des guten Glaubens i. S. v. § 932 Abs. 2 BGB könnte sprechen, dass K den A für den Eigentümer hielt, da dieser im Besitz des Pkw mitsamt des Fahrzeugbriefes („Zulassungsbescheinigung Teil II") war (vgl. § 1006 Abs. 1 Satz 1 BGB). Allerdings weist der Fahrzeugbrief den C als Eigentümer aus.

Fraglich ist, welche Vorstellungen sich K über die Person des Verfügenden machte. Ging er davon aus, von der ihm gegenüberstehenden Person den Wagen zu erhalten, liegt ein Eigengeschäft des A vor. Es wären die Vorschriften über den gutgläubigen Erwerb zu prüfen. Bei einem Geschäft unter Anwesenden, bei dem der Erwerber weder den Handelnden noch den wahren

137 BGH, Urteil vom 3. März 1966, II ZR 18/64, BGHZ 45, 193, 195 f.; BGH, Urteil vom 18. Januar 1988, II ZR 304/86, NJW-RR 1988, 814, 815; a.A. *Bartels*, Jura 2015, 438, 441 ff., Eigengeschäft zwischen Handelndem und Vertragspartner durch letzteren gemäß § 123 Abs. 1 BGB wegen arglistiger Täuschung oder § 119 Abs. 2 BGB wegen Irrtums über eine verkehrswesentliche Eigenschaft anfechtbar.

138 Vgl. hierzu BGH, Urteil vom 11. Mai 2011, VIII ZR 289/09, BGHZ 189, 346 Rn. 10 ff.; *Hauck*, JuS 2011, 967 ff.; *Faust*, JuS 2011, 1027 ff.; *Linardatos*, JA 2012, 53 ff.; *Oechser*, Jura 2012, 581 f.; a.A. *Bartels*, Jura 2015, 438, 445, §§ 164 ff. BGB in unmittelbarer Anwendung der Rechtsfigur des unternehmensbezogenen Geschäfts.

Namensträger kennt, möchte der Erwerber grundsätzlich mit dem Handelnden unabhängig von dessen Identität den Vertrag schließen.[139] Dies spricht für ein Eigengeschäft des A. Nach Einsicht in den Fahrzeugbrief könnte der Erwerber jedoch mit dem Namen des im Brief Genannten die konkrete Vorstellung verbinden, dieser sei der Eigentümer, von dem er erwerben will. Es käme ihm dann auf die Identität des Handelnden an. Es läge ein Handeln unter fremdem Namen vor.[140] Es kämen die §§ 164 ff. BGB analog zur Anwendung und nicht die des gutgläubigen Erwerbs. Die Wirksamkeit der Verfügung hinge von der Genehmigung des Eigentümers C gemäß § 177 BGB analog ab.

Zur Beurteilung, ob ein Handeln unter fremdem Namen vorliegt, ist aufgrund des Schutzzweckes des Offenkundigkeitsprinzips auf die Sichtweise des Erklärungsempfängers abzustellen. Es ist durch Auslegung zu ermitteln, wie der Empfänger die Erklärung des unter fremdem Namen Handelnden verstehen musste. Auf die inneren Motive des Handelnden kommt es nicht an. Daher ist dessen Täuschungsabsicht unerheblich.[141] Allerdings macht sich nach h.A. der Erwerber nicht bereits deshalb eine konkrete Vorstellung über die Identität des Veräußerers, weil sich dieser unter Vorlage der Fahrzeugpapiere als Eigentümer des Pkw ausgibt.[142] Insbesondere bei einem Bargeschäft, welches durch den Austausch der Leistungen erledigt ist, kommt es dem Erwerber nicht auf die Identität des Veräußerers an. Etwas anderes gilt nur dann, wenn der Namensträger für den Erwerber eine besondere Bedeutung hat. Dies ist nach Ansicht des BGH der Fall, wenn kein sofortiger Leistungsaustausch stattfindet.[143] Gleiches müsste gelten, wenn aus Sicht des Erwerbers weitere Ansprüche gegen den Veräußerer nicht ausgeschlossen sind, was erforderlich macht, den Kontakt aufrecht zu erhalten. Zu solchen Ansprüchen können insbesondere Gewährleistungsansprüche aus dem der Verfügung zugrundeliegenden Kaufvertrag gehören.[144] Da der Pkw an K unter Geltung der gesetzlichen Gewährleistungsrechte von A verkauft wird, ist K auch beim Verfügungsgeschäft daran interessiert, mit dem Veräußerer weiterhin in Kontakt zu bleiben, sollte ein Mangel am Pkw auftreten. Die Identität des Veräußerers ist für ihn von besonderer Bedeutung. Es liegt somit ein Handeln unter fremdem Namen vor. Die §§ 164 ff. BGB gelten analog.

Demnach wird A, als er K den Pkw übereignet, als Vertreter ohne Vertretungsmacht behandelt, der die Einigungserklärung nach § 929 Satz 1 BGB aufgrund der Bezeichnung des C im Fahrzeugbrief in dessen Namen abgibt. Wegen der fehlenden Vertretungsmacht des A wirkt dessen Willenserklärung nach § 164 Abs. 1 Satz 1 BGB analog nicht für und gegen C. Indem C den Pkw von K herausverlangt, lehnt er es schlüssig ab, die Einigungserklärung nach § 177 Abs. 1 BGB analog zu genehmigen. Die Einigungserklärung zur Eigentumsübergabe zwischen A und K ist unwirksam. C hat sein Eigentum an dem Pkw nicht nach § 929 Satz 1 BGB verloren. Er ist immer noch Eigentümer und kann von K seinen Pkw nach § 985 BGB herausverlangen.

d) Sog. mittelbare Stellvertretung

205 Als so genannte mittelbare Stellvertretung werden die Fälle bezeichnet, in denen der Vertreter ein Geschäft für Rechnung eines Anderen im eigenen Namen abschließt. Aufgrund der Nichteinhaltung des Offenkundigkeitsprinzips ist die sog. mittelbare

139 OLG Düsseldorf, Urteil vom 2. November 1988, 11 U 40/88, NJW 1989, 906 f.

140 So argumentieren OLG Düsseldorf, Urteil vom 1. März 1985, 22 U 230/84, NJW 1985, 2484 f.; OLG Koblenz, Urteil vom 4. November 2010, 5 U 883/10, NJW-RR 2011, 555 f.; Juris-PK/*Gehrlein-Weinland*, § 164 Rn. 29.1; Palandt/*Ellenberger*, § 164 Rn. 11.

141 *Giegerich*, NJW 1986, 1975; a.A. BGH, Urteil vom 3. März 1966, II ZR 18/64, BGHZ 45, 193, 195 f.; OLG Düsseldorf, Urteil vom 1. März 1985, 22 U 230/84, NJW 1985, 2484.

142 BGH, Urteil vom 1. März 2013, V ZR 92/12, NJW 2013, 1946 Rn. 9; OLG Düsseldorf, Urteil vom 2. November 1988, 11 U 40/88, NJW 1989, 906 f.; Soergel/*Leptien*, § 164 Rn. 25; BeckOK/*Schäfer*, § 164 Rn. 33; *Giegerich*, NJW 1986, 1975 f.; *Mittenzwei*, NJW 1986, 2472, 2473.

143 BGH, Urteil vom 1. März 2013, V ZR 92/12, NJW 2013, 1946 Rn. 9.

144 Zustimmend *Schwab*, JuS 2014, 265, 267; kritisch *Vogel*, Jura 2014, 419, 425.

Stellvertretung kein Fall der Stellvertretung, sondern ein Eigengeschäft des Vertreters. Es bestehen zwei unabhängige Vertragsverhältnisse, und zwar zwischen dem Geschäftsherrn und dem Vertreter sowie zwischen dem Vertreter und dem Dritten.

Beispiel: Strohmanngeschäft.

Die mittelbare Stellvertretung ist im BGB nicht geregelt. Ähnlichkeit mit dieser Rechtsfigur hat jedoch der Auftrag, §§ 607 ff. BGB. Hingegen enthält das HGB Regelungen für im Handelsverkehr typisch auftretende Fälle der mittelbaren Stellvertretung, z. B. §§ 383 ff. HGB (Kommissionsgeschäft).

3. Vertretungsmacht

Verpflichtet und berechtigt wird der Geschäftsherr nur, wenn der Vertreter im Rahmen seiner Vertretungsmacht handelt. Das Bestehen der Vertretungsmacht dient dem Schutz des Geschäftsherrn. Handelt der Vertreter ohne Vertretungsmacht, so ist das Rechtsgeschäft bis zur Genehmigung des Geschäftsherrn schwebend unwirksam, § 177 Abs. 1 BGB. **206**

Die Vertretungsmacht kann aufgrund verschiedener Gründe bestehen.

a) Gesetzliche Vertretungsmacht

Die Eltern sind die gesetzlichen Vertreter ihrer minderjährigen Kinder, §§ 1626, 1629 BGB. Sie schließen im Namen und mit Wirkung für ihre Kinder Rechtsgeschäfte ab. Das Gleiche gilt für einen Minderjährigen, der einen Vormund nach § 1773 BGB erhält. **207**

Für schwerwiegende Geschäfte bedürfen die Eltern der Genehmigung des Familiengerichts, §§ 1643, 1821 f. BGB, oder bedarf der Vormund der Genehmigung des Vormundschaftsgerichts, §§ 1821 f. BGB. In erster Linie handelt es sich hierbei um Grundstücksgeschäfte, § 1821 BGB, und die Aufnahme von Erwerbsgeschäften, § 1822 Nr. 3 BGB.[145]

In einigen Fällen (insbesondere § 181 BGB) sind die Eltern oder der Vormund von der Vertretung ausgeschlossen, §§ 1629 Abs. 2 Satz 1, 1795 BGB. Der Mangel der Vertretungsmacht wird nicht etwa durch die Entscheidung des Familien- oder Vormundschaftsgerichts ersetzt. Zum Abschluss der in § 1795 BGB genannten Rechtsgeschäfte ist ein Ergänzungspfleger (§§ 1909 ff. BGB) zu bestellen.[146]

b) Organschaftliche Vertretungsmacht

Die Organe einer juristischen Person und die Organe einer Handelsgesellschaft haben sog. organschaftliche Vertretungsmacht. Die organschaftliche Vertretungsmacht ist ein Unterfall der gesetzlichen Vertretungsmacht und liegt für den rechtsfähigen Verein **208**

145 S. Rn. 155.
146 S. Rn. 156.

beim Vorstand (§ 26 Abs. 2 BGB), für die OHG oder KG bei den persönlich haftenden Gesellschaftern (§§ 125, 161 Abs. 2, 170 HGB), für eine GmbH bei den Geschäftsführern (§ 35 GmbHG) und für eine AG beim Vorstand (§ 78 AktG).

c) Rechtsgeschäftliche Vertretungsmacht

209 Die Vertretungsmacht kann auch durch Erklärung des Geschäftsherrn erteilt werden. Gemäß der Legaldefinition in § 166 Abs. 2 Satz 1 BGB wird die durch Rechtsgeschäft erteilte Vertretungsmacht *Vollmacht* genannt.

aa) Rechtsnatur

210 Die Vollmacht ist ein einseitiges Rechtsgeschäft und besteht aus einer empfangsbedürftigen Willenserklärung. Sie überträgt die Berechtigung, für den Geschäftsherrn Rechtsgeschäfte abzuschließen. Die Vollmacht kann gegenüber dem Vertreter (Innenvollmacht) oder gegenüber dem Dritten (Außenvollmacht) erklärt werden, § 167 Abs. 1 BGB. Die Begriffe Innen- und Außenvollmacht beschreiben nur die Art, wie die Vollmacht erteilt wird. Erklärt der Geschäftsherr dem Vertreter, er könne für ihn auftreten, und wendet er sich sodann an den Dritten mit einer Erklärung gleichen Inhalts, besteht nicht etwa eine Innen- und eine Außenvollmacht. Es liegt nur *eine* Vollmacht vor – und zwar eine dem Dritten mitgeteilte Innenvollmacht.[147]

bb) Vollmacht und Grundgeschäft

211 I. d. R. liegt der Vollmacht ein Grundgeschäft (oder auch Grundverhältnis) zugrunde. Das Grundgeschäft ist zu unterscheiden von der Vollmacht. Nach dem Grundgeschäft ist der Vertreter im Verhältnis zum Geschäftsherrn (Innenverhältnis) verpflichtet, etwas zu tun, z. B. Geschäftsbesorgungsvertrag, Dienstvertrag, Werkvertrag oder Auftrag. Aus dem Abschluss des Grundgeschäfts ist häufig durch Auslegung die Vollmachtserteilung zu ermitteln.

212 Die Vollmacht wirkt hingegen im Außenverhältnis gegenüber Dritten und regelt, ob der Vertreter den Geschäftsherrn vertreten *kann*. Das Grundgeschäft entfaltet seine rechtliche Wirkung nur im Innenverhältnis zwischen dem Geschäftsherrn und dem Vertreter und besagt, ob der Vertreter den Geschäftsherrn vertreten *darf*.

Beispiel: Ein Arbeitnehmer *darf* aufgrund seines Arbeitsverhältnisses (Grundgeschäft) im Namen seines Arbeitgebers Aufträge annehmen. Er *kann* aufgrund der ihm erteilten Vollmacht Verträge mit Dritten schließen, die unmittelbar den Arbeitgeber binden.

i) Prinzip: Abstraktion der Vollmacht

213 Die Vollmacht ist vom Grundgeschäft *abstrakt*. Sie kann unabhängig vom Grundgeschäft entstehen und erlöschen. Mängel der Vollmacht lassen das Grundgeschäft grundsätzlich unberührt. Auf die Vollmachtserteilung findet § 167 BGB Anwendung,

147 Bedeutung hat die korrekte Einordnung der Vollmacht für die Rechtsscheintatbestände der §§ 170 ff. BGB, s. Rn. 232 ff.

auf den Abschluss des Grundgeschäfts – je nach Lage des Falles – etwa die §§ 675 ff. BGB (Geschäftsbesorgungsvertrag) oder §§ 662 ff. BGB (Auftrag).

Eine Vollmacht kann auch ohne Grundgeschäft bestehen. 214

Beispiele: a) A beauftragt und bevollmächtigt den minderjährigen M, ihm eine Bohrmaschine zu kaufen. Der Auftrag ist aufgrund der Verpflichtung des Minderjährigen (rechtlich nachteiliges Rechtsgeschäft) schwebend unwirksam, §§ 662, 108 BGB. Die Vollmacht (neutrales Rechtsgeschäft) ist hingegen wirksam, §§ 165, 107, 131 Abs. 2 BGB.[148]

b) G teilt D mit, der ahnungslose V sei sein Vertreter (Außenvollmacht, ohne dass zwischen G und V ein Rechtsgeschäft geschlossen wurde).

Sinn und Zweck der Abstraktheit der Vollmacht ist der Verkehrsschutz.[149] Der Dritte soll auf den Bestand der Vollmacht ungeachtet etwaiger Mängel des zur Bevollmächtigung führenden Grundgeschäfts vertrauen dürfen. Eine Ausnahme von diesem Grundsatz besteht bei Fehleridentität; der Schutz Dritter wird dann über die §§ 170 ff. BGB sowie die Grundsätze zur Duldungs- und Anscheinsvollmacht sicher gestellt.[150]

Fall 22: Alles hat Grenzen 215

G teilt D mit, er bevollmächtige V, bei D einen Wagen zu kaufen. Laut dem Anstellungsvertrag zwischen G und V ist Letzterer befugt, Rechtsgeschäfte mit einem Volumen von höchstens € 30 000 abzuschließen. V erwirbt im Namen des G einen Wagen von D für € 35 000. Kann D von G den Kaufpreis in Höhe von € 35 000 verlangen?

Anspruch D gegen G

- **§ 433 Abs. 2 BGB**

D könnte von G Zahlung des Kaufpreises in Höhe von € 35 000 nach § 433 Abs. 2 BGB verlangen, wenn zwischen ihnen ein Kaufvertrag zustande gekommen ist. Zum Abschluss des Kaufvertrages haben sich D und V, nicht hingegen G geeinigt. Allerdings könnte G durch die Erklärung des V Partei des Kaufvertrages geworden sein, sofern V als Stellvertreter nach § 164 BGB für G gehandelt hat. Hierzu müsste V im Namen des G und im Rahmen seiner Vollmacht aufgetreten sein. V hat den Vertrag im Namen des G geschlossen. Fraglich ist, ob er zum Abschluss des Vertrages bevollmächtigt gewesen ist. V wird von G durch Erklärung gegenüber D bevollmächtigt, den Wagen zu kaufen, § 167 Abs. 1, 2. Alt. BGB. Der Abschluss des Kaufvertrages müsste von der erteilten Vollmacht gedeckt sein. Jedoch ist V laut Anstellungsvertrag nicht berechtigt, mehr als € 30 000 für den Wagen zu bieten. Indem V den Vertrag im Namen des G zu einem Kaufpreis von € 35 000 schloss, könnte er die Grenzen der Vollmacht überschritten haben. Allerdings bezieht sich die erteilte Vollmacht auf den Erwerb des Wagens und enthält keine Begrenzung. Die Begrenzung betrifft nur das zwischen G und V bestehende Arbeitsvertragsverhältnis (Grundgeschäft), den Wagen für nicht mehr als € 30 000 zu beschaffen. Die Vollmacht ist abstrakt und nicht vom Grundgeschäft begrenzt. Die von G erteilte Vollmacht gilt unbegrenzt. V handelt daher im Rahmen der ihm erteilten Vertretungsmacht. G wird durch den Kaufvertrag aufgrund § 164 Abs. 1 Satz 1 BGB verpflichtet. D kann von G Zahlung des Kaufpreises in Höhe von € 35 000 aus § 433 Abs. 2 BGB verlangen.

148 So die h. A. *Wolf/Neuner*, AT BGB, 11. Auflage 2016, § 50 Rn. 74; a. A. *Medicus/Petersen*, AT BGB, 11. Auflage 2016, Rn. 949, Sinn von § 168 Satz 1 BGB ist es, eine Vollmacht ohne Grundgeschäft zu vermeiden, daher entsteht die Vollmacht nicht, wenn das Grundgeschäft nicht wirksam wird.

149 Dem gleichen Zweck dient das Abstraktionsprinzip beim schuldrechtlichen und sachenrechtlichen Rechtsgeschäft, s. Rn. 21 f.

150 Im Einzelnen hierzu *Petersen*, Jura 2004, 829 ff.

216 **Prokura**

Ein praktisches Beispiel eines möglichen Auseinanderfallens von Vollmacht und Grundverhältnis ist die Prokura, §§ 48 ff. HGB. Die Prokura ermächtigt zu allen Arten von Rechtsgeschäften, die das Handelsgewerbe mit sich bringt mit Ausnahme von Grundstücksgeschäften, § 49 HGB. Eine Beschränkung der Prokura ist Dritten gegenüber unwirksam, § 50 Abs. 1 HGB. Wirksam ist die Beschränkung nur im Grundverhältnis. Überschreitet der Prokurist die Grenzen des Grundverhältnisses (rechtliches *Dürfen*), begeht er eine Pflichtverletzung gegenüber dem Geschäftsherrn, die zu Schadensersatzansprüchen nach § 280 Abs. 1 BGB führen kann. Das aufgrund der Prokura abgeschlossene Rechtsgeschäft mit dem Dritten ist jedoch trotz der Pflichtverletzung wirksam (rechtliches *Können*).[151]
Weitere Beispiele finden sich im Gesellschaftsrecht mit der Unterscheidung zwischen der Geschäftsführungsbefugnis (Grundverhältnis, rechtsgeschäftlich begrenzbar) und der Vertretungsbefugnis (Vertretungsmacht, gesetzlich zwingend vorgegebener Umfang).

ii) Ausnahme von der Abstraktion der Vollmacht, § 168 Satz 1 BGB

217 Die Abstraktion der Vollmacht wird durch § 168 Satz 1 BGB durchbrochen: Die Vollmacht erlischt, wenn das ihr zugrundeliegende Grundgeschäft erlischt.

Erlischt das Grundgeschäft ohne Wissen des Vertreters, wird zu seinem Schutz der Fortbestand des Grundgeschäfts und der Vollmacht fingiert, §§ 674, 729 BGB, § 115 Abs. 3 Satz 1 InsO i. V. m. § 168 Satz 1 BGB. Die gesetzliche Fiktion der Vollmacht nach §§ 674, 729 BGB wirkt nicht gegenüber einem bösgläubigen Dritten § 169 BGB, das Fremdgeschäft kommt nicht zustande. Aufgrund § 179 Abs. 3 Satz 1 BGB führt § 169 BGB zu keinem Nachteil für den gutgläubigen Vertreter. Der vollmachtslose Vertreter haftet nicht nach § 179 Abs. 1 BGB, wenn der Dritte den Mangel der Vertretungsmacht kannte oder kennen musste.

▶ **Vertiefung:** Zur Trennung und Abstraktion im Recht der Stellvertretung s. *Lieder*, JuS 2014, 393 ff.

cc) Erlöschen der Vollmacht

218 Die Vollmacht erlischt in den folgenden Fällen:

- Erlöschen des Kausalgeschäfts, § 168 Satz 1 BGB.
- Einseitiger Widerruf, § 168 Sätze 2 und 3 BGB.
  Der Widerruf kann dem Vertreter oder dem Dritten gegenüber erklärt werden und zwar unabhängig davon, ob es sich bei der Vollmacht um eine Innen- oder Außenvollmacht handelt, §§ 168 Sätze 2 und 3, 167 Abs. 1 BGB.

Beispiele: a) G erteilt durch Erklärung gegenüber D dem V die Vollmacht, für ihn zu handeln. Später widerruft er die Vollmacht gegenüber V. Die Vollmacht ist erloschen. Der gute Glaube des D an die Vollmacht wird durch §§ 170, 173 BGB geschützt.

b) G erteilt durch Erklärung gegenüber V, er habe die Vollmacht, für ihn zu handeln. Später widerruft er die Vollmacht gegenüber D. Die Vollmacht ist erloschen. Der nunmehr vollmachtslose V ist durch § 179 Abs. 3 Satz 1 BGB geschützt.

▶ **Hinweis:** Eine Vollmacht kann nicht gleichzeitig als Innen- und Außenvollmacht bestehen. Es handelt sich stets um eine einzige Vollmacht. Wird sie widerrufen, ist sie im Innen- und im Außenverhältnis erloschen.

---

151 Ausführlich hierzu *Bülow/Artz*, Handelsrecht, 7. Auflage 2015, Rn. 285 ff.

- Aufgrund des Inhalts der Vollmacht.
  Die Vollmacht erlischt beim Eintritt einer auflösenden Bedingung (z. B. Vollmacht gilt bis zum Bestehen einer Prüfung), Ablauf einer Frist[152] (z. B. Vollmacht gilt bis zum Ende des Jahres) oder dem Eintritt der Unmöglichkeit (z. B. der zu kaufende Wagen wird zerstört).
- Einseitiger Verzicht des Vertreters.
  Der einseitige Verzicht des Vertreters ist nach h. A. ein Erlöschensgrund.[153]
- Dauerhafte Geschäftsunfähigkeit des Vertreters, *arg.* e § 165 BGB.
- Insolvenz des Geschäftsherrn, § 117 Abs. 1 InsO.

dd) Form

i) Formlos, § 167 Abs. 2 BGB

Die Erteilung der Vollmacht ist grundsätzlich formlos wirksam. Sie bedarf nicht der Form des Rechtsgeschäfts, das der Vertreter mit dem Dritten abschließt, § 167 Abs. 2 BGB. **219**

Beispiel: Die für einen Kaufvertrag über ein Grundstück erforderliche notarielle Form, § 311b Abs. 1 Satz 1 BGB, ist beim Vertragsschluss vom Vertreter und vom Dritten zu beachten. Die Vollmacht, im Rahmen derer der Vertreter den Kaufvertrag abschließt, ist formlos wirksam.

ii) gesetzliche Ausnahmen

Das Gesetz enthält Spezialvorschriften, die für bestimmte Fälle Formvorschriften für die Erteilung der Vollmacht enthalten. Hierzu gehören u. a.: **220**

- Verbraucherdarlehen; die Vollmacht zum Abschluss eines Verbraucherdarlehens bedarf der Schriftform, § 492 Abs. 4 Satz 1 BGB.
- GmbH-Gründung; die Vollmacht zur Gründung einer GmbH muss notariell beglaubigt sein, § 2 Abs. 2 GmbHG.

Die Erteilung einer Prokura ist formlos gültig, allerdings verlangt die Ordnungsnorm des § 53 HGB, die Prokura zur Eintragung in das Handelsregister anzumelden.

iii) Ausnahme: Bindung des Vollmachtgebers

Eine Vollmacht ist formbedürftig, wenn der Vollmachtgeber bereits durch die Erteilung der Vollmacht rechtlich und tatsächlich in der gleichen Weise gebunden wird wie durch den Abschluss des formbedürftigen Rechtsgeschäfts, das mit der Vollmacht vorgenommen werden soll. **221**

Beispiele:
a) A erteilt B die unwiderrufliche Vollmacht, das Grundstück des C zu erwerben. **222**

Der Kaufvertrag über ein Grundstück bedarf der notariellen Form, § 311b Abs. 1 BGB, um die Parteien vor Übereilung zu schützen. Bei der Erteilung der Vollmacht zum Ab-

152 Zur Bedingung und Befristung s. §§ 158 ff. BGB, näher unter Rn. 257 ff.
153 OVG Hamburg, Urteil vom 27. Dezember 1984, Bf V 32/84, NVwZ 1985, 350; Palandt/*Ellenberger*, § 168 Rn. 1; Staudinger/*Schilken*, § 168 Rn. 18; a. A. Erman/*Palm*, 12. Auflage 2008, § 168 Rn. 1, für ein Erlöschen besteht kein Bedarf, da die Vollmacht den Vertreter nur berechtigt und nicht verpflichtet.

schluss eines Kaufvertrages ist ein solcher Übereilungsschutz nicht erforderlich, da die Vollmacht grundsätzlich frei widerruflich ist, § 168 Satz 2 BGB. Abweichend ist die Interessenlage zu beurteilen, wenn die Vollmacht unwiderruflich erteilt wird. Denn hier gibt der Geschäftsherr seine Entscheidungsfreiheit schon mit der Vollmachtserteilung auf. Zu diesem Zeitpunkt greift der Schutzgedanke des § 311b Abs. 1 BGB. Daher bedarf eine unwiderrufliche Vollmacht entgegen § 167 Abs. 2 BGB der Form des Rechtsgeschäfts, für das sie bestimmt ist.

223 b) Vertragsstrafe zulasten des Geschäftsherrn im Falle des Widerrufs.

Ähnlich wie eine unwiderrufliche Vollmacht wirkt sich die Verpflichtung aus, eine Vertragsstrafe im Falle des Widerrufs zu zahlen. Der Geschäftsherr ist ab Erteilung der Vollmacht in seiner Entscheidung nicht mehr frei. Sofern das abzuschließende Rechtsgeschäft formbedürftig ist, trifft der Formzwang auch die Erteilung einer Vollmacht, die nur unter Verpflichtung zur Zahlung einer Vertragsstrafe widerrufen werden kann.

224 c) Vertreter ist dem Dritten gegenüber weisungsgebunden, z. B. Arbeitnehmer.

Grundsätzlich ist der Vertreter dem Lager des Geschäftsherrn zuzuordnen. Entstammt der Vertreter aber ausnahmsweise dem Lager des Dritten, gibt der Geschäftsherr seinen Einfluss über die Gestaltung des Rechtsgeschäfts bereits mit der Vollmachtserteilung aus der Hand. Auch hier schlägt die Formbedürftigkeit des abzuschließenden Rechtsgeschäfts auf die Vollmachtserteilung durch.

225 d) G befreit V mit Erteilung der Vollmacht zugleich vom Verbot der Selbstkontrahierung, § 181 BGB.

Ähnlich wie im vorangegangenen Beispiel c) gibt der Geschäftsherr seinen Einfluss auf die Gestaltung des Rechtsgeschäfts auf, indem er dem Vertreter gestattet, das Rechtsgeschäft mit sich selbst abzuschließen. Die Vollmacht bedarf entgegen § 167 Abs. 2 BGB der Form des Rechtsgeschäfts, für das sie bestimmt ist.

ee) Anfechtbarkeit einer Vollmacht; insbes. Problem der ausgeübten (Innen-)Vollmacht

226 Die Vollmachtserteilung ist eine Willenserklärung. Sie ist nach der zutreffenden h. A. anfechtbar. Die Rückwirkung der Anfechtung, § 142 Abs. 1 BGB, führt dazu, dass der Vertreter zum Vertreter ohne Vertretungsmacht wird und dem Dritten gegenüber gemäß § 179 Abs. 2 BGB haftet (Nahwirkung). Zudem wird dem Dritten der Geschäftsherr als Vertragspartner entzogen (Fernwirkung); er kann sich nur noch an den Vertreter ohne Vertretungsmacht über § 179 Abs. 2 BGB wenden. Der Vertreter wiederum kann sich über § 122 BGB beim Geschäftsherrn schadlos halten.

Es ist daher zu unterscheiden:

227 i) Noch nicht ausgeübte Vollmacht
Wurde die Vollmacht noch nicht ausgeübt, kann das Ergebnis der Anfechtung auch über einen Widerruf der Vollmacht erreicht werden, sofern diese nicht ausnahmsweise unwiderruflich erteilt wurde. Die Möglichkeit des Widerrufs steht der An-

fechtbarkeit jedoch nicht entgegen. Der Vertreter ist nicht schutzbedürftig, da er noch nicht als Vertreter aufgetreten ist.

ii) Ausgeübte Vollmacht 228

Problematisch ist jedoch die Anfechtung der ausgeübten (Innen-)Vollmacht. Nach h. A. ist auch eine ausgeübte Vollmacht anfechtbar.[154]

Hauptargument der h. A.

Die Vollmacht ist eine Willenserklärung. Auf sie sind die allgemeinen Vorschriften (insbesondere die §§ 119 ff. BGB) anwendbar. Die durch die Rückwirkung der Anfechtung (§ 142 Abs. 1 BGB) entstehenden Probleme sind lösbar.

Hauptargumente der Gegenansicht

1. Das Risiko der *ex tunc* Nichtigkeit einer Willenserklärung trägt nur der Adressat (also der Vertreter). Ließe man die Anfechtung der Vollmacht zu, würde systemwidrig auch den Dritten das Risiko der rückwirkenden Nichtigkeit treffen.[155]
2. Durch die Anfechtung der Vollmacht will der Geschäftsherr im Grunde nur den Vertrag mit dem Dritten beseitigen. Die Anfechtbarkeit des Rechtsgeschäfts mit dem Dritten ist aber nur nach Maßgabe von § 166 BGB möglich. Der Geschäftsherr erhält somit eine unverdiente Anfechtungsmöglichkeit.[156]

Anfechtungsberechtigt ist der Geschäftsherr und nicht der Vertreter, da ihn die Wirkung der Willenserklärung trifft. Fraglich ist hingegen, wer gemäß § 143 Abs. 3 Satz 1 BGB Anfechtungsgegner ist (der Vertreter oder der Dritte oder je nach Art der Vollmachtserteilung).

Der Vertreter wird bei erfolgreicher Anfechtung der Vollmacht aufgrund § 142 Abs. 1 BGB rückwirkend zum Vertreter ohne Vertretungsmacht und müsste nach § 179 Abs. 2 BGB haften. Aufgrund § 122 BGB kann er sich seinerseits an den Geschäftsherrn wenden. Der Nachteil dieser Haftungskette ist jedoch, dass der Dritte nunmehr das Risiko der Zahlungsunfähigkeit des Vertreters trägt, obwohl er diesen nicht als seinen Vertragspartner ausgewählt hat. Dieses Ergebnis lässt sich vermeiden, indem die ausgeübte Innenvollmacht als Außenvollmacht behandelt wird. Diese kann nur gegenüber dem Dritten angefochten werden, § 143 Abs. 2 BGB.[157] Der Dritte hat so die Möglichkeit, sich mit seinem Anspruch aus § 122 BGB direkt an den Geschäftsherrn zu wenden, die Haftung des Vertreters nach § 179 Abs. 2 BGB entfällt.

▶ **Vertiefung:** *Jaensch*, Klausurensammlung, Fall 3: Neulich auf dem Flohmarkt; zur gutachterlichen Lösung des Problems der ausgeübten Innenvollmacht s. *Barth*, JA 2016, 12 ff.

---

154 *Schwarze*, JZ 2004, 588 ff.; *Becker/Schäfer*, JA 2006, 597, 599 f.; a. A. *Brox*, JA 1980, 449 ff.; *Eujen/Frank*, JZ 1973, 232, 234 ff.

155 *Brox*, JA 1980, 449, 451.

156 *Brox*, JA 1980, 449, 451.

157 *Medicus/Petersen*, AT BGB, 11. Auflage 2016, Rn. 945; weitergehend *Petersen*, AcP 201 (2001), 375, 385 ff.; *Medicus/Petersen*, Bürgerliches Recht, 26. Auflage 2017, Rn. 96; *Becker/Schäfer*, JA 2006, 597, 600, Anfechtung gegenüber dem Dritten (§ 143 Abs. 2 BGB) und dem Vertreter (§ 143 Abs. 3 Satz 1 BGB), da beide an der Klarstellung interessiert sind.

d) Vollmacht kraft Rechtsschein

229 Liegt keine Vertretungsmacht für das Handeln des Vertreters vor, durfte der Geschäftspartner jedoch darauf vertrauen, dass eine Vollmacht bestand, kann das Vertretergeschäft nach den Rechtsscheingrundsätzen zustande kommen.

▶ **Hinweis:** In der Klausur ist eine Vollmacht kraft Rechtsschein nur zu prüfen, wenn bereits festgestellt worden ist, dass eine Vollmacht nicht besteht, da sie entweder nicht erteilt oder wirksam widerrufen worden ist.

aa) Allgemeine Rechtsscheingrundsätze

230 Nach den allgemeinen Rechtsscheingrundsätzen haftet derjenige, der den Rechtsschein zurechenbar gesetzt hat, gegenüber gutgläubigen Dritten, die auf den Rechtsschein vertrauen durften. Der Dritte kann sich zu seinen Gunsten auf den Scheintatbestand berufen, als wenn dieser tatsächlich vorläge. Allerdings darf er nicht besser gestellt werden, als er stünde, träfe seine Annahme zu.[158]

---

231 **Anfechtbarkeit von Rechtsscheintatbeständen**

Der Rechtsschein ist keine Willenserklärung. Er wird jedoch zum Schutz des Rechtsverkehrs wie eine Willenserklärung behandelt. Da derjenige, der auf den Rechtsschein vertraut, nicht besser gestellt werden soll, als träfe seine Annahme zu, kann der Vertrauenstatbestand nicht stärker wirken als die Willenserklärung. Der Rechtsscheintatbestand ist daher entgegen der sehr umstrittenen h. A. von demjenigen, der den Rechtsschein gesetzt hat, grundsätzlich anfechtbar.[159]

▶ **Vertiefung:** Zur Rechtsscheinhaftung im BGB und HGB s. *Kneisel*, JA 2010, 337 ff.

bb) Gesetzliche Fälle, §§ 170–173 BGB

232 Gesetzlich geregelte Fälle der Rechtsscheinhaftung enthalten die §§ 170–173 BGB sowie § 15 Abs. 3 HGB.

▶ **Hinweis:** Liegt ein Fall der gesetzlichen Rechtsscheinhaftung vor, sind in der Klausur die allgemeinen Rechtsscheingrundsätze nicht zu prüfen.

Infolge der §§ 170–173 BGB wird demjenigen, dem die Vollmacht mitgeteilt wurde (sei es durch Außenvollmacht, § 170 BGB, Kundgabe, § 171 BGB oder Urkunde, § 172 BGB) Vertrauensschutz gewährt.

§ 170 BGB
Die Norm betrifft eine gegenüber dem Vertreter widerrufene Außenvollmacht.

---

158 Vgl. die allgemeinen Rechtsscheingrundsätze in ihrer Ausprägung beim gutgläubigen Erwerb, s. Rn. 977 ff.

159 *W.-H. Roth* in: Koller/Kindler/Roth/Morck, HGB, 8. Auflage 2015, § 15 Rn. 61; Palandt/*Ellenberger*, § 172 Rn. 16 (Anscheinsvollmacht); MüKo/*Schubert*, § 167 Rn. 147 (Anscheins- und Duldungsvollmacht); *Medicus/Petersen*, AT BGB, 11. Auflage 2016, Rn. 948 (Duldungsvollmacht); *Becker/Schäfer*, JA 2006, 597, 600 f.; a. A. Staudinger/*Schilken*, § 167 Rn. 45; Soergel/*Leptien*, § 167 Rn. 22.

§ 171 BGB
Die Vorschrift umfasst die Fälle der Kundgabe einer (widerrufenen oder nie erteilten) Innen- oder Außenvollmacht. Die Kundgabe kann an einen Dritten oder durch öffentliche Bekanntmachung erfolgen.

1. Kundgabe einer Innenvollmacht

Der Hauptanwendungsfall des § 171 BGB ist die nach außen kundgegebene Innenvollmacht, die gegenüber dem Vertreter widerrufen wird.

2. Kundgabe einer Außenvollmacht

Auch der Fall der Kundgabe einer erloschenen Außenvollmacht ist von § 171 BGB erfasst.

3. Kundgabe einer nie erteilten Vollmacht

Da § 171 BGB, anders als § 170 BGB, seinem Wortlaut nach nicht die Erteilung einer Vollmacht voraussetzt, sind auch Fälle erfasst, in denen die kundgegebene Vollmacht tatsächlich nicht erteilt wurde. I. d. R. wird man jedoch die Kundgabe einer nicht erteilten Vollmacht als Erteilung einer Außenvollmacht auslegen können, so dass es nicht zur Anwendung von § 171 BGB kommt. Jedoch macht es einen Unterschied, ob der Geschäftsherr erklärt, er erteile eine Vollmacht (§ 167 Abs. 1 BGB) oder er habe eine Vollmacht erteilt (§ 171 BGB).[160] Was der Geschäftsherr tatsächlich erklärt, ist durch Auslegung (§§ 133, 157 BGB) zu ermitteln.

§ 172 BGB
Die Regelung greift, wenn der Vertreter einem Dritten spätestens bei Vertragsabschluss[161] eine Vollmachtsurkunde vorlegt, die der Geschäftsherr dem Vertreter zuvor ausgehändigt hat.

▶ **Vertiefung:** Zur Vollmacht kraft Rechtsschein als Klausur aufgearbeitet s. *Jaensch*, Klausurensammlung, Fall 1: Harry Potter.

Solange der Dritte nicht Kenntnis vom Mangel der Vertretungsmacht hat oder hätte haben müssen, § 173 BGB, kann er aufgrund des Kundgabetatbestands auf das Bestehen der Vollmacht vertrauen. 233

▶ **Hinweis:** Aufgrund des Wortlauts von § 173 BGB („ … finden keine Anwendung, wenn …") wird der gute Glaube vermutet; d. h., der Geschäftsherr, der sich auf das Nichtbestehen der Vollmacht beruft, muss beweisen, dass der Dritte bösgläubig war.[162] In der Klausur wird der gute Glaube folglich schlicht unter Hinweis auf § 173 BGB festgestellt, sofern der Sachverhalt keine näheren Angaben hierzu enthält.

Anfechtbarkeit des Kundgabetatbestands 234

Die Erlöschensanzeige (§ 170 BGB), die Vollmachtskundgabe (§ 171 BGB) und die Aushändigung der Vollmachtsurkunde (§ 172 BGB) sind anfechtbar.[163] Zu diesem Ergebnis gelangt man, indem man den Kundgabetatbestand entweder als geschäftsähnliche Handlung ansieht,[164] auf die die Vorschriften über Willenserklärungen analog anzuwenden sind, oder sie als Rechtsscheintatbestände bewertet,[165] welche nach zutreffender Ansicht anfechtbar sind.[166]

---

160 Genau auf diese Unterscheidung gründet der BGH seine Einordnung der Duldungsvollmacht als Rechtsscheinvollmacht und nicht als konkludente Erteilung einer Außenvollmacht, s. Rn. 239.

161 BGH, Urteil vom 27. Mai 2008, XI ZR 149/07, NJW 2008, 3355 Rn. 18 f.

162 MüKo/*Schubert*, § 173 Rn. 11.

163 A.A. Jauernig/*Mansel*, §§ 170 – 173 Rn. 7, eine Anfechtung widerspricht dem Schutzzweck der Normen.

164 MüKo/*Schubert*, § 170 Rn. 11, § 171 Rn. 7, § 172 Rn. 18; *Wolf/Neuner*, AT BGB, 11. Auflage 2016, § 50 Rn. 70; Staudinger/*Schilken*, § 170 Rn. 7, § 171 Rn. 9; § 172 Rn. 10; Soergel/*Leptien*, § 170 Rn. 3, § 171 Rn. 4, § 172 Rn. 3; ähnlich *Medicus/Petersen*, AT BGB, 11. Auflage 2016, Rn. 947.

165 *Becker/Schäfer*, JA 2006, 597, 598.

166 S. Rn. 231.

235 **Fall 23: Spielarten der Vollmacht**

G teilt D mit, er bevollmächtige V, für ihn einen Pkw bei D zu kaufen. Später widerruft G die Vollmacht gegenüber V, bevor jener den Kaufvertrag mit D abschließen kann. Dennoch einigt sich V später im Namen des G mit dem ahnungslosen D auf den Kauf. Kann D von G die Zahlung des Kaufpreises verlangen?

Anspruch D gegen G

- **§ 433 Abs. 2 BGB**

D kann von G die Zahlung des Kaufpreises nach § 433 Abs. 2 BGB verlangen, wenn zwischen den Parteien ein Kaufvertrag zustande gekommen ist. Die Einigung zum Abschluss des Vertrages wurde von D und V erklärt. Die Erklärung des V könnte in Anwendung von § 164 Abs. 1 Satz 1 BGB unmittelbar für und gegen G wirken. Dazu müsste V im Namen des G mit Vertretungsmacht gehandelt haben. V ist im Namen des G aufgetreten. Fraglich ist, ob er hierzu bevollmächtigt war. Durch Erklärung des G gegenüber D wurde V eine Außenvollmacht erteilt, § 167 Abs. 1, 2. Alt. BGB. Jedoch könnte die Vollmacht durch Widerruf erloschen sein, §§ 168 Satz 2 und 3, 167 Abs. 1 BGB. Hiernach kann eine Außenvollmacht auch gegenüber dem Vertreter widerrufen werden. G hat die Außenvollmacht durch Erklärung gegenüber V wirksam widerrufen. Die Vollmacht ist folglich durch Widerruf erloschen.

Allerdings könnte die dem D erklärte Außenvollmacht dem D gegenüber nach §§ 170, 173 BGB fortgelten, sofern D gutgläubig annimmt, die Außenvollmacht bestünde fort. D ging aufgrund der ihm gegenüber erklärten Außenvollmacht gutgläubig vom Fortbestand der Vollmacht aus. Die Vollmacht gilt zu seinen Gunsten fort. V handelte mit Vertretungsmacht und vertrat G wirksam.

Es ist ein Vertrag zwischen G und D zustande gekommen. D kann von G die Zahlung des Kaufpreises nach § 433 Abs. 2 BGB verlangen.

cc) Anscheins- und Duldungsvollmacht

236 Zum Schutz des gutgläubigen Geschäftsgegners besteht nach den Regeln über die Anscheins- und Duldungsvollmacht aufgrund der Rechtsscheingrundsätze eine Vollmacht, obwohl der Geschäftsherr tatsächlich keine Vollmacht erteilt hat.

237 **Fall 24: Schreibmaschinenpapier satt**

G beschäftigt in den Semesterferien den Studenten V in seinem Büro. Da G sich mehr um seine privaten Angelegenheiten statt um die geschäftlichen kümmert, kommt V auf dumme Gedanken und gibt auf dem Briefpapier von G's Unternehmen eine Bestellung von 10 000 Seiten Schreibmaschinenpapier an D auf, wozu ihn G nicht bevollmächtigt hat. D bestätigt die Bestellung. Kann D von G Bezahlung des Schreibmaschinenpapiers verlangen?

Anspruch D gegen G

- **§ 433 Abs. 2 BGB**

D kann von G die Bezahlung des Schreibmaschinenpapiers verlangen, sofern zwischen G und D ein Kaufvertrag zustande gekommen ist. Hierzu müssten sich D und G über den Kauf geeinigt haben. D hat dem Vertragsschluss zugestimmt. Eine entsprechende Willenserklärung des G fehlt. Die Willenserklärung des V, die dieser durch die Bestellung abgegeben hat, könnte nach § 164 Abs. 1 Satz 1 BGB für und gegen G wirken. Hierzu hätte V im Namen des G und im Rahmen seiner Vertretungsmacht handeln müssen. V tritt im Namen des G auf, indem er den Briefbogen von G verwendet. Allerdings könnte die Zurechnung seiner Willenserklärung an der fehlenden Vertretungsmacht scheitern. G hatte V keine Vollmacht erteilt, Bestellungen aufzugeben. V könnte jedoch nach Rechtsscheingrundsätzen im Rahmen einer Anscheinsvollmacht gehandelt haben. Die Anscheinsvollmacht steht einer rechtsgeschäftlichen Vollmacht gleich.[167] Voraussetzungen der Anscheinsvollmacht sind, dass

- der Vertreter im fremden Namen ohne Vertretungsmacht handelt,
- welches der Geschäftsherr unter Anwendung der verkehrsüblichen Sorgfalt hätte erkennen können, und
- der Dritte den Mangel der fehlenden Vertretungsmacht nicht kennt oder kennen musste.

V handelt ohne Vertretungsmacht im Namen des G. Hätte G sich mehr um den Geschäftsbetrieb gekümmert, hätte ihm auffallen können und müssen, dass V den Briefbogen des Unternehmens für die Bestellung missbraucht. Der gutgläubige D konnte sich deshalb auf das Bestehen einer Vollmacht verlassen. Nach den Grundsätzen der Anscheinsvollmacht liegt eine Vollmacht vor. Die Willenserklärung des V wirkt gegen G. D kann von G die Bezahlung des Schreibmaschinenpapiers nach § 433 Abs. 2 BGB verlangen.

Der Anscheinsvollmacht ähnlich ist die Duldungsvollmacht. Deren Voraussetzungen sind nach der Rechtsprechung des BGH,[168] dass **238**

- jemand wiederholt im Namen eines Anderen auftritt, ohne von ihm ausdrücklich bevollmächtigt zu sein,
- der Andere dies weiß und geschehen lässt, und
- der Dritte aufgrund des wiederholten geduldeten Auftretens von einer bestehenden Vollmacht ausgeht.

Beispiele: eBay Ersteigerung durch einen unberechtigten Dritten; V, der Bruder des G, ersteigert von D unter G's Benutzernamen und Passwort ein Auto.

V handelt *unter* fremdem Namen. Aus D's Sicht ist die Identität des angegebenen Benutzernamens von Bedeutung, daher gelten die §§ 164 ff. BGB analog (vgl. Rn. 201 ff.). Hat G das Passwort seinem Bruder mitgeteilt, besteht eine Vollmacht gemäß §§ 172 Abs. 1, 173 BGB analog.[169] Sofern V sich das Passwort eigenmächtig beschafft hat, ist wie folgt zu unterscheiden: War G die Handlung seines Bruders V bekannt und duldete er es, besteht eine Duldungsvollmacht. Hätte G die Handlung seines Bruders erkennen und verhindern können, liegt eine Anscheinsvollmacht vor.[170] Dabei genügt es jedoch nicht, dass der Inhaber des Benutzernamens das Passwort nicht ausreichend sorgfältig verwahrt hat. Sondern der Geschäftsgegner muss annehmen dürfen, der Kontoinhaber kenne und billige das Verhalten des Dritten.[171]

167 JurisPK/*Weinland*, § 173 Rn. 7; BGH, Urteil vom 5. März 1998, III ZR 183/96, NJW 1998, 1854, 1855; *Wolf/Neuner*, AT BGB, 11. Auflage 2016, § 50 Rn. 97; die Gegenansicht nimmt hingegen nur eine Haftung des Geschäftsherrn nach §§ 280 Abs. 1, 241 Abs. 2, 311 Abs. 2 Nr. 1 BGB (cic) auf das negative Interesse an, da der Rechtsschein fahrlässig gesetzt wurde; *Medicus/Petersen*, AT BGB, 11. Auflage 2016, Rn. 971.

168 BGH, Urteil vom 20. April 2004, XI ZR 164/03, NJW 2004, 2745, 2746 f.

169 Vgl. OLG München, Urteil vom 5. Februar 2004, 19 U 5114/03, NJW 2004, 1328 f.; *Oechsler*, AcP 208 (2008), 565, 580.

170 Vgl. hierzu OLG Köln, Urteil vom 13. Januar 2006, 19 U 120/05, NJW 2006, 1676 f.; AG Bremen, Urteil vom 20. Oktober 2005, 16 C 168/05, NJW 2006, 518 f.

171 BGH, Urteil vom 11. Mai 2011, VIII ZR 289/09, BGHZ 189, 346 Rn. 19 f.; kritisch hierzu *Faust*, JuS 2011, 1027, 1028 ff.; *Hauck*, JuS 2011, 967, 969; *Linardatos*, JA 2012, 53, 54 f.; *Oechsler*, Jura 2012, 581, 582 ff.

239 **Dogmatische Einordnung der Duldungsvollmacht**

Es ist umstritten, wie die Duldungsvollmacht dogmatisch einzuordnen ist. Nach einer Ansicht ist in der Duldungsvollmacht schlicht eine konkludent erteilte Außenvollmacht zu sehen, die nach den allgemeinen Regeln der §§ 166 ff. BGB zu bewerten sei.[172] Eine andere Ansicht[173] geht von einem potenziellen Erklärungsbewusstsein des Vollmachtgebers aus, weshalb auch diese Ansicht die Duldungsvollmacht als rechtsgeschäftliche Willenserklärung ansieht. Die zutreffende herrschende Meinung beurteilt die Duldungsvollmacht aufgrund ihrer Ähnlichkeit mit §§ 171 ff. BGB nach den Rechtsscheingrundsätzen.[174] Der Geschäftsherr setzt den Rechtsschein, er habe eine Innenvollmacht erteilt; denn Duldung heißt „es sei erteilt worden" und nicht „es werde erteilt". Da nach zutreffender Ansicht auch Rechtsscheintatbestände anfechtbar sind, ist die Duldungsvollmacht wie auch die Anscheinsvollmacht anfechtbar.[175]

▶ **Vertiefung:** Zur der dogmatischen Einordnung der Vollmacht kraft Willenserklärung und Rechtsschein sowie deren Anfechtbarkeit s. *Becker/Schäfer*, JA 2006, 597 ff.

e) Missbrauch der Vertretungsmacht

240 Ein Missbrauch der Vertretungsmacht liegt vor, wenn der Vertreter von seiner Vollmacht entgegen dem Grundgeschäft Gebrauch macht. Hinsichtlich der Rechtsfolgen ist nach der Schwere des Missbrauchs zu unterscheiden:

- Sofern der Vertreter und der Dritte einverständlich zum Schaden des Geschäftsherrn handeln (*Kollusion*), ist das Rechtsgeschäft nach § 138 Abs. 1 BGB wegen Sittenwidrigkeit nichtig.[176]
- Erkennt der Dritte den Vollmachtsmissbrauch des Vertreters oder musste er sich dem Dritten aufdrängen, kann sich der Geschäftsherr nach h. A. gegenüber dem Dritten auf unzulässige Rechtsausübung (§ 242 BGB) berufen.[177] Zum gleichen Ergebnis gelangt man, wenn für diese Fallgruppe der Vertreter als Vertreter ohne Vertretungsmacht angesehen wird. Der Geschäftsherr kann die Genehmigung verweigern (§ 177 BGB analog), der Vertreter haftet dem Dritten nicht auf Erfüllung oder Schadensersatz (s. § 179 Abs. 1 BGB analog), da der Dritte den Missbrauch kannte oder hätte kennen müssen (§ 179 Abs. 3 Satz 1 BGB analog). Für diese Fallgruppe kommt es hingegen nicht darauf an, ob der Vertreter seine Vertretungsmacht vorsätzlich oder fahrlässig missbraucht.[178]
- Erkennt der Dritte den Missbrauch nicht und hätte er ihn nicht erkennen müssen, so kommt das Rechtsgeschäft zwischen dem Dritten und dem Geschäftsherrn aufgrund § 164 Abs. 1 BGB zustande. Der Geschäftsherr kann sich an den Vertreter im

172 *Flume*, Allgemeiner Teil des Bürgerlichen Rechts, Band II, Das Rechtsgeschäft, 4. Auflage 1992, 828 ff.
173 *Merkt*, AcP 204 (2004), 638 ff.; *Becker/Schäfer*, JA 2006, 597, 598; vgl. Palandt/*Ellenberger*, § 172 Rn. 8.
174 BGH, Urteil vom 14. Mai 2002, XI ZR 155/01, NJW 2002, 2325, 2327.
175 S. Rn. 231.
176 BGH, Urteil vom 05. November 2003, VIII ZR 218/01, NJW-RR 2004, 247, 248: a.A. *Lieder*, JuS 2014, 681, 685, genehmigungsfähig gemäß § 177 BGB analog.
177 BGH, Urteil vom 05. November 2003, VIII ZR 218/01, NJW-RR 2004, 247, 248.
178 BGH, Hinweisbeschluss vom 10. April 2006, II ZR 337/05, NJW 2006, 2776 Rn. 2 f.; a.A. *Veder*, JZ 2008, 1077, 1078 ff. (Vorsatz erforderlich).

Rahmen des Grundgeschäfts (z. B. Geschäftsbesorgung) wenden (z. B. Schadensersatz, § 280 Abs. 1 BGB).

▶ **Vertiefung:** Zum Missbrauch der Vertretungsmacht s. *Lieder*, JuS 2014, 681 ff.

4. Verbot des Insichgeschäfts, § 181 BGB

Fall 25: Diener zweier Herren 241

G bevollmächtigt V, seinen Wagen an D zu verkaufen. D wiederum erteilt V die Vollmacht, den Wagen von G zu kaufen. Da V den G wesentlich besser leiden kann als D, vereinbart er im Namen von G und D einen Kaufpreis in Höhe von € 30 000, obwohl der Wagen laut Listenpreis nur € 10 000 wert ist. Kann G von D die Zahlung von € 30 000 verlangen?

Der Fall zeigt, worum es beim Verbot des Insichgeschäfts geht. Interessenkonflikte, die bei Mehrfachvertretungen und Selbstkontrahierung entstehen können, sollen vermieden werden.

a) Grundsatz

Nach § 181 BGB ist es einem Vertreter grundsätzlich nicht gestattet, im Namen des Geschäftsherrn mit sich im eigenen Namen (Selbstkontrahierung) oder als Vertreter eines Dritten (Mehrfachvertretung) ein Rechtsgeschäft abzuschließen, da der Vertreter sich in diesen Fällen in einem Interessenkonflikt befindet. 242

Im Fall 25 ist Voraussetzung für den Anspruch aus Kaufvertrag zwischen G und D die Wirksamkeit der Stellvertretung durch V. Dieser handelt gemäß § 164 Abs. 1 BGB im Namen und mit Vertretungsmacht für G und D. Es liegt ein Fall der Mehrfachvertretung vor, indem V auf Käufer- und Verkäuferseite auftritt und so ein Insichgeschäft abschließt. Aufgrund der Gefahr eines Interessenkonflikts bei Insichgeschäften verbietet § 181 BGB die Mehrfachvertretung. V kann somit nicht G und D gleichzeitig vertreten. 243

§ 181 BGB ist analog auch für die Fälle des *Untervertreters* anwendbar, da in diesen Fällen der Interessenkonflikt fortbesteht.[179] 244

Beispiel: G erteilt Vollmacht an V. Dieser erteilt Vollmacht an V^U. V und V^U schließen ein Rechtsgeschäft mit Wirkung zwischen G und V.

b) Ausnahmen

Ausnahmen vom Verbot des Insichgeschäfts liegen in den Fällen vor, in denen ein Interessenkonflikt nicht zu erwarten ist. 245

aa) Geschäftsherr gestattet Insichgeschäft

Der Geschäftsherr kann auf den Schutz verzichten, den ihm § 181 BGB gewährt, und den Vertreter von den Beschränkungen des § 181 BGB befreien. 246

179 BGH, Urteil vom 24. September 1990, II ZR 167/89, BGHZ 112, 339, 340 ff.

bb) Rechtsgeschäft besteht lediglich in der Erfüllung einer Verbindlichkeit

247 Sofern der Vertreter mit dem Insichgeschäft lediglich eine Verpflichtung erfüllt, welcher der Geschäftsherr bereits unterliegt, handelt der Vertreter regelmäßig im Interesse des Geschäftsherrn. Er bedarf des Schutzes durch § 181 BGB nicht.

cc) Für den Geschäftsherrn lediglich rechtlich vorteilhaftes Rechtsgeschäft

248 Im Wege der teleologischen Reduktion werden für den Geschäftsherrn lediglich rechtlich vorteilhafte Rechtsgeschäfte aus dem Anwendungsbereich des § 181 BGB ausgenommen, da ihm selbst bei einem bestehenden Interessenkonflikt keine rechtlichen Nachteile entstehen können.[180]

Andersfalls müsste für eine Schenkung der Eltern an ihre minderjährigen Kinder ein Ergänzungspfleger bestellt werden, §§ 1629 Abs. 2 Satz 1, 1795, 181, 1909 BGB.[181]

c) Rechtsfolge

249 Die Rechtsfolge des von § 181 BGB ausgesprochenen Verbots des Insichgeschäfts ist dem Wortlaut „kann nicht" nicht eindeutig zu entnehmen. Nahe läge es, bei einem Verstoß gegen das Verbot von der Nichtigkeit des Rechtsgeschäfts auszugehen. Allerdings ist diese strenge Rechtsfolge nicht erforderlich, um den Interessenkonflikt zum Schutz des Geschäftsherrn zu vermeiden. Seine Interessen sind durch die analoge Anwendung von § 177 BGB hinreichend gewahrt.[182] Das Insichgeschäft ist schwebend unwirksam und kann vom Geschäftsherrn genehmigt werden.

▶ **Hinweis:** In der Klausur beginnt die Prüfung von § 181 BGB nicht mit „Es könnte ein Verstoß gegen § 181 BGB vorliegen, hierzu müsste …", sondern in etwa wie folgt: „Das Rechtsgeschäft könnte schwebend unwirksam sein, § 181 BGB i. V. m. § 177 BGB analog. Hierzu müsste …". Im Anschluss werden die einschlägigen Tatbestandsvoraussetzungen des § 181 BGB genannt und geprüft.

250 Die Lösung von Fall 25 lautet somit folgendermaßen:

> G könnte von D Zahlung von € 30 000 verlangen. Hierzu müsste zwischen den beiden Parteien ein Kaufvertrag zustande gekommen sein. Weder G noch D geben eine entsprechende Willenserklärung ab. Allerdings könnten die Willenserklärungen des V nach § 164 Abs. 1 BGB für und gegen G und D wirken. V handelt im Namen und mit Vertretungsmacht von G und D. Die Voraussetzungen von § 164 Abs. 1 BGB sind erfüllt. Allerdings könnte der von V abgeschlossene Kaufvertrag zwischen G und D nach § 181 BGB i. V. m. § 177 BGB analog unwirksam sein. § 181 BGB untersagt Mehrfachvertretungen. Voraussetzung hierfür ist, dass V im Namen und mit Vollmacht des G und des D auftritt. Dies ist der Fall (s. o.). Die Wirksamkeit des Kaufvertrages ist von der Genehmigung von G und D abhängig. Die Genehmigungen liegen nicht vor. Der von V im Namen von G und D abgeschlossene Kaufvertrag ist schwebend unwirksam. G kann von D nicht Zahlung von € 30 000 verlangen.

---

180 BGH, Urteil vom 25. April 1985, IX ZR 141/84, BGHZ 94, 232, 235.
181 S. Rn. 137.
182 BGH, Urteil vom 29. November 1993, II ZR 107/92, NJW-RR 1994, 291, 292.

5. Rechtsfolgen der wirksamen Stellvertretung

a) Bindung des Geschäftsherrn

Aufgrund des wirksamen Fremdgeschäfts wird der Geschäftsherr unmittelbar berechtigt oder verpflichtet, von dinglichen Änderungen ist er unmittelbar betroffen. 251

Beispiele: V schließt im Namen und mit Vollmacht des G einen Kaufvertrag mit D. Die Willenserklärung des V wirkt aufgrund § 164 Abs. 1 Satz 1 BGB unmittelbar für und gegen G. G und D sind Parteien des Kaufvertrages.

V einigt sich mit D im Namen des G und mit Vollmacht über den Eigentumserwerb an dem Pkw, D übergibt den Pkw an V. Die Einigung (§ 929 Satz 1 BGB) wirkt aufgrund § 164 Abs. 1 Satz 1 BGB unmittelbar für G. Hinsichtlich der Besitzübergabe wird G entweder mittelbarer Besitzer (§ 868 BGB) oder Besitzer (Besitzdienerschaft des V, § 855 BGB). G erwirbt daher nach § 929 Satz 1 BGB unmittelbar das Eigentum an dem Pkw.

b) Willensmängel und Wissenszurechnung, § 166 BGB

Da die Willenserklärung, die zum Abschluss des Rechtsgeschäfts führt, von dem Vertreter abgegeben wird, kommt es grundsätzlich nur auf dessen Kenntnis oder dessen Willensmängel an. Dies wird von § 166 Abs. 1 BGB bestätigt. 252

§ 166 Abs. 1 BGB hat Auswirkungen auf die folgenden Fälle.

i) Kenntnis
- Kenntnis der Anfechtbarkeit, § 142 Abs. 2 BGB;
- Kenntnis des Mangels bei Vertragsschluss (§§ 442, 536b BGB) oder Abnahme (§ 640 Abs. 3 BGB);
- Guter Glaube an die Eigentümerstellung (§ 932 Abs. 2 BGB) oder die Verfügungsberechtigung (§ 366 HGB);
- Guter Glaube an das Recht zum Besitz (§ 990 Abs. 1 BGB); – da der Besitzerwerb eine tatsächliche Handlung und keine Willenserklärung ist, gilt § 166 BGB nicht unmittelbar, sondern analog.

ii) Willensmängel
- Geheimer Vorbehalt (§ 116 BGB), Scheingeschäft (§ 117 BGB), Mangel der Ernstlichkeit (§ 118 BGB);
- Anfechtung, §§ 119 ff. BGB.

Anfechtungsberechtigt ist allein der Geschäftsherr, da ihn die Folgen der Willenserklärung treffen. Liegt der Willensmangel beim Geschäftsherrn und nicht beim Vertreter, ist das Rechtsgeschäft nicht anfechtbar, da die dem Rechtsgeschäft zugrundeliegenden Willenserklärungen frei von Willensmängeln sind. Es bleibt dem Geschäftsherrn nur die Anfechtung der Vollmacht.[183]

Handelt der Vertreter auf *Weisung* des Geschäftsherrn, … 253

Der Begriff der Weisung ist weit auszulegen. Eine Weisung liegt vor, wenn der eigentliche Wille, das Rechtsgeschäft abzuschließen, vom Geschäftsherrn gebildet wird. Hierzu genügt es, wenn der Geschäftsherr den Vertreter zum Abschluss des konkreten Rechtsgeschäfts veranlasst.[184]

183 Zur Anfechtbarkeit der Vollmacht s. Rn. 226 ff.
184 BGH, Urteil vom 21. Juni 1968, V ZR 32/65, BGHZ 50, 364, 368.

… ist der Wille zum Rechtsgeschäft nicht beim Vertreter, sondern beim Geschäftsherrn gebildet worden. Nach § 166 Abs. 2 BGB ist daher für das aufgrund der Vollmacht zustande gekommene Rechtsgeschäft auf die Kenntnis des Geschäftsherrn abzustellen. Nach zutreffender h. A. gilt § 166 Abs. 2 BGB analog für Willensmängel,[185] da es Sinn und Zweck des § 166 Abs. 2 BGB ist, auf den Willen desjenigen abzustellen, der den für das Rechtsgeschäft ausschlaggebenden Willen gebildet hat.

Beispiel: D täuscht G arglistig über die Unfallfreiheit des zu verkaufenden Autos. G erteilt V die Weisung, das Auto in G's Namen von D zu erwerben. Da V nicht getäuscht wurde, kommt eine Anfechtung des Kaufvertrages nach § 123 Abs. 1 BGB nur über die analoge Anwendung von § 166 Abs. 2 BGB in Betracht.

6. Vertreter ohne Vertretungsmacht, §§ 177 ff. BGB

254 Tritt der Vertreter ohne Vertretungsmacht im Namen des Geschäftsherrn auf, so hat dieser die Möglichkeit, den Vertrag zu genehmigen. Bis zur Erteilung der Genehmigung ist das Rechtsgeschäft schwebend unwirksam. In dieser Zeit ist der Dritte zum Widerruf des Vertrages nach § 178 BGB berechtigt, es sei denn, dass er den Mangel der Vertretungsmacht gekannt hat. Durch die Genehmigung wird der Mangel der Vertretungsmacht geheilt und der Vertrag mit Wirkung für und gegen den Geschäftsherrn *ex tunc* wirksam, § 177 BGB.

Vergleiche § 177 Abs. 2 BGB mit § 108 Abs. 2 BGB sowie § 178 BGB mit § 109 BGB.

254a Einseitige Rechtsgeschäfte können nur von einem Vertreter mit Vertretungsmacht vorgenommen werden, § 180 Satz 1 BGB. Vergleichbar zum Minderjährigenrecht gewährleisten die §§ 180, 174 BGB, dass der Erklärungsempfänger sich nicht gegen seinen Willen auf ein schwebend unwirksames Rechtsgeschäft einlassen muss (vgl. im Einzelnen die Ausführungen zu § 111 BGB, Rn. 175).

255 Genehmigt der Geschäftsherr den Vertrag nicht, so haftet der Vertreter dem Dritten nach dessen Wahl auf Vertragserfüllung oder auf Schadensersatz (*positives Interesse*), § 179 Abs. 1 BGB. Ausnahmen gelten nur, wenn der Vertreter den Mangel der Vertretungsmacht nicht kannte, § 179 Abs. 2 BGB (Haftung auf das *negative Interesse*), oder der Dritte den Mangel kannte oder kennen musste, § 179 Abs. 3 Satz 1 BGB (Ausschluss der Vertreterhaftung). Ein minderjähriger Vertreter ohne Vertretungsmacht ist von der Haftung ausgeschlossen, sofern er das Rechtsgeschäft ohne Zustimmung seines gesetzlichen Vertreters abgeschlossen hat, § 179 Abs. 3 Satz 2 BGB.

185 Palandt/*Ellenberger*, § 166 Rn. 12; für Fälle der arglistigen Täuschung des Geschäftsherrn BGH, Urteil vom 24. Oktober 1968, II ZR 214/66, BGHZ 51, 141, 144 ff.; im Grundsatz a. A. MüKo/*Schubert*, § 166 Rn. 96; Staudinger/*Schilken*, § 166 Rn. 17, 28; Soergel/*Leptien*, § 166 Rn. 33, welche jedoch eine Ausnahme für die Fälle von § 123 BGB zulassen; offen gelassen für andere Fälle von Willensmängeln als der arglistigen Täuschung BGH, Urteil vom 2. Mai 2000, XI ZR 150/99, BGHZ 144, 223, 228.

Negatives/positives Interesse 256

Das negative Interesse umfasst den Schaden, den der Geschädigte dadurch erleidet, dass er auf die Wirksamkeit des Rechtsgeschäfts vertraut hat, z. B. vergebliche Aufwendungen, Schaden aufgrund entgangener Geschäfte. Der Geschädigte ist so zu stellen, als habe er nie von dem Rechtsgeschäft gehört.
Das positive Interesse ist das Interesse, welches der Betreffende an der Erfüllung des Rechtsgeschäfts hat, z. B. der Gewinn. Der Geschädigte ist so zu stellen, als wäre das Rechtsgeschäft erfüllt worden.
Das negative Interesse wird begrenzt durch das positive Interesse (§ 179 Abs. 2, letzten zwei Teilsätze BGB, s. auch § 122 Abs. 1 BGB). Dadurch wird verhindert, dass der Geschädigte mit seinem Anspruch auf Ersatz des negativen Interesses besser gestellt wird, als er bei Vertragserfüllung stünde. Dies wäre etwa der Fall, wenn der Geschädigte Verluste auf den Schädiger abwälzen könnte, die selbst bei Vertragserfüllung entstanden wären, z. B. wenn die vergeblichen Aufwendungen (negatives Interesse) den Gewinn (positives Interesse) übersteigen.

▶ **Vertiefung:** *Lorenz*, JuS 2010, 382 ff.; Grundfälle zum Stellvertretungsrecht s. die Beitragsreihe von *Mock*, JuS 2008, 309 ff.; 391 ff. und 486 ff.; Klausurfälle zum Stellvertretungsrecht s. *Jaensch*, Klausurensammlung, Fall 1: Harry Potter, Fall 3: Neulich auf dem Flohmarkt, Fall 4: Lost und Fall 5: Ein Meisterwerk aus dem Empire.

IV. Bedingung und Befristung

Die Parteien können den Eintritt oder das Ende der Wirksamkeit eines Rechtsgeschäfts von einer Bedingung oder einer Befristung abhängig machen. 257

1. Die Bedingung

Bei der Bedingung werden die Wirkungen des Rechtsgeschäfts von einem künftigen, *ungewissen* Ereignis abhängig gemacht. 258

a) Aufschiebende Bedingung

Soll das Rechtsgeschäft erst mit Eintritt der Bedingung wirksam werden, wird eine aufschiebende Bedingung vereinbart, § 158 Abs. 1 BGB. 259

Beispiel: V übereignet K den Wagen unter der aufschiebenden Bedingung der vollständigen Kaufpreiszahlung (Eigentumsvorbehalt).

Erst mit dem Bedingungseintritt der vollständigen Kaufpreiszahlung geht das Eigentum an dem Wagen auf K über. Bis zum Eintritt der Bedingung steht K lediglich ein Anwartschaftsrecht an dem Wagen zu.

Anwartschaftsrecht 260

Das Anwartschaftsrecht vermittelt seinem Inhaber das Recht auf das Vollrecht, welches ihm keiner nehmen kann. Ein Anwartschaftsrecht auf den Erwerb des Volleigentums an einer Sache ist daher

ein wesensgleiches Minus[186] zum Eigentumsrecht, über das der Inhaber nach §§ 929 ff. BGB analog (und nicht durch Abtretung, § 398 BGB) verfügen kann.[187]
Beim Eigentumsvorbehalt kann der Verkäufer den Erwerb des Volleigentums durch den Käufer nicht verhindern. Selbst wenn er die Annahme der vom Käufer angebotenen vollständigen Kaufpreiszahlung verweigerte, um den Eintritt der aufschiebenden Bedingung zu verhindern, gälte die Bedingung nach § 161 Abs. 1 BGB als eingetreten. Der Käufer würde das Volleigentum erwerben.
Legt der Käufer sein Anwartschaftsrecht nicht offen, kann der Zweitkäufer gutgläubig das Volleigentum nach §§ 929, 932 BGB erwerben. Der Verkäufer hat keine Möglichkeit, dies durch eine vertragliche Vereinbarung mit dem Käufer zu verhindern. Er kann sich in diesem Fall nur an den vertragsbrüchigen Käufer wenden (z. B. nach § 280 Abs. 1 BGB oder § 816 Abs. 1 BGB).

---

b) Auflösende Bedingung

261 Soll die Wirksamkeit des Rechtsgeschäfts mit Eintritt der Bedingung enden, wird eine auflösende Bedingung vereinbart, § 158 Abs. 2 BGB.

Beispiel: Zur Sicherung des von SN an SG gewährten Darlehens, übereignet SG dem SN seinen Wagen (Sicherungsübereignung).

Die Übereignung des Wagens erfolgt unter der auflösenden Bedingung der Darlehensrückzahlung durch den Sicherungsgeber SG. Wird der Darlehensbetrag zurückgezahlt, fällt das Eigentum automatisch an SG zurück. Bis zur Kaufpreisrückzahlung steht SG ein Anwartschaftsrecht an dem Wagen zu.

c) Rechtsbedingungen

262 Keine Bedingungen i. S. v. § 158 BGB sind die sog. Rechtsbedingungen. Eine Rechtsbedingung macht die Wirksamkeit eines Rechtsgeschäfts von dem Vorliegen gesetzlicher Voraussetzungen abhängig. Ob die gesetzlichen Voraussetzungen vorliegen, unterliegt wie bei jedem Sachverhalt der Prüfung durch das Gericht und ist der Parteivereinbarung entzogen.

Beispiel: Der minderjährige M kauft ein Moped unter der Bedingung, dass seine Eltern zustimmen.

Die Zustimmung der Eltern ist wegen §§ 107 f. BGB erforderlich und nicht aufgrund der vereinbarten Bedingung.

---

263 **Bedingungsfeindlichkeit einseitiger Rechtsgeschäfte**

Einseitige Rechtsgeschäfte (wie Vollmachtserteilung, Anfechtung, Kündigung, Rücktrittserklärung, Aufrechnung) sind grundsätzlich bedingungsfeindlich, da dem Erklärungsempfänger, dessen Zustimmung es für das Zustandekommen des einseitigen Rechtsgeschäfts nicht bedarf, die Ungewissheit des Bedingungseintritts und somit die Ungewissheit der Wirksamkeit/Unwirksamkeit des Rechtsgeschäfts nicht zugemutet werden soll.[188] Zulässig sind jedoch Potestativbedingungen,[189] da hier der Erklärungsempfänger den Bedingungseintritt in der Hand hat.

---

186 BGH, Urteil vom 24. Juni 1958, VIII ZR 205/57, BGHZ 28, 16, 21.
187 *Würdinger*, NJW 2008, 1422, 1424; *Lorenz*, JuS 2011, 199, 200.
188 Vgl. die *ratio* von § 111 BGB (s. Rn. 175) und § 388 Satz 2 BGB.
189 Potestativbedingungen sind Bedingungen, deren Eintritt vom Willen des Erklärungsempfängers abhängen.

Bedingungen i. S. v. § 388 Satz 2 BGB (Aufrechnung) 264

Beispiel: A rechnet gegen die Forderung des B in Höhe von € 10 000 mit seiner Forderung in Höhe von € 5000 auf unter der Bedingung, dass die Forderung des A besteht.

Voraussetzung für eine Aufrechnung nach § 387 BGB ist, dass sich zwei gleichartige Forderungen gegenüberstehen. Ist dies nicht der Fall, tritt die Wirkung der Aufrechnung nicht ein. Die Bedingung, dass die Forderung des A besteht, ist daher eine Rechtsbedingung. Diese ist keine unzulässige Bedingung i. S. v. § 388 Satz 2 BGB, welcher nur Bedingungen i. S. v. § 158 BGB meint.

d) Unzulässige Einwirkung auf die Bedingung

Wird der Eintritt einer Bedingung zum Nachteil des Gegenübers treuwidrig herbeigeführt oder verhindert, so gilt die Bedingung als eingetreten oder nicht eingetreten, § 162 BGB. 265

Beispiel: Bei einem Verkauf unter Eigentumsvorbehalt nimmt V die restlichen Kaufpreiszahlungen des K nicht an, da er den Eigentumserwerb des K verhindern will.

Die Verweigerung der Kaufpreisannahme, um den Eigentumserwerb durch K zu vereiteln, ist treuwidrig. Deshalb gilt durch das Anbieten der restlichen Kaufpreiszahlung die aufschiebende Bedingung als eingetreten, § 162 Abs. 1 BGB. K wird Eigentümer.

Beispiel: Der Darlehensgeber verweigert die Annahme der Darlehensrückzahlung, um das Eigentum an dem zur Sicherheit übereigneten Sicherungsgut zu behalten.

Die Weigerung, die Darlehensrückzahlung anzunehmen, erfolgt treuwidrig. Die auflösende Bedingung, unter der die Sicherungsübereignung erfolgte, gilt als eingetreten, § 162 Abs. 1 BGB. Das Eigentum an dem Sicherungsgut fällt an den Sicherungsgeber zurück.

2. Die Befristung

Wird die Wirksamkeit eines Rechtsgeschäfts von dem Eintritt eines *gewissen* Ereignisses, der durch einen Anfangs- oder Endtermin bestimmt ist, abhängig gemacht, liegt eine Befristung vor, für die die Vorschriften der §§ 158, 160 f. BGB über die Bedingung entsprechend gelten, § 163 BGB. 266

▶ **Vertiefung:** *Sebastian A. E. Martens*, Grundfälle zu Bedingung und Befristung, JuS 2010, 481 ff., 578 ff.

V. Willensmängel

1. Bewusstes Auseinanderfallen von Wille und Erklärung

a) Überblick

Fallen der subjektive Wille und die objektive Erklärung der Willenserklärung auseinander und ist sich der Erklärende dieses Umstands bewusst, regeln die §§ 116 bis 118 267

BGB die Rechtsfolgen. Dabei entscheidet sich das BGB weder durchgängig zugunsten der Willens- noch der Erklärungstheorie.[190]

b) Geheimer Vorbehalt, § 116 BGB

268 § 116 BGB behandelt die Fälle des geheimen Vorbehalts (Mentalreservation).

Behält sich der Erklärende heimlich vor, das Erklärte nicht zu wollen, gilt nach § 116 Satz 1 BGB das, was aus Sicht eines objektiven Empfängers erklärt wurde (Erklärungstheorie, s. Rn. 80). Der Empfänger der Willenserklärung ist schutzwürdig. Der geheime Vorbehalt des Erklärenden ist unerheblich.

Kennt der Erklärungsempfänger den Vorbehalt, so ist er nicht schutzwürdig. Im Anschluss an die Willenstheorie (s. Rn. 80) ist die Erklärung nichtig, § 116 Satz 2 BGB.

Beispiel: K erklärt V in Gegenwart des D, er kaufe V's Wagen. Tatsächlich will er den Wagen nicht kaufen und erweist V, was dieser erkennt, lediglich eine Gefälligkeit, damit D den V nicht weiter auf den Wagen anspricht.

K's Kaufangebot ist nach § 116 BGB Satz 2 nichtig, da V den geheimen Vorbehalt des K kennt.

c) Scheingeschäft, § 117 BGB

269 Bei einem Scheingeschäft handelt es sich um eine bewusste *falsa demonstratio*. Es kommt nicht auf das objektiv Erklärte (§ 117 Abs. 1 BGB), sondern auf den tatsächlichen Willen an (§ 117 Abs. 2 BGB).

Beispiel: V und K einigen sich im notariell beurkundeten Kaufvertrag (§ 311b Abs. 1 Satz 1 BGB) auf einen Grundstückskaufpreis in Höhe von € 100 000, um Grunderwerbssteuer zu „sparen". Tatsächlich kommen sie über einen Kaufpreis in Höhe von € 200 000 überein (Schwarzkauf) und übertragen das Grundstück.

Der Kaufvertrag über € 100 000 ist wegen § 117 Abs. 1 BGB nichtig, da die Parteien den Inhalt dieses Rechtsgeschäfts nicht wollen und es nur zum Schein erklären (Scheingeschäft). Stattdessen kommt nach § 117 Abs. 2 BGB ein Vertrag über € 200 000 zustande (verdecktes oder dissimuliertes Geschäft). Zwar ist dieser Vertrag nach § 125 Satz 1 BGB nichtig, da er entgegen § 311b Abs. 1 Satz 1 BGB nicht notariell beurkundet wurde. Der Formmangel wird jedoch nach § 311b Abs. 1 Satz 2 BGB geheilt, wenn das Grundstück übereignet wird.[191]

Das verdeckte Geschäft (im Beispiel der Vertrag über € 200 000) könnte aufgrund Steuerhinterziehung (§ 370 AO) nach § 134 BGB wegen des Verstoßes gegen ein gesetzliches Verbot nichtig sein. Nach der Rechtsprechung des BGH sind Verträge, mit denen eine Steuerhinterziehung verbunden ist, nicht ohne weiteres nichtig, wenn nicht die Steuerhinterziehung der Hauptzweck des Vertrages ist.[192] Da die Parteien das Geschäft in erster Linie abschließen, um das Grundstück zu verkaufen und nicht um Steuern zu hinterziehen, ist eine Nichtigkeit nach § 134 BGB zu verneinen.

---

190 Zur Willens- und Erklärungstheorie s. Rn. 80.
191 Im Einzelnen zur Heilung eines Formmangels s. Rn. 323.
192 BGH, Urteil vom 13 2. 2003, IX ZR 76/99, NJW-RR 2003, 1565, 1568.

d) Scherzerklärung, § 118 BGB

Eine Willenserklärung, die der Erklärende nicht ernst meint und erwartet, der Mangel der Ernstlichkeit werde erkannt, ist nichtig, § 118 BGB. Allerdings führt die Scherzerklärung zur Schadensersatzpflicht auf das negative Interesse (zum Begriff s. Rn. 256), es sei denn, der Erklärungsempfänger hat den Mangel der Ernstlichkeit erkannt oder hätte ihn erkennen müssen, § 122 BGB. **270**

Beispiel: A verkauft B aus Scherz seinen Pkw für 100 €, obwohl dieser 50 000 € wert ist, um seine Freundin zu schocken.

Im Gegensatz zum Scheingeschäft (§ 117 BGB) geht der Scherzerklärung (§ 118 BGB) keine vorherige Absprache voraus. Im Unterschied zur Mentalreservation (§ 116 BGB) geht der Erklärende davon aus, dass der Mangel der Ernstlichkeit vom Empfänger erkannt wird.

Der zwischen A und B geschlossene Kaufvertrag ist aufgrund § 118 BGB nichtig, da A seinen Pkw nicht für 100 € verkaufen will und erwartet, B würde dies aufgrund der offensichtlichen Diskrepanz zwischen dem tatsächlichen Wert und dem vereinbarten Kaufpreis erkennen. Eine Schadensersatzpflicht auf das negative Interesse nach § 122 Abs. 1 BGB muss A aufgrund § 122 Abs. 2 BGB nicht fürchten, da B den Mangel der Ernstlichkeit hätte erkennen müssen.

Den Erklärenden einer Scherzerklärung trifft eine Aufklärungspflicht, wenn er Grund zur Annahme hat, dass der Empfänger den Mangel der Ernstlichkeit nicht erkannt hat. Verletzt er diese Aufklärungspflicht, handelt es sich nicht mehr um eine Scherzerklärung, § 118 BGB, sondern um eine unbeachtliche Mentalreservation, § 116 Satz 1 BGB.[193] **271**

Beispiel: A erklärt B zum Scherz, er könne kostenlos in seiner Wohnung wohnen. B nimmt das Angebot des A für bare Münze, kündigt seine Wohnung und schickt sich an, umzuziehen. A bemerkt dies und schweigt.

Ab dem Zeitpunkt, an dem A bemerkt, dass B seinen Scherz für bare Münze hält, wird die Scherzerklärung als geheimer Vorbehalt gewertet, da A seiner Aufklärungspflicht nicht nachkommt. Das ursprünglich aufgrund § 118 BGB nichtige Angebot auf Abschluss eines unentgeltlichen Mietvertrages wird nach § 116 Satz 1 BGB wirksam. Indem B sich anschickt umzuziehen, nimmt B das Angebot des A schlüssig an. Ein unentgeltlicher Mietvertrag ist zustande gekommen.

Kein Fall von § 118 BGB liegt hingegen vor, wenn die Erklärung derart offensichtlich der Ernstlichkeit entbehrt, dass sie nach außen hin keinen rechtsgeschäftlichen Willen erkennen lässt. In diesem Fall ist bereits der objektive Tatbestand einer Willenserklärung (s. Rn. 66) nicht erfüllt.[194] **271a**

193 MüKo/*Armbrüster*, § 118 Rn. 10; a. A. Staudinger/*Singer*, § 118 Rn. 8, Haftung auf das negative Interesse.

194 Vgl. *Medicus/Petersen*, AT BGB, 11. Auflage 2016, Rn. 596.

Beispiele: In der Rolle des Richard III. ruft S auf der Bühne pathetisch: „Ein Königreich für ein Pferd!"[195]

Die Erklärung des S auf der Bühne ist aufgrund ihres objektiven Erscheinungsbildes nicht auf den Abschluss eines Rechtsgeschäfts gerichtet. Mangels objektiven Tatbestands liegt keine Willenserklärung vor, die nach § 118 BGB nichtig sein könnte.

2. Anfechtung wegen Irrtums

a) Einführung

272 Ist die Abgabe einer Willenserklärung durch einen unbewussten Willensmangel (Irrtum) beeinflusst, so ist die Willenserklärung wirksam entstanden. Sie kann aber ggf. angefochten und mit Rückwirkung (*ex tunc*) vernichtet werden, § 142 Abs. 1 BGB.

aa) Irrtum: Divergenz zwischen Erklärung und Wille

273 Beim Irrtum weichen der objektive Tatbestand der Erklärung (Erklärung, wie sie Dritte auffassen) und der dahinterstehende subjektive Wille voneinander ab.

Eine Willenserklärung kommt zustande, da objektiv eine Erklärung vorliegt und subjektiv ein Erklärungsbewusstsein vorhanden ist. Der Mangel betrifft lediglich den Geschäftswillen.[196]
Liegt wie im Trierer Weinversteigerungsfall (Fall 3, Rn. 62) der Mangel beim Erklärungsbewusstsein, ist nach h. A. ein potenzielles Erklärungsbewusstsein erforderlich. Sofern das potenzielle Erklärungsbewusstsein vorhanden ist, besteht eine Willenserklärung, die nach § 119 Abs. 1 BGB anfechtbar ist.

bb) Auslegung vor Anfechtung

274 Zur Anfechtung gelangt man nur,

- wenn der tatsächliche Wille des Erklärenden nicht durch Auslegung (§§ 133, 157 BGB) ermittelt werden kann. Kann der wahre Wille ermittelt werden, kommt die Willenserklärung mit dem beabsichtigten Inhalt zustande, ein Irrtum liegt nicht vor.

  Im Håkjærringskjøtt-Fall (Fall 11, Rn. 120) kommt es erst gar nicht zur Anfechtung, da die Willenserklärung der beiden Vertragspartner durch Auslegung (§ 133 BGB; aufgrund des übereinstimmenden Willens kommt es auf das objektiv Erklärte nicht an, *falsa demonstratio non nocet*)[197] irrtumsfrei ist. Sie vereinbaren den Kauf von Walfischfleisch, nicht von Haifischfleisch.

- wenn die Erklärung nach Auslegung nicht in sich widersprüchlich ist. Andernfalls ist die Willenserklärung wegen Perplexität nichtig.

  Die Rechnung mit den Angaben: 100 Stück à € 5 = € 50 ist wegen Perplexität nichtig, sofern keine Anhaltspunkte z. B. aus den Vorverhandlungen vorliegen, ob nun 100 Stück à € 5 oder € 50 zutreffen.

195 Eigentlich: „Ein Pferd, ein Pferd, mein Königreich für ein Pferd!", *5. Akt, 4. Szene, König Richard III., William Shakespeare.*
196 Zum subjektiven Tatbestand der Willenserklärung s. Rn. 79 ff.
197 S. Rn. 122.

Prüfungsreihenfolge 275

In der Klausur empfiehlt sich daher im Hinblick auf die Anfechtung die folgende Prüfungsreihenfolge:

I. Willenserklärung entstanden
   1. Zustandekommen einer WE (s. Trierer Weinversteigerung)
   2. Auslegung der WE (s. Håkjærringskjøtt-Fall)

II. Willenserklärung nichtig, § 142 Abs. 1 BGB
   1. Anfechtungserklärung, § 143 Abs. 1 BGB
   2. Anfechtungsgrund, §§ 119 ff. BGB
   3. Anfechtungsfrist, §§ 121, 124 BGB

Der Klausureinstieg in die Prüfung der Anfechtung beginnt stets mit dem Obersatz „Die Willenserklärung könnte nach § 142 Abs. 1 BGB nichtig sein" und nicht etwa „Die Willenserklärung könnte nach § 119 Abs. 1 BGB anfechtbar sein". Die Rechtsfolge der Anfechtung ist § 142 Abs. 1 BGB zu entnehmen, die §§ 119 ff. BGB enthalten lediglich die Anfechtungsgründe.

cc) Anfechtung fingierter Willenserklärungen

Fingiert das Gesetz eine bestimmte Erklärung, liegt keine Willenserklärung vor. Eine Anfechtung ist grundsätzlich nicht möglich. 276

Schweigen als Willenserklärung aufgrund gesetzlicher Fiktion[198] 277

Fingiert das Gesetz Schweigen als *Ablehnung* (§§ 108 Abs. 2, 177 Abs. 2, 415 Abs. 2 BGB) ist eine Anfechtung ausgeschlossen.

Misst das Gesetz dem Schweigen hingegen die Bedeutung einer *Zustimmung* bei (z. B. §§ 416 Abs. 1 Satz 2, 455 Satz 2, 516 Abs. 2 Satz 2 BGB), wird der Willensentschluss fingiert. Die Vorschriften über Willenserklärungen sind anwendbar. Eine Anfechtung ist grundsätzlich möglich mit der Einschränkung, dass sich der Anfechtende nicht auf seinen Irrtum über die Bedeutung des Schweigens berufen darf.

Wird aufgrund eines Rechtsscheintatbestands eine Willenserklärung fingiert, ist diese nach umstrittener zutreffender Ansicht wie eine Willenserklärung anfechtbar.[199] 278

b) Erklärungsirrtum, § 119 Abs. 1, 2. Alt. BGB

aa) Vertippen, Verschreiben, Versprechen, Vergreifen

Beim Erklärungsirrtum handelt es sich um eine Störung im Ablauf der Erklärungshandlung. Die Erklärung tritt in einer anderen Gestalt auf als gewollt. 279

▶ **Merksatz:** Der Erklärende vergreift, verspricht, verschreibt oder vertippt sich.

bb) Abredewidrig ausgefülltes Blankett

Ein abredewidrig ausgefülltes Blankett ist tatbestandlich als Erklärungsirrtum zu qualifizieren, da eine Störung im Ablauf der Erklärungshandlung vorliegt. Jedoch ist die Anfechtung in Anwendung des Rechtsschutzgedankens von § 172 Abs. 2 BGB[200] ausge- 280

---

198 Zur Bedeutung des Schweigens s. im Einzelnen Rn. 77 f.

199 S. Rn. 231.

200 S. BGH, Urteil vom 20. November 1990, XI ZR 107/89, BGHZ 113, 48, 53.

schlossen.[201] Ebenso wenig wie der Geschäftsherr, der dem Vertreter eine Vollmachtsurkunde ausgehändigt hat, dessen Erklärung nicht mit der Begründung anfechten kann, er habe die Willenserklärung nicht gewollt, kann der Blankettaussteller nicht vorbringen, er habe mit seiner Unterschrift den abredewidrig ausgefüllten Inhalt nicht gewollt.

Beispiel: A unterschreibt blanko ein Bestellformular und weist B später an, die Bestellsumme mit zehn anzugeben. B setzt jedoch bewusst 100 ein.[202]

Aus Sicht des A liegt ein Erklärungsirrtum vor. Allerdings ist seine Blankounterschrift mit der Aushändigung einer Vollmachtsurkunde vergleichbar, gemäß der er erklärt, B könne ihn vertreten. Ebenso wenig wie er die Willenserklärung des Vertreters mit dem Argument anfechten könnte, er habe dessen Erklärung nicht gewollt, kann A das abredewidrig ausgefüllte Blankett anfechten, weil er den von B eingesetzten Inhalt nicht gewollt habe.

c) Übermittlungsirrtum, § 120 BGB

281 Ein gesetzlich geregelter Spezialfall des Erklärungsirrtums ist die unrichtige Übermittlung einer Erklärung durch einen Boten. § 120 BGB gibt für diese Fälle ein Anfechtungsrecht bei *unbewusst* unrichtiger Übermittlung.

Beispiel: G schickt B zu D, um für ihn dort zehn Kisten Wein zu bestellen. B bestellt 100 Kisten, in der Annahme, dies sei ihm aufgetragen worden.

Ein Kaufvertrag kommt zwischen G und D über 100 Kisten zustande. Jedoch kann G den Vertrag nach § 120 BGB anfechten, da B unbewusst eine falsche Botschaft übermittelt hat.

Hätte B die Botschaft *bewusst* falsch übermittelt, kann die Erklärung nicht mehr dem Auftraggeber G zugerechnet werden. Einer Anfechtung nach § 120 BGB bedarf es somit nicht. Der Bote wird angesehen, als gäbe er eine eigene Willenserklärung ab. Er wird nicht als Bote, sondern als vollmachtloser Vertreter behandelt, mit der Folge, dass der Auftraggeber den Vertrag genehmigen kann, § 177 BGB analog. Tut er dies nicht, haftet der Bote nach § 179 BGB analog.[203]

▶ **Vertiefung:** Zur Einbeziehung einer Hilfsperson bei der Abgabe und dem Zugang von Willenserklärungen s. *Joussen*, Jura 2003, 577 ff.

---

201 *Flume*, Allgemeiner Teil des Bürgerlichen Rechts, Band II, Das Rechtsgeschäft, 4. Auflage 1992, 455 f.; *Wolf/Neuner*, AT BGB, 11. Auflage 2004, § 50 Rn. 103 ff.; MüKo/*Schubert*, § 172 Rn. 4; *Medicus/Petersen*, AT BGB, 11. Auflage 2016, Rn. 913; abweichend für formgebundene Erklärungen *Binder*, AcP 207 (2007), 155, 194 ff., Nichtigkeit wegen § 125 BGB, da der Schutzzweck der Formvorschrift Vorrang gegenüber dem Verkehrsschutz genießt; a. A. *Pawlowski*, JZ 1997, 309, 312, Blankett ist anfechtbar.

202 Anders wäre der Fall zu beurteilen, wenn der Blankettinhaber sich geirrt hat (z.B. B verschreibt sich, und setzt versehentlich 100 ein). In diesem Fall kommt eine Anfechtung in analoger Anwendung von § 166 Abs. 1 BGB i.V.m. § 119 Abs. 1 BGB in Betracht, s. *Medicus/Petersen*, AT BGB, 11. Auflage 2016, Rn. 913; JurisPK/*Gergen*, § 119 Rn. 35.

203 OLG Oldenburg, Urteil vom 19. Januar 1978, 1 U 88/77, NJW 1978, 951 f.; Palandt/*Ellenberger*, § 120 Rn. 4, § 177 Rn. 2; a. A. § 120 BGB ist anwendbar, da der Auftraggeber die Gefahr der Falschübermittlung geschaffen hat, hat er diese auch zu tragen, *Medicus/Petersen*, AT BGB, 11. Auflage 2016, Rn. 748; *Bork*, AT BGB, 4. Auflage 2016, Rn. 1361; *Petersen*, Jura 2006, 660, 661.

d) Inhaltsirrtum, § 119 Abs. 1, 1. Alt. BGB

Beim Inhaltsirrtum war die Willenserklärung in ihrer tatsächlichen Gestalt so gewollt, der Erklärende stellt sich nur etwas anderes unter seiner Erklärung vor. Es weicht die Erklärung (objektiver Tatbestand) von dem im subjektiven Tatbestand gebildeten Geschäftswillen ab. Der Erklärende irrt sich über die Bedeutung seiner Erklärung. 282

▶ **Merksatz:** Der Erklärende weiß, was er sagt, weiß aber nicht, was er damit sagt.

Beispiel: Bestellung von 25 Gros Rollen Toilettenpapier. Gemeint waren 25 Rollen, aus Sicht eines objektiven Empfängers bedeutet die Erklärung aber 25 × 12 (= 300) Rollen.

Fall 26: Der verwechselte Maler 283

A möchte den berühmten Maler B_1 engagieren. Er richtet sein Angebot an den gleichnamigen B_2, der nicht gerade ein Meister seines Faches ist. B_2, glücklich über ein Angebot, nimmt sofort an. Kann A den Vertrag anfechten?

A war sich darüber im Klaren, was er sagt (Angebot an Maler B), irrte sich aber über die Bedeutung seiner Erklärung (B war in Wirklichkeit B_2 und nicht, wie er dachte, B_1). Es liegt ein Inhaltsirrtum vor, der A zur Anfechtung nach § 119 Abs. 1, 1. Alt. BGB berechtigt.

Die Grenzen zwischen Inhalts- und Erklärungsirrtum sind fließend. Aufgrund der identischen Rechtsfolge der Anfechtungsrechte nach § 119 Abs. 1 BGB bleiben Unsicherheiten bei der Einordnung des Irrtums folgenlos. Zur Abgrenzung von Inhalts- und Erklärungsirrtum dient der folgende Fall, der sich an einer Entscheidung des BGH orientiert.

Fall 27: Notebook im Internet 284

V bietet das Notebook XYZ für € 2650 im Internet zum Verkauf an. Durch einen Datenübertragungsfehler wird der Kaufpreis im Netz mit € 245 benannt. K unterbreitet daraufhin ein Angebot, welches V mit einer automatisch generierten Email annimmt. Als sich nach Lieferung des Notebooks alles aufklärt, ficht V das Geschäft an und verlangt von K das Notebook zurück. Zu Recht?[204]

Ansprüche V gegen K

1. § 985 BGB

V könnte von K die Herausgabe des Notebooks nach § 985 BGB verlangen. Hierzu müsste V Eigentümer und K Besitzer des Notebooks sein. K ist als Inhaber der tatsächlichen Sachherrschaft Besitzer, § 854 Abs. 1 BGB. V war Eigentümer. Er könnte aber sein Eigentum an dem Notebook nach § 929 Satz 1 BGB an K verloren haben.

▶ **Hinweis:** Wer hier statt § 929 BGB den Kaufvertrag (§ 433 BGB) prüft, begeht mit der Missachtung des Abstraktionsprinzips einen Kardinalfehler!

Hierzu sind Einigung und Übergabe erforderlich. Das Notebook wurde durch die Lieferung an K übergeben. V und K haben sich über den Eigentumsübergang geeinigt. Die Einigungserklärung des V könnte aber nach § 142 Abs. 1 BGB nichtig sein, sofern sie wirksam angefochten wurde. Als denkbarer Anfechtungsgrund käme ein Inhalts- oder Erklärungsirrtum nach § 119 Abs. 1

204 Frei nach BGH, Urteil vom 26. Januar 2005, VIII ZR 79/04, NJW 2005, 976 f.

BGB in Betracht. Die Erklärung, das Eigentum zu übertragen, erfolgte irrtumsfrei. Der Irrtum über die Höhe des Kaufpreises ist nicht Inhalt der Einigung nach § 929 Satz 1 BGB. Die dingliche Erklärung ist nicht anfechtbar und daher nicht gemäß § 142 Abs. 1 BGB nichtig. V hat nach § 929 Satz 1 BGB das Eigentum an dem Notebook verloren. V ist nicht mehr Eigentümer und kann von K nicht die Herausgabe des Notebooks nach § 985 BGB verlangen.

2. § 812 Abs. 1 Satz 1, 1. Alt. BGB
V könnte von K die Herausgabe des Notebooks nach § 812 Abs. 1 Satz 1, 1. Alt. BGB verlangen, sofern K durch Leistung des V etwas ohne rechtlichen Grund erlangt hat.

a) Leistung
Leistung ist jede bewusste und zweckgerichtete Vermehrung fremden Vermögens. Durch Lieferung des Notebooks zur Erfüllung des Kaufvertrages hat V das Vermögen des K bewusst und zweckgerichtet vermehrt. Eine Leistung liegt vor.

b) Etwas
K hat aufgrund der Leistung das Eigentum an dem Notebook und somit „etwas" von V erlangt (s. o.).

c) Ohne rechtlichen Grund
Schließlich müsste K das Eigentum an dem Notebook ohne rechtlichen Grund erlangt haben. Ein möglicher rechtlicher Grund könnte in einem Kaufvertrag zwischen V und K bestehen. Für das Zustandekommen des Kaufvertrages sind Angebot und Annahme erforderlich. Mit dem Anbieten des Notebooks im Internet möchte V erkennbar kein bindendes Angebot abgeben, da er vor Vertragsschluss seinen Warenbestand und die Bonität des Käufers prüfen möchte. Das Einstellen des Notebooks im Internet ist lediglich eine *invitatio ad offerendum* und somit kein bindendes Angebot i. S. v. § 145 BGB. Mit seiner Bestellung gibt K ein Angebot ab. Dieses könnte V mit der automatisch generierten Email angenommen haben. Ob eine Annahme vorliegt, ist aufgrund §§ 133, 157 BGB nach dem objektiven Empfängerhorizont durch Auslegung zu bestimmen. Nach dem objektiven Erscheinungsbild liegt eine Annahme vor. Fraglich könnte das Bestehen einer Annahme wegen des subjektiven Tatbestands sein, weil die Email automatisch generiert wurde. Allerdings erfolgt die Abfassung der Email aufgrund von Menschen programmierter Befehle. Die automatisierte Erklärung drückt den menschlichen Willen aus.[205] Die Email ist Ausdruck von V's Willen. Der subjektive Tatbestand einer Willenserklärung ist erfüllt. V nimmt das Angebot des K per Email an. Ein Kaufvertrag ist zustande gekommen.

Der Kaufvertrag könnte nach § 142 Abs. 1 BGB ex tunc nichtig sein.

▶ **Hinweis:** Der Einstieg in die Prüfung der Anfechtung beginnt mit der Rechtsfolge (§ 142 Abs. 1 BGB) und nicht mit den Voraussetzungen der Anfechtung wie etwa „Der Kaufvertrag könnte nach § 119 Abs. 1 BGB anfechtbar sein." Falsch wäre es, den Obersatz mit der Überschrift „Anspruch erloschen" einzuleiten. Gegenstand der Prüfung ist nicht ein Anspruch aus dem Kaufvertrag, der durch die Anfechtung erlöschen könnte, sondern der Herausgabeanspruch nach § 812 Abs. 1 Satz 1, 1. Alt. BGB. Dieser Anspruch setzt einen nicht bestehenden rechtlichen Grund (hier: Kaufvertrag) voraus.

Hierzu müsste ein Erklärungs- oder Inhaltsirrtum nach § 119 Abs. 1 BGB vorliegen. Bei einem Erklärungsirrtum handelt es sich um eine Störung im Ablauf der Erklärungshandlung; beim Inhaltsirrtum ist sich der Erklärende bewusst was er sagt, aber nicht was er damit sagt. Die *invitatio* der Internetanzeige enthält zwar aufgrund des Datenübertragungsfehlers einen Erklärungsirrtum, denn der Fehler entsteht im Ablauf der Erklärungshandlung. Jedoch ist die *invitatio* keine Willenserklärung und somit nicht anfechtbar. Das Angebot des K ist irrtumsfrei, denn er möchte das Notebook zum angegebenen Preis von € 245 erwerben. Ein Irrtum i. S. v. § 119 Abs. 1 BGB könnte in der generierten Email des V vorliegen. In der Email erklärt V nach dem objektiven Empfängerhorizont die Annahme der Bestellung zum Preis von € 245. Tatsächlich wollte er aber die Annahme in Höhe von € 2650 erklären. V weiß, was er in seiner Annahme sagt,[206] aber nicht,

205 *Kocher*, JA 2006, 144 m.w.N.
206 Annahme des Kaufvertrages entsprechend dem Angebot des K.

was er damit sagt.[207] Es liegt daher ein Inhaltsirrtum vor.[208] V kann seine Annahmeerklärung nach § 119 Abs. 1, 1. Alt. BGB anfechten. Die Anfechtung erfolgt unverzüglich nach Aufklärung des Irrtums und damit fristgerecht gegenüber dem Anfechtungsgegner K, §§ 121 Abs. 1 Satz 1, 143 Abs. 1 und Abs. 2 BGB. Der Kaufvertrag ist gemäß § 142 Abs. 1 BGB ex tunc nichtig. Ein rechtlicher Grund besteht nicht.

V kann von K die Rückübereignung des Notebooks nach § 812 Abs. 1 Satz 1, 1. Alt. BGB verlangen.

3. Ergebnis
V hat gegen K einen Anspruch auf Rückübereignung des Notebooks nach § 812 Abs. 1 Satz 1, 1. Alt. BGB.

e) Motivirrtum

Motivirrtümer beziehen sich nicht auf die Willenserklärung selbst, sondern nur auf den vorgelagerten Prozess der internen Willensbildung. Sie werden von § 119 Abs. 1 BGB nicht erfasst, da keine Diskrepanz zwischen Wille und Erklärung vorliegt und der Irrtum nicht Inhalt der Erklärung wurde. **285**

Nur ausnahmsweise sind Motivirrtümer beachtlich, wenn **286**
- ein beidseitiger Motivirrtum vorliegt. In diesem Fall erfolgt keine Anfechtung, sondern eine Vertragsanpassung über die Grundsätze der Störung der Geschäftsgrundlage, § 313 Abs. 2 BGB.[209]
- der Irrtum eine verkehrswesentliche Eigenschaft einer Sache betrifft. Eine Anfechtung ist unter den Voraussetzungen von § 119 Abs. 2 BGB möglich.[210]

aa) Unbeachtlicher Motivirrtum (insbesondere Kalkulationsirrtum)

Beispiel: K möchte möglichst günstig einen Kerzenständer erwerben. Er meint, der von V für € 20 angebotene Kerzenständer sei günstig. Später bemerkt er, dass D den gleichen Kerzenständer für € 15 anbietet. Kann K den Kaufvertrag mit V anfechten? **287**

K hat sich beim Abschluss des Kaufvertrages mit V nicht versprochen, ein Erklärungsirrtum nach § 119 Abs. 1, 2. Alt. BGB liegt nicht vor. Ferner deckt sich die Erklärung des K, er kaufe den Kerzenständer von V für € 20, mit seinem Willen, den Kerzenständer zu diesem Preis kaufen zu wollen. Ein Inhaltsirrtum (§ 119 Abs. 1, 1. Alt. BGB) ist nicht gegeben.

K irrt sich lediglich über das Motiv seiner Erklärung. Er denkt, € 20 entspräche einem günstigen Kaufpreis. Der Irrtum liegt in dem der Willenserklärung vorgelagerten Wil-

207 Zustimmung zum Kaufpreis in Höhe von € 245.

208 Hingegen geht der BGH in seiner Entscheidung von einem Erklärungsirrtum aus mit der Begründung, der in der *invitatio ad offerendum* enthaltene Erklärungsirrtum wirke in der Annahmeerklärung fort, s. Urteil vom 26. Januar 2005, VIII ZR 79/04, NJW 2005, 976, 977. In der Entscheidung wurde allerdings nicht die Abgrenzung von Erklärungs- und Inhaltsirrtum erörtert, da beide Irrtümer zur Anfechtbarkeit führen, sondern die Abgrenzung zwischen einem erheblichen Erklärungsirrtum und einem unbeachtlichen Motivirrtum (Kalkulationsirrtum, s. Rn. 288); zur Vertiefung s. *Kocher*, JA 2006, 144, 145 f.

209 *Rösler*, JuS 2005, 120, 122 f.

210 S. Rn. 289.

lensbildungsprozess. Es liegt ein unbeachtlicher Motivirrtum vor, der K nicht zur Anfechtung berechtigt.

Beispiel: Kalkulationsirrtum
V schickt K eine Rechnung für die gelieferten Waren. V verrechnet sich bei der Ermittlung des Endbetrags. Steht V in den folgenden Fällen ein Anfechtungsrecht zu?
a) V nennt in der Rechnung lediglich den Endbetrag (verdeckter Kalkulationsirrtum).

Im Beispiel unter a) tritt der Irrtum im Prozess der Willensbildung auf. Es handelt sich um einen unbeachtlichen Motivirrtum, der nicht zur Anfechtung berechtigt.

b) V nennt die Einzelposten mit den jeweiligen korrekten Preisen sowie den falsch berechneten Gesamtpreis (offener Kalkulationsirrtum).

Im Beispiel unter b) hatte das RG die Anfechtung wegen eines „erweiterten Inhaltsirrtums" zugelassen.[211] Richtigerweise liegt i. d. R. kein Irrtumsfall vor, da durch Auslegung der Willenserklärung bereits ein sachgerechtes Ergebnis erreicht wird:

i) *falsa demonstratio non nocet*
Entweder kann durch Auslegung ermittelt werden, dass V die Einzelposten in Rechnung stellen will, und den Gesamtbetrag nur aus Gefälligkeit für K zusammenrechnet, dann wurde die Summe der korrekten Einzelposten in Rechnung gestellt. Der auf der Rechnung genannte falsche Endbetrag ist eine unschädliche Falschbezeichnung.

ii) unbeachtlicher Motivirrtum
Einen unbeachtlichen Motivirrtum wird man annehmen müssen, wenn man durch Auslegung zu dem Ergebnis kommt, dass V die Einzelposten aus Informationsgründen nennt und den Endpreis gelten lassen will (z. B. weil ein Festpreis vereinbart wurde). Dann liegt eine Willenserklärung über den tatsächlich in der Rechnung (fälschlich) genannten Endpreis vor. Wie V zum Endpreis gelangt, liegt im Bereich der Willensbildung. Er irrt lediglich über die Berechnungsgrundlage, will aber eine Erklärung mit dem tatsächlich genannten Endpreis abgeben. Es liegt ein unbeachtlicher Motivirrtum vor, der nicht zur Anfechtung berechtigt.

iii) Perplexität
Ist durch Auslegung nicht zu ermitteln, ob nun die Einzelpreise oder der Gesamtpreis gelten sollen, dann ist die Willenserklärung in sich widersprüchlich (perplex) und damit nichtig.

Etwaig verbleibende Problemfälle lassen sich über die unzulässige Rechtsausübung nach § 242 BGB,[212] die cic gemäß § 311 Abs. 2 Nr. 1 BGB oder die Störung der Geschäftsgrundlage aufgrund § 313 BGB lösen.[213]

▶ **Vertiefung:** Zum Kalkulationsirrtum als Klausur aufgearbeitet s. *Jaensch*, Klausurensammlung, Fall 3: Neulich auf dem Flohmarkt.

---

211 RG, Urteil vom 30. November 1922, VI 465/22, RGZ 105, 406, 407 f. (Rubel-Fall); hiergegen BGH, Urteil vom 7. Juli 1998, X ZR 17/97, BGHZ 139, 177, 180 ff.

212 BGH, Urteil vom 7. Juli 1998, X ZR 17/97, BGHZ 139, 177, 188; BGH, Urteil vom 25. Juni 2002, XI ZR 239/01, BB 2002, 1667, 1668.

213 *Petersen*, Jura 2006, 660, 662; *Pfeifer*, Jura 2005, 774, 779.

bb) Beachtlicher Motivirrtum, § 119 Abs. 2 BGB

Ein Motivirrtum ist ausnahmsweise beachtlich, wenn sich der Erklärende über eine *verkehrswesentliche Eigenschaft* einer Person oder Sache irrt, § 119 Abs. 2 BGB.[214] **289**

Nach der Ansicht von *Flume* sind bei § 119 Abs. 2 BGB Eigenschaftsirrtümer nur beachtlich, sofern die Eigenschaft vertraglich vereinbart worden ist.[215] Durch diese Ansicht wird jedoch die Grenze zum Inhaltsirrtum, § 119 Abs. 1, 1. Alt. BGB, verwischt. Die von *Flume* angedachten Fallgestaltungen sind nach den Gewährleistungsregeln (insbesondere §§ 434 ff., 633 ff. BGB) zu lösen.

> **Beispiel:** K sieht in der Galerie des V das Gemälde „Der dreibeinige Reiter" und nimmt an, es sei ein Original von Matte. Überrascht über den günstigen Kaufpreis schlägt er sofort zu. Tatsächlich handelt es sich bei dem Gemälde um eine von Bertha Klose angefertigte Kopie. Kann K den Kaufvertrag anfechten?

K irrt nicht über seine Erklärung oder deren Inhalt. Er irrt sich über das Motiv seiner Erklärung, welches sich auf die Eigenschaft des Bildes bezieht und ihn dazu bewegt, ein Angebot abzugeben. Um ein Anfechtungsrecht nach § 119 Abs. 2 BGB zu begründen, muss die Eigenschaft *verkehrswesentlich* sein.

---

1. Verkehrswesentliche Eigenschaften von Sachen **291**

Verkehrswesentlich sind alle der Sache unmittelbar anhaftenden, gegenwärtig wertbildenden Merkmale von Dauer,[216] z. B. Baubeschränkung oder Lage eines Grundstücks, Echtheit eines Gemäldes, Material, Herstellungsverfahren, Baujahr und Kilometerstand eines Pkw.
Nicht hingegen der Ertrag, Umsatz oder Rentabilität eines Unternehmens (denn sie hängen von der Unternehmensführung und nicht von dem Unternehmen selbst ab; Ausnahme: Ertrag auf Dauer) oder der Preis oder Wert einer Sache (denn dieser bildet sich auf dem Markt und haftet nicht der Sache an).

2. Verkehrswesentliche Eigenschaften von Personen **292**

Verkehrswesentlich sind alle tatsächlichen oder rechtlichen Verhältnisse von Personen (i. d. R. der Vertragsgegner), die entsprechend ihrer Beschaffenheit und ihrer vorausgesetzten Dauer nach der vertraglichen Vereinbarung oder der Verkehrsanschauung Einfluss auf die Wertschätzung der Person auszuüben pflegen,[217] z. B. fachliche Qualifikation, Vorstrafen, Zahlungsfähigkeit, im Normalfall jedoch nicht Schwangerschaft.

Die Echtheit eines Gemäldes ist ein der Sache unmittelbar selbst anhaftendes Merkmal von Dauer und ist wertbildend. Sie ist somit eine verkehrswesentliche Eigenschaft der Sache. K, der hierüber irrt, kann den Kaufvertrag anfechten.

Der Beispielsfall „Der dreibeinige Reiter" (s. Rn. 290) ist – wie regelmäßig alle Übungsfälle – nicht auswendig zu lernen, da nur eine geringfügige Änderung zu einer grundlegend anderen rechtlichen Beurteilung führen kann (s. im Folgenden).

---

214 H.A., zur Einordnung von § 119 Abs. 2 BGB als Motivirrtum eingehend MüKo/*Armbrüster*, § 119 Rn. 105 ff.; a. A. Soergel/*Hefermehl*, § 119 Rn. 32 ff., § 119 Abs. 2 BGB ist eine Auslegungsregel für den Erklärungsirrtum nach § 119 Abs. 1 BGB.

215 *Flume*, Allgemeiner Teil des Bürgerlichen Rechts, Band II, Das Rechtsgeschäft, 4. Auflage 1992, 474 ff.

216 Vgl. BGH, Urteil vom 18. November 1977, V ZR 172/76, BGHZ 70, 47, 48; MüKo/*Armbrüster*, § 119 Rn. 130.

217 BGH, Urteil vom 22. September 1983, VII ZR 43/83, BGHZ 88, 240, 245 f.

cc) Ausschluss der Anfechtung nach § 119 Abs. 2 BGB

293 Die Anfechtung nach § 119 BGB Abs. 2 BGB ist ausgeschlossen, sofern Spezialvorschriften eingreifen.

i) Vorrang der Gewährleistungsregeln

294 Von besonderer Bedeutung ist die Abgrenzung der Anfechtung nach § 119 Abs. 2 BGB von den Gewährleistungsrechten (insbesondere §§ 434 ff., 633 ff. BGB). Sofern sich der Irrtum auf eine Eigenschaft der Kaufsache oder des Werks bezieht, die zugleich einen Mangel (§§ 434 f., 633 BGB) darstellt, gehen die Gewährleistungsregeln vor, sofern sie Anwendung finden. Eine Anfechtung durch den Käufer oder Besteller würde zur *ex tunc* Nichtigkeit des Kaufvertrages führen, womit den spezielleren Gewährleistungsregeln,[218] die einen wirksamen Vertrag voraussetzen, die Grundlage entzogen würde.

Die Rechte des Käufers oder Bestellers wegen einer mangelhaften Leistung finden Anwendung ab Gefahrübergang, §§ 446 f. BGB (Übergabe der Kaufsache, Versendung bei Versendungskauf)[219] bzw. § 644 BGB (Abnahme). Folglich ist eine Anfechtung des Vertrages durch den Käufer oder den Besteller gemäß § 119 Abs. 2 BGB ab Gefahrübergang nicht mehr möglich. Der Verkäufer oder Unternehmer kann jedoch anfechten, sofern er sich durch die Anfechtung nicht seinen Gewährleistungspflichten entziehen will.

Einen Überblick über den Streitgegenstand bieten *Staudinger/Ewert*, JA 2010, 241, 245.

Hätten im Beispielsfall „Der dreibeinige Reiter" (s. Rn. 290) K und V vereinbart, dass V dem K das Original verkaufe und wäre dem K das Bild übergeben worden (§§ 446 f. BGB, Gefahrübergang), wäre eine Anfechtung nach § 119 Abs. 2 BGB ausgeschlossen. K könnte nur seine Rechte nach § 437 BGB geltend machen.

ii) Beidseitiger Motivirrtum

295 Sind beide Vertragsparteien über eine verkehrswesentliche Eigenschaft, die nicht Vertragsbestandteil geworden ist,[220] derart im Irrtum, dass anzunehmen ist, dass sie bei Kenntnis der Sachlage und bei verständiger Würdigung des Falles die Erklärung nicht abgegeben hätten (§ 119 Abs. 1 a.E. BGB), geht § 313 Abs. 2 BGB (Störung der Geschäftsgrundlage) der Anfechtung nach § 119 Abs. 2 BGB vor.[221] Es ist also keine der beiden Parteien zur Anfechtung berechtigt. Anderenfalls wäre derjenige, der zuerst anficht, dem anderen (anfechtungsberechtigten) Teil zum Schadensersatz nach § 122

---

218 Z.B. Vorrang der Nacherfüllung (§§ 281 Abs. 1 Satz 1, 323 Abs. 1, 434, 635 BGB); keine Gewährleistung bei grob fahrlässiger Unkenntnis des Mangels (§§ 442 Abs. 1 Satz 2, 640 Abs. 2 BGB); anders gelagerte Verjährungsfristen (§§ 438, 634a BGB).

219 H.A. Palandt/*Weidenkaff*, § 437 Rn. 53; a. A. ab Abschluss des Kaufvertrages, *Köster*, Jura 2005, 145, 146 f.; *P. Huber*, Festschrift Hadding, 2004, 105, 119; *Müller*, Festschrift U. Huber, 2006, 449, 464 ff.

220 Wurde die Eigenschaft vertraglich vereinbart, ist § 313 BGB nicht anwendbar. Stattdessen steht § 119 Abs. 2 BGB in Konkurrenz zu den Gewährleistungsregeln, s. Rn. 294; zum Sonderfall der für den Käufer vorteilhaften Beschaffenheitsvereinbarung s. Rn. 558.

221 H.A. Regierungsbegründung, BT-Drs. 14/6040, S. 176; OLG Hamm, Urteil vom 21. Februar 2005, 13 U 25/04, NJW-RR 2006, 65, 66; Palandt/*Ellenberger*, § 119 Rn. 30; a.A. *Medicus/Petersen*, Bürgerliches Recht, 26. Auflage 2017, Rn. 162, § 119 Abs. 2 BGB habe Vorrang; MüKo/*Finkenauer*, § 313 Rn. 148 f., § 119 Abs. 2 BGB und § 313 Abs. 2 BGB konkurrieren nebeneinander.

BGB verpflichtet; das Ergebnis wäre dem Zufall überlassen. Der Vertrag ist vielmehr unter den Voraussetzungen von § 313 Abs. 1 BGB anzupassen.

Beispiele: a) V verkauft K einen Ring für 50 €. Dabei gehen beide fälschlich davon aus, der Ring sei nur vergoldet. Tatsächlich ist der Ring aus massivem Gold und 500 € wert. Hier unterliegen zwar beide Teile einem Eigenschaftsirrtum, aber nur V hätte die Erklärung bei Kenntnis der Sachlage nicht abgegeben, da er den goldenen Ring zu dem geringen Preis nicht hätte verkaufen wollen. K hätte den goldenen Ring aber auch bei Kenntnis der Sachlage für 50 € gekauft. Daher steht nur V ein Anfechtungsrecht nach § 119 Abs. 2 BGB zu. Zur Anwendung von § 313 Abs. 2 BGB kommt es nicht.[222]

b) V verkauft K ein Gemälde. Dabei gehen beide fälschlich davon aus, das Gemälde stamme vom Maler X. Tatsächlich stammt es vom Maler Y, was jedoch keinen Einfluss auf den Wert des Gemäldes hat. Trotz der wirtschaftlichen Unerheblichkeit der Urheberschaft hätten beide Teile aufgrund ihrer subjektiven Vorlieben und unterschiedlichen Wertschätzungen der Künstler die Erklärung bei Kenntnis der tatsächlichen Sachlage nicht abgegeben. Statt eines beidseitigen Anfechtungsrechts nach § 119 Abs. 2 BGB kommt es zur Vertragsanpassung nach § 313 BGB.[223]

3. Anfechtung wegen Täuschung oder Drohung, § 123 BGB

Wer durch arglistige (d. h. vorsätzliche) Täuschung oder widerrechtliche Drohung zur Abgabe einer Willenserklärung bestimmt worden ist, kann die Erklärung anfechten, § 123 Abs. 1 BGB. **296**

Wäre sich V im Beispielsfall „Der dreibeinige Reiter“ (s. Rn. 290) im Klaren über die Urheberschaft des Bildes, hätte er den Irrtum des K erkannt und hierauf geschwiegen, wäre ein Anfechtungsrecht des K nach § 123 Abs. 1 BGB wegen arglistiger Täuschung zu erwägen.

Die Art des durch die arglistige Täuschung hervorgerufenen Irrtums (insbesondere Eigenschafts- oder sonstiger Motivirrtum) ist unerheblich. Selbst bei arglistiger Täuschung über einen nach § 119 BGB unerheblichen Motivirrtum besteht ein Anfechtungsrecht nach § 123 BGB. Das Gleiche gilt für die widerrechtliche Drohung.

Die Anfechtbarkeit wegen arglistiger Täuschung kann nicht vorweg vertraglich ausgeschlossen werden, wenn die Täuschung von dem Vertragspartner oder jemanden, der nicht Dritter i. S. v. § 123 Abs. 2 BGB ist, verübt worden ist. Andernfalls würde sich der Erklärende der Willkür des Vertragspartners ausliefern und seine Selbstbestimmung aufgeben.[224]

Bei Fällen des § 123 BGB liegt Fehleridentität[225] vor, sofern sich die Täuschung oder Drohung nicht nur auf den Abschluss des Kausalgeschäfts, sondern auch auf das Verfügungsgeschäft bezieht. Dennoch sind beide Rechtsgeschäfte stets getrennt voneinander zu prüfen.

a) Arglistige Täuschung

Eine Täuschung bezieht sich auf eine vergangene oder gegenwärtige Tatsache ... **297**

222 Vgl. *Petersen*, Jura 2011, 430 f.
223 *Petersen*, Jura 2011, 430, 431.
224 BGH, Urteil vom 17. Januar 2007, VIII ZR 37/06, DB 2007, 457 Rn. 18.
225 S. Rn. 28.

Beispiele: Unfallfreiheit eines Pkw, kein Eintrag ins Vorstrafenregister.

... oder auf die Grundlage einer zukünftigen Tatsache.

Beispiel: A schließt einen Darlehensvertrag und denkt sich insgeheim, er werde das Geld nie zurückzahlen. Die Täuschung bezieht sich auf den bereits bestehenden Willen, nicht zurückzahlen zu wollen.

aa) Täuschungshandlung

298 Die Täuschungshandlung kann in einem *positiven Tun* liegen.

Beispiele: Vorspiegeln oder Entstellen von Tatsachen; z. B. Verkäufer V preist Ware als neuestes Modell an, obwohl sie seit Jahren veraltet ist.
Konkludentes Handeln; z. B. Autohändler V stellt den Tachometer um 10 000 km zurück.

299 Die Täuschung kann aber auch durch *Schweigen* begangen werden, sofern nach Treu und Glauben unter Berücksichtigung der Verkehrssitte eine Aufklärungspflicht besteht.

Schweigen kann nur angenommen werden, wenn keine (ausdrückliche oder konkludente) Handlung vorliegt. Wer z. B. den Tachometerstand seines Wagens zurückstellt und später den falschen Tachostand verschweigt, täuscht nicht durch Schweigen, sondern durch aktives Tun.
Eine Aufklärungspflicht besteht nach Rechtsprechung des BGH, wenn die zu betreffenden Umstände für den Anderen von entscheidender Bedeutung sind, deren Mitteilung er nach der Verkehrsauffassung erwarten durfte.[226]

Beispiele: Einen offenbarungspflichtigen Mangel hat der BGH in den folgenden Fällen angenommen:

a) Beim Verkauf eines Gebrauchtwagens ist der Verkäufer verpflichtet, auf erhebliche Unfallschäden hinzuweisen, da diese ein wesentlicher wertbildender Faktor für Gebrauchtwagen sind. Bagatellschäden müssen hingegen nur auf Nachfrage offen gelegt werden.[227]

b) Wenn das verkaufte Grundstück mit Erdöl kontaminiert ist.[228]

c) Wenn die frühere Nutzung eines Grundstücks (z.B. als Bahnbetrieb[229] oder Asphaltmischanlage mit Klärschlammrückhaltebecken[230]) die Gefahr von erheblichen Schadstoffbelastungen begründet.

d) Wenn das zu verkaufende Fahrzeug im Schengener Informationssystem eingetragen (d.h. als gestohlen gemeldet) ist.[231]

Eine allgemeine Pflicht zur Offenlegung der eigenen Schwächen gibt es hingegen nicht.

bb) Arglist

300 Die Täuschung muss arglistig, d. h. vorsätzlich erfolgen. Wird etwas ins Blaue hinein behauptet, nimmt der Erklärende bedingt vorsätzlich in Kauf, dass die Erklärung unzutreffend ist, und handelt somit arglistig.[232]

---

226 BGH, Urteil vom 22. Februar 2002, V ZR 113/01, NJW 2002, 1867.
227 S. Übersicht zur Rechtsprechung bei Palandt/*Ellenberger*, § 123 Rn. 7.
228 BGH, Urteil vom 22. Februar 2002, V ZR 113/01, NJW 2002, 1867 f.
229 BGH, Urteil vom 8. Juli 2016, V ZR 35/15, NJW-RR 2017, 468 Rn. 8 f.
230 BGH, Urteil vom 21. Juli 2017, V ZR 250/15, Rn. 6.
231 BGH, Urteil vom 18. Januar 2017, VIII ZR 234/15, NJW 2017, 1666 Rn. 27.
232 BGH, Urteil vom 7. Juni 2006, VIII ZR 209/05, BGHZ 168, 64 Rn. 13.

Zu unterscheiden ist zwischen bedingtem Vorsatz (d. h. der Betreffende nimmt den Erfolgseintritt seiner Handlung billigend in Kauf) und bewusster Fahrlässigkeit (hier weiß der Betreffende um die Möglichkeit des Erfolgseintritts, hofft jedoch, sie werde sich nicht verwirklichen). Bewusste Fahrlässigkeit ist keine Arglist i. S. v. § 123 Abs. 1 BGB.

cc) Rechtswidrigkeit: Bewusst falsche Antwort auf unzulässige Frage

Als ungeschriebenes Tatbestandsmerkmal ist es nach § 123 Abs. 1, 1. Alt. BGB weiterhin erforderlich, dass die arglistige Täuschung rechtswidrig ist. Die arglistige Täuschung indiziert die Rechtswidrigkeit. Das bedeutet, wer arglistig täuscht, handelt rechtswidrig, es sei denn, die Täuschung kann gerechtfertigt werden. Hierzu trägt der Täuschende die Darlegungs- und Beweislast. Daher ist eine gesonderte Prüfung der Rechtswidrigkeit in der Klausur nicht erforderlich, wenn der Sachverhalt keinen Hinweis auf einen Rechtfertigungsgrund enthält. Ein Rechtfertigungsgrund liegt insbesondere bei bewusst falschen Antworten auf unzulässige Fragen in einem Vorstellungsgespräch vor. **301**

Beispiele: Unzulässige Fragen im Vorstellungsgespräch[233]
Frage nach geplanter oder bestehender Schwangerschaft: B behauptet wahrheitswidrig, sie wolle keine Kinder bekommen. Aber auch Fragen nach einer bestehenden Schwangerschaft sind unzulässig.[234]

dd) Kausalität

Der Erklärende muss durch die arglistige Täuschung zur Abgabe der Willenserklärung *bestimmt* worden sein. Erforderlich ist daher ein kausaler Zusammenhang zwischen Täuschung und der Willenserklärung. An der Kausalität fehlt es, wenn der Erklärende unabhängig von der Täuschung bereits entschlossen war, die betreffende Willenserklärung abzugeben (*omnimodo facturus*).[235] **302**

Beispiel: K ist bereits entschlossen, den Wagen des V zum Preis von € 250 zu kaufen, als V bewusst wahrheitswidrig behauptet, er habe mit dem Wagen noch nie Probleme gehabt. Tatsächlich ist die Kupplung sehr fehleranfällig. Dies ist K gleichgültig, da er den Wagen lediglich zum Ausschlachten kaufen möchte. Mangels eines kausalen Zusammenhangs zwischen der Täuschung des V und der Willenserklärung des K besteht kein Recht zur Anfechtung.

Fall 28: Der Unfallwagen **303**

V verkauft K seinen Wagen, dabei verschweigt er, dass der Wagen vor einem halben Jahr einen schweren Unfall hatte. Einige Wochen später erfährt K, dass er einen Unfallwagen gekauft hat, ficht den Kaufvertrag an und verlangt sein Geld zurück. Zu Recht?

Abwandlung: Inwiefern ändert sich die Beurteilung des Falles, wenn V keine Ahnung hat, ob der Wagen einen Unfall hatte, er die Unfallfreiheit jedoch auf Nachfrage des K behauptet?

233 Im Einzelnen s. die Übersicht bei JurisPK/*Moritz*, § 123 Rn. 152 ff.
234 BAG, Urteil vom 15. Oktober 1992, 2 AZR 227/92, BB 1993, 433 f., im Anschluss an EuGH, Dekker, Urteil vom 8. November 1990, Rs. C-177/88, EuGHE 1990, 3941 ff., Rn. 12 ff.; vgl. nunmehr § 3 Abs. 1 Satz 2 AGG.
235 *Medicus/Petersen*, AT BGB, 11. Auflage 2016, Rn. 790.

Ansprüche K gegen V

1. § 985 BGB

K könnte von V nach § 985 BGB die Herausgabe des Geldes verlangen. Hierzu müsste K Eigentümer und V Besitzer des Geldes sein. V übt die tatsächliche Sachherrschaft über das Geld aus und ist Besitzer, § 854 Abs. 1 BGB. K war Eigentümer des Geldes, könnte das Eigentum jedoch nach § 929 Satz 1 BGB durch Einigung und Übergabe an V verloren haben. Beide haben sich über den Eigentumsübergang an dem Geld geeinigt, zu diesem Zweck wurde V das Geld von K übergeben. Die Voraussetzungen von § 929 Satz 1 BGB sind erfüllt.

Jedoch könnte die Einigung über den Eigentumsübergang an dem Geld nach § 142 Abs. 1 BGB *ex tunc* nichtig sein, sofern sie wirksam angefochten wurde. Hierzu ist eine fristgerechte (§§ 121, 124 BGB) Anfechtungserklärung (§ 143 Abs. 1 BGB) und ein Anfechtungsrecht (§§ 119 ff. BGB) des K erforderlich. Fraglich ist, ob eine Anfechtungserklärung vorliegt. K ficht zwar ausdrücklich nur den Kaufvertrag an, allerdings kann sein Rückverlangen des Geldes nach dem objektiven Empfängerhorizont gemäß §§ 133, 157 BGB dahingehend ausgelegt werden, dass er auch das dingliche Verfügungsgeschäft anfechten möchte. K hat die Anfechtung V gegenüber erklärt, § 143 Abs. 1 BGB.

K müsste ein Anfechtungsrecht zustehen. K kann die Einigung zur Übereignung nach § 123 Abs. 1, 1. Alt. BGB anfechten, sofern er zur Abgabe der Einigungserklärung durch arglistige Täuschung bestimmt worden ist.

Es müsste eine Täuschung vorliegen. K könnte von V über die Unfallfreiheit des Wagens getäuscht worden sein. V hat nicht behauptet, dass der Wagen unfallfrei war. Eine Täuschung durch aktives Tun liegt nicht vor. K könnte aber durch Schweigen getäuscht worden sein, sofern V eine Aufklärungspflicht trifft. Eine Aufklärungspflicht besteht, wenn die betreffenden Umstände für den Anderen von entscheidender Bedeutung sind, deren Mitteilung er nach der Verkehrsauffassung erwarten durfte. Die Unfallfreiheit eines Gebrauchtwagens ist ein wesentlicher, wertbildender Faktor. Nach Treu und Glauben unter Berücksichtigung der Verkehrssitte kann der Käufer eines Gebrauchtwagens erwarten, vom Verkäufer unaufgefordert darauf hingewiesen zu werden, dass der Wagen bereits einen Unfall hatte. Es bestand eine Aufklärungspflicht des V, die dieser durch sein Schweigen verletzt hat. Eine Täuschung liegt vor.

Die Täuschung des V müsste arglistig erfolgt sein. Indem V vorsätzlich schweigt, täuscht er K arglistig über die Unfallfreiheit des Wagens.

Schließlich müsste K durch die Täuschung zur Abgabe seiner Einigungserklärung bestimmt worden sein. K stimmte der Übereignung nur zu, weil er seine vertragliche Verpflichtung aus dem Kaufvertrag über den Erwerb eines unfallfreien Wagens erfüllen wollte. Die Täuschung ist daher für die Übereignung kausal.

▶ **Hinweis:** Das Abstellen auf den Kaufvertrag im Rahmen der Anfechtung der Einigungserklärung von § 929 Satz 1 BGB ist an dieser Stelle keine Missachtung oder Durchbrechung des Abstraktionsprinzips. Das Motiv für die Abgabe der dinglichen Einigungserklärung, den Kaufvertrag zu erfüllen, ist zwar grundsätzlich unbeachtlich; allerdings sind nach § 123 BGB auch Motivirrtümer anfechtbar. Daher ist vorliegend das Motiv für die Einigungserklärung erheblich.

K hat somit das Recht, die Einigungserklärung nach § 123 Abs. 1, 1. Alt. BGB anzufechten. Die Anfechtung erfolgt fristgerecht, § 124 BGB. Die Einigung und somit die Übereignung des Geldes nach § 929 Satz 1 BGB ist ex tunc nichtig, § 142 Abs. 1 BGB. K bleibt Eigentümer des Geldes.

▶ **Hinweis:** I. d. R. vollzieht sich der Eigentumsverlust jedoch durch Vermengung und Vermischung der Geldscheine kraft Gesetz nach § 948 BGB. Dies soll hier außer Betracht bleiben.

K kann von V Herausgabe des Geldes nach § 985 BGB verlangen.

▶ **Hinweis:** Im Grunde wäre nun im Rahmen von § 986 BGB zu prüfen, ob V nicht aufgrund eines wirksamen Kaufvertrages ein Recht zum Besitz an dem Geld hat. Der Kaufvertrag ist im Folgenden Gegenstand der Prüfung von § 812 Abs. 1 Satz 1 BGB.

2. § 812 Abs. 1 Satz 1, 1. Alt. BGB
K könnte von V nach § 812 Abs. 1 Satz 1, 1. Alt. BGB den Kaufpreis zurückverlangen. Hierzu müsste V durch Leistung des K etwas ohne rechtlichen Grund erlangt haben. Leistung ist eine bewusste, zweckgerichtete Vermehrung fremden Vermögens. Indem K den Kaufpreis zahlt, vermehrt er bewusst und zweckgerichtet V's Vermögen. Eine Leistungsbeziehung zwischen K und V liegt vor. V hat durch Leistung des K den Besitz an dem Geld („etwas") erlangt (s. o.).

Es müsste schließlich der rechtliche Grund für die Besitzerlangung an dem Geld fehlen. Der rechtliche Grund für die Zahlung des Kaufpreises könnte im Kaufvertrag bestehen, den K und V geschlossen haben. Der Kaufvertrag könnte aber durch Anfechtung des K ex tunc nichtig sein, § 142 Abs. 1 BGB. K hat die Anfechtung des Kaufvertrages V gegenüber erklärt, § 143 Abs. 1 BGB. Er müsste zudem ein Anfechtungsrecht haben. K wurde auch zum Abschluss des Kaufvertrages durch die arglistige Täuschung des V über die Unfallfreiheit (s. o.) bestimmt. Ein Recht zur Anfechtung des Kaufvertrages nach § 123 Abs. 1 BGB liegt vor. Die Anfechtung wurde fristgerecht gemäß § 124 BGB erklärt und ist wirksam.

Somit ist der Kaufvertrag von Anfang an nichtig, § 142 Abs. 1 BGB. Ein rechtlicher Grund liegt nicht vor. K hat einen Anspruch gegen V auf Rückzahlung des Kaufpreises aus § 812 Abs. 1 Satz 1, 1. Alt. BGB.

3. Ergebnis
K kann von V das Geld nach § 985 BGB und nach § 812 Abs. 1 Satz 1, 1. Alt. BGB zurück verlangen. Es besteht Anspruchskonkurrenz.

In der Abwandlung von Fall 28 behauptet V die Unfallfreiheit „ins Blaue hinein". V täuscht nicht durch Schweigen, sondern durch sein aktives Tun. Die Täuschung muss arglistig, d. h. vorsätzlich geschehen, um nach § 123 BGB zur Anfechtung zu berechtigen. Hierzu reicht ein bedingter Vorsatz aus, so z. B. eine Behauptung „ins Blaue hinein", denn hierbei nimmt der Erklärende billigend in Kauf, dass seine Behauptung unzutreffend ist. Obwohl V keine Ahnung hat, ob der Wagen unfallfrei ist, behauptet er dies und nimmt damit die Täuschung des K billigend in Kauf. Er täuscht K arglistig. K kann sowohl die Übereignung als auch den Kaufvertrag nach § 123 Abs. 1, 1. Alt. BGB anfechten.

ee) Täuschung durch Dritten

Sofern ein Dritter die Täuschung verübt hat, ist eine empfangsbedürftige Willenserklärung nur dann anfechtbar, wenn der Empfänger oder derjenige, der aus der Erklärung unmittelbar ein Recht erwirbt, die Täuschung kannte oder kennen musste, § 123 Abs. 2 Satz 1 BGB. **304**

Beispiel: D erzählt A, Jodtabletten hielten jung. A erwirbt vom unbeteiligten B Jodtabletten.

B kennt die durch den Dritten D verübte Täuschung nicht. Ein Anfechtungsrecht des A ist nach § 123 Abs. 2 Satz 1 BGB ausgeschlossen.

Beispiel: B bemerkt das Gespräch zwischen D und A und bietet A Jodtabletten an, die dieser von B erwirbt.

B kennt die durch den Dritten D verübte Täuschung. Nach § 123 Abs. 2 Satz 1 BGB ist die Erklärung des A gegenüber B anfechtbar. Der Hintergrund der Regelung ist, dass derjenige, der die Täuschung des Dritten kennt, sich diese zu Nutze macht und daher nicht schutzbedürftig ist.

Erwirbt ein Dritter aus einer Erklärung, die einem anderen gegenüber abzugeben war, unmittelbar ein Recht (z. B. bei einem Vertrag zugunsten Dritter, § 328 BGB), so ist die Erklärung ihm gegenüber anfechtbar, wenn er die Täuschung kannte oder kennen musste, § 123 Abs. 2 Satz 2 BGB.[236]

305 *Kein Dritter* i. S. v. § 123 Abs. 2 BGB ist derjenige, der auf Seiten des Erklärungsgegners steht und maßgeblich am Vertragsschluss mitgewirkt hat, z. B. Vertreter, Versicherungsagent.

Beispiel: V, der auf Provisionsbasis Abonnementsverträge für G abschließt, bewegt A zur Unterzeichnung eines solchen Vertrages unter der Vorspiegelung, es handle sich um eine Zeitung des Tierschutzbundes. Tatsächlich abonniert A ein von G herausgegebenes Herrenmagazin.

Da V auf der Seite des G steht und wesentlich am Vertragsschluss mitgewirkt hat, ist der Vertrag entgegen § 123 Abs. 2 Satz 1 BGB anfechtbar, auch wenn G von der durch V verübten Täuschung nichts wusste.

▶ **Vertiefung:** Zur Bedeutung des Dritten i. S. v. § 123 Abs. 2 Satz 1 BGB s. *Martens*, JuS 2005, 887 ff.

b) Widerrechtliche Drohung

306 Eine Drohung ist ein Inaussichtstellen eines Übels,

- welches vom Drohenden beeinflusst werden kann

  Beispiel: A droht B, ihm den Arm zu brechen.

  Nicht Warnung, z. B. A warnt B, sein freistehendes Holzhaus werde abbrennen, sofern er keinen Blitzableiter anbringe.

- und den Betroffenen in eine Zwangslage versetzt.

  Beispiel: *Vis compulsiva*, z. B. Unterschrift bei vorgehaltener Pistole. Hierbei kommt es nur auf das subjektive Empfinden an. Unerheblich ist, ob die Pistole geladen ist.

  Nicht *vis absoluta* (z. B. Führen der Hand zur Unterschrift), hier liegt bereits keine Willenserklärung vor, da es an einem Handlungswillen fehlt.[237]

307 Die Drohung ist widerrechtlich, wenn das angedrohte Übel, der erstrebte Zweck oder das Verhältnis von Übel und Zweck gegen das Gesetz oder die guten Sitten verstoßen.[238]

Beispiele: A droht B mit Schlägen (rechtswidriges Übel), im Gegensatz zu A droht B mit Klage, falls dieser nicht zahle (zulässiges Übel).
A droht B zu verklagen, wenn er nicht als Killer für ihn arbeite (rechtswidriger Zweck).
A droht B mit Anzeige wegen Steuerhinterziehung (zulässiges Übel), sofern er ihm keine Lohnerhöhung gewähre (zulässiger Zweck; allerdings besteht ein unzulässiges Verhältnis zwischen Übel und Zweck, da kein innerer Zusammenhang besteht).

308 Drohender kann auch ein Dritter sein. § 123 Abs. 2 BGB ist nicht analog auf die Drohung anwendbar.[239]

---

236 Vertiefend *Heyers*, Jura 2012, 539, 541 f.
237 S. Rn. 84.
238 BGH, Urteil vom 19. April 2005, X ZR 15/04, NJW 2005, 2766, 2767 f.
239 *Petersen*, Jura 2006, 904, 907; abweichend *Martens*, AcP 207 (2007), 371 ff., Einschränkung des Anfechtungsrechts durch teleologische Reduktion von § 123 Abs. 1 BGB, wenn bei einer Drohung durch Dritte der Vertragspartner keine Schutzobliegenheit gegenüber dem Bedrohten verletzt hat.

▶ **Vertiefung:** Zur Täuschung und Drohung s. *Petersen*, Jura 2006, 904 ff.; anschaulich mit Klausurbeispiel *Büchler*, JuS 2009, 976 ff.

4. Anfechtungserklärung, § 143 BGB

Der Anfechtungsberechtigte muss die Anfechtung dem Anfechtungsgegner gegenüber erklären, § 143 Abs. 1 BGB. Die Anfechtung ist eine einseitige empfangsbedürftige Willenserklärung. **309**

▶ **Hinweis:** Enthält der Klausursachverhalt keine ausdrückliche Anfechtungserklärung, so ist zu versuchen, diese durch Auslegung zu ermitteln. Eine Anfechtungserklärung könnte z. B. vorliegen, wenn der Anfechtungsberechtigte erklärt, er wolle sich vom Vertrag lösen oder an ihn nicht gebunden sein. Je nach Sachstand könnte die Erklärung aber auch als Rücktrittserklärung (mit den entsprechenden Rechtsfolgen)[240] ausgelegt werden.

5. Anfechtungsfrist, §§ 121, 124 BGB

Die Anfechtungsfrist (§§ 121, 124 BGB) richtet sich nach dem Anfechtungsgrund (§§ 119 f., 123 BGB). **310**

▶ **Hinweis:** Daher ist in der Klausur die Anfechtungsfrist nach (und nicht etwa vor) dem Anfechtungsgrund zu prüfen.

Liegt ein Anfechtungsgrund nach §§ 119 f. BGB vor, muss die Anfechtung unverzüglich (d. h. ohne schuldhaftes Zögern) nach dessen Kenntniserlangung erfolgen, § 121 Abs. 1 Satz 1 BGB. Zur Fristwahrung genügt bei einer Anfechtung gegenüber Abwesenden die rechtzeitige Absendung der Erklärung, § 121 Abs. 1 Satz 2 BGB. Die Anfechtung ist ausgeschlossen, wenn seit der Abgabe der Willenserklärung zehn Jahre verstrichen sind, § 121 Abs. 2 BGB.

Wird der Erklärende durch eine arglistige Täuschung oder widerrechtliche Drohung zur Abgabe der Willenserklärung bestimmt, beträgt die Anfechtungsfrist ein Jahr ab Entdeckung der Täuschung bzw. Beendigung der Zwangslage, § 124 Abs. 1 und Abs. 2 BGB. Die Anfechtung ist ausgeschlossen, wenn seit der Abgabe der Willenserklärung zehn Jahre verstrichen sind, § 124 Abs. 3 BGB.

6. Rechtsfolgen der Anfechtung

a) Nichtigkeit, § 142 BGB

Das nach den §§ 119 ff. BGB angefochtene Rechtsgeschäft ist von Anfang an (*ex tunc*) nichtig, § 142 Abs. 1 BGB. Wurden bereits Leistungen ausgetauscht, so sind diese nach den Vorschriften über die ungerechtfertigte Bereicherung (§§ 812 ff. BGB) rückabzuwickeln. **311**

240 S. Rn. 505.

▶ **Hinweis:** Der Klausureinstieg in die Anfechtungsproblematik erfolgt über § 142 Abs. 1 BGB im Obersatz.
Eine Ausnahme von der Nichtigkeit *ex tunc* gilt bei bereits vollzogenen Arbeits- und Gesellschaftsverhältnissen. In diesen Fällen wirkt die Anfechtung grundsätzlich wie eine Kündigung, also *ex nunc*, um die praktisch nicht durchführbare Rückabwicklung der möglicherweise über Jahre zurückliegenden Vorgänge nach §§ 812 ff. BGB zu vermeiden.

312 Wer die Anfechtbarkeit kannte oder sie kennen musste, wird bei wirksamer Anfechtung so behandelt, als hätte er die Nichtigkeit des Rechtsgeschäfts gekannt oder hätte sie kennen müssen, § 142 Abs. 2 BGB.

Beispiele:
a) Angefochtene dingliche Verfügung
Der arglistig getäuschte V übereignet K die Kaufsache. K übereignet die Kaufsache weiter an D. Nach wirksam erfolgter Anfechtung ist die Übereignung von V an K *ex tunc* nichtig. K könnte somit nur als Nichtberechtigter gemäß §§ 929, 932 BGB über die Kaufsache an D verfügt haben. Kannte D die Anfechtbarkeit der dinglichen Einigungserklärung zwischen V und K oder hätte er sie kennen müssen, scheidet der gutgläubige Erwerb wegen D's Bösgläubigkeit aus, §§ 932 Abs. 2, 142 Abs. 2 BGB.

b Angefochtenes Verpflichtungsgeschäft
V unterbreitet K ein Angebot zum Abschluss eines Kaufvertrages. Aufgrund eines Schreibfehlers wird der angebotene Kaufpreis mit € 100 statt mit € 1000 angegeben (Erklärungsirrtum, § 119 Abs. 1, 2. Alt. BGB). K stimmt zu. V übereignet K die Kaufsache, bei dem sie zerstört wird. Nach wirksam erfolgter Anfechtung des Kaufvertrages ist dieser *ex tunc* nichtig. V verlangt von K Wertersatz nach §§ 812 Abs. 1 Satz 1, 1. Alt., 818 Abs. 2 BGB. K kann sich nicht auf Entreicherung nach § 818 Abs. 3 BGB berufen, sofern er zum Zeitpunkt der Zerstörung der Kaufsache wusste oder hätte wissen müssen, dass V sich bei seinem Angebot verschrieben hatte, §§ 819 Abs. 1, 818 Abs. 4, 142 Abs. 2 BGB. Denn kannte K die Anfechtbarkeit, ist er so zu behandeln, als wenn er den Mangel des rechtlichen Grundes für den Empfang der Leistung kannte.

b) Ersatz des Vertrauensschadens, § 122 BGB

313 Wer nach §§ 119 f. BGB anficht, ist dem Anfechtungsgegner zum Ersatz des Schadens verpflichtet, der dadurch entsteht, dass der Gegner auf die Gültigkeit der Erklärung vertraut (Vertrauensschaden, negatives Interesse).[241] Der Anfechtungsgegner ist so zu stellen, wie er stünde, wäre das Rechtsgeschäft nicht abgeschlossen worden; allerdings nicht über das Interesse hinaus, welches er bei Gültigkeit der Erklärung gehabt hätte (positives Interesse).[242]

Im Trierer Weinversteigerungsfall (Fall 3, Rn. 62) hätte A, sofern er den Kaufvertrag wirksam anficht, V den Schaden zu ersetzen, der diesem entsteht, weil er auf den Abschluss des Vertrages vertraut hat. V dachte, er habe den Wein verkauft, und hat daher die Versteigerung des Fasses beendet. Ihm ist somit ein anderes Geschäft entgangen. Den hierdurch entstandenen Schaden hat A nach § 122 Abs. 1 BGB zu ersetzen. Begrenzt ist der Schadensersatzanspruch des V jedoch durch das positive Interesse (Gewinn aus der Veräußerung des Fasses an A).

▶ **Vertiefung und Wiederholung:** *Lorenz*, Grundwissen – Zivilrecht: Willensmängel, JuS 2012, 490 ff.

241 Zum positiven und negativen Interesse s. die Erläuterungen unter Rn. 256.
242 Im Einzelnen hierzu s. *Willems*, JuS 2015, 586 ff.

VI. Form des Rechtsgeschäfts

Die Abgabe rechtsgeschäftlicher Willenserklärungen, insbesondere der Abschluss von Verträgen ist grundsätzlich formlos wirksam. 314

Das Gesetz oder die Parteien selbst können aber eine bestimmte Form vorschreiben. Gemäß § 127 Abs. 1 BGB gelten die Vorschriften über die gesetzlichen Formerfordernisse im Zweifel auch für die durch Parteivereinbarung bestimmte Form.

Wird eine gesetzlich vorgeschriebene Form nicht beachtet, so ist das Rechtsgeschäft grundsätzlich nichtig, § 125 Satz 1 BGB. Dies gilt im Zweifel auch bei der Nichtbeachtung der durch Rechtsgeschäft vereinbarten Form, § 125 Satz 2 BGB.

▶ **Hinweis:** Sofern ein Formmangel in der Klausur zu behandeln ist, erfolgt der Einstieg in die Problematik mit der Rechtsfolge, z. B. „Der Vertrag könnte nichtig sein, § 125 Satz 1 BGB. Hierzu müsste er der durch Gesetz vorgeschriebenen Form ermangeln ..." und nicht mit der Nennung der Voraussetzungen, z. B. „Für den mündlich abgeschlossenen Vertrag könnte die Schriftform erforderlich sein, § 126 BGB".

1. Gesetzliche Formvorschriften

Das Gesetz sieht folgende Formvorschriften vor. 315

a) Schriftform, § 126 BGB

Die gesetzliche Schriftform erfordert, dass die Urkunde von dem Aussteller *eigenhändig* unterschrieben wird. Daher genügt ein Fax oder gar eine Email der gesetzlichen Schriftform nicht. 316

Die Schriftform ist z. B. gesetzlich vorgeschrieben in § 111 Satz 2 BGB (Einwilligung des gesetzlichen Vertreters zum einseitigen Rechtsgeschäft), § 484 BGB (Teilzeit-Wohnrechtevertrag), § 492 BGB (Verbraucherdarlehensvertrag), § 594f BGB (Kündigung eines Landpachtvertrages), § 623 BGB (Kündigung oder Auflösung eines Arbeitsverhältnisses), § 655b BGB (Darlehensvermittlungsvertrag), § 766 Satz 1 BGB (Bürgschaftserklärung des Bürgen).

Sofern das Gesetz nichts anderes vorschreibt, genügt die elektronische Form, § 126a BGB, der Schriftform, § 126 Abs. 3 BGB. Die Schriftform wird durch die (strengere) Form der notariellen Beurkundung ersetzt, § 126 Abs. 4 BGB.

b) Elektronische Form, § 126a BGB

Durch die Entwicklung des Internets wurde es in der Praxis immer üblicher, Verträge auch über Email abzuschließen. Da in den weit überwiegenden Fällen für Vertragsschlüsse eine besondere Form nicht vorgeschrieben ist, ist der Vertragsschluss per Email ohne weiteres rechtlich zulässig. 317

Werden Verträge in elektronischer Form über Email geschlossen, ist es jedoch schwierig, den Bestand derartiger formal wirksam zustande gekommener Verträge zu beweisen. Denn bei einer Email lassen sich sowohl die Absenderangabe als auch der Inhalt ohne Nachweismöglichkeit manipulieren.

Um dem Bedürfnis eines nachweisbaren elektronischen Vertragsschlusses nachzukommen, hat der Gesetzgeber die elektronische Form geschaffen, § 126a BGB. Wenn das elektronische Dokument von beiden Seiten mit qualifizierten digitalen Signaturen versehen wird, lässt sich nachweisen, welchen Inhalt der Vertrag hat und wer ihn wann geschlossen hat. § 126a Abs. 1 BGB sieht eine qualifizierte Signatur nach dem Signaturgesetz vor. Aufgrund des Erfordernisses qualifizierter Signaturen ist die Bedeutung von § 126a BGB im Rechtsverkehr mit Verbrauchern (noch) gering.

Die gesetzliche Schriftform kann durch die elektronische Form ersetzt werden, wenn sich nicht aus dem Gesetz etwas anderes ergibt, § 126 Abs. 3 BGB.

Die elektronische Form wird ausgeschlossen z. B. in § 623 BGB (Kündigung oder Auflösung von Arbeitsverhältnissen) und § 766 Satz 2 BGB (Bürgschaftserklärung).

c) Textform, § 126b BGB

318 Für die Textform wird im Vergleich zur Schriftform (§ 126 BGB) auf die eigenhändige Unterschrift verzichtet. Im Unterschied zur elektronischen Form (§ 126a BGB) ist die Textform nicht auf elektronische Erklärungen beschränkt und setzt keine elektronische Signatur voraus. Die Textform dient zur Dokumentation der Erklärung. Es genügt eine lesbare Erklärung, wenn sie auf einem dauerhaften Datenträger abgegeben wird und die Person des Erklärenden genannt ist. Sofern diese Voraussetzungen erfüllt sind, genügt der Textform daher auch eine Email, nicht hingegen eine herkömmliche Internetseite.[243]

Beispiele: § 655b BGB (Mitteilung des Vertragsinhaltes eines Darlehensvermittlungsvertrages), § 312c BGB i.V.m. Art. 246 § 2 EGBGB (Unterrichtung bei Fernabsatzverträgen), § 355 Abs. 1 BGB (Widerrufsrecht bei Verbraucherverträgen), § 355 Abs. 2 BGB (Mitteilung über Widerrufsrecht), § 357 Abs. 3 BGB (Belehrung über Wertersatz), § 356 Abs. 1 Nr. 3 BGB (Belehrung über Rückgaberecht), § 479 Abs. 2 BGB (Garantieerklärung), § 493 Abs. 1 BGB (Überziehungskredit), § 502 Abs. 2 BGB (Teilzahlungsgeschäfte), § 505 BGB (Ratenlieferungsverträge), § 554 Abs. 3 BGB (Ankündigung von Wohnungsrenovierung), § 556a Abs. 2 BGB (Änderung der Betriebskosten), § 556b Abs. 2 BGB (Ankündigung der Aufrechnung mit Miete), § 557b Abs. 3 BGB (Indexmiete), §§ 558a Abs. 1, 559b Abs. 1 BGB (Mieterhöhung), § 560 Abs. 1, 4 BGB (Anpassung der Betriebskosten), § 655b Abs. 1 BGB (Darlehensvermittlungsvertrag).

d) Öffentliche Beglaubigung, § 129 BGB

319 Zuständig für eine öffentliche Beglaubigung sind Notare. Das Verfahren bestimmt sich nach dem Beurkundungsgesetz. Beglaubigt wird lediglich die Authentizität der Unterschrift und nicht der Text der Urkunde.

Beispiele: § 77 BGB (Anmeldung der Liquidation eines eingetragenen Vereins), § 371 BGB (Rückgabe des Schuldscheins), § 403 BGB (Nachweis der Abtretung), § 411 BGB (Gehaltsabtretung), § 929a Abs. 2 BGB (Einigung zur Übereignung nicht eingetragener Schiffe).

243 RegBegr., BT-Drs. 17/12637, S. 44.

Die öffentliche Beglaubigung wird durch die notarielle Beurkundung ersetzt, § 129 Abs. 2 BGB.

e) Notarielle Beurkundung, § 128 BGB

Das Verfahren der notariellen Beurkundung bestimmt sich nach dem Beurkundungsgesetz. Nach Beratung durch den Notar, wird die Erklärung dem Notar gegenüber abgegeben, niedergeschrieben, dem Erklärenden vom Notar vorgelesen und vom Notar und dem Erklärenden unterschrieben. **320**

Beispiele: § 311b Abs. 1 BGB (Grundstückskaufvertrag), § 311b Abs. 3 BGB (Vermögensübertragung), § 311b Abs. 5 BGB (Vertrag über gesetzlichen Erb- oder Pflichtteil), § 518 Abs. 1 BGB (Schenkung), §§ 873 Abs. 2, 925 BGB (Auflassung).

Die notarielle Beurkundung wird bei einem gerichtlichen Vergleich durch die Aufnahme der Erklärungen in das gerichtliche Protokoll ersetzt, § 127a BGB.

Teilnichtigkeit, § 139 BGB **320a**

Rechtsgeschäfte können auch nur zu einem Teil nichtig sein. Die Teilnichtigkeit führt aufgrund § 139 BGB im Zweifel zur Nichtigkeit des gesamten Vertrages. Die Norm spricht daher eine Vermutung zugunsten der Gesamtnichtigkeit aus. Die Darlegungs- und Beweislast trägt derjenige, der sich trotz der Teilnichtigkeit auf die Wirksamkeit des restlichen Rechtsgeschäfts beruft.

Beispiel: V verkauft K ein Grundstück. Kurz vor dem Termin kommen beide überein, dass V vor Übergabe des Grundstücks die Tanne im Vorgarten fällen werde. Im notariellen Kaufvertrag findet diese Nebenabrede keine Erwähnung.

Der notariell beurkundete Kaufvertrag könnte aufgrund § 139 BGB in seiner Gesamtheit nichtig sein. Nach der Vorschrift ist das ganze Rechtsgeschäft nichtig, sofern ein Teil dieses Rechtsgeschäfts nichtig ist und nicht anzunehmen ist, dass es auch ohne den nichtigen Teil vorgenommen werden würde. Voraussetzung für die Gesamtnichtigkeit nach § 139 BGB ist, dass ein einheitliches Geschäft teilbar ist. Ein einheitliches Geschäft liegt vor, wenn die einzelnen Vereinbarungen nach dem Willen der Parteien miteinander stehen und fallen sollen.[244] Es ist nicht davon auszugehen, dass K das Grundstück zu dem vereinbarten Preis kaufen werde, sollte V sich nicht verpflichten, die Tanne zu fällen. Die Vereinbarung, den Baum zu fällen, steht und fällt daher mit dem Verkauf des Grundstücks. Somit liegt ein einheitliches Geschäft vor. Ein Rechtsgeschäft ist teilbar, wenn der verbleibende Teil des Rechtsgeschäfts für sich bestehen könnte.[245] Der Verkauf des Grundstücks kann neben der Abrede, den Baum zu fällen, selbständig für sich bestehen. Das Rechtsgeschäft ist teilbar. Schließlich müsste die Nebenabrede nach § 125 Satz 1 BGB nichtig sein. Nach dem Parteiwillen ist die Nebenabrede Teil des Grundstückskaufvertrages. Daher unterliegt sie dem Formerfordernis von § 311a Abs. 1 Satz 1 BGB. Die Abrede bedarf der notariellen Beurkundung. Die Form wurde nicht eingehalten. Daher ist die Nebenabrede nichtig. Aufgrund der Auslegungsregel von § 139 BGB führt die Nichtigkeit eines Teils eines einheitlichen Rechtsgeschäfts im Zweifel zur Gesamtnichtigkeit. Weil die Nebenabrede, den Baum zu fällen, nichtig ist, ist der gesamte notariell beurkundete Grundstückskaufvertrag nach § 139 BGB nichtig.

Salvatorische Klausel **320b**

Den Parteien ist die in § 139 BGB enthaltene Vermutung der Gesamtnichtigkeit häufig ein Dorn im Auge. Sie können vereinbaren, dass der Vertrag in seiner Gesamtheit wirksam bleiben soll, wenn ein Teil des Vertrages nichtig ist (sog. Salvatorische Klausel oder Erhaltungsklausel). Hiermit wird die

---

244 BGH, Urteil vom 24. Oktober 2006, XI ZR 216/05, NJW-RR 2007, 395 Rn. 17.
245 BGH, Urteil vom 4. Februar 1994, V ZR 277/92, NJW 1994, 1470, 1471.

dispositive Regelung des § 139 BGB abbedungen. Die salvatorische Klausel führt zur Umkehr der Vermutung des § 139 BGB in ihr Gegenteil; sie schließt aber eine Gesamtnichtigkeit nicht aus. Die Darlegungs- und Beweislast trägt derjenige, der sich wegen der Teilnichtigkeit auf die Nichtigkeit des gesamten Rechtsgeschäfts beruft. Die Nichtigkeit des gesamten Vertrages tritt ein, wenn die Aufrechterhaltung des Restgeschäfts trotz Salvatorischer Klausel im Einzelfall durch den durch Auslegung zu ermittelnden Parteiwillen nicht mehr getragen wird. Dies ist insbesondere der Fall, wenn nicht nur eine Nebenabrede, sondern eine wesentliche Vertragsbestimmung unwirksam ist und durch die Teilnichtigkeit der Gesamtcharakter des Vertrages geändert würde.[246]

▶ **Vertiefung:** *Petersen*, Die Teilnichtigkeit, Jura 2010, 419 ff.

2. Rechtspolitische Gründe für gesetzliche Formerfordernisse

321 Die gesetzlichen Formerfordernisse dienen verschiedenen rechtspolitischen Gründen. Hierzu gehören in erster Linie die Beweis- und Klarstellungsfunktion.

Beispiele: Grundstückskaufvertrag (§ 311b Abs. 1 BGB), Schenkungsversprechen (§ 518 Abs. 1 Satz 1 BGB), Auflassung (§§ 873 Abs. 2, 925 BGB), ordentliches Testament (§§ 2231, 2247 BGB).

Darüber hinaus haben Formerfordernisse eine Warnfunktion. Sie sollen den Erklärenden vor übereilten Entscheidungen schützen.

Beispiele: Grundstückskaufvertrag (§ 311b Abs. 1 BGB), Schenkungsversprechen (§ 518 Abs. 1 Satz 1 BGB), Kündigung von Arbeitsverhältnissen (§ 623 BGB).

3. Rechtsfolgen und Heilung

322 Die Nichtbeachtung der gesetzlich vorgeschriebenen Form führt zur Nichtigkeit des Rechtsgeschäfts, § 125 Satz 1 BGB. Eine in der vorgeschriebenen Form vorgenommene Bestätigung des Rechtsgeschäfts gilt als erneute Vornahme, § 141 Abs. 1 BGB.

323 Der Formverstoß kann in einigen gesetzlich vorgesehenen Ausnahmefällen geheilt werden, wenn die Leistung zu Erfüllungszwecken erbracht wurde. Dies ist insbesondere dann der Fall, wenn aufgrund der Leistungserbringung der rechtspolitische Grund für das Formerfordernis entfallen ist.

Beispiele: § 311b Abs. 1 Satz 2 BGB (Grundstückskaufvertrag), § 518 Abs. 2 (Schenkungsversprechen), § 766 Satz 2 (Bürgschaftserklärung).

Hinter der Heilung des formnichtigen Geschäfts steht zudem der Gedanke der Rechtssicherheit. Es soll vermieden werden, dass abgeschlossene Rechtsverhältnisse bis zum Ablauf der Verjährung der bereicherungsrechtlichen Rückabwicklung unterliegen. Der Vertrag wird aufgrund der Heilung wirksam und bildet den Rechtsgrund für das Behalten der empfangenen Leistung; ein Rückforderungsanspruch aus § 812 BGB ist damit ausgeschlossen.

246 BGH, Beschluss vom 15. März 2010, II ZR 84/09, NJW 2010, 1660 Rn. 8.

Beispiel: Wird im Beispielsfall von Rn. 320a das Grundstück durch Auflassung und Eintragung in das Grundbuch übereignet, wird aufgrund § 311b Abs. 1 Satz 2 BGB der gesamte Kaufvertrag einschließlich der nicht beurkundeten Nebenabrede wirksam.

Würde ein formnichtiger Grundstückskaufvertrag durch die Eigentumsübertragung zur Erfüllung des Kaufvertrages nicht geheilt, könnte der Verkäufer vom Käufer nach § 812 Abs. 1 Satz 1, 1. Alt. BGB die Rückübereignung des Grundstücks verlangen. Der Anspruch unterläge einer Verjährungsfrist von zehn Jahren (§§ 196, 200 BGB).[247]
Zur Heilung eines formnichtigen Grundstückskaufvertrages ist es erforderlich, dass Auflassung und Eintragung die Erfüllung des formunwirksam abgeschlossenen Verpflichtungsvertrages darstellen (Erfüllungszusammenhang).[248]

4. Vertraglich vereinbarte Formerfordernisse, § 127 BGB

Aufgrund der Vertragsfreiheit kann durch Abrede der Parteien ein Formzwang vereinbart werden, § 127 BGB. Bei vertraglich vereinbarter Schriftform reicht im Zweifel ein Fax, § 127 Abs. 2 BGB, um der Schriftform zu genügen. Wurde die elektronische Form vertraglich vereinbart, genügt im Zweifel auch eine andere als in § 126a BGB vorgesehene Signatur. **324**

Die Parteien haben es in der Hand, den von ihnen geschaffenen Formzwang wieder zu beseitigen. Eine solche Abrede kann nicht nur ausdrücklich, sondern auch konkludent und formlos erfolgen.

In der Praxis enthalten deshalb Schriftformklauseln den Zusatz, dass auch die Abbedingung der Schriftform der Schriftform bedarf. Die hindert jedoch die Parteien nicht, die Schriftform formlos abzubedingen, wenn sich die Parteien hierüber einig sind. Vor Gericht trägt derjenige die Beweislast, der sich auf die Abbedingung der Schriftform beruft.

VII. Verjährung

Schuldrechtliche oder dingliche Ansprüche können grundsätzlich nicht zeitlich unbegrenzt geltend gemacht werden. Nach einem bestimmten Zeitraum soll endgültig Rechtsfrieden hergestellt sein. Daher kann der Schuldner nach Ablauf der Verjährungsfrist die Leistung verweigern, § 214 Abs. 1 BGB. **325**

Durch die Schuldrechtsreform 2002 wurde das Verjährungsrecht grundlegend umgestaltet. Es ist buchstäblich kein Stein auf dem anderen geblieben.

---

247 Für die Verjährungsfrist bei Rechten an einem Grundstück ist der Entstehungsgrund des Anspruchs unerheblich. § 196 BGB gilt daher auch für gesetzliche Ansprüche wie den bereicherungsrechtlichen Rückübertragungsanspruch, BGH, Urteil vom 25. Januar 2008, V ZR 118/07, NJW-RR 2008, 824 Rn. 19 ff.

248 Zum Sinn und Zweck von § 311b Abs. 1 BGB, insbesondere zum Erfüllungszusammenhang s. BGH, Urteil vom 8. Oktober 2004, V ZR 178/03, BGHZ 160, 368, 370 ff.

1. Regelverjährung, §§ 195, 199 BGB

326 Die Regelverjährung greift, wenn das Gesetz keine speziellen Verjährungsvorschriften vorsieht.

a) Regelmäßige Verjährungsfrist, § 195 BGB

327 Es besteht eine regelmäßige Verjährungsfrist von drei Jahren, § 195 BGB.

Bis zum Ende des Jahres 2001 galt nach § 195 BGB a.F. eine Regelverjährung von 30 Jahren. Diese Frist wurde als zu lang empfunden.[249]

b) Beginn der Regelverjährung, § 199 Abs. 1 BGB

aa) Jahresende

328 Die Regelverjährung beginnt zum Ende des Jahres, in dem

- der Anspruch entstanden ist *und*
- der Gläubiger von den den Anspruch begründenden Umständen[250] und der Person des Schuldners Kenntnis erlangt oder ohne grobe Fahrlässigkeit erlangt haben müsste.

Diese *Ultimoverjährung*[251] führt zu einer Verlängerung der Dreijahresfrist bis zu maximal vier Jahren minus einem Tag. Die Verjährung tritt daher nicht unterjährig ein, sondern stets am Ende des Jahres. Dies erspart dem Gläubiger mehrerer Ansprüche die laufende Kontrolle des Fristablaufs.

Die Ultimoverjährung galt vor der Schuldrechtsreform 2002 für bestimmte Zahlungsansprüche von Geschäftsleuten u. ä. gemäß §§ 196, 197 BGB a.F. Um die zum Zwecke der Vereinheitlichung beabsichtigte Streichung der §§ 196, 197 BGB a.F. nicht zu gefährden, wurde das Prinzip verallgemeinert.

bb) Entstehung des Anspruchs

329 Im Grundsatz gilt, dass die Regelverjährung nie vor Entstehung des Anspruchs beginnt, s. § 199 Abs. 1 Nr. 1 BGB. Dies galt auch nach altem Recht, § 198 BGB a.F. Ein Anspruch ist entstanden, wenn er gerichtlich geltend gemacht werden kann; d. h. er muss fällig sein.[252]

330 Schadensersatzansprüche entstehen allerdings erst, wenn ein Schaden eingetreten ist und nicht bereits bei der Vornahme der schädigenden Handlung.

331 **Beispiele:** Spätschäden
U baut eine schadhafte Heizungsanlage in das Haus des B ein (schädigende Handlung). Drei Jahre später schlägt die Anlage Leck und beschädigt das Haus (Schadenseintritt).

---

249 Regierungsbegründung, BT-Drs. 14/6040, S. 91.

250 Ob der Schuldner diese Umstände richtig würdigt, ist hingegen grundsätzlich unerheblich, s. BGH, Beschluss vom 19. März 2008, III ZR 220/07, NJW-RR 2008, 1237 Rn. 7.

251 *Ultimo* bedeutet „so lange als möglich".

252 BGH, Beschluss vom 19. Dezember 1990, VIII ARZ 5/90, BGHZ 113, 188, 191 f.

V liefert K eine mangelhafte Maschine (schädigende Handlung), die vier Monate nach Übergabe an K explodiert, wodurch dem K ein Sachschaden in Höhe von € 1000 entsteht (Schadenseintritt).

Bei Spätschäden kann zwischen der schädigenden Handlung und dem Eintritt des Schadens ein beliebig langer Zeitraum liegen. Es besteht die Möglichkeit, dass selbst 30 Jahre nach Vornahme der schädigenden Handlung noch Ansprüche aus dem Rechtsverhältnis bestehen oder gar erst entstehen. Es ist das Bestreben des Gesetzgebers, spätestens nach 30 Jahren Rechtsfrieden herzustellen. Daher enthält § 199 BGB Höchstfristen (Kappungsgrenzen), gemäß denen Schadensersatzansprüche auch unabhängig von ihrem Entstehen verjähren können.

cc) Aufgeschobene Fälligkeit

Der Grundsatz, dass die Entstehung die Fälligkeit voraussetzt, gilt auch, wenn diese von einer Handlung des Gläubigers abhängt und der Gläubiger somit den Verjährungsbeginn in der Hand hat. **332**

Beispiel: Kündigung; erst durch die Kündigung des Mietvertrages erhält der Vermieter einen Herausgabeanspruch nach § 546 Abs. 1 BGB.

Der § 199 BGB a.F. (Sonderregel für Kündigung) wurde ersatzlos gestrichen.

Ist die Fälligkeit von einer Handlung des Gläubigers abhängig, beginnt die Verjährungsfrist nicht, wenn der Gläubiger untätig bleibt. Der Gesetzgeber hat dies erkannt und bewusst in Kauf genommen.[253]

dd) Kappungsgrenzen, § 199 Abs. 2 bis 4 BGB

Nach § 199 Abs. 2 bis 4 BGB besteht eine Kappungsgrenze von zehn bzw. 30 Jahren, nachdem die Regelverjährung unabhängig von dem Entstehen und/oder der Kenntnis des Anspruchs eintritt. **333**

Beispiele: a) Der unachtsame U baut in das Haus des B ein marodes Wasserleitungssystem ein. Nach 31 Jahren faulen die Wände. Der Anspruch auf Schadensersatz aus § 823 Abs. 1 BGB entsteht erst nach 31 Jahren. Zu diesem Zeitpunkt ist er jedoch wegen Überschreitung der Kappungsgrenze nach § 199 Abs. 3 Nr. 2 BGB verjährt.
b) A zerstört aus Unachtsamkeit B's goldene Uhr, was B jedoch erst elf Jahre später merkt, als B die Uhr verschenken möchte. B erlangt erst elf Jahre nach Entstehung des Anspruchs aus § 823 Abs. 1 BGB Kenntnis von den den Anspruch begründenden Umständen und der Person des Schädigers. Gemäß § 199 Abs. 3 Nr. 1 BGB ist der Schadensersatzanspruch aber nach Ablauf von zehn Jahren nach seiner Entstehung verjährt.

Die gesetzliche Formulierung der Kappungsgrenzen erscheint kompliziert. Sie lässt sich wie folgt zusammenfassen: Ansprüche verjähren nach zehn Jahren auch bei Unkenntnis und nach 30 Jahren ab der schädigenden Handlung bei Spät- und Personenschäden.

253 Vgl. Regierungsbegründung, BT-Drs. 14/6040, S. 99.

2. Spezielle Verjährungsvorschriften

a) Längere Verjährungsfristen, §§ 196 f., 200 BGB

334 In einer Reihe von Sonderfällen ist die Verjährung länger als die Regelverjährung, §§ 196 und 197 BGB, und beträgt teils zehn, teils 30 Jahre.

Nach § 196 BGB gilt eine zehnjährige Verjährungsfrist für alle Ansprüche, die Rechte von Grundstücken zum Gegenstand haben, wie z. B. auf die Übertragung des Grundstückseigentums, gesetzliche Ansprüche bei Rückabwicklung nichtiger Grundstückskaufverträge,[254] und Ansprüche auf Begründung, Übertragung oder Aufhebung von Grundstücksrechten und für Ansprüche auf die hierfür zu erbringende Gegenleistung.

Die längere Verjährungsfrist bei Ansprüchen, die sich auf Grundstücksrechte beziehen, geht auf die Überlegung zurück, dass die Durchsetzbarkeit derartiger Ansprüche nicht allein von dem Willen und dem Handlungsspielraum der Parteien abhängt. Zum Beispiel bedürfen Veränderungen von Rechten an Grundstücken der Eintragung ins Grundbuch. Hier können Zeitverzögerungen von erheblicher Dauer eintreten.[255]

§ 197 BGB sieht für bestimmte Ansprüche eine 30-jährige Verjährungsfrist vor. Hervorzuheben sind hierbei insbesondere

- Herausgabeansprüche aus dinglichen Rechten, § 197 Abs. 1 Nr. 1 BGB.

  Beispiel: Herausgabeanspruch des Eigentümers gegen den unberechtigten Besitzer nach §§ 985 f. BGB.

- Rechtskräftig festgestellte Ansprüche, § 197 Abs. 1 Nr. 3 BGB.

  Beispiel: A hat ein rechtskräftiges Urteil gegen B auf Zahlung von € 5000 erstritten. A hat nun 30 Jahre Zeit, das Urteil vollstrecken zu lassen.

Soweit nicht ein anderer Verjährungsbeginn bestimmt ist, beginnen die in §§ 196 f. BGB genannten Fristen mit der Entstehung des Anspruchs, § 200 Satz 1 BGB.

b) Gewährleistung

aa) Fristen

335 Von der Regelverjährung überwiegend abweichende Fristen gelten im Gewährleistungsrecht für den Kauf- und Werkvertrag.

Ursprünglich beabsichtigte der Reformgesetzgeber sämtliche Verjährungsvorschriften in den §§ 194 ff. BGB zu regeln (Einheitslösung).[256] Bei der Umsetzung der Verbrauchsgüterkaufrichtlinie[257] im Rahmen der Schuldrechtsreform wurde deutlich, dass die Verjährung der Gewährleistungsrechte nicht in die allgemeinen Regeln integriert werden konnte.

254 BGH, Urteil vom 25. Januar 2008, V ZR 118/07, NJW-RR 2008, 824 Rn. 19 ff.
255 Regierungsbegründung, BT-Drs. 14/6040, S. 105.
256 S. noch die konsolidierte Fassung des Diskussionsentwurfs des Bundesjustizministeriums vom 22. März 2001 (SMG-DE03-060301 neukorr-Weiterentwicklung).
257 Richtlinie 1999/44/EG vom 25. Mai 1999, ABl. EG vom 7. Juli 1999, Nr. L 171, S. 12 ff.

Längere Fristen gelten insbesondere in folgenden Fällen:
- 30 Jahre bei Rechtsmängeln dinglicher Herausgabeansprüche, § 438 Abs. 1 Nr. 1 BGB;
- fünf Jahre bei Bauwerksmängeln und bei Baumaterialien, §§ 438 Abs. 1 Nr. 2, 634a Abs. 1 Nr. 2 BGB.

Die dreijährige Regelverjährung gilt für Gewährleistungsansprüche:
- bei Arglist, §§ 438 Abs. 3, 634a Abs. 3 BGB, es sei denn, es gilt die längere fünfjährige Verjährungsfrist;
- für unkörperliche Werke, § 634a Abs. 1 Nr. 3 BGB.

Im Übrigen verjähren die Gewährleistungsrechte des Käufers oder des Bestellers nach zwei Jahren, §§ 438 Abs. 1 Nr. 3, 634a Abs. 1 Nr. 3 BGB.

bb) Verjährungsbeginn

Besteht der Schadensersatzanspruch aufgrund Gewährleistung beginnt die Verjährung **336**
unabhängig von der Entstehung des Anspruchs oder der Kenntnis des Mangels ab Ablieferung/Übergabe bzw. Abnahme, §§ 438 Abs. 2, 634a Abs. 2 BGB.

> **Beispiel:** V verkauft und übergibt K eine defekte Maschine. Nach drei Jahren explodiert die Maschine aufgrund des Defekts und beschädigt K's Halle. K verlangt Schadensersatz für die Reparatur der Halle.

Der Anspruch auf Schadensersatz gemäß §§ 437 Nr. 3, 280 Abs. 1 BGB entsteht erst nach drei Jahren; er ist allerdings bereits zwei Jahre nach Ablieferung verjährt. K bleiben nur noch sonstige Schadensersatzansprüche, wie aus Delikt (§§ 823 ff. BGB) oder dem Produkthaftungsgesetz.

3. Unverjährbare Ansprüche

Einige wenige Ansprüche sind unverjährbar. Hierbei handelt es sich insbesondere um: **337**
- Familienrechtliche Ansprüche auf Herstellung eines Zustands für die Zukunft, § 194 Abs. 2 BGB;
- Grundbuchberichtigungsansprüche, § 898 BGB;
- Ansprüche aus eingetragenen Rechten an Grundstücken, § 902 BGB; Ausnahme § 1028 BGB (dreijährige Regelverjährung, wenn z. B. der Weg, für den ein Wegerecht eingetragen ist, zugebaut wird);
- Anspruch auf Aufhebung der Gemeinschaft, § 758 BGB;
- Schuldrechtliches Verfügungsverbote, § 137 Satz 2 BGB.[258]

---

258 BGH, Urteil vom 6. Juli 2012, V ZR 122/11, NJW 2012, 3162 Rn. 10 ff.

4. Neubeginn und Hemmung der Verjährung

a) Neubeginn der Verjährung, § 212 BGB

338 Nach der neuen Gesetzesterminologie heißt es nicht mehr „Unterbrechung", sondern verständlicher „Neubeginn der Verjährung". Die Verjährung beginnt neu bei Anerkenntnis und Vollstreckungshandlungen, § 212 Abs. 1 BGB.

b) Hemmung der Verjährung, §§ 203–211 BGB

339 Der Zeitraum, während dessen die Verjährung gehemmt ist, wird nicht in die Verjährungsfrist eingerechnet, § 209 BGB. Dabei kommt nur der Zeitraum in Betracht, der nach Verjährungsbeginn verstrichen ist.[259]

Beispiel: V hat gegen K einen Anspruch auf Kaufpreiszahlung aufgrund Vertragsschluss im April. Über das Vermögen der K wird im Juli das Insolvenzverfahren eröffnet. V meldet seinen Anspruch im Oktober im Insolvenzverfahren an. Aufgrund § 199 Abs. 1 BGB beginnt die Verjährungsfrist für den Kaufpreisanspruch erst mit Jahresschluss. Die aufgrund der Anmeldung des Anspruchs im Insolvenzverfahren nach § 204 Abs. 1 Nr. 10 BGB ausgelöste Hemmung der Verjährung beginnt erst mit Schluss des Jahres. Der Zeitraum von Oktober bis Dezember wird nicht miteinbezogen.

Eine Klageerhebung führt zur Hemmung der Verjährung, § 204 Abs. 1 Nr. 1 BGB, und nicht wie nach dem Recht vor der Schuldrechtsreform 2002 zur Unterbrechung (d. h. Neubeginn). Die Hemmung endet sechs Monate nach Verfahrensbeendigung, § 204 Abs. 2 BGB.

Ferner wird die Verjährung während schwebenden Verhandlungen über den Anspruch oder die den Anspruch begründenden Umstände gehemmt, § 203 Satz 1 BGB. Der Begriff der Verhandlung ist weit auszulegen. Es genügt jeder Meinungsaustausch zwischen dem Berechtigten und dem Verpflichteten über den Anspruch, sofern nicht sofort und eindeutig eine Verhandlung abgelehnt wird.[260] Die Hemmung wird beendet, bis der eine oder andere Teil die Fortsetzung der Verhandlung verweigert oder der Berechtigte die Verhandlung einschlafen lässt, indem er nicht innerhalb der gebotenen Zeit antwortet.[261] Werden abgebrochene Verhandlungen wiederaufgenommen, führt dies nicht zu einer auf den Beginn der Verhandlungen rückwirkenden Hemmung der Verjährung,[262] stattdessen tritt die Hemmung mit Wiederaufnahme erneut ein. Zusätzlich zur Hemmung während der Verhandlungen sieht das Gesetz eine anschließende Ablaufhemmung von drei Monaten nach Ende der Hemmung vor, § 203 Satz 2 BGB.

Beispiel: Der Anspruch von G gegen S verjährt mit Ablauf des 31. Dezember. Am 1. Dezember nehmen beide Vergleichsverhandlungen auf. Am 31. März des folgenden Jahres scheitern die Verhandlungen. Die Verjährung ist bis zum 31. März gehemmt; der Anspruch wäre demnach am 30. April verjährt. Aufgrund der Ablaufhemmung tritt die Verjährung aber nicht in den ersten drei Monaten nach Abbruch der Verhandlungen ein. Der Anspruch verjährt somit erst mit Ablauf des 30. Juni.

259 BGH, Urteil vom 25. April 2017, VI ZR 386/16, NJW 2017, 3144 Rn. 12.
260 BGH, Urteil vom 26. Oktober 2006, VII ZR 194/05, NJW 2007, 587 Rn. 10.
261 BGH, Urteil vom 6. November 2008, IX ZR 158/07, NJW 2009, 1806 Rn. 10.
262 BGH, Urteil vom 15. Dezember 2016, IX ZR 58/16, VersR 2017, 901 Rn. 21 ff.

Weitere Fälle der Hemmung und Ablaufhemmung sind in den §§ 205–208, 210 f. BGB geregelt.

5. Wirkung der Verjährung

Nach Eintritt der Verjährung ist der Schuldner dauerhaft berechtigt, die Leistung zu verweigern, § 214 Abs. 1 BGB. Die Verjährung begründet eine Einrede.[263] Sie wird vom Gericht nicht von Amts wegen geprüft, sondern nur wenn der Schuldner sie erhebt. 340

▶ **Hinweis:** In der Klausur beginnt die Prüfung der Verjährung nicht etwa mit „Der Anspruch könnte verjährt sein", sondern mit der Rechtsfolge „Der Schuldner könnte berechtigt sein, die Leistung nach § 214 Abs. 1 BGB zu verweigern. Hierzu müsste die Verjährung eingetreten sein. …" oder „Der Anspruch könnte nach § 214 Abs. 1 BGB nicht durchsetzbar sein. …". Der Eintritt der Verjährung ist die Voraussetzung für das Leistungsverweigerungsrecht.

Ein verjährter Anspruch besteht fort. Er erlischt nicht, sondern ist nicht durchsetzbar. Der Anspruch bildet weiterhin den Rechtsgrund für die Leistung. Daher regelt § 214 Abs. 2 Satz 1 BGB, dass das zur Befriedigung eines verjährten Anspruchs Geleistete nicht zurückgefordert werden kann. Die Verjährung schließt die Aufrechnung und die Geltendmachung eines Zurückbehaltungsrechts nicht aus, wenn der Anspruch zu dem Zeitpunkt noch nicht verjährt war, in dem erstmals aufgerechnet oder die Leistung verweigert werden konnte, § 215 BGB. 341

Beispiel: Dem Anspruch des A gegen B in Höhe von € 300 (Ablauf der Verjährungsfrist zum 31.03.) steht ein Anspruch des B gegen A in Höhe von € 500 (Ablauf der Verjährungsfrist zum 31.05.) gegenüber. Trotz der Verjährung seines Anspruchs gegen B kann A im April immer noch die Aufrechnung erklären und muss infolgedessen statt € 500 nur noch € 200 an B zahlen, s. § 389 BGB. § 390 BGB, der eine Aufrechnung gegen eine einredebehaftete Forderung ausschließt, wird durch den spezielleren § 215 BGB verdrängt.

Die Verjährung hindert den Gläubiger nicht an der Verwertung von Sicherheiten, § 216 BGB.

6. Abdingbarkeit, § 202 BGB

Die Verjährungsregeln können durch Parteivereinbarung abgekürzt und verlängert werden; die Höchstgrenze ist jedoch mit 30 Jahren festgeschrieben, § 202 Abs. 2 BGB. Ausnahmen zum Schutz des Verbrauchers gelten für den Verbrauchsgüterkauf, § 476 Abs. 2 BGB. 342

Für die Haftung wegen Vorsatzes kann die Verjährung nicht im Voraus rechtsgeschäftlich erleichtert werden, § 202 Abs. 1 BGB.

263 Zur Begrifflichkeit von Einwendung und Einrede s. Rn. 344 ff.

343 **Verwirkung**

Streng von der Verjährung zu trennen ist die Verwirkung. Ein nicht verjährter Anspruch ist verwirkt, wenn seine Geltendmachung eine *unzulässige Rechtsausübung* darstellt, da das Recht nach Treu und Glauben illoyal verspätet geltend gemacht wird. Voraussetzung für die Verwirkung ist, dass sich der Verpflichtete mit Rücksicht auf das Verhalten des Berechtigten darauf eingerichtet hat,

- dass dieser das ihm zustehende Recht nicht mehr geltend machen werde,
- dass es mit Treu und Glauben nicht zu vereinbaren ist, dass der Berechtigte später doch mit dem ihm zustehenden Recht hervortritt *und*
- dass unter diesem Gesichtspunkt die Leistung für den Verpflichteten unzumutbar ist.[264]

Entscheidend für die Feststellung der Verwirkung sind daher die Umstände des Einzelfalls.

VIII. Einwendung und Einrede

1. Einrede im Prozessrecht

344 Im prozessrechtlichen Sinne umfasst der Begriff „Einrede" jede Tatsachenbehauptung des Beklagten, mit der sich dieser gegen die Klage verteidigt, die über das Bestreiten der die Klage begründenden Behauptungen des Klägers hinausgeht.[265] Die Terminologie der ZPO ist jedoch uneinheitlich, z. B. Einrede: §§ 146, 282 Abs. 1, 305 ZPO; Einwendung: §§ 282 Abs. 1, 323, 597 Abs. 2 ZPO. Die vom Beklagten angeführte Gegennorm kann dem materiellen Recht (s. im Folgenden) oder dem Prozessrecht (z. B. die Beweiseinrede in § 282 Abs. 1 ZPO) angehören.

2. Einwendungen und Einreden im materiellrechtlichen Sinne

345 Die Einreden im prozessrechtlichen Sinne, mit denen Gegennormen aus dem materiellen Recht geltend gemacht werden, werden im materiellen Recht Einwendungen genannt. Es wird zwischen rechtshindernden, rechtsvernichtenden und rechtshemmenden Einwendungen unterschieden.

a) Rechtshindernde Einwendungen

346 Eine rechtshindernde Einwendung wirkt der Entstehung des Anspruchs entgegen. Der Anspruch ist nicht entstanden.

▶ **Hinweis:** In der Klausur werden rechtshindernde Einwendungen unter der Überschrift „Anspruch entstanden" geprüft; z. B. Geschäftsunfähigkeit, §§ 104 ff. BGB; Anfechtung, § 142 Abs. 1 BGB;[266] anfängliche Unmöglichkeit, § 275 Abs. 1 BGB.

264 BGH, Urteil vom 16. März 2007, V ZR 190/06, WuM 2007, 277 Rn. 8; *Medicus/Petersen*, AT BGB, 11. Auflage 2016, Rn. 137 ff.

265 *Medicus/Petersen*, Bürgerliches Recht, 26. Auflage 2017, Rn. 731.

266 Aufgrund ihrer Rückwirkung ist die Anfechtung als rechtshindernde Einwendung einzuordnen; a. A. *Kaiser*, Bürgerliches Recht, 12. Auflage 2009, Rn. 116, rechtsvernichtende Einwendung.

Die Überschrift „Anspruch entstanden" unterbleibt, wenn nicht eine Überschrift „Anspruch erloschen" oder „Anspruch nicht durchsetzbar" folgt.

b) Rechtsvernichtende Einwendungen

Eine rechtsvernichtende Einwendung führt zum Erlöschen des entstandenen Anspruchs. **347**

▶ **Hinweis:** In der Klausur werden rechtsvernichtende Einwendungen unter der Überschrift „Anspruch erloschen" abgehandelt; z. B. Erfüllung, § 362 BGB; nachträgliche Unmöglichkeit, § 275 Abs. 1 BGB.

c) Rechtshemmende Einwendungen (Einreden)

Rechtshemmende Einwendungen wirken der Durchsetzbarkeit eines bestehenden Anspruchs entgegen. Sie werden in der materiellrechtlichen Terminologie auch Einreden genannt. **348**

▶ **Hinweis:** In der Klausur werden Einreden unter der Überschrift „Anspruch nicht durchsetzbar" geprüft; z. B. Verjährung, § 214 Abs. 1 BGB; Unzumutbarkeit der Leistung, § 275 Abs. 2, Abs. 3 BGB; Unzumutbarkeit der Nacherfüllung, § 439 Abs. 4 BGB.

Einreden sind durch den Wortlaut der Norm leicht erkennbar. Sie enthalten die Formulierung „Der Schuldner kann die Leistung verweigern …"

Das Gericht prüft rechtshindernde und rechtsvernichtende Einwendungen von Amts wegen. Einreden werden hingegen nur berücksichtigt, sofern der Schuldner sie erhebt.

Im Gutachten, das eine Entscheidung vorbereiten soll und daher auf alle sinnvollen Eventualitäten einzugehen hat, sind Einreden selbst dann zu prüfen, wenn der Schuldner sie nicht erhebt.

E. Schuldrecht – Allgemeiner Teil

349 Gegenstand des Allgemeinen Teils des Schuldrechts sind Regelungen, die für alle Arten von Schuldverhältnissen gelten, seien sie rechtsgeschäftlicher oder gesetzlicher Art. Das Schuldverhältnis begründet eine Verpflichtung, deren Erfüllung der Gläubiger vom Schuldner verlangen kann, vgl. § 241 BGB. Die Verpflichtung wirkt lediglich zwischen den Parteien des Schuldverhältnisses. Daher hat das Schuldverhältnis eine *relative* Wirkung – im Gegensatz zur *absoluten* Wirkung dinglicher Rechte, die gegenüber jedermann gelten.

350 Bei Schuldverhältnissen können insbesondere die folgenden Probleme auftreten: Die Leistung, zu deren Erbringung der Schuldner verpflichtet ist, kann (i) unmöglich sein, (ii) der Schuldner könnte seine Leistung verzögern oder (iii) schlecht erbringen, (iv) der Gläubiger könnte in Verzug mit der Annahme der Leistung geraten, oder (v) es könnten Nebenpflichten von den Vertragsparteien verletzt werden. Schließlich könnten sogar Dritten Ansprüche aus dem Schuldverhältnis zustehen.

351 Kommt der Schuldner seiner Leistungspflicht nicht nach, so stehen dem Gläubiger grundsätzlich drei Möglichkeiten zur Wahl:

1. Der Gläubiger besteht auf Erfüllung oder
2. er verlangt Schadensersatz und/oder
3. er tritt von dem Vertrag zurück und verlangt seine bereits erbrachte Leistung zurück.

Das Schuldrecht wurde durch die Schuldrechtsreform mit Wirkung zum 1. Januar 2002 grundlegend überarbeitet. Für Schuldverhältnisse, die vor dem 1. Januar 2002 entstanden sind, gilt das alte Recht, Art. 229 § 5 Satz 1 EGBGB.

I. Die Leistungspflicht

352 Als Gegenstand der Leistungsverpflichtung kommen z. B. in Betracht:

- Übereignung einer Sache, z. B. Kaufvertrag (§ 433 Abs. 1 Satz 1 BGB) oder Schenkung (§ 516 Abs. 1 BGB),
- Besitzüberlassung, z. B. Mietvertrag (§ 535 Abs. 1 Satz 1 BGB),
- Geldzahlung, z. B. Kaufpreis (§ 433 Abs. 2 BGB), Mietzins (§ 535 Abs. 2 BGB),
- Übertragung von Rechten, z. B. Forderungskaufvertrag (§§ 453 Abs. 1, 433 Abs. 1 Satz 1 BGB),
- Vornahme einer Handlung, z. B. Dienst- (§ 611 BGB) oder Werkvertrag (§ 631 BGB).

353 Die Darstellung des Allgemeinen Teils des Schuldrechts konzentriert sich im Folgenden aus Gründen der Vereinfachung auf den Kaufvertrag. Die dargestellten Grundsätze lassen sich entsprechend auf andere schuldrechtliche Fallgestaltungen übertragen.

354 **Beispiel:** Ausgangsfall
V verkauft K zehn Zentner Kartoffeln. Sie vereinbaren, dass V die Kartoffeln K anliefert. Am Abend des 3.6. nimmt V zehn Zentner Kartoffeln aus seiner Lagerhalle und stellt sie zur Anlieferung für den nächsten Morgen bereit. In der Nacht werden die zur Anlieferung bereitgestellten Kartoffeln ohne Verschulden des V zerstört.

Bleibt V zur Lieferung der Kartoffeln verpflichtet? Muss K den Kaufpreis (die Gegenleistung) entrichten?

Variante: Wie wäre zu entscheiden, wenn V und K vereinbart hätten, dass K die Kartoffeln am Abend des 3.6. nach dem erfolgten Anruf des V abholt und K erst am 4.6. erscheint.

1. Leistungsort, § 269 BGB

Der Leistungsort ist der Ort, an dem der Schuldner die Leistung vorzunehmen hat. **355** Hiervon zu unterscheiden ist der Erfolgsort, d. h. der Ort, an dem der Leistungserfolg (Erfüllungswirkung, § 362 Abs. 1 BGB) eintritt. Leistungs- und Erfolgsort können sich decken, müssen es aber nicht. Hierbei ist zwischen drei Schuldarten zu unterscheiden (Hol-, Bring- und Schickschuld). Die Unterscheidung hat Auswirkung insbesondere auf die Konkretisierung der Gattungsschuld[1] und die Gefahrtragung.[2]

a) Holschuld, § 269 Abs. 1 BGB

Bei einer Holschuld wird der Schuldner seiner Leistungspflicht gerecht, sobald er seine **356** Leistung zur Abholung durch den Gläubiger bereitgestellt und den Gläubiger zur Entgegennahme der Leistung aufgefordert hat. Einer Aufforderung bedarf es nicht, wenn eine Leistungszeit vereinbart wurde, vgl. § 296 BGB.

Beispiel: In der Variante des Ausgangsfalls (Rn. 354) ist eine Holschuld vereinbart.

Bei der Holschuld liegen Leistungs- und Erfolgsort beim *Schuldner.* Das Gesetz geht in § 269 Abs. 1 BGB bei fehlender vertraglicher Vereinbarung von dem Bestehen einer Holschuld aus.

b) Bringschuld

Haben die Parteien eine Bringschuld vereinbart, so ist der Schuldner verpflichtet, die **357** Leistung am Ort des Gläubigers diesem anzubieten. Leistungs- und Erfolgsort liegen beim *Gläubiger*.

Beispiel: Im Ausgangsfall (Rn. 354) ist eine Bringschuld vereinbart.

c) Schickschuld

Wird eine Schickschuld vereinbart, so muss der Schuldner, um seiner Leistungspflicht **358** zu genügen, die geschuldete Leistung einer sorgfältig ausgewählten Versandperson übergeben. § 269 Abs. 3 BGB stellt klar, dass allein aufgrund des Umstandes, dass der Schuldner die Versendungskosten übernimmt, nicht von einer Bringschuld ausgegangen werden kann. Im Zweifel liegt in diesem Fall eine Schickschuld vor.

Beispiel: V übergibt die zehn Zentner Kartoffeln dem Transporteur T.

1 S. Rn. 364 ff.
2 S. Rn. 377 ff.

Bei der Schickschuld fallen Leistungs- und Erfolgsort auseinander. Der *Leistungsort* liegt beim Schuldner, der *Erfolgsort* beim Gläubiger. Das bedeutet, dass der Schuldner das seinerseits Erforderliche getan hat, wenn er die Sache auf den Weg zum Gläubiger bringt. Die Erfüllungswirkung tritt aber erst ein, wenn der Gläubiger die Sache erhält.

2. Stück- und Gattungsschuld

359 Die Leistungspflicht des Verkäufers kann sich auf die Verschaffung des Eigentums an einer bestimmten Sache (Stückschuld) oder auf eine Sache aus einer bestimmten Gattung (Gattungsschuld) beziehen.

Beispiele: Stückschuld: V verkauft K seinen gebrauchten Wagen.
Gattungsschuld: V verkauft K ein Kilo Möhren.

a) Stückschuld

360 Die Stückschuld ist der gesetzliche Regelfall.

Ist der Schuldner zur Erbringung der Stückschuld nicht in der Lage, liegt ein Fall der Unmöglichkeit vor. Der Schuldner wird von seiner Leistungspflicht befreit, § 275 Abs. 1 BGB.

b) Gattungsschuld, § 243 BGB

361 Eine Gattungsschuld muss mindestens ein Stück mehr umfassen, als geschuldet wird; ansonsten liegt eine Stückschuld vor.

Beispiel: V verkauft K seine gesamte Apfelernte. Da sich die Schuld nicht auf einen Teil der Ernte (dann Gattungsschuld), sondern auf die gesamte Ernte bezieht, liegt eine Stückschuld vor.

Für die Gattungsschuld regelt § 243 Abs. 1 BGB, dass eine Sache von mittlerer Art und Güte zu leisten ist; bei Handelsgeschäften (§ 343 HGB) ist Handelsgut mittlerer Art und Güte zu leisten, § 360 HGB.

§ 360 HGB kann gegenüber § 243 Abs. 1 BGB je nach Fallgestaltung eine Erhöhung („Handelsklasse Luxusware“) oder eine Minderung („Handelsklasse Ramschware“) der geschuldeten Qualität bedeuten.

362 Bei der Gattungsschuld sucht, wenn nichts anderes vereinbart wurde, der Schuldner die zu leistende Ware aus. Seine Wahlfreiheit wird lediglich durch § 243 Abs. 1 BGB begrenzt. Unmöglichkeit kann im Falle der Gattungsschuld nur eintreten, wenn die gesamte Gattung untergeht. Solange die Gattung noch besteht, bleibt der Schuldner zur Leistung aus der Gattung verpflichtet.[3]

Beispiel: V verkauft K zehn Zentner Kartoffeln. Die Halle, in denen er seine Kartoffeln lagert, brennt ab. V schuldet K die Lieferung von zehn Zentnern Kartoffeln, eine Beschränkung der

3 Eine Berufung auf Unmöglichkeit zur Leistung (§ 275 Abs. 1 BGB) ist bei einer Gattungsschuld daher grundsätzlich ausgeschlossen; zur Unmöglichkeit im Einzelnen s. Rn. 383 ff.

Gattung auf Kartoffeln aus seiner Halle wurde nicht vereinbart. V ist die Lieferung von zehn Zentnern Kartoffeln weiterhin möglich, wenn auch nicht mehr aus seinem Vorrat. Er bleibt weiterhin zur Leistung verpflichtet und muss sich die Kartoffeln woanders beschaffen, um sie K zu liefern.

aa) Vorratsschuld

Die Parteien können die Gattung beliebig begrenzen. Ist nach der vertraglichen Vereinbarung die Lieferung aus einem begrenzten Vorrat geschuldet, liegt eine Vorratsschuld (Unterfall der Gattungsschuld) vor. Geschuldet wird in diesem Fall nur eine Sache aus dem Vorrat. Geht der gesamte Vorrat unter, liegt ein Fall der Unmöglichkeit nach § 275 Abs. 1 BGB vor. Der Schuldner wird von seiner Leistungsverpflichtung befreit. **363**

Beispiel: Hätten V und K im vorangegangenen Beispiel die Lieferung von zehn Zentnern Kartoffeln aus V's Halle vereinbart (Vorratsschuld), ginge die gesamte Gattung (Kartoffeln aus der Halle) mit dem Brand unter. Dem V wäre die Lieferung der Kartoffeln aus seiner Halle nicht mehr möglich. Er wäre von seiner Leistungspflicht nach § 275 Abs. 1 BGB befreit.

bb) Konkretisierung, § 243 Abs. 2 BGB

Hat der Schuldner das zur Leistung einer Gattungsschuld seinerseits Erforderliche getan, so konkretisiert sich die Gattungsschuld auf eine Stückschuld, § 243 Abs. 2 BGB. **364**

Widerruf der Konkretisierung? **365**

Nach der h. A. ist die Konkretisierung unwiderruflich.[4] Denn § 243 Abs. 2 BGB dient zum Schutz des Gläubigers gegen Spekulationen des Schuldners. Dieser kann sich bis zur Konkretisierung die Sache aus der Gattung aussuchen. Er darf danach aber nicht mit der Ware auf Kosten des Gläubigers spekulieren. Eine Ausnahme wird nur zugelassen, wenn der Gläubiger keinerlei Interesse an den konkretisierten Gegenständen hat.

Nach anderer Ansicht ist die Konkretisierung nicht bindend,[5] da § 243 Abs. 2 BGB dem Schutz des Schuldners dient. Eine Ausnahme wird zugelassen, wenn der Gläubiger ein berechtigtes Interesse an dem konkretisierten Gegenstand hat.[6]

Der Unterschied der beiden Ansichten liegt lediglich in der Verteilung der Beweislast des Interesses des Gläubigers an dem konkretisierten Gegenstand. Denn derjenige, der sich auf eine für ihn vorteilhafte Tatsache beruft, hat diese zu beweisen. Nach h. A. hat daher der Schuldner, der die Konkretisierung widerrufen möchte, nachzuweisen, der Gläubiger habe keinerlei Interesse an dem konkretisierten Leistungsgegenstand. Nach der Gegenansicht muss der Gläubiger, der dem Widerruf der Konkretisierung entgegentritt, sein Interesse an dem konkretisierten Gegenstand beweisen.

Der Schuldner hat das seinerseits Erforderliche getan, wenn er alle diejenigen Leistungshandlungen erbringt, zu denen er verpflichtet ist und die keiner Mitwirkung des Gläubigers bedürfen (modifizierte Ausscheidungstheorie, h. A.).[7] **366**

Wann Konkretisierung eintritt, richtet sich nach dem vereinbarten Leistungsort: **367**

---

4 *Canaris*, JuS 2007, 793, 794 ff.

5 Jauernig/*Chr. Berger*, § 243 Rn. 11.

6 Vgl. *H. P. Westermann/Bydlinski/Weber*, BGB – Schuldrecht AT, 8. Auflage 2013, Rn. 3/15.

7 MüKo/*Emmerich*, § 243 Rn. 25; a. A. Lieferungstheorie, *U. Huber*, Festschrift für Ballerstedt, 1975, 327, 332 ff.; *Ernst*, Gedächtnisschrift für Brigitte Knobbe-Keuk, 1997, 49, 82 ff., demnach tritt die Konkretisierung erst mit Übergabe der Sache an den Gläubiger, mit Versendung bei der Schickschuld oder unter den Voraussetzungen von § 300 Abs. 2 BGB ein.

i) Zunächst muss der Schuldner den Gegenstand aus der Gattung *ausgesondert* haben.
ii) Als weiteres ist zu unterscheiden:
   - Holschuld: *Bereitstellen* der Leistung zur Abholung am Ort des Schuldners und *Benachrichtigung* des Gläubigers.[8]
   - Bringschuld: *Tatsächliches* Anbieten der Leistung am Ort des Gläubigers.[9]
   - Schickschuld: *Übergabe* der Leistung durch den Schuldner an die *Versandperson*.[10]

368 Im Ausgangsfall (Rn. 354) wurde eine Bringschuld vereinbart. Durch das Bereitstellen der Kartoffeln hatte der V noch nicht das seinerseits Erforderliche getan, denn er hätte die Kartoffeln dem K vorbeibringen müssen. Die zehn Zentner Kartoffeln wurden noch nicht konkretisiert. V ist weiterhin zur Leistung aus der Gattung in der Lage. § 275 Abs. 1 BGB ist nicht einschlägig. V bleibt zur Leistung verpflichtet.

In der Variante des Ausgangsfalls (Rn. 354) wurde eine Holschuld vereinbart. V schuldet nur das Bereitstellen der Kartoffeln und die Benachrichtigung des Gläubigers. Durch das Bereitstellen der Kartoffeln und dem Anruf des V bei K hat V das seinerseits Erforderliche getan. Nach § 243 Abs. 2 BGB wurde die Ware konkretisiert. Es liegt ab diesem Zeitpunkt eine Stückschuld vor. Indem die konkretisierten Kartoffeln zerstört wurden, wurde die geschuldete Leistung unmöglich. V wird nach § 275 Abs. 1 BGB von seiner Leistungspflicht frei.

c) Geldschuld

369 Der Schuldner einer Geldschuld ist verpflichtet, eine bestimmte Menge Geld zu leisten. Inhalt der Schuld ist dabei nicht ein bestimmtes Zahlungsmittel, sondern einen bestimmten Geldwert zu beschaffen. Der Schuldner hat, soweit nichts anderes vereinbart ist, nur Geld (Bargeld, Buchgeld, elektronisches Geld) zu leisten; das konkrete Zahlungsmittel ist nicht Inhalt der Schuld. Aufgrund dieser Besonderheit wird die Geldschuld nach ganz überwiegender Ansicht nicht als Sachschuld (konkret Gattungsschuld), sondern als *Wertverschaffungsschuld* qualifiziert.[11] Dabei wird wie folgt unterschieden: Entweder wird die Zahlung einer bestimmten Summe geschuldet (Geldsummenschuld) oder die Schuld ist auf einen in Geld zu berechnenden Wert gerichtet, wie Schadensersatz-, Wertersatz- oder Unterhaltsansprüche (Geldwertschuld).

---

8 MüKo/*Emmerich*, § 243 Rn. 29; nach der Lieferungstheorie ist die tatsächliche Übergabe an den Gläubiger oder Annahmeverzug erforderlich, *U. Huber*, Festschrift für Ballerstedt, 1975, 327, 337 f.

9 Es sei denn, der Gläubiger kommt auch ohne ein tatsächliches Angebot gemäß §§ 295 f. BGB in Annahmeverzug. In diesem Fall geht die Leistungsgefahr bereits aufgrund § 300 Abs. 2 BGB über; s. Rn. 473.

10 BGH, Urteil vom 16. Juli 2003, VIII ZR 302/02, NJW 2003, 3341 f.

11 Staudinger/*Omlor*, Vor §§ 244 ff. Rn. B2; H. P. *Westermann/Bydlinski/Weber*, BGB – Schuldrecht AT, 8. Auflage 2013, Rn. 3/18 ff., jedoch offengelassen (für das Recht der Unmöglichkeit) Rn. 7/31, Gattungsschuld oder Wertsummenschuld *sui generis*; a. A. *Fikentscher/Heinemann*, Schuldrecht, 11. Auflage 2017, Rn. 259, „Gattungsschuld besonderer Art"; *Fülbier*, NJW 1990, 2797 f. „neben Stückschuld und Gattungsschuld dritte Art der Sachschuld".

Keine Geldschuld im Sinne des Gesetzes liegt vor, wenn statt der Verschaffung eines reinen Wertes die Übereignung bestimmter Zahlungsmittel Gegenstand der Schuld ist. Ist ein bestimmtes Wertzeichen (Sammlermünze oder -geldschein) geschuldet, liegt eine Stückschuld vor (Münzstückschuld). Wird vereinbart, Stücke aus einer Geld- oder Münzsorte (echte Münzsortenschuld) zu liefern, oder wird die Erfüllung eines Sorten- oder Devisenkaufs geschuldet, liegt eine Gattungsschuld vor. **370**

Da die Geldschuld eine Wertverschaffungsschuld und keine Sachschuld ist,[12] sind die allgemeinen Vorschriften zur Modalität der Leistung sowie der Leistungsstörung auf die Geldschuld grundsätzlich nicht anwendbar. Einzelne Vorschriften werden aber analog herangezogen. Folgt man dieser herrschenden Meinung gilt im Einzelnen folgendes: **371**

i) § 243 Abs. 2 BGB ist auf die Geldschuld nicht anwendbar; d. h. eine Konkretisierung tritt nicht ein. § 270 Abs. 1 BGB geht vor, die Verlustgefahr trägt der Schuldner. (Beachte aber § 300 Abs. 2 BGB, Rn. 376.) **372**

Beispiel: S und G vereinbaren, dass G die ihm von S geschuldeten € 10 abholt. S legt die € 10 auf den Küchentisch und fordert G auf, sich das Geld abzuholen. Als G einen Tag später vorbeikommt, ist das Geld gestohlen. Aufgrund fehlender Konkretisierung liegt kein Fall der Unmöglichkeit vor.

ii) Die Geldschuld ist, soweit nichts anderes vereinbart wird, eine qualifizierte Schickschuld.[13] Wie bei der Schickschuld fallen Leistungs- und Erfolgsort auseinander. Der *Leistungsort* liegt beim Schuldner, der *Erfolgsort* beim Gläubiger. Die Besonderheit ist aufgrund § 270 Abs. 1 BGB, dass der Schuldner die Kosten der Übermittlung und die *Verlustgefahr* trägt. **373**

Beispiel: S schickt G Geld in einem Umschlag. Der Umschlag geht auf dem Postweg verloren. Wie bei der Bringschuld ist S nicht von seiner Leistungspflicht frei geworden und muss weiterhin zahlen.

Hingegen gilt § 270 Abs. 1 BGB nicht für die Gefahr des verspäteten Eingangs trotz rechtzeitiger Leistung. Die *Verzögerungsgefahr* liegt beim Gläubiger. Zahlt der Schuldner rechtzeitig, indem er das Geld vor Fristablauf abgesandt hat, und empfängt der Gläubiger die Zahlung verspätet, kommt der Schuldner nicht in Verzug. Dem Gläubiger die Verzögerungsgefahr zuzuweisen, ist mit Art. 3 Abs. 1 lit. c) ii) der EG-Zahlungsverzugsrichtlinie[14] vereinbar, da nach dieser kein Verzug eintritt, wenn der Schuldner nicht für die Zahlungsverzögerung verantwortlich ist.[15]

Beispiel: S tätigt die Überweisung des geschuldeten Betrags einen Tag vor Ablauf der Zahlungsfrist. G erhält das Geld erst einen Tag nach Fristablauf. S ist trotz des verspäteten Eingangs des Geldes nicht in Verzug geraten.

---

12 *Coester-Waltjen*, Jura 1998, 103; Jauernig/*Chr. Berger*, §§ 244, 245 Rn. 6; a. A. *Kähler*, AcP 206 (2006), 805 ff.

13 BGH, Urteil vom 5. Oktober 2016, VIII ZR 222/15, BGHZ 212, 140 Rn. 23 ff.; a. A. qualifizierte Bringschuld, *Schön*, AcP 198 (1998), 401, 443 ff.; *Herresthal*, ZGS 2008, 259, 260 ff., unter Hinweis auf Art. 3 Abs. 1 lit. c) ii) der EG-Zahlungsverzugsrichtlinie (Rl. 2000/35/EG vom 29. Juni 2000, ABl. EG L 200 vom 8. August 2000, 35) in der Auslegung des EuGH (Telekom, Urteil vom 3. April 2008, C-306/06, EuGHE 2008, I-1923 ff. Rn. 23 ff.).

14 Rl. 2000/35/EG vom 29. Juni 2000, ABl. EG L 200 vom 8. August 2000, 35.

15 BGH, Urteil vom 5. Oktober 2016, VIII ZR 222/15, BGHZ 212, 140 Rn. 25 ff.; a. A. modifizierte Bringschuld, *Schön*, AcP 198 (1998), 401, 443; *Herresthal*, ZGS 2008, 259, 260.

374 iii) Geldmangel entlastet nie („Geld hat man zu haben").[16] Das bedeutet, der Schuldner wird infolge seines Geldmangels nicht nach § 275 Abs. 1 und Abs. 2 BGB von seiner Leistungspflicht befreit. Bei einer Geldschuld übernimmt der Schuldner das Beschaffungsrisiko, § 276 Abs. 1 Satz 1 BGB.[17] Geldmangel hat der Schuldner daher stets zu vertreten.

Zahlt der Schuldner nicht, kann der Gläubiger Schadensersatz statt der Leistung unter den Voraussetzungen von §§ 280 Abs. 1 und 3, 281 BGB verlangen und vom Vertrag nach Maßgabe von § 323 BGB zurücktreten.[18]

375 iv) Im Zweifel kann eine Fremdwährung, die im Inland zu zahlen ist, auch in Euro gezahlt werden, § 244 BGB.

376 v) § 300 Abs. 2 BGB gilt für die Geldschuld analog. Das bedeutet, dass im Falle des Annahmeverzugs die Leistungsgefahr (s. Rn. 377 ff.) auf den Gläubiger übergeht.[19] Nur in diesem Fall kann es zur Anwendung von § 275 Abs. 1 BGB auf die Geldschuld kommen.

3. Gefahrtragung

377 Die Gefahrtragungsregeln entscheiden darüber, ob bei Untergang des Leistungsgegenstands der Gläubiger noch einmal die Leistung (Leistungsgefahr) und der Schuldner noch die Gegenleistung (Gegenleistungsgefahr) fordern kann.

▶ **Definition:** Gefahrtragung ist die Last (d. h. die ungünstige Rechtsfolge), einen durch zufälligen Untergang (Verschlechterung) einer Sache eingetretenen Nachteil endgültig tragen zu müssen.[20]

378 Grundsätzlich trägt jede Vertragspartei die Gefahr der eigenen Leistungsverpflichtung.

Beispiele: Der Verkäufer trägt die Leistungsgefahr, die Kaufsache zu übereignen (d. h. der Käufer kann vom Verkäufer die Übereignung der Kaufsache verlangen).

Der Käufer trägt die Gegenleistungs- oder Preisgefahr, den Kaufpreis für die Leistung des Verkäufers zu zahlen (d. h. der Verkäufer kann vom Käufer Zahlung des Kaufpreises verlangen).

Im Ausgangsfall (Rn. 354) regelt die Leistungsgefahr, ob V trotz Untergangs der zehn Zentner Kartoffeln weiterhin zur Lieferung verpflichtet ist. Gegenstand der Gegenleistungsgefahr ist, ob K noch den vereinbarten Kaufpreis zu zahlen hat.

---

16 Ständige Rechtsprechung, vgl. BGH, Urteil vom 10. Oktober 2008, V ZR 131/07, BGHZ 178, 182 Rn. 28.

17 Begründung des Rechtsausschusses, BT-Drs. 14/7052, S. 184.

18 Nur im seltenen Ausnahmefall von § 300 Abs. 2 BGB, wonach der Schuldner nach § 275 Abs. 1 BGB von der Leistungspflicht befreit ist, wäre ein Schadensersatzanspruch des Gläubigers nach §§ 280 Abs. 1 und Abs. 3, 283 BGB und eine Rückabwicklung nach § 326 Abs. 4 BGB denkbar; beachte aber § 300 Abs. 1 BGB.

19 Im Einzelnen zu § 300 Abs. 2 BGB s. Rn. 472 ff.

20 Jauernig/*Chr. Berger*, Vor §§ 446, 447 Rn. 1.

Eine terminologische Unterscheidung der Leistungs- und Gegenleistungsgefahr nimmt das Gesetz nicht vor. Welche Art der Gefahrtragung gemeint ist, ist durch Auslegung zu ermitteln. 379

Leistungsgefahr:	§ 275 Abs. 1 BGB (Grundnorm), §§ 243 Abs. 2, 300 Abs. 2 BGB (spezielle Normen).
Gegenleistungsgefahr:	§ 326 Abs. 1 Satz 1 BGB (Grundnorm), §§ 326 Abs. 2, 379 Abs. 2, 446 f., 536, 615 f. 644 Abs. 1 Satz 1, Satz 2, Abs. 2 BGB (spezielle Normen).

Die Grundnorm für die Regelung der *Leistungsgefahr* ist § 275 Abs. 1 BGB. Sie enthält die Rechtsfolge, dass der Schuldner von seiner Leistungsverpflichtung frei wird. Anders ausgedrückt bedeutet dies, nach § 275 Abs. 1 BGB geht die Leistungsgefahr vom Schuldner auf den Gläubiger über. Voraussetzung für den Übergang der Leistungsgefahr ist der Eintritt der Unmöglichkeit der Leistung. Der Gläubiger kann vom Schuldner aufgrund § 275 Abs. 1 BGB die Leistung nicht verlangen. Zudem besteht im Falle des zufälligen Untergangs kein Anspruch des Gläubigers auf Schadensersatz statt der Leistung nach §§ 280 Abs. 1 und Abs. 3, 283 BGB, da der Schuldner die Unmöglichkeit nicht zu vertreten hat. Entsprechend der oben genannten Definition trägt der Gläubiger endgültig den Nachteil, weder die Leistung noch Schadensersatz verlangen zu können. 380

Zu der in § 275 Abs. 1 BGB normierten Rechtsfolge der Leistungsbefreiung kommt es unter den folgenden speziellen Voraussetzungen:

- Untergang der konkretisierten Gattungsschuld, § 243 Abs. 2 BGB,[21]
- bei Annahmeverzug geht eine aus der Gattung zu erbringende, angebotene Leistung unter, § 300 Abs. 2 BGB.[22]

Die Grundnorm für den Übergang der *Gegenleistungsgefahr* ist in § 326 Abs. 1 Satz 1 BGB enthalten. Die Norm sieht als Rechtsfolge vor, dass derjenige, der nach § 275 Abs. 1 BGB nicht zu leisten braucht, seinen Anspruch auf die Gegenleistung verliert.[23] Die Gefahr, die Gegenleistung erbringen zu müssen, geht vom Schuldner auf den Gläubiger der untergegangenen Leistung über. Voraussetzung für den Übergang der Gegenleistungsgefahr ist der Übergang der Leistungsgefahr nach § 275 Abs. 1 BGB, es sei denn, der Gläubiger ist für den Eintritt der Unmöglichkeit verantwortlich oder es liegt Annahmeverzug vor, § 326 Abs. 2 Satz 1 BGB. Für spezielle Vertragstypen enthält das Gesetz in den §§ 446 f., 536, 615 f. 644 BGB spezielle Regelungen zum Übergang der Gegenleistungsgefahr. 381

Im Ausgangsfall (Rn. 354) besteht die Leistungspflicht des V fort, K muss weiterhin den Kaufpreis zahlen. Es liegt kein Fall der Unmöglichkeit vor. Eine Verlagerung der Ge- 382

21 S. Fall 36, Rn. 478.

22 S. Fall 36, Rn. 478.

23 „Schuldner" i. S. v. § 326 BGB ist der Gläubiger des Gegenleistungsanspruchs. Der Hintergrund dieses Verwirrspiels, das dem Anfänger das Verständnis von § 326 BGB erschwert, ist recht einfach: Schuldet der Verkäufer die Übereignung des Kaufgegenstands gegen Zahlung eines Kaufpreises, so ist der Verkäufer Schuldner des Übereignungsanspruchs und Gläubiger des Kaufpreiszahlungsanspruchs; vgl. auch *Coester-Waltjen*, Jura 2007, 110, der Gläubiger ist der Gegenleistungsschuldner.

fahrtragung findet nicht statt. Der V trägt die Leistungsgefahr, der K die Gegenleistungsgefahr für die Lieferung der Kaufsache.

In der Variante des Ausgangsfalles (Rn. 354) wird die auf eine Stückschuld konkretisierte Ware zerstört; die Leistungsgefahr geht nach § 275 Abs. 1 BGB auf K über. Denn V wird aufgrund § 275 Abs. 1 BGB von seiner Pflicht zur Leistung frei und muss keine Kartoffeln mehr liefern. Die Gegenleistungsgefahr trägt weiterhin K aufgrund § 326 Abs. 2 Satz 1 BGB, da er nach §§ 293 ff. BGB mit der Annahme der Leistung im Verzug ist, als die Kartoffeln ohne Verschulden des V zerstört wurden.[24] K bleibt verpflichtet, den Kaufpreis für die Kartoffeln zu zahlen.

▶ **Vertiefung:** Zur Gefahrtragung s. *Coester-Waltjen*, Jura 2006, 829 ff. und Jura 2007, 110 ff.; zu den Auswirkungen von Hol-, Schick- und Bringschuld auf Konkretisierung und Gefahrübergang s. *Bernhard*, JuS 2011, 9 ff.

II. Unmöglichkeit

383 Dem Schuldner kann die geschuldete Leistung unmöglich werden. Ist dies der Fall, wird der Schuldner zwar von seiner primären Leistungsverpflichtung frei, § 275 Abs. 1 BGB. Er haftet jedoch wegen des Eintritts der Unmöglichkeit dem Gläubiger auf Schadensersatz, §§ 280 Abs. 1 und Abs. 3, 283 BGB. Die Gegenleistungsgefahr, die Frage also, ob der Gläubiger trotz Befreiung des Schuldners von der primären Leistungspflicht weiterhin die Gegenleistung zu erbringen hat, richtet sich nach § 326 Abs. 1 und 2 BGB. Schließlich kann es aufgrund der Unmöglichkeit wegen § 326 Abs. 4 oder Abs. 5 BGB zu einem Rückabwicklungsschuldverhältnis nach §§ 346 ff. BGB kommen.

384 ▶ **Hinweis:** Der typische Klausuraufbau für Fälle, die § 275 BGB zum Gegenstand haben, entspricht dem folgenden Schema:
Es sollte stets mit den Ansprüchen gegen die Person, deren Leistungspflicht unmöglich geworden ist, begonnen werden. Ansonsten besteht die Gefahr, in der Klausur mit dem Aufbau (insbesondere wegen Einordnung der Gegenleistung i. S. v. § 326 Abs. 1 BGB) durcheinander zu kommen.

I. Anspruch Gläubiger (G) gegen Schuldner (S)

1. Anspruch aus Vertrag (z. B. Kaufvertrag, § 433 BGB; Dienstvertrag, § 611 BGB; Werkvertrag, § 631 BGB)

a) Anspruch entstanden
Hier liegen in erster Linie die Probleme im BGB AT.

b) Anspruch erloschen
§ 275 Abs. 1 BGB

Vor.:	Grundtatbestand:	Erlöschen des Anspruchs wegen (anfänglicher/nachträglicher, objektiver/subjektiver) Unmöglichkeit
	Spezielle Tatbestände:	Konkretisierung, § 243 Abs. 2 BGB Annahmeverzug, § 300 Abs. 2 BGB

c) Anspruch nicht durchsetzbar
§ 275 Abs. 2/3 BGB: Leistungsverweigerungsrecht des Schuldners wegen Unzumutbarkeit der Leistung

24 Im Einzelnen zum Annahmeverzug s. Rn. 467 ff.

2. §§ 280 Abs. 1 und Abs. 3, 283 BGB (nachträgliche Unmöglichkeit) *oder* § 311a Abs. 2 BGB (anfängliche Unmöglichkeit)
Anspruch des G gegen S auf Schadensersatz statt der Leistung wegen Unmöglichkeit

3. § 346 Abs. 1 BGB (im Grundfall[25] i. V. m. § 326 Abs. 4 BGB)
Anspruch des G gegen S auf Herausgabe der bereits erbrachten Gegenleistung
a) Rücktrittserklärung, § 349 BGB (im Grundfall von § 326 Abs. 4 BGB nicht erforderlich)
b) Rücktrittsrecht, § 326 Abs. 5 BGB (im Grundfall § 326 Abs. 4 BGB)

4. Zwischenergebnis

II. Gegenanspruch S gegen G
Anspruch aus Vertrag

a) Gegenanspruch entstanden

b) Gegenanspruch erloschen
§ 326 Abs. 1 Satz 1 BGB: grds. ja

Ausnahmen: § 326 Abs. 2 BGB (Gläubigerverschulden, Annahmeverzug)
§§ 446 f. BGB (Kaufvertrag)
§ 644 BGB (Werkvertrag)

III. Gesamtergebnis
Es kommt also bei den Ansprüchen des Gläubigers typischerweise zur Prüfung von zwei bis drei Anspruchsgrundlagen: Zunächst wird der vertragliche Primäranspruch geprüft (Erfüllung). Ist dieser wegen Unmöglichkeit untergegangen oder nicht durchsetzbar, folgt die Prüfung von vertraglichen Sekundäransprüchen (Schadensersatz statt der Leistung und/oder Rückabwicklungsansprüche). Sodann sind je nach Sachverhalt und Fallfrage die Auswirkungen auf die Gegenleistung zu prüfen.

1. Begriff der Unmöglichkeit

Die Unmöglichkeit kann auf tatsächlichen Gründen oder darauf beruhen, dass der Leistung ein dauerhaftes Rechtshindernis entgegensteht. Demgemäß wird zwischen tatsächlicher und rechtlicher Unmöglichkeit unterschieden. **385**

a) Tatsächliche Unmöglichkeit, § 275 Abs. 1 BGB

Tatsächliche Unmöglichkeit liegt vor, wenn die geschuldete Sache oder das geschuldete Recht untergegangen ist. **386**

Beispiel: A verkauft B seinen Wagen. Noch vor Übergabe des Wagens wird dieser zerstört.

Sie ist ferner anzunehmen, wenn sie nach den Naturgesetzen nicht erbracht werden kann.[26]

Beispiel: A verspricht B durch Einsatz magischer Kräfte (z.B. Kartenlegen) die Zukunft vorherzusagen.

25 Im Grundfall des § 326 Abs. 1 Satz 1 BGB erlischt die Pflicht zur Gegenleistung bei Eintritt der Unmöglichkeit; das Rückgewährschuldverhältnis entsteht nach § 326 Abs. 4 BGB kraft Gesetz.
26 BGH, Urteil vom 13. Januar 2011, III ZR 87/10, BGHZ 188, 71 Rn. 10.

Unmöglichkeit kann sich auch ergeben, wenn Gegenstand der Leistungspflicht ein unabänderlicher Erfüllungszeitraum ist und die Leistung in dieser Zeit nicht erbracht wird (absolutes Fixgeschäft).[27]

Beispiel: S und G vereinbaren die Lieferung eines Tannenbaums am Heiligabend. Die vereinbarte Leistungszeit ist unveränderlich. Am 25. Dezember kann die Verpflichtung zur Lieferung zu Heiligabend nicht mehr erbracht werden.

387 Keine Unmöglichkeit liegt hingegen vor, wenn die Leistungszeit nicht Gegenstand der Leistungspflicht oder veränderlich ist (z.B. Hochzeitstermin,[28] Abflugzeiten von Flugzeugen[29]) und so der Leistungserfolg noch herbeigeführt werden kann, der Gläubiger an der Leistung aber kein Interesse mehr hat. Der Schuldner bleibt weiterhin zur Leistung und der Gläubiger zur Gegenleistung verpflichtet (relatives Fixgeschäft, s. § 323 Abs. 2 Nr. 2 BGB).

Beispiel: S und G vereinbaren die Lieferung einer Torte zum 2. Dezember. Sie sind sich einig, dass das Geschäft mit Einhaltung des Termins stehen und fallen soll und G nach dem 2. Dezember an der Leistung kein Interesse mehr hat. S hält den Termin nicht ein.

b) Rechtliche Unmöglichkeit, § 275 Abs. 1 BGB

388 Rechtliche Unmöglichkeit liegt vor, wenn der Leistung dauerhafte Rechtshindernisse entgegenstehen. Dem Schuldner kann die Leistung rechtlich unmöglich sein, weil das Gesetz sie verbietet oder ein Zustand hergestellt würde, der von der Rechtsordnung nicht anerkannt wird.

Beispiele: V verkauft seinen Reisepass gegen Zahlung von € 500. Der Reisepass ist Eigentum der Bundesrepublik Deutschland und ist dem Geschäftsverkehr entzogen.

V verkauft seine Firma (Name, unter dem ein Kaufmann sein Geschäft betreibt) ohne das dazugehörende Handelsgeschäft. Der Erfüllung steht § 23 HGB entgegen.

c) Unmöglichkeit aufgrund Zweckstörung, § 275 Abs. 1 BGB

388a Unmöglichkeit kann auch eintreten, wenn zwar die Leistungshandlung weiterhin möglich ist, jedoch der Leistungserfolg nicht mehr herbeigeführt werden kann. Dies ist insbesondere der Fall, wenn der Zweck bereits ohne Zutun des Schuldners erreicht ist oder fortfällt.[30]

Beispiele: Der Patient erholt sich, bevor der gerufene Arzt eintrifft (Zweckerreichung).[31] Dem Arzt ist es unmöglich, den Patienten zu heilen, da er bereits ohne sein Zutun wieder gesund ist.

Das Haus, welches von M gestrichen werden soll, brennt ab, bevor M seine Arbeit beginnen kann (Zweckfortfall).[32] Dem M ist es nicht möglich, seine Verpflichtung, das Haus zu streichen, zu erfüllen, da das Haus nicht mehr existiert.

---

27 Eingehend hierzu *Dubovitskaya*, AcP 215 (2015), 582 ff.

28 Vgl. Eg. 47 der Verbraucherrechterichtlinie 2011/83/EU vom 25. Oktober 2011, ABl. EU vom 22. November 2011, L 304, 64 ff.

29 *Dubovitskaya*, AcP 215 (2015), 582, 600, 609.

30 BeckOK/*Lorenz*, § 275 Rn. 41.

31 *Wall*, ZGS 2011, 166, 169 mit weiteren Beispielen.

32 BeckOK/*Lorenz*, § 275 Rn. 41.

d) Praktische Unmöglichkeit, § 275 Abs. 2 BGB

Ist die Wahrscheinlichkeit des Leistungserfolges zwar theoretisch möglich, steht jedoch der damit verbundene Aufwand in einem offensichtlichen Missverhältnis zum Interesse des Gläubigers an der Leistung, liegt keine Unmöglichkeit vor. Dem Schuldner steht aber unter den Voraussetzungen des § 275 Abs. 2 BGB ein Leistungsverweigerungsrecht (Einrede) zu.[33] **389**

Beispiel: V verkauft K einen Ring, der noch vor Übergabe ins Meer fällt.[34]

Nach der alten Rechtslage wurde gemäß § 275 Abs. 1 BGB a.F. die praktische Unmöglichkeit der tatsächlichen Unmöglichkeit gleichgestellt.

Abgrenzung von § 275 Abs. 2 BGB zu § 275 Abs. 1 BGB **390**

Die Leistungserschwerung nach § 275 Abs. 2 BGB darf nicht der Unmöglichkeit nach § 275 Abs. 1 BGB gleichgestellt werden.[35] Der Schuldner trägt grundsätzlich das Risiko, dass seine Bemühungen um die Überwindung eines Leistungshindernisses fehlschlagen und der Aufwand hierfür vergeblich bleibt. Insofern steht der Schuldner bei behebbaren Leistungshindernissen u.U. schlechter als bei unbehebbaren. Der z. B. für € 11 000 an den Käufer K verkaufte Wagen, den K für € 14 000 bereits weiterverkauft hat, wird nach Abschluss des Kaufvertrages dem Verkäufer V gestohlen und taucht in Murmansk wieder auf, wobei die Rückführungskosten € 15 000 betragen. § 275 Abs. 2 BGB greift nicht, da kein grobes Missverhältnis des Aufwandes des Schuldners zum Leistungsinteresse des Gläubigers vorliegt (€ 4000 zu € 3000). Der Verkäufer ist weiterhin zur Leistung verpflichtet und erleidet einen Verlust in Höhe von € 4000 (Rückführungskosten minus Kaufpreis) statt von nur € 3000 (Weiterverkaufspreis minus Kaufpreis), was der Fall wäre, wenn er seine Leistung nach § 275 Abs. 2 BGB verweigern könnte und Schadensersatz statt der Leistung i. H. v. € 3000 nach §§ 280 Abs. 1 und Abs. 3, 283 BGB zu zahlen hätte.

▶ **Vertiefung:** Eingehend zu § 275 Abs. 2 BGB s. *Bernhard*, Jura 2006, 801 f.; *Mückl*, Jura 2005, 809 ff. und *Löhnig*, ZGS 2005, 459 ff.

e) „Wirtschaftliche Unmöglichkeit", § 313 BGB

Keine Unmöglichkeit liegt in den Fällen der sog. wirtschaftlichen Unmöglichkeit vor. Begründen unerwartete Ereignisse, für deren Eintritt keine Partei das Risiko übernommen hat, ein krasses Missverhältnis zwischen der Leistung und der Gegenleistung (Störung des Äquivalenzverhältnisses), ist die Leistung des Schuldners weiterhin möglich. Seine Leistungspflicht entfällt nicht nach § 275 Abs. 1 BGB. Der durch die Störung der Geschäftsgrundlage begünstigte Teil ist jedoch verpflichtet, bei der Anpassung des Vertrages nach § 313 Abs. 1 und 2 BGB mitzuwirken. Ein Rücktrittsrecht des benachtei- **391**

---

33 Ganz h.A., Palandt/*Grüneberg*, § 275 Rn. 32; MüKo/*Ernst*, § 275 Rn. 97; a. A. Gestaltungsrecht, *Freitag*, NJW 2014, 113, 114 f.

34 Regierungsbegründung, BT-Drs. 14/6040, S. 129 f.; hiergegen *Musielak*, JA 2011, 801, 806 ff.

35 *Canaris*, JZ 2004, 214 ff., a. A. *Picker*, JZ 2003, 1035, 1040, § 275 Abs. 1 und Abs. 2 BGB erweisen sich als perplexe Bestimmungen; *Ackermann*, JZ 2002, 378, 383 ff., der Schuldner wird von seiner Leistungspflicht frei, wenn der Leistungserfolg aus Gründen, die er nicht zu vertreten hat, nicht mit der versprochenen Leistungshandlung erreichbar ist; ebenso *Bernhard*, Jura 2006, 801, 806 ff. und *Musielak*, JA 2011, 801, 808 f., jedoch ohne Einschränkung auf nicht zu vertretende Leistungshindernisse.

ligten Teils entsteht aber nur, wenn die Vertragsanpassung unmöglich oder unzumutbar ist, § 313 Abs. 3 Satz 1 BGB.

Beispiel: Inflation, Ölkrise etc.

---

392 **Abgrenzung von § 275 Abs. 2 BGB zu § 313 BGB**

Die Abgrenzung von § 275 Abs. 2 BGB und § 313 BGB erfolgt anhand der Interessenberücksichtigung. Während im Rahmen von § 275 Abs. 2 BGB zur Bestimmung der Verhältnismäßigkeit des vom Schuldner zu erbringenden Aufwandes nur das Leistungsinteresse des Gläubigers als Bezugspunkt gewählt wird, …

Beispiel: Fällt der für € 2000 verkaufte Ring ins Meer, steigt der Aufwand des Schuldners, den Ring wieder an die Oberfläche zu holen, um den Kaufvertrag erfüllen zu können. Der Marktwert des Rings (Leistungsinteresse des Gläubigers) bleibt unverändert. Der Aufwand, den Ring an die Oberfläche zu holen (z. B. € 100 000), steht im groben Missverhältnis zum Wert des Ringes (z. B. € 1000) und bedeutet eine reine Ressourcenverschwendung. Nach § 275 Abs. 2 BGB bleibt das Leistungsinteresse des Schuldners außer Betracht; also ob für ihn der Aufwand erschwinglich ist, da er im Vergleich zur vereinbarten Gegenleistung (€ 2000) zu hoch ist und er ein Verlustgeschäft macht (Verlust von € 98 000).[36]

… werden im Rahmen der Äquivalenzstörung nach § 313 BGB die Interessen beider Vertragsparteien (Leistung und Gegenleistung) berücksichtigt.[37]

Beispiel: Bei Kriegsausbruch stehen der erhöhte Aufwand des Schuldners, die Sache bei konstanter Gegenleistung zu beschaffen (Leistungsinteresse des Schuldners) sowie der bei konstanter Gegenleistung stark gestiegene Marktwert der Sache (Leistungsinteresse des Gläubigers) außer Verhältnis. Für den Schuldner wird das Rechtsgeschäft unerschwinglich (z. B. weil er statt der veranschlagten Beschaffungskosten von € 1000 nunmehr € 50 000 aufbringen muss und ihm aufgrund der vereinbarten Gegenleistung in Höhe von € 2000 ein Verlust von € 48 000 droht). Für den Gläubiger wird das Rechtsgeschäft hingegen äußerst lukrativ (z. B. weil der Marktpreis der Sache auf € 60 000 steigt, er aber nur eine Gegenleistung in Höhe von € 2000 zu erbringen hätte). Es liegt ein Fall von § 313 BGB vor.

Sollte es doch zur Konkurrenz kommen, hat § 275 Abs. 2 BGB Vorrang vor § 313 BGB.[38] Der Vertrag ist nur dann nach § 313 BGB anzupassen, wenn der Anspruch gegen den Schuldner wegen unterlassener Erhebung der Einrede nach § 275 Abs. 2 BGB durchgesetzt werden kann.[39]

▶ **Vertiefung:** Grundfälle zur Störung der Geschäftsgrundlage, s. *Rösler*, JuS 2004, 1058 ff., insbesondere zur Abgrenzung von § 275 Abs. 2 und 3 BGB zu § 313 BGB, s. 1059 ff.

---

36 Vgl. *Canaris*, JZ 2004, 214, 220; a. A. *Ackermann*, JZ 2002, 378, 383 ff.; ferner s. Rn. 390.

37 *Rösler*, JuS 2004, 1058, 1059 ff.; vgl. hingegen *Stürner*, Jura 2010, 721 ff., welcher eine Abgrenzung nach der vertraglichen Risikostruktur vornimmt.

38 Regierungsbegründung, BT-Drs. 14/6040, S. 176; *Schulze/Ebers*, JuS 2004, 265, 266 f.; *Mückl*, Jura 2005, 809, 811; *H. P. Westermann/Bydlinski/Weber*, BGB – Schuldrecht AT, 8. Auflage 2013, Rn. 12/28.

39 Insofern steht dem Schuldner ein Wahlrecht zwischen § 275 Abs. 2 BGB und § 313 BGB zu, MüKo/*Ernst*, § 275 Rn. 23; nur im Ergebnis zutreffend *Schwarze*, Jura 2002, 73, 78; a. A. *H. P. Westermann/Bydlinski/Weber*, BGB – Schuldrecht AT, 8. Auflage 2013, Rn. 12/28.

2. Rechtsfolge des unmöglich gewordenen Erfüllungsanspruchs (Primäranspruch)

Es gilt der römische Rechtssatz *impossibilium nulla est obligatio* (niemand ist zu einer unmöglichen Leistung verpflichtet). Dem entspricht § 275 Abs. 1 BGB. Der Schuldner wird von seiner unmöglichen Leistungspflicht befreit. **393**

Die Leistungsbefreiung tritt selbst dann ein, wenn der Schuldner den Eintritt der Unmöglichkeit zu vertreten (§ 276 BGB) hat; er schuldet in diesem Fall jedoch Schadensersatz statt der Leistung nach §§ 280 Abs. 1 und Abs. 3, 283 BGB oder § 311a Abs. 2 BGB.

Der primäre Erfüllungsanspruch des Gläubigers gegen den Schuldner erlischt (entweder zeitgleich mit der Entstehung des Anspruchs bei anfänglicher Unmöglichkeit oder später bei Eintritt der nachträglichen Unmöglichkeit). **394**

Unterscheidung von anfänglicher/nachträglicher, objektiver/subjektiver Unmöglichkeit **394a**

§ 275 Abs. 1 BGB fasst zwar sämtliche Arten der Unmöglichkeit in einem Satz zusammen. Eine Differenzierung ist jedoch geboten, da es Unterschiede in deren rechtlicher Behandlung gibt:
Anfängliche Unmöglichkeit kann zum Schadensersatz nach § 311a BGB führen, *nachträgliche* Unmöglichkeit zu einem Schadensersatzanspruch nach §§ 280 Abs. 1 und Abs. 3, 283 BGB.
Objektive Unmöglichkeit ist per definitionem unbehebbar. Ist die Leistung objektiv möglich, kann der Schuldner das Leistungshindernis aber dauerhaft nicht beheben, liegt subjektive Unmöglichkeit vor. Ist das Hindernis behebbar, liegt keine Unmöglichkeit nach § 275 Abs. 1 BGB vor, es kommt jedoch eine Einrede nach § 275 Abs. 2 BGB in Betracht.

▶ **Hinweis:** Es empfiehlt sich daher in der Klausur bereits bei § 275 Abs. 1 BGB die Art der Unmöglichkeit zu bestimmen; zwingend erforderlich ist dies aufgrund der identischen Rechtsfolge des § 275 Abs. 1 BGB allerdings nicht.

a) Nachträgliche Unmöglichkeit

Wird die Leistung erst nach Abschluss des Vertrages unmöglich, erlischt die Leistungspflicht des Schuldners nach § 275 Abs. 1 BGB. Das Gesetz unterscheidet in § 275 Abs. 1 BGB, ob die Leistung für jedermann oder nur für den Schuldner unmöglich ist. **395**

aa) Objektive Unmöglichkeit

Objektive Unmöglichkeit liegt vor, wenn die Leistung niemandem möglich ist. **396**

> **Beispiel:** Der von V an K verkaufte Wagen wird vor der Übergabe völlig zerstört. Niemand kann K den Wagen mehr übergeben.

Der Schuldner wird von seiner Leistungsverpflichtung frei, § 275 Abs. 1 BGB.

bb) Subjektive Unmöglichkeit (Unvermögen)

Subjektive Unmöglichkeit (in Anlehnung an § 275 Abs. 2 BGB a.F. auch „Unvermögen" genannt) liegt vor, wenn die Leistung dem *Schuldner* unmöglich geworden ist. **397**

> **Beispiel:** Der von V an K verkaufte Wagen wird vor der Übergabe vom unbekannten Täter X gestohlen. V kann dem K den Wagen nicht mehr übergeben. X wäre hierzu in der Lage.

i) Schlechterdings unbehebbares Leistungshindernis, § 275 Abs. 1 BGB

398 Der Schuldner wird von seiner Leistungspflicht befreit, sofern er das Leistungshindernis dauerhaft nicht beheben kann, § 275 Abs. 1 BGB. Der Umfang der Leistungspflicht ist durch Vertragsauslegung zu ermitteln.

Beispiel: V kann X nicht ausfindig machen, um sich den Wagen zurückzuholen und sein Unvermögen zur Leistung zu beheben. Er wird von der Leistungspflicht nach § 275 Abs. 1 BGB frei.

ii) Behebbares Leistungshindernis, § 275 Abs. 2 und Abs. 3 BGB

399 Ist das Leistungshindernis behebbar, so liegt keine Unmöglichkeit nach § 275 Abs. 1 BGB vor. Der Schuldner, dem die Beseitigung des Leistungshindernisses aufgrund eines groben Missverhältnisses zum Leistungsinteresse des Gläubigers nicht zumutbar ist, kann die Leistung jedoch verweigern, § 275 Abs. 2 BGB. Bei der Bestimmung der dem Schuldner zuzumutenden Anstrengungen ist auch zu berücksichtigen, ob der Schuldner das Leistungshindernis nach § 276 BGB zu vertreten hat, § 275 Abs. 2 Satz 2 BGB.

Beispiele: Fälle der praktischen Unmöglichkeit (§ 275 Abs. 2 BGB), z. B. verkaufter Ring fällt ins Meer, Murmansk-Beispiel.[40]

400 Ist die Leistung persönlich zu erbringen, steht dem Schuldner eine Einrede nach § 275 Abs. 3 BGB zu, wenn sie ihm unter Abwägung des seiner Leistung entgegenstehenden Hindernisses mit dem Leistungsinteresse des Gläubigers nicht zuzumuten ist.

Beispiel: Sängerin verweigert den Auftritt, weil ihr Kind lebensgefährlich erkrankt ist (§ 275 Abs. 3 BGB).[41]

Im Gegensatz zu § 275 Abs. 1 BGB erlischt die Leistungspflicht des Schuldners nach § 275 Abs. 2, Abs. 3 BGB nicht per Gesetz. Sie ist lediglich nicht durchsetzbar, sofern der Schuldner seine Einrede nach § 275 Abs. 2, Abs. 3 BGB erhebt.

b) Anfängliche Unmöglichkeit, § 311a BGB

401 Anfängliche Unmöglichkeit liegt vor, wenn die geschuldete Leistung bereits bei Abschluss des Rechtsgeschäfts unmöglich war. Der Leistungsanspruch gegen den Schuldner ist gemäß § 275 Abs. 1 BGB ausgeschlossen, genau genommen entsteht er erst gar nicht.[42] Einen Einfluss auf die Wirksamkeit des Vertrages hat dies allerdings nicht, § 311a Abs. 1 BGB.

Auch bei der anfänglichen Unmöglichkeit empfiehlt es sich, wiederum zwischen objektiver und subjektiver Unmöglichkeit zu unterscheiden.

---

40 Rn. 390.

41 Regierungsbegründung, BT-Drs. 14/6040, S. 130.

42 Fälle der anfänglichen Unmöglichkeit sind rechtshindernde Einwendungen („Anspruch nicht entstanden"), Fälle der nachträglichen Unmöglichkeit rechtsvernichtende Einwendungen („Anspruch erloschen"); zum Begriff der Einwendung s. Rn. 345 ff.

aa) Anfänglich objektive Unmöglichkeit

Beispiel: V verkauft K das Raumschiff Enterprise. **402**

Der Vertrag ist wirksam, § 311a Abs. 1 BGB, die primäre Leistungspflicht entsteht jedoch nicht, § 275 Abs. 1 BGB.

bb) Anfänglich subjektive Unmöglichkeit

Bei anfänglich subjektiver Unmöglichkeit ist zu unterscheiden, ob das Leistungshindernis behebbar, § 275 Abs. 2 und Abs. 3 BGB, oder unbehebbar ist, § 275 Abs. 1 BGB. **403**

i) Schlechterdings unbehebbare, anfänglich subjektive Unmöglichkeit, § 275 Abs. 1 BGB

Ist es dem Schuldner bei Vertragsschluss dauerhaft nicht möglich, das Leistungshindernis zu beseitigen, ist er wegen anfänglich subjektiver Unmöglichkeit von seiner Leistungspflicht befreit, § 275 Abs. 1 BGB. **404**

Beispiel: V verkauft dem K das unverkäufliche Brandenburger Tor in Berlin.

ii) Behebbare, subjektive Unmöglichkeit, § 275 Abs. 2 und Abs. 3 BGB

Ist das Leistungshindernis behebbar, dem Schuldner die Beseitigung jedoch nach Treu und Glauben nicht zumutbar, da sie einen im Vergleich zum Leistungsinteresse des Gläubigers unverhältnismäßig hohen Aufwand erfordert, so kann er die Leistung verweigern, § 275 Abs. 2 und Abs. 3 BGB. **405**

Vertretenmüssen i. S. v. § 275 Abs. 2 Satz 2 BGB bei anfänglichem Leistungshindernis **406**

Bei der Bestimmung der Unverhältnismäßigkeit des vom Schuldner zu erbringenden Aufwands ist nach § 275 Abs. 2 Satz 2 BGB zu berücksichtigen, ob der Schuldner das Leistungshindernis zu vertreten hat. Fraglich ist, ob bei einem anfänglichen Leistungshindernis auf § 276 BGB oder § 311a Abs. 2 Satz 2 BGB (analog)[43] abzustellen ist.[44]

Beispiel: X stiehlt den Ring des V und lässt ihn versehentlich ins Meer fallen. V, der von dem Geschehen nichts weiß, verkauft kurze Zeit später den Ring an K.

Der Wortlaut von § 275 Abs. 2 Satz 2 BGB legt die Anwendung von § 276 BGB nahe. Demnach hätte der Schuldner das bei Vertragsschluss bestehende Leistungshindernis stets zu vertreten. Denn verpflichtet sich jemand zu einer Leistung, so verspricht er, dass er zum Zeitpunkt des Vertragsschlusses zur Leistung in der Lage ist. Er übernimmt eine Leistungsgarantie (§ 276 Abs. 1 Satz 1, 2. Hbs. BGB) und hat das Leistungshindernis zu vertreten, was bei der Interessenabwägung gegen ihn anzuführen wäre.

Die Gesetzessystematik spricht jedoch dafür, in analoger Anwendung von § 311a Abs. 2 Satz 2 BGB auf die Kenntnis des Leistungshindernisses abzustellen. Mit der Schuldrechtsreform wurde die nach altem Recht bestehende Garantiehaftung für den sekundärrechtlichen Schadensersatzanspruch bei anfänglichem Unvermögen durch § 311a Abs. 2 BGB abgeschafft.[45] Es wäre inkonsequent, den Garantiegedanken für den primärrechtlichen Erfüllungsanspruch aufrechtzuerhalten. Hinter § 275 Abs. 2 BGB steht die Überlegung, dass der Schuldner, der das Leistungshindernis zu vertreten hat, mindes-

---

43 *U. Huber*, Festschrift Schlechtriem, 2003, 521, 548 ff.; MüKo/*Ernst*, § 311a Rn. 44.

44 Der BGH hat dieses Problem bisher nicht angesprochen, vgl. Urteil vom 22. Juni 2005, VIII ZR 281/04, BGHZ 163, 234, 246.

45 Insofern a. A. *Sutschet*, NJW 2005, 1404, 1405 f.

tens das als zusätzlichen Aufwand zu leisten hat, was er ohnehin als Schadensersatz zu zahlen hätte.[46] Daher richtet sich bei anfänglicher Unmöglichkeit das Vertretenmüssen i. S. v. § 275 Abs. 2 Satz 2 BGB nach § 311a Abs. 2 Satz 2 BGB analog. Für die Bestimmung der Unverhältnismäßigkeit des Aufwands ist zu berücksichtigen, ob der Schuldner das anfängliche Leistungshindernis kannte oder hätte kennen müssen.

---

3. Sekundäransprüche wegen Unmöglichkeit und Auswirkungen auf die geschuldete Gegenleistung

407 Liegt ein Fall der Unmöglichkeit vor, so entsteht der unmöglich gewordene primäre Erfüllungsanspruch des Gläubigers gegen den Schuldner nicht,[47] oder er erlischt.[48] An seine Stelle treten unter bestimmten Voraussetzungen Sekundäransprüche des Gläubigers gegen den Schuldner, wie Schadensersatz statt der Leistung sowie Ansprüche aus dem wegen der Unmöglichkeit entstandenen Rückgewährschuldverhältnis. Schließlich sind die Auswirkungen der Unmöglichkeit auf die vom anderen Vertragsteil geschuldete Gegenleistung zu beachten.

a) Schadensersatzansprüche

aa) Nachträgliche Unmöglichkeit, §§ 280 Abs. 1 und Abs. 3, 283 BGB

408 Die Grundlage für einen Anspruch des Gläubigers gegen den Schuldner auf Schadensersatz statt der Leistung sind §§ 280 Abs. 1 und 3, 283 BGB.

---

409 **Gegenstand der Pflichtverletzung**

Die Pflichtverletzung i. S. v. § 280 Abs. 1 Satz 1 BGB liegt im Falle von § 283 BGB in dem Ausbleiben des Leistungserfolgs aufgrund Unmöglichkeit.[49] Diese Bedeutung des Begriffs „Pflichtverletzung" entspricht zwar nicht dem alltäglichen Sprachgebrauch. Demnach kann der Schuldner eine Pflicht nur durch sein Verhalten verletzen. Der bloße Eintritt der Unmöglichkeit zur Leistung reicht hierzu nicht. Die Gleichsetzung von Unmöglichkeit und Pflichtverletzung ergibt sich jedoch aus der Entwicklungsgeschichte[50] und der Systematik des Gesetzes und entspricht somit dem besonderen Sprachgebrauch des BGB.

---

410 Die Voraussetzungen für den Schadensersatzanspruch sind der Paragraphenkette von §§ 280 Abs. 1 und Abs. 3, 283 BGB zu entnehmen.

---

46 *U. Huber*, Festschrift Schlechtriem, 2003, 521, 561; Palandt/*Grüneberg*, § 275 Rn. 28; AnwKo/*Dauner-Lieb*, § 275 Rn. 46.

47 Bei anfänglicher Unmöglichkeit.

48 Bei nachträglicher Unmöglichkeit.

49 *Lorenz*, JuS 2007, 213 ff.; *Mückl*, JA 2004, 928, 930 ff.; MüKo/*Ernst*, § 283 Rn. 4; Staudinger/*Schwarze*, § 280 Rn. C 13; a. A. *Katzenstein*, Jura 2005 73, 75 und 217, 219, unter Pflichtverletzung ist das haftungsbegründende Verhalten, also die Herbeiführung der Unmöglichkeit zu verstehen; eine vermittelnde Ansicht kombiniert Nichterfüllung und Pflichtverletzung, *Harke*, JR 2006, 485, 488 f., aufgrund der vom Gläubiger darzulegenden und zu beweisenden Nichterfüllung wird die Pflichtverletzung als auch ihr Vertretenmüssen zu Lasten des Schuldners vermutet.

50 S. Regierungsbegründung, BT-Drs. 14/6040, S. 135 f.

1. §§ 280 Abs. 1 Satz 1, Abs. 3, 283 Satz 1 BGB (Pflichtverletzung)
Die Pflichtverletzung besteht darin, dass die Voraussetzungen vorliegen, gemäß denen der Schuldner nach § 275 Abs. 1 bis Abs. 3 BGB von seiner Leistungspflicht befreit ist. Es ist daher in der Klausur nicht etwa eine Pflichtverletzung (§ 280 Abs. 1 Satz 1 BGB) und zusätzlich die Unmöglichkeit (§§ 283, 275 Abs. 1 BGB) zu prüfen. Beide Tatbestandsmerkmale sind identisch, die Unmöglichkeit ist eine spezielle Form der Pflichtverletzung.

2. § 280 Abs. 1 Satz 2 BGB (Vertretenmüssen)
Der Schuldner muss nach § 276 BGB zu vertreten haben, dass er die Voraussetzungen für seine Leistungsbefreiung gemäß § 275 Abs. 1 bis Abs. 3 BGB herbeigeführt hat.

i) Vom Schuldner zu vertretende nachträgliche Unmöglichkeit, §§ 280 Abs. 1 und 3, 283 BGB

Fall 29: Der zerstörte Wagen 411

V verkauft K seinen Wagen für € 40 000, dessen tatsächlicher Wert sich auf € 50 000 beläuft. Noch vor Übergabe des Wagens wird dieser durch eine Unachtsamkeit des V völlig zerstört. Welche Ansprüche hat K gegen V?

Ansprüche K gegen V

1. § 433 Abs. 1 Satz 1 BGB
K könnte von V die Übereignung des Wagens aus dem Kaufvertrag nach § 433 Abs. 1 Satz 1 BGB verlangen.

a) Anspruch entstanden
Ein Vertrag über den Verkauf des Wagens an K ist zwischen beiden Parteien zustande gekommen. Der Anspruch des K auf Übereignung des Wagens ist entstanden.

b) Anspruch erloschen
Der Anspruch des K könnte nach § 275 Abs. 1 BGB erloschen sein. Dazu müsste die von V geschuldete Übereignung des Wagens für V oder für jedermann unmöglich geworden sein. Nach Abschluss des Kaufvertrages wurde der Wagen völlig zerstört, demnach ist die Übereignung des Wagens jedermann unmöglich. Ein Fall der nachträglich objektiven Unmöglichkeit liegt vor. Der Anspruch des K auf Übereignung des Wagens ist nach § 275 Abs. 1 BGB erloschen.
K kann von V nicht die Übereignung des Wagens nach § 433 Abs. 1 Satz 1 BGB verlangen.

2. §§ 280 Abs. 1 und Abs. 3, 283 Satz 1 BGB
K könnte von V Schadensersatz statt der Leistung nach §§ 280 Abs. 1 und 3, 283 Satz 1 BGB verlangen. Dazu müsste V von seiner Leistungsverpflichtung aufgrund § 275 Abs. 1 BGB wegen Unmöglichkeit befreit worden sein. Ferner müsste er die Herbeiführung der Unmöglichkeit zu vertreten haben.

a) Pflichtverletzung
Der V braucht den Wagen wegen nachträglich objektiver Unmöglichkeit nach § 275 Abs. 1 BGB nicht zu übereignen (s. o.). Eine Pflichtverletzung liegt vor.

b) Vertretenmüssen
V müsste die Herbeiführung der Unmöglichkeit zu vertreten haben. V's Unachtsamkeit führte zur völligen Zerstörung des Wagens. Er handelte fahrlässig und hat die Unmöglichkeit der Übereignung des Wagens an K nach § 276 Abs. 1 BGB zu vertreten.

Vertretenmüssen, § 280 Abs. 1 Satz 2 BGB 412

1. § 280 Abs. 1 Satz 2 BGB enthält aufgrund seiner negativen Formulierung eine Regelung zur Beweislastverteilung. Das Verschulden des Schuldners wird aufgrund seiner Pflichtverletzung

vermutet. § 280 Abs. 1 Satz 2 BGB ist eine materielle Einwendungsnorm.[51] Die Darlegungs- und Beweislast, dass er die Pflichtverletzung nicht zu vertreten hat, trifft den Schuldner (Beklagten).[52] Der Gläubiger (Kläger) muss nur die Pflichtverletzung und deren Ursächlichkeit für den eingetretenen Schaden darlegen und im Falle des Bestreitens beweisen. Sofern der Schuldner nicht darlegt und im Falle des Bestreitens nicht beweist, dass er die Pflichtverletzung nicht zu vertreten hat (oder sofern der Sachverhalt keine Hinweise auf ein Vertretenmüssen enthält), wird aufgrund der Pflichtverletzung vermutet, dass der Schuldner diese auch zu vertreten hat.

2. Zu vertreten hat der Schuldner nicht nur eigenes Verschulden nach § 276 BGB, sondern auch das Verschulden seines Erfüllungsgehilfen, § 278 BGB. Ist der Schuldner eine juristische Person (eingetragener Verein, Fiskus, Körperschaft öffentlichen Rechts), so ist ihr das Verschulden ihres Organs zuzurechnen, §§ 31, 89 BGB.[53] Für Kaufleute gilt die weitergehende Sorgfaltspflicht nach § 347 HGB.

Die Tatbestandsvoraussetzungen der §§ 280 Abs. 1 und 3, 283 BGB sind erfüllt.

c) Umfang des Schadensersatzanspruchs
K kann von V Schadensersatz statt der Leistung nach Maßgabe der §§ 249 ff. BGB verlangen. D. h. er kann von V statt der vertraglich versprochenen Leistung den Schaden ersetzt verlangen, den er durch die Nichterfüllung des Vertrages durch V erleidet (Erfüllungsinteresse oder positives Interesse). Hätte V den Vertrag erfüllt, hätte K einen Wagen für € 40 000 erhalten, der € 50 000 wert ist. K's Schaden beläuft sich somit auf den entgangenen Gewinn in Höhe von € 10 000, der gemäß § 252 BGB vom Schadensersatzanspruch umfasst ist. Die € 10 000 kann K von V ersetzt verlangen.

3. Ergebnis
K kann von V zwar nicht die Übereignung des Wagens nach § 433 Abs. 1 Satz 1 BGB verlangen. Dafür hat er aber einen Anspruch gegen V auf Schadensersatz statt der Leistung nach §§ 280 Abs. 1 und Abs. 3, 283 Satz 1 BGB in Höhe von € 100 000.

---

413 **Differenz- und Surrogations- (oder Austausch-)theorie**

In Abwandlung von Fall 29 besteht die Gegenleistung des K statt in der Kaufpreiszahlung in der Übereignung eines Bootes.

Die Differenz- und die Surrogationstheorie befassen sich mit der Frage, ob im Falle einer nachträglichen Unmöglichkeit oder Nichterbringung der Leistung des Schuldners …

(i) der Gläubiger seine Gegenleistung noch erbringen und dann Schadensersatz statt der Leistung in voller Höhe des Wertes der unmöglich gewordenen oder nicht erbrachten Leistung verlangen kann (Surrogationstheorie; in der Abwandlung von Fall 29 übereignet K dem V das Boot und verlangt Schadensersatz statt der Leistung in Höhe von € 50 000) oder

(ii) der Gläubiger seine eigene Leistung behalten muss und nur die Wertdifferenz zwischen seiner und der unmöglich gewordenen oder nicht erbrachten Leistung verlangen darf (Differenztheorie; in der Abwandlung von Fall 29 behält K sein Boot und verlangt Schadensersatz statt der Leistung in Höhe von € 10 000).

Nach der im alten Recht herrschenden Lehre galt die *modifizierte Differenztheorie*. Demnach konnte der Gläubiger, dessen Gegenleistung in einer Geldschuld besteht und er nicht vorgeleistet hatte, Schadensersatz wegen Nichterfüllung nur nach der Differenzmethode verlangen. Lediglich in Ausnahmefällen (insbesondere wenn die Gegenleistung des Gläubigers eine Sachschuld umfasst wie beim Tauschvertrag) wurde die Austauschmethode für zulässig erachtet. Die Differenztheorie hatte sich schon früh nach Inkrafttreten des BGB herausgebildet, um die als unbillig empfundene, damals

---

51 *Zieglmeier*, JuS 2007, 701 f.

52 *Faust* in: Huber/Faust, Schuldrechtsmodernisierung, 2002, 3. Kapitel Rn. 16.

53 S. Rn. 189.

geltende Alternativität von Rücktritt und Schadensersatz zu umgehen.[54] Denn nach der Differenztheorie kann der Gläubiger Schadensersatz verlangen und dennoch seine eigene Leistung behalten, was im Grunde einen Rücktritt voraussetzt. Im Ergebnis wurde es ihm somit ermöglicht, entgegen der Entscheidung des Gesetzes die Rechtsfolgen von Rücktritt und Schadensersatz zu kombinieren. Nach dem Gesetzeswortlaut im alten Recht galt grundsätzlich die Austauschmethode, zu der die von der Lehre entwickelte Differenzmethode hinzutrat. Im Laufe der Zeit verkehrte sich das Verhältnis der Berechnungsmethoden zueinander und es wurde grundsätzlich nur noch die Differenzmethode für zulässig erachtet (bildlich gesprochen: „Der fleischgewordene Schatten tötet seinen Herrn" frei nach Andersens Märchen „Der Schatten").[55]

Die Berechnung des Schadensersatzes statt der Leistung nach der Differenz- oder Austauschmethode ist im neuen Recht umstritten. Die einen setzen sich für ein freies Wahlrecht ein,[56] andere vertreten weiterhin die (modifizierte) Differenztheorie[57], wiederum andere im Grundsatz die Austauschmethode.[58] Eine Übersicht zu den vertretenen Ansichten bietet *Sutschet*, Jura 2006, 586 ff.

Ausschlaggebend für die Bemessung des Schadensersatzes sind die folgenden Normen:

(i) § 281 Abs. 4 BGB lässt nur den Leistungs- nicht jedoch den Gegenleistungsanspruch entfallen, wenn der Gläubiger im Falle der Nichtleistung Schadensersatz statt der Leistung verlangt.

(ii) Im Fall der Unmöglichkeit der primären Leistungspflicht erlischt der Gegenleistungsanspruch, § 326 Abs. 1 Satz 1 BGB. Der Gläubiger kann seine bereits bewirkte, nicht geschuldete Gegenleistung nach §§ 326 Abs. 4, 346 bis 348 BGB zurückfordern, ohne dass es einer Rücktrittserklärung bedarf. Dies gilt nur dann nicht, wenn der Gläubiger nach § 285 BGB die Herausgabe des Leistungssurrogats verlangt, § 326 Abs. 3 BGB.

(iii) Will der Gläubiger seine Gegenleistung nicht erbringen, kann er aufgrund § 325 BGB vom Vertrag zurücktreten und Schadensersatz verlangen.

Daher ist zu unterscheiden:

(i) Nichtleistung

Ist die Leistung möglich und verlangt der Gläubiger Schadensersatz statt der Leistung nach § 281 BGB entfällt seine Pflicht zur Gegenleistung nicht; § 281 Abs. 4 BGB gilt nur für den Anspruch auf die Leistung.[59] Der Schadensersatz berechnet sich nach der Austauschmethode. Will der Gläubiger seine Gegenleistung nicht erbringen und Schadensersatz nach der Differenzmethode verlangen, muss er zusätzlich vom Vertrag zurücktreten,[60] was nach § 325 BGB zulässig ist. Ihm steht daher im Ergebnis ein Wahlrecht zwischen Austausch- und Differenzmethode zu.

(ii) Unmöglichkeit

Ist die primäre Leistung unmöglich, entfällt kraft Gesetz der Anspruch auf die Gegenleistung, § 326 Abs. 1 Satz 1 BGB. Der Schadensersatz berechnet sich nach der Differenzmethode. Die Norm besagt jedoch nur, dass der Gläubiger nicht mehr leisten *muss*, nicht hingegen, dass er nicht mehr leisten

---

54 Im modernen Recht schließen sich Schadensersatz und Rücktritt im Grundsatz nicht aus, § 325 BGB.

55 Anschaulich *Manthe*, Festschrift Musielak, 2004, 337 ff.

56 MüKo/*Emmerich*, Vor § 281 Rn. 15; AnwKo/*Dauner-Lieb*, § 281 Rn. 61 ff.; *Lorenz/Riehm*, Lehrbuch zum neuen Schuldrecht, 2002, Rn. 211 ff.; *Reischl*, JuS 2003, 453, 459 f.; *Kleine/Scholl*, NJW 2006, 3462, 3464; *Arnold*, ZGS 2003, 427, 429 ff. mit der Einschränkung der Surrogationsmethode, wenn die Schuldnerleistung in einer Geldzahlung besteht; für den Fall der vom Schuldner zu vertretenen Unmöglichkeit MüKo/*Ernst*, § 326 Rn. 14 ff.; *Schmidt-Recla*, ZGS 2007, 181, 184 f.

57 *U. Huber*, AcP 210 (2010), 319, 335 ff.; *J. W. Flume*, AcP 215 (2015), 282, 332 ff.

58 MüKo/*Ernst*, § 325 Rn. 11; BeckOK/*H. Schmidt*, § 325 Rn. 5 f.; *Gsell*, JZ 2004, 643, 647.

59 MüKo/*Ernst*, § 325 Rn. 7; a. A. aufgrund des Synallagmas kommt es zum Erlöschen des Gegenleistungsanspruchs, ohne dass es eines Rücktritts bedarf, Staudinger/Schwarze, § 281 Rn. D 19, D 21; Palandt/*Grüneberg*, § 281 Rn. 52; *H. P. Westermann/Bydlinski/Weber*, BGB – Schuldrecht AT, 8. Auflage 2013, Rn. 8/65.

60 MüKo/*Ernst*, § 325 Rn. 8.

darf.[61] Der Gläubiger hat daher auch im Falle der Unmöglichkeit die Wahl, entweder seine Gegenleistung anzubieten und den Schadensersatz nach der Austauschmethode zu berechnen oder die Gegenleistung zurückzuhalten bzw. die bereits erbrachte Gegenleistung nach §§ 326 Abs. 4, 346 bis 348 BGB zurückzufordern und Schadensersatz nach der Differenzmethode zu verlangen.

▶ **Hinweis:** In der Klausur kann das Problem bei der Schadensberechnung (Schadensumfang) im Rahmen des Schadensersatzanspruchs angesprochen werden. Je nach Fallgestaltung mag es jedoch vorzugswürdiger sein, zunächst den vollen Schadensumfang zu benennen und erst beim Endergebnis (nachdem auch der Rücktritt sowie der Gegenanspruch geprüft wurde) im Rahmen der Anspruchskonkurrenz das Problem darzustellen und zu lösen.

ii) Vom Gläubiger zu vertretende nachträgliche Unmöglichkeit, § 326 Abs. 2 BGB

414 **Fall 30: Das geplatzte Konzert**

W soll in B's Konzertsaal am 2. Dezember gegen eine Vergütung von € 500 eine Aufführung geben. Durch B's Verschulden brennt der Saal am 1. Dezember ab. Wie ist die Rechtslage?

▶ **Hinweis:** Es ist dringend zu empfehlen, mit den Ansprüchen gegen die Vertragspartei zu beginnen, deren Leistungspflicht unmöglich geworden ist. Anderenfalls gerät ein Anfänger bei der Zuordnung von „Schuldner" und „Gegenleistung" in § 326 BGB leicht durcheinander.

I. Ansprüche B gegen W

1. § 631 Abs. 1 BGB
B könnte von W die Durchführung der Aufführung am 2. Dezember aus Werkvertrag verlangen, § 631 Abs. 1 BGB.

▶ **Hinweis:** Wird der Erfolg einer Handlung geschuldet, liegt ein Werkvertrag vor (s. § 631 Abs. 2 BGB). Hiervon abzugrenzen ist der Dienstvertrag (§§ 611 ff. BGB), wonach lediglich die Vornahme einer Handlung geschuldet ist. Im vorgenannten Fall schuldet W die Aufführung (der Erfolg) und nicht lediglich das instrumentale Spiel (eine Handlung).

a) Anspruch entstanden
Ein Werkvertrag ist zwischen W und B zustande gekommen. Der Anspruch des B gegen W ist entstanden.

b) Anspruch erloschen
Der Anspruch könnte aber wegen Unmöglichkeit untergegangen sein, § 275 Abs. 1 BGB. Der Konzertsaal ist nach Abschluss des Werkvertrages abgebrannt, somit können am 2. Dezember keine Aufführungen stattfinden. Die Durchführung der von W geschuldeten Aufführung am 2. Dezember ist nachträglich objektiv unmöglich geworden. Somit ist der Anspruch nach § 275 Abs. 1 BGB untergegangen. B hat gegen W aus § 631 Abs. 1 BGB keinen Anspruch auf die Durchführung des Konzerts.

2. §§ 280 Abs. 1 und Abs. 3, 283 Satz 1 BGB
B könnte gegen W einen Anspruch auf Schadensersatz statt der Leistung nach §§ 280 Abs. 1 und Abs. 3, 283 Satz 1 BGB haben. Eine Pflichtverletzung aufgrund nachträglicher Unmöglichkeit liegt vor (s. o.). Zudem müsste die Durchführung der Aufführung aufgrund eines Umstandes nachträglich unmöglich geworden sein, den W in einer von ihm zu vertretenden Weise herbeigeführt hat; §§ 280 Abs. 1 Satz 2, 276 BGB. Der Brand im Konzertsaal und somit der Eintritt der nachträglichen Unmöglichkeit des Auftritts ist von W nicht zu vertreten.

61 Staudinger/*Schwarze*, § 283 Rn. 54; *Faust*, Festschrift U. Huber, 2006, 239, 242; *Bredemeyer*, ZGS 2010, 10, 12; vgl. auch Erman/*H. P. Westermann*, § 283 Rn. 9; abweichend MüKo/*Ernst*, § 326 Rn. 14 ff., teleologische Reduktion von § 326 Abs. 1 Satz 1 BGB für die vom Schuldner zu vertretende Unmöglichkeit.

Ein Anspruch des B gegen W auf Schadensersatz gemäß §§ 280 Abs. 1 und 3, 283 Satz 1 BGB besteht nicht.

3. Zwischenergebnis
B hat keine Ansprüche gegen W.

II. Anspruch W gegen B

§ 631 Abs. 1 BGB
W könnte von B die vereinbarte Gegenleistung in Höhe von € 500 aus dem Werkvertrag verlangen, § 631 Abs. 1 BGB.

1. Anspruch entstanden
Ein Werkvertrag, wonach W in B's Konzertsaal ein Konzert gegen eine Vergütung von € 500 geben soll, ist zustande gekommen. Demnach ist W's Anspruch auf die Gegenleistung entstanden.

2. Anspruch erloschen
Der Anspruch auf die Gegenleistung könnte untergegangen sein, § 326 Abs. 1 Satz 1 BGB. Voraussetzung hierfür ist, dass W nach § 275 Abs. 1 BGB von seiner Leistungspflicht befreit ist. Dies ist der Fall (s. o.). Daher ist sein Gegenleistungsanspruch grundsätzlich erloschen. Der Anspruch bestünde aber unverändert fort, sofern die Unmöglichkeit der dem Schuldner obliegenden Leistung allein oder weit überwiegend vom Gläubiger zu vertreten ist, § 326 Abs. 2 Satz 1, 1. Alt. BGB. Das Abbrennen der Halle ist von B, dem Gläubiger der von W geschuldeten Leistung, aufgrund seines Verschuldens allein zu vertreten. Demnach behält W seinen Anspruch auf die Gegenleistung gemäß § 326 Abs. 2 Satz 1, 1. Alt. BGB.

W kann somit von B die vereinbarte Vergütung aus § 631 Abs. 1 BGB verlangen.

III. Gesamtergebnis
B hat keine Ansprüche gegen W. W hingegen kann von B Zahlung von € 500 aus dem Werkvertrag verlangen.

iii) Beiderseits nicht zu vertretende nachträgliche Unmöglichkeit, § 326 Abs. 1 BGB

Haben weder Schuldner noch Gläubiger die Unmöglichkeit der Leistung zu vertreten, 415
so erlischt nicht nur der Anspruch auf die unmögliche Leistung, § 275 Abs. 1 BGB, sondern auch der Anspruch auf die Gegenleistung, § 326 Abs. 1 Satz 1 BGB. Schadensersatzansprüche scheiden mangels Vertretenmüssens aus, § 280 Abs. 1 Satz 2 BGB.

Hätten weder W noch B das Abbrennen der Konzerthalle zu vertreten, wäre auch W's Anspruch auf die Vergütung aus dem Werkvertrag, § 631 Abs. 1 BGB, nach § 326 Abs. 1 Satz 1 BGB untergegangen.

Beiderseits zu vertretende Unmöglichkeit 416

Umstritten ist die Frage, welche Ansprüche den Parteien zustehen, wenn beide Seiten den Eintritt der Unmöglichkeit zu vertreten haben. Nach einer Ansicht bleibt der Anspruch des Schuldners auf die Gegenleistung des Gläubigers nach § 326 Abs. 1, Abs. 2 Satz 1, 1. Alt. BGB bestehen, sofern der Gläubiger den Eintritt der Unmöglichkeit weit überwiegend zu vertreten hat (Alles-oder-Nichts-Prinzip). Der Gläubiger hat einen Schadensersatzanspruch gegen den Schuldner nach §§ 280 Abs. 1 und 3, 283 BGB oder § 311a Abs. 2 BGB; aufgrund seines Mitverschuldens wird sein Schadensersatzanspruch jedoch nach § 254 BGB herabgesetzt.[62] Nach einer anderen Ansicht steht dem Schadensersatzanspruch des Gläubigers ein eigener Schadensersatzanspruch des Schuldners nach § 280 Abs. 1 BGB aufgrund § 283 BGB analog oder § 281 Abs. 1 BGB (Fristsetzung nach § 281 Abs. 2

---

62 *Gruber*, JuS 2002, 1066 ff.

BGB entbehrlich) gegenüber.[63] Die Begründung für die Konstruktion ist jedoch unklar. Vertreten wird auch, den Anspruch des Gläubigers aus §§ 280 Abs. 1, Abs. 3, 283, 254 BGB mit dem des Schuldners aus §§ 280 Abs. 1, 254 BGB wegen Verletzung der Nebenpflicht, keine Umstände zu schaffen, die zum Wegfall des Gegenanspruchs führen, zu saldieren.[64]
Allerdings zwingt das neue Recht nicht zu einer Neubewertung der Streitfrage.[65] Es gelten die zum alten Recht entwickelten Regeln fort;[66] d. h. die Ansprüche der Parteien gegeneinander werden wechselseitig nach § 254 BGB verkürzt und miteinander verrechnet. Da § 254 BGB nur auf Schadensersatzansprüche und nicht auf den primären Erfüllungsanspruch (hier: Gegenleistungsanspruch) anwendbar ist, bedarf es für diese Lösung einer analogen Anwendung von § 254 BGB oder einer teleologischen Reduktion von § 326 Abs. 1 BGB.

bb) Anfängliche Unmöglichkeit, § 311a Abs. 2 BGB

417 § 311a Abs. 2 BGB unterfällt als einziger Schadensersatzanspruch des allgemeinen Leistungsstörungsrechts nicht § 280 Abs. 1 BGB.[67] Daher ist als Anspruchsgrundlage lediglich § 311a Abs. 2 BGB als Ausgangsnorm zu nennen und nicht § 280 Abs. 1 und Abs. 3 BGB.

i) Anfängliche objektive Unmöglichkeit

418 Ist der Vertrag auf eine von Anfang an objektiv unmögliche Leistung gerichtet, so ist der Vertrag wirksam, § 311a Abs. 1 BGB. Der Schuldner ist von der Leistungspflicht befreit, § 275 Abs. 1 BGB, er haftet jedoch auf Schadensersatz statt der Leistung nach § 311a Abs. 2 BGB.

Beispiel: V verkauft K das Raumschiff Voyager.

K kann von V aufgrund § 275 Abs. 1 BGB zwar nicht das Raumschiff aus dem Kaufvertrag verlangen, allerdings hat er einen Anspruch auf Schadensersatz statt der Leistung, sofern V das Leistungshindernis bei Vertragsschluss kannte oder seine Unkenntnis nach § 276 Abs. 1 BGB zu vertreten hat, § 311a Abs. 2 BGB.

ii) Anfänglich subjektive Unmöglichkeit (Unvermögen)

419 Auch bei anfänglich subjektiver Unmöglichkeit (§ 275 Abs. 1 BGB) oder Unzumutbarkeit (§ 275 Abs. 2 oder Abs. 3 BGB) richtet sich der Schadensersatzanspruch nach § 311a Abs. 2 BGB.

420 **Fall 31: Brandenburger Tor**

V verkauft K das unverkäufliche Brandenburger Tor in Berlin. Welche Ansprüche hat K gegen V?

63 *Rauscher*, ZGS 2002, 333, 336.
64 So *Schulze/Ebers*, JuS 2004, 366, 368; AnwKo/*Dauner-Lieb*, § 326 Rn. 18 f.
65 Offengelassen BGH, Beschluss vom 11. November 2014, VIII ZR 37/14, Rn. 9 ff.
66 *Faust* in: Huber/Faust, Schuldrechtsmodernisierung, 2002, Rn. 7/44; *H. P. Westermann/Bydlinski/Weber*, BGB – Schuldrecht AT, 8. Auflage 2013, Rn. 7/75 ff.; zum alten Recht s. *U. Huber*, Leistungsstörungen, Band II, 1999, 738 ff.
67 Ganz h. A. *Canaris*, JZ 2001, 499, 507; *ders.* Festschrift Heldrich, 2005, 11, 34 f.; a. A. *Gieseler*, JR 2004, 133, 135 f.; MüKo/*Ernst*, § 311a Rn. 4, § 311a Abs. 2 BGB hat eine klarstellende Funktion.

Ansprüche K gegen V

1. § 433 Abs. 1 Satz 1 BGB
K könnte gegen V einen Anspruch auf Übereignung des Berliner Brandenburger Tors nach § 433 Abs. 1 Satz 1 BGB haben. Ein Kaufvertrag ist zustande gekommen. Allerdings könnte der Entstehung von V's Verpflichtung zur Übereignung § 275 Abs. 1 BGB entgegenstehen. Voraussetzung hierzu ist, dass die Übereignung des Brandenburger Tors anfänglich unmöglich ist. V ist bereits bei Abschluss des Vertrages nicht in der Lage, sich das Eigentum an dem unverkäuflichen Tor von dem Eigentümer zu beschaffen. Er kann das Brandenburger Tor daher nicht an K übereignen. Der Anspruch auf Übereignung entsteht wegen anfänglich subjektiver Unmöglichkeit nicht, § 275 Abs. 1 BGB. K kann von V aufgrund § 275 Abs. 1 BGB nicht die Übereignung des unverkäuflichen Brandenburger Tors nach § 433 Abs. 1 Satz 1 BGB verlangen.

2. § 311a Abs. 2 BGB
K könnte gegen V einen Anspruch auf Schadensersatz statt der Leistung nach § 311a Abs. 2 BGB haben. Voraussetzung hierfür ist, dass der Schuldner wegen anfänglicher Unmöglichkeit nach § 275 Abs. 1 BGB nicht zu leisten braucht und das Leistungshindernis bei Vertragsschluss kannte oder hätte kennen müssen, § 311a Abs. 2 Satz 2 BGB. V ist aufgrund § 275 Abs. 1 BGB von seiner Leistungspflicht wegen anfänglich subjektiver Unmöglichkeit befreit (s. o.). Es wird vermutet, dass er seine anfänglich subjektive Unmöglichkeit zur Übereignung des Brandenburger Tors kannte oder hätte kennen müssen.

▶ **Hinweis:** Die Kenntnis wird aufgrund der in der Gesetzesformulierung angelegten Beweislastverteilung vergleichbar zu § 280 Abs. 1 Satz 2 BGB (s. Rn. 412) vermutet.

Nach einer Gegenansicht habe die Schuldrechtsreform die Frage der anfänglichen Unmöglichkeit nicht geändert; dem Schuldversprechen wohne eine Leistungsgarantie inne, auf ein Verschulden (der Unkenntnis) käme es hiernach nicht an.[68] Allerdings setzt sich die Argumentation über den Wortlaut von §§ 275 Abs. 1, 311 Abs. 2 BGB hinweg. Die hergestellten Bezüge zur Regierungsbegründung sind verfehlt. Die Gegenansicht ist daher abzulehnen.

K hat daher einen Anspruch gegen V auf Schadensersatz statt der Leistung nach § 311a Abs. 2 BGB.

3. Ergebnis
K kann von V Schadensersatz statt der Leistung nach § 311a Abs. 2 BGB verlangen.

b) Aufwendungsersatz, § 284 BGB

Anstelle des Schadensersatzes statt der Leistung kann der Gläubiger nach § 284 BGB den Ersatz der Aufwendungen verlangen, die er im Vertrauen auf den Erhalt der Leistung gemacht hat und die sich wegen der Pflichtverletzung des Schuldners als nutzlos erweisen. Der Ersatzanspruch steht dem Gläubiger in voller Höhe zu, sofern er die Aufwendungen billigerweise machen durfte. Der Schuldner kann sich dem Anspruch entziehen, sofern er beweist, dass die Aufwendungen auch ohne seine Pflichtverletzung vergeblich gewesen wären. **420a**

Beispiel: K kauft den Gebrauchtwagen des V, der vor der Übergabe zerstört wird. In Erwartung des Kaufes hatte K eine Garage angemietet, für die er nunmehr keine Verwendung hat. Anstelle des Schadensersatzes statt der Leistung kann K die Mietkosten nach § 284 BGB ersetzt verlangen.

▶ **Vertiefung:** Zum Aufwendungsersatz s. *Lorenz*, JuS 2008, 673 f.

---

68 *Sutschet*, NJW 2005, 1404, 1405 f.

c) Rücktrittsrecht

421 Neben dem Anspruch auf Schadensersatz hat der Gläubiger ferner die Möglichkeit, seine bereits erbrachte Leistung nach § 346 Abs. 1 BGB zurückzuverlangen, indem er vom Vertrag zurücktritt. Dies stellt § 325 BGB ausdrücklich klar. Zu den Einzelheiten des Rücktritts soll weiter unten eingegangen werden.[69] Im Grundfall der Unmöglichkeit entfällt der Anspruch auf die Gegenleistung nach § 326 Abs. 1 Satz 1 BGB. Die bereits erbrachte Gegenleistung kann nach §§ 326 Abs. 4, 346 BGB zurückgefordert werden, ohne dass es einer Rücktrittserklärung bedarf. In besonderen Fällen besteht ein Rücktrittsrecht gemäß § 326 Abs. 5 BGB.

---

422 **Vorübergehende Unmöglichkeit**

Strittig ist die Bewertung der vorübergehenden Unmöglichkeit, z. B. wenn die verkaufte Ware aufgrund eines Krieges zeitweise nicht lieferbar ist. Im Anschluss an die alte Rechtslage entfällt die Leistungspflicht des Schuldners für die Dauer der Unmöglichkeit nach § 275 Abs. 1 BGB. Die weiteren Rechtsfolgen ergeben sich hingegen aus den Regeln zur Leistungsverzögerung (§§ 281, 286, 323 BGB) mit der Maßgabe, dass trotz der Anwendung von § 275 BGB, wonach der Schuldner von seiner Leistungspflicht befreit ist, angenommen wird, es bestünde eine fällige Leistungspflicht, wie es §§ 281 Abs. 1 Satz 1, 323 Abs. 1 BGB fordern.[70]

III. Leistungs- und Annahmeverzögerung

423 Aufgrund der Verzögerung des Schuldners, seine Leistung zu erbringen, können unter bestimmten Voraussetzungen Schadensersatzansprüche und ein Rücktrittsrecht entstehen. Verzögert der Gläubiger die Annahme der Leistung, so gerät er gemäß §§ 293 ff. BGB in Annahmeverzug.

1. Leistungsverzögerung durch den Schuldner

a) Rechtsfolgen im Überblick

424 Der Schuldner sieht sich aufgrund seiner Leistungsverzögerung mehreren möglichen Ansprüchen des Gläubigers ausgesetzt. Die wesentlichen Rechtsfolgen sind:

---

69 S. Rn. 500 ff.

70 *Canaris*, Festschrift U. Huber, 2006, 143, 159 f.; *Arnold*, JZ 2002, 866, 869; *Schulze/Ebers*, JuS 2004, 265, 267 f.; *Däubler*, Festschrift Heldrich, 2005, 55, 59 ff.; a. A. *Medicus*, Festschrift Heldrich, 2005, 347, 349 ff., der Leistungsanspruch ist solange nach § 275 Abs. 2 oder 3 BGB gehemmt, wie ein Abwarten zumutbar ist, in dieser Zeit kommen weder die Regeln der §§ 281, 323 BGB noch der §§ 283, 326 BGB zum Zuge.

aa) Anspruch auf Ersatz des Verzugsschadens, §§ 280 Abs. 1 und Abs. 2, 286 BGB

Der Gläubiger kann den Schaden, der durch die Verzögerung der Leistung entsteht, nach §§ 280 Abs. 1 und Abs. 2, 286 BGB ersetzt verlangen. Es handelt sich dabei um Schadensersatz „neben der Leistung". Der Anspruch auf die Leistung bleibt unberührt. **425**

Beispiel: S zahlt trotz Mahnung des V nicht. V nimmt daher anwaltliche Hilfe in Anspruch und verlangt die Rechtsanwaltskosten als Verzugsschaden von S ersetzt.

Die Anspruchsvoraussetzungen ergeben sich aus der Paragraphenkette von §§ 280 Abs. 1 und Abs. 2, 286 BGB. **426**

1. §§ 280 Abs. 1 Satz 1 und Abs. 2, 286 BGB (Pflichtverletzung)
Die Pflichtverletzung besteht aufgrund der Erfüllung des Verzugstatbestands nach § 286 BGB. Es ist daher in der Klausur nicht etwa Pflichtverletzung (§ 280 Abs. 1 Satz 1 BGB) und zusätzlich Schuldnerverzug (§§ 280 Abs. 2, 286 BGB) zu prüfen. Beide Tatbestandsmerkmale sind identisch, der Schuldnerverzug ist eine spezielle Form der Pflichtverletzung.
2. § 280 Abs. 1 Satz 2 BGB (Vertretenmüssen)
Der Schuldner muss den Schuldnerverzug zu vertreten haben.[71]

bb) Anspruch auf Zahlung von Verzugszinsen, § 288 BGB

Der Gläubiger kann ab Verzugseintritt Zinsen auf seine Hauptverbindlichkeit in Höhe von fünf Prozentpunkten über dem Basiszinssatz verlangen, § 288 BGB. **427**

Unter Kaufleuten besteht bereits ab Fälligkeit das Recht, den im Handelsverkehr im Vergleich zu § 246 BGB (4 %) erhöhten gesetzlichen Zinssatz von 5 % p.a. zu verlangen, §§ 353, 352 HGB.

cc) Haftungsverschärfung, § 287 BGB

Während des Verzugs haftet der Schuldner nach § 287 BGB strenger als nach der allgemeinen Vorschrift des § 276 BGB. **428**

dd) Anspruch auf Schadensersatz statt der Leistung, §§ 280 Abs. 1 und Abs. 3, 281 BGB

§§ 280 Abs. 1 und Abs. 3, 281 BGB gewähren dem Gläubiger einen Anspruch auf Schadensersatz statt der Leistung, sofern der Schuldner nicht innerhalb einer ihm vom Gläubiger gesetzten angemessenen Frist leistet. **429**

Beispiel: V verkauft K einen Pkw. V leistet trotz Fristsetzung durch K nicht. Nach Ablauf der Frist kauft K einen Pkw von D und verlangt von V die durch den Deckungskauf entstandenen Mehrkosten ersetzt.

Die Anspruchsvoraussetzungen ergeben sich aus der Paragraphenkette von §§ 280 Abs. 1 und Abs. 3, 281 Abs. 1 BGB. **430**

---

71 Zum Verhältnis von § 286 Abs. 4 BGB (Vertretenmüssen) zu § 280 Abs. 1 Satz 2 BGB (Vertretenmüssen) s. Rn. 444.

1. §§ 280 Abs. 1 Satz 1, Abs. 3, 281 Abs. 1 BGB (Pflichtverletzung)
Die Pflichtverletzung besteht aufgrund der Nichtleistung innerhalb einer erforderlichen angemessenen Frist. Es ist daher in der Klausur nicht etwa Pflichtverletzung (§ 280 Abs. 1 Satz 1 BGB) und zusätzlich die Nichtleistung innerhalb der Frist (§§ 280 Abs. 3, 281 Abs. 1 Satz 1 BGB) zu prüfen. Beide Tatbestandsmerkmale sind identisch; die nicht innerhalb der Frist erbrachte Leistung ist eine spezielle Form der Pflichtverletzung.

2. § 280 Abs. 1 Satz 2 BGB (Vertretenmüssen)
Der Schuldner muss es zu vertreten haben, dass er nicht innerhalb der Frist geleistet hat.

ee) Rücktrittsrecht, § 323 Abs. 1 BGB

431 § 323 Abs. 1 BGB bietet dem Gläubiger das Recht, vom Vertrag zurückzutreten, sofern der Schuldner nicht innerhalb einer ihm vom Gläubiger gesetzten angemessenen Frist leistet. Die Anspruchsgrundlage für die Rückabwicklung ergibt sich aus § 346 BGB.[72]

Beispiel: Im vorherigen Beispiel erklärt K den Rücktritt vom Vertrag und verlangt von V seine Anzahlung auf den Kaufpreis zurück.

b) Eintritt des Schuldnerverzugs, § 286 BGB

432 Voraussetzung für den Anspruch auf Ersatz des Verzögerungsschadens nach § 280 Abs. 1 und Abs. 2 BGB sowie auf die Zahlung von Verzugszinsen nach § 288 BGB ist der Eintritt des Verzugs gemäß § 286 BGB. Leistet demnach der Schuldner auf eine erforderliche Mahnung des Gläubigers auf eine fällige, durchsetzbare Leistungspflicht nicht, so kommt er durch die Mahnung in Verzug, es sei denn, dass er die Verzögerung nicht zu vertreten hat.

aa) Wirksamkeit des Anspruchs

433 Der Anspruch gegen den Schuldner muss wirksam entstanden sein. Hier sind in der Regel Probleme des Allgemeinen Teils des BGB anzusprechen. Der Anspruch darf auch nicht bereits erloschen sein.

Das bedeutet konkret:
- der Vertrag wurde wirksam abgeschlossen,
- Handlungen von Minderjährigen müssen wirksam sein,
- ein Stellvertreter muss den Geschäftsherrn wirksam vertreten haben,
- der Vertrag darf nicht wirksam angefochten worden sein,
- die Hauptleistungspflicht muss noch möglich sein.

bb) Fälligkeit, § 271 Abs. 1 BGB

434 Der gegen den Schuldner gerichtete Anspruch muss fällig sein, damit der Schuldner durch die Mahnung in Verzug gerät. Vor Eintritt der Fälligkeit ist der Verzug ausgeschlossen. Wann ein Anspruch fällig ist, richtet sich nach der Vereinbarung der Parteien. Ist

72 Näheres hierzu s. Rn. 500 ff.

der Parteivereinbarung keine Angabe zur Fälligkeit zu entnehmen, so ist im Zweifel anzunehmen, dass die Leistung sofort fällig wird, § 271 Abs. 1 BGB.

cc) Durchsetzbarkeit des Anspruchs

Der Anspruch gegen den Schuldner muss durchsetzbar sein. Ein Anspruch ist nicht durchsetzbar, sofern der Schuldner eine ihm zustehende Einrede[73] erhebt. **435**

Als mögliche Einreden kommen insbesondere in Betracht:
- Verjährung, § 214 Abs. 1 BGB,
- Unzumutbarkeit der Leistung, §§ 275 Abs. 2, Abs. 3, 439 Abs. 4 BGB,
- Stundung,
- Zurückbehaltung, § 273 BGB,
- Einrede des nicht erfüllten Vertrages, § 320 BGB.

dd) Mahnung

Der Verzug setzt grundsätzlich voraus, dass der Gläubiger den Schuldner zur Leistung aufgefordert hat (Mahnung), § 286 Abs. 1 Satz 1 BGB. Eine Mahnung ist keine Willenserklärung, sondern eine geschäftsähnliche Handlung.[74] Die Vorschriften über eine einseitige empfangsbedürftige Willenserklärung werden analog angewandt (z. B. §§ 104 ff., 130 ff., 164 ff. BGB). **436**

Die Mahnung darf gemäß dem Wortlaut von § 286 Abs. 1 Satz 1 BGB erst *nach* Eintritt der Fälligkeit erfolgen. Es genügt jedoch auch eine Mahnung, die gleichzeitig mit dem Eintritt der Fälligkeit ergeht.[75]

> **Beispiel:** Fälligkeit der Leistungspflicht mit Zugang der Rechnung, in der binnen Wochenfrist zur Zahlung aufgefordert wird.

Eine Mahnung, die *vor* Fälligkeit der Leistung erfolgt, ist wirkungslos und führt auch nicht nach Eintritt der Fälligkeit zum Verzug.

Einer Mahnung bedarf es nicht, wenn **437**
- die Leistung nach dem Kalender bestimmt ist, § 286 Abs. 2 Nr. 1 BGB;

  Beispiel: Zahlung am 2. Februar.

- der Leistung ein Ereignis vorauszugehen hat und eine angemessene Zeit für die Leistung in der Weise bestimmt ist, dass sie sich von dem Ereignis an nach dem Kalender berechnen lässt, § 286 Abs. 2 Nr. 2 BGB;

  Beispiel: Rückzahlung der Kaution drei Monate nach Kündigung des Mietvertrages, Zugang einer Rechnung.[76]

---

73 Zum Begriff der Einrede s. Rn. 348.
74 Zum Begriff der geschäftsähnlichen Handlung s. Rn. 65.
75 JurisPK/*Seichter*, § 286 Rn. 16.
76 BGH, Urteil vom 1. Februar 2007, III ZR 159/06, NJW 2007, 1581 Rn. 12.

Einseitige Festsetzung des Leistungsziels

Eine einseitige Erklärung (z.B. auf der Rechnung) reicht für die „Bestimmung" i.S.v. § 286 Abs. 2 Nr. 1 oder Nr. 2 BGB nicht aus; erforderlich ist eine vertragliche oder gesetzliche Bestimmung. Daher tritt kein Verzug ein, wenn eine die Lieferung begleitende Rechnung den vorab nicht vereinbarten Vermerk enthält „Zahlung bis zum 05.10.2004" (kein Fall von § 286 Abs. 2 Nr. 1 BGB)[77] oder „Zahlung binnen zwei Wochen" (kein Fall von § 286 Abs. 2 Nr. 2 BGB). Die Rechnung kann in der Regel auch nicht als Mahnung nach § 286 Abs. 1 Satz 1 BGB qualifiziert werden, da im Rechtsverkehr eine Rechnung üblicherweise nicht als Mahnung verstanden wird.[78] Durch Zusendung der Rechnung kann Verzug jedoch nach Ablauf von 30 Tagen gemäß § 286 Abs. 3 BGB eintreten (s.u.).

- der Schuldner die Leistung ernsthaft und endgültig verweigert, § 286 Abs. 2 Nr. 3 BGB;

Abgrenzung zum vorweggenommenen Vertragsbruch

§ 286 Abs. 2 BGB regelt nur die Entbehrlichkeit der Mahnung. Die Notwendigkeit der Fälligkeit gemäß § 286 Abs. 1 Satz 1 BGB bleibt unberührt. Erklärt der Schuldner vor Eintritt der Fälligkeit ernsthaft und endgültig, er werde bei Fälligkeit nicht leisten, liegt ein vorweggenommener Vertragsbruch (s. Rn. 454) und nicht Verzug vor. Der Gläubiger ist in diesem Fall berechtigt, vom Vertrag zurückzutreten und Schadensersatz statt der Leistung zu verlangen. Ein Anspruch auf Schadensersatz neben der Leistung gemäß §§ 280 Abs. 1 und Abs. 2, 286 BGB steht ihm hingegen nicht zu.[79]

- bei einer *Entgeltforderung* nach Zugang einer Rechnung 30 Tage verstrichen sind, § 286 Abs. 3 BGB (gilt bei Verbraucherverträgen nur, wenn der Verbraucher hierauf ausdrücklich hingewiesen wurde);

Entgeltforderungen sind sämtliche Geldforderungen mit Gegenleistungscharakter, z. B. Kaufpreis-, Dienstlohn- und Werklohnansprüche, nicht aber Schadensersatz-, Bereicherungs- und Darlehensrückzahlungsansprüche. Die Rechnung kann auch vor Fälligkeit zugehen. Allerdings beginnt der Lauf der Frist erst mit Eintritt der Fälligkeit.

- aus besonderen Gründen unter Abwägung der beiderseitigen Interessen der sofortige Eintritt des Verzugs gerechtfertigt ist (Generalklausel für Härtefälle), § 286 Abs. 2 Nr. 4 BGB.

  Beispiel: Treuwidrige Verhinderung der Mahnung, z. B. durch Verlassen einer SB-Tankstelle nach Beendigung des Tankvorgangs ohne zu bezahlen[80] oder durch Anzeige der angeblich erbrachten Leistung; besondere Dringlichkeit der Leistung.

ee) Vertretenmüssen, § 286 Abs. 4 BGB

438 Der Schuldner kommt nicht in Verzug, solange die Leistung infolge eines Umstandes unterbleibt, den er nicht zu vertreten hat, § 286 Abs. 4 BGB.

---

77 BGH, Urteil vom 25. Oktober 2007, III ZR 91/07, BGHZ 174, 77 Rn. 7 f.

78 BGH, Urteil vom 25. Oktober 2007, III ZR 91/07, BGHZ 174, 77 Rn. 11; Ausnahmefall s. BGH, Urteil vom 12. Juli 2006, X ZR 157/05, NJW 2006, 3271 Rn. 10.

79 Vgl. noch zum alten Recht BGH, Urteil vom 28. September 2007, V ZR 139/06, BB 2007, 2762 Rn. 11.

80 BGH, Urteil vom 4. Mai 2011, VIII ZR 171/10, ZGS 2011, 376 Rn. 18 ff.

Beispiel: S schuldet G, der in einem entlegenen Bergdorf wohnt, Lieferung einer Kücheneinrichtung zum 3. Dezember. Am 3. Dezember ist das Bergdorf des G völlig verschneit und von der Außenwelt abgeschnitten, so dass S, der von auswärts kommt, die Küche nicht mit seinem Lkw anliefern kann. Obwohl die Leistung zu der nach dem Kalender bestimmten Zeit ausbleibt, gerät S nicht in Verzug, da er es nicht zu vertreten hat, dass er den verschneiten Leistungsort nicht erreicht.

c) Beendigung des Schuldnerverzugs

Der Schuldnerverzug wird beendet, wenn die dem Verzug zugrundeliegende durchsetzbare, fällige Leistungspflicht entfällt oder der Gläubiger in Verzug mit der Annahme der Leistung gerät. **439**

Die Leistungspflicht entfällt insbesondere in den folgenden Fällen: **440**

- Erbringung der fälligen Leistung; erfüllt der Schuldner die Leistungspflicht, erlischt der Anspruch gegen ihn, § 362 Abs. 1 BGB und der Schuldnerverzug wird beendet.
- Eintritt der Unmöglichkeit der fälligen Leistung; mit Eintritt der Unmöglichkeit wird der Schuldner nach § 275 Abs. 1 BGB von seiner Leistungspflicht frei. Der Schuldnerverzug endet, der Schuldner haftet nunmehr nach §§ 280 Abs. 1 und 3, 283 BGB auf Schadensersatz statt der Leistung.
- Übergang des Gläubigers zu seinen Sekundäransprüchen wegen Nichtleistung; verlangt der Gläubiger nicht mehr die primäre Leistung, sondern macht er stattdessen seine sekundären Rechtsbehelfe geltend, indem er Schadensersatz statt der Leistung (§§ 280 Abs. 1 und Abs. 3, 281 BGB) verlangt und/oder vom Vertrag zurücktritt (§ 323 Abs. 1 BGB), so erlischt die primäre Leistungspflicht des Schuldners, § 281 Abs. 4 BGB. Der Schuldnerverzug wird beendet.

Schließlich wird der Schuldnerverzug beendet, sobald der Schuldner die Leistung dem Gläubiger in einer den Annahmeverzug begründenden Weise anbietet, §§ 293 ff. BGB (Annahmeverzug bricht Schuldnerverzug). **441**

▶ **Vertiefung:** Der Schuldner- und Annahmeverzug als Klausur aufgearbeitet s. *Jaensch*, Klausurensammlung, Fall 8: Pflanzenschmaus.

d) Rechtsfolgen der Leistungsverzögerung

aa) Ersatz des Verzugsschadens, §§ 280 Abs. 1 und Abs. 2, 286 BGB

Neben der Leistung kann der Gläubiger vom Schuldner nach §§ 280 Abs. 1 und Abs. 2, 286 BGB den Schaden ersetzt verlangen, den er durch die Leistungsverzögerung erlitten hat. **442**

Fall 32: Mahnkosten **443**

B beauftragt den Malermeister W mit Arbeiten in seiner Wohnung zum Festpreis von € 1000. Die Arbeiten sind am 30. November abgeschlossen und von B für gut befunden. Als B den vereinbarten Festpreis nach vier Wochen immer noch nicht zahlt, beauftragt W den Rechtsanwalt R mit der Durchsetzung seiner Forderung. Mit Faxschreiben vom 7. Januar fordert R den B auf, die Schuld zuzüglich 8 % Zinsen und den Kosten der anwaltlichen Mahnung unverzüglich zu begleichen. Zur Höhe der Zinsen wird ausgeführt, W nehme einen mit 8 % p.a. verzinslichen Bankkredit in Anspruch. Welche Ansprüche hat W gegen B?

Ansprüche W gegen B

1. § 631 Abs. 1 BGB
W könnte von B Zahlung der Vergütung in Höhe von € 1000 aus Werkvertrag nach § 631 Abs. 1 BGB verlangen. Ein Werkvertrag ist zwischen den Parteien zustande gekommen. Vereinbart wurde eine Vergütung in Höhe von € 1000.

Die Vergütung müsste auch nach § 641 Abs. 1 Satz 1 BGB fällig geworden sein. Dies setzt die Abnahme durch B nach § 640 BGB voraus. B befand die Arbeit des W für gut und hat somit W's Werk abgenommen. Der Anspruch auf Vergütung ist fällig geworden.

W kann von B Zahlung der Vergütung in Höhe von € 1000 nach § 631 Abs. 1 BGB verlangen.

2. §§ 280 Abs. 1 und Abs. 2, 286 BGB
W könnte von B ferner Ersatz des ihm durch die Verzögerung der Leistung entstandenen Schadens verlangen, §§ 280 Abs. 1 und Abs. 2, 286 BGB.

▶ **Hinweis:** Die Anspruchsvoraussetzungen ergeben sich aus der Paragraphenkette der §§ 280 Abs. 1 und Abs. 2, 286 BGB.[81]

a) Pflichtverletzung, §§ 280 Abs. 1 Satz 1 und Abs. 2, 286 BGB
Voraussetzung für den Schadensersatzanspruch ist, dass B in Verzug mit seiner Leistungspflicht ist, § 286 BGB. Verzug tritt ein, wenn der fällige und durchsetzbare Vergütungsanspruch angemahnt wurde, sofern eine Mahnung nicht entbehrlich ist. Der Vergütungsanspruch ist fällig (s. o.) und durchsetzbar. Eine Mahnung ist nicht nach § 286 Abs. 2 BGB entbehrlich. Es ist auch kein Verzug nach § 286 Abs. 3 BGB eingetreten. Die Mahnung war daher erforderlich. B wurde durch das anwaltliche Faxschreiben vom 7. Januar zur Zahlung gemahnt. B kam durch das anwaltliche Schreiben am 7. Januar in Verzug. Das Vertretenmüssen der Leistungsverzögerung wird vermutet, § 286 Abs. 4 BGB.

b) Vertretenmüssen, § 280 Abs. 1 Satz 2 BGB
Aufgrund der Pflichtverletzung wird das Vertretenmüssen des B vermutet, § 280 Abs. 1 Satz 2 BGB.

---

444 **Verhältnis von § 286 Abs. 4 BGB zu § 280 Abs. 1 Satz 2 BGB**

Im Rahmen des Schadensersatzanspruchs ist die Bedeutung von § 286 Abs. 4 BGB auf den ersten Blick verwirrend. So wurde teilweise davon ausgegangen, § 286 Abs. 4 BGB käme neben § 280 Abs. 1 Satz 2 BGB keine eigenständige Bedeutung zu, da § 280 Abs. 1 BGB die Anspruchsgrundlage bilde.[82] Allerdings setzt der Anspruch eine Pflichtverletzung voraus, § 280 Abs. 1 Satz 1 BGB, für die die zusätzlichen Voraussetzungen nach §§ 280 Abs. 2, 286 BGB gelten. Erst dann kommt es zur Prüfung des Vertretenmüssens der Pflichtverletzung nach § 280 Abs. 1 Satz 2 BGB. Demnach hat § 286 Abs. 4 BGB Vorrang vor § 280 Abs. 1 Satz 2 BGB.[83] § 286 Abs. 4 BGB kommt für den Zeitpunkt des Entlastungsbeweises Bedeutung zu.[84]
Daher ist zu unterscheiden: Tritt der Grund für das Ausbleiben der Leistung nach Verzugseintritt ein, so hat der Schuldner diesen auch bei Zufall gemäß §§ 287 Satz 2, 280 Abs. 1 Satz 2 BGB zu vertreten (z. B. der Kühlschrank wird trotz Mahnung nicht geliefert, als der Verkäufer liefern möchte, kann er den Leistungsort nicht erreichen, da die Zufahrtstraßen aufgrund einer mittlerweile eingetretenen Überschwemmung nicht befahrbar sind). Tritt der Grund für das Ausbleiben der Leistung vor Verzugseintritt ein, so gerät der Schuldner wegen § 286 Abs. 4 BGB nicht in

---

81 Zu den Anspruchsvoraussetzungen s. Rn. 426.
82 So noch *Brox/Walker*, Allgemeines Schuldrecht, 30. Auflage 2004, § 23 Rn. 29; *Looschelders*, Schuldrecht AT, 4. Auflage 2006, Rn. 583; vgl. auch *Schmidt-Rögnitz*, Übungen im Wirtschaftsprivatrecht, 2003, 127 Fn. 13.
83 *Kohler*, JZ 2004, 961, 962 ff.
84 *Brox/Walker*, Allgemeines Schuldrecht, 41. Auflage 2017, § 23 Rn. 29; *Looschelders*, Schuldrecht AT, 15. Auflage 2017, Rn. 558.

Verzug, eine Pflichtverletzung nach § 280 Abs. 1 Satz 1, Abs. 2 BGB liegt nicht vor (z. B. im oben genannten Fall sind die Zufahrtstraßen bereits beim Zugang der Mahnung wegen Überschwemmung nicht befahrbar). Mangels Pflichtverletzung ist für § 280 Abs. 1 Satz 2 BGB kein Raum.

---

c) Umfang des Schadensersatzanspruchs, §§ 249 ff. BGB
W kann den Schaden ersetzt verlangen, der durch den Verzug des B entstanden ist. Der Umfang des Schadensersatzanspruchs richtet sich nach §§ 249 ff. BGB. B schuldet daher Naturalrestitution oder den hierfür erforderlichen Geldbetrag. W verlangt Ersatz von Kreditzinsen in Höhe von 8 % p.a. auf € 1000 und Ersatz der entstandenen Anwaltskosten. Bei rechtzeitiger Zahlung hätte W den Kredit in Höhe von € 1000 zurückführen können. Daher kann er 8 % auf € 1000 ab dem Verzugseintritt am 7. Januar ersetzt verlangen. Fraglich ist, ob W auch die Anwaltskosten ersetzt verlangen kann. Diese Kosten sind nicht durch den Verzug entstanden, sondern durch die Mahnung, die den Verzug begründet hat. Die Kosten der den Verzug begründenden Mahnung sind nicht ersetzbar.[85]

▶ **Hinweis:** Mahnkosten kann der Gläubiger nur nach § 280 Abs. 1 und 2 BGB ersetzt verlangen, wenn der Schuldner zum Zeitpunkt der Mahnung bereits in Verzug war,[86] etwa bei einer zweiten Mahnung, wenn eine Mahnung nach § 286 Abs. 2 BGB entbehrlich war oder der Verzug nach § 286 Abs. 3 BGB eingetreten ist. **445**

W kann somit von B nur 8 % Zinsen auf € 1000 ab dem 7. Januar nach §§ 280 Abs. 1 und Abs. 2, 286 BGB verlangen.

3. §§ 641 Abs. 4, 246 BGB
Ferner kann W von B nach §§ 641 Abs. 4, 246 BGB den gesetzlichen Zinssatz in Höhe von 4 % auf € 1000 seit der Abnahme am 30. November verlangen.

4. Verzugszinsen, § 288 BGB
(S. hierzu im Folgenden unter Rn. 447.)

5. Ergebnis
W kann von B Zahlung der Vergütung in Höhe von € 1000 nach § 631 Abs. 1 BGB, 8 % Zinsen auf € 1000 ab dem 7. Januar nach §§ 280 Abs. 1 und Abs. 2, 286 BGB, sowie nach §§ 641 Abs. 4, 246 BGB den gesetzlichen Zinssatz in Höhe von 4 % auf € 1000 von der Abnahme am 30. November bis zum Eintritt des Verzugs am 7. Januar verlangen. Ab Verzugseintritt besteht Anspruchskonkurrenz zwischen dem Anspruch aus §§ 641 Abs. 4, 246 BGB und §§ 280 Abs. 1 und Abs. 2, 286 BGB, die Zinssätze addieren sich nicht.

Sofern der Verzugszins nach § 288 BGB über 8 % liegt, kann W statt des Verzugsschadens Zinsen nach § 288 Abs. 1, Abs. 2 BGB verlangen.

bb) Verzugszinsen, § 288 BGB

Ab Verzugseintritt kann der Gläubiger nach § 288 Abs. 2 BGB, soweit er nicht aus anderen Rechtsgründen – z. B. über §§ 280 Abs. 1 und Abs. 2, 286 BGB als Verzugsschaden – höhere Zinsen beanspruchen kann, Zinsen in der Höhe von neun Prozentpunkten über dem Basiszinssatz[87] auf die ihm geschuldete Geldsumme verlangen. Zudem kann der Gläubiger eine Pauschale in Höhe von 40 € verlangen, die er sich aber auf **446**

---

85 *Bredemeyer*, ZGS 2010, 10, 11.
86 Staudinger/*Löwisch-Feldmann*, § 286 Rn. 221; Palandt/*Grüneberg*, § 286 Rn. 45; kritisch aufgrund der Zahlungsverzugsrichtlinie (Rl. 2000/35/EG vom 29. Juni 2000, ABl. EG L 200 vom 8. August 2000, 35) *H. P. Westermann/Bydlinski/Weber*, BGB – Schuldrecht AT, 8. Auflage 2013, Rn. 8/42.
87 Der Basiszinssatz wird halbjährlich von der Bundesbank festgesetzt und unter www. bundesbank. de veröffentlicht.

etwaige Schadensersatzansprüche anrechnen lassen muss, § 288 Abs. 5 BGB. Sofern ein Verbraucher beteiligt ist, beträgt der Verzugszins nach § 288 Abs. 1 Satz 2 BGB nur fünf Prozentpunkte über dem Basiszinssatz. Gegen einen Verbraucher besteht kein Anspruch auf die Pauschale in Höhe von 40 €.

447 Im Fall 32 hat W nach §§ 280 Abs. 1 und Abs. 2, 286 BGB einen Anspruch auf Ersatz der Kreditzinsen in Höhe von 8 % ab Verzugseintritt am 7. Januar. Höhere Verzugszinsen nach § 288 Abs. 1 BGB kann W von B, sofern B Verbraucher ist, ab Verzugseintritt gemäß § 288 Abs. 2 BGB nur verlangen, wenn der Basiszinssatz höher als 3 % wäre. Ist B kein Verbraucher, würde W über § 288 Abs. 1 Satz 1, Abs. 2 BGB einen höheren Zinssatz als nach §§ 280 Abs. 1 und Abs. 2, 286 BGB erhalten, es sei denn, der Basiszins läge bei 0 %.

cc) Haftungsverschärfung, § 287 BGB

448 Während seines Verzugs haftet der Schuldner verschärft. Er hat in den Fällen, in denen er aufgrund gesetzlicher Regelungen oder vertraglicher Vereinbarung sonst nur für grobe Fahrlässigkeit oder für die Sorgfalt in eigenen Angelegenheiten (§ 277 BGB) einzustehen hat, jede Art von Fahrlässigkeit, d. h. auch leichte, zu vertreten, § 287 Satz 1 BGB. Da der Schuldner im Falle des Eintritts der Unmöglichkeit nach § 287 Satz 2 BGB auch für Zufall haftet, hat § 287 Satz 1 BGB nur für solche Schäden eine eigenständige Bedeutung, die nicht auf der Unmöglichkeit der Leistung beruhen.

Die Schuldnerhaftung kann durch Vertrag oder durch Gesetz eingeschränkt werden. So haben Schenker (§ 521 BGB), Verleiher (§ 599 BGB), Geschäftsführer ohne Auftrag zur Abwehr einer dem Geschäftsherrn drohenden dringenden Gefahr (§ 680 BGB) und Finder (§ 968 BGB) neben Vorsatz nur grobe Fahrlässigkeit zu vertreten. Eine Haftung für die Sorgfalt in eigenen Angelegenheiten besteht z. B. in den Fällen des gesetzlichen Rücktrittsrechts (§ 346 Abs. 3 Satz 1 Nr. 3 BGB), der unentgeltlichen Verwahrung (§ 690 BGB) und für den BGB-Gesellschafter (§ 708 BGB). Befindet sich der Schuldner in den vorgenannten Fällen in Verzug, entfällt nach § 287 Satz 1 BGB die Haftungserleichterung.

449 Der Schuldner haftet nach § 287 Satz 2 BGB verschuldensunabhängig, wenn seine Leistungspflicht während des Verzugs sich verschlechtert oder unmöglich geworden ist, es sei denn, dass der Schaden auch bei rechtzeitiger Leistung eingetreten wäre.

Besteht ein Anspruch auf Schadensersatz statt der Leistung bei nachträglicher Unmöglichkeit nach §§ 280 Abs. 1 und Abs. 3, 283 Satz 1 BGB grundsätzlich nur, wenn der Schuldner den Eintritt der Unmöglichkeit zu vertreten hat (§§ 280 Abs. 1 Satz 2, 276 BGB), so haftet der sich in Verzug befindliche Schuldner aufgrund § 287 Satz 2 BGB auf Schadensersatz statt der Leistung auch bei zufälliger Unmöglichkeit, sofern die Unmöglichkeit nicht auch bei rechtzeitiger Leistung eingetreten wäre.

> **Beispiel:** V verkauft K seine Briefmarkensammlung. Am 1. Februar gerät er mit seiner Verpflichtung zur Übereignung der Sammlung in Verzug. Am 2. Februar schlägt der Blitz in das Haus des V ein, welches samt der Briefmarkensammlung abbrennt. K kann von V Schadensersatz statt der Leistung nach §§ 280 Abs. 1 und Abs. 3, 283 Satz 1 BGB verlangen. Auf ein nach §§ 280 Abs. 1 Satz 2, 276 BGB vorausgesetztes Verschulden des V kommt es aufgrund § 287 Satz 2 BGB nicht an, es sei denn, die Briefmarkensammlung wäre auch bei rechtzeitiger Übereignung an K verbrannt, z. B. weil K im Haus des V wohnt und auch seine Wohnung abbrennt.

§ 287 BGB ist abdingbar. Ein Haftungsausschluss durch AGB ist nur für leichte Fahrlässigkeit zulässig, § 309 Nr. 8 b) i. V. m. Nr. 7 BGB.

dd) Schadensersatz statt der Leistung, §§ 280 Abs. 1 und 3, 281 BGB

Besteht die Pflichtverletzung (§ 280 Abs. 1 Satz 1 BGB) in einer bloßen Nichtleistung, so berechtigt dieser Umstand allein den Gläubiger noch nicht, sich vom Vertrag zu lösen und *statt* der Leistung Schadensersatz zu verlangen. Infolge von § 280 Abs. 3 BGB sind hierzu weitere Voraussetzungen erforderlich. Gemäß §§ 280 Abs. 1 und Abs. 3, 281 Abs. 1 Satz 1 BGB kann der Gläubiger Schadensersatz statt der Leistung erst dann verlangen, wenn er dem Schuldner einer fälligen und durchsetzbaren Leistungspflicht erfolglos eine angemessene Frist gesetzt hat, es sei denn, die Fristsetzung ist ausnahmsweise entbehrlich, § 281 Abs. 2 BGB. Für eine angemessene Frist genügt es, wenn der Gläubiger die sofortige, unverzügliche oder umgehende Leistung verlangt und so dem Schuldner deutlich macht, dass ihm für die Erfüllung nur ein begrenzter, bestimmbarer Zeitraum zur Verfügung steht. Die Angabe eines bestimmten Zeitraums oder Endtermins bedarf es nicht.[88] **450**

Anstelle des Schadensersatzes statt der Leistung kann der Gläubiger Aufwendungsersatz nach § 284 BGB verlangen (s. Rn. 420a).

i) Entbehrlichkeit der Frist

Einer Fristsetzung bedarf es gemäß § 281 Abs. 2 BGB nicht, wenn der Schuldner die Leistung ernsthaft und endgültig verweigert (1. Var.) oder wenn besondere Umstände vorliegen, die unter Abwägung der beiderseitigen Interessen die sofortige Geltendmachung des Schadensersatzanspruchs rechtfertigen (Generalklausel, 2. Var.).[89] **451**

Relatives Fixgeschäft **452**

Sofern nach einer Mitteilung des Gläubigers vor Vertragsschluss oder auf Grund anderer den Vertragsabschluss begleitenden Umstände die termingerechte Leistung für den Gläubiger wesentlich ist, (relatives Fixgeschäft), hat der Gläubiger bei Nichteinhaltung des Termins gemäß § 323 Abs. 2 Nr. 2 BGB das Recht, ohne Fristsetzung vom Vertrag zurückzutreten. Eine dem Rücktritt entsprechende Regelung enthält § 281 Abs. 2 BGB nicht, obwohl die §§ 281 bis 283 BGB und §§ 323 f., 326 BGB ansonsten weitgehend gleichförmig aufgebaut sind. Dieser gleichförmige Aufbau hat seinen Grund in § 325 BGB. Danach kann der Gläubiger Rücktritt und Schadensersatz miteinander kombinieren. Um zu vermeiden, dass der Gläubiger mit seinem Anspruch auf Schadensersatz statt der *ganzen* Leistung (§ 281 Abs. 1 Satz 2, Satz 3 BGB, s. Rn. 461) die Rücktrittsausschlussgründe umgeht, wurden die Voraussetzungen von Rücktritt und Schadensersatz statt der Leistung angeglichen. Vor dem Hintergrund dieser Überlegung wären strengere Voraussetzungen für die Inanspruchnahme von Schadensersatz statt der Leistung unschädlich. So soll dann auch nach Vorstellung des Gesetzgebers[90] und der herrschenden Meinung[91] im Falle des relativen Fixgeschäfts die Fristsetzung für den Schadensersatz statt der Leistung erforderlich sein. Dies hätte jedoch zur Folge, dass die Möglichkeit des Gläubigers,

---

88 BGH, Versäumnisurteil vom 12. August 2009, VIII ZR 254/08, NJW 2009, 3153 Rn. 10 f.; bestätigt durch BGH, Urteil vom 18. März 2015, VIII ZR 176/14, NJW 2015, 2564 Rn. 11; BGH, Urteil vom 13. Juli 2016, VIII ZR 49/15, NJW 2016, 3654 Rn. 25 ff.; kritisch *Höpfner*, NJW 2016, 3634, 3635, der Unterschied zwischen Mahnung und Fristsetzung werde eingeebnet.

89 Eine Fristsetzung ist in Anwendung der Generalklausel von § 281 Abs. 2, 2. Var. BGB z. B. entbehrlich bei einem Tierkauf, wenn das Tier aufgrund einer akuten Erkrankung zum Tierarzt gebracht werden muss; BGH, Urteil vom 22. Juli 2005, VIII ZR 1/05, ZGS 2005, 433, 434.

90 Regierungsbegründung, BT-Drucks. 14/6040, S. 183.

91 *Riehm*, NJW 2014, 2065, 2067 f.; MüKo/*Ernst*, § 281 Rn. 62; Palandt/*Grüneberg*, § 281 Rn. 15.

zusätzlich Schadensersatz zu verlangen, abgeschnitten wäre, wenn er ohne Fristsetzung den Rücktritt erklärt. Denn eine fällige Leistungspflicht, zu der der Gläubiger eine Frist setzen könnte, gibt es ab dem Rücktritt nicht mehr. Die sog. Rücktrittsfalle, die nach altem Recht bestand und durch § 325 BGB abgeschafft wurde, würde so durch die Hintertür für das relative Fixgeschäft wieder eingeführt. Die Entwicklungsgeschichte von § 281 Abs. 2 BGB belegt, dass eine § 323 Abs. 2 Nr. 2 BGB entsprechende Regelung nur versehentlich unterblieb.[92] Um den Gleichlauf von Rücktritt und Schadensersatz nicht zu gefährden, ist die Generalklausel von § 281 Abs. 2, 2. Var. BGB weit auszulegen und umfasst auch das relative Fixgeschäft. Leider hat der Gesetzgeber bei der Umsetzung der Verbraucherrechterichtlinie in § 323 Abs. 2 BGB[93] die Chance verstreichen lassen, sein Versehen zu bereinigen.[94] Stattdessen hat er die Diskrepanz zwischen Rücktritt und Schadensersatz unbeabsichtigt[95] verschärft, indem § 323 Abs. 2 Nr. 3 BGB auf die Schlechtleistung beschränkt wurde, während § 281 Abs. 2, 2. Var. BGB weiterhin auch für die Nichtleistung anwendbar ist.[96]

▶ **Hinweis:** Das relative Fixgeschäft als Klausur aufgearbeitet s. *Jaensch*, Klausurensammlung, Fall 11: Midsommar.

ii) Entbehrlichkeit der Fälligkeit

453 Gemäß § 281 Abs. 1 Satz 1 BGB muss die Leistungspflicht des Schuldners fällig sein. Eine § 323 Abs. 4 BGB entsprechende Regelung, gemäß der der Gläubiger bereits vor Fälligkeit Schadensersatz statt der Leistung verlangen kann, wenn offensichtlich ist, dass die Voraussetzungen für den Schadensersatzanspruch eintreten werden, ist in § 281 BGB versehentlich unterblieben. Um den durch § 325 BGB gebotenen Gleichlauf von Rücktritt und Schadensersatz zu gewährleisten, wird § 323 Abs. 4 BGB analog auf § 281 Abs. 1 Satz 1 BGB angewendet.[97]

---

454 **Vorweggenommener Vertragsbruch**

Hauptanwendungsfall von § 323 Abs. 4 BGB ist der vorweggenommene Vertragsbruch. Dieser liegt vor, wenn der Schuldner vor Eintritt der Fälligkeit ernsthaft und endgültig erklärt, er werde bei Fälligkeit nicht leisten. Beim Schadensersatz statt der Leistung wegen vorweggenommenen Vertragsbruchs ergibt sich die Entbehrlichkeit der Fälligkeit aus § 323 Abs. 4 BGB analog. Einer Fristsetzung bedarf es nicht (zur Fristsetzung vor Fälligkeit vgl. Rn. 514a).

---

92 S. im Einzelnen *Jaensch*, ZGS 2004, 134, 137; *ders.* NJW 2003, 3613, 3614.

93 Gesetz zur Umsetzung der Verbraucherrechterichtlinie und zur Änderung des Gesetzes zur Regelung der Wohnungsvermittlung vom 20. September 2013, BGBl. I 3642 ff.

94 Ansätze zur Herstellung eines Gleichlaufs waren im Referentenentwurf des BMJ (Stand: 19. September 2012, S. 68 f.) zwar erkennbar, wurden im Laufe des Gesetzesverfahrens aber nicht weiterverfolgt.

95 Von einer bewussten Entscheidung des Gesetzgebers gehen hingegen aus: *R. Schmitt*, VuR 2014, 90, 97; *Bassler/Büchler*, AcP 214 (2014), 888, 922; *Odemer*, Jura 2016, 842, 849.

96 Im Einzelnen hierzu *Riehm*, NJW 2014, 2065, 2067 f.; den mangelnden Gleichlauf für beherrschbar hält *R. Schmitt*, VuR 2014, 90, 97 f.; s. auch *Bassler/Büchler*, AcP 214 (2014), 888, 920 ff., gemäß denen die Generalklauseln von §§ 281 Abs. 2, 2. Var. und 323 Abs. 2 Nr. 3 BGB für die Nichtleistung keinen eigenständigen Anwendungsbereich haben und sich somit die Gleichlaufproblematik nicht stellt.

97 Fast einhellige Meinung, s. *Jaensch*, ZGS 2004, 134, 135; *ders.* NJW 2003, 3613.

iii) Vertretenmüssen

Der Schuldner muss seine Nichtleistung zu vertreten haben, § 280 Abs. 1 Satz 2 BGB. **455**
Das Vertretenmüssen wird aufgrund der Nichtleistung vermutet, sofern zur Annahme des Gegenteils keine Hinweise vorliegen.

iv) Auswirkung auf den Erfüllungsanspruch und Verhältnis zum Verzögerungsschaden

Der Anspruch auf die primäre Leistungspflicht erlischt, wenn der Gläubiger berechtig- **456**
terweise Schadensersatz statt der Leistung verlangt, § 281 Abs. 4 BGB.

Der Schuldner gerät spätestens mit Fristsetzung in Verzug. Daher stellt sich die Frage nach dem Verhältnis des Anspruchs auf Schadensersatz wegen Leistungsverzögerung (§§ 280 Abs. 1, Abs. 2, 286 BGB) und Schadensersatz statt der Leistung (§§ 280 Abs. 1, Abs. 3, 281 Abs. 1 BGB). Der zu ersetzende Schaden ist nicht etwa aufgrund einer Gesamtabrechnung allein als Schadensersatz statt der Leistung zu erstatten.[98] Stattdessen ergänzen sich die beiden Anspruchsgrundlagen.[99] Bis zu dem Zeitpunkt, zu dem der Gläubiger berechtigterweise Schadensersatz statt der Leistung verlangt, besteht der Erfüllungsanspruch fort. Der durch die Leistungsverzögerung eingetretene Schaden ist als Schadensersatz neben der Leistung nach §§ 280 Abs. 1, Abs. 2, 286 BGB zu ersetzen. Verlangt der Gläubiger Schadensersatz statt der Leistung, geht der Erfüllungsanspruch gemäß § 281 Abs. 4 BGB unter. Ab diesem Zeitpunkt ist der eingetretene Schaden als Schadensersatz statt der Leistung nach §§ 280 Abs. 1, Abs. 3, 281 Abs. 1 BGB zu ersetzen.

Erfüllungsanspruch nach Fristablauf **457**

§ 281 Abs. 4 BGB ist nicht reziprok anwendbar. Nach Ablauf der zur Leistung gesetzten Frist geht der Erfüllungsanspruch nicht etwa unter, sondern er bleibt unverändert bestehen. Der Gläubiger hat nunmehr die Wahl, entweder Erfüllung oder Schadensersatz statt der Leistung zu verlangen (*elektive Konkurrenz*).[100] Erst die Wahl der sekundären Rechtsbehelfe führt zum Verlust des primären Erfüllungsanspruchs. Aufgrund der Bindung an das ausgeübte Wahlrecht liegt kein Fall der elektiven Konkurrenz,[101] sondern ein Fall der Ersetzungsbefugnis vor.[102] Besteht der Gläubiger nach Fristablauf weiterhin auf Erfüllung, kann er bis zur Grenze des widersprüchlichen Verhaltens (§ 242 BGB) ohne weitere Fristsetzung zum Schadensersatz statt der Leistung und/oder Rücktritt übergehen. Ein Fall des widersprüchlichen Verhaltens liegt insbesondere dann vor, wenn der Gläubiger unmittelbar nach dem Erfüllungsverlangen Schadensersatz verlangt und/oder vom Vertrag zurücktritt.[103] Der

---

98 So jedoch *U. Huber*, AcP 210 (2010), 319, 340 ff.; *Ackermann*, JuS 2012, 865 ff.

99 H.A., MüKo/*Ernst*, § 281 Rn. 114 ff.; *Grigoleit/Riehm*, AcP 203 (2003), 727, 750 f.; vgl. ferner Staudinger/*Schwarze*, § 283 Rn. 56 ff.

100 BGH vom 20. Januar 2006, V ZR 124/05, NJW 2006, 1198 f. Rn. 16 ff.; *Faust*, Festschrift U. Huber, 2006, 239, 240 ff.; *Kleine/Scholl*, NJW 2006, 3462; *Lorenz*, NJW 2007, 1, 3; abweichend *M. Schwab*, JR 2003, 133, 134; *ders.*, JZ 2006, 1030 ff.; *ders.*, JuS 2014, 167, 168 (Wahlschuld); a. A. Jauernig/*Stadler*, § 281 Rn. 15, § 281 Abs. 4 BGB gilt reziprok, verlangt der Gläubiger nach Fristablauf Erfüllung, muss er erneut nach § 281 Abs. 1 BGB vorgehen, um wieder zum Anspruch auf Schadensersatz statt der Leistung wechseln zu können.

101 So jedoch BGH vom 20. Januar 2006, V ZR 124/05, NJW 2006, 1198 f. Rn. 17.

102 *Stamm*, JZ 2015, 920, 925.

103 BGH vom 20. Januar 2006, V ZR 124/05, ZGS 2006, 149, 151; *Altenhammer*, NJW 2006, 1179, 1181; differenzierend zum Verlust der Wahlfreiheit des Gläubigers *Kohler*, Jura 2014, 872, 877 ff.

Schuldner kann den für ihn misslichen Schwebezustand nur beheben, indem er dem Gläubiger die Leistung anbietet.[104] Denn setzt der Schuldner den Gläubiger in Annahmeverzug, verliert letzterer seine Sekundäransprüche.[105]

ee) Schadensersatzarten

458 Zwischen den einzelnen Arten von Schadensersatz nach §§ 280 ff. BGB ist zu unterscheiden:

459 Schadensersatz *neben* der Leistung (einfacher Schadensersatz) gewähren § 280 Abs. 1 BGB (allgemeine Pflichtverletzung) sowie §§ 280 Abs. 1 und Abs. 2, 286 BGB (Verzugsschaden).

Beispiel: Neben dem Ersatz des Verzugsschadens kann der Gläubiger die Vertragserfüllung (Leistung) verlangen.

Gegenstand des Schadensersatzes neben der Leistung ist derjenige Schaden, der bereits vor dem Zeitpunkt des Wegfalls der Leistungspflicht (sei es aufgrund Unmöglichkeit, § 275 Abs. 1 bis 3 BGB, Verlangen von Schadensersatz statt der Leistung, § 281 Abs. 4 BGB, oder wirksamer Rücktrittserklärung) *endgültig* eingetreten ist und daher durch die Erbringung der Leistung zum letztmöglichen Zeitpunkt nicht behoben worden wäre.[106]
Allerdings können diejenigen Schäden, die an die Stelle des Erfüllungsanspruchs treten, nur als Schadensersatz statt der Leistung geltend gemacht werden (s. vorzeitiger Deckungskauf, Rn. 463a).[107]

460 Schadensersatz *statt* der Leistung kann gemäß § 280 Abs. 3 BGB nur unter den zusätzlichen Voraussetzungen der §§ 281 bis 283 BGB verlangt werden.

Beispiel: Im Falle der Unmöglichkeit (§ 283 BGB), Nichtleistung innerhalb einer erforderlichen angemessenen Frist (§ 281 BGB) und der Verletzung einer nichtleistungsbezogenen Nebenpflicht (§ 282 BGB) kann der Gläubiger statt der Vertragserfüllung Schadensersatz verlangen.

461 Schadensersatz *statt der ganzen* Leistung (sog. „großer Schadensersatz") kann verlangt werden, wenn die Leistung des Schuldners nur zum Teil oder schlecht erbracht wird (Teilunmöglichkeit, §§ 283 Satz 2, 281 Abs. 1 Satz 2 und 3 BGB; Teilleistung, § 281 Abs. 1 Satz 2 BGB; mangelhafte Leistung, §§ 437 Nr. 3, 634 Nr. 4, 281 Abs. 1 Satz 3 BGB). Wird Schadensersatz statt der ganzen Leistung verlangt, ist die bereits erhaltene

---

104 Regierungsbegründung, BT-Drs. 14/6040, S. 140; *Faust*, Festschrift U. Huber, 2006, 239, 248 ff.; *Altenhammer*, NJW 2006, 1179, 1181; *Lorenz*, NJW 2005, 1889, 1892; a. A. *Kleine/Scholl*, NJW 2006, 3462 f.; *Hanau*, NJW 2007, 2806, 2808.

105 *Faust*, Festschrift U. Huber, 2006, 239, 250; a. A. *Odemer*, Jura 2016, 842, 847, gemäß dem der Gläubiger sein Wahlrecht zwischen Erfüllung und Sekundärrechte behält, der Schuldner ihm aber analog § 350 BGB eine Frist zur Entscheidung setzen kann.

106 Vgl. BGH, Urteil vom 14.04.2010, VIII ZR 145/09, NJW 2010, 2426 Rn. 13; *Lorenz*, NJW 2005, 1889, 1891; *Tiedtke/M. Schmitt*, BB 2005, 615, 617; *Döll/Ryback*, Jura 2005, 582, 586; *Gerhardt*, Jura 2012, 251, 252; andere verorteten die Lösung zu dem Problem bei § 241 Abs. 2 BGB, so *Jost*, Jura 2005, 750, 755 f.; noch der traditionellen Definition verhaftet sind *Musielak/Hau*, Grundkurs BGB, 15. Auflage 2017, Rn. 549.

107 BGH, Urteil vom 3. Juli 2013, VIII ZR 169/12, BGHZ 197, 357 Rn. 27; *Schmidt-Kessel*, in: Prütting/Wegen/Weinreich, BGB, 12. Auflage 2017, § 280 Rn. 32; a. A. *Lorenz*, Festschrift Leenen, 2012, 147, 154 f.; *Faust*, Festschrift Huber, 2006, 239, 254.

Leistung zurückzugewähren, § 281 Abs. 5 BGB. Diese Schadensersatzart entspricht im Ergebnis einer Kombination von Schadensersatz und Rücktritt.

> **Beispiel:** V soll K acht bestimmte Vasen liefern, er liefert jedoch nur sechs. K kann nach §§ 280 Abs. 1 und 3, 281 Abs. 1 Satz 1 BGB Schadensersatz statt der Leistung für die zwei nicht gelieferten Vasen verlangen (sog. „kleiner Schadensersatz"). Schadensersatz statt der ganzen Leistung (d. h. statt der acht Vasen) kann er nach § 281 Abs. 1 Satz 2 BGB nur verlangen, wenn er an der Teilleistung von sechs Vasen kein Interesse mehr hat (sog. „großer Schadensersatz").

---

1. Abgrenzung des großen und kleinen Schadensersatzes zur Differenz- und Austauschtheorie 462

Der große und kleine Schadensersatz werden häufig mit dem Problemkreis der Differenz- und Austauschtheorie[108] verwechselt. Gemein ist beiden Fallgestaltungen, dass es ein Wahlrecht des Gläubigers gibt, einen Teil des Vertrages noch zu erfüllen und den Schadensersatzanspruch entsprechend anzupassen. Dennoch unterscheiden sich die beiden Konzepte grundlegend.[109]

a) Ob der Gläubiger die Teil- (oder nicht vertragsgemäße) Leistung zurückgeben darf und Schadensersatz statt der *ganzen* Leistung (großer Schadensersatz) verlangen kann, was nur bei fehlendem Interesse an der Teilleistung (oder erheblicher Pflichtverletzung) möglich ist, oder die Teil- (oder nicht vertragsgemäße) Leistung behalten muss und nur Schadensersatz statt der Leistung (kleiner Schadensersatz) verlangen kann, ist Gegenstand von § 281 Abs. 1 BGB.

b) Ob der Gläubiger noch seine Gegenleistung anbieten darf, ist Gegenstand der Differenz- und Austauschtheorie.

2. Kombination von großem/kleinem Schadensersatz und Rücktritt/Minderung 463

Zwar ist der Gläubiger aufgrund § 325 BGB berechtigt, Rücktritt und Schadensersatz miteinander zu kombinieren. Entgegen dem alten Recht haben die rücktrittsrechtlichen Regelungen der §§ 346 ff. BGB keinen Vorrang gegenüber dem Schadensersatz.[110] Allerdings darf es hierbei nicht zu widersprüchlichen Rechtsfolgen kommen. Tritt der Gläubiger vom ganzen Vertrag zurück, so ist dieser rückabzuwickeln. Der Gläubiger muss folglich die vom Schuldner erbrachte Teil-/Schlechtleistung zurückerstatten. Demnach schließen sich Rücktritt und kleiner Schadensersatz aus.[111] Ferner kann der Käufer, nachdem er den Rücktritt erklärt und/oder großen Schadensersatz verlangt hat, nicht mehr mindern. Jedoch ist es dem Käufer nach erfolgter Minderung unbenommen, einen Schritt weiter zu gehen, indem er zurücktritt und/oder großen Schadensersatz verlangt. Mit dem kleinen Schadensersatz ist die Minderung kombinierbar, allerdings sind die Beträge auf den jeweils anderen Rechtsbehelf anzurechnen.[112]

3. Deckungskauf vor Wegfall der Leistungspflicht (vorzeitiger Deckungskauf) 463a

> **Beispiel:** Trotz Mahnung liefert der Verkäufer die gekaufte Menge Kraftstoff nicht. Der Käufer deckt sich anderweitig mit Kraftstoff ein. Er besteht aber dem Verkäufer gegenüber weiterhin auf Vertragserfüllung und verlangt den Ersatz der Mehrkosten, die ihm durch den Deckungskauf entstanden sind.

Tätigt der Käufer den Deckungskauf, bevor die Leistungspflicht des Verkäufers wegfällt – sei es durch Rücktritt, Eintritt der Unmöglichkeit wegen § 275 BGB oder Verlangen von Schadensersatz statt der Leistung wegen § 281 Abs. 4 BGB –, ist der Schaden, der sich aus den Mehrkosten eines solchen vorzeitigen Deckungskaufs ergibt, bereits endgültig entstanden. Er kann durch die Erbringung der

---

108 Hierzu s. Rn. 413.

109 *Homann*, JuS 2002, 554, 555.

110 Klarstellend BGH, Teilversäumnis- und Schlussurteil vom 14. April 2010, VIII ZR 145/09, NJW 2010, 2426, 2427 Rn. 14 ff.

111 OG Naumburg, Urteil vom 24. August 2015, 1 U 37/15, NJW 2016, 1102 Rn. 20 f.; *Gsell*, JZ 2004, 643, 645; zur Möglichkeit des Rücktritts bei Teil- und Teilschlechtleistung s. Rn. 577.

112 S. im Einzelnen zum Verhältnis von Minderung zum Rücktritt und Schadensersatz *Stöber*, NJW 2017, 2785 ff.

geschuldeten Leistung nicht mehr beseitigt werden. Daher ordnen einige ihn dem Schadensersatz neben der Leistung zu.[113] In diesem Fall wäre der Verkäufer jedoch im Ergebnis zweimal zur Leistung verpflichtet, indem er die Kosten der Ersatzbeschaffung als auch die Lieferung schuldet. Dem kann im Wege der Vorteilsausgleichung begegnet werden, indem der Käufer bei der Geltendmachung seines Schadensersatzanspruchs verpflichtet wird, die mit dem vorzeitigen Deckungskauf erhaltene Ware herauszugeben.[114] Überzeugender erscheint es hingegen, diejenigen Schäden aus dem Schadensersatz neben der Leistung auszunehmen, die an die Stelle des Erfüllungsanspruchs treten.[115] Diese Schäden können nur als Schadensersatz statt der Leistung geltend gemacht werden. Im obigen Beispiel kann der Käufer daher nicht Ersatz der Mehrkosten und Vertragserfüllung verlangen. Er hat stattdessen die Wahl. Entweder steht er für die Mehrkosten ein und verlangt vom Verkäufer lediglich die Lieferung des Kraftstoffs. Oder er verlangt Schadensersatz statt der Leistung, dann kann er aufgrund § 281 Abs. 4 BGB nicht mehr die Lieferung verlangen.
Ein vorzeitiger Deckungskauf birgt für den Käufer Risiken. Nicht nur läuft er Gefahr, die Leistung zweimal zu erhalten, da der Verkäufer weiterhin zur Lieferung berechtigt ist. Auch kann der Käufer, sofern er sich entschieden hat, Schadensersatz statt der Leistung zu verlangen, den Schaden nur abstrakt berechnen, da er noch an den Vertrag gebunden und somit nicht zum Deckungskauf berechtigt ist.[116] Folglich sind nicht die Kosten des konkreten Deckungskaufs zugrundezulegen, sondern es sind die Kosten eines hypothetischen Deckungskaufs anzusetzen, der nach dem Wegfall der Leistungspflicht getätigt wird. Fällt zum Beispiel in der Zwischenzeit der Marktpreis, geht dies zu Lasten des Käufers.

464 **Fall 33: Zahlungsnot**

V verkauft K seinen Wagen für € 50 000. Kurz darauf teilt ihm K mit, dass er den Kaufpreis nicht zahlen könne. V, der den Wagen nun nur noch für € 40 000 an jemand anderen verkaufen kann, verlangt den entgangenen Gewinn in Höhe von € 10 000 von K ersetzt. Zu Recht?

Anspruch V gegen K

§§ 280 Abs. 1 und 3, 281 Abs. 1 Satz 1 BGB
V könnte von K Schadensersatz statt der Leistung gemäß §§ 280 Abs. 1 und 3, 281 Abs. 1 Satz 1 BGB verlangen, wenn K auf eine fällige Schuld nach Ablauf einer ihm von V gesetzten angemessenen Frist nicht zahlt und seine Nichtleistung zu vertreten hat.

1. Pflichtverletzung, §§ 280 Abs. 1 Satz 1, 281 Abs. 1 Satz 1 BGB
K müsste innerhalb einer ihm gesetzten Frist nicht geleistet haben. Eine Frist zur Zahlung hat V dem K nicht gesetzt. Die Fristsetzung ist entbehrlich, sofern der Schuldner die Leistung ernsthaft und endgültig verweigert, § 281 Abs. 2, 1. Var. BGB. K verweigert seine Leistung ernsthaft und endgültig, es bedarf nach § 281 Abs. 2, 1. Var. BGB keiner Fristsetzung. Eine Pflichtverletzung liegt vor.

113 *Lorenz*, Festschrift Leenen, 2012, 147, 154 f.; *Faust*, Festschrift Huber, 2006, 239, 254.
114 *Faust*, Festschrift Huber, 2006, 239, 255; vgl. auch *Lorenz*, Festschrift Leenen, 2012, 147, 162.
115 BGH, Urteil vom 3. Juli 2013, VIII ZR 169/12, BGHZ 197, 357 Rn. 27; *Schmidt-Kessel*, in: Prütting/Wegen/Weinreich, BGB, 12. Auflage 2017, § 280 Rn. 32; *Gsell*, LMK 2013, 353035; abweichend *Hirsch*, JuS 2014, 97, 101 (der Schaden läge in der Nichtleistung); *Benicke/Hellwig*, NJW 2014, 1697, 1702; dies. ZIP 2015, 1106, 1109 ff. (einheitliche Schadensberechnung); *Nietsch*, NJW 2014, 2385, 2390 f. (Schadensersatz neben der Leistung mit Vorteilsanrechnung im Einzelfall); *Korch/Hagemeyer*, Jura 2014, 1302, 1307 (Ausblenden des Geschädigtenverhaltens); *Hellgardt*, JuS 2016, 1057, 1059 ff. (Ersatzfähig bei haftungsausfüllender Kausalität, allerdings Schadensminderungspflicht).
116 Vgl. im Ergebnis *Faust*, Festschrift Huber, 2006, 239, 254; *Lorenz*, Festschrift Leenen 2012, 147, 163; ähnlich MüKo/*Ernst*, § 280 Rn. 72, der jedoch auf den Zeitpunkt des Fristablaufs abstellt („…Schadensersatz statt der Leistung verlangen *kann*"); a. A. MüKo/*Emmerich*, Vor § 281 Rn. 43.

2. Vertretenmüssen, § 280 Abs. 1 Satz 2 BGB
K müsste seine Nichtleistung zu vertreten haben, § 280 Abs. 1 Satz 2 BGB. K zahlt den Kaufpreis nicht wegen Geldmangel. Für die Erfüllung einer Geldschuld hat der Schuldner stets einzutreten. Er trägt das Beschaffungsrisiko, § 276 Abs. 1 Satz 1 BGB. K hat seine Zahlungsunfähigkeit und somit seine Nichtleistung zu vertreten.

3. Umfang des Schadensersatzanspruchs, §§ 249 ff. BGB
V kann von K Schadensersatz statt der Leistung gemäß §§ 249 ff. BGB verlangen. V hätte bei Erfüllung des Vertrages € 10 000 mehr erhalten (§§ 249, 252 BGB). Er kann daher diesen Betrag von K ersetzt verlangen.

4. Ergebnis
V kann von K Schadensersatz statt der Leistung in Höhe von € 10 000 nach §§ 280 Abs. 1 und 3, 281 Abs. 1 Satz 1 BGB verlangen.

Im Falle der Teilleistung hat der Gläubiger die Wahl. Er kann entweder schlicht Schadensersatz statt der Leistung für den nicht erbrachten Teil nach §§ 280 Abs. 1 und Abs. 3, 281 Abs. 1 Satz 1 BGB verlangen, oder er verlangt Schadensersatz statt der *ganzen* Leistung (großer Schadensersatz) nach §§ 280 Abs. 1 und Abs. 3, 281 Abs. 1 Satz 1 und 2 BGB. Er muss dann jedoch die erhaltene Teilleistung zurückgeben, § 281 Abs. 5 BGB. **465**

Fall 34: Alles neu **466**

K plant, seine Büroräume nach und nach zu renovieren und neue Möbel anzuschaffen. Hierzu kauft er von V acht Büroschränke mit identischer Gestaltung aus dessen Produktion zu einem Gesamtpreis von € 4000. Sie vereinbaren, dass V von Januar bis April pro Monat zwei Schränke an K jeweils zum Monatsanfang liefert, und dass K bei Erhalt einer monatlichen Lieferung eine Kaufpreisrate in Höhe von € 1000 zahlt. V liefert in den Monaten Januar bis März vereinbarungsgemäß sechs Schränke. Im Laufe des März gerät V in Lieferschwierigkeiten.

Anfang April teilt V dem K mit, er werde die restlichen zwei Schränke nicht mehr liefern. Er verzichte daher auf die entsprechende Kaufpreisrate und sähe die Angelegenheit als erledigt an. K hingegen verlangt von V die Rücknahme der bereits gelieferten Schränke, da Büroschränke mit der vereinbarten Gestaltung nicht anderweitig erhältlich sind, sowie Schadensersatz in Höhe von insgesamt € 3300. K beklagt dabei, dass er € 250 mehr aufwenden muss, um acht einheitlich gestaltete Büroschränke zu erwerben. Er sieht sich gezwungen, vorübergehend zwei Schränke für insgesamt € 50 anzumieten, damit seine Büroräume einsatzfähig bleiben. Wie ist die Rechtslage?

Bearbeitervermerk:
1. Ansprüche aufgrund Rücktritts sowie ein Zahlungsanspruch des V gegen K aus § 433 Abs. 2 BGB sind nicht zu prüfen.
2. Das Gewährleistungsrecht (insbesondere § 434 Abs. 3 BGB, hierzu s. Rn. 573) bleibt außer Betracht.

I. Ansprüche K gegen V

1. § 433 Abs. 1 Satz 1 BGB
K könnte von V die Übereignung der acht Schränke aus dem Kaufvertrag verlangen, § 433 Abs. 1 Satz 1 BGB.

a) Anspruch entstanden
K und V haben einen Kaufvertrag über die Lieferung von acht Schränken abgeschlossen. Der Anspruch des K ist entstanden.

b) Anspruch erloschen
Der Anspruch auf Lieferung der ersten sechs Schränke ist aufgrund Erfüllung erloschen, § 362 Abs. 1 BGB.

Fraglich ist, ob der Anspruch auf die restlichen zwei Schränke fortbesteht. K verlangt von V Schadensersatz statt der Leistung. Daher ist der Anspruch auf die Leistung der restlichen zwei Schränke nach § 281 Abs. 4 BGB erloschen.

▶ **Hinweis:** Problematisch ist an dieser Stelle, dass § 281 Abs. 4 BGB als rechtsvernichtende Einwendung bereits angesprochen werden muss, obwohl erst später geprüft wird, ob K seinen Anspruch auf Schadensersatz statt der Leistung wirksam erhebt. Denn der Erfüllungsanspruch entfällt nur, sofern der Schadensersatzanspruch tatsächlich besteht.[117] Um einen Wasserkopfaufbau zu vermeiden, wird an dieser Stelle das Problem übergangen, indem schlicht darauf abgestellt wird, dass K Schadensersatz statt der Leistung verlangt; im Zweifel kann nach vorne verwiesen werden.

K kann von V nicht mehr die Übereignung der Schränke verlangen.

2. §§ 280 Abs. 1 und Abs. 3, 281 Abs. 1 Satz 1 BGB auf Schadensersatz statt der Leistung von zwei Schränken

K könnte von V Schadensersatz statt der Leistung der restlichen zwei Schränke nach §§ 280 Abs. 1 und 3, 281 Abs. 1 Satz 1 BGB verlangen. Dazu müsste V seine fällige Pflicht zur Leistung aus Gründen, die er zu vertreten hat, innerhalb einer von K gesetzten angemessenen Frist nicht erbracht haben.

a) Pflichtverletzung, §§ 280 Abs. 1 Satz 1, 281 Abs. 1 Satz 1 BGB

V erbringt seine aus dem Kaufvertrag entstandene Pflicht zur Lieferung der restlichen zwei Schränke nicht. Diese Pflicht war Anfang April aufgrund Parteivereinbarung fällig. K müsste V eine angemessene Frist zur Lieferung gesetzt haben. Dies ist nicht geschehen. Die Fristsetzung könnte jedoch nach § 281 Abs. 2, 1. Var. BGB entbehrlich sein, sofern V die Leistung ernsthaft und endgültig verweigert. V teilt K mit, er werde die restlichen zwei Schränke nicht liefern. Er verweigert somit ernsthaft und endgültig die Leistung. Die Fristsetzung ist entbehrlich. Eine Pflichtverletzung liegt vor.

b) Vertretenmüssen, § 280 Abs. 1 Satz 2 BGB

V's Vertretenmüssen der Nichtleistung wird aufgrund § 280 Abs. 1 Satz 2 BGB vermutet.

c) Schadensumfang, §§ 249 ff. BGB

Der Schadensumfang ergibt sich aus §§ 249 ff. BGB und richtet sich auf Naturalrestitution. Wegen der Nichtlieferung der restlichen zwei Schränke im April muss K vorübergehend zwei Ersatzschränke für € 50 anmieten, die er nach § 249 Abs. 1 BGB ersetzt verlangen kann. Die Mehrkosten in Höhe von € 250, die K aufbringen muss, um einheitliche Schränke zu erwerben, sind kein Schaden aufgrund der ausgebliebenen Teilleistung, sondern gehen auf die Ablehnung der gesamten Leistung von acht Schränken zurück.

d) Ergebnis

K kann von V Schadensersatz statt der Leistung der zwei Schränke nach §§ 280 Abs. 1 und 3, 281 Abs. 1 Satz 1 BGB in Höhe von € 50 verlangen. Die Mehrkosten in Höhe von € 250 kann er mit dieser Anspruchsgrundlage nicht verlangen.

3. §§ 280 Abs. 1 und 3, 281 Abs. 1 Satz 1 und 2 BGB auf Schadensersatz statt der ganzen Leistung von acht Schränken

▶ **Hinweis:** Laut Bearbeitervermerk ist das Gewährleistungsrecht außer Acht zu lassen. Andernfalls müsste die Paragraphenkette mit § 437 Nr. 3 BGB beginnen. Denn aufgrund § 434 Abs. 3 BGB ist die Teilleistung einer Schlechtleistung gleichgestellt.

K könnte von V Schadensersatz statt der ganzen Leistung – Lieferung von acht Schränken – nach §§ 280 Abs. 1 und 3, 281 Abs. 1 Satz 1 und 2 BGB verlangen. V hat seine fällige Pflicht zur Leistung aus Gründen, die er zu vertreten hat, nicht erbracht, ohne dass es einer Fristsetzung bedarf (s. o.). Eine von V zu vertretende Pflichtverletzung liegt vor.

---

117 Erwiderung Bundesregierung, BT-Drs.14/6857, 50 zu Nr. 29; *Kohler*, Jura 2014, 872, 876.

a) Fehlendes Interesse an der Teilleistung, § 281 Abs. 1 Satz 2 BGB
Fraglich ist, ob K kein Interesse an den bereits gelieferten sechs Schränken hat, § 281 Abs. 1 Satz 2 BGB. K möchte eine einheitliche Bürogestaltung mit acht Schränken umsetzen. Die gewünschte Schrankgestaltung ist nur bei V erhältlich. Wenn K die übrigen Schränke von einem Anderen erstünde, werden diese eine andere Gestaltung aufweisen; die von K gewünschte Einheitlichkeit würde nicht erreicht. K hat somit kein Interesse an der Teilleistung der bereits gelieferten sechs Schränke.

▶ **Hinweis:** Ungeachtet § 434 Abs. 3 BGB, wonach im Gewährleistungsrecht eine Teilleistung der Schlechtleistung gleichgestellt wird, ist im Anwendungsbereich der allgemeinen Vorschriften eine Teilleistung (§ 281 Abs. 1 Satz 2 BGB) von einer Schlechtleistung (nicht vertragsgemäße Leistung, § 281 Abs. 1 Satz 3 BGB) zu unterscheiden.[118]

b) Schadensumfang, §§ 249 ff. BGB
K muss € 250 mehr aufwenden, um acht einheitliche Schränke zu erstehen, als er durch den Kaufvertrag mit V hätte aufwenden müssen. Durch die Nichtleistung des V ist K somit ein Schaden in Höhe von € 250 entstanden. Nach § 249 Abs. 1 BGB umfasst der Schaden, der K aufgrund der Pflichtverletzung des V entstanden ist, auch den bereits gezahlten Kaufpreis in Höhe von € 3000 als Mindestschaden, denn es wird widerlegbar vermutet, dass K bei ordnungsgemäßer Durchführung des Vertrages einen zumindest die bereits getätigte Aufwendung deckenden Wert erhalten hätte (s. Rn. 466a). Als weiterer Schadensposten können die Mietkosten in Höhe von € 50 geltend gemacht werden.

K kann von V Schadensersatz statt der ganzen Leistung in Höhe von insgesamt € 3300 nach §§ 280 Abs. 1 und 3, 281 Abs. 1 Satz 1 und 2 BGB verlangen.

4. Zwischenergebnis
K kann von V Schadensersatz statt der ganzen Leistung in Höhe von insgesamt € 3300 aus §§ 280 Abs. 1 und 3, 281 Abs. 1 Satz 1 und 2 BGB verlangen. Zum Anspruch auf Schadensersatz statt der Leistung in Höhe von € 50 gemäß §§ 280 Abs. 1 und 3, 281 Abs. 1 Satz 1 BGB besteht Anspruchskonkurrenz.

II. Anspruch V gegen K

§§ 281 Abs. 5, 346 Abs. 1 BGB
V könnte von K Rückgabe der sechs gelieferten Schränke nach §§ 281 Abs. 5, 346 Abs. 1 BGB verlangen. Voraussetzung hierfür ist, dass K von V Schadensersatz statt der ganzen Leistung verlangt.

K verlangt von V Schadensersatz statt der ganzen Leistung nach §§ 280 Abs. 1 und Abs. 3, 281 Abs. 1 Satz 1 und 2 BGB. V kann von K Rückgabe der sechs gelieferten Schränke aus §§ 281 Abs. 5, 346 Abs. 1 BGB verlangen.

III. Gesamtergebnis
K kann von V Schadensersatz statt der ganzen Leistung in Höhe von insgesamt € 3300 aus §§ 280 Abs. 1 und 3, 281 Abs. 1 Satz 1 und 2 BGB verlangen. Zum Anspruch auf Schadensersatz statt der Leistung in Höhe von € 50 gemäß §§ 280 Abs. 1 und 3, 281 Abs. 1 Satz 1 BGB besteht Anspruchskonkurrenz.

V kann von K Rückgewähr der sechs gelieferten Schränke verlangen, §§ 281 Abs. 5, 346 Abs. 1 BGB.

▶ **Vertiefung:** Zu einer Abwandlung des Falles s. *Jaensch*, Klausurensammlung, Fall 6: Der Fuhrpark.

118 Im Einzelnen s. Rn. 573.

466a **Rentabilitätsvermutung und Mindestschaden**

Nach ständiger Rechtsprechung zum alten Recht kann der Käufer im Rahmen des Schadensersatzes wegen Nichterfüllung (nunmehr Schadensersatz statt der Leistung) als Mindestschaden den bereits geleisteten Kaufpreis zurückverlangen.[119] Denn es wird widerlegbar vermutet, dass er bei ordnungsgemäßer Durchführung des Vertrages einen zumindest der bereits getätigten Aufwendung deckenden Wert erhalten hätte (Rentabilitätsvermutung). Zwar ist diese Rechtsprechung auf die Umgehung der im alten Recht geltenden Alternativität von Rücktritt und Schadensersatz zurückzuführen. Ferner gewährt nunmehr § 284 BGB anstelle des Anspruchs auf Schadensersatz statt der Leistung einen Aufwendungsersatzanspruch. Dennoch gilt die Rentabilitätsvermutung auch nach der Schuldrechtsreform fort.[120] Denn § 284 BGB soll den Gläubiger lediglich begünstigen und nicht benachteiligen.[121]

2. Annahmeverzug, §§ 293 ff. BGB

467 Der Gläubiger gerät in Verzug, wenn er die vom Schuldner angebotene Leistung nicht annimmt (Annahme- oder Gläubigerverzug).

a) Rechtsfolgen im Überblick

aa) Ersatz von Mehraufwendungen, § 304 BGB

468 Infolge des Annahmeverzugs kann der Schuldner Ersatz seiner Mehraufwendungen, z. B. Transportkosten für das erfolglose Angebot[122] oder Lagerkosten verlangen, § 304 BGB. Einen darüber hinausgehenden Schaden kann der Schuldner nach § 304 BGB jedoch nicht geltend machen (z. B. Anwaltskosten).

Schadensersatzansprüche nach §§ 280 Abs. 1 und 2, 286 BGB kann der Schuldner nur geltend machen, wenn der Gläubiger sich nicht nur im Verzug der Annahme der Leistung des Schuldners, sondern damit gleichzeitig auch im Verzug seiner eigenen Leistungspflicht befindet, z. B. wenn der Käufer sich entgegen § 433 Abs. 2 BGB weigert, die Sache abzunehmen[123] oder der Verwahrer die Rücknahme der Sache nach § 696 Satz 1 BGB verlangt und der Gläubiger dies verweigert.[124]

bb) Hinterlegung, § 372 BGB

469 Sofern es sich bei dem geschuldeten Gegenstand um Geld, Wertpapiere und sonstige Urkunden sowie Kostbarkeiten handelt, hat der Schuldner das Recht, den geschuldeten Gegenstand mit befreiender Wirkung beim zuständigen Amtsgericht zu hinterlegen, §§ 372, 373 Abs. 1 BGB. Beim Handelskauf ermöglicht § 373 Abs. 1 HGB dem Verkäufer die Hinterlegung der Waren in einem öffentlichen Lagerhaus auf Gefahr und Kosten des säumigen Käufers.

---

119 BGH, Urteil vom 1. Oktober 2004, V ZR 210/03, NJW-RR 2005, 10, 12.

120 H.A., MüKo/*Emmerich*, Vor § 281 Rn. 20; BeckOK/*H. Schmidt*, § 325 Rn. 13; a. A. *Gsell*, JZ 2004, 643, 647.

121 Regierungsbegründung, BT-Drs. 14/6040, S. 142 ff.

122 Zu ersetzen sind nur die Kosten des ersten und weiteren erfolglosen Angebots, nicht hingegen die Kosten des Angebots, welches tatsächlich zum Erfolg führt, Staudinger/*Feldmann*, § 304 Rn. 2; Erman/*J. Hager-Roloff*, § 304 Rn. 2.

123 *Emmerich*, BGB – Schuldrecht BT, 14. Auflage 2015, § 2 Rn. 7.

124 *Wirth*, JuS 2002, 764 f.

cc) Selbsthilfeverkauf, § 383 BGB

Der Schuldner hat desweiteren das Recht, sich im Wege des Selbsthilfeverkaufs zu befriedigen, § 383 BGB. Weit über die Regelung von § 383 BGB hinaus geht beim Handelskauf die in § 373 Abs. 2 bis 5 HGB geregelte Berechtigung zum Selbsthilfeverkauf für Rechnung des säumigen Käufers. **470**

dd) Haftungserleichterung, § 300 Abs. 1 BGB

Kommt es bei Ansprüchen gegen den Schuldner – etwa aus §§ 280 ff. BGB – auf das Vertretenmüssen des Schuldners an, so hat er, solange der Gläubiger in Verzug mit der Annahme ist, nur Vorsatz und grobe Fahrlässigkeit zu vertreten, § 300 Abs. 1 BGB. **471**

ee) Übergang der Leistungsgefahr, § 300 Abs. 2 BGB

Bei Gattungsschulden geht die Gefahr des zufälligen Untergangs der Ware bei Eintritt des Gläubigerverzugs auf den Gläubiger über, §§ 275 Abs. 1, 300 Abs. 2 BGB. **472**

§§ 275 Abs. 1, 300 Abs. 2 BGB betreffen nur die Leistungsgefahr. Die Gegenleistungsgefahr regelt § 326 Abs. 1 und Abs. 2 BGB.
Nach nunmehr wohl allgemeiner Ansicht ergibt sich die Rechtsfolge von § 300 Abs. 2 BGB (Übergang der Leistungsgefahr) aus § 275 Abs. 1 BGB.[125] Dies belegen §§ 283 Satz 1, 326 Abs. 1 Satz 1 und Abs. 5 BGB, die bei Übergang der Leistungsgefahr und für den Übergang der Gegenleistungsgefahr nur auf § 275 Abs. 1 BGB und nicht auch auf § 300 Abs. 2 BGB abstellen. § 300 Abs. 2 BGB ist demnach ein Unterfall von § 275 Abs. 1 BGB.

§ 300 Abs. 2 BGB setzt nach zutreffender h. A. voraus, dass der Schuldner die Ware bereits *ausgesondert* hat, so dass sich bestimmen lässt, für welchen Gegenstand die Leistungsgefahr übergeht.[126] Der Anwendungsbereich von § 300 Abs. 2 BGB ist allerdings sehr begrenzt. Geht die gesamte Gattung unter oder ist die Ware bereits wegen der Aussonderung nach § 243 Abs. 2 BGB konkretisiert worden, wird der Schuldner aufgrund der Konkretisierung nach § 275 Abs. 1 BGB von seiner Leistungspflicht frei. **473**

Raum für § 300 Abs. 2 BGB bleibt daher nur:
- für eine Bring- oder Schickschuld, bei der der Gläubiger bereits nach §§ 295 f. BGB[127] in Annahmeverzug geraten ist, eine Absendung oder Übermittlung der Leistung an den Gläubiger aber noch aussteht;
- in analoger Anwendung für eine Geldschuld,[128] wobei der dem Gläubiger erfolglos angebotene Geldbetrag dem Schuldner auf dem Rückweg abhandenkommt, denn § 243 Abs. 2 BGB findet auf eine Geldschuld keine Anwendung;
- wenn § 243 Abs. 2 BGB von den Parteien abbedungen wurde.

---

125 *Brox/Walker*, Allgemeines Schuldrecht, 41. Auflage 2017, § 26 Rn. 13; Palandt/*Grüneberg*, § 300 Rn. 3.

126 *H. P. Westermann/Bydlinski/Weber*, BGB – Schuldrecht AT, 8. Auflage 2013, Rn. 8/105; *Fritzsche*, Fälle zum Schuldrecht I, 2. Auflage 2005, Fall 9 Rn. 32; a. A. MüKo/*Ernst*, § 300 Rn. 4.

127 § 300 Abs. 2 BGB gilt auch in den Fällen von § 296 BGB, MüKo/*Ernst*, § 300 Rn. 4; a. A. Staudinger/*Feldmann*, § 300 Rn. 23.

128 Zur Rechtsnatur der Geldschuld s. Rn. 369 ff.

▶ **Vertiefung:** Das Problem des Gefahrübergangs bei Geldschuld als Klausur aufgearbeitet s. *Jaensch*, Klausurensammlung, Fall 7: Star Trek Passion.

474 Als weiterer Anwendungsfall wird das Unterlassen des Gläubigers an einer Mitwirkungshandlung genannt.[129] Sofern aber dabei nicht der erste der oben genannten Fälle, sondern eine Holschuld vorliegt, kommt es nach der herrschenden modifizierten Ausscheidungstheorie zur Konkretisierung bereits dadurch, dass der Schuldner die Leistung bereitstellt und den Gläubiger benachrichtigt.[130] Andere argumentieren, dass bei einer Annahmeverweigerung des Gläubigers nicht nur die Anforderungen des Annahmeverzugs nach § 295 BGB, sondern auch die des Erforderlichen nach § 243 Abs. 2 BGB sänken.[131] Hiernach träte schon bei der Annahmeverweigerung Konkretisierung nach § 243 Abs. 2 BGB ein. Als einziger Anwendungsfall von § 300 Abs. 2 BGB verbliebe dann die Abbedingung von § 243 Abs. 2 BGB. Diese Ansicht vermag daher nicht zu überzeugen.

ff) Gegenleistungsgefahr, § 326 Abs. 2 BGB

475 Braucht der Schuldner nach § 275 Abs. 1 BGB nicht zu leisten, geht grundsätzlich die Gegenleistungsgefahr nach § 326 Abs. 1 Satz 1 BGB vom Gläubiger auf den Schuldner über. Der Anspruch des Schuldners auf die Gegenleistung erlischt.

Befindet sich der Gläubiger im Annahmeverzug, trägt er weiterhin die Gegenleistungsgefahr und muss trotz des vom Schuldner nicht zu vertretenden Untergangs der Leistungsverpflichtung die Gegenleistung erbringen, § 326 Abs. 2 Satz 1 BGB.

b) Eintritt des Annahmeverzugs

476 Der Gläubiger kommt in Verzug der Annahme, wenn er die ihm angebotene Leistung nicht annimmt, § 293 BGB, vorausgesetzt, dass ihm die Leistung so angeboten wird, wie sie ihm geschuldet wird, § 294 BGB. Einzelheiten über die Art und die Entbehrlichkeit des Angebots regeln die §§ 295 und 296 BGB. Eine (nicht vertraglich vereinbarte) Teilleistung kann der Gläubiger nach § 266 BGB zurückweisen, ohne dass er in Annahmeverzug gerät.

477 **Fall 35: Begehrtes Sammlerstück**

V verkauft K eine Uhr aus dem 18. Jahrhundert für € 5000. V übernimmt die Ausbesserung kleinerer Schäden. K soll die Uhr am 15. Dezember abholen, V wartet jedoch vergebens. Am 16. Dezember wird die Uhr aus dem Geschäft gestohlen. Die Geschäftsräume waren aufgrund leichter Fahrlässigkeit des V kurze Zeit ohne Aufsicht geblieben. K verlangt Schadensersatz in Höhe von € 2000, da er die Uhr für € 7000 an einen Sammler hätte weiterveräußern können. V hingegen verlangt Zahlung des Kaufpreises. Wie ist die Rechtslage?

I. Ansprüche K gegen V

1. § 433 Abs. 1 Satz 1 BGB
K könnte von V Übereignung der Uhr nach § 433 Abs. 1 Satz 1 BGB verlangen.

a) Anspruch entstanden
Ein Kaufvertrag zwischen V und K ist zustande gekommen. Der Anspruch des K ist entstanden.

---

129 BeckOK/*Unberath*, § 300 Rn. 6.
130 S. Rn. 366.
131 MüKo/*Ernst*, § 300 Rn. 4.

b) Anspruch erloschen
Allerdings könnte der Anspruch wegen Unmöglichkeit nach § 275 Abs. 1 BGB untergegangen sein. V ist nicht mehr in der Lage, dem K die Uhr zu übereignen, da sie ihm nach Vertragsschluss gestohlen wurde. Der Anspruch ist nach § 275 Abs. 1 BGB wegen nachträglich subjektiver Unmöglichkeit erloschen.

K kann von V nicht Übereignung der Uhr nach § 433 Abs. 1 Satz 1 BGB verlangen.

2. §§ 280 Abs. 1 und Abs. 3, 283 Satz 1 BGB
K könnte von V Schadensersatz statt der Leistung in Höhe von € 2000 aufgrund der Unmöglichkeit zur Leistung nach §§ 280 Abs. 1 und Abs. 3, 283 Satz 1 BGB verlangen.

a) Pflichtverletzung, § 280 Abs. 1 Satz 1, 283 Satz 1 BGB
Die Leistung ist nachträglich unmöglich geworden, der Schuldner V ist nach § 275 Abs. 1 BGB von seiner Leistungspflicht befreit (s. o.). Eine Pflichtverletzung liegt vor.

b) Vertretenmüssen, § 280 Abs. 1 Satz 2 BGB
Jedoch müsste V den Eintritt der Unmöglichkeit zu vertreten haben. Nach § 276 Abs. 1 BGB hat der Schuldner grundsätzlich Vorsatz und Fahrlässigkeit zu vertreten. Demnach hätte V, der durch seine leichte Fahrlässigkeit den Diebstahl der Uhr am 16. Dezember ermöglicht hatte, die Unmöglichkeit zu vertreten. Allerdings könnte V nach § 300 Abs. 1 BGB nur für grobe Fahrlässigkeit und Vorsatz und nicht für leichte Fahrlässigkeit einzustehen haben, sofern K zum Zeitpunkt des Diebstahls im Verzug der Annahme war, §§ 293 ff. BGB. Voraussetzung für den Annahmeverzug ist, dass der Gläubiger die ihm angebotene Leistung nicht annimmt, § 293 BGB. Dabei muss ihm die Leistung so, wie sie zu bewirken ist, tatsächlich angeboten werden, § 294 BGB. Ein tatsächliches Angebot des V an K erfolgt nicht. Es könnte aber gemäß §§ 295 f. BGB entbehrlich sein. Nach § 295 BGB genügt ein wörtliches Angebot, wenn zur Bewirkung der Leistung eine Handlung des Gläubigers erforderlich ist, insbesondere wenn der Gläubiger die geschuldete Sache abzuholen hat. Ist für die von dem Gläubiger vorzunehmende Handlung eine Zeit nach dem Kalender bestimmt, so bedarf es des Angebots nur, wenn der Gläubiger die Handlung rechtzeitig vornimmt, § 296 Satz 1 BGB. V schuldete K das Bereithalten der Uhr zur Übereignung am 15. Dezember, es ist somit eine Holschuld vereinbart. Gemäß § 295 BGB würde daher ein wörtliches Angebot genügen. Jedoch ist die von dem Gläubiger vorzunehmende Handlung (Einigung zum Eigentumsübergang und Entgegennahme der Uhr, vgl. § 929 BGB) kalendermäßig auf den 15. Dezember bestimmt. Am 15. Dezember tätigt der Gläubiger die von ihm vorzunehmende Handlung nicht. Daher ist ein wörtliches Angebot gemäß § 296 BGB entbehrlich. Indem V die Uhr zur Übereignung an den K am 15. Dezember bereithielt, kam K ab Ladenschluss des 15. Dezember in Annahmeverzug. Daher hat V am 16. Dezember nach § 300 Abs. 1 BGB für leichte Fahrlässigkeit nicht einzustehen. Er hat die durch den Diebstahl eingetretene Unmöglichkeit nicht zu vertreten.

Ein Schadensersatzanspruch des K gegen V aus §§ 280 Abs. 1 und Abs. 3, 283 BGB besteht nicht.

3. Zwischenergebnis
K hat keine Ansprüche gegen V.

II. Anspruch V gegen K

§ 433 Abs. 2 BGB
V könnte von K Zahlung des Kaufpreises in Höhe von € 5000 aus dem Kaufvertrag nach § 433 Abs. 2 BGB verlangen.

a) Anspruch entstanden
Der Kaufvertrag ist zustande gekommen. Der Anspruch des V ist demnach entstanden.

b) Anspruch erloschen
Der Anspruch könnte erloschen sein. Der Anspruch gegen den Gläubiger auf die Gegenleistung geht grundsätzlich unter, wenn der Schuldner nach § 275 Abs. 1 BGB von seiner Leistungspflicht frei wird, § 326 Abs. 1 Satz 1 BGB. Der Schuldner V braucht wegen § 275 Abs. 1 BGB die Uhr nicht mehr zu übereignen, daher erlischt grundsätzlich sein Anspruch gegen den Gläubiger K auf Zahlung des Kaufpreises. Der Anspruch könnte jedoch nach § 326 Abs. 2 Satz 1, 2. Alt. BGB fort-

bestehen. Voraussetzung hierfür ist, dass V den Eintritt der Unmöglichkeit nicht zu vertreten hat und K sich beim Eintritt der Unmöglichkeit in Annahmeverzug befand. K befand sich beim Eintritt der Unmöglichkeit im Annahmeverzug (s. o.) und V hat die Unmöglichkeit aufgrund § 300 Abs. 1 BGB nicht zu vertreten (s. o.). V behält daher seinen Anspruch auf die Gegenleistung, § 326 Abs. 2 Satz 1, 2. Alt. BGB.

V kann von K den Kaufpreis in Höhe von € 5000 nach § 433 Abs. 2 BGB verlangen.

III. Gesamtergebnis
K hat keine Ansprüche gegen V. V hingegen kann von K Zahlung des Kaufpreises in Höhe von € 5000 aus § 433 Abs. 2 BGB verlangen.

478

Fall 36: Kupferrohr

V und K schließen einen Kaufvertrag über die Lieferung von 100 m Kupferrohr für € 1000. Die Rohre sollen K am 28. Juni angeliefert werden. Als V am 28. Juni bei K anruft, um ihm mitzuteilen, dass das Kupferrohr zur Anlieferung bereit stehe, lehnt K die Lieferung ab, da Betriebsferien seien. Als sich K zwei Wochen später nach der Lieferung erkundigt, muss er erfahren, dass seine Lieferung Kupferrohr durch einen Brand, der durch mutwillige Brandstiftung eines unbekannten Dritten verursacht wurde, zerstört wurde. Wie ist die Rechtslage?

I. Ansprüche K gegen V

1. § 433 Abs. 1 Satz 1 BGB
K könnte von V Lieferung von 100m Kupferrohr aus § 433 Abs. 1 Satz 1 BGB verlangen.

a) Anspruch entstanden
Ein entsprechender Kaufvertrag ist zwischen den Parteien zustande gekommen. Der Anspruch ist entstanden.

b) Anspruch erloschen
Der Anspruch könnte jedoch aufgrund der Zerstörung des zur Anlieferung bereitgestellten Kupferrohrs nach § 275 Abs. 1 BGB untergegangen sein.

aa) Vereinbart war eine Gattungsschuld, eine Lieferung aus der Gattung ist weiterhin möglich.

bb) Die Gattungsschuld könnte sich durch Konkretisierung in eine Stückschuld gewandelt haben, § 243 Abs. 2 BGB, so dass V nach § 275 Abs. 1 BGB von seiner Leistungspflicht frei wird. Dazu müsste V das seinerseits Erforderliche getan haben. V und K hatten eine Schickschuld vereinbart. V war daher verpflichtet, das Kupferrohr dem Transporteur zu übergeben. Dies war nicht geschehen.

Nach einer Auffassung tritt bereits Konkretisierung ein, wenn der Schuldner dem Gläubiger die Leistung in einer den Annahmeverzug begründenden Weise anbietet.[132] Folgte man dieser Auslegung von § 243 Abs. 2 BGB, wäre § 300 Abs. 2 BGB nur noch dann anwendbar, wenn die Parteien § 243 Abs. 2 BGB vertraglich abbedungen haben. Dieser Ansicht, die dazu führt, dass eine gesetzliche Vorschrift überflüssig wird, kann daher nicht gefolgt werden. V hat das seinerseits Erforderliche nicht getan, da er das Kupferrohr nicht dem Transporteur übergeben hat. Eine Konkretisierung der Gattungsschuld nach § 243 Abs. 2 BGB ist nicht eingetreten. Es liegt weiterhin eine Gattungsschuld vor, deren Erfüllung möglich ist.

cc) Die Leistungsgefahr könnte jedoch unter den Voraussetzungen von § 300 Abs. 2 BGB auf den K übergegangen sein, so dass V nach § 275 Abs. 1 BGB von seiner Leistungsverpflichtung frei wird.

Nach den Voraussetzungen von § 300 Abs. 2 BGB geht bei einer Gattungsschuld die Leistungsgefahr des zufälligen Untergangs auf den Gläubiger über, sobald er in Annahmeverzug gerät, vorausgesetzt, die geschuldete Sache ist bereits ausgesondert worden.

132 MüKo/*Ernst*, § 300 Rn. 4.

i) Aufgrund fehlender Konkretisierung liegt eine Gattungsschuld vor (s. o.).

ii) V hatte das Kupferrohr bereits zum Transport bereitgestellt und somit ausgesondert.

iii) K müsste in Annahmeverzug geraten sein, §§ 293 ff. BGB. Hierzu müsste dem K die Leistung so, wie sie zu bewirken war, tatsächlich angeboten worden sein, § 294 BGB. Da eine Schickschuld vereinbart worden war, hätte V die Ware dem Transporteur übergeben müssen. Dies ist nicht geschehen. V rief K lediglich an, um ihm die als Schickschuld geschuldete Anlieferung des Kupferrohrs anzubieten. Fraglich ist jedoch, ob ein wörtliches Angebot des V nach § 295 Satz 1 BGB ausreicht. Nach § 295 Satz 1 BGB genügt ein wörtliches Angebot, sofern der Gläubiger erklärt, er werde die Ware nicht annehmen. K erklärte, er werde die Lieferung nicht annehmen. Daher genügte das wörtliche Angebot des V, womit K in Annahmeverzug geriet.

iv) Allerdings könnte der Annahmeverzug nach § 299 BGB ausgeschlossen sein, sofern der Gläubiger nur vorübergehend an der Annahme verhindert ist. K ist nur während der Betriebsferien an der Annahme verhindert. Voraussetzung für die Anwendung von § 299 BGB ist, dass keine Lieferzeit vereinbart worden ist. Die Lieferzeit war jedoch für den 28. Juni vereinbart. § 299 BGB ist nicht anwendbar. K geriet aufgrund der Ankündigung des V trotz seiner nur vorübergehenden Annahmeverhinderung in Annahmeverzug.

Die Voraussetzungen des § 300 Abs. 2 BGB liegen vor. Demnach ist die Leistungsgefahr auf K nach § 275 Abs. 1 BGB übergegangen. K kann von V nicht die Lieferung des Kupferrohrs verlangen.

2. §§ 280 Abs. 1 und Abs. 3, 283 Satz 1 BGB
K könnte von V Schadensersatz statt der Leistung nach §§ 280 Abs. 1 und Abs. 3, 283 Satz 1 BGB verlangen. Voraussetzung ist, dass V von seiner Leistungspflicht nach § 275 Abs. 1 BGB frei geworden ist und er dies zu vertreten hat. V wurde von seiner Leistungspflicht nach § 275 Abs. 1 BGB befreit (s. o.). Jedoch hat er den Brand, der vorsätzlich von einem unbekannten Dritten gelegt wurde, nicht zu vertreten.

▶ **Hinweis:** Ein Hinweis auf § 300 Abs. 1 BGB, wonach der Schuldner während des Annahmeverzugs des Gläubigers nur Vorsatz und grobe Fahrlässigkeit zu vertreten hat, unterbleibt, da V noch nicht einmal leicht fahrlässig gehandelt hat. Auf § 300 Abs. 1 BGB kommt es daher nicht an.

K kann von V nicht Schadensersatz statt der Leistung nach §§ 280 Abs. 1 und Abs. 3, 283 Satz 1 BGB verlangen.

3. Zwischenergebnis
K hat keine Ansprüche gegen V.

II. Anspruch V gegen K

▪ **§ 433 Abs. 2 BGB**
V könnte von K den vereinbarten Kaufpreis in Höhe von € 1000 verlangen. Ein entsprechender Kaufvertrag ist zustande gekommen. Der Anspruch des V auf die Gegenleistung könnte jedoch nach § 326 Abs. 1 Satz 1 BGB untergegangen sein. Die hierzu erforderliche Voraussetzung, wonach V von seiner Leistungspflicht nach § 275 Abs. 1 BGB befreit sein müsste, ist erfüllt (s. o.). Allerdings bleibt der Anspruch auf die Gegenleistung nach § 326 Abs. 2 Satz 1, 2. Alt. BGB bestehen, sofern der Schuldner den Eintritt der Unmöglichkeit nicht zu vertreten hat und der Gläubiger zu diesem Zeitpunkt sich in Annahmeverzug befand. V hat den Brand nicht zu vertreten, da er von einem unbekannten Dritten vorsätzlich gelegt wurde. K befand sich zum Zeitpunkt des Brandes in Annahmeverzug (s. o.). Er trägt daher aufgrund § 326 Abs. 2 Satz 1, 2. Alt. BGB die Gegenleistungsgefahr und ist weiterhin zur Zahlung des Kaufpreises an V verpflichtet. V kann von K den vereinbarten Kaufpreis in Höhe von € 1000 verlangen.

III. Gesamtergebnis
K hat keine Ansprüche gegen V. V hingegen kann von K die Zahlung des vereinbarten Kaufpreises in Höhe von € 1000 verlangen.

IV. Allgemeine Pflichtverletzung

1. Überblick

479 Bis zum Jahre 2002 fehlte im BGB eine Regelung für allgemeine Pflichtverletzungen. Daher entwickelte sich unmittelbar nach Inkrafttreten des BGB das Rechtsinstitut der pVV (positive Vertragsverletzung, auch pFV – positive Forderungsverletzung – genannt) heraus, welches gewohnheitsrechtlich galt. Nach den Grundsätzen der pVV stand dem Gläubiger bei schuldhafter Pflichtverletzung des Schuldners, die nicht Gegenstand einer geschriebenen Regelung im BGB war, ein Anspruch auf Schadensersatz und, sofern ihm ein Festhalten am Vertrag unzumutbar war, ein Rücktrittsrecht zu. Durch die Schuldrechtsreform nahm die pVV Einzug in das BGB und wurde zur zentralen Ausgangsnorm schuldrechtlicher Schadensersatzansprüche in § 280 Abs. 1 BGB.

480 Verletzt der Schuldner eine vertragliche *leistungsbezogene* Haupt- oder Nebenpflicht, § 241 Abs. 1 BGB, so steht dem Gläubiger ein Anspruch auf Schadensersatz (neben der Leistung) nach § 280 Abs. 1 BGB oder §§ 280 Abs. 1 und Abs. 2, 286 BGB, auf Schadensersatz statt der (ganzen) Leistung je nach Art der verletzten Pflicht entweder nach § 280 Abs. 1 und Abs. 3 i. V. m. § 281 oder § 283 BGB sowie ein Rücktrittsrecht nach § 323 oder § 326 Abs. 5 BGB zu. Bei Verletzung einer *nichtleistungsbezogenen* Nebenpflicht, §§ 241 Abs. 2, 311 Abs. 2 und Abs. 3 BGB, kann der Schuldner Schadensersatz (neben der Leistung) nach § 280 Abs. 1 BGB, Schadensersatz statt der Leistung nach §§ 280 Abs. 1 und Abs. 3, 282 BGB sowie ein Rücktrittsrecht nach § 324 BGB geltend machen.

481 **Fall 37: Malerfall**[133]

B beauftragt den Malermeister W mit dem Streichen seiner Wohnung. Hierzu zahlt der B dem W einen Vorschuss in Höhe von € 100. Die Arbeiten nehmen mehrere Tage in Anspruch. W, der es versäumt, seine Arbeitsfläche hinreichend abzudecken, verunreinigt wiederholt die Einrichtungsgegenstände des B. Nach zwei Tagen teilt der verärgerte B dem W mit, er solle die Arbeiten vorzeitig beenden. Mit der Vollendung der Malerarbeiten beauftragt er den Malermeister D, der jedoch einen höheren Stundensatz berechnet. Durch die Beauftragung des D entstehen B Mehrkosten in Höhe von € 500.

B verlangt nunmehr von W:
a) Ersatz der Reinigungskosten in Höhe von € 50,
b) Ersatz der Mehrkosten in Höhe von € 500.

Zu Recht?

2. Leistungsbezogene Haupt- und Nebenpflichten, § 241 Abs. 1 BGB

482 Dem Schuldner obliegen die sich aus dem Schuldverhältnis ergebenen leistungsbezogenen Haupt- und Nebenpflichten, § 241 Abs. 1 BGB.

133 Frei nach der Regierungsbegründung, BT-Drs. 14/6040, S. 141 f.

Der Käufer hat z. B. die leistungsbezogene Hauptpflicht, den Kaufpreis zu zahlen und die leistungsbezogene Nebenpflicht, die Kaufsache abzunehmen. Im Malerfall (Fall 37, Rn. 481) ist es die leistungsbezogene Hauptpflicht des W, die Wohnung des B zu streichen.

3. Nicht leistungsbezogene Nebenpflichten, § 241 Abs. 2 BGB

Dem Schuldner obliegen aber auch nicht leistungsbezogene Nebenpflichten, die sich aus dem Vertragsverhältnis ergeben, § 241 Abs. 2 BGB. Hierzu gehören insbesondere: **483**

a) Aufklärungspflichten

Jeden Vertragspartner trifft die Pflicht, den anderen Teil über solche Umstände aufzuklären, die den Vertragszweck vereiteln können und daher für dessen Entschluss zum Vertragsschluss oder zur Vertragsdurchführung von wesentlicher Bedeutung sind, sofern dieser die Mitteilung nach der Verkehrsauffassung erwarten kann.[134] **484**

Beispiele: Der Verkäufer eines Gebrauchtwagens muss den Käufer darüber aufklären, dass er das Fahrzeug kurze Zeit vor dem Weiterverkauf von einem nicht im Kfz-Brief eingetragenen fliegenden Zwischenhändler erworben hat. Denn in einem solchen Fall liegt der Verdacht nahe, dass es während der Besitzzeit des unbekannten Voreigentümers zur unsachgemäßen Behandlung des Fahrzeugs gekommen ist. [135]
Hat ein Rechtsanwalt einen Mandanten falsch beraten, trifft ihn die Pflicht, den Mandanten über einen möglichen Schadensersatzanspruch gegen ihn aufzuklären.

b) Schutzpflichten

Die Vertragsparteien sind sich gegenseitig verpflichtet, dass es bei der Abwicklung des Vertrages nicht zur Verletzung eines Rechtsgutes (Eigentum, Körper, Gesundheit etc.) der anderen Vertragspartei kommt. **485**

Im Malerfall (Fall 37, Rn. 481) ist W verpflichtet, auf die Einrichtungsgegenstände von B zu achten und sie nicht zu verunreinigen.

Immaterieller Schaden, § 253 Abs. 2 BGB **486**

Wird aufgrund der Schutzpflichtverletzung der Körper, die Gesundheit oder die Freiheit verletzt, kann wegen § 253 Abs. 2 BGB auch Schmerzensgeld nach § 280 Abs. 1 BGB verlangt werden. § 253 Abs. 2 BGB ist keine eigene Anspruchsgrundlage, sondern regelt ausschließlich den Umfang des Schadensersatzes.[136] Die Vorschrift bezieht sich unabhängig vom Rechtsgrund auf alle Schadensersatzansprüche (z. B. vertraglicher oder deliktischer Art).

---

134 BGH, Urteil vom 16. Dezember 2009, VIII ZR 38/09, NJW 2010, 858 Rn. 15.
135 BGH, Urteil vom 16. Dezember 2009, VIII ZR 38/09, NJW 2010, 858 Rn. 16.
136 MüKo/*Oetker*, § 253 Rn. 15 f.; *Rauscher*, Jura 2002, 577, 579; *Schulze/Ebers*, JuS 2004, 366, 367.

487 **Abgrenzung leistungsbezogene und nicht leistungsbezogene Nebenpflichten**

Die Abgrenzung zwischen leistungsbezogenen Nebenpflichten (§ 241 Abs. 1 BGB)[137] und nicht leistungsbezogenen Nebenpflichten (§ 241 Abs. 2 BGB) kann im Einzelfall schwierig sein. Nur wenn sich die Nebenpflicht nicht auf die Hauptleistungspflicht auswirkt, liegt eine nicht leistungsbezogene Nebenpflicht vor.[138] Daraus ergibt sich ein Vorrang von leistungsbezogenen Pflichtverletzungen.

c) Außervertragliche Sorgfaltspflichten, § 311 Abs. 2 und Abs. 3 BGB

488 Die Aufnahme geschäftlicher Kontakte – gleichgültig, ob sie zum Vertragsschluss führen oder nicht – erzeugt ein Vertrauensverhältnis unter den Beteiligten oder u. U. sogar zu einem Dritten (z. B. beratender Dritter, Vertreterhaftung), welches die Grundlage von Schutz-, Aufklärungs- und sonstigen Sorgfaltspflichten schafft. Bei schuldhafter Verletzung dieser Pflichten bestanden vor Inkrafttreten der Schuldrechtsreform Ansprüche durch das gewohnheitsrechtlich anerkannte Rechtsinstitut der *culpa in contrahendo* (cic). § 311 Abs. 2 und 3 BGB stellt klar, dass es sich bei derartigen vorvertraglichen Pflichten um nichtleistungsbezogene Nebenpflichten gemäß § 241 Abs. 2 BGB handelt.

Beispiele:

489 **a) Nicht erwartungsgerechter Vertrag, § 311 Abs. 2 Nr. 1 BGB**

A kauft eine finanzierte Immobilie auf Anraten des B, der ihm hierdurch erhebliche Steuervorteile verspricht. Die Steuervorteile treten nicht ein. A verlangt von B Freistellung von seinen Zahlungsverpflichtungen gegen Rückübereignung der Immobilie.[139]

490 **b) Abbruch von Vertragsverhandlungen, § 311 Abs. 2 Nr. 1 BGB**

A und B führen seit mehreren Monaten Verhandlungen über den Verkauf von A's Tochterunternehmen C. Beide Parteien haben zur Verhandlung des Kaufvertrages Rechtsanwälte eingeschaltet. Nunmehr zieht sich B ohne Angabe von Gründen völlig unerwartet von den Vertragsverhandlungen zurück. A verlangt von B Ersatz der angelaufenen Anwaltskosten.

491 **c) Verletzung von Schutzpflichten, § 311 Abs. 2 Nr. 2 BGB**

K kauft im Supermarkt des V ein. Er rutscht auf einer Bananenschale aus, die V fahrlässig versäumt hat, vom Boden zu entfernen.

492 **d) Verletzung von Geheimhaltungspflichten, § 311 Abs. 2 Nr. 2 BGB**

K verhandelt mit V über den Verkauf von V's Unternehmen. Im Rahmen der *due diligence* erhält K Einblick in V's Kundenkartei. Nachdem der Handel gescheitert ist, verkauft K seine Kenntnisse über die Kundenkartei an einen Konkurrenten von V. Dem V entstehen dadurch Einnahmeausfälle in Höhe von € 100 000.

493 **e) Vertrag mit Schutzwirkung für Dritte, § 311 Abs. 2 Nr. 3 BGB**

Nach den althergebrachten Grundsätzen des Vertrages mit Schutzwirkung für Dritte können aus einem Vertragsverhältnis Schutzpflichten auch gegenüber Personen entstehen, die nicht Vertragsparteien sind, sofern (i) der Dritte bestimmungsgemäß mit der Leistung in Berührung kommt (Leistungsnähe), (ii) der Gläubiger ein Interesse an der Einbeziehung des Dritten in den Schutzbereich des Vertrages hat (Einbeziehungsinteresse), z.B. weil Schutzpflichten des Gläubigers gegenüber dem Dritten bestehen (sog. Wohl-und-Wehe-Rechtsprechung), (iii) dies für den

137 Leistungsbezogene Nebenpflichten unterfallen § 241 Abs. 1 BGB, *Madaus*, Jura 2004, 289, 290 ff.; a. A. *Knoche/Höller*, ZGS 2003, 26, 29, § 241 Abs. 2 BGB erstreckt sich auch auf leistungsbezogene Nebenpflichten.

138 *Madaus*, Jura 2004, 289, 291.

139 Vgl. BGH, Urteil vom 26. September 1997, V ZR 29/96, NJW 1998, 302, s. hierzu *M. Schwab*, JuS 2002, 773, 774 f.; BGH, Urteil vom 30. März 2007, V ZR 89/06, BB 2007, 1177 Rn. 8.

Schuldner erkennbar und zumutbar ist und (iv) der Dritte schutzbedürftig ist (d. h. er keinen eigenen vertraglichen Anspruch hat).[140]

Unter den vorgenannten Voraussetzungen steht dem geschädigten Dritten, der zwar einen Schaden aber aufgrund fehlender Vertragsbeziehung keinen Anspruch hätte, ein eigener Anspruch gegen den Schädiger aus § 280 Abs. 1 BGB i. V. m. §§ 241 Abs. 2, 311 Abs. 2 Nr. 3 BGB zu.[141]

Beispiele: Kundin M kauft im Supermarkt des V ein, dabei rutscht ihr Kind D auf einer Bananenschale aus.

Besucher D des Mieters M verletzt sich im Treppenhaus der Mietwohnung des V aufgrund eines schadhaften Treppengeländers.

Nach den Grundsätzen des Vertrages mit Schutzwirkung für Dritte erhalten das Kind (D) und der Besucher (D) einen eigenen Schadensersatzanspruch gegen den verantwortlichen Schädiger (V). Der Anspruch des Vertragspartners (M) wird somit sprichwörtlich zum Schaden des Dritten (D) gezogen.

Abgrenzung zur Drittschadensliquidation 494

Die Drittschadensliquidation deckt den gleichen Sachverhalt wie der Vertrag mit Schutzwirkung für Dritte ab, d. h. der Schaden und der Anspruch fallen auseinander. Wohingegen jedoch beim Vertrag mit Schutzwirkung für Dritte der Dritte einen *eigenständigen* Anspruch erhält (der Anspruch wird zum Schaden gezogen), erhält im Rahmen der Drittschadensliquidation der Anspruchsinhaber die Möglichkeit, den Schaden, der einem Dritten entstanden ist, geltend zu machen (der Schaden wird zum Anspruch gezogen). Der Schadensersatzanspruch wird in der Regel vom Anspruchsinhaber an den Geschädigten abgetreten. Typische Fälle der Drittschadensliquidation sind die der Gefahrtragung, §§ 326 Abs. 2 Satz 1, 2. Var.,[142] 446 f. BGB und § 644 BGB (beachte aber § 421 Abs. 1 Satz 2 HGB[143] und § 475 Abs. 2 BGB), die sog. mittelbare Stellvertretung,[144] die Obhut für fremde Sachen[145] und die Schadensverlagerung im Treuhandverhältnis (z.B. bei der Sicherungsabtretung)[146] oder aufgrund vertraglicher Vereinbarung zwischen dem Anspruchsinhaber und dem Dritten.[147] Auch § 241 a BGB wird als ein Fall der Drittschadensliquidation diskutiert.[148]

Beispiel: V verkauft K ein antiquarisches Buch. Sie kommen überein, dass V das Buch K übersendet. V bittet den mit ihm befreundeten L, der sich stets als verlässlich erwiesen hat, K das Buch vorbeizubringen. Auf dem Weg zu K wird L schuldhaft in einen Unfall verwickelt, bei dem das Buch verbrennt.

---

140 BGH, Urteil vom 17. November 2016, III ZR 139/14, NJW-RR 2017, 888 Rn. 16 f.; *Höhne/Kühne*, JuS 2012, 1063 ff.; *Petersen*, Jura 2013, 893, 894 ff.

141 Und nicht etwa aus § 311 Abs. 3 BGB, s. Regierungsbegründung, BT-Drs. 14/6040, 163; teilweise abweichend *Rohe/Winter*, JuS 2003, 872, 874, 876, der Vertrag mit Schutzwirkung für Dritte ist jedenfalls nicht vollständig kodifiziert.

142 Z.B. wenn im Falle einer Schickschuld der Käufer zum vereinbarten Liefertermin nicht anwesend ist und die Sache auf dem Rücktransport aufgrund Fahrlässigkeit des Transporteurs beschädigt wird, s. hierzu *Bernhard*, JuS 2011, 9, 11 ff. (Fall 3 c).

143 In den Fällen des Versendungskaufs verbleiben aufgrund § 421 Abs. 1 Satz 2 HGB nur wenige Anwendungsfälle für die allgemeinen Grundsätze der Drittschadensliquidation, so z. B. beim privaten Transport oder wenn der Verkäufer den Kaufgegenstand an einen Spediteur übergibt, bei dem die Sache zerstört oder beschädigt wird, bevor der Spediteur die Sache an den Frachtführer weiterleitet, s. *Oetker*, JuS 2001, 833, 841.

144 *H. P. Westermann/Bydlinski/Weber*, BGB – Schuldrecht AT, 8. Auflage 2013, Rn. 16/21.

145 VG Trier, Urteil vom 11. Oktober 2011, 1 K 842/11, NJW 2012, 1464, 1465; anschaulich *Goerth*, JA 2005, 28 ff.

146 BGH, Urteil vom 9. Februar 2006, I ZR 70/03, NJW 2006, 1662 Rn. 11.

147 BGH, Urteil vom 14. Januar 2016, VII ZR 271/14, NJW 2016, 1089 Rn. 26 ff.

148 Dafür *Link*, NJW 2003, 2811, 2812; dagegen *Jacobs*, JR 2004, 490, 491 ff.; *Weiss*, JuS 2015, 8, 12 f.

K hat gegen L keinen Schadensersatzanspruch. Ein Anspruch aus § 280 Abs. 1 BGB scheitert daran, dass zwischen K und L kein Vertrag besteht. Da K das Buch nicht übereignet wurde, kommt auch kein Anspruch aus § 823 Abs. 1 BGB in Betracht. Von V kann K aufgrund § 275 Abs. 1 BGB nicht mehr das Buch verlangen, muss aber entgegen § 326 Abs. 1 Satz 1 BGB aufgrund § 447 Abs. 1 BGB den vollen Kaufpreis an V zahlen. K kann von V keinen Schadensersatz verlangen, da V das Verschulden des L nicht über § 278 BGB zugerechnet wird. Denn im Rahmen einer Schickschuld ist die Transportperson kein Erfüllungsgehilfe.[149] V stehen zwar gegen L grundsätzlich Schadensersatzansprüche zu (aus § 280 Abs. 1 BGB aufgrund des Vertragsverhältnisses zwischen V und L sowie aus § 823 Abs. 1 BGB wegen Eigentumsverletzung). Allerdings erleidet V wegen § 447 BGB keinen Schaden, da er den vollen Kaufpreis von K erhält. Daher hat V den Anspruch und K den Schaden. Im Wege der Drittschadensliquidation wird es V gestattet, den Schaden des K geltend zu machen (der Schaden wird zum Anspruch gezogen). Dieser Schadensersatzanspruch wird sodann von V an K abgetreten.

Umstritten ist die dogmatische Einordnung des Ersatzanspruchs des Empfängers gegen den Frachtführer nach § 421 Abs. 1 Satz 2 HGB (h. A. Drittschadensliquidation,[150] a. A. Vertrag mit Schutzwirkung für Dritte[151]). Die Frage, ob der Empfänger nach § 421 Abs. 1 Satz 2 HGB einen eigenen Ersatzanspruch geltend macht (Vertrag mit Schutzwirkung für Dritte) oder lediglich zur Einziehung einer fremden Forderung ermächtigt ist (Drittschadensliquidation), ist insbesondere bei der Übertragung und Pfändung der Ersatzforderung von Bedeutung. Denn nur eine eigene Forderung kann abgetreten werden und nur eigene Forderungen können von einem Drittgläubiger gepfändet werden.

---

495 **f) Gefälligkeitsverhältnisse, Auskünfte, § 311 Abs. 2 Nr. 3 BGB**

Um die Haftung im Rahmen eines Gefälligkeitsverhältnisses auf leichte Fahrlässigkeit zu begrenzen, ist ein *Rechtsbindungswille*[152] erforderlich.[153] Mangels einer ausdrücklichen Vereinbarung ist ein solcher Haftungsverzicht durch ergänzende Vertragsauslegung zu ermitteln. In der Regel streiten sich die Versicherungen von Schädiger und Geschädigten, wer den Schaden letztendlich zu tragen hat. Der BGH verlangt für einen Haftungsverzicht im Wege der ergänzenden Auslegung, dass (i) der Schädiger nicht haftversichert ist, (ii) für ihn ein nicht hinzunehmendes Haftungsrisiko besteht und (iii) ein Haftungsverzicht aufgrund der Umstände besonders naheliegend ist.[154]

Beispiele:
- Für Nachbarschaftshilfe beim Wässern von Pflanzen während urlaubsbedingter Abwesenheit verneint das OLG Hamm in Anwendung der vorgenannten Grundsätze einen Haftungsverzicht,[155] wohingegen das OLG Koblenz einen Haftungsverzicht mit der Begründung bejaht, da sich sonst kaum jemand zu nachbarschaftlichen Gefälligkeiten bereit erklären würde.[156]
- Bei der Mitnahme im Auto verneint der BGH einen Haftungsverzicht, da Schädiger und Geschädigter sozialversichert seien.[157]

---

149 *Goerth*, JA 2005, 28, 30.

150 *Koller* in: Koller/Kindler/Roth/Morck, HGB, 8. Auflage 2015, § 421 Rn. 1; vgl. auch *Bülow/Artz*, Handelsrecht, 7. Auflage 2015, Rn. 623.

151 *Oetker*, JuS 2001, 833, 836 f.; *Becker*, AcP 202 (2002), 722, 725 ff., sofern zwischen dem Absender und Empfänger ein Versendungskauf vereinbart wurde (734 f.).

152 Zum Begriff des Rechtsbindungswillens s. Rn. 86.

153 *H. P. Westermann/Bydlinski/Weber*, BGB – Schuldrecht AT, 8. Auflage 2013, Rn. 2/32; vgl. BGH, Urteil vom 23. Juli 2015, III ZR 346/14, BGHZ 206, 254 Rn. 8; kritisch *Medicus/Petersen*, AT BGB, 11. Auflage 2016, Rn. 191; a. A. *Reischl*, JuS 2003, 40, 44, § 311 Abs. 2 Nr. 3 BGB spricht rechtsgeschäftsähnliche Schuldverhältnisse an, die Schutzpflichten im Sinne von § 241 Abs. 2 BGB unabhängig vom Rechtsbindungswillen begründen.

154 BGH, Urteil vom 10. Februar 2009, VI ZR 28/08, NJW 2009, 1482 Rn. 16.

155 OLG Hamm, Urteil vom 17. November 2015, 9 U 26/15, NJW-RR 2016, 287 f.

156 OLG Koblenz, Urteil vom 07. Juli 2015, 3 U 1468/14, VersR 2016, 124, 125 f.; ebenso das OLG Celle, Urteil vom 03. April 2014, 5 U 168/13, MDR 2014, 775 für das Anbringen eines Waschbeckens im Wege der Nachbarschaftshilfe.

157 BGH, Urteil vom 10. Februar 2009, VI ZR 28/08, NJW 2009, 1482 Rn. 16.

4. Rechtsfolgen

a) Schadensersatz wegen schuldhafter Pflichtverletzung, § 280 Abs. 1 BGB

Im Malerfall (Fall 37, Rn. 481) könnte B von W Schadensersatz für die schuldhaft beschädigten Einrichtungsgegenstände nach § 280 Abs. 1 BGB verlangen. 496

Anspruch B gegen W

§ 280 Abs. 1 BGB
B könnte von W nach § 280 Abs. 1 BGB Ersatz des Schadens verlangen, der durch die Beschädigung der Einrichtungsgegenstände entstanden ist. W obliegt die nicht leistungsbezogene Nebenpflicht (§ 241 Abs. 2 BGB), auf die Einrichtungsgegenstände des B bei der Ausführung seiner Arbeiten zu achten, § 280 Abs. 1 Satz 1 BGB. Diese Sorgfaltspflicht hat W aus Unachtsamkeit verletzt, was er zu vertreten hat, §§ 280 Abs. 1 Satz 2, 276 Abs. 1 BGB. B kann von W die Reinigungskosten in Höhe von € 50 nach § 280 Abs. 1 BGB ersetzt verlangen.

Der Umfang eines Schadensersatzanspruchs wegen der Verletzung einer *Aufklärungspflicht* nach § 241 Abs. 2 BGB betrifft den entstandenen Vertrauensschaden.

Den Umfang des Schadensersatzanspruchs bei Verletzung einer Aufklärungspflicht bei Vertragsverhandlungen (cic) hat der BGH wie folgt präzisiert:[158] 497

i) Der Geschädigte ist so zu stellen, wie er bei Offenbarung der für seinen Vertragsentschluss maßgeblichen Umstände stünde. Wäre der Vertrag danach nicht zustande gekommen, steht dem Geschädigten kein Anspruch auf Anpassung des Vertrages zu. Er hat lediglich das Recht, an dem für ihn ungünstigen Vertrag festzuhalten und den verbliebenen Vertrauensschaden zu liquidieren.

> **Beispiel:** Eigentümer S und Bauherr G schließen einen Grundstückskaufvertrag. S missachtet seine Pflicht, G über die Bodenverhältnisse des Grundstücks aufzuklären, so dass sich für G der Wert des Grundstücks höher als der tatsächliche Wert darstellt. Allerdings erweist sich das Grundstück hierdurch nicht als mangelhaft i. S. v. § 434 BGB. G kann von S nicht Herabsetzung des Kaufpreises verlangen. Er hat aber das Recht, am Vertrag festzuhalten und den verbliebenen Vertrauensschaden ersetzt zu verlangen; zu dessen Berechnung s. ii).

ii) Zur Berechnung dieses Restvertrauensschadens ist der Geschädigte so zu behandeln, als wäre es ihm bei Kenntnis der wahren Sachlage gelungen, den Vertrag zu einem niedrigeren Preis abzuschließen. Ihm ist dann der Betrag zu ersetzen, um den er den Kaufgegenstand zu teuer erworben hat. Auf den Nachweis, dass die andere Vertragspartei sich darauf eingelassen hätte, kommt es dabei – anders als bei einer Vertragsanpassung – nicht an.

> **Beispiel:** G hätte in Kenntnis der wahren Bodenverhältnisse für das Grundstück statt € 100 000 einen Kaufpreis von € 90 000 gezahlt. G braucht nicht nachzuweisen, dass S das Grundstück tatsächlich für nur € 90 000 verkauft hätte. Der Restvertrauensschaden beläuft sich auf € 10 000.

iii) Als Folge einer Verletzung von Aufklärungspflichten bei Vertragsschluss kann der Geschädigte auch so zu stellen sein, als habe er mit dem anderen Teil einen für ihn besseren Vertrag geschlossen. Das setzt aber voraus, dass ein solcher Vertrag bei erfolgter Aufklärung zustande gekommen wäre, was der Geschädigte darzulegen und zu beweisen hat.

> **Beispiel:** Eigentümer G und Käufer S schließen einen Grundstückskaufvertrag. Unter Missachtung seiner Aufklärungspflicht weist S den G nicht auf die bauplanungsrechtlichen Entwick-

158 BGH, Urteil vom 19. Mai 2006, V ZR 264/05, BGHZ 168, 35, 39 ff. Rn. 20 ff.; hiergegen *Honsell*, Festschrift Medicus, 2009, 181, 190 ff.

lungen hin, so dass G nur einen Kaufpreis in Höhe von € 100 000 verlangt. Bei Kenntnis der tatsächlichen Lage hätte er € 120 000 gefordert. Die Differenz in Höhe von € 20 000 kann G aber nur ersetzt verlangen, wenn er nachweist, dass er das Grundstück auch für € 120 000 an S hätte verkaufen können.

b) Schadensersatz statt der Leistung wegen schuldhafter Verletzung einer nicht leistungsbezogenen Nebenpflicht, §§ 280 Abs. 1 und Abs. 3, 282 BGB

498 Im Malerfall (Fall 37, Rn. 481) könnte B von W auch Schadensersatz statt der Leistung verlangen.

Anspruch B gegen W

§§ 280 Abs. 1 und Abs. 3, 282 BGB, Schadensersatz statt der Leistung
B könnte von W die Mehrkosten für die Beauftragung des D als Schadensersatz statt der Leistung nach §§ 280 Abs. 1 und Abs. 3, 282 BGB verlangen.

1. Pflichtverletzung, §§ 280 Abs. 1 Satz 1, 282 BGB
Voraussetzung für den Anspruch ist, dass aufgrund der Verletzung einer dem Schuldner obliegenden Sorgfaltspflicht nach § 241 Abs. 2 BGB die Leistung dem Gläubiger nicht mehr zumutbar ist. B musste es sich eine Weile lang ansehen, wie W aus Unachtsamkeit seine Einrichtungsgegenstände beschädigt und damit seine ihm obliegende Sorgfaltspflicht verletzt. Weiter zu warten, bis W seine Arbeiten erledigt hätte, war B nicht zumutbar, da es keine Anzeichen gab, dass W in Zukunft sorgsamer sein werde.

2. Vertretenmüssen, § 280 Abs. 1 Satz 2 BGB
W hat die Pflichtverletzung aufgrund seiner Unachtsamkeit nach § 276 Abs. 1 BGB zu vertreten.

3. Schadensumfang
B kann somit von W Schadensersatz statt der Leistung verlangen, d. h. er kann den Schaden ersetzt verlangen, der ihm dadurch entsteht, dass W seine Malerarbeiten nicht zu Ende ausführt, §§ 249 ff. BGB. Da W seine Arbeit nicht beendet, wurde D beauftragt, der jedoch ein höheres Entgelt verlangt. Diese Mehrkosten in Höhe von € 500 kann B von W als Schadensersatz statt der Leistung nach §§ 280 Abs. 1 und Abs. 3, 282 BGB ersetzt verlangen.

c) Rücktrittsrechte, § 324 BGB

499 Zudem steht dem Gläubiger ein Rücktrittsrecht ohne Fristsetzung nach § 324 BGB zu, wenn der Schuldner eine nicht leistungsbezogene Nebenpflicht, § 241 Abs. 2 BGB, verletzt und dem Gläubiger ein Festhalten an dem Vertrag nicht zuzumuten ist. Der Rücktritt schließt den Anspruch auf Schadensersatz nicht aus, § 325 BGB.

Im Malerfall (Fall 37, Rn. 481) hat B das Recht, gemäß § 324 BGB vom Vertrag für die noch ausstehenden Malerarbeiten durch W zurückzutreten.

▶ **Vertiefung:** Zur Wiederholung und Vertiefung der Struktur von §§ 280 ff., 286, 311a BGB sowie als Ausblick auf die Gewährleistungsregelungen s. *Reichenbach*, Jura 2003, 512 ff.

V. Rücktritt

Durch den Rücktritt kann die rücktrittsberechtigte Vertragspartei die Beendigung und Rückabwicklung des Vertragsverhältnisses herbeiführen. Es entsteht ein Rückgewährschuldverhältnis nach §§ 346 ff. BGB, gemäß dem die bereits aufgrund des Vertrages erbrachten Leistungen zurückzugewähren sind. 500

Anspruchsgrundlage für die Rückgewähr bildet § 346 BGB, entweder Abs. 1 auf Herausgabe oder Abs. 2 auf Wertersatz.

Fall 38: Der unzuverlässige Käufer 501

V verkauft K seinen Wagen. Er übereignet K seinen Wagen, bevor dieser den vereinbarten Kaufpreis in Höhe von € 50 000 zahlt. Als K dem V eröffnet, er könne nicht zahlen, verlangt V von K den Wagen heraus. Zu Recht?

1. Anspruchsgrundlage für die Herausgabe, § 346 Abs. 1 BGB

Im Fall 38 wäre zu prüfen, ob V von K den Wagen nach § 346 Abs. 1 BGB herausverlangen kann. 502

Die Anspruchsgrundlage auf Rückabwicklung ergibt sich nicht etwa aus §§ 323, 324, 326 Abs. 5 BGB, sondern aus § 346 BGB. Auf den Merksatz: „Was kann wer von wem woraus verlangen?" gibt § 346 Abs. 1 BGB die Antwort, dass die empfangene Leistung zurückzugeben ist. Die §§ 323, 324, 326 Abs. 5 BGB enthalten jeweils ein Rücktrittsrecht, treffen aber keine Aussage darüber, welche Rechtsfolgen das Rücktrittsrecht mit sich bringt. 503

§ 812 Abs. 1 Satz 1, 1. Alt. BGB ist in Fall 38 keine einschlägige Anspruchsgrundlage, da durch den Rücktritt der rechtliche Grund (*causa*) für die Übereignung des Wagens nicht erlischt. Der Kaufvertrag wird nicht nichtig, sondern wandelt sich in ein Rückgewährschuldverhältnis um. 504

2. Rücktrittserklärung, § 349 BGB

Der Rücktritt erfolgt durch eine einseitige, empfangsbedürftige Willenserklärung gegenüber der anderen Vertragspartei, in der der Wille zum Ausdruck gebracht wird, den Vertrag rückabzuwickeln. 505

▶ **Hinweis:** Klausuren enthalten häufig keine ausdrückliche Rücktrittserklärung. Die entsprechende Erklärung ist nach dem objektiven Empfängerhorizont nach §§ 133, 157 BGB auszulegen. Dabei ist im Hinblick auf die unterschiedlichen Tatbestandsvoraussetzungen und Rechtsfolgen insbesondere zu unterscheiden, ob der Erklärende eine Anfechtungs- oder eine Rücktrittserklärung abgeben möchte. Bei einer erfolgreichen Anfechtung entfällt der Vertrag und somit der Rechtsgrund für die Leistung *ex tunc* nach § 142 Abs. 1 BGB, so dass es zu einer Rückabwicklung nach § 812 Abs. 1 BGB kommt.

V's Mitteilung an K in Fall 38 (Rn. 501), er wolle den Wagen zurückhaben, ist nach §§ 133, 157 BGB als Rücktrittserklärung auszulegen.

3. Rücktrittsrecht

506 Der Rücktritt setzt ein Rücktrittsrecht der zurücktretenden Vertragspartei voraus.

a) Vertragliches Rücktrittsrecht

507 Das Rücktrittsrecht kann vertraglich von den Parteien vereinbart werden.

Beispiel: V und K vereinbaren, dass K sich innerhalb von 14 Tagen nach Empfang der Kaufsache entscheiden kann, ob er die Sache behalten oder vom Kaufvertrag zurücktreten möchte.

Viele Kaufhausketten bieten an, die Ware gegen Rückerstattung des Kaufpreises innerhalb einer bestimmten Frist zurückzunehmen. Dem Käufer wird damit ein vertragliches Rücktrittsrecht gewährt. Erklärt der Kunde den Rücktritt, hat dieser einen Anspruch aus § 346 BGB auf Rückabwicklung des Vertrages.

b) Gesetzliches Rücktrittsrecht

508 Das Rücktrittsrecht kann auch gesetzlicher Natur sein, wie etwa das Rücktrittsrecht wegen Nichtleistung (§ 323 BGB), Unmöglichkeit zur Leistung (§ 326 Abs. 5 BGB), Unzumutbarkeit der Leistung (§ 324 BGB) oder Schlechtleistung (§§ 437 Nr. 2, 323, 326 Abs. 5 BGB).

509 Die Rücktrittsrechte der §§ 323, 324, 326 Abs. 5 BGB sind parallel zu den Ansprüchen auf Schadensersatz statt der Leistung nach den § 280 Abs. 1 und Abs. 3 BGB i. V. m. §§ 281– 283 BGB ausgestaltet. Der wesentliche Unterschied liegt darin, dass der Rücktritt im Gegensatz zum Schadensersatz kein Vertretenmüssen des Schuldners voraussetzt.[159]

aa) § 323 BGB

510 Nach § 323 Abs. 1 BGB kann der Gläubiger von einem gegenseitigen Vertrag zurücktreten, wenn er nach Eintritt der Fälligkeit erfolglos eine angemessene Frist zur Leistung gesetzt hat.

i) Entbehrlichkeit der Frist

511 Die Fristsetzung ist nach § 323 Abs. 2 BGB entbehrlich, wenn der Schuldner die Leistung ernsthaft und endgültig verweigert (Nr. 1), nach einer Mitteilung des Gläubigers vor Vertragsschluss oder auf Grund anderer den Vertragsabschluss begleitenden Umstände die termingerechte Leistung für den Gläubiger wesentlich ist (relatives Fixgeschäft, Nr. 2) oder im Falle einer mangelhaften Leistung besondere Umstände vorliegen, die unter Abwägung der beiderseitigen Interessen den sofortigen Rücktritt rechtfertigen (Generalklausel, Nr. 3).

159 Zum systematisch gleichartigen Aufbau von Rücktritt und Schadensersatz s. *Jaensch*, ZGS 2004, 134, 137 f.

Relatives Fixgeschäft beim Handelskauf, § 376 HGB 512

§ 376 HGB regelt wie § 323 Abs. 2 Nr. 2 BGB das relative Fixgeschäft. Ein solches Geschäft ist im Handelsverkehr wegen der üblichen Professionalität und schnellen Abwicklung eher anzunehmen als zwischen Privatpersonen. Der Gesetzgeber hat es bisher versäumt, § 376 Abs. 1 HGB an die neuen Regelungen des Schuldrechts anzupassen. Nach dem Grundsatz der *lex posterior* muss § 376 HGB daher vor dem Hintergrund des modernen Schuldrechts ausgelegt werden.

Bleibt die Leistung zur bedungenen Zeit oder zum Fristablauf aus, kann der Käufer unmittelbar zurücktreten. Insofern enthält § 376 Abs. 1 Satz 1 HGB keine Abweichung von § 323 Abs. 2 Nr. 2 BGB. Zusätzlich kann der Gläubiger nach § 376 Abs. 1 Satz 1 HGB ohne die gemäß § 281 Abs. 1 BGB erforderliche Fristsetzung Schadensersatz statt der Leistung verlangen („Schadensersatz wegen Nichterfüllung" entspricht der alten Begrifflichkeit). Die in § 376 Abs. 1 Satz 1 HGB enthaltene Alternativität zwischen Rücktritt und Schadensersatz („oder") entfällt, denn gemäß § 325 BGB kann der Gläubiger beide Rechte kumulativ ausüben.[160] Ferner ist es entgegen des Wortlauts von § 376 Abs. 1 Satz 1 HGB für den Anspruch auf Schadensersatz statt der Leistung nicht erforderlich, dass der Schuldner sich in Verzug mit seiner Leistung befindet, denn der Schuldnerverzug ist keine Tatbestandsvoraussetzung für den Anspruch aus §§ 280 Abs. 1 und 3, 281 Abs. 1 BGB.[161]

Erfüllung kann der Gläubiger weiterhin nur noch beanspruchen, sofern er sofort nach Ablauf der Zeit oder Frist dies dem Schuldner anzeigt, § 376 Abs. 1 Satz 2 HGB. § 376 HGB erfasst auch einseitige Handelsgeschäfte. Auf Rechtsgeschäfte zwischen einem kaufmännischen Verkäufer und einem Verbraucher ist § 376 HGB jedoch nicht anwendbar.[162]

ii) Entbehrlichkeit der Fälligkeit

513 § 323 Abs. 4 BGB betrifft die offensichtliche Erfüllungsgefährdung. Demnach kann der Gläubiger bereits vor Eintritt der Fälligkeit der Leistung zurücktreten, wenn offensichtlich ist, dass die Voraussetzungen des Rücktritts eintreten werden. Das Rücktrittsrecht nach § 323 Abs. 4 BGB kann der Gläubiger nur bis zum Eintritt der Fälligkeit ausüben.[163] Ab Fälligkeit der Leistung ergibt sich sein Rücktrittsrecht aus den übrigen Absätzen von § 323 BGB.

Vorweggenommener Vertragsbruch 514

Hauptanwendungsfall von § 323 Abs. 4 BGB ist der vorweggenommene Vertragsbruch, wenn der Schuldner vor Eintritt der Fälligkeit ernsthaft und endgültig erklärt, er werde nicht leisten. In diesem Fall entfällt das Erfordernis der Fälligkeit aufgrund § 323 Abs. 4 BGB.

514a Einer Fristsetzung bedarf es im Rahmen von § 323 Abs. 4 BGB nicht, da noch keine fällige Leistungspflicht besteht, zu der der Gläubiger eine Nachfrist setzen könnte; dies ist erst ab Eintritt der Fälligkeit möglich. Ist die Erfüllungsgefährdung nicht offensichtlich, sondern hegt der Gläubiger lediglich ernsthafte Zweifel an der Leistungsbereitschaft des Schuldners, die eine Bindung des Gläubigers bis zum Eintritt der Fälligkeit

160 *W.-H. Roth* in: Koller/Kindler/Roth/Morck, HGB, 8. Auflage 2015, § 376 Rn. 8; *Jaensch*, ZGS 2004, 134, 140 Fn. 75.

161 Der Wortlaut von § 376 Abs. 1 Satz 1 HGB bezieht sich auf § 326 Abs. 1 BGB a.F., wonach der Anspruch auf „Schadensersatz wegen Nichterfüllung" neben einer Fristsetzung mit Ablehnungsandrohung verlangt, dass der Schuldner sich im Verzug befindet.

162 *Herresthal*, ZIP 2006, 883, 889 f.; a. A. *Bassler/Büchler*, AcP 214 (2014), 888, 899.

163 BGH, Urteil vom 14. Juni 2012, VII ZR 148/10, BGHZ 193, 315 Rn. 17; a. A. *Weiss*, NJW 2014, 1212, 1214.

unzumutbar machen, kann er dem Schuldner den vorzeitigen Rücktritt androhen, sollte dieser nicht innerhalb einer Frist die Zweifel an seiner Leistungsbereitschaft ausräumen. Dabei ist zu unterscheiden:

i) Räumt der Schuldner innerhalb der Frist die ernsthaften Zweifel an seiner Erfüllungsbereitschaft nicht aus, indem er glaubhaft seine Leistungsbereitschaft versichert und je nach Grad der Gefährdung Sicherheit leistet, steht dieses Verhalten einer ernsthaften und endgültigen Leistungsverweigerung gleich. Der Gläubiger kann aufgrund § 323 Abs. 4 BGB vor Fälligkeit zurücktreten.[164] Anderenfalls muss der Gläubiger den Eintritt der Fälligkeit abwarten.

ii) Leistet der Schuldner zum Eintritt der Fälligkeit nicht, muss der Gläubiger grundsätzlich erneut eine Frist setzen. Das heißt auf Vorrat können keine Fristen gesetzt werden.[165] Allerdings ist unter Abwägung der beiderseitigen Interessen zu ermitteln, ob dem Gläubiger unter Berücksichtigung des bereits nach Fälligkeit verstrichenen Zeitraums nicht mehr zugemutet werden kann, den Ablauf einer erneuten Frist abzuwarten.[166] Ist dies der Fall, hat der Gläubiger das Recht, aufgrund § 242 BGB, der für die Nichtleistung an die Stelle von § 323 Abs. 2 Nr. 3 BGB tritt,[167] ohne erneute Fristsetzung zurückzutreten. § 323 Abs. 2 Nr. 3 BGB[168] steht hierzu nicht mehr zur Verfügung, da er seit dem 13. Juni 2014 nur noch für Schlechtleistungen gilt.

bb) § 324 BGB

515 § 324 BGB enthält ein Rücktrittsrecht bei Verletzung einer nicht leistungsbezogenen Nebenpflicht, sofern die Leistung dem Gläubiger nicht mehr zumutbar ist.

cc) § 326 Abs. 5 BGB

516 § 326 Abs. 5 BGB bietet ein Rücktrittsrecht, sofern im Falle der Unmöglichkeit der Leistung des Schuldners der Gegenleistungsanspruch nicht nach § 326 Abs. 1 Satz 1 BGB erlischt.

---

517 **Verhältnis von § 326 Abs. 4 BGB zu § 326 Abs. 5 BGB**

§ 326 Abs. 4 BGB wie auch § 326 Abs. 5 BGB regeln die Rückabwicklung des Vertrages, wenn aufgrund § 275 Abs. 1 bis 3 BGB der Schuldner von seiner Leistungspflicht befreit ist. Während § 326 Abs. 4 BGB als Anspruchsgrundlage formuliert ist, enthält § 326 Abs. 5 BGB ein Rücktrittsrecht. Dies mag auf den ersten Blick verwundern. Es stellt sich die Frage, welcher eigenständige Anwendungsbereich § 326 Abs. 5 BGB neben § 326 Abs. 4 BGB bleibt.

---

164 BGH, Urteil vom 14. Juni 2012, VII ZR 148/10, BGHZ 193, 315 Rn. 20; MüKo/*Ernst*, § 323 Rn. 137; Staudinger/*Schwarze*, § 323 B168 ff.

165 *Gutzeit*, NJW 2012, 3717.

166 BGH, Urteil vom 14. Juni 2012, VII ZR 148/10, BGHZ 193, 315 Rn. 24.

167 Regierungsbegründung, BT-Drs. 17/12637, 59; a. A. *Bassler/Büchler*, AcP 214 (2014), 888, 917, welche die vom BGH entwickelte Differenzierung ablehnen und § 323 Abs. 4 BGB auch für die Zeit nach Eintritt der Fälligkeit heranziehen; ähnlich *Weiss*, NJW 2014, 1212, 1214 f.; vgl. ferner Riehm, NJW 2014, 2065, 2068 f., § 281 Abs. 2, 2. Var. BGB sei analog anzuwenden.

168 Vgl. BGH, Urteil vom 14. Juni 2012, VII ZR 148/10, BGHZ 193, 315, Rn. 23 f.

1. Anwendungsbereich von § 326 Abs. 4 BGB
§ 326 Abs. 4 BGB ist für den Grundfall der vom Schuldner zu vertretenden Unmöglichkeit einschlägig. Der Anspruch auf die Gegenleistung entfällt, § 326 Abs. 1 Satz 1, 1. Halbsatz BGB. Der Gläubiger kann die Herausgabe der bereits erbrachten Gegenleistung gemäß § 326 Abs. 4 BGB nach den Rücktrittsregeln der §§ 346 bis 348 BGB verlangen. Der Anspruch entsteht kraft Gesetz. Einer Rücktrittserklärung bedarf es nicht. § 326 Abs. 4 BGB verweist folgerichtig nicht auf § 349 BGB. Zur Anwendung von § 326 Abs. 5 BGB kommt es nicht.

2. Eigenständige Bedeutung von § 326 Abs. 5 BGB
Eine eigenständige Bedeutung kommt § 326 Abs. 5 BGB in den Fällen zu, in denen die Gegenleistungspflicht nicht bereits nach § 326 Abs. 1 Satz 1 BGB entfällt.

a) § 326 Abs. 2 BGB
In den Fällen des § 326 Abs. 2 Satz 1 BGB (vom Gläubiger zu vertretende Unmöglichkeit und Annahmeverzug) bleibt der Anspruch auf die Gegenleistung zwar bestehen, § 326 Abs. 5 BGB kommt zur Anwendung. Allerdings ist ein Rücktrittsrecht aufgrund des Verweises in § 326 Abs. 5 BGB auf § 323 Abs. 6 BGB, der inhaltlich § 326 Abs. 2 Satz 1 BGB entspricht, ausgeschlossen. Das Geleistete kann weder nach § 326 Abs. 4 BGB noch nach § 346 Abs. 1 BGB i. V. m. § 326 Abs. 5 BGB herausverlangt werden.

b) §§ 437 Nr. 2 BGB, 634 Nr. 3 BGB
Der Hauptanwendungsfall des § 326 Abs. 5 BGB liegt im Gewährleistungsrecht, welches in §§ 437 Nr. 2, 634 Nr. 3 BGB auf § 326 Abs. 5 BGB verweist. Ist die Nacherfüllung (d. h. Ersatzlieferung und Mangelbeseitigung) unmöglich, entfällt aufgrund § 326 Abs. 1 Satz 2 BGB nicht der Anspruch auf die Gegenleistung. Die bereits erbrachte Gegenleistung kann nur nach Ausübung des Rücktrittsrechts gemäß § 326 Abs. 5 BGB nach § 346 BGB herausverlangt werden. Einer Frist zur Nacherfüllung bedarf es hierzu nicht. Der Käufer oder der Besteller hat demnach die Wahl, die mangelhafte Sache zu behalten und die (ggf. geminderte) Gegenleistung zu entrichten oder vom Vertrag zurückzutreten und eine bereits erbrachte Gegenleistung zurückzufordern.

c) § 326 Abs. 1 Satz 1 letzter Hbs. BGB (Teilunmöglichkeit)
Im Falle der Teilunmöglichkeit wird die Gegenleistungspflicht nach § 326 Abs. 1 Satz 1 letzter Halbsatz BGB i. V. m. § 441 Abs. 3 BGB entsprechend gemindert. Der Anspruch auf die Gegenleistung für die erbrachte Teilleistung bleibt bestehen. Die bereits über die geminderte Höhe hinaus erbrachte Gegenleistung kann nach § 326 Abs. 4 BGB zurückgefordert werden.
Die erbrachte gesamte Gegenleistung kann nicht nach § 326 Abs. 4 BGB verlangt werden, da der Anspruch auf die Restgegenleistung noch besteht. Will der Gläubiger hingegen die gesamte Gegenleistung nach § 346 BGB erstattet verlangen, bedarf es hierzu eines Rücktritts vom *ganzen* Vertrag nach § 326 Abs. 5 BGB, welcher aufgrund des Verweises auf § 323 BGB voraussetzt, dass der Gläubiger an der erbrachten Teilleistung kein Interesse hat, § 323 Abs. 5 Satz 1 BGB.

d) Unsicherheit des Gläubigers über den Grund der Nichtleistung des Schuldners?
In der Literatur wird im Anschluss an die Gesetzesmaterialien als weiterer eigenständiger Anwendungsfall für § 326 Abs. 5 BGB noch der Fall angeführt, dass der Gläubiger über den Grund der Nichtleistung des Schuldners im Unklaren ist.[169] Der Gesetzgeber wollte mit § 326 Abs. 5 BGB die Synchronisation der Rechtsfolgen von § 326 BGB und § 323 BGB herstellen, um den Gläubiger der Schwierigkeit zu entheben, sich über die Wahl seines Vorgehens über § 323 BGB oder § 326 BGB schlüssig zu werden. Dies vermag nicht zu überzeugen.[170] Ob ein Fall der Unmöglichkeit oder der bloßen Nichtleistung vorliegt, ist eine Rechtsfrage. Zu den Rücktrittsfolgen kommt es entweder über §§ 326 Abs. 4, 346 BGB oder über §§ 346, 323 Abs. 1 BGB. Auf § 326 Abs. 5 BGB kommt es nicht an. Will der Gläubiger seinen Herausgabeanspruch sicherstellen, so kann er präventiv (oder unter der Rechtsbedingung der Erforderlichkeit einer solchen Erklärung) dem Schuldner eine Frist zur Leistung

169 Begründung des Rechtsausschusses zum Schuldrechtsmodernisierungsgesetz, BT-Dr. 14/7052, S. 193; *Meier*, Jura 2002, 118, 122; *Körber*, Jura 2015, 673; *Brox/Walker*, Allgemeines Schuldrecht, 41. Auflage 2017, § 22 Rn. 82; *Köhler/Lorenz*, Schuldrecht I Allgemeiner Teil – Prüfe Dein Wissen, 22. Auflage 2014, 26 (Fall 24); ausführlicher *Kohler*, AcP 203 (2003), 539, 544 f.
170 Zweifelnd auch AnwKo/*Dauner-Lieb*, § 326 Rn. 34.

setzen. Da er auch nach Fristablauf weiterhin auf Erfüllung klagen kann, ist die präventive Fristsetzung für den Gläubiger nicht mit Nachteilen verbunden. Liegt tatsächlich ein Fall der Unmöglichkeit vor, so entsteht sein Herausgabeanspruch auf die Gegenleistung kraft Gesetz nach § 326 Abs. 4 BGB, ohne dass es der Fristsetzung bedurft hätte. Anderenfalls entsteht der Herausgabeanspruch aus § 346 Abs. 1 BGB nach Fristablauf gemäß § 323 Abs. 1 BGB aufgrund der Rücktrittserklärung des Gläubigers.[171] Im Falle von Beweisproblemen im Prozess ergibt sich das Rückforderungsrecht im Rahmen einer Wahlfeststellung entweder aus §§ 346, 323 Abs. 1 BGB oder § 326 Abs. 4 BGB.[172]

---

518 Im Fall 38 (Rn. 501) ist zu prüfen, ob dem V ein Rücktrittsrecht nach § 323 Abs. 1 BGB zusteht. Voraussetzung ist das Vorliegen eines gegenseitigen Vertrages, das Nichterbringen einer fälligen Leistung und eine Fristsetzung. K zahlt auf seine aus dem gegenseitigen Vertrag geschuldete Kaufpreisschuld nicht. Es müsste ihm eine Zahlungsfrist gesetzt worden sein. Dies ist nicht geschehen. Die Fristsetzung könnte nach § 323 Abs. 2 Nr. 1 BGB entbehrlich sein, sofern der Schuldner ernsthaft und endgültig die Leistung verweigert. Die Erfüllungsverweigerung muss das „letzte Wort" des Schuldners darstellen, so dass eine Fristsetzung sinnlos wäre.[173] Diese Lesart ist auch mit Art. 18 Abs. 2 Unterabs. 2 Verbraucherrechterichtlinie[174] vereinbar,[175] gemäß deren Erwägungsgrund 52 der Schuldner die Leistung unmissverständlich verweigern müsse. K verweigert unmissverständlich und damit ernsthaft und endgültig die Zahlung. Einer Zahlungsfrist bedarf es nicht. Ein Rücktrittsrecht des V nach § 323 Abs. 1 BGB besteht.

---

519 **Teilunmöglichkeit und § 266 BGB**

Wird die Leistung zum Teil unmöglich, hat der Gläubiger die Möglichkeit, vom ganzen Vertrag zurückzutreten (§§ 326 Abs. 5, 323 Abs. 5 Satz 1 BGB) und Schadensersatz statt der ganzen Leistung zu verlangen (§§ 283 Satz 2, 311a Abs. 2 Satz 3, 281 Abs. 1 Satz 2 BGB), sofern er an der Teilleistung kein Interesse hat.
Fraglich ist, ob ein fehlendes Interesse an der Teilleistung auch dann erforderlich ist, um von dem gesamten Vertrag loszukommen, wenn der Gläubiger den ihm angebotenen Teil der noch möglichen Leistung ablehnt. Dies wird von einer Ansicht[176] mit dem Hinweis auf § 266 BGB verneint. Aufgrund des Zurückweisungsrechts des Gläubigers läge in diesem Fall eine vollständige Nichtleistung vor, auf die §§ 323 Abs. 5 Satz 1, 281 Abs. 1 Satz 2 BGB käme es nicht mehr an. Diese Ansicht verkennt jedoch, dass mit Eintritt der Unmöglichkeit die Pflicht zur Leistung des unmöglichen Teils nach § 275 Abs. 1 BGB erlischt und nur noch die Restleistung geschuldet wird, die vollständig erbracht wird. Tatbestandlich liegt keine Teilleistung und somit kein Zurückweisungsrecht nach § 266 BGB vor.[177] Bei Teilunmöglichkeit kommt es aufgrund des Verweises in §§ 326 Abs. 5, 283 Satz 2, 311a Abs. 2 Satz 3 BGB zur entsprechenden Anwendung der die Teilleistung regelnden §§ 323 Abs. 5 Satz 1, 281 Abs. 1 Satz 2 BGB. Diese lesen sich daher statt „Hat der Schuldner eine Teilleistung bewirkt ..." wie folgt: „Braucht der Schuldner einen Teil der Leistung nach § 275 Abs. 1 bis 3 nicht zu erbringen ...". Ein fehlendes Interesse an der Teilleistung ist bei Teilunmöglichkeit daher auch dann erforderlich, um vom gesamten Vertrag zurückzutreten und Schadensersatz statt der ganzen Leistung zu verlangen, wenn der Gläubiger den ihm angebotenen Teil der Leistung ablehnt.

---

171 BGH, Urteil vom 19. Dezember 2012, VIII ZR 96/12, NJW 2013, 1074 Rn. 27 ff.
172 Für den Schadensersatz ebenso *Bredemeyer*, ZGS 2010, 10, 13.
173 BGH, Urteil vom 29. Juni 2011, NJW 2011, 2872 Rn. 15.
174 Rl. 2011/83/EU vom 25. Oktober 2011, ABl. EU L/304 vom 22. November 2011, 64.
175 *Bassler/Büchler*, AcP 214 (2014), 888, 895 ff.; a. A. *Riehm*, NJW 2014, 2065, 2066.
176 LG Rottweil, Urteil vom 26. Mai 2003, 3 O 24/03, NJW 2003, 3139.
177 *Lorenz*, NJW 2003, 3097, 3098.

4. Die Doppelnatur von § 346 Abs. 2 BGB

a) § 346 Abs. 2 Satz 1 BGB als rechtshindernde Einwendung

Soweit zum Zeitpunkt der wirksamen Erklärung des Rücktritts die Herausgabe der Leistung nach § 346 Abs. 1 BGB nicht in der Art möglich ist, wie sie empfangen wurde, geht der Anspruch nicht etwa nach § 275 Abs. 1 BGB unter, sondern ist nach § 346 Abs. 2 Satz 1 BGB ausgeschlossen („Statt der Rückgewähr …"). Der Rückgewährschuldner ist bis zur Grenze von § 275 Abs. 1 bis Abs. 3 BGB verpflichtet, die Veränderung rückgängig zu machen und die Leistung im wiederhergestellten, ursprünglichen Zustand gemäß § 346 Abs. 1 BGB zurück zu gewähren. Nur wenn er hierzu nicht in der Lage ist, schuldet er statt der Herausgabe Wertersatz, sofern kein Fall von § 346 Abs. 3 Satz 1 BGB vorliegt.[178] **520**

Beispiel: S erwirbt von G ein Grundstück. Zur Besicherung eines Darlehens wird das Grundstück des S mit einer Grundschuld zugunsten des Darlehensgebers B belastet. Im Falle eines Rücktritts ist S nach § 346 Abs. 1 BGB verpflichtet, die Grundschuld löschen zu lassen und das unbelastete Grundstück G zurück zu übereignen. Fehlen S die finanziellen Mittel, die Grundschuld abzulösen, ändert dies nichts an seiner Herausgabepflicht, da jeder für seine finanzielle Leistungsfähigkeit einzustehen hat (s. Rn. 374). Sofern S dem G nicht das unbelastete Grundstück zurückgewährt, hat er dem G Schadensersatz statt der Leistung zu zahlen (§§ 346 Abs. 4, 280 Abs. 1 und Abs. 3, 281 Abs. 1 BGB) und nicht etwa nur Wertersatz (§ 346 Abs. 2 BGB).

Zu einer Reparatur der zurück zu gewährenden verschlechterten Sache ist der Schuldner hingegen nicht verpflichtet, da sonst die Grenze zur Naturalrestitution überschritten würde.[179] Naturalrestitution kann der Gläubiger im Rahmen des Schadensersatzes verlangen (§ 249 Abs. 1 BGB), dem Gläubiger steht nach § 346 Abs. 2 Satz 1 Nr. 3 BGB allerdings nur Wertersatz zu. **521**

Beispiel: S erwirbt von G ein Fahrrad. S stürzt mit dem Rad, welches dabei beschädigt wird. Im Falle des Rücktritts ist S nicht verpflichtet, das reparierte Fahrrad herauszugeben (§ 346 Abs. 1 BGB) oder Schadensersatz statt der Leistung zu zahlen (§§ 346 Abs. 4, 280 Abs. 1 und Abs. 3, 281 Abs. 1 BGB). Stattdessen beschränkt sich der Anspruch aus § 346 Abs. 1 BGB auf die Herausgabe des Fahrrades im gegenwärtigen Zustand. Wegen § 346 Abs. 2 Satz 1 Nr. 3 BGB entsteht der Herausgabeanspruch aus § 346 Abs. 1 „soweit" nicht, als das empfangene Fahrrad sich verschlechtert hat (§ 346 Abs. 2 Satz 1 BGB als rechtshindernde Einwendung). S muss daher nur das beschädigte Fahrrad herausgeben (§ 346 Abs. 1 BGB) und Wertersatz für die Verschlechterung zahlen (§ 346 Abs. 2 Satz 1 BGB als Anspruchsgrundlage).

b) § 346 Abs. 2 Satz 1 BGB als Anspruchsgrundlage auf Wertersatz

Soweit es dem Schuldner nicht möglich ist, die Sache in der Form, wie sie erlangt wurde, herauszugeben, kann der Gläubiger statt der Herausgabe Wertersatz verlangen, § 346 Abs. 2 Satz 1 BGB.[180] Die Unmöglichkeit der Rückgewähr der empfangenen Leis- **522**

---

178 H. A., BGH, Urteil vom 10. Oktober 2008, V ZR 131/07, BGHZ 178, 182 Rn. 16 ff.; Palandt/*Grüneberg*, § 346 Rn. 7; *M. Schwab*, JuS 2002, 630, 631 f.; a. A. *Fest*, ZGS 2009, 78 ff.; MüKo/*Gaier*, § 346 Rn. 39; *Lorenz*, NJW 2005, 1889, 1892 f.; JurisPK/*Faust*, § 346 Rn. 26; *ders.* JuS 2009, 481, 482 f.; *Meyer*, Jura 2011, 244, 247.

179 BGH, Urteil vom 10. Oktober 2008, V ZR 131/07, BGHZ 178, 182 Rn. 23.

180 BGH, Urteil vom 20. Februar 2008, VIII ZR 334/06, BGHZ 175, 286 Rn. 22.

tung ist eine ungeschriebene Tatbestandsvoraussetzung für die Wertersatzpflicht nach § 346 Abs. 2 Satz 1 BGB (str., s. Rn. 520). Gemäß den in § 346 Abs. 2 Satz 1 BGB darüber hinaus aufgeführten Voraussetzungen hat der Schuldner Wertersatz zu leisten, soweit

Nr. 1: die Rückgewähr oder die Herausgabe nach der Natur des Erlangten ausgeschlossen ist,

Nr. 2: der Schuldner den empfangenen Gegenstand verbraucht, veräußert, belastet, verarbeitet oder umgestaltet hat, oder

Nr. 3: der empfangene Gegenstand sich verschlechtert hat oder untergegangen ist; jedoch bleibt die durch die bestimmungsgemäße Ingebrauchnahme entstandene Verschlechterung außer Betracht.

Nr. 3 nimmt Verschlechterungen aus, die durch die bestimmungsgemäße Ingebrauchnahme der Sache entstanden sind. Nach dem Wortlaut sind hiervon nur Verschlechterungen betroffen, die auf den Akt der Ingebrauchnahme, d.h. des Erstgebrauchs zurückzuführen sind. Erheblich ist diese Ausnahme insbesondere bei Neuwagen, deren Erstzulassung bereits zu einem nennenswerten Wertverlust führt.[181] Die h.L. nimmt über den Wortlaut der Norm hinaus auch die Werteinbußen von der Wertersatzpflicht aus, die auf den bestimmungsgemäßen Gebrauch der Sache zurückzuführen sind.[182] Diese Werteinbußen werden bereits durch den Nutzungswertersatz nach Nr. 1 abgedeckt. Wäre zusätzlich über Nr. 3 Wertersatz zu zahlen, käme es zu einer doppelten Kompensation.[183] Daher werden Werteinbußen aufgrund des bestimmungsgemäßen Gebrauchs von Nr. 3 nicht erfasst. Hingegen unterfallen der Wertersatzpflicht Abnutzungserscheinungen, die über den bestimmungsgemäßen Gebrauch hinausgehen, da sie nicht vom Nutzungswertersatz erfasst werden.[184] Wertersatz ist insbesondere für Schäden zu zahlen, die beim bestimmungsgemäßen Gebrauch entstehen.[185]

aa) Berechnung des Wertersatzes, § 346 Abs. 2 Satz 2 BGB

523 Durch den in § 346 Abs. 2 Satz 2 BGB zugrunde gelegten Gleichwertigkeitskonsens, berechnet sich die Höhe des Wertersatzes nicht nach dem objektiven Wert, sondern nach der vertraglich bestimmten Gegenleistung. Dadurch wird ausgeschlossen, dass die im Vertrag angelegten Vor- und Nachteile für die Vertragsparteien durch den Rücktritt korrigiert werden. Das vertraglich vereinbarte Verhältnis von Leistung und Gegenleistung bleibt bestehen.

Beispiel: V verkauft K ein Buch für € 10, welches tatsächlich 12 € wert ist. Geht das Buch vor Entstehung des Rückgewährschuldverhältnisses unter, ist im Falle des Rücktritts Wertersatz in Höhe von € 10 (und nicht € 12) von K an V zu zahlen.

524 Wenn der Gleichwertigkeitskonsens an sich gestört ist, kann die Gegenleistung jedoch nur als Ausgangspunkt der Berechnung des Wertersatzes dienen („zugrunde zu legen“, § 346 Abs. 2 Satz 2, zweiter Halbsatz BGB).[186] Das ist der Fall, wenn die erbrachte Leistung nicht vertragsgemäß (insbesondere mangelhaft i. S. v. §§ 434 f., 633 BGB) erbracht wurde.

181 Regierungsbegründung, BT-Drs. 14/6040, S. 193, 196.

182 MüKo/*Gaier*, § 346 Rn. 41; BeckOK/*H. Schmidt*, § 346 Rdnr. 53; *Faust*, JuS 2009, 481, 484; *Jaensch*, JuS 2012, 38, 40; a. A. Palandt/*Grüneberg*, BGB, § 346 Rn. 9.

183 *Faust*, JuS 2009, 481, 484.

184 *Faust*, JuS 2009, 481, 484 f.

185 *Faust*, JuS 2009, 481, 485; *Jaensch*, JuS 2012, 38, 40.

186 Stellungnahme des Bundesrates, BR-Drs. 338/01, S. 40 f. Nr. 71.

Beispiel: V verkauft K ein Buch für € 10, welches tatsächlich € 12 wert ist. In Erfüllung des Kaufvertrages liefert er ein Buch, bei dem 20 Seiten fehlen, aufgrund dessen ist das Buch nur € 1 wert.

Geht das Buch vor Entstehung des Rückgewährschuldverhältnisses unter, ist fraglich, in welcher Höhe K Wertersatz zu zahlen hat. Grundsätzlich ist der vereinbarte Kaufpreis in Höhe von € 10 der Berechnung des Wertersatzes zugrunde zu legen. Im Falle des aufgrund mangelhafter Leistung gestörten Gleichwertigkeitskonsenses ist die Höhe der Gegenleistung jedoch lediglich der Ausgangspunkt der Berechnung, da die zu ersetzende Sache aufgrund des Mangels einen geringeren Wert hat, als bei den Vertragsverhandlungen vorausgesetzt. Allerdings enthält § 346 Abs. 2 Satz 2 BGB keine Regelung, wie die Berechnung konkret zu erfolgen hat. Um die vertraglich vereinbarte Preisbildung zu erhalten, ist wie bei § 326 Abs. 1 Satz 1, letzter Halbsatz BGB die Gegenleistung entsprechend §§ 441 Abs. 3, 638 Abs. 3 BGB herabzusetzen.[187] Demnach beläuft sich der Wertersatz nicht auf € 10, sondern auf € 0,83.[188]

bb) Entfallen des Wertersatzes, § 346 Abs. 3 BGB

Die Pflicht des Schuldners zum Wertersatz entfällt in den Fällen des § 346 Abs. 3 Satz 1 BGB. **525**

Nr. 1: Der Mangel zeigt sich erst während Verarbeitung, Umgestaltung oder Verbrauch[189] des Gegenstandes (erheblich für Gewährleistungsansprüche, §§ 437 Nr. 2, 634 Nr. 3 BGB).

Nr. 2: Soweit der Gläubiger die Verschlechterung oder den Untergang zu vertreten hat oder der Schaden bei ihm gleichfalls eingetreten wäre.

Es gilt somit ein im Vergleich zu § 276 Abs. 1 BGB verschärfter Haftungsmaßstab, da der Schuldner die Gefahr des zufälligen Untergangs der Sache trägt und somit bei unverschuldeter Zerstörung der Sache Wertersatz zu zahlen hat, es sei denn, der Schaden wäre auch beim Gläubiger eingetreten.

Nr. 3: Bei *gesetzlichen* Rücktrittsrechten braucht der Rücktritts*berechtigte* Wertersatz für die Verschlechterung oder den Untergang nicht zu leisten, wenn er die Sorgfalt beobachtet hat, die er in eigenen Angelegenheiten (§ 277 BGB) anzuwenden hat.

Aufgrund von § 346 Abs. 3 Satz 1 Nr. 3 BGB gilt ein im Vergleich zu § 276 Abs. 1 BGB geminderter Verschuldensmaßstab. Der Inhaber eines gesetzlichen Rücktrittsrechts (Käufer, Besteller) wird privilegiert. Statt verschuldensunabhängig Wertersatz nach § 346 Abs. 2 BGB zahlen zu müssen, wird er bei Wahrung der Sorgfalt in eigenen Angelegenheiten (§ 277 BGB) von der Wertersatzpflicht befreit.

---

187 H. A., BGH, Beschluss vom 14. Juli 2011, VII ZR 113/10, NJW 2011, 3085 Rn. 9; *Giesen*, GS Heinze, 2005, 233, 239 f.; *Dauner-Lieb/Arnold*, Festschrift Hadding, 2004, 25, 29; *Faust*, JuS 2009, 481, 487; a. A. *Kohler*, JZ 2002, 682, 689 f.; *ders.*, AcP 213 (2013), 46, 96, teleologische Reduktion auf am objektiven Wert orientierte Ersatzhaftung gemäß § 818 Abs. 2 BGB, wobei dieser durch den vertraglich vereinbarten Wert indiziert wird.

188 Danach verhalten sich der zu zahlende Wertersatz (x) zum tatsächlich vereinbarten Preis (€ 10) wie der wirkliche Wert des Buches (€ 1) zu dessen Sollwert (€ 12). Daraus folgt: $x = 1 \times 10 : 12 = 0{,}83$.

189 Für einen (Teil-)Verbrauch der Ware gilt § 346 Abs. 3 Satz 1 Nr. 1 BGB analog, Palandt/*Grüneberg*, § 346 Rn. 11; *Faust*, JuS 2009 481, 485.

Die Gefahr springt zum Rücktrittsgegner (Verkäufer, Werkunternehmer) zurück.[190] Seinem Wortlaut nach gilt die Privilegierung in Nr. 3 nur für die Fälle von Abs. 2 Satz 1 Nr. 3, soweit die herauszugebende Sache sich verschlechtert hat oder untergegangen ist. Da der Gesetzgeber den Inhaber eines gesetzlichen Rücktrittsrechts aber generell privilegieren wollte, ist Nr. 3 analog auf sämtliche Fälle anzuwenden, in denen es unmöglich ist, die Sache herauszugeben.[191] Nr. 3 erfasst daher auch die Fälle von Abs. 2 Satz 1 Nr. 2.

---

526 **Zeitpunkt der geminderten Sorgfaltspflicht nach § 346 Abs. 3 Satz 1 Nr. 3 BGB**

Der Grund für die Privilegierung des Rücktrittsberechtigten ist, dass dieser im Gegensatz zum Inhaber eines vertraglich vereinbarten Rücktrittsrechts nicht mit dem Rücktritt rechnen muss und daher mit der Sache wie mit seinen übrigen eigenen Sachen verfährt. Kennt der Rücktrittsberechtigte hingegen sein gesetzliches Rücktrittsrecht, wäre die Haftungserleichterung nicht gerechtfertigt. Allerdings enthält § 346 Abs. 3 Satz 1 Nr. 3 BGB keine Einschränkung auf den Zeitpunkt der Kenntniserlangung.

> **Beispiel:** K erwirbt von V einen Pkw. Nach einigen Tagen stellt er fest, dass der Pkw bereits bei der Übergabe einen Getriebeschaden hatte. Er fährt den Wagen weiterhin in seinem ihm eigenen Fahrstil und verursacht aufgrund leichter Fahrlässigkeit einen Unfall. Sofern K aufgrund seines gesetzlichen Rücktrittsrechts (§§ 437 Nr. 2, 323 Abs. 1 BGB) nach dem Unfall wirksam den Rücktritt vom Kaufvertrag erklärt, stellt sich die Frage, ob er V Wertersatz nach § 346 Abs. 2 Satz 1 Nr. 3 BGB zahlen muss.

Nach dem Gesetzeswortlaut gilt die Haftungserleichterung des § 346 Abs. 3 Satz 1 Nr. 3 BGB bis zur Erklärung des Rücktritts unabhängig von der Kenntnis des Rücktrittsrechts. Nach Rücktrittserklärung gilt über §§ 346 Abs. 4, 280 Abs. 1 und Abs. 3, 281 Abs. 1 oder 283 BGB der Verschuldensmaßstab von § 276 BGB.

> Im soeben genannten **Beispiel** ist nach dem Gesetzeswortlaut von § 346 Abs. 3 Satz 1 Nr. 3 BGB der K von der Pflicht zum Wertersatz befreit, da er die Sorgfalt beobachtet hat, die er in eigenen Angelegenheiten anzuwenden pflegt. Die Haftungsbefreiung gilt, obwohl er zum Zeitpunkt des Unfalls wusste, dass er zum Rücktritt berechtigt ist.

Sinn von § 346 Abs. 3 Satz 1 Nr. 3 BGB ist es, die Benachteiligung des Schuldners im Vergleich zum vertraglichen Rücktrittsrecht auszugleichen. Beim *vertraglichen* Rücktrittsrecht hat der Schuldner mit Ausnahme von § 346 Abs. 3 Satz 1 Nr. 2 BGB Wertersatz zu leisten. D.h. nur wenn die Verschlechterung oder der Untergang auch beim Gläubiger eingetreten wäre oder dieser die Verschlechterung oder den Untergang zu vertreten hatte, wird der Schuldner befreit. Der im Gegensatz zu § 276 Abs. 1 BGB verschärfte Maßstab ist dadurch gerechtfertigt, dass der Schuldner die Möglichkeit eines Rücktritts und somit der Herausgabeverpflichtung kannte. Bei einem *gesetzlichen* Rücktrittsrecht ist dem Schuldner die Möglichkeit eines Rücktritts bis zur Entdeckung des Rücktrittsrechts nicht bekannt, eine verschärfte Haftung wäre daher nicht interessengerecht. Dem dient § 346 Abs. 3 Satz 1 Nr. 3 BGB, der die h. A. zu § 351 BGB a.F. entsprechend umsetzen sollte.[192] Sofern die geminderte Sorgfaltspflicht nach dem Wortlaut des § 346 Abs. 3 Satz 1 Nr. 3 BGB über den Zeitpunkt der Kenntnis des Bestehens des gesetzlichen Rücktrittsrechts fortwirkt, schießt § 346 Abs. 3 Satz 1 Nr. 3 BGB über sein Ziel hinaus. Statt die Benachteiligung des Inhabers eines gesetzlichen Rücktrittsrechts im Vergleich zu dem eines vertraglichen auszugleichen, bevorzugt die Vorschrift ihn nunmehr ohne sachlichen Grund. § 346 Abs. 3 Satz 1 Nr. 3 BGB ist daher teleologisch zu reduzieren und nur bis zum Zeitpunkt anzuwenden, zu dem der Berechtigte von dem Rücktrittsrecht Kenntnis erlangt hat.[193] Hierfür spricht auch der Vergleich zu § 819 BGB.

---

190 Regierungsbegründung, BT-Drs. 14/6040, S. 196.

191 H. A., Palandt/*Grüneberg*, § 346 Rn. 13b; MüKo/*Gaier*, § 346 Rn. 55; BeckOK/*H. Schmidt*, § 346 Rn. 54; a. A. *Forst*, ZGS 2011, 107, 110.

192 Regierungsbegründung, BT-Drs. 14/6040, S. 196, 193 mit Verweis auf die damalige h. A., Soergel/*Hadding*, 12. Auflage 1990, § 347 Rn. 10.

193 *M. Schwab*, JuS 2002, 630, 635 f.; AnwKo/*Hager*, § 346 Rn. 59; *Henne/Zeller*, JuS 2006, 891, 892 f.; *H. P. Westermann/Bydlinski/Weber*, BGB – Schuldrecht AT, 8. Auflage 2013, Rn. 10/37; hiergegen *Bartels*, AcP 215 (2015), 203, 232 ff.

Ab dem Zeitpunkt der Kenntniserlangung gilt wie beim vertraglichen Rücktrittsrecht die verschärfte Haftung des § 346 Abs. 3 Satz 1 Nr. 2 BGB, da der Berechtigte weiß, dass er die Sache im Falle des Rücktritts wieder zurückgeben muss. Es ist nicht einzusehen, warum der Inhaber eines vertraglichen Rücktrittsrechts bis zum Rücktritt verschärft, der Inhaber eines gesetzlichen Rücktrittsrechts, von dem er Kenntnis hat, nur abgemindert haften soll. Beide müsste aufgrund ihrer Kenntnis der Rücktrittsmöglichkeit die strenge Haftung nach Nr. 2 treffen. Ab Entstehung des Rückgewährschuldverhältnisses haben sie aufgrund §§ 346 Abs. 4, 280 Abs. 1 Satz 2, 276 BGB nur noch für Vorsatz und Fahrlässigkeit einzustehen.
Die h. A. lehnt die hier vertretene teleologische Reduktion ab und unterwirft im Anschluss an die Begründung des Rechtsausschusses zum Entwurf des Schuldrechtsmodernisierungsgesetzes[194] den Rücktrittsberechtigten ab Kenntniserlangung der Haftung nach §§ 346 Abs. 4, 280 Abs. 1 BGB und somit dem Haftungsmaßstab des § 276 BGB.[195] Zur Begründung wird angeführt, dass bereits vor Rücktrittserklärung Vorpflichten aus dem Rückgewährschuldverhältnis bestünden. § 346 Abs. 4 BGB gilt jedoch erst ab Entstehung der Herausgabepflicht. Zudem bleibt nach der h. A. eine – wenn auch abgemilderte – Ungleichbehandlung des Inhabers eines vertraglichen Rücktrittsrechts (verschärfte Haftung wegen § 346 Abs. 3 Satz 1 Nr. 2 BGB) im Vergleich zu dem eines gesetzlichen Rücktrittsrechts (§ 276 BGB) bestehen, obwohl beide das Bestehen des Rücktrittsrechts kennen.[196]

Trotz Wegfalls des Wertersatzanspruchs ist eine verbleibende Bereicherung nach § 346 Abs. 3 Satz 2 BGB gemäß den Regeln der §§ 812 ff. BGB herauszugeben. Hierbei handelt es sich um einen Rechtsfolgenverweis.[197] Das bedeutet, dass ein Herausgabeanspruch in dem Umfang der §§ 812, 818 BGB besteht, ohne dass die Tatbestandsvoraussetzungen von § 812 BGB zu prüfen sind. Der Anspruch erfasst die Vorteile, die nicht bereits nach § 346 Abs. 1 BGB herauszugeben sind.[198] **527**

> **Beispiel:** V verkauft K einen Eimer mit Lackfarbe. Als K einen Teil der Farbe verstrichen hat, stellt sich heraus, dass es sich um Vorstreichfarbe handelt. K hätte die Fensterrahmen aber sowieso vorstreichen müssen. Sofern K wirksam vom Kaufvertrag zurückgetreten ist, muss er nach § 346 Abs. 1 BGB den Eimer mit der restlichen Farbe zurückgeben. Von der Wertersatzpflicht nach § 346 Abs. 2 Satz 1 Nr. 2 BGB für die verstrichene Farbe ist er wegen § 346 Abs. 3 Satz 1 Nr. 1 BGB befreit. Aufgrund §§ 346 Abs. 3 Satz 2, 818 Abs. 2 BGB muss er aber den Wert ersetzen, den ihm der Vorteil der vorgestrichenen Rahmen bringt.[199]

---

194 Begründung des Rechtsausschusses, BT-Drs. 14/7052, S. 193 f.

195 Palandt/*Grüneberg*, § 346 Rn. 18, 13b; BeckOK/*H. Schmidt*, § 346 Rn. 63; MüKo/*Gaier*, § 346 Rn. 57; *Faust*, JuS 2009, 481, 486, 489; trotz Bejahung der teleologischen Reduktion im Ergebnis ebenso *H. P. Westermann/Bydlinski/Weber*, BGB – Schuldrecht AT, 8. Auflage 2013, Rn. 10/50 f., Anspruchsgrundlage ist §§ 280 Abs. 1, 311 Abs. 2 BGB; gegen jegliche Ansätze zur Korrektur von § 346 Abs. 3 Satz 1 Nr. 3 s. *Wagner*, Festschrift U. Huber, 2006, 591, 610 ff.; *Schneider*, ZGS 2007, 57 ff.

196 Darüber hinaus werden weitere Lösungsansätze zum Problem der Haftung ab Kenntniserlangung des gesetzlichen Rücktrittsrechts diskutiert. *Kohler*, ZGS 2005, 386, 390 f., leitet den Schadensersatzanspruch vor Erklärung des Rücktritts aus einer Gesamtanalogie zu §§ 160, 820 BGB her und plädiert für §§ 820 Abs. 1 Satz 2, 818 Abs. 4, 989 BGB, hilfsweise § 280 Abs. 1 BGB analog, als Anspruchsgrundlage. *Thier*, Festschrift Heldrich, 2005, 439 ff., spricht sich zwar für eine teleologische Reduktion ab Kenntniserlangung aus (446 f.), will den Rücktrittsberechtigten aber nur verschuldensabhängig nach §§ 818 Abs. 4, 292 Abs. 1, 989 BGB (analog) haften lassen (449 f.); im Ergebnis ebenso *Giesen*, GS Heinze, 2005, 233, 235 f., der sich jedoch für den Verschuldensmaßstab des § 276 BGB ausspricht.

197 Regierungsbegründung BT-Drs. 14/6040, S. 196.

198 BeckOK/*H. Schmidt*, § 346 Rn. 67.

199 Vgl. *Jaensch*, Klausurensammlung, Fall 17: Mausgrau sowie Fall 9: Der einschlussreiche Marmorblock.

528 Im Fall 38 (Rn. 501) ist K die Herausgabe des Wagens möglich. Es besteht ein Anspruch auf Herausgabe nach § 346 Abs. 1 BGB, Wertersatz nach § 346 Abs. 2 BGB ist nicht zu leisten. V kann somit von K Herausgabe des Wagens nach § 346 Abs. 1 BGB verlangen.

5. Haftung *ab* Entstehung des Rückgewährschuldverhältnisses, § 346 Abs. 4 BGB

529 Ab der Entstehung des Rückgewährschuldverhältnisses (d. h. ab Zugang der Rücktrittserklärung) richtet sich die Haftung des Rückgewährschuldners nicht mehr nach § 346 Abs. 2 und 3 BGB,[200] sondern nach den allgemeinen Vorschriften der §§ 280 ff. BGB, wie § 346 Abs. 4 BGB klarstellt. Vor Erklärung des Rücktritts ist für die Anwendung von § 346 Abs. 4 BGB für die Verletzung der Rückgewährpflicht kein Raum.[201]

Gibt der Rückgewährschuldner die nach § 346 Abs. 1 BGB zurück zu gewährende Leistung nicht heraus, kann der Gläubiger nach erfolgloser Fristsetzung Schadensersatz statt der Leistung nach §§ 346 Abs. 4, 280 Abs. 1 und 3, 281 Abs. 1 Satz 1 BGB verlangen.[202] Wird die Herausgabe unmöglich, nachdem der Rücktritt wirksam erklärt wurde, muss der Schuldner nicht etwa nach § 346 Abs. 2, Abs. 3 BGB Wertersatz, sondern nach §§ 346 Abs. 4, 280 Abs. 1 und 3, 283 BGB Schadensersatz statt der Leistung zahlen.

▶ **Vertiefung:** Zur Haftung bei Störungen im Rückgewährschuldverhältnis s. *Faust*, JuS 2009, 481 ff.

VI. Vertrag zugunsten Dritter

530 Durch einen schuldrechtlichen Vertrag werden grundsätzlich nur die Vertragsparteien berechtigt und verpflichtet.

Eine vertragliche Verpflichtung unbeteiligter Dritter („Vertrag zu Lasten Dritter") ist nicht möglich. Unbeteiligte Dritte können jedoch aufgrund eines schuldrechtlichen Vertrages nach Maßgabe der §§ 328 ff. BGB eigene Leistungsansprüche erwerben („Vertrag zugunsten Dritter").

Beispiel: V und K vereinbaren den Verkauf von V's Wagen zu einem Kaufpreis in Höhe von € 40 000. Demnach soll K's Sohn D berechtigt sein, von V die Übereignung des Wagens zu ver-

---

200 Vgl. jedoch BGH, Urteil vom 25. März 2015, VIII ZR 38/14, NJW 2015, 1748 Rn. 15 f. (§ 346 Abs. 2 und 3 BGB trotz Untergangs der zurückzugewährenden Sache nach Erklärung des Rücktritts); hierzu *Lorenz*, NJW 2015, 1725, 1726.

201 *Giesen*, GS Heinze, 2005, 233, 234 ff.; *Kaiser*, JZ 2001, 1057, 1063; *Bartels*, AcP 215 (2015), 203, 241; differenzierend zwischen gesetzlichem und vertraglichem Rücktrittsrecht *H. P. Westermann/Bydlinski/Weber*, BGB – Schuldrecht AT, 8. Auflage 2013, Rn. 10/50; a. A. *M. Schwab* JuS 2002, 630, 636; *Hager*, Festschrift Musielak, 2004, 195, 196 ff.; sehr weitgehend *Meyer*, Jura 2011, 244, 248, 251, Anspruchskonkurrenz zwischen Wertersatz (Abs. 2) und Schadensersatz (Abs. 4).

202 MüKo/*Gaier*, § 346 Rn. 67; a. A. *Kohler*, AcP 2014 (204), 362, 369 f., Wertersatz nach § 346 Abs. 2 BGB aufgrund analoger Anwendung von § 281 Abs. 4 BGB.

langen. K schließt den Vertrag mit V, um seinem Sohn D den Wagen zu seinem Geburtstag zu schenken.

Vom Vertrag zugunsten Dritter ist der Vertrag mit Schutzwirkung für Dritte zu unterscheiden, der dem Dritten einen eigenen Schadensersatzanspruch gegen den Schuldner nach §§ 280 Abs. 1, 241 Abs. 2, 311 Abs. 2 Nr. 3 BGB gewährt.[203]

Der eigentliche Vertrag zugunsten Dritter besteht zwischen dem Schuldner V (Verspre- 531
chender) und dem Gläubiger K (Versprechensempfänger), z. B. ein Kaufvertrag. Dieser Vertrag wird auch als *Deckungsverhältnis* bezeichnet, weil hiernach der Schuldner vom Gläubiger die Gegenleistung (die Deckung) für seine Leistung an den Dritten erhält. Das Verhältnis zwischen dem Versprechensempfänger K und dem Dritten D ist das so genannte *Valutaverhältnis* (oder Zuwendungsverhältnis). Deckungs- und Valutaverhältnis sind voneinander unabhängig. Das Valutaverhältnis kann einem anderen Vertragstypus entsprechen, z. B. ein Schenkungsvertrag.

Ist das Deckungsverhältnis nichtig, entsteht der Anspruch des Dritten gegen den Versprechenden nicht. Der Dritte kann nur gegen den Versprechensempfänger aufgrund des Valutaverhältnisses vorgehen.
Ist das Valutaverhältnis nichtig, erhält der Dritte den Anspruch gegen den Versprechenden ohne rechtlichen Grund. Im Regelfall hat der Versprechensempfänger einen Anspruch gegen den Dritten auf Herausgabe der empfangenen Leistung nach § 812 Abs. 1 Satz 1, 1. Alt. BGB.[204]

Im Beispielsfall erwirbt D gegen V einen eigenen Anspruch auf die Übereignung des Wagens nach § 433 Abs. 1 BGB i. V. m. § 328 Abs. 1 BGB. Im Valutaverhältnis zwischen K und D besteht ein Schenkungsvertrag.

▶ **Vertiefung:** Zum Vertrag zugunsten Dritter s. *Petersen*, Jura 2013, 1230 ff. sowie die Anfängerhausarbeit von *Kannowski/Zeller*, JuS 2006, 983 ff.

203 S. Rn. 493.
204 Jauernig/*Stadler*, § 328 Rn. 10.

F. Schuldrecht – Besonderer Teil

532 Aufgrund der Vertragsfreiheit sind die Parteien grundsätzlich frei, ihr Vertragsverhältnis auszugestalten, es sei denn, das Gesetz sieht ausnahmsweise zwingende Regelungen vor. Vor Schaffung des BGB hatten sich bereits verschiedene Vertragstypen herausgebildet, die das Gesetz typisiert und zu denen es spezielle Vorschriften vorsieht. Diese finden sich im Besonderen Teil des Schuldrechts. Der Besondere Teil enthält Normen für spezielle Typen von schuldrechtlichen Verträgen, z. B. einseitig verpflichtende Schuldverhältnisse, wie Schenkung (§§ 516 ff. BGB), Leihe (§§ 598 ff. BGB), Auftrag (§§ 662 ff. BGB) und zweiseitig verpflichtenden, wie vor allem Kaufvertrag (§§ 433 ff. BGB), Darlehensvertrag (§§ 488 ff. BGB), Dienstvertrag (§§ 611 ff. BGB) und Werkvertrag (§§ 631 ff. BGB).

533 Für die Einordnung eines Sachverhalts unter einen Vertragstypus ist nicht die Vertragsbezeichnung durch die Parteien, sondern allein das von den Parteien Vereinbarte entscheidend.

Beispiel: A „schenkt" B seinen Pkw, dafür überlässt B dem A seine alte Briefmarkensammlung. Es liegt ein Tauschvertrag (§ 480 BGB) und nicht eine Schenkung (§ 516 BGB) vor, da letztere die Unentgeltlichkeit voraussetzt.

54 Da aufgrund der Gestaltungsfreiheit die Parteien nicht an die gesetzlichen Vertragstypen gebunden sind, können die Parteien entweder innerhalb eines Vertragstypus die gesetzlichen Regelungen abbedingen, sofern das Gesetz nicht ausnahmsweise zwingende Normen enthält.

Beispiel: Die Parteien eines Kaufvertrages können die Gewährleistungsregeln (§§ 434 ff. BGB) ausschließen; eine Ausnahme besteht zugunsten des Verbrauchers beim Verbrauchsgüterkauf nach Maßgabe von § 476 BGB.

535 Oder die Parteien können gesetzlich nicht vorgesehene Vertragstypen schaffen. Im letzteren Fall kommen einzelne Vorschriften der gesetzlich geregelten Vertragstypen zur Anwendung, soweit der von den Vertragsparteien geschaffene Typus dem gesetzlichen Typus entspricht (sog. gemischter Vertrag).

Beispiel: Factoring (Mischung aus Forderungskauf und Darlehen), Leasing (Mischung aus Kauf und Miete).

Aber auch: A „verkauft" sein Auto an B, dafür „leiht" B dem A sein Boot (Mischvertrag aus Tausch und Miete).

536 Nur bei Verträgen eigener Art (Verträge *sui generis*) ist ein Rückgriff auf die gesetzlichen Vertragstypen nicht möglich. Es kommen lediglich die Vorschriften des Schuldrechts Allgemeiner Teil zur Anwendung.

Beispiel: Markenlizenzvertrag.[1]

1 *Martinek/Wimmer-Leonhardt*, WRP 2006, 204, 207.

Darüber hinaus enthält das BGB im 2. Buch zum Schuldrecht Regelungen über Schuldverhältnisse, die nicht aufgrund eines Vertrages, sondern kraft Gesetz entstehen (gesetzliche Schuldverhältnisse).

I. Der Kaufvertrag

Der Kaufvertrag ist ein Verpflichtungsgeschäft. Durch ihn verpflichtet sich der Verkäufer dem Käufer die Kaufsache frei von Mängeln zu übereignen. Der Käufer verpflichtet sich, dem Verkäufer den vereinbarten Kaufpreis zu zahlen und die Sache abzunehmen. Der Kaufvertrag (schuldrechtlicher Vertrag) ist von dem Erfüllungsgeschäft (dinglicher Vertrag) zu trennen (*Trennungsprinzip*). Die rechtliche Wirksamkeit des Kaufvertrages ist von der rechtlichen Wirksamkeit des Erfüllungsgeschäftes unabhängig (*Abstraktionsprinzip*).[2] **537**

Der Kaufvertrag kommt gemäß den §§ 145 ff. BGB durch Angebot und Annahme zustande. Erfüllt wird er durch i. d. R. zwei dingliche Rechtsgeschäfte, die die Übereignung der Kaufsache und die Zahlung des Kaufpreises zum Gegenstand haben und je nach Fallgestaltung gemäß den §§ 929 ff., §§ 873, 925 oder §§ 398 ff. BGB zu beurteilen sind. **538**

1. Pflichten des Verkäufers

Durch den Kaufvertrag verpflichtet sich der Verkäufer, dem Käufer die Sache frei von Sach- und Rechtsmängeln zu übergeben und das Eigentum an der Sache zu verschaffen, § 433 Abs. 1 BGB. Gegenstand des Kaufvertrages können nicht nur bewegliche Sachen sein, sondern auch unbewegliche Sachen (Immobilien) und Rechte (Rechtskauf, § 453 BGB). **539**

a) Sachkauf

Beim Sachkauf ist der Verkäufer zur Übergabe und zur Verschaffung des Eigentums an der Kaufsache verpflichtet. **540**

Die *Verschaffung* des Eigentums erfolgt unabhängig vom Kaufvertrag bei

- beweglichen Sachen nach §§ 929 ff. BGB,
- unbeweglichen Sachen nach §§ 873, 925 BGB.

Hierbei handelt es sich um das (dingliche) Erfüllungsgeschäft. Es steht in keinem Zusammenhang mit dem (schuldrechtlichen) Kaufvertrag (Trennungs- und Abstraktionsprinzip).

> **Beispiel:** V verkauft K seinen Wagen (Kaufvertrag).

2 Im Einzelnen hierzu s. Rn. 21.

In Erfüllung des Kaufvertrages übereignet V den Wagen an K nach § 929 Satz 1 BGB durch Einigung und Übergabe (Erfüllungs- oder Verfügungsgeschäft).

b) Rechtskauf, § 453 BGB

541 Bei einem Rechtskauf verpflichtet sich der Verkäufer dem Käufer ein Recht (in erster Linie eine Forderung, denkbar wäre auch u. a. einen Geschäftsanteil) zu übertragen.

Erfüllt wird der Rechtskaufvertrag im Wege der Abtretung durch Einigung der Vertragsparteien, §§ 398 ff. BGB. Auch hier herrscht das Abstraktions- und Trennungsprinzip.

Beispiel: V verkauft K seine Darlehensforderung gegen S (Kaufvertrag).

In Erfüllung des Kaufvertrages, tritt V dem K seine Forderung gegen S nach § 398 BGB durch Einigung über den Forderungsübergang ab (Erfüllungs- oder Verfügungsgeschäft).

▶ **Beachte:** In § 398 Satz 1 BGB ist mit dem Begriff „Vertrag" nicht der Kaufvertrag, sondern das *Verfügungsgeschäft* (Abtretungsvertrag) gemeint. Der Grund, warum die Verfügung von Forderungen nicht im 3. Buch – wie die Verfügung über bewegliche und unbewegliche Sachen (§§ 873, 925, 929 ff. BGB) – geregelt ist, ist darin zu sehen, dass es sich bei der Abtretung über die Verfügung von Forderungen und nicht von Sachen handelt, das 3. Buch jedoch nur das Recht an Sachen regelt.

2. Pflichten des Käufers

542 Der Käufer verpflichtet sich, dem Verkäufer den vereinbarten Kaufpreis zu zahlen, § 433 Abs. 2 BGB. Die Abnahme der Kaufsache ist regelmäßig nur eine Nebenpflicht (leistungsbezogene Nebenpflicht, § 241 Abs. 1 BGB), die nicht im Gegenseitigkeitsverhältnis (Synallagma) steht, es sei denn, den Parteien kommt es gerade auf die Abnahme der Sache an.

Beispiel: V möchte seinen alten Wagen loswerden. K bietet ihm an, den Wagen für symbolische € 10 zu übernehmen, damit V ihn nicht auf den Schrottplatz für € 100 entsorgen muss.

In dem vorgenannten Beispiel ist die Abnahme der Kaufsache ausnahmsweise eine synallagmatische Hauptpflicht, da es den Parteien gerade auf die Abnahme des Wagens ankommt.

Auswirkung hat die Bestimmung des Gegenseitigkeitsverhältnisses insbesondere für die Einrede des nichterfüllten Vertrages nach § 320 BGB. Hiernach kann der Schuldner seine Leistung nur verweigern, wenn sie im Synallagma zu der zu bewirkenden Gegenleistung steht. Bewirkt ist die Gegenleistung, wenn die Leistungshandlung vorgenommen wurde[3] (z.B. Übereignung unter Eigentumsvorbehalt) und nicht erst, wenn der Leistungserfolg eingetreten ist[4] (z.B. wenn der Vorbehaltskäufer den vollständigen Kaufpreis bezahlt hat).

---

3 Staudinger/*Schwarze*, § 320 Rn. 33; *Faust*, JuS 2011, 929, 932.
4 S. hingegen Palandt/*Grüneberg*, § 320 Rn. 13.

3. Gewährleistung bei Sachkauf

Dem Verkäufer kann die geschuldete Leistung unmöglich werden, er kann ihre Erbringung verzögern oder er kann sie nicht vertragsgemäß (d. h. schlecht) erbringen. Die Fälle der Unmöglichkeit und der Leistungsverzögerung sind Gegenstand des Allgemeinen Teils des Schuldrechts.[5] Die Schlechtleistung bildet die dritte Variante der Leistungsstörungen. Sie wird entweder durch die speziellen Gewährleistungsregeln oder – wenn das Gesetz für einen Vertragstyp keine hinreichenden oder gar keine Gewährleistungsregeln vorsieht – von den allgemeinen Normen für Pflichtverstöße (§§ 280 ff., 323 ff. BGB) erfasst. Spezielle Gewährleistungsregeln finden sich für den Kaufvertrag (§§ 434 ff. BGB), für den Werkvertrag (§§ 633 ff. BGB) aber auch für den Miet- (§§ 536 ff. BGB) und Reisevertrag (§§ 651c ff. BGB). Bei anderen Verträgen, wie z. B. dem Dienstvertrag und dem Gesellschaftsvertrag, aber auch bei evtl. Regelungslücken spezieller Gewährleistungsregelungen greifen subsidiär die allgemeinen Regeln des Schuldrechts. **543**

a) Überblick der gesetzlichen Regelungen

Das Gewährleistungsrecht ist in den §§ 434 ff. BGB geregelt. **544**

Sofern ein Mangel besteht, kann der Käufer vom Verkäufer Nacherfüllung verlangen (§ 437 Nr. 1 BGB). Wird der Mangel durch die Nacherfüllung nicht behoben, kann der Käufer vom Vertrag zurücktreten oder den Kaufpreis mindern (§ 437 Nr. 2 BGB) und Schadens- oder Aufwendungsersatz verlangen (§ 437 Nr. 3 BGB). Die Gewährleistungsrechte des Käufers erlöschen, sobald der Verkäufer den Mangel behoben hat.[6]

aa) *Vorrangig*: Nacherfüllung, § 437 Nr. 1 BGB

Der Käufer muss zunächst vom Verkäufer Nacherfüllung (Reparatur oder Ersatzlieferung) verlangen, sofern der Mangel behebbar ist, d. h. der Mangel durch Reparatur beseitigt werden kann oder die Lieferung einer mangelfreien Sache möglich ist, §§ 437 Nr. 1, 439 Abs. 1 BGB. **545**

Der Vorrang der Nacherfüllung ergibt sich nicht unmittelbar aus § 437 Nr. 1 BGB, sondern aus § 437 Nr. 2, Nr. 3 BGB i. V. m. den jeweiligen Rechtsverweisen.[7] Denn Rücktritt (§ 323 Abs. 1 BGB), Minderung (§ 441 Abs. 1 BGB i. V. m. § 323 Abs. 1 BGB), Schadensersatz statt der Leistung (§ 281 Abs. 1 Satz 1 BGB) und Aufwendungsersatz (§ 284 BGB i. V. m. § 281 Abs. 1 Satz 1 BGB) setzen grundsätzlich den fruchtlosen Ablauf einer Frist zur Nacherfüllung voraus. **546**

▶ **Hinweis:** Der Vorrang der Nacherfüllung ist in der Klausur daher nicht schlicht zu behaupten, sondern stets aus dem Fristerfordernis als Voraussetzung zur Ausübung der betreffenden Rechtsbehelfe (Rücktritt, Minderung, Schadens- oder Aufwendungsersatz) herzuleiten.

---

5 S. Rn. 349 ff.

6 Für das Rücktrittsrecht s. BGH, Urteil vom 12. März 2010, V ZR 147/09, NJW 2010, 1805 Rn. 10.

7 Eine Hierarchie der Rechtsbehelfe kommt in der Aufzählung in § 437 BGB nicht zum Ausdruck, *Lorenz*, NJW 2003, 1417; *Schroeter*, AcP 207 (2007), 28, 31 f.; vgl. hingegen MüKo/*H. P. Westermann*, § 437 Rn. 4.

547 Schadensersatz neben der Leistung (§ 280 Abs. 1 BGB) kann der Käufer aufgrund fehlendem Erfordernisses zur Fristsetzung unmittelbar – d. h. ohne vorrangige Nacherfüllung – verlangen.

Beispiel: Sog. Mangelfolge-, Nutzungsausfall- und Verzögerungsschäden.[8]

bb) *Nachrangig*: Rücktritt, § 437 Nr. 2, 1. Alt. BGB oder

548 Scheitert die Nacherfüllung, kann der Käufer vom Kaufvertrag zurücktreten, § 437 Nr. 2 BGB. Hierzu ist grundsätzlich eine Fristsetzung zur Nacherfüllung erforderlich, § 323 Abs. 1 BGB, die speziellen (§ 440 BGB) und allgemeinen Vorschriften (§§ 323 Abs. 2, 326 Abs. 5 BGB) sehen Fälle vor, in denen die Fristsetzung ausnahmsweise entbehrlich ist.

cc) Minderung, § 437 Nr. 2, 2. Alt. BGB und/oder

549 Das Recht zur Minderung nach § 437 Nr. 2 BGB setzt das Bestehen eines Rücktrittsrechts voraus, §§ 441 Abs. 1 Satz 1 BGB. Es gelten für die Minderung daher die gleichen Voraussetzungen wie für den Rücktritt mit Ausnahme von § 323 Abs. 5 Satz 2 BGB, § 441 Abs. 1 Satz 2 BGB.

dd) Schadensersatz, § 437 Nr. 3, 1. Alt. BGB oder

550 Der Anspruch auf Schadensersatz statt der Leistung setzt grundsätzlich voraus, dass der Käufer dem Verkäufer eine Frist zur Nacherfüllung setzt, §§ 437 Nr. 3, 280 Abs. 1 und Abs. 3, 281 Abs. 1 Satz 1 BGB. Ausnahmen hierzu enthalten die §§ 440, 281 Abs. 2 und 283 Satz 1 BGB.

551 Der Schadensersatz neben der Leistung (Mangelfolge- und Nutzungsausfallschaden, §§ 437 Nr. 3, 280 Abs. 1 BGB; Verzögerungsschaden, §§ 437 Nr. 3, 280 Abs. 1 und Abs. 2, 286 BGB) bedarf keiner Fristsetzung.

ee) Aufwendungsersatz, § 437 Nr. 3, 2. Alt. BGB

552 Anstelle des Schadensersatzes statt der Leistung kann der Käufer die Aufwendungen ersetzt verlangen, die er im Vertrauen auf den Kaufvertrag aufgebracht hat. Es kann daher auf die Voraussetzungen des Schadensersatzes verwiesen werden.

---

553 **Rechtsnatur der Rechtsbehelfe von § 437 BGB**

Von den in § 437 BGB aufgeführten Rechtsbehelfen des Käufers sind nur die folgenden Vorschriften Anspruchsgrundlagen: §§ 437 Nr. 1, 439 Abs. 1 BGB (Anspruch auf Nacherfüllung), §§ 437 Nr. 2, 441 Abs. 4, 346 BGB (Anspruch auf Rückzahlung des über die Minderung hinaus gezahlten Kaufpreises), §§ 437 Nr. 3, 280 ff. oder 311a Abs. 2 BGB (Ansprüche auf Schadensersatz) und §§ 437 Nr. 3, 284 BGB (Anspruch auf Aufwendungsersatz). Bei §§ 437 Nr. 2, 323, 326 Abs. 5 BGB (Rücktrittsrecht, Anspruchsgrundlage ist hier § 346 BGB) und §§ 437 Nr. 2, 441 (außer Abs. 4) BGB (Gegenrecht,

---

8 S. Rn. 641.

Anspruchsgrundlage ist hier der Kaufpreisanspruch des Verkäufers aus § 433 Abs. 2 BGB, der in Höhe der Minderung erloschen ist) handelt es sich um Rechte des Käufers.

▶ **Vertiefung:** *Fervers*, Das System der schuldrechtlichen Anspruchsgrundlagen im Kaufrecht, Jura 2015, 11 ff.

b) Begriff des Mangels

Die Gewährleistungsrechtsbehelfe des Käufers setzen voraus, dass der Kaufgegenstand mangelhaft ist, § 437 1. Hbs. BGB. Beim Sachkauf muss ein Sach- oder Rechtsmangel vorliegen, beim Rechtskauf ist nur ein Rechtsmangel denkbar. 554

aa) Sachmangel, § 434 Abs. 1 und Abs. 2 BGB

Der Begriff des Sachmangels ist in § 434 BGB geregelt und gemäß den folgenden Stufen aufgebaut: 555

i) 1. Stufe: vereinbarte Beschaffenheit (subjektiver Mangel), § 434 Abs. 1 Satz 1 BGB

Ein Sachmangel liegt vor, wenn die tatsächliche Beschaffenheit der Kaufsache (*Ist-Beschaffenheit*) von der vertraglich vereinbarten Beschaffenheit (*Soll-Beschaffenheit*) abweicht (subjektiver Sachmangel aufgrund Beschaffenheit, § 434 Abs. 1 Satz 1 BGB). Ausgangspunkt zur Feststellung eines Sachmangels ist der Kaufvertrag. Beschaffenheitsabweichungen begründen einen Mangel. 556

Beispiel: V verkauft K einen unfallfreien Wagen. Nach Übergabe des Wagens stellt K fest, dass es sich doch um einen Unfallwagen handelt.

1. Beschaffenheitsvereinbarung 557

Der Begriff der Beschaffenheit ist weit zu verstehen und umfasst alle Faktoren, die der Sache selbst anhaften, als auch alle Beziehungen der Sache zur Umwelt, die nach der Verkehrsauffassung Einfluss auf die Wertschätzung der Sache haben.[9]

2. Die für den Käufer vorteilhafte Beschaffenheitsabweichung 558

Beispiele:
a) V verkauft K seinen Wagen (Stückkauf) mit dem Hinweis, dass es sich um einen Unfallwagen handelt. Nach Übergabe des Wagens stellt sich heraus, dass der Wagen unfallfrei ist (*Qualifikationsaliud*).
b) V und K vereinbaren den Kauf eines Pkw (Gattungskauf) ohne Klimaanlage, da K aus gesundheitlichen und umweltpolitischen Gründen erst gar nicht in Versuchung kommen möchte, die Klimaanlage zu benutzen. V liefert einen Wagen mit Klimaanlage.

§ 434 Abs. 1 BGB enthält *keine* Einschränkung, ob die Beschaffenheitsabweichung für den Käufer *nachteilig* sein muss. Auch Art. 2 Abs. 1 der Verbrauchsgüterkaufrichtlinie,[10] der in § 434 BGB umgesetzt wird, beschränkt den Mangelbegriff nicht auf für den Käufer nachteilige Abweichungen. Aufgrund des Willens des Gesetzgebers, ein einheitliches Kaufrecht zu schaffen und die Richtlinie überschießend umzusetzen, ist die Richtlinie umfassend zur Auslegung von § 434 BGB heranzuzie-

9 BGH, Urteil vom 15. Juni 2016, VIII ZR 134/15, NJW 2016, 2874 Rn. 10.
10 Richtlinie 1999/44/EG vom 25. Mai 1999, ABl. EG vom 7. Juli 1999, Nr. L 171, S. 12 ff.

hen (zur richtlinienkonformen Auslegung s. Rn. 476a) und nicht lediglich für Verbrauchsgüterkaufverträge.[11] Der Wortlaut von Art. 2 Abs. 1 der Richtlinie und von § 434 Abs. 1 Satz 1 BGB legt nahe, auch für den Käufer objektiv vorteilhafte Abweichungen unter den Mangelbegriff zu fassen. Die Feststellung, was für den Käufer vor- und was nachteilig ist, kann nicht etwa aus Sicht der objektiven Verkehrsauffassung (vgl. § 434 Abs. 1 Satz 2 Nr. 2 BGB) getroffen werden, da der Mangel vorrangig von der Parteivereinbarung abhängt (§ 434 Abs. 1 Satz 1 BGB, subjektiver Mangelbegriff). Aus diesem Grund sind auch objektiv vorteilhafte Beschaffenheitsabweichungen stets als Mangel i. S. v. § 434 Abs. 1 Satz 1 BGB zu qualifizieren.[12]

Macht der Käufer seine Gewährleistungsrechte geltend, hat der Verkäufer je nach Fallgestaltung die Möglichkeit, die gelieferte Sache zurückzuverlangen (bei Nachlieferung, §§ 439 Abs. 5, 346 Abs. 1 BGB; bei Rücktritt, § 346 Abs. 1 BGB; bei Schadensersatz statt der ganzen Leistung, §§ 437 Nr. 3, 281 Abs. 5, 346 Abs. 1 BGB).

Macht der Käufer seine Gewährleistungsrechte *nicht* geltend – etwa weil er die gelieferte Sache behalten möchte – kann der Verkäufer ihn hierzu nicht zwingen.[13] Folglich scheiden seine gewährleistungsrechtlichen Rückforderungsansprüche aus. Es ist zu unterscheiden:

(i) Beim Stückkauf (*Qualifikationsaliud*) kann der Verkäufer den Kaufvertrag nach § 119 Abs. 2 BGB wegen Irrtums über die verkehrswesentliche Eigenschaft der Kaufsache anfechten[14] und die Rückübereignung der gelieferten Sache nach § 812 Abs. 1 Satz 1, 1. Alt. BGB verlangen.[15] Da der Käufer seine Gewährleistungsrechte nicht geltend machen will und sich der Verkäufer daher mit der Anfechtung nicht seinen Pflichten aus §§ 434 ff. BGB entzieht, ist die Anfechtung nicht wegen des Vorrangs der Gewährleistungsrechte ausgeschlossen.[16]

(ii) Beim Gattungskauf gilt das Gleiche wie bei der für den Käufer vorteilhaften Aliudlieferung (*Meliuslieferung*).[17] Weicht die Lieferung in krasser Weise von der vereinbarten Beschaffenheit ab, kann der Käufer die Lieferung nicht als Vertragserfüllung verstehen. Gemäß §§ 133, 157 BGB (analog) fehlt es an der Tilgungsbestimmung (vgl. Rn. 568). Im Übrigen hat der Verkäufer die Möglichkeit, die Tilgungsbestimmung aufgrund § 119 Abs. 1 BGB (analog) anzufechten. Aufgrund der fehlenden oder nichtigen Tilgungsbestimmung kann er die Kaufsache nach § 812 Abs. 1 Satz 1, 1. Alt. BGB zurückverlangen. Er ist dann weiterhin zur Erfüllung des Kaufvertrages aus der vereinbarten Gattung verpflichtet.

▶ **Vertiefung:** *Jaensch*, Klausurensammlung, Fall 18: Perlen der Natur.

---

11 Vgl. die gleichgelagerte Rechtsprechung zum HaustürWG, BGH, Urteil vom 9. April 2002, XI ZR 91/99, BGHZ 150, 248, 260 ff.; BGH, Urteil vom 18. Oktober 2004, II ZR 352/02, BB 2004, 2711, 2713; umfassend zum Problem der einheitlichen richtlinienkonformen Auslegung bei überschießender Umsetzung s. *Drexl*, Festschrift Heldrich, 2005, 67 ff.

12 Ebenso *Canaris*, FS Konzen, 2006, 43, 51; *Wiese*, AcP 206 (2006), 902, 906, sofern die Parteien keine Mindestbeschaffenheit vereinbart haben; vgl. auch *Tiedtke/M. Schmitt*, JZ 2004, 1092, 1097 f.; a. A. *Thier*, AcP 203 (2003), 399, 419 f., § 434 BGB schützt lediglich die Käufererwartungen, werden diese übertroffen, besteht kein Schutzbedürfnis.

13 Im Einzelnen s. Rn. 587.

14 S. noch zum alten Recht, BGH, Urteil vom 8. Juni 1988, VIII ZR 135/87, NJW 1988, 2597, 2598, ein als von dem weniger berühmten Maler Duveneck stammendes Gemälde stellt sich als ein Gemälde des renommierten Malers Leibl heraus.

15 Eine Anfechtung der Übereignungserklärung ist nach zutreffender Ansicht nicht möglich, da sich die Einigungserklärung nach § 929 Satz 1 BGB nur auf die Übertragung selbst richtet; es liegt keine Fehleridentität vor, s. Rn. 27.

16 Vgl. Rn. 662.

17 Hierzu im Einzelnen s. Rn. 566.

Einfluss des Europarechts – richtlinienkonforme Auslegung und Rechtsfortbildung 558a

Das Zivilrecht wird immer mehr durch das Europarecht beeinflusst. Hierzu gehören vor allem die Grundfreiheiten,[18] Verordnungen und Richtlinien. Anders als Verordnungen sind Richtlinien nicht unmittelbar anwendbar. Sie richten sich lediglich an die Mitgliedstaaten, die den Inhalt der Richtlinie ins nationale Recht umsetzen, Art. 288 Abs. 3 AEUV. Angewendet wird das nationale Recht. Allerdings ist das umgesetzte nationale Recht im Sinne der Richtlinie auszulegen, soweit dies der Wortlaut zulässt (richtlinienkonforme Auslegung).

> **Beispiel:** Auslegung des Mangelbegriffs, § 434 Abs. 1 Satz 1 BGB (Rn. 558); Nachlieferung beim Stückkauf, § 439 Abs. 1 BGB (Rn. 592); Fristsetzungserfordernis, §§ 281 Abs. 1 Satz 1, 323 Abs. 1 BGB (Rn. 612).

Lässt der Wortlaut die Auslegung im Lichte der Richtlinie nicht zu, kann die nationale Norm ggf. durch Rechtsfortbildung (Analogie oder teleologische Reduktion) an den Inhalt der Richtlinie angepasst werden (richtlinienkonforme Rechtsfortbildung).[19]

> **Beispiel:** kein Nutzungsersatz bei Ersatzlieferung, §§ 439 Abs. 5, 346 BGB (Rn. 607).

ii) 2. Stufe: vertraglich vorausgesetzte Verwendung (subjektiver Mangel), § 434 Abs. 1 Satz 2 Nr. 1 BGB

Lässt sich eine vertragliche Beschaffenheitsvereinbarung nicht ausmachen, ist zu untersuchen, ob die Parteien eine bestimmte Verwendung der Sache im Vertrag vorausgesetzt haben. Ist die Sache zu dieser Verwendung nicht geeignet, liegt ein Sachmangel vor (subjektiver Sachmangel aufgrund Verwendung, § 434 Abs. 1 Satz 2 Nr. 1 BGB). 559

> **Beispiel:** V verkauft K ein Segelboot für dessen Weltumrundung. Das Boot ist nicht hochseetauglich.

iii) 3. Stufe: gewöhnliche Verwendung und übliche Beschaffenheit, (objektiver Mangel), § 434 Abs. 1, Satz 2 Nr. 2 BGB

Lässt sich auch kein vertraglich vorausgesetzter Verwendungszweck feststellen, so kommt es auf die Abweichung von der gewöhnlichen Verwendung oder der üblichen Beschaffenheit einer vergleichbaren Sache an (objektiver Sachmangelbegriff, § 434 Abs. 1 Satz 2 Nr. 2 BGB). 560

> **Beispiel:** V verkauft K einen Pullover. Als K den Pullover zu Hause auspackt, stellt er fest, dass dieser ein Loch hat.

Öffentliche Äußerungen des Verkäufers oder des Herstellers über die Kaufsache prägen die übliche Beschaffenheit, die der Käufer erwarten kann, § 434 Abs. 1 Satz 3 BGB.

iv) Mangelhafte Montage, § 434 Abs. 2 BGB

Um Abgrenzungsprobleme zum Werkvertrag zu vermeiden, legt § 434 Abs. 2 Satz 1 BGB fest, dass eine mangelhafte Montage der Kaufsache als Sachmangel nach den kaufrechtlichen Vorschriften zu beurteilen ist. Die Vorschriften zum Werkvertrag finden keine Anwendung. Einer Abnahme der Montage bedarf es nicht. 561

---

18 Zur Wirkung der Grundfreiheiten im Privatrecht s. *W.-H. Roth*, Festschrift Medicus, 2009, 393 ff.

19 Ausführlich hierzu BGH, Urteil vom 26. November 2008, VIII ZR 200/05, BGHZ 179, 27 Rn. 21 ff.

Nach § 434 Abs. 2 Satz 2 BGB stellt eine mangelhafte Montageanleitung ebenfalls einen Sachmangel dar (sog. „Ikea-Klausel").

bb) Aliudlieferung, § 434 Abs. 3 BGB

562 Wird eine andere Ware geliefert (Falsch- oder Aliudlieferung), so steht dies einem Sachmangel gleich, § 434 Abs. 3 BGB.

Beispiele:
a) V verkauft K das Pferd Bertha (Stückkauf). Stattdessen liefert er ihm den Kater Kurt (*Identitätsaliud*).[20]
b) V verkauft K 1000 Schrauben (Gattungskauf). Stattdessen werden 1000 Muttern geliefert.

Nach altem Recht ging die h. A. in Anlehnung an §§ 377 f. HGB a.F. nur im Falle des Gattungskaufs für die genehmigungsfähige Aliudlieferung von einem Sachmangel aus. Eine nichtgenehmigungsfähige Aliudlieferung beim Gattungskauf und die Aliudlieferung beim Stückkauf waren als Nichterfüllung zu behandeln. Die Abgrenzung zwischen genehmigungsfähiger und nichtgenehmigungsfähiger Aliudlieferung war im Einzelfall äußerst schwierig. Um dieses Problem zu vermeiden, wollte der Reformgesetzgeber mit § 434 Abs. 3 BGB jegliche Form der Aliudlieferung der Schlechtlieferung gleichstellen.[21]

563 Nach altem Recht war – mit Ausnahme des genehmigungsfähigen *aliud* beim Gattungskauf – die Aliudlieferung ein Fall der Nichterfüllung mit der Folge, dass der Käufer vom Verkäufer weiterhin die Vertragserfüllung und der Verkäufer vom Käufer das *aliud* nach § 812 Abs. 1 Satz 1, 1. Alt. BGB herausverlangen konnte. Nach der Schuldrechtsreform steht gemäß dem Wortlaut von § 434 Abs. 3 BGB jedes *aliud* einem Sachmangel (*peius*) gleich. Plakativ ausgedrückt: „Kurt ist eine mangelhafte Bertha" oder „die Katze ist ein mangelhaftes Pferd". Es liegt grundsätzlich ein Fall der Gewährleistung vor. Die Anwendung von § 812 Abs. 1 Satz 1, 1. Alt. BGB verbietet sich, da der Kaufvertrag den Rechtsgrund für die Aliudlieferung darstellt. Ein Rückforderungsrecht des Verkäufers ergibt sich ausschließlich aus §§ 439 Abs. 5, 346 Abs. 1 BGB.[22] Dem Ergebnis, eine offensichtliche (krasse) Aliudlieferung wie eine Schlechtlieferung zu behandeln,[23] wird vielfach mit Unbehagen begegnet.

564 So wird vorgeschlagen, offensichtliche Abweichungen vom Anwendungsbereich des § 434 Abs. 3 BGB auszunehmen.[24] Andere wollen sogar das Kriterium der Genehmigungsfähigkeit des entfallenen § 378 HGB a.F. zur Interpretation von § 434 Abs. 3 BGB heranziehen.[25] Allerdings war es gerade das Bestreben des Gesetzgebers, das Kriterium der Genehmigungsfähigkeit, welches sich in der Praxis nicht bewährt hatte, abzuschaffen.[26] Dieses Ziel würde konterkariert, stellte man auf die Genehmigungsfähigkeit oder Offensichtlichkeit ab; die Abgrenzungsprobleme blieben bestehen.

---

20 Ein *Qualifikationsaliud* beim Stückkauf (z.B. der Bilderrahmen ist schadhaft, die goldene Uhr ist nur vergoldet, der verkaufte Vorrat an Walfischfleisch ist Haifischfleisch), ist bereits aufgrund § 434 Abs. 1 BGB ein Sachmangel, ebenso *Thier*, AcP 203 (2003), 399, 413 f.

21 Regierungsbegründung, BT-Drs. 14/6040, S. 216.

22 *Wiese*, AcP 206 (2006), 902, 936; a. A. tatbestandliche Anspruchskonkurrenz mit § 812 Abs. 1 Satz 1, 1. Alt. BGB, *Lorenz*, JuS 2003, 36, 39; *W.-H. Roth* in: Koller/Kindler/Roth/Morck, HGB, 8. Auflage 2015, § 377 Rn. 19d; vgl. auch *Lettl*, JuS 2002, 866, 869 ff.

23 S. z.B. *Tiedtke/M. Schmitt*, JZ 2004, 1092, 1094 f.

24 *Medicus/Petersen*, Bürgerliches Recht, 26. Auflage 2017, Rn. 288.

25 *Altmeppen/Reichard*, Festschrift U. Huber, 2006, 73, 93 ff.; *Ehmann/Sutschet*, Modernisiertes Schuldrecht, 2002, 221 f.

26 Regierungsbegründung, BT-Drs. 14/6040, S. 211, 216.

Schließlich wird vertreten, im Wege der teleologischen Reduktion § 434 Abs. 3 BGB auf das *Identitätsaliud* beim Stückkauf (z. B. Kurt statt Bertha) – entgegen der Vorstellung des Reformgesetzgebers[27] – nicht anzuwenden.[28] Denn hier träten keine Abgrenzungsprobleme auf, die durch § 434 Abs. 3 BGB zu überwinden wären. § 434 Abs. 3 BGB sei in diesem Fall funktionslos.[29] Diese Annahme ist jedoch unzutreffend. Nähme man das Identitätsaliud aus dem Anwendungsbereich des § 434 Abs. 3 BGB heraus, entfiele die Rügepflicht nach § 377 HGB. Dieses Ergebnis ist weder beabsichtigt noch sinnvoll. Denn im Handelskauf soll die Aliudlieferung sowohl beim Stück- als auch beim Gattungskauf trotz Streichung von § 378 HGB a.F. weiterhin der Rügepflicht unterfallen, was durch die Gleichstellung von Aliud- und Schlechtlieferung in § 434 Abs. 3 BGB erreicht wird.[30] Somit kommt § 434 Abs. 3 BGB für § 377 HGB sehr wohl eine Funktion zu.[31] Die teleologische Reduktion von § 434 Abs. 3 BGB ist daher abzulehnen.

Weigert sich der Käufer, Nachlieferung gemäß § 439 Abs. 1 BGB zu verlangen, wie es insbesondere bei der *Meliuslieferung* (für den Käufer vorteilhafte Aliudlieferung) der Fall sein kann, ist dem Verkäufer die Rückforderung des *aliud* nach §§ 439 Abs. 5, 346 Abs. 1 BGB verwehrt. Denn der Verkäufer kann vom Käufer nicht verlangen, seine Gewährleistungsrechte geltend zu machen.[32] **565**

Beispiele: Meliuslieferung **566**
a) Statt des Katers Kurt wird das Pferd Bertha geliefert (Stückkauf, *Identitätsaliud*).
b) Statt eines Kleinwagens wird eine Limousine geliefert (Gattungskauf).

Gemäß § 434 Abs. 3 BGB ist Bertha ein mangelhafter Kurt und die Limousine ein mangelhafter Kleinwagen. Die h. M. will dem Verkäufer einen Herausgabeanspruch aus § 812 Abs. 1 Satz 1, 1. Alt. BGB zubilligen. Die Begründungsansätze sind unterschiedlich.[33] Sofern der Kaufvertrag jedoch den Rechtsgrund für die Leistung bildet, kann der Verkäufer die Meliuslieferung nicht nach § 812 Abs. 1 Satz 1, 1. Alt. BGB herausverlangen.[34]

Nach zutreffender Ansicht hat der Verkäufer die Möglichkeit, die Aliudlieferung nach § 812 Abs. 1 Satz 1, 1. Alt. BGB zurückzufordern, sofern es an der Tilgungsbestimmung[35] fehlt. Mangels Tilgungsbestimmung ist dann die Aliudlieferung nicht zur Erfüllung des Kaufvertrages und somit rechtsgrundlos geleistet worden. **567**

---

27 S. Regierungsbegründung, BT-Drs. 14/6040, S. 216.
28 *Thier*, AcP 203 (2003), 399, 408 f.; *Lettl*, JuS 2002, 866, 871; *Jost*, Jura 2005, 750, 751 f.
29 *Thier*, AcP 203 (2003), 399, 408.
30 S. Stellungnahme des Bundesrates, BT-Drs. 14/6857, S. 41.
31 *Wiese*, AcP 206 (2006), 902, 908 f.; s. auch Baumbach/Hopt-*Hopt*, HGB, 37. Auflage 2016, § 377 Rn. 16.
32 S. im Einzelnen Rn. 587.
33 *Lorenz*, JuS 2003, 36, 39, § 812 BGB ist für die Meliuslieferung anwendbar, da die Gewährleistungsrechte des Käufers nicht beeinträchtigt werden; aus diesem Grund folgert *Lettl*, JuS 2002, 866, 869 f., der Kaufvertrag bietet keinen Rechtsgrund für die Meliuslieferung; *Emmerich*, BGB – Schuldrecht BT, 14. Auflage 2015, § 4 Rn. 30 f., zum Schutz des Verkäufers hat dieser einen Bereicherungsanspruch bei Meliuslieferung; gegen sämtliche Begründungsansätze *Musielak*, NJW 2003, 89 ff.; *Wiese*, AcP 206 (2006), 902, 916 ff.
34 So dann auch *Musielak*, NJW 2003, 89, 90.
35 Die Tilgungsbestimmung ordnet die Aliudlieferung dem zu erfüllenden Schuldverhältnis zu, s. *Tiedtke/M. Schmitt*, JZ 2004, 1092, 1095 f.; gegen die Annahme einer Tilgungsbestimmung *Musielak*, NJW 2003, 89, 91; *Wiese*, AcP 206 (2006), 902, 918 ff.

568 Daher ist wie folgt zu unterscheiden:

1. Krasse Aliudlieferung
Bei einer krassen Aliudlieferung (im Beispiel: Kater statt Pferd oder Kleinwagen statt Limousine) fehlt es in der Regel an der Tilgungsbestimmung, die entweder als Willenserklärung oder als geschäftsähnliche Handlung analog §§ 133, 157 BGB nach dem objektiven Empfängerhorizont auszulegen ist.[36] Eine krasse Aliudlieferung kann der Käufer nicht als Erfüllung verstehen.[37] Es liegt keine Schlechterfüllung, sondern Nichterfüllung vor.

2. Anfechtung der Tilgungsbestimmung
Im Übrigen kann der Verkäufer die Tilgungsbestimmung nach § 119 BGB (analog) anfechten, sofern die Anfechtung nicht nur dazu dient, sich den Gewährleistungsrechten des Käufers zu entziehen.[38] Eine Anfechtung durch den Verkäufer ist daher insbesondere dann zulässig, wenn der Käufer seine Gewährleistungsrechte nicht geltend macht.[39] Aber auch darüber hinaus wird in der Regel eine rechtsmissbräuchliche Anfechtung durch den Verkäufer nicht zu befürchten sein. Denn aufgrund der Anfechtung der Tilgungsbestimmung liegt Nichterfüllung vor. Der Erfüllungsanspruch des Käufers aus dem Kaufvertrag lebt wieder auf. Im Falle einer daraufhin folgenden Schlechterfüllung durch den Verkäufer stehen dem Käufer seine Gewährleistungsrechte zu. Der Käufer ist daher trotz Anfechtung der Tilgungsbestimmung hinreichend geschützt.[40]

▶ **Vertiefung:** *Jaensch*, Klausurensammlung, Fall 13: Krieg der Sterne.

cc) Zuweniglieferung, § 434 Abs. 3 BGB

569 Neben der Aliudlieferung steht auch eine Zuweniglieferung (Mankolieferung) dem Sachmangel gleich, § 434 Abs. 3 BGB.

---

570 **1. Zuviellieferung**

Die Zuviellieferung ist kein Problem des Gewährleistungsrechts. Die zu viel gelieferte Menge wird ohne Rechtsgrund geleistet und kann vom Verkäufer nach § 812 Abs. 1 Satz 1, 1. Alt. BGB zurückgefordert werden, sofern die Zuviellieferung versehentlich erfolgte (vgl. § 814 BGB).

571 **2. Zurückweisung der Mankolieferung**

Ist der Verkäufer nicht zur Teilleistung berechtigt (§ 266 BGB) und weist der Käufer die vom Verkäufer angebotene Teilleistung aus diesem Grund zurück, so hat der Verkäufer nicht erfüllt. Es liegt keine Mankolieferung (§ 434 Abs. 3 BGB), sondern eine vollständige Nichtleistung vor. Der Käufer hat weiterhin einen Anspruch auf Vertragserfüllung nach § 433 Abs. 1 BGB. Das Zurückweisungsrecht ergibt sich aus § 266 BGB und nicht aus § 434 Abs. 3 BGB,[41] da mangels Gefahrübergang der Anwendungsbereich der Gewährleistungsvorschriften nicht eröffnet ist (s. Rn. 582).

---

572 Im Hinblick auf die Zuweniglieferung steht die kaufvertragliche Regelung im Spannungsverhältnis zum allgemeinen Leistungsstörungsrecht.

---

36 Die Frage, ob die Tilgungsbestimmung eine Willenserklärung (h. A.) oder eine geschäftsähnliche Handlung ist, hat der BGH ausdrücklich offen gelassen, s. Urteil vom 6. Dezember 1988, XI ZR 81/88, BGHZ 106, 163, 166.

37 Im Grundsatz ebenso *Tiedtke/M. Schmitt*, JZ 2004, 1092, 1096 f; begrenzt auf den Gattungskauf *Thier*, AcP 203 (2003), 399, 414 ff.

38 In der Regel wird § 119 Abs. 2 BGB einschlägig sein, BeckOK/*Faust*, § 437 Rn. 206; für die Meliuslieferung beim Gattungskauf s. *Thier*, AcP 203 (2003), 399, 422 f.

39 S. BGH, Urteil vom 8. Juni 1988, VIII ZR 135/87, NJW 1988, 2597, 2598.

40 Vgl. BeckOK/*Faust*, § 437 Rn. 206.

41 A. A. *Windel*, Jura 2003, 793, 795.

i) Teilleistung im allgemeinen Schuldrecht

Die Teilleistung wird im Gewährleistungsrecht aufgrund § 434 Abs. 3 BGB einer Schlechtleistung gleichgestellt. Hingegen wird in den allgemeinen Vorschriften zwischen Teilleistung und Schlechtleistung unterschieden, §§ 281 Abs. 1 Satz 2 und 3, 323 Abs. 5 Satz 1 und 2 BGB. Kommt es aufgrund des Verweises in § 437 Nr. 2, Nr. 3 BGB zur Anwendung von §§ 281, 323 BGB, stellt sich die Frage, ob die Mankolieferung im Sinne der allgemeinen Vorschriften als Teil- oder als Schlechtleistung zu bewerten ist. **573**

> **Beispiele:** V liefert K statt der vereinbarten fünf nur vier Fässer Öl; s. zudem *Jaensch*, Klausurensammlung, Fall 10: Naturkautschuk aus Malaysia.

Sofern der Käufer gemäß § 437 Nr. 2 und 3 BGB Schadensersatz statt der ganzen Leistung (großer Schadensersatz) verlangen und/oder vom ganzen Vertrag zurücktreten will, ist fraglich, ob er gemäß §§ 281 Abs. 1 Satz 2, 323 Abs. 5 Satz 1 BGB darlegen muss, dass er an der Teilleistung kein Interesse hat (Grundsatz der Teilabwicklung). Nimmt man hingegen aufgrund § 434 Abs. 3 BGB an, dass eine Teilleistung eine Schlechtlieferung ist, kann der Käufer seine vorgenannten Rechte bereits geltend machen, wenn die Pflichtverletzung nicht unerheblich ist, §§ 281 Abs. 1 Satz 3, 323 Abs. 5 Satz 2 BGB. Dabei wird die Erheblichkeit aufgrund der Pflichtverletzung vermutet (Grundsatz der Gesamtabwicklung). Im Falle der Schlechtlieferung müsste der Käufer somit eine erheblich niedrigere Hürde nehmen als im Falle der Teillieferung. Da der Käufer im Gegensatz zu einer Schlechtleistung grundsätzlich ein Interesse an der Teillieferung hat, ist den §§ 281 Abs. 1 Satz 2, 323 Abs. 5 Satz 1 BGB Vorrang einzuräumen.[42]

ii) Mangel der Teilleistung

Eine Teilleistung ist im Rahmen von §§ 281, 323 BGB als Teilleistung zu qualifizieren. Es stellt sich daher die Frage, wie zu entscheiden ist, wenn der Mangel sich auf die Teilleistung bezieht. Hier ist wie folgt zu unterscheiden: **574**

(i) Teilschlechtleistung

> **Beispiel:** Von 100 Flaschen Wein sind zehn zu Essig vergoren.[43]

Ist ein Teil der Leistung mangelhaft, besteht für den restlichen Teil der Leistung der Verdacht, auch dieser sei mangelhaft. Daher ist die gesamte Leistung als nicht vertragsgemäß i. S. v. §§ 281 Abs. 1 Satz 3, 323 Abs. 5 Satz 2 BGB zu qualifizieren.[44] **575**

Über § 437 Nr. 3 BGB kann der Käufer wegen des Mangels (zehn Flaschen) Schadensersatz statt der Leistung verlangen, s. § 281 Abs. 1 Satz 1 BGB. Der Anspruch auf Schadensersatz statt der *ganzen* Leistung (100 Flaschen) setzt voraus, dass die Pflichtverletzung erheblich ist (§ 281 Abs. 1 Satz 3 BGB).

---

42 *Grigoleit/Riehm*, ZGS 2002, 115, 117 ff.; *Lorenz*, NJW 2003, 3097, 3098 f.; *Windel*, Jura 2003, 793, 796 ff.

43 Vgl. Regierungsbegründung BT-Drs. 14/6040, S. 187; s. ferner *Jaensch*, Klausurensammlung, Fall 16: Heizpilze.

44 *Windel*, Jura 2003, 793, 796 f.

576 Ein Teilrücktritt allein bezogen auf den Mangel (zehn Flaschen) ist ausgeschlossen (str., s. Rn. 577). Die Möglichkeit, vom ganzen Vertrag zurückzutreten (100 Flaschen), setzt voraus, dass die Pflichtverletzung erheblich ist (§ 323 Abs. 5 Satz 2 BGB).

---

577 **Rücktritt bei Teil- und Teilschlechtleistung**

Für die Möglichkeit des Teilrücktritts ist zu unterscheiden. Bei *Teilleistung* ist ein Rücktritt bezogen auf den nicht geleisteten Teil nach § 323 Abs. 1 BGB möglich. Vom ganzen Vertrag kann der Gläubiger nur zurücktreten, wenn er an der Teilleistung kein Interesse hat, § 323 Abs. 5 Satz 1 BGB.[45] Wegen einer *Schlechtleistung* ist ein Teilrücktritt bezogen allein auf den Mangel ausgeschlossen.[46] Der Rücktritt vom gesamten Vertrag setzt voraus, dass die Pflichtverletzung (der Mangel) erheblich ist, § 323 Abs. 5 Satz 2 BGB.

Fraglich ist nun, ob es bei einer Teilschlechtleistung zu einer Doppelqualifikation (d. h. kumulative Anwendung von § 323 Abs. 5 Satz 1 und Satz 2 BGB) kommt,[47] oder ob die Pflichtverletzung einheitlich als Schlechtleistung zu werten ist (d. h. es gilt nur § 323 Abs. 5 Satz 2 BGB).[48] Letzterem ist zuzustimmen. Bei einer Teilschlechtleistung ist vollständig geleistet worden, für § 323 Abs. 5 Satz 1 BGB ist kein Raum. Die auf einen (wenn auch abgrenzbaren) Teil bezogene Schlechtleistung führt zur Mangelhaftigkeit der gesamten Leistung. Vom ganzen Vertrag kann der Käufer nur zurücktreten, wenn der Mangel erheblich ist (§ 323 Abs. 5 Satz 2 BGB).

(ii) Mangelhafte Teilleistung

Beispiel: Von 100 Flaschen Wein werden nur 50 geliefert, von denen 10 zu Essig vergoren sind.

578 Bei einer mangelhaften Teilleistung liegen gleichzeitig eine Teilleistung und eine Schlechtleistung vor. Es kommt daher zur Doppelqualifikation, so dass über § 437 Nr. 2 und 3 BGB die §§ 281 Abs. 1 Satz 2, 323 Abs. 5 Satz 1 BGB und §§ 281 Abs. 1 Satz 3, 323 Abs. 5 Satz 2 BGB kumulativ zu prüfen sind.[49] Der Käufer kann wegen der 50 nicht gelieferten Flaschen von diesem Teil des Vertrages nach § 323 Abs. 1 BGB zurücktreten und Schadensersatz statt der Leistung verlangen, § 281 Abs. 1 Satz 1 BGB. Ein Rücktritt vom ganzen Vertrag als auch der Schadensersatz statt der ganzen Leistung setzen voraus, dass diese Rechtsbehelfe nicht wegen der Unerheblichkeit der Pflichtverletzung – zehn der 50 Flaschen sind vergoren – ausgeschlossen sind (§§ 281 Abs. 1 Satz 3, 323 Abs. 5 Satz 2 BGB) und der Käufer kein Interesse an der Teilleistung – von 100 Flaschen werden nur 50 geliefert – hat (§§ 281 Abs. 1 Satz 2, 323 Abs. 5 Satz 1 BGB).

▶ **Vertiefung:** Eingehend zu den verschiedenen Mangelbegriffen des § 434 BGB s. *Tröger*, JuS 2005, 503 ff.

---

45 Regierungsbegründung BT-Drucks. 14/6040, S. 186.
46 Regierungsbegründung BT-Drucks. 14/6040, S. 186 f.
47 *Grigoleit/Riehm*, ZGS 2002, 115, 120 f.; *Lorenz*, NJW 2003, 3097, 3098 f.; aufgrund der Verbrauchsgüterkaufrichtlinie (Richtlinie 1999/44/EG vom 25. Mai 1999, ABl. EG vom 7. Juli 1999, Nr. L 171, S. 12 ff.) *Müller/Matthes*, AcP 204 (2004), 732, 746 f.
48 Regierungsbegründung BT-Drucks. 14/6040, S. 186 f.
49 Insofern zutreffend *Lorenz*, NJW 2003, 3097, 3099.

dd) Begriff des Rechtsmangels, § 435 BGB

Ein Rechtsmangel liegt vor, wenn Dritte in Bezug auf die Sache Rechte gegen den Käufer geltend machen können, die nicht im Kaufvertrag übernommen wurden. 579

Beispiele:
a) Übereignung eines dinglich belasteten Grundstücks (z. B. Hypothek oder Grundschuld), obwohl das Grundstück als unbelastet verkauft wurde. Dem steht es gleich, wenn die Belastung tatsächlich nicht besteht, sie jedoch im Grundbuch eingetragen ist (sog. Buchrecht, so nun ausdrücklich § 435 Satz 2 BGB).
b) Verkauf eines unvermieteten Grundstücks, welches vermietet übereignet wird, wodurch der Käufer in die Rechtsstellung des Vermieters tritt und der Mieter sein Nutzungsrecht an dem Grundstück gegenüber dem Käufer geltend machen kann, § 566 BGB.[50]

---

1. Eigentum eines Dritten als Rechtsmangel 580

Umstritten ist, ob das Eigentum eines Dritten einen Rechtsmangel darstellt. Erheblich wird diese Frage, wenn der Verkäufer eine ihm nicht gehörende Sache verkauft, deren Eigentum er sich nicht verschaffen kann, und der gutgläubige Erwerb des Käufers gemäß §§ 932 ff. BGB oder § 366 HGB scheitert, weil die Sache z. B. abhandengekommen oder der Käufer nicht gutgläubig ist.
In diesem Fall kommt es zur Konkurrenz zwischen den allgemeinen Regeln der Unmöglichkeit und den speziellen Gewährleistungsrechten. Dem Verkäufer ist die kaufrechtlich geschuldete Übereignung der Kaufsache (anfänglich) unmöglich, sodass er nach § 275 Abs. 1 BGB von seiner Leistungspflicht befreit wäre.[51] Andererseits begründet das fremde Eigentum das Recht eines Dritten an der Kaufsache, sodass ein Rechtsmangel nach § 435 Satz 1 BGB vorliegt.[52]
Kommen die allgemeinen Vorschriften zur Anwendung und wird daher anfängliche Unmöglichkeit angenommen, entstehen Wertungswidersprüche im Verjährungsrecht, da der Schadensersatzanspruch des Käufers gegen den Verkäufer gemäß § 311a Abs. 2 BGB nach der dreijährigen Regelverjährung (§ 195 BGB) verjährt, der Herausgabeanspruch des Dritten gegen den Käufer gemäß § 985 BGB aber erst nach 30 Jahren (§ 197 Abs. 1 Nr. 1 BGB). Der Käufer wäre rechtlos gestellt, verlangte der Dritte sein Eigentum nach Ablauf der Regelverjährung innerhalb der 30-Jahresfrist heraus. Richtigerweise sind daher den besonderen Gewährleistungsregeln der Vorzug einzuräumen und ein Rechtsmangel anzunehmen. Die allgemeinen Regeln zur Unmöglichkeit treten zurück.[53] Die Gewährleistungsansprüche des Käufers gegen den Verkäufer (§ 438 Abs. 1 Nr. 1 lit. a) BGB) sowie der Herausgabeanspruch des Dritten gegen den Käufer (§ 197 Abs. 1 Nr. 1 BGB) verjähren beide innerhalb von 30 Jahren.

2. Schein eines Rechtsmangels 581

Nach einer Auffassung soll es zur Annahme eines Rechtsmangels genügen, wenn der Dritte sein Recht lediglich behauptet (*Schein eines Rechtsmangels*), da bereits der Schwebezustand für den Käufer mit erheblichen Belastungen verbunden sein könne.[54] Richtigerweise begründet nur ein tatsächlich bestehendes Recht eines Dritten einen Rechtsmangel.[55] Die Gefahr, dass ein Dritter einen unbegründeten Anspruch erhebt, ist vom Verkäufer nicht kontrollierbar und daher nicht seiner Risiko-

---

50 Zum alten Recht BGH, Urteil vom 2. Oktober 1987, V ZR 105/86, NJW-RR 1988, 79.
51 H.A., BGH, Urteil vom 19. Oktober 2007, V ZR 211/06, BGHZ 174, 61 Rn. 27 (jedoch Möglichkeit einer analogen Anwendung von § 435 BGB ausdrücklich offengelassen, Rn. 28);Palandt/*Weidenkaff*, § 435 Rn. 8; *Jerger/Bühler*, NJW 2017, 2789, 2790.
52 S. *obiter dictum* des OLG Karlsruhe, Urteil vom 14. September 2004, 8 U 97/04, ZGS 2004, 477, 480.
53 Ebenso *Scheuren-Brandes*, ZGS 2005, 295 ff.; *Jost*, Jura 2005, 750, 752 f.; *Pahlow*, JuS 2006, 289, 292 f.; vgl. auch *Canaris*, JZ 2003, 831, 832 f.
54 *Peters*, JZ 2006, 979, 980.
55 Regierungsbegründung, BT-Drs. 14/6040, S. 217; BGH, Urteil vom 18. Januar 2017, VIII ZR 234/15, NJW 2017, 1666 Rn. 28.

spähre zuzuordnen. Dass der Schein eines Rechtsmangels einen Rechtsmangel darstellt, wird man nur annehmen können, wenn sich dem Kaufvertrag – und sei es durch ergänzende Vertragsauslegung – eine entsprechende Vereinbarung entnehmen lässt.[56]

---

ee) Zeitpunkt des Mangels, §§ 446, 447 BGB

582 Maßgeblicher Zeitpunkt für das Vorliegen des Sachmangels ist der Übergang der Gegenleistungsgefahr. Ab diesem Zeitpunkt ist der Anwendungsbereich der Gewährleistungsregeln der §§ 437 ff. BGB eröffnet.[57] Die Gegenleistungsgefahr geht zu dem Zeitpunkt über, zu dem die Kaufsache dem Käufer (§ 446 BGB) oder der Versandperson (§ 447 BGB) übergeben wird oder wenn der Käufer in Annahmeverzug gerät, § 446 Satz 3 BGB. Problematisch ist der Zeitpunkt des Gefahrübergangs bei einer Gattungsschuld, wenn der Mangel bereits vor der Konkretisierung vorliegt. In diesem Fall tritt keine Konkretisierung ein, da der Schuldner nicht das seinerseits Erforderliche getan hat, § 243 Abs. 2 BGB.[58] Hat sich die Gattungsschuld noch nicht auf eine Stückschuld konkretisiert, kann auch die Gegenleistungsgefahr nicht übergehen. Bei der Lieferung einer mangelhaften Gattungssache ist daher auf den hypothetischen Zeitpunkt abzustellen, an dem die Gefahr bei mangelfreier Sache übergegangen wäre (hypothetischer Gefahrübergang).[59]

Beispiel: K kauft im Geschäft des V zwei Fahrradreifen vom Typ X. V hat zehn Reifen des Typs auf Lager, nimmt hiervon zwei Stück, die mangelhaft sind, und übergibt diese dem K.

Indem V zwei mangelhafte Reifen auswählt, hat er nicht das seinerseits Erforderliche getan. Die vereinbarte Gattungsschuld konkretisiert sich nicht auf die ausgewählten zwei Reifen, die Gegenleistungsgefahr kann nicht übergehen. Wären die Reifen mangelfrei gewesen, wäre die Gefahr bei Übergabe der Reifen an K übergegangen. Daher greifen ab Übergabe der Reifen die Gewährleistungsregeln der § 437 ff. BGB.

Für das Vorliegen eines Rechtsmangels kommt es hingegen auf den Zeitpunkt der Übereignung an.[60]

---

583 **Abgrenzung zur Garantie**

Kein Fall der Gewährleistung sind Garantien (§ 443 BGB), wie sie z. B. beim Kauf von technischen Geräten regelmäßig abgegeben werden. Gemäß einer solchen handelsüblichen Garantievereinbarung verspricht der Hersteller dem Käufer, dass die Sache für einen gewissen Zeitraum keinen in der Vereinbarung beschriebenen Mangel aufweisen wird (Herstellergarantie). Aufgrund des weiten Beschaffenheitsbegriffs von § 434 BGB (s. Rn. 557) besteht in einer Herstellergarantie aber in der Regel auch ein Beschaffenheitsmerkmal der Kaufsache.[61] Fehlt die vom Hersteller garantierte Eigenschaft, kann dies somit nicht nur zu Ansprüchen des Käufers gegen den Hersteller aus dem Garantieverspre-

56 Ebenso Palandt/*Weidenkaff*, § 435 Rn. 4.

57 MüKo/*H.P. Westermann*, § 437 Rn. 6; Palandt/*Weidenkaff*, § 434 Rn. 8, § 437 Rn. 49; a. A. *Bachmann*, AcP 211 (2011), 395, 410 ff., die §§ 437 ff. BGB sind ab Vertragsschluss anzuwenden.

58 Palandt/*Grüneberg*, § 243 Rn. 6; *Tiedtke/M. Schmitt*, JuS 2005, 583, 587.

59 BeckOK/*Faust*, § 434 Rn. 35; abweichend MüKo/*H.-P. Westermann*, § 434 Rn. 51, Anwendung von § 323 Abs. 4 BGB.

60 Erman/*Grunewald*, § 435 Rn. 16.

61 BGH, Urteil vom 15. Juni 2016, VIII ZR 134/15, NJW 2016, 2874 Rn. 14.

chen, sondern auch zu Gewährleistungsansprüchen gegen den Verkäufer aufgrund eines Mangels nach § 434 Abs. 1 Satz 2 Nr. 2, Satz 3 BGB führen.

Der Inhalt der Garantievereinbarung ist frei gestaltbar. Tritt der von der Garantie erfasste Mangel innerhalb des vereinbarten Zeitraums auf, so hat der Käufer die in der Garantie vereinbarten Rechte gegenüber dem Hersteller.

c) Rechte des Käufers aus Gewährleistung wegen eines Sachmangels

Die Rechtsbehelfe des Käufers aus Gewährleistung sind durch die Schuldrechtsreform **584** grundlegend überarbeitet und überwiegend erweitert worden. Die Ausgangsnorm stellt § 437 BGB dar, welcher zur näheren Ausgestaltung der einzelnen Rechtsbehelfe auf weitere Vorschriften verweist.

aa) Nacherfüllung, §§ 437 Nr. 1, 439 BGB

Im alten Recht war ein Anspruch auf Nach*lieferung* nur bei einem Gattungskauf vorge- **585** sehen (§ 480 BGB a.F.). Nunmehr hat der Käufer einen Anspruch auf Nach*erfüllung* gemäß §§ 437 Nr. 1, 439 Abs. 1 BGB. Dem Käufer steht grundsätzlich das Wahlrecht zu, entweder Mangelbeseitigung oder Neulieferung zu verlangen.

Rechtsnatur des Wahlrechts in § 439 Abs. 1 BGB **586**

Umstritten ist, ob der Käufer an seine getroffene Wahl der Art der Nacherfüllung gebunden ist oder ob ihm ein *ius variandi* zusteht, er also seine Wahlentscheidung wieder ändern kann. Letzteres wird von der herrschenden Ansicht befürwortet, die eine *elektive Konkurrenz* annimmt.[62] Bei missbräuchlicher Änderung der Wahlentscheidung sei dem Käufer aufgrund unzulässiger Rechtsausübung nach § 242 BGB ein Wechsel zur anderen Art der Nacherfüllung verwehrt. Nach zutreffender gegenteiliger Ansicht handelt es sich bei § 439 Abs. 1 BGB um eine Wahlschuld i. S. v. § 262 BGB.[63] Gemäß § 263 Abs. 2 BGB ist der Käufer an seine getroffene Wahlentscheidung gebunden.[64] Aus dem Gewährleistungsrecht und der Verbrauchsgüterkaufrichtlinie[65] lassen sich keine Argumente für ein *ius variandi* herleiten, vor dem § 263 Abs. 2 BGB generell zurücktreten müsste.

62 *Oetker/Maultzsch*, Vertragliche Schuldverhältnisse, 3. Auflage 2007, Rn. 195 ff.; *Spickhoff*, BB 2003, 589, 590 ff.; BeckOK/*Faust*, § 439 Rn. 9 ff.; *Wenzel/Wilken*, Schuldrecht BT I, 6. Auflage 2010, Rn. 282 f.; *Emmerich*, BGB – Schuldrecht BT, 11. Auflage 2006 (Vorauflage), § 5 Rn. 5; *Skamel*, ZGS 2006, 457 ff.; ebenso Palandt/*Weidenkaff*, § 439 Rn. 5, obwohl er dem Wahlrecht Gestaltungswirkung zuspricht, Rn. 6.

63 *Jaensch*, Jura 2005, 649, 653 ff.; AnwKo/*Büdenbender*, § 439 Rn. 15 f.; *ders.* AcP 205 (2005), 386, 403 ff.; *Gsell*, Festschrift U. Huber, 2006, 299, 310 f.; *Schollmeyer/Utlu*, Jura 2009, 721, 726 f.

64 S. im Einzelnen *Jaensch*, Jura 2005, 649, 653 ff.; vgl. im Ergebnis OLG Celle, Urteil vom 19. Dezember 2012, 7 U 103/12, NJW 2013, 2203, 2204; abweichend *Gsell*, Festschrift U. Huber, 2006, 299, 315 ff., entgegen § 263 Abs. 2 BGB besteht ein *ius variandi*, welches erst endet, wenn sich der Verkäufer auf die begehrte Nacherfüllungsvariante eingelassen hat.

65 Richtlinie 1999/44/EG vom 25. Mai 1999, ABl. EG vom 7. Juli 1999, Nr. L 171, S. 12 ff.

587 Der Nacherfüllungsanspruch ist ein sog. *verhaltener Anspruch*.[66] Er wird erst fällig, wenn der Käufer vom Verkäufer die gewählte Art der Nacherfüllung verlangt.[67] Der Verkäufer hat keine Möglichkeit, vom Käufer die Geltendmachung seiner Gewährleistungsrechte zu verlangen,[68] denn sie umfassen auch das Recht des Käufers, die mangelhafte Sache zu behalten.[69] Daher kann der Käufer mit der Inanspruchnahme der Nacherfüllung nicht in Annahmeverzug geraten. Es ist dem Verkäufer nicht möglich, dem Käufer zur Ausübung des Wahlrechts eine Frist nach § 264 Abs. 2 BGB zu setzen. Unterlässt es der Käufer jedoch, sein Wahlrecht auszuüben, ist es ihm aufgrund § 242 BGB versagt, unter Berufung auf § 320 BGB (Einrede des nicht erfüllten Vertrages) seine Kaufpreiszahlung wegen der mangelhaften Lieferung zu verweigern.[70]

588 Der *Vorrang* der Nacherfüllung ergibt sich aus dem Erfordernis, für die weiteren sekundären Rechtsbehelfe (§ 437 Nr. 2 und 3 BGB) eine Frist zur Nacherfüllung zu setzen[71] und vermittelt dem Verkäufer das sog. *„Recht zur zweiten Andienung"*. Hierbei handelt es sich jedoch nicht um ein genuines Recht des Verkäufers, einen zweiten Erfüllungsversuch zu unternehmen. Denn der Nacherfüllungsanspruch ist ein verhaltener Anspruch, der Verkäufer kann den Käufer nicht zwingen, Nacherfüllung zu verlangen. Allerdings sind dem Käufer seine weiteren Rechtsbehelfe verwehrt, wenn er nicht eine erforderliche Frist zur Nacherfüllung setzt. Daher handelt es sich beim sog. Recht zur zweiten Andienung um eine *Obliegenheit* des Käufers.[72]

589 Der Erfüllungsort des Nacherfüllungsanspruchs ist nicht der Erfüllungsort des Kaufvertrages, sondern der Ort, an dem sich die Ware vertragsgemäß befindet.[73] Denn die Nacherfüllung darf für den Käufer mit keinen weiteren Aufwendungen verbunden sein, diese trägt gemäß § 439 Abs. 2 BGB der Verkäufer. Der BGH vertritt hingegen die Auf-

---

66 *Jaensch*, Jura 2005, 649, 654; BeckOK/*Faust*, § 439 Rn. 11; *Schroeter*, NJW 2006, 1761, 1763; s. aber nunmehr *ders.*, AcP 207 (2007), 28, 34, der Verkäufer kann aufgrund § 433 Abs. 1 Satz 2 BGB, der durch §§ 437 ff. BGB ab Gefahrübergang modifiziert wird, die Abnahme der nachgebesserten oder ersatzweise gelieferten Sache verlangen (im Ansatz bereits *ders.*, NJW 2006, 1761, 1764); differenzierend *Wiese*, AcP 206 (2006), 902, 935 f., § 439 Abs. 1 BGB ist ohne Verlangen des Käufers erfüllbar, wenn wegen §§ 275 Abs. 1 bis 3, 439 Abs. 3 (nunmehr Abs. 4) BGB kein Wahlrecht des Käufers besteht.

67 Sofern der Käufer lediglich Nacherfüllung verlangt, ohne deren Art näher zu bezeichnen, kann dies als Verzicht auf die Ausübung des Wahlrechts gewertet werden, so dass es auf den Verkäufer übergeht.

68 *Musielak*, NJW 2003, 89, 91.

69 Vgl. BeckOK/*Faust*, § 437 Rn. 205.

70 *Schroeter*, NJW 2006, 1761, 1764 f.

71 S. Rn. 546.

72 *Jaensch*, Jura 2005, 649, 654; *Jud*, JuS 2004, 841, 843 f.; *Lorenz*, NJW 2005, 1321, 1322; *Mankowski*, JZ 2011, 781, 782 f.; a. A. *Schroeter*, AcP 207 (2007), 28, 33 f., das genuine Recht zur zweiten Andienung des Verkäufers ergibt sich aus der Abnahmepflicht des Käufers gemäß § 433 Abs. 2 BGB.

73 OLG München, Urteil vom 12. Oktober 2005, 15 U 2190/05, NJW 2006, 449, 450; *Jaensch*, NJW 2012, 1025, 1029 f.; MüKo/*H. P. Westermann*, § 439 Rn. 7; BeckOK/*Faust*, § 439 Rn. 13a; *Brors*, NJW 2013, 3329 ff.; abweichend *Ringe*, NJW 2012, 3393, 3395 ff., gewöhnlicher Aufenthalt des Käufers; a. A. OLG München, Urteil vom 20. Juni 2007, 20 U 2204/07, NJW 2007, 3214 f.; *Muthorst*, ZGS 2007, 370 ff.; *Unberath/Cziupka*, JZ 2008, 867 ff.; *Lorenz*, NJW 2009, 1633, 1635; vgl. auch *Dietrich/Szalai*, DZWIR 2012, 319, 325; differenziert je nach Interessenlage Pils, ZGS 2008, 767, 769 f.

fassung, dass in richtlinienkonformer Auslegung von § 269 Abs. 1 BGB der Verkäufer die Nacherfüllung an seinem Wohnsitz schulde, sofern sich aus der Parteivereinbarung oder den Umständen nichts anderes ergebe und dies nicht zu erheblichen Unannehmlichkeiten für den Käufer führt.[74] Demnach bestimmt sich der Erfüllungsort nach den Umständen des Einzelfalls, was zu einer unerträglichen Rechtsunsicherheit für den Käufer führt. Schätzt er den Erfüllungsort falsch ein, bleibt er auf den Kosten sitzen. Weigert sich der Käufer, die Sache zum Verkäufer zu transportieren, obwohl der Erfüllungsort beim Verkäufer liegt, kann er nicht wirksam zurücktreten und Schadensersatz statt der Leistung verlangen. Bringt er die Sache von sich aus zum Verkäufer, obwohl der Erfüllungsort beim Käufer liegt, ist dies eine unberechtigte Selbstvornahme (s. Rn. 646), so dass er die Transportkosten nicht erstattet erhält.[75] Aber auch für den Verkäufer ist es nicht unbedingt von Vorteil, wenn nach den Umständen des Einzelfalls sich der Erfüllungsort an seinem Sitz befindet. Denn er verliert dann sein Recht zur zweiten Andienung (s. hierzu Rn. 588), indem er den Transport nicht selbst organisieren darf, sondern dies dem Käufer überlassen und ihm die dadurch entstandenen Kosten ersetzen muss.[76]

Liegt ein Verbrauchsgüterkauf (§ 474 Abs. 1 BGB) vor, so kann der Käufer aufgrund § 475 Abs. 6 BGB vom Verkäufer einen Vorschuss für die Kosten des Transports der Sache zum Erfüllungsort der Nacherfüllung verlangen.

i) Behebbarer Mangel

Ein Wahlrecht zwischen Mangelbeseitigung und Nachlieferung steht dem Käufer nur zu, sofern beide Arten der Nacherfüllung möglich sind. **590**

Eine Nachlieferung ist grundsätzlich nur bei einer Gattungsschuld denkbar. Bei der Stückschuld (mit Ausnahme der Lieferung eines Identitätsaliuds) ist nach zutreffender, wenn auch umstrittener Meinung eine Nachlieferung ausgeschlossen. **591**

---

1. Nachlieferung bei Stückkauf? **592**

Die Rechtsprechung[77] und h. L.[78] bejahen die grundsätzliche Möglichkeit der Nachlieferung bei einer Stückschuld unter Berufung auf die Gesetzesbegründung, wonach sich eine Unterscheidung zwischen Gattungs- und Stückschuld erübrige,[79] sowie auf die Verbrauchsgüterkaufrichtlinie,[80] in der zum Ausdruck komme, dass auch bei der Stückschuld grundsätzlich ein Nachlieferungsanspruch

---

74 BGH, Urteil vom 13. April 2011, VIII ZR 220/10, BGHZ 189, 196 Rn. 20 ff.

75 *Jaensch*, NJW 2012, 1025, 1030; BeckOK/*Faust*, § 439 Rn. 13a; a. A. mit je unterschiedlicher Begründung *Cziupka*, NJW 2013, 1043, 1045; *Nemeczek*, NJW 2016, 2375, 2377.

76 *Faust*, JuS 2012, 456, 459.

77 BGH, Urteil vom 7. Juni 2006, VIII ZR 209/05, BGHZ 168, 64 Rn. 17 ff.; OLG Braunschweig, Beschluss vom 4. Februar 2003, 8 W 83/02, NJW 2003, 1053, 1054; LG Ellwangen, Urteil vom 13. Dezember 2002, 3 O 219/02, NJW 2003, 517.

78 *Canaris*, JZ 2003, 831 ff. und 1156 f.; *Bitter/Meidt*, ZIP 2001, 2114. 2116, 2119 f. (s. ferner *Bitter*, ZIP 2007, 1881 ff.); *Pammler*, NJW 2003, 1992 f.; *Heinemann/Pickartz*, ZGS 2003, 149, 151 f.; *Heinrich*, ZGS 2003, 253, 255 f.; *Kamanabrou*, ZGS 2004, 57 ff.; *Schulze/Ebers*, JuS 2004, 462, 463 f.; *Ebel*, JA 2004, 566 ff.; *Gursky*, Schuldrecht BT, 5. Auflage 2005, 22 f.; *H. Roth*, NJW 2006, 2953, 2954 ff.; *Gsell*, JuS 2007, 97 ff.; *Lorenz*, NJW 2007, 1, 4.

79 Regierungsbegründung, BT-Drucks. 14/6040, S. 230.

80 Richtlinie 1999/44/EG vom 25. Mai 1999, ABl. EG vom 7. Juli 1999, Nr. L 171, S. 12 ff.

des Käufers bestehe (zur richtlinienkonformen Auslegung s. Rn. 558a).[81] Demnach modifiziere das Gesetz das primärrechtlich vereinbarte Leistungsprogramm auf der sekundärrechtlichen Ebene.[82] Haben die Parteien als Gegenstand des Erfüllungsanspruchs (primärrechtliche Ebene) eine Stückschuld vereinbart, wandele sich das geschuldete Leistungsprogramm bei Schlechtlieferung kraft Gesetz in den von § 439 Abs. 1 BGB beschriebenen Umfang (sekundärrechtliche Ebene), wonach auch bei Stückschuld grundsätzlich eine Nachlieferung verlangt werden kann. Voraussetzung für den Nachlieferungsanspruch soll jedoch sein, dass die Kaufsache „ersetzbar"[83], „gleichartig und gleichwertig"[84] oder nicht von „einzigartiger Qualität"[85] ist, was durch Auslegung nach dem hypothetischen Parteiwillen zu ermitteln sei (a. A. Nachlieferung nur bei vertretbaren Sachen[86]). Ersetzbar ist eine Sache nach der Vorstellung der Parteien, wenn die Kaufsache im Falle ihrer Mangelhaftigkeit durch eine gleichartige und gleichwertige ersetzt werden kann.[87] Zum Schutz des Verkäufers vor einer übermäßigen Belastung greifen §§ 439 Abs. 4, 275 Abs. 2 und 3 BGB.

Gegen einen Nachlieferungsanspruch beim Stückkauf wird zu Recht angeführt, dass die Unterscheidung zwischen Gattungs- und Stückschuld sich nicht aus dem Gesetz, sondern aus dem Vertrag ergibt.[88] Setzte sich das Gesetz über die vertragliche Vereinbarung hinweg, wäre dies ein Eingriff in die Vertragsfreiheit.[89] Der Grundsatz der Vertragsfreiheit ist nicht nur im Rahmen einer grundrechtskonformen Auslegung anhand von Art. 2 Abs. 1 GG, sondern auch einer europarechtskonformen Auslegung der Verbrauchsgüterkaufrichtlinie[90] anhand der europäischen Grundrechte zu beachten. Ist eine bestimmte Kaufsache als Vertragsgegenstand vereinbart, kann der Vertrag nicht mit der Nachlieferung einer anderen Sache erfüllt werden. Einen Anspruch auf Nachlieferung gibt es beim Stückkauf nicht, es sei denn, es wird ein *Identitätsaliud* (d. h. eine andere als die vereinbarte Sache)[91] geliefert. Da beim Stückkauf nur die individuell bestimmte Sache Vertragsinhalt ist, ist streng genommen der Anspruch auf Nacherfüllung nicht einmal wegen § 275 Abs. 1 BGB ausgeschlossen, denn eine nicht vereinbarte und somit nicht bestehende Leistungspflicht kann nicht unmöglich sein.[92]

Der Kern der Auseinandersetzung über die Nachlieferung beim Stückkauf liegt darin, dass der Begriff der Stückschuld unterschiedlich verwandt wird. Ist im Anschluss an die herrschende Meinung aufgrund der Vereinbarung der Parteien die Lieferung einer gleichartigen Sache vom Vertrag umfasst,

---

81 Richtlinie 1999/44/EG vom 25. Mai 1999, ABl. EG vom 7. Juli 1999 L 171, 12 ff., insbesondere *e contrario* Eg. 16.

82 *Canaris*, JZ 2003, 831, 836; *Gsell*, JuS 2007, 97 f.

83 *Canaris*, JZ 2003, 831, 835.

84 *Heinemann/Pickartz*, ZGS 2003, 149, 152.

85 *Gsell*, JuS 2007, 97, 100.

86 *Bitter/Meidt*, ZIP 2001, 2114. 2119; *Pammler*, NJW 2003, 1992, 1993; *Gursky*, Schuldrecht BT, 5. Auflage 2005, 22.

87 Zur Bestimmung der Ersetzbarkeit wird vorgeschlagen, auf das Prüfprogramm von § 434 Abs. 1 BGB zurückzugreifen, *Kitz*, ZGS 2006, 419, 421 ff.

88 *Ackermann*, JZ 2002, 378, 379; *ders.* JZ 2003, 1154, 1155 f.; *Lorenz*, JZ 2001, 742, 743 Fn. 12, 744; *P. Huber*, NJW 2002, 1004, 1006; *Zerres*, RIW 2003, 746, 753 f.

89 *U. Huber*, AcP 209 (2009), 143, 158; a. A. *Kamanabrou*, ZGS 2004, 57, 59, der Gesetzgeber hat das Pflichtenprogramm des Verkäufers beim Stückkauf geändert, was i.Ü. auch für die Nachbesserung gilt, zu der der Verkäufer nach seinem primären Pflichtenprogramm schließlich auch nicht verpflichtet ist.

90 Richtlinie 1999/44/EG vom 25. Mai 1999, ABl. EG vom 7. Juli 1999, Nr. L 171, S. 12 ff.

91 Das *Identitätsaliud* ist aufgrund § 434 Abs. 3 BGB dem Sachmangel gleichgestellt, im Einzelnen s. Rn. 562 ff.

92 *Ackermann*, JZ 2002, 378, 379 Fn. 6; andere schließen den Anspruch auf Nacherfüllung nach § 275 Abs. 1 BGB aus, *P. Huber* in: Huber/Faust, Schuldrechtsmodernisierung, 2002, Rn. 13/20; *Lorenz/Riehm*, Lehrbuch zum neuen Schuldrecht, 2002, Rn. 505.

haben die Parteien keine Stückschuld, sondern eine Gattungsschuld vereinbart.[93] Denn das Wesen einer Stückschuld ist, dass der Vertrag nach Ansicht der Parteien mit keiner gleichwertigen Sache erfüllt werden kann. Die Gegenansicht, die eine Nachlieferung beim Stückkauf ablehnt, fügt sich ohne Brüche in das Konzept der Leistungsstörung und des allgemeinen Schuldrechts ein.[94] Ihr ist daher Vorrang zu gewähren.

2. Untergang der Stückschuld *vor* Erfüllung 593

Sofern bei einem Stückkauf die (mangelfreie) Kaufsache *vor* Gefahrübergang untergeht, erlischt ungeachtet des Meinungsstreits zur Nachlieferung bei Stückkauf der Erfüllungsanspruch gemäß § 275 Abs. 1 BGB. Folgt man der h. L. kann der Käufer eines bestimmten Wagens (Stückschuld), der entgegen der vertraglichen Vereinbarung ein Unfallwagen ist, ab Gefahrübergang die Lieferung eines gleichwertigen Gebrauchtwagens verlangen, nicht jedoch wenn der Wagen bereits vor Gefahrübergang untergeht. Hierin erblicken einige einen Wertungswiderspruch.[95] Es wird vorgeschlagen, § 439 Abs. 1 BGB analog für die Zeit vor Gefahrübergang anzuwenden.[96] Allerdings wird durch die Analogie der auf einen Systembruch (Unbeachtlichkeit des Parteiwillens bei Bestimmung des Leistungsgegenstands) zurückzuführende Wertungswiderspruch durch einen weiteren Systembruch (§ 439 Abs. 1 BGB auf Fälle vor Gefahrübergang) zu heilen versucht. Wird hingegen gemäß der hier vertretenen Gegenansicht die Lösung allein über die Auslegung der Parteivereinbarung zur Stückschuld für den primären Erfüllungsanspruch – und nicht erst bei der Gleichwertigkeit oder Ersetzbarkeit auf der Ebene des sekundären Nacherfüllungsanspruchs – gesucht, werden Systemwidersprüche vermieden. Denn der Anspruch auf Lieferung einer neuen Sache ist hiernach *vor* als auch *nach* Gefahrübergang ausgeschlossen.

3. Stückschuld infolge von Konkretisierung, § 243 Abs. 2 BGB 594

Ein Anspruch auf Nachlieferung ist auch ausgeschlossen, wenn die Stückschuld nach Vertragsschluss durch Konkretisierung entsteht. Ist eine Gattungsschuld vereinbart und hat der Schuldner alles seinerseits Erforderliche getan, konkretisiert sich die Gattungsschuld zu einer Stückschuld, § 243 Abs. 2 BGB. Wird die bereits konkretisierte Sache vor Gefahrübergang mangelhaft, ist ein Anspruch auf Nachlieferung ausgeschlossen, da es diesen bei einer Stückschuld nicht gibt (s. Rn. 592). § 243 Abs. 2 BGB schützt den Verkäufer in seinem Vertrauen, nach der Konkretisierung nicht mehr eine andere Sache liefern zu müssen.[97] Dies gilt für den Eintritt eines Mangels gleichermaßen wie für den Fall der Unmöglichkeit nach § 275 Abs. 1 BGB. Ist hingegen die Sache zum Zeitpunkt der Konkretisierung mangelhaft, tritt die Wirkung des § 243 Abs. 2 BGB nicht ein, da der Schuldner nicht das seinerseits Erforderliche getan hat (s. Rn. 582). Es bleibt bei der Gattungsschuld und der Möglichkeit des Käufers, Nachlieferung zu verlangen.

Fall 39: Defekter Auspuff 595

V verkauft K seinen Wagen. Nach Übergabe des Wagens an K stellt dieser fest, dass der Auspuff defekt ist. Kann K von V verlangen, den Wagen zu reparieren?

---

93 Zutreffend *Ackermann*, JZ 2003, 1154, 1156; *Tiedtke/M. Schmitt*, JuS 2005, 583, 584 ff.; *Musielak*, NJW 2008, 2801, 2805 f.; *Dieckmann*, ZGS 2009, 9, 11 ff.; vgl. ferner *Lorenz*, NJW 2006, 1175, 1177, „echte" Stückschuld; vgl. ferner *Scheuren-Brandes*, ZGS 2005, 295, 297 f., welcher bei einem Gebrauchtwagen mit bestimmten Spezifikationen nach Auslegung der Parteivereinbarung von einer Gattungsschuld oder modifizierten Stückschuld spricht; s. andererseits *Canaris*, JZ 2003, 831, 836; *H. Roth*, NJW 2006, 2953, 2955, mit der Differenzierung zwischen dem Primäranspruch (Stückschuld) und dem sekundären Nacherfüllungsanspruch (Ersetzbarkeit).

94 Zu Wertungswidersprüchen der h. L. zwischen dem Gewährleistungs- und dem allgemeinen Unmöglichkeitsrecht *Gruber*, JZ 2005, 707, 709 ff.

95 *Gruber*, JZ 2005, 707, 710; *Balthasar/Bolten*, ZGS 2004, 411 f.

96 *Balthasar/Bolten*, ZGS 2004, 411, 413 f.; a. A. *Fest*, ZGS 2005, 18, 19 ff.

97 *Tiedtke/M. Schmitt*, JuS 2005, 583, 587.

Anspruch K gegen V

§§ 437 Nr. 1, 439 Abs. 1, 1. Alt. BGB
K könnte von V die Reparatur des Wagens nach §§ 437 Nr. 1, 439 Abs. 1, 1. Alt. BGB verlangen.

K und V haben einen Kaufvertrag abgeschlossen. Voraussetzung für den Nacherfüllungsanspruch ist, dass die Kaufsache mangelhaft i. S. v. § 434 BGB ist. Eine Kaufsache ist nach § 434 Abs. 1 Satz 1 BGB mangelhaft, wenn die Ist-Beschaffenheit von der vereinbarten Soll-Beschaffenheit abweicht. Eine Beschaffenheitsvereinbarung besteht nicht. Ein Sachmangel liegt nach § 434 Abs. 1 Satz 2 Nr. 1 BGB in Ermangelung einer solchen Vereinbarung vor, wenn sich die Sache aufgrund des Mangels nicht zur vom Vertrag vorausgesetzten Verwendung eignet. Der defekte Auspuff schränkt die im Vertrag zwischen V und K vorgesehene einwandfreie Nutzung des Wagens ein. Der Wagen ist daher gemäß § 434 Abs. 1 Satz 2 Nr. 1 BGB mangelhaft.

▶ **Hinweis:** Denkbar ist auch, einen Mangel statt über Satz 2 Nr. 1 über Satz 2 Nr. 2 anzunehmen, da der Wagen sich zwar zum Fahren eignet, aufgrund des defekten Auspuffs jedoch nicht der üblichen Beschaffenheit entspricht.

Durch Ausübung seines Wahlrechts ist der Anspruch des K auf Mangelbeseitigung entstanden. K kann daher von V die Reparatur des Wagens nach §§ 437 Nr. 1, 439 Abs. 1, 1. Alt. BGB verlangen.

ii) Nicht behebbarer Mangel: § 275 Abs. 1 BGB und § 326 Abs. 1 Satz 2 BGB

596 Ist nur *eine* Form der Nacherfüllung unmöglich, konkretisiert sich der Nacherfüllungsanspruch auf die andere mögliche Form. Es entfällt nicht der Anspruch auf Nacherfüllung, sondern nur das Wahlrecht des Käufers.

597 Sind *beide* Formen der Nacherfüllung unmöglich,
(i) geht der Gewährleistungsanspruch auf Nacherfüllung nach § 275 Abs. 1 BGB unter, dem Käufer bleiben nur die Rechte aus § 437 Nr. 2 und 3 BGB;
(ii) bleibt der Anspruch des Verkäufers auf die Gegenleistung (sprich den Kaufpreis) grundsätzlich bestehen, § 326 Abs. 1 Satz 2 BGB, über sein Schicksal entscheidet der Käufer durch die Wahl seiner weiteren Rechtsbehelfe gemäß § 437 Nr. 2 und 3 BGB.

598 **Fall 40: Unfallwagen II.**

V verkauft K seinen gebrauchten Wagen mit der Vereinbarung, dass der Wagen unfallfrei ist. Nach Übergabe des Wagens stellt K fest, dass es sich bei dem Wagen doch um einen Unfallwagen handelt. Kann K von V Nacherfüllung verlangen? Welche Ansprüche hat V gegen K?

I. Anspruch K gegen V

▶ **Hinweis:** Der Anspruch aus § 433 Abs. 1 Satz 1 BGB auf Übereignung der Kaufsache ist wegen Erfüllung, § 362 Abs. 1 BGB, erloschen. Der Anspruch aus § 433 Abs. 1 Satz 2 BGB auf Übereignung einer mangelfreien Sache tritt ab Gefahrübergang hinter den in § 437 BGB aufgezählten Gewährleistungsrechten des Käufers zurück. In der Klausur wird es für die vorliegende Fallgestaltung in der Regel nicht erforderlich sein, auf die Ansprüche aus § 433 Abs. 1 BGB einzugehen.

§§ 437 Nr. 1, 439 Abs. 1 BGB auf Nacherfüllung
K könnte von V Nacherfüllung verlangen, §§ 437 Nr. 1, 439 Abs. 1 BGB. Neben dem vorliegenden wirksamen Kaufvertrag ist für die Entstehung des Anspruchs Voraussetzung, dass ein Sachmangel nach § 434 BGB besteht. Die vereinbarte Soll-Beschaffenheit des Wagens (Unfallfreiheit) weicht von der Ist-Beschaffenheit (Unfallwagen) ab, die Sache ist nach § 434 Abs. 1 Satz 1 BGB

mangelhaft. Gemäß § 439 Abs. 1 BGB könnte K von V nach seiner Wahl entweder Mangelbeseitigung oder Neulieferung verlangen.

1. Mangelbeseitigung
K's Recht, nach §§ 437 Nr. 1, 439 Abs. 1, 1. Alt. BGB Mangelbeseitigung zu wählen, könnte § 275 Abs. 1 BGB entgegenstehen. Denn der Verkäufer V ist von seiner Pflicht zur Mangelbeseitigung befreit, wenn die Beseitigung des Mangels unmöglich ist. Der Unfall ereignete sich vor Abschluss des Kaufvertrages und kann von niemandem ungeschehen gemacht werden. Daher ist die Beseitigung der Unfallfreiheit anfänglich, objektiv unmöglich. Ein Anspruch auf Mangelbeseitigung ist aufgrund § 275 Abs. 1 BGB ausgeschlossen. K kann nicht die Mangelbeseitigung als Art der Nacherfüllung nach §§ 437 Nr. 1, 439 Abs. 1, 1. Alt. BGB wählen.

2. Nachlieferung
K könnte von V Nachlieferung nach §§ 437 Nr. 1, 439 Abs. 1, 2. Alt. BGB verlangen. Dem könnte entgegenstehen, dass die Lieferung einer anderen Sache nicht Inhalt des Vertrages ist.[98] V schuldet K die Lieferung seines Wagens und nicht irgendeines Wagens (Stückschuld), so dass er den Kaufvertrag nicht mit der Lieferung eines anderen unfallfreien Wagens erfüllen kann, denn dieser war nicht Gegenstand des Kaufvertrages.

▶ **Hinweis:** Nach der hier abgelehnten h. L. gewährt § 439 Abs. 1 BGB bei Stückschuld einen Anspruch auf Lieferung einer gleichartigen Sache. Allerdings kommt die h. L. vorliegend zum gleichen Ergebnis. Denn nach Auslegung des Parteiwillens ist davon auszugehen, dass es keinen Wagen gibt, der mit dem Gebrauchtwagen gleichwertig ist, da sich die Parteien auf den Kauf eines spezifischen Wagens geeinigt haben. Die Neulieferung eines gleichwertigen Wagens ist daher nicht möglich. V ist von seiner Leistungspflicht befreit. Einer Streitentscheidung bedarf es nicht.

V schuldet nicht die Lieferung eines anderen Wagens gemäß §§ 437 Nr. 1, 439 Abs. 1, 2. Alt. BGB. Ein Anspruch von K gegen V auf Nacherfüllung nach §§ 437 Nr. 1, 439 Abs. 1 BGB besteht nicht.

II. V gegen K

- **§ 433 Abs. 2 BGB**

V könnte von K die Zahlung des vereinbarten Kaufpreises nach § 433 Abs. 2 BGB verlangen. Der Anspruch auf den Kaufpreis ist durch Abschluss des Kaufvertrages entstanden. Der Kaufpreisanspruch ist aufgrund § 326 Abs. 1 Satz 2 BGB und nicht aufgrund V's fehlender Verpflichtung zur Nacherfüllung[99] wegen anfänglich objektiver Unmöglichkeit nach § 275 Abs. 1 BGB untergegangen. Im Übrigen bleibt der Kaufvertrag wirksam, § 311a Abs. 1 BGB.

Allerdings verändert sich der Kaufpreisanspruch je nach Wahl der von K in Anspruch genommenen Gewährleistungsrechte nach § 437 Nr. 2 und Nr. 3 BGB, vgl. hierzu im Einzelnen Rn. 609 ff.

Gewährleistung vor Gefahrübergang bei unbehebbarem Mangel? 599

Strittig ist, ob bei einem unbehebbaren Mangel vor Gefahrübergang Unmöglichkeit hinsichtlich der gesamten Leistungsverpflichtung von § 433 Abs. 1 BGB[100] oder nur bzgl. § 433 Abs. 1 Satz 2 BGB[101] vorliegt. Folgt man der herrschenden Meinung, ist der Verkäufer von seiner Verpflichtung zur Lie-

---

98 Folgt man der hier vertretenen Ansicht, dass eine Nachlieferung beim Stückkauf ausgeschlossen ist, da die Lieferung einer anderen Sache nicht dem Vertragsinhalt entspricht, ergibt sich die Ablehnung des Nachlieferungsanspruchs bereits aus dem Vertragsinhalt und nicht erst aus § 275 Abs. 1 BGB (s. Rn. 592). Ist man der Ansicht, beim Stückkauf sei die Nachlieferung unmöglich, wäre wie folgt zu formulieren: „V könnte nach § 275 Abs. 1 BGB von seiner Pflicht zur Nachlieferung befreit sein."

99 Streng genommen ist nur Vs Verpflichtung zur Mangelbeseitigung nach § 275 Abs. 1 BGB entfallen, seine Verpflichtung zur Nachlieferung war nicht Vertragsinhalt (vgl. Rn. 592).

100 H.A., Jauernig/*Stadler*, § 275 Rn. 7.

101 *Hofmann/Pammler*, ZGS 2004, 91, 92 ff.

ferung der Kaufsache nach § 275 Abs. 1 BGB befreit. Der Käufer ist gezwungen, die sekundären Rechtsbehelfe der §§ 283, 326 Abs. 5 BGB geltend zu machen. Ein Rückgriff auf die speziellen Gewährleistungsrechte nach § 437 Nr. 2 und Nr. 3 BGB ist ihm verwehrt, da diese aufgrund § 434 Abs. 1 Satz 1 BGB erst ab Gefahrübergang greifen. Nach der Gegenansicht soll der Käufer bereits vor Gefahrübergang seine Gewährleistungsrechte nach § 437 BGB geltend machen dürfen, wobei es auf eine Fristsetzung aufgrund der Unmöglichkeit nicht ankommt. Die Gegenansicht führt zu keinen nennenswerten Vorteilen für den Käufer, die eine Rechtsfortbildung rechtfertigen würden und überzeugt somit nicht. Beabsichtigt der Käufer, die Sache zu behalten und z. B. zu mindern, kann er die (erkannt) mangelhafte Sache entgegennehmen und sodann regulär nach § 437 BGB vorgehen. Dem steht nicht seine Kenntnis des Mangels nach § 442 Abs. 1 Satz 1 BGB entgegen, sofern ihm der Mangel nicht bereits bei Vertragsschluss bekannt war.

iii) Kostentragung, § 439 Abs. 2 BGB

600 Zur Umsetzung von Art. 3 Abs. 4 der Verbrauchsgüterkaufrichtlinie[102] stellt § 439 Abs. 2 BGB klar, dass der Verkäufer die Kosten der Nacherfüllung zu tragen hat. Dabei handelt es sich nach zutreffender Ansicht um eine reine Kostenzuordnungsvorschrift und nicht um eine Anspruchsgrundlage.[103] Aufgrund des Vorrangs der Nacherfüllung hat der Käufer kein Selbstvornahmerecht. Er kann den Mangel nicht eigenständig beheben und die hierfür erforderlichen Kosten vom Verkäufer ersetzt verlangen.[104] Wäre § 439 Abs. 2 BGB eine eigenständige Anspruchsgrundlage, könnte der Käufer Aufwendungen auch dann ersetzt verlangen, wenn der Verkäufer weder den Mangel noch das Ausbleiben der Nacherfüllung zu vertreten hätte und daher ein Schadens- oder Aufwendungsersatzanspruch nach §§ 437 Nr. 3, 280 ff. BGB ausgeschlossen wäre.[105]

601 Aufwendungen, die der Käufer in Absprache mit dem Verkäufer im Hinblick auf die durch letzteren durchgeführte Nacherfüllung macht, sind aufgrund des durch die Absprache entstandenen Auftrags nach § 670 BGB zu ersetzen.

Der Erfüllungsort der Nacherfüllung ist der vertragsgemäße Belegenheitsort der Kaufsache (str., s. Rn. 589). Die Nacherfüllung hat daher beim Käufer zu erfolgen. Einigen sich Käufer und Verkäufer darauf, dass die Nacherfüllung beim Verkäufer stattfinden und der Käufer die Sache zum Verkäufer bringen soll, so kann der Käufer vom Verkäufer die Transportkosten nach § 670 BGB ersetzt verlangen.

601a iv) Ersatz von Aus- und Einbaukosten

Beispiel: K ersteht im Baumarkt des V Bodenfliesen. Nachdem K die Fliesen eingebaut hat, stellt sich heraus, dass aufgrund eines Fabrikationsmangels die Glasur der Fliesen bei Belastung abplatzt. K verlangt von V neben der Lieferung neuer Fliesen auch die Übernahme der Kosten, die beim Ausbau der mangelhaften und Einbau der mangelfreien Fliesen entstehen. Zu Recht?

---

102 Richtlinie 1999/44/EG vom 25. Mai 1999, ABl. EG vom 7. Juli 1999, Nr. L 171, S. 12 ff.

103 *Hellwege*, AcP 206 (2006), 136 ff.; *Jaensch*, NJW 2012, 1025, 1029 f.; *Klinck*, Jura 2006, 481 f.; *Höpfner*, ZGS 2009, 270, 271; *Bauerschmidt/Harnos*, JA 2012, 256, 259; a. A. BGH, Urteil vom 15. Juli 2008, VIII ZR 211/07, BGHZ 177, 224 Rn. 9; BGH, Urteil vom 13. April 2011, VIII ZR 220/10, BGHZ 189, 196 Rn. 37; BGH, Urteil vom 30. April 2014, VIII ZR 275/13, BGHZ 201, 83 Rn. 15; Staudinger/*Matusche-Beckmann*, § 439 Rn. 88; *Unberath/Cziupka*, JZ 2008, 867, 873; *Lorenz*, NJW 2009, 1633, 1635 (s. andererseits *ders.*, NJW 2014, 2319, 2321); *Tröger*, AcP 212 (2012), 296 (320 ff.), differenzierend BeckOK/*Faust*, § 439 Rn. 21 ff.

104 Näheres hierzu Rn. 646 f.

105 *Hellwege*, AcP 206 (2006), 136, 159 f.

In der Rechtsprechung und der Literatur war es umstritten, ob der Ersatz von Aus- und Einbaukosten dem Anspruch auf Nacherfüllung (§§ 437 Nr. 1, 439 Abs. 1 BGB) oder dem auf Schadensersatz statt der Leistung (§§ 437 Nr. 3, 280 Abs. 1 und Abs. 3, 281 Abs. 1 BGB wegen der mangelhaften Lieferung) zuzuordnen ist.[106] Der EuGH befand, dass der Käufer im Rahmen der Nacherfüllung auch den Ein- und Ausbau (1. Alternative) oder die hierfür erforderlichen Kosten (2. Alternative) verlangen kann.[107] Der BGH legte daraufhin § 439 Abs. 1 BGB begrenzt für den Verbrauchsgüterkauf[108] dahingehend richtlinienkonform aus (gespaltene Auslegung), dass die Nachlieferung den Ausbau und den Abtransport der mangelhaften Sache[109] als auch den Einbau der neugelieferten Sache[110] erfasst und wählte somit die vom EuGH vorgeschlagene 1. Alternative. Der Gesetzgeber hat sich mit dem in Folge eingefügten § 439 Abs. 3 BGB in zweierlei Hinsicht gegen den vom BGH vorgezeichneten Weg gewandt. Zum einen folgt er nicht der gespaltenen Auslegung, sondern setzt die Entscheidung des EuGH für alle Kaufverträge um. Zum anderen wählt er die vom EuGH entwickelte zweite Alternative der Kostenerstattung. § 439 Abs. 3 Satz 1 BGB gibt dem Käufer einen Anspruch auf Ersatz der erforderlichen Aufwendungen, die ihm durch den Ausbau der mangelhaften und Einbau der mangelfreien Sache entstehen. Der Anspruch entfällt, sofern der Käufer den Mangel erkannt hat oder hätte erkennen müssen und die Sache dennoch eingebaut hat, §§ 439 Abs. 3 Satz 2, 442 Abs. 1 BGB. Der Verkäufer schuldet den Aus- und Einbau demnach nicht im Rahmen der Nacherfüllung und haftet wegen des nicht erfolgten Aus- und Einbaus auch nicht auf Schadensersatz statt der Leistung nach §§ 437 Nr. 3, 280 Abs. 1 und Abs. 3, 281 Abs. 1 BGB. Stattdessen muss der Käufer den Aus- und Einbau veranlassen und die hierfür entstandenen erforderlichen Aufwendungen gegenüber dem Verkäufer nach § 439 Abs. 3 BGB geltend machen. Der Verkäufer einer neu hergestellten Sache kann wiederum bei seinem Lieferanten nach § 445a BGB Rückgriff nehmen.

v) Verweigerung der Nacherfüllung, § 439 Abs. 4 BGB

Verweigert der Verkäufer die vom Käufer gewählte Art der Nacherfüllung aufgrund **602**
unverhältnismäßig hoher Kosten nach § 439 Abs. 4 Satz 1 BGB, ist nicht etwa der Nacherfüllungsanspruch nicht durchsetzbar, sondern es entfällt lediglich das in § 439 Abs. 1 BGB verbriefte Wahlrecht des Käufers. Der Nacherfüllungsanspruch konkretisiert sich in diesem Fall auf die andere Art der Nacherfüllung, § 439 Abs. 4 Satz 3 BGB. Der Verkäufer kann unter den Voraussetzungen des § 439 Abs. 4 BGB auch die andere Art der Nacherfüllung verweigern. Nur dann ist der Nacherfüllungsanspruch nicht durchsetzbar.

---

106 Kosten von der Nacherfüllung umfasst: OLG Karlsruhe, Urteil vom 2. September 2004, 12 U 144/04, ZGS 2004, 432, 433; *Terrahe*, VersR 2004, 680, 682; a. A. Ausgleich nach Schadensrecht, *Thürmann*, NJW 2006, 3457 ff.; *Skamel*, NJW 2008, 2820, 2822; *Lorenz*, NJW 2009, 1633, 1635 f. (anders noch *ders.* ZGS 2004, 408, 410 f.).

107 EuGH, Gebr. Weber, Urteil vom 16. Juni 2011, verb. Rs. C-65 u. 87/09, NJW 2011, 2269, 2271 ff. Rn. 43 ff.

108 BGH, Urteil vom 17. Oktober 2012, VIII ZR 226/11, BGHZ 195, 135 Rn. 16 ff.

109 BGH, Urteil vom 21. Dezember 2011, VIII ZR 70/08, BGHZ 192, 148 Rn. 25 ff.

110 BGH, Urteil vom 17. Oktober 2012, VIII ZR 226/11, BGHZ 195, 135 Rn. 16.

603 Die unterschiedlichen Rechtsfolgen der Leistungsverweigerung haben ihren Ursprung in der Rechtsnatur des Nacherfüllungsanspruchs, § 439 Abs. 1 BGB.[111] Die Norm enthält *einen* Anspruch mit zwei alternativen Leistungsinhalten (Wahlschuld i.S.d. §§ 262 ff. BGB) und nicht etwa zwei alternative Ansprüche. Daher führt die Verweigerung *einer* Alternative zum Wegfall des Wahlrechts und nicht zur fehlenden Durchsetzbarkeit des Anspruchs. Sinn und Zweck dieser Ausgestaltung von § 439 Abs. 1 BGB ist es, dem Verkäufer den Vorrang der Nacherfüllung zu gewährleisten. Der Käufer soll nicht die Möglichkeit haben, die unverhältnismäßige Art der Nacherfüllung zu wählen, um nach der berechtigten Leistungsverweigerung des Verkäufers unmittelbar auf die sekundären Rechtsbehelfe von § 437 Nr. 2 und Nr. 3 BGB überzugehen. § 439 Abs. 4 Satz 3 BGB stellt klar, dass stattdessen der Käufer zunächst die andere Art der Nacherfüllung verlangen muss.

604 § 439 Abs. 4 BGB betrifft den Fall der berechtigten Verweigerung der Nacherfüllung und stellt einen kaufrechtsspezifischen Unterfall von § 275 Abs. 2 BGB dar (qualitative Unmöglichkeit). Wird die Einrede erhoben, entfällt entweder das Wahlrecht des Käufers[112] oder der gesamte Anspruch auf Nacherfüllung[113] ist nicht durchsetzbar. Verweigert der Verkäufer hingegen unberechtigterweise die vom Käufer gewählte Art der Nacherfüllung, bleibt der Nacherfüllungsanspruch *in der gewählten Art* unverändert bestehen. Der Käufer hat die Möglichkeit, entweder auf die gewählte Art der Nacherfüllung zu bestehen oder ohne Fristsetzung zu den sekundären Rechtsbehelfen überzugehen (§§ 437 Nr. 2 und Nr. 3, 281 Abs. 2, 1. Variante, 323 Abs. 2 Nr. 1 BGB, qualitative Verzögerung). Im reinen Bestreiten des Mangels liegt jedoch noch keine ernsthafte und endgültige Verweigerung der Nacherfüllung.[114] Anzunehmen wäre diese hingegen, wenn er den Mangel weiterhin bestreitet, nachdem er Gelegenheit zur Untersuchung der Kaufsache gehabt hat.[115]

604a Solange der Verkäufer seine Einrede aus §§ 275 Abs. 2, Abs. 3, 439 Abs. 4 BGB nicht erhebt, bleibt der Anspruch des Käufers auf die von ihm gewählte Art der Nacherfüllung (z.B. Lieferung eines Neuwagens statt Reparatur der Außenspiegel) durchsetzbar. Ist unklar, ob der Verkäufer seine Einrede geltend machen werde, kann der Käufer ihm eine Frist zur Nacherfüllung setzen, um sich die Möglichkeit zu sichern, nach fruchtlosem Fristablauf zu den sekundären Rechten nach § 437 Nr. 2 und Nr. 3 BGB überzugehen.[116] Der Verkäufer kann seine Einrede erst dann nicht mehr erheben, wenn der Käufer wirksam vom Kaufvertrag zurückgetreten ist oder Schadensersatz statt der Leistung verlangt, da damit der Leistungsanspruch untergegangen ist (s. § 281 Abs. 4 BGB).[117]

Klagt der Käufer hingegen auf Nacherfüllung, läuft er Gefahr, dass der Verkäufer die Nacherfüllung erst im laufenden Rechtsstreit wegen unverhältnismäßiger Kosten im Vergleich zur anderen Art der Nacherfüllung verweigert.

Beispiel: Bei dem gelieferten Neuwagen klappen die Außenspiegel nicht zuverlässig ein und aus. Der Käufer verlangt vom Verkäufer, die Lieferung eines neuen Wagens, obwohl die Reparatur der Außenspiegel lediglich 200 € kosten würde. [118]

111 Zur Rechtsnatur des für den Nacherfüllungsanspruch vorgesehenen Wahlrechts Rn. 586.
112 Bei berechtigter Verweigerung *einer* Art der Nacherfüllung.
113 Bei berechtigter Verweigerung *beider* Arten der Nacherfüllung.
114 BGH, Urteil vom 21. Dezember 2005, VIII ZR 49/05, BB 2006, 686 Rn. 25.
115 BGH, Urteil vom 16. Oktober 2013, VIII ZR 273/12, NJW 2014, 213 Rn. 10.
116 BGH, Urteil vom 19. Dezember 2012, VIII ZR 96/12, BB 2013, 465 Rn. 27 ff.
117 OLG Celle, Urteil vom 28.6.2006 – 7 U 235/05, NJW-RR 2007, 353, 354; BeckOK/*Faust*, § 439 Rn. 38; offengelassen BGH, Urteil vom 16. Oktober 2013, VIII ZR 273/12, NJW 2014, 213 Rn. 16.
118 S. hierzu BGH, Urteil vom 16. Oktober 2013, VIII ZR 273/12, NJW 2014, 213 Rn. 17.

Erhebt der Verkäufer die Einrede, beschränkt sich der Anspruch des Käufers auf die andere Art der Nacherfüllung. Hierzu muss der Käufer dem Verkäufer eine angemessene Frist setzen, bevor er zu seinen Rechten aus § 437 Nr. 2 und 3 BGB übergehen kann. Die Frist ist entbehrlich, sofern der Verkäufer auch diese Art der Nacherfüllung verweigert, §§ 281 Abs. 2, 323 Abs. 2 Nr. 2 BGB. Im Einzelfall kann die Fristsetzung auch nach §§ 281 Abs. 2, 323 Abs. 2 Nr. 3 BGB entbehrlich sein.[119] Dabei ist zu berücksichtigen, ob der Verkäufer die Durchführung der Nacherfüllung durch seine späte Erhebung der Einrede verzögert hat, und ob er zur Durchführung der anderen Art der Nacherfüllung innerhalb eines angemessenen Zeitraums Gelegenheit gehabt hatte.

---

1. § 439 Abs. 4 BGB als Spezialfall der qualitativen Unmöglichkeit 605

Die in § 439 Abs. 4 BGB enthaltene Einrede ist entgegen des missverständlichen Wortlauts in § 440 Satz 1 BGB ein Fall der qualitativen Unmöglichkeit und nicht der qualitativen Verzögerung.[120] Dies zeigt bereits die Aufzählung in § 218 Abs. 1 Satz 2 BGB und in § 475 Abs. 4 Satz 1 BGB. Das bedeutet, stehen beiden Arten der Nacherfüllung § 275 Abs. 1 bis 3 BGB oder § 439 Abs. 4 BGB entgegen, ergibt sich der Schadensersatzanspruch aus § 437 Nr. 3 BGB i.V.m. §§ 280 Abs. 1, Abs. 3, 283 BGB oder § 311a Abs. 2 BGB und das Rücktrittsrecht aus § 326 Abs. 5 BGB.[121]

2. Relative und absolute Unverhältnismäßigkeit, insbesondere im Verbrauchsgüterkauf 606

Ein Fall der *relativen* Unverhältnismäßigkeit liegt vor, wenn auf die andere Art der Nacherfüllung ohne erhebliche Nachteile für den Käufer zurückgegriffen werden könnte, § 439 Abs. 4 Satz 2 a.E. BGB. Von einer *absoluten* Unverhältnismäßigkeit wird gesprochen, wenn auch die andere Art der Nacherfüllung für den Verkäufer nur mit unverhältnismäßigen Kosten verbunden ist, § 439 Abs. 4 Satz 3, letzter Halbsatz BGB, oder wenn einer Art der Nacherfüllung Einwendungen nach § 275 Abs 1 bis 3 BGB entgegenstehen und gegen die andere Art die Einrede nach § 439 Abs. 4 BGB erhoben wird. Allerdings lässt Art. 3 Abs. 3 Satz 2 der Verbrauchsgüterkaufrichtlinie[122] nur die Einrede der relativen Unverhältnismäßigkeit zu. Der EuGH hat daher die Einrede wegen absoluter Unverhältnismäßigkeit (Totalverweigerungsrecht) als mit der Richtlinie unvereinbar erklärt.[123] Diese Vorgabe wurde durch § 475 Abs. 4 Satz 1 BGB beschränkt für Verbrauchsgüterkaufverträge umgesetzt. Gemäß dieser Norm steht dem Verkäufer nur bei relativer Unverhältnismäßigkeit ein Verweigerungsrecht nach § 439 Abs. 4 BGB zu. Die Richtlinie gestattet es jedoch , die vom Verkäufer zu tragenden Kosten für den Ausbau der mangelhaften und den Einbau der mangelfreien Sache auf den Wert zu beschränken, den die Kaufsache im vertragsgemäßen Zustand hätte.[124] Daher kann der Verkäufer gemäß § 475 Abs. 4 Satz 2 BGB die von ihm für den Aus- und Einbau nach § 439 Abs. 3 BGB zu erstattenden Aufwendungen auf einen angemessenen Betrag beschränken. Für die Höhe der Beschränkung sind insbesondere der Wert der Sache im mangelfreien Zustand und die Bedeutung des Mangels (nicht hingegen der Kaufpreis) zu berücksichtigen, § 475 Abs. 4 Satz 3 BGB. Macht der Verkäufer von seinem Beschränkungsrecht nach § 475 Abs. 4 Satz 2 BGB Gebrauch, kann der Käufer statt Nacherfüllung zu verlangen, ohne Fristsetzung zu seinen weiteren sekundären Rechtsbehelfen übergehen, §§ 475 Abs. 5, 440 Satz 1 BGB.

---

119 Vgl. MüKo/*Ernst*, § 323 Rn. 257.

120 BGH, Urteil vom 22. Juni 2005, VIII ZR 281/04, BGHZ 163, 234, 245; *Jaensch*, NJW 2013, 1121, 1122, *ders.*, Jura 2005, 649, 652 f.; a. A. BGH, Urteil vom 11. Oktober 2012, VII ZR 179/11, NJW 2013, 370 Rn. 8; BGH, Urteil vom 4. April 2014, V ZR 275/12, BGHZ 200, 350 Rn. 35.

121 *Jaensch*, Jura 2005, 649, 652 f.

122 Richtlinie 1999/44/EG vom 25. Mai 1999, ABl. EG vom 7. Juli 1999, Nr. L 171, S. 12 ff.

123 EuGH, Gebr. Weber, Urteil vom 16. Juni 2011, verb. Rs. C-65 u. 87/09, NJW 2011, 2269 Rn. 66 ff.

124 EuGH, Gebr. Weber, Urteil vom 16. Juni 2011, verb. Rs. C-65 u. 87/09, NJW 2011, 2269 Rn. 66 ff.

Beispiel: Verbraucher V erwirbt vom Baumarkt U mangelhafte Fliesen für 1.000 €, die einen Wert von 800 € hätten, wären sie mangelfrei. Der irreparable Mangel führt zu einer deutlich reduzierten Haltbarkeit der Fliesen, ist aber für V als Laien nicht zu erkennen. V lässt die Fliesen einbauen. Als ihm der Mangel bewusst wird, verlangt er von U die Lieferung neuer Fliesen. Für den Ausbau der mangelhaften und den Einbau der neuen Fliesen würden ihm Kosten in Höhe von 900 € entstehen.
Da die Reparatur nach § 275 Abs. 1 BGB ausgeschlossen ist, kann V von U nur die Neulieferung nach § 439 Abs. 1 BGB verlangen. Ein etwaiges absolutes Leistungsverweigerungsrecht wegen unverhältnismäßig hoher Kosten nach § 439 Abs. 4 Satz 3 BGB ist aufgrund § 475 Abs. 4 Satz 1 BGB ausgeschlossen. Die Aufwendungen für den Aus- und Einbau in Höhe von 900 € kann V nach § 439 Abs. 3 Satz 1 BGB ersetzt verlangen. Da diese jedoch 100 € über den Wert der Fliesen im mangelfreien Zustand liegen, ist U berechtigt, nach § 475 Abs. 4 Satz 2 und 3 BGB den Aufwendungsersatzanspruch des V um 100 € zu kürzen, so dass er ihm nur 800 € zu erstatten bräuchte. Macht U von seinem Kürzungsrecht Gebrauch, kann V von der Neulieferung absehen, die mangelhaften Fliesen behalten und ohne Fristsetzung nach §§ 437 Nr. 2, 441 Abs. 1, 323 Abs. 1, 475 Abs. 5, 440 Satz 1 BGB die Minderung erklären, um den zu viel gezahlten Kaufpreis nach §§ 441 Abs. 4, 346 Abs. 1 BGB herauszuverlangen.

607 **3. Nutzungsersatz bei Nacherfüllung**

Beispiel: Eineinhalb Jahre nach dem Kauf eines mp3-Players stellt der Käufer fest, dass das Display seines Players einen irreparablen Fabrikationsfehler aufweist. Als er vom Verkäufer die Lieferung eines neuen mp3-Players verlangt, erklärt sich dieser hierzu nur gegen Zahlung einer Nutzungsentschädigung für die eineinhalb Jahre bereit, da der Käufer durch die Ersatzlieferung einen neuen mp3-Player mit einer entsprechend längeren Gebrauchsdauer erhalte. Zu Recht?

Liefert der Verkäufer zum Zwecke der Nacherfüllung eine mangelfreie Sache, so kann er vom Käufer Rückgewähr der mangelhaften Sache nach §§ 346 ff. BGB verlangen, § 439 Abs. 5 BGB. Nach dem Wortlaut von § 346 Abs. 1, Abs. 2 Satz 1 Nr. 1 BGB bezieht sich die Rückabwicklung jedoch nicht nur auf die Rückgabe der mangelhaften Sache. Der Käufer hat auch die Nutzungen der mangelhaften Sache herauszugeben oder ihren Wert zu ersetzen.[125] Hiergegen wird geltend gemacht, dass der Käufer die Gebrauchsvorteile der mangelhaften Sache nach dem Kaufvertrag erwarten durfte und sie deshalb nicht unentgeltlich genutzt hat.[126] Der Nutzungsersatz käme einer zeitlich begrenzten einseitigen Rückabwicklung des Vertrages gleich, was verfehlt sei, da der Käufer seine Leistung in vollem Umfang erbringt.[127] Es sei nicht einzusehen, warum der Käufer Nutzungsersatz für den Gebrauch der mangelhaften Sache zahlen solle, der Verkäufer hingegen nicht für den empfangenen Kaufpreis.[128] Schließlich würde die Pflicht zum Nutzungsersatz gegen die Verbrauchsgüterkaufrichtlinie[129] verstoßen, die eine unentgeltliche Nacherfüllung erfordere. Für Einzelfälle wird lediglich ein Abzug „neu für alt" erwogen.[130]
Der BGH kam zur Auffassung, dass ein Ausschluss einer Nutzungsentschädigung aufgrund des eindeutigen Gesetzeswortlauts und des in den Gesetzesmaterialien dokumentierten gesetzgeberischen

125 So auch die Regierungsbegründung, BT-Drs. 14/6040, S. 232 f.
126 *Gsell*, NJW 2003, 1969, 1970 f.
127 *Kohler*, ZGS 2004, 48, 49.
128 *Kohler*, ZGS 2004, 48, 49; *Beck*, JR 2006, 177, 179; *Gursky*, Schuldrecht BT, 5. Auflage 2005, 24.
129 Richtlinie 1999/44/EG vom 25. Mai 1999, ABl. EG vom 7. Juli 1999, Nr. L 171, S. 12 ff.
130 S. im Einzelnen *Gsell*, NJW 2003, 1969, 1971 ff.; *Kohler*, ZGS 2004, 48, 54; *Schulze/Ebers*, JuS 2004, 366, 369 f.; in diese Richtung gehend auch *Unberath*, ZEuP 2005, 5, 39 ff.; für eine Abschöpfung der individuellen Bereicherung des Käufers nach §§ 346 Abs. 3 Satz 2, 818 ff. BGB *Herrler/Tomasic*, ZGS 2007, 209, 212 ff.; gegen jegliche Nutzungsentschädigung *Muthorst*, ZGS 2006, 90, 93 ff.; *Beck*, JR 2006, 177, 178 ff.; *Rott*, BB 2004, 2478, 2479; *Wagner/Michal*, ZGS 2005, 368, 371 ff., letztere befürworten lediglich einen Bereicherungsanspruch des Verkäufers für sog. Sowie-Kosten; a. A. *Fest*, NJW 2005, 2959, 2961 ff., der in der Pflicht zum Nutzungsersatz keinen Verstoß gegen die Verbrauchsgüterkaufrichtlinie (Richtlinie 1999/44/EG vom 25. Mai 1999, ABl. EG vom 7. Juli 1999, Nr. L 171, S. 12 ff.) sieht.

Willens nicht möglich sei.[131] Allerdings teilte er die verbreiteten Zweifel, ob dieses Ergebnis mit der Verbrauchsgüterkaufrichtlinie vereinbar ist und legte die Frage zur Vorabentscheidung dem EuGH vor.[132] Der EuGH sieht in der Verpflichtung des Verbrauchers, Nutzungsersatz im Falle der Nacherfüllung zu zahlen, einen Verstoß gegen das Gebot der Unentgeltlichkeit nach Art. 3 Abs. 3 und 4 der Verbrauchsgüterkaufrichtlinie.[133] Dem folgend entschied der BGH, § 439 Abs. 5 BGB sei für den Verbrauchsgüterkauf im Lichte der Richtlinie teleologisch zu reduzieren (zur richtlinienkonformen Rechtsfortbildung s. Rn. 558a), so dass der Verweis nicht für den Nutzungsersatz gilt.[134] Der Gesetzgeber hat diese Rechtsprechung durch § 475 Abs. 3 Satz 1 BGB umgesetzt. Verlangt der Verbraucherkäufer Neulieferung, muss er demnach nur die mangelhafte Sache zurückgeben; Nutzungsersatz braucht er nicht zu zahlen. Außerhalb des Verbrauchsgüterkaufs bleibt es hingegen bei der Pflicht des Käufers, im Falle der Neulieferung die gezogenen Nutzungen herauszugeben oder ihren Wert zu ersetzen.

4. Vom Käufer grob fahrlässig zerstörte mangelhafte Gattungssache 608

Durch den umfassenden Verweis in § 439 Abs. 5 BGB auf die §§ 346 bis 348 BGB muss der Käufer neben dem Nutzungsersatz (s. o.) auch Wertersatz, § 346 Abs. 2 BGB, leisten. Für den Fall der grob fahrlässig zerstörten mangelhaften Gattungssache wird diskutiert, ob die Verpflichtung zum Wertersatz den Käufer unangemessen benachteiligt.[135]

> **Beispiel:** Der Käufer bestellt beim Verkäufer ein Auto nach Spezifikationen (Gattungsschuld). Der Wagen ist bei Lieferung (unerkannt) mangelhaft. Aufgrund grober Fahrlässigkeit (beachte: §§ 346 Abs. 3 Satz 1 Nr. 3, 277 BGB) wird der Wagen vom Käufer zerstört. Will der Käufer den Mangelschaden geltend machen oder den Kaufpreis mindern, muss er dem Verkäufer nach §§ 281 Abs. 1 Satz 1, 323 Abs. 1 BGB eine Frist zur Nachlieferung setzen. Durch Neulieferung kann der Verkäufer einen Schadensersatzanspruch des Käufers oder die Minderung des Kaufpreises abwenden. Zusätzlich kann er vom Käufer nach §§ 439 Abs. 5, 346 Abs. 2 Satz 1 Nr. 3 BGB Wertersatz für den zerstörten Wagen verlangen, da aufgrund der groben Fahrlässigkeit der Ausschlussgrund von § 346 Abs. 3 Satz 1 Nr. 3 BGB nicht greift. Die Pflicht zum Wertersatz wird den Käufer ähnlich wie beim Nutzungsersatz (s. o.) in den meisten Fällen von der Geltendmachung seiner Gewährleistungsansprüche abhalten. Dies ist jedoch nicht Sinn und Zweck des Vorrangs der Nacherfüllung, der lediglich dem Verkäufer einen zweiten Erfüllungsversuch geben soll. Dieses Anliegen erübrige sich jedoch, wenn wie vorliegend die gelieferte mangelhafte Sache zerstört wird.
> Es wird daher vorgeschlagen, den Vorrang der Nacherfüllung für diesen Fall aufzugeben. Dies könne rechtstechnisch auf zwei Wegen geschehen:
> a) Entweder wird auf die Fristsetzung nach §§ 281 Abs. 1 Satz 1, 323 Abs. 1 BGB im Wege der teleologischen Reduktion verzichtet; oder
> b) die Nachlieferung wird vergleichbar zur Stückschuld zugunsten des Käufers in analoger Anwendung von § 275 Abs. 1 BGB als unmöglich fingiert, das Fristsetzungserfordernis entfällt aufgrund §§ 283, 326 Abs. 5 BGB.[136]

Nach beiden Lösungsansätzen entfiele die Möglichkeit zur zweiten Andienung des Verkäufers. Der Käufer wäre demzufolge nicht über §§ 439 Abs. 5, 346 Abs. 3 Satz 1 Nr. 3 BGB zum Wertersatz verpflichtet. Er könnte ohne Fristsetzung den Mangelschaden verlangen oder den Kaufpreis mindern. Allerdings wird durch die vorgeschlagenen Lösungsansätze die eindeutige Wertung des Gesetzes umgangen, welches den Vorrang der Nacherfüllung vorsieht und einen Wegfall der Wertersatzpflicht nur in spezifischen Fällen zulässt. Der Hauptanwendungsfall des § 346 Abs. 3 Satz 1 Nr. 3 BGB ist die Zerstörung der Kaufsache durch den Käufer. Dem Käufer steht lediglich eine Haftungserleichterung zu. Eine Ausnahme vom Recht des Verkäufers zur zweiten Andienung für den Fall einer Wertersatzpflicht des Käufers ist nicht vorgesehen. Aufgrund der bereits sehr speziellen gesetzlichen Regelung

---

131 Zustimmend *P. Schmidt*, ZGS 2006, 408, 410 ff.
132 BGH, Vorlagebeschluss vom 16. August 2006, VIII ZR 200/05, NJW 2006, 3200 ff.
133 EuGH, Quelle, Urteil vom 17. April 2008, Rs. C-404/06, EuGHE 2008, I-2685 ff., Rn. 26 ff.
134 BGH, Urteil vom 26. November 2008, VIII ZR 200/05, BGHZ 179, 27 Rn. 21 ff.
135 So *Hager*, Festschrift Musielak, 2004, 195, 204 f.
136 *Hager*, Festschrift Musielak, 2004, 195, 204 f.

kann zur Begründung der vorgeschlagenen Rechtsfortbildung nicht davon ausgegangen werden, der Gesetzgeber habe das Problem übersehen. Eine Regelungslücke liegt nicht vor. Es bleibt bei der Wertersatzpflicht des Käufers.

---

bb) Rücktritt § 437 Nr. 2, 1. Alt. BGB

609 Dem Käufer wird bei Vorliegen eines erheblichen Mangels, § 323 Abs. 5 Satz 2 BGB, ein Rücktrittsrecht durch § 437 Nr. 2, 1. Alt. BGB zugesprochen, sofern der Vorrang der Nacherfüllung gewahrt ist, §§ 323 Abs. 1, 326 Abs. 5 BGB. Die Erheblichkeit des Mangels wird vermutet (s. Rn. 573). Sofern nicht beiden Arten der Nacherfüllung Einwendungen nach § 275 Abs. 1 bis 3, 439 Abs. 4 BGB entgegenstehen, muss der Käufer den Verkäufer zur Nacherfüllung innerhalb einer angemessenen Frist auffordern. Dies umfasst seine Bereitschaft, dem Verkäufer die Kaufsache zur Untersuchung zur Verfügung zu stellen.[137]

Beispiel: Nach Gefahrübergang erleidet der gekaufte Gebrauchtwagen einen Motorschaden. Der Käufer fordert den Verkäufer auf, innerhalb von 14 Tagen zu erklären, dass er die Nachbesserung vornehmen werde. Diese Aufforderung genügt nich den Anforderungen von § 323 Abs. 1 BGB, da dem Verkäufer keine Gelegenheit gegeben wird, die Kaufsache zu untersuchen und den Mangel zu überprüfen.[138]

Der Käufer muss in tauglicher Art und Weise die Nacherfüllung innerhalb einer angemessenen Frist verlangen. Folgt man der Rechtsprechung des BGH, wonach der Erfüllungsort der Nacherfüllung im Zweifel am Ort des Verkäufers liegt (s. Rn. 589), muss der Käufer die Sache zum Verkäufer transportieren. Bei einem Verbrauchsgüterkauf (§ 474 Abs. 1 BGB) kann der Käufer einen Vorschuss für die Transportkosten verlangen, § 475 Abs. 6 BGB. Kommt der Verkäufer dem berechtigten Vorschussverlangen nicht nach, ist der Käufer nach Fristablauf zum Rücktritt berechtigt.[139]

610 **Fall 41: Ein Schnäppchen**

K kauft in der Boutique von V eine Seidenbluse für € 300. Zuhause erkennt sie, dass sich eine Naht an der Bluse gut sichtbar löst. K verlangt von V nunmehr den Kaufpreis gegen Rückgabe der Bluse. V verweigert die Rückzahlung des Kaufpreises und bietet K eine gleiche, fehlerfreie Bluse an. Kann K von V Rückzahlung des Kaufpreises verlangen?

Anspruch K gegen V

- **§ 346 Abs. 1 BGB**
  K könnte von V Rückzahlung des Kaufpreises nach § 346 Abs. 1 BGB verlangen.

  ▶ **Hinweis:** Aufgrund der Fallfrage ist nicht etwa mit dem Anspruch des Käufers nach §§ 437 Nr. 1, 439 Abs. 1 BGB zu beginnen!

  Die Erklärung von K gegenüber V, sie wolle ihr Geld zurück, ist als Rücktritt vom geschlossenen Kaufvertrag auszulegen, § 349 BGB. K müsste jedoch ein Rücktrittsrecht zustehen. Ein Rücktrittsrecht könnte nach §§ 437 Nr. 2, 323 Abs. 1 BGB bestehen. Hierzu müsste die Bluse mangelhaft i. S. v. § 434 Abs. 1 BGB sein. In Ermangelung einer Beschaffenheitsabrede könnte ein Mangel nach § 434 Abs. 1 Satz 2 Nr. 2 BGB vorliegen. Indem sich eine Naht der Bluse gut sichtbar löst,

---

137 BGH, Urteil vom 1. Juli 2015, VIII ZR 226/14, NJW 2015, 3455 Rn. 30.
138 BGH, Urteil vom 1. Juli 2015, VIII ZR 226/14, NJW 2015, 3455 Rn. 30 f.
139 Vgl. für den Schadensersatz BGH, Urteil vom 19. Juli 2017, VIII ZR 278/16, NJW 2017, 2758 Rn. 28 ff.

entspricht die Bluse nicht der üblichen Beschaffenheit und ist mangelhaft, § 434 Abs. 1 Satz 2 Nr. 2 BGB. Da sich die Naht gut sichtbar löst, ist der Sachmangel auch nicht unerheblich. Der Rücktritt ist nicht nach § 323 Abs. 5 Satz 2 BGB ausgeschlossen.

Das Rücktrittsrecht setzt jedoch eine erfolglose Frist zur Nacherfüllung voraus, §§ 437 Nr. 2, 323 Abs. 1 BGB. K kann nur vom Kaufvertrag zurücktreten, wenn sie zuvor erfolglos V eine angemessene Frist zur Nacherfüllung gesetzt hat, es sei denn, die Fristsetzung ist nach §§ 440, 323 Abs. 2 BGB entbehrlich. Die Nachlieferung einer fehlerfreien Bluse oder die Reparatur der gelieferten Bluse ist möglich und durchsetzbar. Gründe für die Entbehrlichkeit einer Fristsetzung liegen nicht vor. K hat eine erforderliche Frist zur Nacherfüllung nicht gesetzt, ihr steht ein Rücktrittsrecht nicht zu. K kann vom Kaufvertrag nicht zurücktreten. Sie hat keinen Anspruch gegen V auf Rückzahlung des Kaufpreises nach § 346 Abs. 1 BGB.

Das kompliziert anmutende Verweisungsgeflecht in § 437 Nr. 2 BGB auf die Vorschriften der §§ 440, 323 und 326 Abs. 5 BGB, wobei sich letzterer wiederum auf § 275 Abs. 1 bis 3 BGB bezieht, regelt in erster Linie nur, wann eine nach § 323 Abs. 1 BGB für den Rücktritt erforderliche Fristsetzung entbehrlich ist. Demnach bedarf es zum Rücktritt vom Kaufvertrag wegen eines Sachmangels bei qualitativer Verzögerung grundsätzlich einer Fristsetzung zur Nacherfüllung durch den Käufer, wie sich aus § 323 Abs. 1 BGB ergibt, es sei denn, **611**

- die gewählte oder einzig mögliche Art der Nacherfüllung ist entweder fehlgeschlagen oder dem *Käufer* unzumutbar (§ 440 BGB),

  Beispiele: Nur in eng begrenzten Ausnahmefällen kann es dem Käufer unzumutbar sein, eine Frist zur (weiteren) Nacherfüllung zu setzen. Dies ist insbesondere der Fall, falls das Vertrauensverhältnis zwischen den Parteien nachhaltig gestört ist,[140] z.B. wenn
  a) Mängel gehäuft auftreten (sog. Montagsauto).[141]
  b) der Verkäufer einen erheblichen Mangel an fachlicher Kompetenz hat erkennen lassen,[142] indem ihm etwa beim ersten Nachbesserungsversuch gravierende Fehler unterlaufen, der Nachbesserungsversuch auf eine nur provisorische Mängelbeseitigung angelegt war,[143] oder ihm ein offensichtlicher Mangel bei einfacher Sichtprüfung entgangen ist.[144]
  c) der Verkäufer einer Nacherfüllung unberechtigt Hindernisse in den Weg gestellt hat, die zu erheblichen Unannehmlichkeiten des Käufers beim Gebrauch der Sache führen können.[145]
  d) es dem Verkäufer nicht gelingt, innerhalb von 18 Monaten die Löschung der Eintragung des verkauften Wagens in das Schengener Informationssystem (d.h. die Meldung, der Pkw sei gestohlen) zu erreichen.[146]

- die gewählte oder einzig mögliche Art der Nacherfüllung wird vom Verkäufer *unberechtigt* verweigert (§ 323 Abs. 2 Nr. 1 BGB) oder
- eine Fristsetzung ist aufgrund besonderer Umstände nicht gerechtfertigt (§ 323 Abs. 2 Nr. 3 BGB).

Stehen *beiden* Arten der Nacherfüllung Einwendungen nach § 275 Abs. 1 bis 3 BGB oder § 439 Abs. 4 BGB entgegen (qualitative Unmöglichkeit), bedarf es einer Frist-

140 Staudinger/*Matusche-Beckmann*, § 440 Rn. 25.
141 BGH, Urteil vom 23. Januar 2013, VIII ZR 140/12, NJW 2013, 1523 Rn. 24 ff.; *Erger*, NJW 2013, 1485 ff.
142 BGH, Urteil vom 15. April 2015, VIII ZR 80/14, NJW 2015, 1669 Rn. 22.
143 OLG Saarbrücken, Urteil vom 18. April, 2013, 4 U 52/12-16, NJW-RR 2013, 1388; *Unseld*, BB 2013, 1300.
144 BGH, Urteil vom 15. April 2015, VIII ZR 80/14, NJW 2015, 1669 Rn. 23.
145 BGH, Urteil vom 26. Oktober 2016, VIII ZR 240/15, NJW 2017, 153 Rn. 22.
146 BGH, Urteil vom 18. Januar 2017, VIII ZR 234/15, NJW 2017, 1666 Rn. 27.

setzung aufgrund § 326 Abs. 5 BGB nicht. § 440 Satz 1 BGB kommt hinsichtlich § 439 Abs. 4 BGB nur deklaratorische Bedeutung zu.[147]

Der Rücktritt ist ausgeschlossen,

- wenn der Mangel unerheblich ist (s. im Einzelnen Rn. 613a), wobei die Erheblichkeit des Mangels vermutet wird, § 323 Abs. 5 Satz 2 BGB,[148]
- wenn der Käufer für die mangelhafte Leistung und/oder die qualitative Unmöglichkeit der Nacherfüllung allein oder weit überwiegend verantwortlich ist, § 323 Abs. 6, 1. Alt. BGB.[149]

---

612 **1. Fristerfordernis und Verbrauchsgüterkaufrichtlinie**

Im Gegensatz zu § 323 Abs. 1 BGB[150] verlangt Art. 3 Abs. 3 Satz 3 der Verbrauchsgüterkaufrichtlinie[151] nicht, dass der Käufer zur Durchführung der von ihm gewählten Art der Nacherfüllung eine Frist *setzt*, sondern lediglich, dass eine angemessene Frist zur Nacherfüllung *verstrichen* ist. Das Erfordernis zur Frist*setzung* widerspricht somit der Richtlinie und kann mit einer richtlinienkonformen Auslegung von § 323 Abs. 2 Nr. 3 BGB gelöst werden.[152] Das Problem hat der BGH mit einer weiten Auslegung des Begriffs der Fristsetzung entschärft. Für eine angemessene Frist genügt es, wenn der Gläubiger die sofortige, unverzügliche oder umgehende Leistung verlangt (s. Rn. 450). Diese zu § 281 Abs. 1 BGB ergangene Rechtsprechung ist aufgrund des Gleichlaufs von Rücktritt und Schadensersatz auf § 323 Abs. 1 BGB zu übertragen[153] und dürfte im Rahmen der Richtlinienvorgaben bleiben.[154]

613 **2. Kein Fristerfordernis bei arglistigem Verschweigen des Mangels**

Hat der Verkäufer bei Abschluss des Kaufvertrages den Mangel arglistig verschwiegen, so kann der Käufer ohne Fristsetzung wegen § 440 Satz 1, 3. Var. BGB[155], § 323 Abs. 2 Nr. 3 BGB[156] oder § 324 BGB[157] vom Vertrag zurücktreten (und wegen § 440 Satz 1, 3. Var. BGB, § 281 Abs. 2, 2. Var. BGB oder § 282 BGB Schadensersatz statt der Leistung) verlangen. Durch das arglistige Verschweigen ist das Vertrauensverhältnis der Parteien zerstört. Daher ist die dem Käufer zustehende Art der Nacherfüllung für ihn unzumutbar (§ 440 Satz 1, 3. Var. BGB). Der Käufer hat ein berechtigtes Interesse daran, von einer weiteren Zusammenarbeit mit dem Verkäufer Abstand zu nehmen und nicht dessen

---

147 *Jaensch*, Jura 2005, 649, 653.

148 MüKo/*Ernst*, § 323 Rn. 254, Beweislast trägt der Rücktrittsgegner.

149 S. hierzu im Einzelnen *Ruttloff*, JR 2007, 441 ff.

150 Und im Übrigen auch § 281 Abs. 1 Satz 1 BGB.

151 Richtlinie 1999/44/EG vom 25. Mai 1999, ABl. EG vom 7. Juli 1999, Nr. L 171, S. 12 ff.

152 H.A. BeckOK/*Faust*, § 437 Rn. 18; MüKo/*Ernst*, § 323 Rn. 51; a. A. Regierungsbegründung, BT-Drs. 14/6040, 222, im Zweifel sei die Frist nach § 440 2. Var. BGB („fehlgeschlagen") entbehrlich; *Weiss*, NJW 2014, 1212, Fristerfordernis sei aufgrund Vergleichs zu Art. 18 Abs. 2 Verbraucherrechterichtlinie (Rl. 2011/83/EU vom 25. Oktober 2011, ABl. EU Nr. L 304, 64 ff.) zulässig.

153 BGH, Urteil vom 18. März 2015, VIII ZR 176/14, NJW 2015, 2564 Rn. 11; BGH, Urteil vom 13. Juli 2016, VIII ZR 49/15, NJW 2016, 3654 Rn. 25 ff.; der EuGH hat eine entsprechende Vorlagefrage des LG Hannover wegen Unzuständigkeit zurückgewiesen, da im konkreten Fall ein Werkvertrag vorlag, EuGH, Urteil vom 7. September 2017, Rs. C-247/16, NJW 2017, 3215 ff.

154 *Greiner/Hossenfelder*, JA 2010, 412, 415; im Ergebnis ebenso *Klein*, NJW 2009, 3154, 3155; a. A. Verzicht auf Fristsetzung gemäß § 323 Abs. 2 Nr. 3 BGB, *Koch*, NJW 2010, 1636, 1638; BeckOK/*Faust*, § 437 Rn. 18 f.

155 *Kulke*, ZGS 2007, 89, 91 f.; *Derleder/Sommer*, JZ 2007, 338, 341; a. A. *Gutzeit*, NJW 2008, 1359, 1361 f.

156 BGH, Beschluss vom 8. Dezember 2006, V ZR 249/05, NJW 2007, 835 Rn. 12; bestätigt durch Urteil vom 9. Januar 2008, VIII ZR 210/06, NJW 2008, 1371, 1372 f. Rn. 19 f. und Urteil vom 20. Mai 2009, VIII ZR 247/06, NJW 2009, 2532 Rn. 17; kritisch *Gutzeit*, NJW 2008, 1359 ff.

157 *Bassler/Büchler*, AcP 214 (2014), 888, 905, 908.

Nacherfüllung abwarten zu müssen. Hingegen ist das Interesse des Verkäufers, eine zweite Chance zur mangelfreien Vertragserfüllung zu erhalten, nicht schützenswert, wenn ihm bei Vertragsschluss der Mangel bekannt war, er diesen vor Vertragserfüllung aber nicht abgestellt hat (§ 323 Abs. 2 Nr. 3 BGB).[158] Diejenigen, die auf das Fristerfordernis wegen §§ 324, 282 BGB verzichten, betonen, dass mit der arglistigen Täuschung eine nicht leistungsbezogene Nebenpflicht verletzt wurde, so dass dem Käufer (Gläubiger) ein Festhalten am Vertrag sowie der Empfang der Leistung durch den Verkäufer (Schuldner) nicht mehr zuzumuten ist.[159] Zutreffenderweise ist die Frist aufgrund § 440 Satz 1, 3. Var. BGB als lex specialis zu §§ 323 Abs. 2 Nr. 3, 281 Abs. 2 BGB entbehrlich. Da sich die Täuschung auf eine Leistungspflicht bezieht, treten die §§ 324, 282 BGB wegen des Vorrangs der leistungsbezogenen Pflichtverletzung (s. Rn. 487) zurück. Ferner kann der Käufer, dem der Verkäufer einen Mangel arglistig verschwiegen hat, Schadensersatz neben der Leistung wegen Verschuldens bei Vertragsschluss (c.i.c.) nach §§ 280 Abs. 1, 311 Abs. 2 Nr. 1 BGB verlangen.[160]

3. Mangel als unerhebliche Pflichtverletzung 613a

Ob eine Pflichtverletzung unerheblich und damit ein Mangel als geringfügig anzusehen ist, erfordert eine umfassende Interessenabwägung im Einzelfall.[161] Hierzu lässt sich die Rechtsprechung des BGH in vier Fallgruppen unterscheiden:

a) Unbehebbarer Mangel
Ein Mangel ist nicht allein deshalb erheblich, weil er nicht behoben werden kann.[162] So hat der BGH eine erhebliche Pflichtverletzung verneint, wenn ein Neuwagen weniger als 10 % mehr Kraftstoff verbraucht, als vom Hersteller angegeben,[163] oder wenn der merkantile Minderwert eines Unfallwagens unter 1 % des Kaufpreises liegt.[164] Denn der Wert der Kaufsache ist hierdurch nur geringfügig gemindert. Ab welcher Wertminderung ein unbehebbarer Mangel als erhebliche Pflichtverletzung zu werten ist, wurde vom BGH bisher noch nicht geklärt.

b) Behebbarer Mangel.
Ein behebbarer Mangel ist in der Regel erheblich, wenn der Aufwand zur Mangelbeseitigung 5 % des Kaufpreises überschreitet[165], die Verkäuflichkeit des PKW stark beeinträchtigt ist (etwa weil der verkaufte Pkw als gestohlen gemeldet ist)[166] oder solange die Mangelursache unklar ist, wenn die Funktion der Sache erheblich beeinträchtigt ist (etwa weil die Kupplung hängt).[167]

c) Abweichung von einer Beschaffenheitsvereinbarung
Weicht die Kaufsache von einer vereinbarten Beschaffenheit (§ 434 Abs. 1 Satz 1 BGB) ab, liegt in der Regel eine erhebliche Pflichtverletzung vor; z.B. wenn ein Wagen in einer anderen als der vereinbarten Farbe geliefert wird,[168] oder ein als fabrikneu verkaufter Wagen Karosserie- und Lackmängel aufweist.[169]

d) Arglistig verschwiegener Mangel
Schließlich geht der BGH von einer erheblichen Pflichtverletzung aus, wenn der Verkäufer den Mangel arglistig verschwiegen hat (str., s. Rn. 614).[170]

158 BGH, Beschluss vom 8. Dezember 2006, V ZR 249/05, NJW 2007, 835 Rn. 12 ff.
159 *Bassler/Büchler*, AcP 214 (2014), 888, 905, 908 (für Rücktritt, § 324 BGB), 921 (für Schadensersatz statt der Leistung, § 282 BGB).
160 Str., s. BGH, Urteil vom 27. März 2009, V ZR 30/08, BGHZ 180, 205 Rn. 13 ff.; vertiefend hierzu *Staudinger/Ewert*, JA 2010, 241 ff.
161 BGH, Urteil vom 17. Februar 2010, VIII ZR 70/07, BB 2010, 1175 Rn. 23.
162 BGH, Urteil vom 12. März 2008, VIII ZR 253/05, NJW 2008, 1517 Rn. 22; a. A. zuvor BGH, Urteil vom 10. Oktober 2007, VIII ZR 330/06, NJW 2008, 53 Rn. 23.
163 BGH, Beschluss vom 8. Mai 2007, VIII ZR 19/05, NJW 2007, 2111 Rn. 3.
164 BGH, Urteil vom 12. März 2008, VIII ZR 253/05, NJW 2008, 1517 Rn. 22.
165 BGH, Urteil vom 28. Mai 2014, VIII ZR 94/13, BGHZ 201, 290 Rn. 30.
166 BGH, Urteil vom 18. Januar 2017, VIII ZR 234/15, NJW 2017, 1666 Rn. 27.
167 BGH, Urteil vom 26. Oktober 2016, VIII ZR 240/15, NJW 2017, 153 Rn. 30.
168 BGH, Urteil vom 17. Februar 2010, VIII ZR 70/07, BB 2010, 1175 Rn. 23.
169 BGH, Urteil vom 06. Februar 2013, VIII ZR 374/11, NJW 2013, 1365 Rn. 16.
170 BGH, Urteil vom 24. März 2006, V ZR 173/05, BGHZ 167, 19 Rn. 7 ff.

Für die Frage, ob die Lieferung einer mangelhaften Sache eine unerhebliche Pflichtverletzung bedeutet, ist auf den Zeitpunkt der Rücktrittserklärung abzustellen.[171] Daher bleiben vor Rücktritt behobene Mängel in der Regel außer Betracht.[172]

▶ **Hinweis:** Eine Zwischenbilanz zum Mangel als unerhebliche Pflichtverletzung zieht *Höpfner*, NJW 2011, 3693 ff.

614 **4. Arglistige Täuschung und Erheblichkeit der Pflichtverletzung i. S. v. §§ 281 Abs. 1 Satz 3, 323 Abs. 5 Satz 2 BGB**

Nach Auffassung des BGH kann eine arglistige Täuschung des Verkäufers über das Vorliegen eines unerheblichen Mangels eine erhebliche Pflichtverletzung darstellen.[173] Hiergegen wendet sich zu Recht die Literatur aus systematischen und teleologischen Gründen.[174] §§ 281 Abs. 1 Satz 3, 323 Abs. 5 Satz 2 BGB beziehen sich nur auf leistungsbezogene Pflichten (§§ 281 Abs. 1 Satz 1, 323 Abs. 1 BGB). Die arglistige Täuschung ist jedoch die Verletzung einer vorvertraglichen nicht leistungsbezogenen Pflicht (systematisches Argument). Ferner haben die §§ 281 Abs. 1 Satz 3, 323 Abs. 5 Satz 2 BGB nicht die Bedeutung einer Strafsanktion für die arglistige Täuschung. Der Schuldner ist über § 123 BGB (Anfechtung des Kaufvertrages), § 438 Abs. 3 BGB (Regelverjährung von Gewährleistung, sofern diese zu längeren Fristen führt) und §§ 440 Satz 1, 323 Abs. 2 Nr. 3, 281 Abs. 2, 2. Var. BGB (Schadensersatz und/oder Rücktritt ohne Frist zur Nacherfüllung, da diese aufgrund der arglistigen Täuschung des Verkäufers für den Käufer unzumutbar ist, s. Rn. 613) hinreichend geschützt (teleologisches Argument). Schließlich würde die Auffassung des BGH aufgrund der in §§ 281 Abs. 1 Satz 3, 323 Abs. 5 Satz 2 BGB angeordneten Beweislastverschiebung dazu führen, dass der Verkäufer nicht nur die Unerheblichkeit des Mangels beweisen müsste, sondern auch, dass er eine arglistige Täuschung – wodurch eine unerhebliche Pflichtverletzung zur erheblichen würde – nicht verübt hat, was in der Regel nicht gelingen dürfte (systematisches/teleologisches Argument).

---

cc) Minderung, §§ 437 Nr. 2, 2. Alt., 441 BGB

615 Wie beim Rücktritt gilt auch bei der Minderung der Vorrang der Nacherfüllung. Die Minderung muss gegenüber dem Verkäufer erklärt werden, sie ist daher wie der Rücktritt ein Gestaltungsrecht. Da die Minderung eine Alternative zum Rücktritt ist (§ 437 Nr. 2 BGB „oder", § 441 Abs. 1 Satz 1 BGB „Statt zurückzutreten"), setzt die Minderung ein bestehendes Rücktrittsrecht und somit die erfolglose Fristsetzung zur Nacherfüllung voraus, es sei denn, die Fristsetzung ist entbehrlich. Der Käufer kann auch dann mindern, wenn der Mangel unerheblich ist, § 441 Abs. 1 Satz 2 BGB. Minderung und Rücktritt schließen sich naturgemäß aus (vgl. § 437 Nr. 2 BGB „oder"). Der Käufer kann den Kaufpreis nicht nach § 346 Abs. 1 BGB zurückverlangen und zugleich mindern wollen. Das gleiche gilt für Minderung und Schadensersatz statt der ganzen Leistung. Denn bei der Minderung behält der Käufer die mangelhafte Sache, beim Schadensersatz statt der ganzen Leistung hat er sie nach §§ 281 Abs. 5, 346 BGB zurückzugeben.[175] Hingegen kann Minderung gleichzeitig mit Schadensersatz statt der Leistung (kleiner Schadensersatz) geltend gemacht werden (vgl. § 437 Nr. 3 BGB „und"), da der Rücktritt, an dessen Stelle die Minderung tritt, und der Schadensersatz sich aufgrund § 325 BGB

---

171 BGH, Urteil vom 15. Juni 2011, VIII ZR 139/09, NJW 2011, 3708 Rn. 9.
172 BGH, Beschluss vom 4. Februar 2016, IX ZR 133/15, MDR 2016, 450 Rn. 2.
173 BGH, Urteil vom 24. März 2006, V ZR 173/05, BGHZ 167, 19 Rn. 7 ff.
174 *Lorenz*, NJW 2006, 1925 ff.; *Looschelders*, JR 2007, 309 ff.; kritisch auch *Gsell*, EWiR 2006, 549 f.; der Rechtsprechung des BGH hingegen zustimmend *Rösler*, AcP 207 (2007), 564, 593 ff.
175 BeckOK/*Faust*, § 437 Rn. 173.

nicht ausschließen; es besteht Anspruchskonkurrenz.[176] Minderung und kleiner Schadensersatz sind nicht gleichzusetzen und unterscheiden sich grundlegend in ihrer Berechnung. Während die Minderung durch § 441 Abs. 3 BGB die Gegenleistung miteinbezieht, orientiert sich der Schadensersatz gemäß §§ 249 ff. BGB allein an der Leistung.[177] Zudem erfordert nur der Schadensersatz ein Verschulden (§ 280 Abs. 1 Satz 2 BGB); die Minderung erfolgt verschuldensunabhängig.

1. Keine Minderung im Falle von §§ 326 Abs. 5, 323 Abs. 6 BGB 616

Wegen der Koppelung des Minderungsrechts an das Rücktrittsrecht kann der Käufer aufgrund §§ 326 Abs. 5, 323 Abs. 6 BGB nicht mindern, wenn der Käufer die Unmöglichkeit der Nacherfüllung zu vertreten hat.[178] Denn der Käufer hat dem Verkäufer die Möglichkeit genommen, sich durch die Nacherfüllung den vollen Kaufpreis zu verdienen. Dies gilt insbesondere im Falle der unberechtigten Selbstvornahme der Mangelbeseitigung durch den Käufer.[179]

2. Rechtliche Natur der Minderung 617

Je nach Fallgestaltung kann die Minderung eine Anspruchsgrundlage oder ein Gegenrecht des Käufers begründen. Hat der Käufer den Kaufpreis bereits entrichtet, kann er bei wirksamer Minderung den zu viel gezahlten Betrag nach §§ 437 Nr. 2, 2. Alt., 441 Abs. 4, 346 Abs. 1 BGB zurückverlangen (Anspruchsgrundlage). Ist noch keine Zahlung erfolgt, kann der Käufer dem Anspruch des Verkäufers aus § 433 Abs. 2 BGB die Minderung nach § 441 Abs. 1 Satz 1 BGB als rechts*vernichtende* Einwendung entgegenhalten; der Kaufpreisanspruch erlischt in dem von § 441 Abs. 3 BGB beschriebenen Umfang.

Fall 42: Der Sonnenkönig 618

Der gewerbliche Kunstsammler K kauft beim Antiquitätenhändler V für € 600 eine Uhr aus dem 18. Jahrhundert, die einmal auf dem Nachttisch von Ludwig XIV. gestanden haben soll und € 500 wert ist. Die Höhe des vereinbarten Kaufpreises rechtfertigt sich nach Ansicht der Parteien dadurch, dass die Uhr noch voll funktionstüchtig ist. Zuhause stellt K fest, dass die Uhr stets nur fünf Minuten nach dem Aufziehen läuft und sodann stehen bleibt. Als K von V verlangt, die Uhr zu reparieren, weigert sich V strikt, denn der Aufwand lohnt sich im Vergleich zum Wert der Uhr im mangelfreien Zustand für V nicht. K möchte die Uhr, welche immerhin noch € 300 wert ist, behalten. Er verlangt daher von V einen Teil des gezahlten Kaufpreises zurück. Zu Recht?

Anspruch K gegen V

- **§§ 437 Nr. 2, 441 Abs. 4, 346 Abs. 1 BGB**

K könnte von V Rückzahlung eines Teils des Kaufpreises verlangen, §§ 437 Nr. 2, 441 Abs. 4, 346 Abs. 1 BGB. K und V haben einen Kaufvertrag abgeschlossen. Voraussetzung für den Rückzahlungsanspruch aus Minderung ist, dass die Sache i. S. v. §§ 434 f. BGB mangelhaft ist. Es könnte ein Sachmangel nach § 434 Abs. 1 Satz 1 BGB vorliegen, sofern die tatsächliche Ist-Beschaffenheit der Kaufsache von ihrer vertraglich vereinbarten Soll-Beschaffenheit abweicht. Die verkaufte Uhr ist entgegen der Parteivereinbarung nicht funktionstüchtig, ihre vertraglich vereinbarte Soll-Beschaffenheit weicht von ihrer Ist-Beschaffenheit ab. Es liegt ein Sachmangel nach § 434 Abs. 1 Satz 1 BGB vor.

176 BeckOK/*Faust*, § 437 Rn. 173; a. A. Palandt/*Grüneberg*, § 281 Rn. 41; offengelassen BGH, Urteil vom 5. November 2010, V ZR 228/09, NJW 2011, 1217 Rn. 34 f.
177 Ausführlich mit vergleichenden Berechnungsbeispielen *Eichel*, JuS 2011, 1064 ff.
178 *Lorenz*, NJW 2002, 2497, 2499; a. A. *Kohler*, AcP 203 (2003), 539, 572.
179 Zur unberechtigten Selbstvornahme der Mangelbeseitigung s. Rn. 646 f.

Ferner setzt der Anspruch auf Minderung voraus, dass der Käufer statt Minderung zu verlangen, vom Vertrag zurücktreten kann, § 441 Abs. 1 Satz 1 BGB. K müsste somit ein Rücktrittsrecht zustehen. Dies könnte sich aus § 326 Abs. 5 BGB ergeben. Voraussetzung hierfür ist, dass der Verkäufer nach §§ 275 Abs. 1 bis Abs. 3, 439 Abs. 4 BGB von seiner Pflicht zur Nacherfüllung befreit ist. Zwar nennt § 326 Abs. 5 BGB den § 439 Abs. 4 BGB nicht ausdrücklich. Jedoch ist § 439 Abs. 4 BGB ein Unterfall von § 275 Abs. 2 BGB (qualitative Unmöglichkeit) und daher unter § 326 Abs. 5 BGB zu fassen. V müsste folglich von beiden Arten der Nacherfüllung nach §§ 275 Abs. 1 bis Abs. 3, 439 Abs. 4 BGB befreit sein.

V könnte von der Pflicht zur Nachlieferung befreit sein, sofern die Nachlieferung der vereinbarten Kaufsache ausgeschlossen ist. K und V haben als Stückschuld die Lieferung eines Unikats vereinbart, die Nachlieferung eines Unikats ist nicht geschuldet. V ist somit nicht zur Nachlieferung verpflichtet.

▶ **Hinweis:** Alternativ kann der Ausschluss des Nachlieferungsanspruchs mit § 275 Abs. 1 BGB begründet werden; es ist objektiv unmöglich die als Stückschuld verkaufte Uhr noch einmal zu liefern. Auch die h. L. gelangt im vorliegenden Fall zum Ausschluss des Nachlieferungsanspruchs, da ein Unikat die Existenz einer gleichwertigen Sache ausschließt.[180]

Der Mangelbeseitigung könnte die Einrede des V aus § 439 Abs. 4 BGB entgegenstehen. Nach § 439 Abs. 4 BGB kann der Verkäufer die Beseitigung des Mangels verweigern, wenn dies unverhältnismäßig hohe Kosten verursachen würde. Die Reparatur der Uhr würde Kosten verursachen, die nicht im Verhältnis zum Wert der Uhr im mangelfreien Zustand stehen. V kann somit auch die Mangelbeseitigung nach § 439 Abs. 4 BGB verweigern.

▶ **Hinweis:** Die Unverhältnismäßigkeit wird im Sachverhalt vorgegeben. Sie ist daher entweder unbestritten oder bewiesen und ist in der Klausurbearbeitung nicht anzuzweifeln.

Die Voraussetzungen von § 326 Abs. 5 BGB sind erfüllt. Gemäß § 326 Abs. 5 BGB findet § 323 BGB entsprechend Anwendung mit der Maßgabe, dass es einer Fristsetzung nicht bedarf.

▶ **Hinweis:** § 326 Abs. 5 BGB verweist eingeschränkt auf die Tatbestandsvoraussetzungen einer anderen Norm. Er enthält einen partiellen Rechts*grund*verweis. Es sind somit sämtliche einschlägigen Voraussetzungen von § 323 BGB zu prüfen mit Ausnahme des Fristerfordernisses. Da eine Leistung, der die Einwendungen der §§ 275 Abs. 1 bis Abs. 3, 439 Abs. 4 BGB entgegenstehen, nicht fällig werden kann, ist eine fällige Leistungspflicht ebenfalls nicht zu prüfen.

Auf die Erheblichkeit der Pflichtverletzung nach § 323 Abs. 5 Satz 2 BGB kommt es aufgrund § 441 Abs. 1 Satz 2 BGB nicht an. Ein Rücktrittsrecht nach § 326 Abs. 5 BGB besteht. K hat somit ein Minderungsrecht. Ferner ist eine Minderungserklärung erforderlich. Indem K von V einen Teil des gezahlten Kaufpreises zurückverlangt, erklärt er die Minderung.

Die Höhe der Minderung berechnet sich nach § 441 Abs. 3 BGB. Demnach verhält sich der geminderte Kaufpreis (x) zum vereinbarten Kaufpreis (€ 600) wie der Wert der Ware mit (€ 300) und ohne Mangel (€ 500) und beträgt somit € 360. Folglich hat K den Kaufpreis um € 240 gemindert. K hat gegen V einen Anspruch auf Zahlung von € 240 aus §§ 437 Nr. 2, 441 Abs. 4, 346 Abs. 1 BGB.

dd) Schadensersatz, § 437 Nr. 3, 1. Alt. BGB

619 Neben der Möglichkeit, vom Vertrag zurückzutreten oder den Kaufpreis zu mindern, kann der Käufer Schadensersatz nach Maßgabe von § 437 Nr. 3, 1. Alt. i. V. m. §§ 280, 281, 283, 311a BGB verlangen. Das Gewährleistungsrecht fügt sich somit in die allgemeinen schuldrechtlichen Schadensersatzvorschriften ein und enthält lediglich einige Spezialregelungen für den Tatbestand der Schlechtleistung („nicht vertragsgemäße Leistung"), der einen Unterfall der Pflichtverletzung i. S. v. § 280 Abs. 1 Satz 1 BGB

180 Zum Problem der Nachlieferung beim Stückkauf s. Rn. 592.

bildet. § 280 Abs. 1 BGB ist daher auch im kaufvertraglichen Gewährleistungsrecht die zentrale Anspruchsgrundlage für Schadensersatzansprüche.

Die Tatbestandsvoraussetzungen für den Schadensersatzanspruch nach § 437 Nr. 3 BGB lassen sich wie folgt aus dem Gesetz herleiten. 620

1. §§ 437 Nr. 3, 280 Abs. 1 Satz 1 BGB (Pflichtverletzung)
- Die Pflichtverletzung kann in der mangelhaften Leistung (§§ 433 Abs. 1 Satz 2, 434 f. BGB) oder in dem Ausbleiben der geschuldeten Nacherfüllung (§§ 437 Nr. 1, 439 Abs. 1 BGB) liegen.
- Sofern Schadensersatz statt der Leistung verlangt wird, müssen aufgrund §§ 437 Nr. 3, 280 Abs. 3 BGB zusätzlich die Voraussetzungen von § 281 BGB (*qualitative Verzögerung*) oder von §§ 283, 311a BGB (*qualitative Unmöglichkeit*)[181] erfüllt sein.

2. §§ 437 Nr. 3, 280 Abs. 1 Satz 2 BGB (Vertretenmüssen)
- Der Verkäufer muss den Mangel oder das Ausbleiben der Nacherfüllung zu vertreten haben (im Einzelnen s. Rn. 621).

Vertretenmüssen im Gewährleistungsrecht 621

1. Bezugspunkt des Vertretenmüssens beim Schadensersatz statt der Leistung

a) Verzögerung der Nacherfüllung, § 280 Abs. 1 Satz 2 BGB

Verlangt der Käufer Schadensersatz statt der Leistung aufgrund einer Schlechtleistung nach §§ 437 Nr. 3, 280 Abs. 1, Abs. 3, 281 BGB, ist der Bezugspunkt des Vertretenmüssens von § 280 Abs. 1 Satz 2 BGB umstritten. Es wird teilweise ausschließlich darauf abgestellt, dass der Verkäufer die mangelhafte Leistung[182] (§ 433 Abs. 1 Satz 2 BGB) oder die nicht erfolgte Nacherfüllung[183] (§ 439 Abs. 1 BGB) zu vertreten hat. Andere verlangen, dass der Verkäufer kumulativ den Mangel und die erfolglose Nacherfüllung zu vertreten hat.[184] Richtigerweise genügt für einen Schadensersatzanspruch ein alternatives Vertretenmüssen, da der Käufer zwei Schadensersatzansprüche hat – und zwar wegen mangelhafter Leistung und wegen nicht erfolgter Nacherfüllung.[185] Die Ansprüche stehen in Anspruchskonkurrenz zueinander.[186] Jedoch werden die Voraussetzungen beider Ansprüche aus §§ 437 Nr. 3, 280 Abs. 1, Abs. 3 und 281 Abs. 1 BGB selten gleichzeitig erfüllt sein. Zum einen hat der Verkäufer, der die Sache nicht selbst hergestellt hat, den Mangel in der Regel nicht zu vertreten;[187] hat er hingegen das Ausbleiben der Nacherfüllung zu vertreten, besteht nur ein Anspruch auf Schadensersatz statt der Leistung wegen der nicht erfolgten Nacherfüllung. Hat der Verkäufer das Bestehen des Mangels zu vertreten, jedoch trotz § 287 Satz 2 BGB nicht das Unterlassen der Nacherfüllung, besteht nur ein Anspruch auf Schadensersatz statt der Leistung wegen der mangelhaften Leistung.[188] Sofern der Verkäufer den von ihm zu vertretenden Mangel fristgerecht erfolgreich nacherfüllt, scheitern beide Ansprüche auf Schadensersatz statt der Leistung daran, dass zum Zeitpunkt des Fristablaufs keine Pflichtverletzung

---

181 Da § 311a BGB nicht § 280 Abs. 1 BGB unterfällt (s. Rn. 417), ist die Anspruchsgrundlage §§ 437 Nr. 3, 311a Abs. 2 BGB.

182 *Peters*, JR 2004, 353, 354; *Oechsler*, Schuldrecht BT, 2003, § 2 Rn. 228.

183 Vgl. Palandt/*Grüneberg*, § 281 Rn. 16.

184 *Hirsch*, Jura 2003, 289, 292 f.; vgl. ferner *Höpfner*, ZGS 2009, 270, 272.

185 MüKo/*H. P. Westermann*, § 437 Rn. 29; Staudinger/*Schwarze*, § 280 Rn. D 14, D 13; *Jaensch*, Jura 2005, 649, 652; *Fest*, Jura 2005, 734, 735 ff.; *Wenzel/Wilken*, Schuldrecht BT I, 6. Auflage 2010, Rn. 444 ff.; *Faust*, JuS 2009, 863, 865. Der BGH lies den Bezugspunkt des Vertretenmüssens zunächst ausdrücklich offen, s. Urteil vom 22. Juni 2005, VIII ZR 281/04, BGHZ 163, 234, 241, er hat sich nunmehr jedoch für die hier vertretene Ansicht ausgesprochen, s. Urteil vom 15. Juli 2008. VIII ZR 211/07, BGHZ 177, 224, 228 Rn. 11 f. und 235 Rn. 28.

186 A. A. einheitliche Pflichtverletzung, MüKo/*Ernst*, § 281 Rn. 48 ff.; *Schur*, JA 2006, 223, 225 ff.; *Harke*, ZGS 2006, 9 ff.

187 MüKo/*H. P. Westermann*, § 437 Rn. 29 f.; s. Rn. 622.

188 *U. Huber*, Festschrift Schlechtriem, 2003, 521, 528; a. A. *Lorenz*, Festschrift U. Huber, 2006, 423, 428 f.

vorliegt. Zur Anspruchskonkurrenz kommt es daher nur, wenn der Verkäufer den Mangel sowie das Ausbleiben der Nacherfüllung zu vertreten hat.

b) nachträgliche Unmöglichkeit der Nacherfüllung, § 280 Abs. 1 Satz 2 BGB
Bei nachträglicher Unmöglichkeit beider Arten der Nacherfüllung setzt ein Anspruch auf Schadensersatz statt der Leistung nach §§ 437 Nr. 3, 280 Abs. 1, Abs. 3, 283 BGB voraus, dass der Verkäufer das endgültige Ausbleiben der mangelfreien Leistung aufgrund eines Umstandes zu vertreten hat, der nach Vertragsschluss eingetreten ist.[189] Sofern der Verkäufer nur den Mangel zu vertreten hat, ist der hierdurch entstandene Schaden als Schadensersatz *neben* der Leistung nach §§ 437 Nr. 3, 280 Abs. 1 BGB zu ersetzen.[190]

c) anfängliche Unmöglichkeit der Nacherfüllung, § 311a Abs. 2 Satz 2 BGB
Liegt bereits bei Vertragsschluss Unmöglichkeit beider Arten der Nacherfüllung vor, setzt ein Anspruch auf Schadensersatz statt der Leistung nach §§ 437 Nr. 3, 311a Abs. 2 Satz 2 BGB die Kenntnis oder die zu vertretende Unkenntnis des Verkäufers von dem Mangel und dessen Unbehebbarkeit im konkreten Fall voraus (doppelte Kenntnis).[191] Bei nicht zu vertretender Unkenntnis des Mangels wird regelmäßig zugleich eine nicht zu vertretende Unkenntnis der fehlenden Behebbarkeit vorliegen, denn kannte der Verkäufer den Mangel nicht, kann er sich keine Gedanken über dessen Behebbarkeit gemacht haben.[192] Kannte der Verkäufer bei Vertragsschluss hingegen nur den Mangel oder hätte er ihn kennen müssen, nicht jedoch dessen Unbehebbarkeit, kann der Käufer wegen des durch den Mangel entstandenen Schadens nur Schadensersatz *neben* der Leistung gemäß §§ 437 Nr. 3, 280 Abs. 1 BGB verlangen.[193]

622 **2. Umfang des Vertretenmüssens des Mangels**

In der Regel hat der Verkäufer, der die Sache nicht selbst hergestellt hat, den Mangel auch nicht zu vertreten. Ihm ist ein Verschulden des Herstellers nicht nach § 278 BGB zuzurechnen. Denn der Verkäufer schuldet nur die mangelfreie Leistung und nicht die Herstellung. Der Hersteller ist somit nicht der Erfüllungsgehilfe des Verkäufers.[194] Den Verkäufer trifft grundsätzlich auch keine Untersuchungspflicht.[195] Ein Vertretenmüssen des Mangels ist hingegen zu bejahen, sofern der Verkäufer einen ihn bekannten Mangel verschweigt. Er haftet nach § 437 Nr. 3 BGB auf Schadensersatz unabhängig von dem Bestehen einer Aufklärungspflicht.[196] Der Pflichtvorwurf ist die Lieferung einer mangelhaften Sache (§ 433 Abs. 1 Satz 2 BGB) und nicht die Verletzung einer Aufklärungspflicht (nicht leistungsbezogene Nebenpflicht, § 241 Abs. 2 BGB).[197] Der Verkäufer hat den Mangel ferner zu vertreten, wenn er im Rahmen der Nacherfüllung eine neue, wiederum mangelhafte Sache liefert. Nunmehr besteht eine Untersuchungspflicht, da der Verkäufer die Fehleranfälligkeit kennt und der Käufer erwarten kann, dass die Ersatzsache auf Mängel geprüft wurde.[198]

---

189 *Lorenz*, NJW 2002, 2497, 2500 f.
190 *Lorenz*, NJW 2002, 2497, 2501 f.
191 *Lorenz*, Festschrift U. Huber, 2006, 423, 431.
192 *Hirsch*, Jura 2006, 120, 125 f.
193 *Lorenz*, NJW 2002, 2497, 2501 f.
194 BGH, Urteil vom 15. Juli 2008. VIII ZR 211/07, BGHZ 177, 224 Rn. 29; Regierungsbegründung BT-Drucks. 14/6040, S. 210; *Lorenz*, ZGS 2004, 409, 410; a. A. *Peters*, ZGS 2010, 24, 27; *Schroeter*, JZ 2010, 495, 497 ff.; *Weller*, NJW 2012, 2312 ff.
195 BGH, Urteil vom 19. Juni 2013, VIII ZR 183/12, NJW 2014, 211 Rn. 24; MüKo/*H. P. Westermann*, § 437 Rn. 30.
196 Einer Frist zur Nacherfüllung bedarf es bei arglistigem Verschweigen des Mangels nicht, §§ 440 Satz 1, 281 Abs. 2, 2. Var., 323 Abs. 2 Nr. 3 BGB, s. Rn. 613.
197 A.A. *Gröschler*, NJW 2005, 1601, 1602 f., dessen Argumentation auf einem Zirkelschluss beruht, indem er den zu beweisenden Rechtssatz (das Vertretenmüssen setze die Verletzung einer Aufklärungspflicht voraus) als Begründung voraussetzt und vom anfänglich unbehebbaren Mangel *a maiori ad minus* auf den behebbaren Mangel schließt.
198 *Brömmelmeyer*, JZ 2006, 493, 497.

Hinsichtlich der einzelnen Schadensersatzansprüche ist zwischen verschiedenen Arten von Schäden zu unterscheiden:

i) Schadensersatz statt der Leistung für den eigentlichen Mangelschaden, §§ 437 Nr. 3, 280 Abs. 1 und Abs. 3, 281 Abs. 1 BGB (qualitative Verzögerung)

Statt der Leistung kann der Käufer nach §§ 437 Nr. 3, 280 Abs. 1 und Abs. 3, 281 Abs. 1 BGB den Schaden ersetzt verlangen, den er erleidet, weil die Sache mangelhaft ist. Gegenstand des Schadensersatzes statt der Leistung ist derjenige Schaden, der sich aus dem *endgültigen* Ausbleiben der Leistung ergibt. Für den Anspruch ist es grundsätzlich erforderlich, dass der Käufer den Verkäufer zur Nacherfüllung innerhalb einer angemessenen Frist auffordert, § 281 Abs. 1 Satz 1 BGB (zu den Anforderungen an eine wirksame Aufforderung s. Rn. 609). **623**

Beispiel: Der verkaufte Pkw hat einen Motorschaden oder es wird statt Chardonnay Chianti geliefert.

Wie bei der Teilleistung oder der Teilunmöglichkeit (s. §§ 281 Abs. 1 Satz 2, 283 Satz 2, 311a Abs. 2 Satz 3 BGB) besteht auch bei der nicht vertragsgemäßen Leistung (Schlechtleistung) die Möglichkeit, zwischen dem Schadensersatz statt der Leistung (§ 281 Abs. 1 Satz 1 BGB) und dem Schadensersatz statt der *ganzen* Leistung (§ 281 Abs. 1 Satz 3 BGB) zu wählen. Allerdings steht dem Käufer der weitergehende Anspruch auf Schadensersatz statt der ganzen Leistung nur zu, sofern die Pflichtverletzung (sprich der Mangel) erheblich ist. Im Zweifel wird die Erheblichkeit des Mangels aufgrund der Schlechtleistung vermutet, die Schwelle ist daher geringer als bei § 281 Abs. 1 Satz 2 BGB. **624**

Im Anschluss an die Terminologie zum alten Kaufrecht wird der Schadensersatz statt der ganzen Leistung auch als „großer Schadensersatz" und der Schadensersatz statt der Leistung als „kleiner Schadensersatz" bezeichnet.[199]

Bei der Berechnung des kleinen und großen Schadensersatzes ist wie folgt zu unterscheiden: **625**

(i) Beim Anspruch nach § 281 Abs. 1 Satz 1 BGB auf den kleinen Schadensersatz behält der Käufer die mangelhafte Sache. Er hat einen Schadensersatzanspruch auf Ersatz des mangelbedingten Minderwertes. **626**

Auch wenn sich der kleine Schadensersatz und die Minderung im Ergebnis ähneln, können sie sich der Höhe nach unterscheiden (vgl. Fall 42 Rn. 618 und Fall 44 Rn. 631). Der Schadensersatzanspruch richtet sich auf Naturalrestitution gemäß §§ 249 ff. BGB, die Minderung berechnet sich nach dem vertraglich vereinbarten Verhältnis von Leistung und Gegenleistung gemäß § 441 Abs. 3 BGB.

(ii) Will der Käufer den großen Schadensersatz geltend machen, gibt er die Kaufsache zurück (§§ 281 Abs. 5, 346 BGB) und verlangt den gezahlten Kaufpreis sowie den über den Kaufpreis hinausgehenden Schaden ersetzt, z. B. Kosten eines Deckungsgeschäfts. **627**

▶ **Hinweis:** Aufgrund dieser Unterschiede empfiehlt es sich in der Klausur, die Ansprüche auf den großen und den kleinen Schadensersatz als zwei getrennte Ansprüche zu prüfen.

---

199 Zur Abgrenzung zwischen großem und kleinem Schadensersatz sowie Differenz- und Austauschtheorie s. Rn. 462.

628 **Unerheblichkeit i. S. v. §§ 281 Abs. 1 Satz 3, 323 Abs. 5 Satz 2 BGB**

Ist der Mangel unerheblich, muss der Käufer die mangelhafte Sache behalten. Der Schadensersatz statt der ganzen Leistung und ein Rücktritt vom Vertrag sind ausgeschlossen, §§ 281 Abs. 1 Satz 3, 323 Abs. 5 Satz 2 BGB. Ein Teilrücktritt wegen des mangelhaften Teils der Leistung ist nicht möglich.[200]
Den mangelbedingten Minderwert kann der Käufer im Wege der Minderung (§ 441 Abs. 1 BGB) und des Schadensersatzes statt der Leistung (§ 281 Abs. 1 Satz 1 BGB) geltend machen, hier besteht Anspruchskonkurrenz.
Eine erhebliche Pflichtverletzung liegt nicht bereits deshalb vor, weil der Verkäufer den Käufer über das Vorhandensein eines Mangels arglistig getäuscht hat.[201]

629 **Fall 43: Defekter Katalysator**

Zur Erfüllung eines zwischen den Parteien geschlossenen Kaufvertrages liefert der Autohändler V dem K einen Pkw mit einem defekten Katalysator. Aufgrund des Defekts überschreiten die Abgaswerte des Pkws die zulässigen Grenzwerte. Den vereinbarten Kaufpreis in Höhe von € 19 000 zahlt K bei Lieferung. Als K den Mangel einige Tage später entdeckt, fordert er V auf, den Wagen innerhalb von einem Monat zu reparieren. V jedoch bleibt untätig. Der Wert des mangelfreien Pkw beträgt € 20 000. Die Reparatur des Katalysators durch Dritte würde € 2000 kosten. K verlangt Schadensersatz von V. Zu Recht und in welcher Höhe?

Ansprüche K gegen V

1. §§ 437 Nr. 3, 280 Abs. 1 und Abs. 3, 281 Abs. 1 Satz 1 BGB (kleiner Schadensersatz)
K könnte von V Schadensersatz statt der Leistung aufgrund des defekten Katalysators nach §§ 437 Nr. 3, 280 Abs. 1 und Abs. 3, 281 Abs. 1 Satz 1 BGB verlangen. Ein wirksamer Kaufvertrag liegt vor. Weitere Voraussetzung für den Anspruch ist, dass die Kaufsache mangelhaft ist, §§ 437, 434 f. BGB. In Abwesenheit einer Beschaffenheitsvereinbarung (§ 434 Abs. 1 Satz 1 BGB) ist eine Sache mangelhaft, wenn sie nicht der üblichen Beschaffenheit entspricht, die der Käufer erwarten kann, § 434 Abs. 1 Satz 2 Nr. 2 BGB. Der Pkw mit einem defekten Katalysator weist nicht die übliche Beschaffenheit auf, die K erwarten kann. Der Pkw ist aufgrund des defekten Katalysators nach § 434 Abs. 1 Satz 2 Nr. 2 BGB mangelhaft.

Die nach Ablauf der zur Nacherfüllung gesetzten Monatsfrist fortbestehende mangelhafte Lieferung stellt eine Pflichtverletzung i. S. v. §§ 280 Abs. 1, 281 Abs. 1 Satz 1 BGB dar. Fraglich ist jedoch, ob sie von dem Autohändler V nach § 280 Abs. 1 Satz 2 BGB zu vertreten ist. Sofern der Verkäufer lediglich als Händler der Kaufsache auftritt, hat er den Mangel der Kaufsache nicht zu vertreten. Ihn trifft keine Untersuchungspflicht. Der Autohändler V hat daher den Mangel nicht zu vertreten. Als weitere Pflichtverletzung i. S. v. §§ 280 Abs. 1, 281 Abs. 1 Satz 1 BGB käme eine nicht fristgemäß erfolgte Nacherfüllung in Betracht. Aufgrund §§ 437 Nr. 1, 439 Abs. 1 BGB ist V nach Wahl des K zur Reparatur des Pkw verpflichtet. Eine von K zur Reparatur gesetzte Frist hat V untätig verstreichen lassen. Eine Pflichtverletzung aufgrund nicht fristgemäß erfolgter Nacherfüllung liegt vor. Das Vertretenmüssen der Pflichtverletzung wird nach § 280 Abs. 1 Satz 2 BGB vermutet.

K kann von V Schadensersatz statt der Leistung verlangen. Der Umfang des Schadensersatzanspruchs richtet sich nach §§ 249 ff. BGB. Der Anspruch ist auf Geld und nicht auf Naturalrestitution gerichtet, da die Naturalrestitution inhaltsgleich mit dem Nacherfüllungsanspruch wäre, der nach § 281 Abs. 4 BGB nicht mehr geltend gemacht werden kann. Im Rahmen des kleinen Schadensersatzes ist der Schaden zu ersetzen, der zur Mangelbehebung erforderlich ist. Die Reparatur des defekten Katalysators würde € 2000 kosten. Diesen Schaden kann K von V ersetzt verlangen.

---

200 Vgl. Regierungsbegründung BT-Drucks. 14/6040, S. 187, zum Rücktritt bei Teil- und Teilschlechtleistung s. Rn. 577.
201 Im Einzelnen hierzu s. Rn. 614.

K kann von V Schadensersatz statt der Leistung nach §§ 437 Nr. 3, 280 Abs. 1 und Abs. 3, 281 Abs. 1 Satz 1 BGB in Höhe von € 2000 verlangen.

2. §§ 437 Nr. 3, 280 Abs. 1 und Abs. 3, 281 Abs. 1 Satz 1 und Satz 3 BGB (großer Schadensersatz)
K könnte von V Schadensersatz statt der ganzen Leistung aufgrund des defekten Katalysators nach §§ 437 Nr. 3, 280 Abs. 1 und Abs. 3, 281 Abs. 1 Satz 1 und Satz 3 BGB verlangen. Eine von V zu vertretende Pflichtverletzung liegt aufgrund der nicht fristgemäßen Nacherfüllung vor (s. o.). Weitere Voraussetzung ist, dass der Mangel erheblich ist, § 281 Abs. 1 Satz 3 BGB. Aufgrund des schadhaften Katalysators ist eine Reparatur in Höhe von ca. 10 % des Kaufpreises erforderlich. Zudem werden aufgrund des defekten Katalysators die vorgeschriebenen Abgasgrenzwerte überschritten, so dass der Pkw nicht betriebsfähig ist. Der Mangel ist daher erheblich.

▶ **Hinweis:** Die Erheblichkeit des Mangels wird nur vermutet, wenn der Sachverhalt keine Hinweise zur Erheblichkeit enthält. Andernfalls sind Ausführungen zur Begründung der Erheblichkeit in der Klausur erforderlich.

K kann von V Schadensersatz statt der ganzen Leistung verlangen. Hierzu hat er dem V den Wagen nach §§ 281 Abs. 5, 346 ff. BGB zurückzugeben. Er kann stattdessen sein Interesse an der gesamten Leistung nach §§ 249 ff. BGB in Geld verlangen. Ohne den Mangel hätte K für einen Kaufpreis von € 19 000 einen Pkw im Wert von € 20 000 erhalten. Zu dem von K aufgrund des Mangels erlittenen Schaden zählt neben dem Mindestschaden in Höhe des gezahlten Kaufpreises (vgl. Rn. 466a) von € 19 000 der den Kaufpreis übersteigende Wert des Pkws in Höhe von € 1000. Der Umfang des Schadensersatzes statt der ganzen Leistung beträgt daher € 20 000.

K kann von V Schadensersatz statt der ganzen Leistung nach §§ 437 Nr. 3, 280 Abs. 1 und Abs. 3, 281 Abs. 1 Satz 1 und Satz 3 BGB in Höhe von € 20 000 Zug um Zug gegen Rückgabe des Wagens verlangen.

3. Ergebnis
Die Ansprüche auf Schadensersatz statt der Leistung und statt der ganzen Leistung stehen in Anspruchskonkurrenz zueinander. K hat die Wahl, ob er von V entweder Schadensersatz statt der Leistung in Höhe von € 2000 nach §§ 437 Nr. 3, 280 Abs. 1 und Abs. 3, 281 Abs. 1 Satz 1 BGB verlangt und den Wagen behält oder ob er Schadensersatz statt der ganzen Leistung in Höhe von € 20 000 nach §§ 437 Nr. 3, 280 Abs. 1 und Abs. 3, 281 Abs. 1 Satz 1 und Satz 3 BGB verlangt und V den Wagen zurückgibt.

ii) Schadensersatz statt der Leistung für den eigentlichen Mangelschaden bei Einwendungen aufgrund §§ 275 Abs. 1 bis 3, 439 Abs. 4 BGB gegen die Nacherfüllung, §§ 437 Nr. 3, 280 Abs. 1 und Abs. 3, 283 und §§ 437 Nr. 3, 311a Abs. 2 BGB (qualitative Unmöglichkeit)

Den eigentlichen Mangelschaden, der dem Käufer entsteht, wenn *beiden* Arten der **630**
Nacherfüllung Einwendungen aus §§ 275 Abs. 1 bis 3, 439 Abs. 4 BGB entgegenstehen, kann der Käufer über §§ 437 Nr. 3, 280 Abs. 1 und 3, 283 (nachträgliche qualitative Unmöglichkeit) oder §§ 437 Nr. 3, 311a Abs. 2 (anfängliche qualitative Unmöglichkeit) ersetzt verlangen.[202] Nach dem Sprachgebrauch des BGB stellt das Bestehen der vorgenannten Einwendungen eine Pflichtverletzung i. S. v. § 280 Abs. 1 Satz 1 BGB dar (vgl. Rn. 409). Eine Fristsetzung ist nicht erforderlich, §§ 283, 311a Abs. 2 BGB.

Beispiel: V verkauft K seinen Gebrauchtwagen. Später stellt sich heraus, dass der Wagen ein Unfallwagen ist und daher € 2000 weniger wert ist.

202 Umstr. ist die zutreffende Anspruchsgrundlage für § 439 Abs. 4 BGB (vormals § 439 Abs. 3 BGB), hierzu *Jaensch*, jM 2014, 452, 454.

Die Mangelbeseitigung ist anfänglich unmöglich, ein Anspruch auf Nachlieferung besteht nicht, da eine Stückschuld vereinbart wurde.[203] Ein Schadensersatzanspruch besteht nach §§ 437 Nr. 3, 311a Abs. 2 BGB.

631 **Fall 44: Der Sonnenkönig – Fortsetzung**

Im Fall 42 (Rn. 618) hätte K die funktionstüchtige Uhr für € 700 an D weiterverkaufen können. Kann K von V Schadensersatz verlangen? Wenn ja, in welcher Höhe?

Ansprüche K gegen V

1. §§ 437 Nr. 3, 311a Abs. 2 BGB (kleiner Schadensersatz)

K könnte von V Schadensersatz statt der Leistung nach §§ 437 Nr. 3, 311a Abs. 2 BGB verlangen. Die Parteien haben einen Kaufvertrag abgeschlossen. Voraussetzung für den Anspruch ist, dass die Kaufsache mit einem anfänglichen Mangel behaftet ist (§§ 437, 434 f. BGB), gegen beide Arten der Nacherfüllung anfängliche Einwendungen nach §§ 275 Abs. 1 bis 3, 439 Abs. 4 BGB entgegenstehen (§ 311a Abs. 1, Abs. 2 Satz 1 BGB) und dies der Schuldner kannte oder kennen musste (§ 311a Abs. 2 Satz 2 BGB). Die funktionsuntüchtige Uhr ist mangelhaft, § 434 Abs. 1 Satz 1 BGB (s. Lösung zu Fall 42, Rn. 618). Fraglich ist, ob beiden Arten der Nacherfüllung anfängliche Einwendungen entgegenstehen. Die Nachlieferung ist aufgrund der vereinbarten Stückschuld ausgeschlossen (s. Lösung zu Fall 42, Rn. 618), daher entstand ein Wahlrecht des Käufers nach § 439 Abs. 1 BGB nicht. Der Anspruch auf Nacherfüllung beinhaltet von vorneherein nur die Mangelbeseitigung. Gegen die von K verlangte Reparatur der Uhr hat V wirksam die Einrede nach § 439 Abs. 4 BGB erhoben, deren Voraussetzungen bereits bei Vertragsschluss vorlagen. Es wird vermutet, dass V den anfänglichen Mangel sowie die Unverhältnismäßigkeit der Mangelbeseitigung i. S. v. § 439 Abs. 4 BGB kannte oder hätte kennen müssen.

▶ **Hinweis:** Unerheblich für das Vorliegen der anfänglichen Unmöglichkeit i. S. v. § 439 Abs. 4 BGB ist, dass die Einrede erst nach Vertragsschluss erhoben wurde. Es kommt einzig darauf an, dass die Voraussetzungen zur Erhebung der Einrede bereits bei Vertragsschluss vorlagen und der Verkäufer dies wusste oder hätte wissen müssen.

Der Umfang des Schadens berechnet sich nach §§ 249 ff. BGB. Demnach ist der für die Naturalrestitution erforderliche Geldbetrag zu leisten. Aufgrund des Mangels mindert sich der Wert der Uhr um € 200. Ferner kann die Uhr nicht für gewinnbringende zusätzliche € 100 weiterverkauft werden. Der entgangene Gewinn ist Teil des Schadensumfangs, § 252 BGB. Der Schaden beläuft sich damit auf € 300. K kann daher von V Schadensersatz statt der Leistung nach §§ 437 Nr. 3, 311a Abs. 2 BGB in Höhe von € 300 verlangen.

2. §§ 437 Nr. 3, 311a Abs. 2, 281 Abs. 1 Satz 3 BGB (großer Schadensersatz)

K könnte von V aber auch Schadensersatz statt der ganzen Leistung nach §§ 437 Nr. 3, 311a Abs. 2, 281 Abs. 1 Satz 3 BGB verlangen. Ein Fall der anfänglich qualitativen Unmöglichkeit, von der V Kenntnis hatte, liegt vor (s. o.). Ferner müsste der Mangel erheblich sein, § 281 Abs. 1 Satz 3 BGB. Die Erheblichkeit des Mangels wird aufgrund der qualitativen Unmöglichkeit vermutet, §§ 311a Abs. 2 Satz 3, 281 Abs. 1 Satz 3 BGB.

K kann somit von V Schadensersatz statt der ganzen Leistung verlangen. Hierzu muss er die Uhr zurückgeben, §§ 281 Abs. 5, 346 ff. BGB, und kann den gesamten Nichterfüllungsschaden ersetzt verlangen. Der Schaden berechnet sich nach §§ 249 ff. BGB. Er besteht aus dem tatsächlichen Wert der Uhr im mangelfreien Zustand in Höhe von € 500 zuzüglich des entgangenen Gewinns in Höhe von € 100 und beläuft sich daher auf € 600. K kann daher von V Schadensersatz statt der ganzen Leistung nach §§ 437 Nr. 3, 311a Abs. 2, 281 Abs. 1 Satz 3 BGB in Höhe von € 600 verlangen.

203 Zur Nachlieferung bei Stückschuld s. Rn. 592.

3. Ergebnis

Die Ansprüche auf Schadensersatz statt der Leistung und statt der ganzen Leistung stehen in Anspruchskonkurrenz zueinander. K hat die Wahl, die Uhr entweder zu behalten und den kleinen Schadensersatz in Höhe von € 300 nach §§ 437 Nr. 3, 311a Abs. 2 BGB zu verlangen. Oder er gibt die Uhr zurück und erhält Zug um Zug den großen Schadensersatz nach §§ 437 Nr. 3, 311a Abs. 2, 281 Abs. 1 Satz 3 BGB in Höhe von € 600.

▶ **Hinweis:** Im Fall 44 kann K nicht aufgrund der Rentabilitätsvermutung als Mindestschaden (s. Rn. 466a) den gezahlten Kaufpreis in Höhe von € 600 zurückverlangen, da feststeht, dass der Wert der Kaufsache unterhalb des Kaufpreises liegt. Sofern K die € 600 erstattet haben möchte, statt lediglich den Wert im mangelfreien Zustand, muss er vom Vertrag zurücktreten. Er hat dann einen Anspruch aus § 346 Abs. 1 BGB auf Rückgewährung der € 600. Der ihm in diesem Fall verbleibende Schaden beschränkt sich auf den entgangenen Gewinn in Höhe von € 100. Diesen kann er als Schadensersatz statt der ganzen Leistung nach §§ 437 Nr. 3, 311a Abs. 2, 281 Abs. 1 Satz 3 BGB ersetzt verlangen.

iii) Abgrenzung Schadensersatz „neben der Leistung" (insbes. sog. Mangelfolgeschaden) zum Schadensersatz statt der Leistung

Durch den mit der Schuldrechtsreform eingeführten Nacherfüllungsanspruch erhält der Verkäufer die Chance, den Mangel innerhalb einer angemessenen Frist zu beheben. Nur wenn er dem nicht nachkommt, kann der Käufer Schadensersatz statt der (ganzen) Leistung verlangen und/oder vom Vertrag zurücktreten. Daher ist eine Definition erforderlich, die eine Abgrenzung zwischen dem Schaden neben und statt der Leistung ermöglicht. 632

Schadensersatz neben der Leistung 633

Gegenstand des Schadensersatzes neben der Leistung ist derjenige Schaden, der bereits vor dem Zeitpunkt des Wegfalls der Leistungspflicht (sei es aufgrund Unmöglichkeit, §§ 275 Abs. 1 bis 3, 439 Abs. 4 BGB, Verlangen von Schadensersatz statt der Leistung, § 281 Abs. 4 BGB oder wirksamer Rücktrittserklärung) endgültig eingetreten ist und daher durch die Erbringung der Leistung zum letztmöglichen Zeitpunkt nicht behoben worden wäre (s. Rn. 459).

Die Abgrenzung des Schadensersatzes neben der Leistung (§ 280 Abs. 1 BGB) vom Schadensersatz statt der Leistung (§ 280 Abs. 3 BGB) bereitet zuweilen Schwierigkeiten, die sich insbesondere beim sog. Mangelfolgeschaden, Vorenthaltungsschaden (Rn. 637) sowie beim vorzeitigen Deckungskauf (Rn. 463a) zeigen. 634

(i) Mangel(folge)schaden nach Ablauf der Nacherfüllungsfrist 635

Die Anspruchsgrundlage für den Ersatz des sog. Mangelfolgeschadens ist §§ 437 Nr. 3, 280 Abs. 1 BGB. Er ist somit ein Unterfall des Schadensersatzes neben der Leistung. Eine Fristsetzung zur Nacherfüllung ist nicht erforderlich. Umstritten ist jedoch, was unter dem nach §§ 437 Nr. 3, 280 Abs. 1 BGB zu ersetzenden Mangelfolgeschaden zu verstehen ist.

Mangelfolgeschaden im traditionellen Sinn

Nach der zum alten Schuldrecht vorherrschenden Auffassung ist der Mangelfolgeschaden der Schaden, der über den den Mangel begründenden Nachteil an der verkauften Sache hinausgeht. Es handelt sich daher um den Schaden, der aufgrund des Mangels *an anderen Rechtsgütern* entsteht.[204]

Beispiel: Der Käufer verletzt sich an einem schadhaften Maschinenteil.

Zu unterschiedlichen Ergebnissen kommen die Definitionen zum Schadensersatz neben der Leistung (s. Rn. 633) und Mangelfolgeschaden im traditionellen Sinn, wenn der Schaden an anderen Rechtsgütern erst nach Ablauf der Nacherfüllungsfrist eintritt.

Beispiel: V liefert eine mangelhafte Kühlanlage. K lagert Fisch ein, der aufgrund des Mangels zu verderben droht. V gelingt es nicht, den Mangel innerhalb der ihm gesetzten angemessenen Frist zu reparieren. Der Fisch verdirbt.

Tritt der Schaden an anderen Rechtsgütern nur ein, weil der Verkäufer nicht rechtzeitig nacherfüllt, liegt nach der modernen Definition ein Mangelschaden vor (Schadensersatz statt der Leistung, §§ 437 Nr. 3, 280 Abs. 1 und Abs. 3, 281 Abs. 1 BGB), da der Schaden zum Zeitpunkt der Nacherfüllung noch nicht endgültig eingetreten war und durch die Nacherfüllung vermieden worden wäre. Nach der traditionellen Definition wäre ein Mangelfolgeschaden (Schadensersatz neben der Leistung, §§ 437 Nr. 3, 280 Abs. 1 BGB) anzunehmen, da der Schaden an einem anderen Rechtsgut entstanden ist.

636 Kein Mangelfolgeschaden liegt vor, wenn ein Teil der Kaufsache mangelhaft war, welches zur Zerstörung der gesamten Kaufsache führt, z. B. mangelhafte Bremsen führen zum Totalschaden des verkauften Kfz. Hier kann der Käufer nach erfolgloser Fristsetzung zur Nacherfüllung Schadensersatz statt der ganzen Leistung (§§ 437 Nr. 3, 280 Abs. 1 und Abs. 3, 281 Abs. 1 Satz 1 und Satz 3 BGB) verlangen oder/und vom Vertrag (§ 323 Abs. 5 Satz 2 BGB) zurücktreten.[205] Eine Pflicht zum Wertersatz für das zerstörte Kfz trifft den Käufer wegen § 346 Abs. 3 Satz 1 Nr. 3 BGB nicht.

637 (ii) Entgangener Gewinn vor Ablauf der Nacherfüllungsfrist (Vorenthaltungsschaden)

Beispiel: V liefert einen antiken Schrank mit mangelhaften Scharnieren. K setzt ihm eine Frist zur Nacherfüllung. Noch innerhalb der Frist entgeht dem K ein Geschäft mit X, durch das er den Schrank mit Gewinn hätte weiterverkaufen können.

Da kein Schaden an einem anderen Rechtsgut entstanden ist, liegt kein Mangelfolgeschaden im traditionellen Sinn vor. Der Schaden ist auf den mangelbedingten Minderwert der Kaufsache zurückzuführen und ist ein Mangelschaden im traditionellen Sinn. Aufgrund § 281 Abs. 1 BGB kann er aber nicht geltend gemacht werden, weil die Frist zur Nacherfüllung noch nicht abgelaufen ist. Nach modernem Recht umfasst der Mangelschaden nur den Schaden, der auf das endgültige Ausbleiben der Leistung zurückzuführen ist. Hier verhilft die moderne Definition des Mangelfolgeschadens zu einem Anspruch über § 280 Abs. 1 BGB, da der Schaden bereits vor Ablauf der Frist endgültig eingetreten ist.

---

204 BGH, Urteil vom 2. Juni 1980, VIII ZR 78/79, BGHZ 77, 215, 217 f.
205 In diesem Fall könnte es auch zur deliktischen Haftung wegen eines „weiterfressenden" Mangels kommen, s. Rn. 919 ff.

Fall 45: Webstuhl 638

V verkauft K einen Webstuhl aus eigener Produktion für K's Weberei. Der gelieferte Webstuhl weist einen Fabrikationsfehler auf. K produziert einige Meter unbrauchbare Stoffe bis er den Mangel des Webstuhls bemerkt. K verlangt von V Ersatz der vergeudeten Baumwolle. Zu Recht?

Anspruch K gegen V

§§ 437 Nr. 3, 280 Abs. 1 BGB
K könnte von V Schadensersatz für die vergeudete Baumwolle nach §§ 437 Nr. 3, 280 Abs. 1 BGB verlangen. Ein wirksamer Kaufvertrag liegt vor. Ferner müsste aufgrund des Mangels der Kaufsache eine Pflichtverletzung vorliegen, §§ 437 Nr. 3, 434 f., 280 Abs. 1 Satz 1 BGB. In Abwesenheit einer Beschaffenheitsvereinbarung (§ 434 Abs. 1 Satz 1 BGB) liegt ein Sachmangel vor, wenn die Kaufsache sich nicht zur im Vertrag vorausgesetzten Verwendung eignet (§ 434 Abs. 1 Satz 2 Nr. 1 BGB). K erwirbt den Webstuhl, um damit in seiner Weberei Stoffe herzustellen. Indem der Webstuhl fehlerhafte Stoffe herstellt, eignet er sich nicht zu der im Vertrag vorausgesetzten Verwendung. Ein Sachmangel nach § 434 Abs. 1 Satz 2 Nr. 1 BGB liegt vor. Aufgrund der fehlerhaften Leistung besteht eine Pflichtverletzung nach § 280 Abs. 1 Satz 1 BGB. Das Vertretenmüssen der Pflichtverletzung durch V, der den Webstuhl selbst hergestellt hat, wird vermutet, § 280 Abs. 1 Satz 2 BGB.

Fraglich ist, ob der durch die vergeudete Baumwolle entstandene Schaden als Schadensersatz neben der Leistung in den Anwendungsbereich von §§ 437 Nr. 3, 280 Abs. 1 BGB fällt. Nach dieser Anspruchsgrundlage können Schäden geltend gemacht werden, die bereits vor dem Zeitpunkt des Wegfalls der Leistungspflicht endgültig eingetreten sind und daher durch die Erbringung der Leistung zum letztmöglichen Zeitpunkt nicht behoben werden können. Selbst wenn K dem V nach § 281 Abs. 1 Satz 1 BGB eine Frist zur Nacherfüllung gesetzt hätte, um sodann Schadensersatz statt der Leistung zu verlangen, kann der entstandene Schaden nicht innerhalb der Frist behoben werden, da die Baumwolle bereits endgültig vergeudet wurde. Es liegt ein Schaden „neben der Leistung" vor, der gemäß §§ 437 Nr. 3, 280 Abs. 1 BGB zu ersetzen ist.

Der Umfang des Schadensersatzanspruchs bestimmt sich nach §§ 249 ff. BGB. Demnach ist der Zustand wiederherzustellen, der ohne die Pflichtverletzung bestanden hätte. Hätte V keinen defekten Webstuhl geliefert, hätte K die Baumwolle nicht vergeudet. K kann daher Wertersatz für die vergeudete Baumwolle verlangen. K hat gegen V einen Schadensersatzanspruch aus §§ 437 Nr. 3, 280 Abs. 1 BGB auf Wertersatz der vergeudeten Baumwolle.

iv) Schadensersatz „neben der Leistung" für den Verzögerungsschaden, §§ 437 Nr. 3, 280 Abs. 1 und Abs. 2, 286 BGB

Der Schaden, der dem Käufer aufgrund der Verzögerung der *Nacherfüllung* entsteht, ist als Verzögerungsschaden nach §§ 437 Nr. 3, 280 Abs. 1 und Abs. 2, 286 BGB zu ersetzen. Eine Frist zur Nacherfüllung ist für die Geltendmachung des Verzögerungsschadens nicht erforderlich. 639

Auch die Anspruchsgrundlage für den Verzögerungsschaden ergibt sich aus § 437 Nr. 3 BGB und nicht unmittelbar aus §§ 280 Abs. 1 und Abs. 2, 286 BGB. § 437 Nr. 3 BGB verweist zwar für die weiteren Voraussetzungen des Schadensersatzanspruchs neben § 280 BGB lediglich auf §§ 281 und 283 BGB, nicht hingegen auf § 286 BGB. Hierbei handelt es sich jedoch nicht um ein Redaktionsversehen.[206] Indem § 437 Nr. 3 BGB allgemein § 280 BGB nennt, verweist er auch auf § 280 Abs. 2 BGB, der wiederum auf § 286 BGB verweist.[207] § 437 Nr. 3 BGB nennt § 286 BGB nur deshalb nicht, weil der Verkäufer, der eine mangelhafte Leistung erbringt, bereits aufgrund der Schlechtleistung zum Schadensersatz neben der Leistung verpflichtet sein soll (s. Rn. 641 zur Qualifikation des mangelbe- 640

206 So jedoch *Ebert*, NJW 2004, 1761, 1762.
207 Regierungsbegründung, BT-Drs. 14/6040, S. 225.

dingten Nutzungsausfallschadens) und er nicht das in § 286 BGB vorgesehene Privileg des Schuldners, der seine Leistung verzögert, genießen soll, erst ab Verzugseintritt zu haften.[208]

641 **Qualifikation des mangelbedingten Nutzungsausfallschadens**

Von Schäden aufgrund der Verzögerung der Nacherfüllung sind Nutzungsausfallschäden abzugrenzen. Mangelbedingte Nutzungs- oder Betriebsausfallschäden sind Verluste, die infolge der Lieferung einer mangelhaften Sache durch deren Gebrauchsuntauglichkeit eingetreten sind.

> **Beispiel:** V liefert K einen fahruntüchtigen Pkw. Bis zur erfolgten Reparatur entsteht K ein Schaden i. H. v. € 50, da er öffentliche Verkehrsmittel nutzen muss.

Nach der h. A. sind Nutzungsausfallschäden als Schadensersatz neben der Leistung gemäß §§ 437 Nr. 3, 280 Abs. 1 BGB einzuordnen.[209] Ein Verzug der Nacherfüllung ist nicht erforderlich. Liegt Verzug vor, kann zudem ein Anspruch nach §§ 437 Nr. 3, 280 Abs. 1 und Abs. 2, 286 BGB bestehen; es kommt zur Anspruchskonkurrenz. Die Gegenansicht, die auch für den Ersatz von Nutzungsausfallschäden Verzug voraussetzt und daher stets §§ 437 Nr. 3, 280 Abs. 1 und Abs. 2, 286 BGB als Anspruchsgrundlage heranziehen will,[210] ist abzulehnen. Denn Nutzungsausfallschäden beruhen allein auf der Schlechtleistung, nicht auf der Verzögerung der Pflicht zur mangelfreien Lieferung. Der von der Gegenansicht behauptete Wertungswiderspruch[211] zwischen der im Vergleich zur Nichtleistung (Verzug erforderlich) verstärkten Haftung bei Schlechtleistung (Verzug nicht erforderlich) besteht nicht, da die beiden Tatbestände nicht vergleichbar sind. Im Falle einer Nichtleistung erfüllt die Mahnung die Funktion, dem Schuldner die Dringlichkeit der Leistung bewusst zu machen und vor dem Eintritt möglicher Schäden aufgrund der Leistungsverzögerung zu warnen.[212] Bei der Schlechtleistung ist der Schaden bereits eingetreten, eine Mahnung kann ihre Warnfunktion nicht mehr erfüllen.[213] Die Ungleichbehandlung von Leistungsverzögerung und Schlechtleistung ist daher folgerichtig.

Demnach ist für Nutzungsausfallschäden zu unterscheiden: (i) Nutzungsausfallschäden, die auf einen vom Verkäufer zu vertretenden Mangel zurückzuführen sind, führen bereits nach §§ 437 Nr. 3, 280 Abs. 1 BGB zum Schadensersatzanspruch. (ii) Hat der Verkäufer nicht den Mangel, jedoch die Verzögerung der Nacherfüllung zu vertreten, besteht nur ein Anspruch auf Ersatz der Nutzungsausfallschäden, die aufgrund der Verzögerung eingetreten sind, nach §§ 437 Nr. 3, 280 Abs. 1 und Abs. 2, 286 BGB.

642 **Fall 46: Polsterstühle**

Der Veranstalter K kauft bei V 100 gepolsterte Stühle für seinen Festsaal. Zum vereinbarten Termin am 1. Juni liefert V jedoch – aus Gründen, die er nicht zu vertreten hat – 100 ungepolsterte Stühle. K nimmt die Lieferung an. Als er noch am selben Tag bemerkt, dass die Stühle nicht gepolstert sind, fordert er V auf, die Stühle wieder mitzunehmen und mit Polstern zu versehen. K richtet am 4. Juni eine Feier in seinen Räumen mit 100 Teilnehmern aus, zu der er 100 gepolsterte Stühle benötigt. Als V am 3. Juni mit der Überarbeitung der Stühle noch nicht fertig ist, mietet K kurzfristig 100 gepolsterte Stühle bei D zu einem Preis von € 150 an. K verlangt von V Ersatz der € 150.

---

208 *Lorenz/Riehm*, Lehrbuch zum neuen Schuldrecht, 2002, Rn. 546.

209 BGH, Urteil vom 19. Juni 2009, V ZR 93/08, BGHZ 181, 317 Rn. 12 ff.; Regierungsbegründung, BT-Drs. 14/6040, S. 225; *Ebert*, NJW 2004, 1761 f.; *Döll/Ryback*, Jura 2005, 582 ff.; *Lorenz*, NJW 2005, 1889, 1890 f.; *Hirsch*, Jura 2003, 289, 294; *Faust*, JuS 2009, 863, 864; *Hilbig*, ZJS 2009, 559, 560 ff.

210 *Brox/Walker*, Besonderes Schuldrecht, bis zur 33. Auflage 2008, § 4 Rn. 106; AnwKo/*Büdenbender*, § 437 Rn. 74; Palandt/*Weidenkaff*, § 437 Rn. 36.

211 *Brox/Walker*, Besonderes Schuldrecht, bis zur 33. Auflage 2008, § 4 Rn. 106; AnwKo/*Büdenbender*, § 437 Rn. 74.

212 *Canaris*, ZIP 2003, 321, 322 f.

213 *Döll/Ryback*, Jura 2005, 582, 584.

Ansprüche K gegen V

1. §§ 437 Nr. 3, 280 Abs. 1 BGB
K könnte von V Ersatz in Höhe von € 150 nach §§ 437 Nr. 3, 280 Abs. 1 BGB verlangen. Hierzu müsste aufgrund der vom Verkäufer zu vertretenden mangelhaften Leistung ein Schaden eingetreten sein.

▶ **Hinweis:** Die Voraussetzungen lassen sich wie folgt aus dem Gesetz ableiten:
1. Gegenstand der Pflichtverletzung i. S. v. §§ 437 Nr. 3, 280 Abs. 1 Satz 1 BGB ist das Bestehen eines Mangels gemäß §§ 433 Abs. 1 Satz 2, 434 f. BGB.
2. Die Pflichtverletzung (s. 1.) muss vom Schuldner zu vertreten sein, §§ 437 Nr. 3, 280 Abs. 1 Satz 2 BGB.

Die Leistung des V müsste bei Gefahrübergang mit einem Mangel gemäß §§ 434 f. BGB behaftet gewesen sein. Die Kaufsache ist mangelhaft, wenn sie nicht die vereinbarte Beschaffenheit aufweist, § 434 Abs. 1 Satz 1 BGB. Laut Kaufvertrag waren gepolsterte Stühle geschuldet, V lieferte entgegen der Vereinbarung ungepolsterte Stühle. Die Stühle weisen nicht die vereinbarte Beschaffenheit auf und sind daher gemäß § 434 Abs. 1 Satz 1 BGB bei Gefahrübergang mangelhaft gewesen. Eine mangelhafte Leistung des V liegt vor.

Aufgrund der mangelhaften Leistung ist die Gebrauchsfähigkeit der gelieferten Stühle eingeschränkt, wodurch ein Schaden in Höhe von € 150 entsteht. Es liegt somit ein Nutzungsausfallschaden vor. Fraglich ist, ob zum Ersatz des Nutzungsausfallschadens zusätzlich ein Verzug der Nacherfüllung erforderlich ist. Hiergegen spricht jedoch, dass der Schaden nicht erst aufgrund der verzögerten Nacherfüllung, sondern bereits durch die Schlechtleistung entsteht. K kann die ungepolsterten Stühle nicht für seinen Festsaal benutzen und muss daher für € 150 zeitweise Ersatz besorgen. Ein Verzug für den Ersatzanspruch ist nicht erforderlich.

V müsste den Mangel zu vertreten haben, § 280 Abs. 1 Satz 2 BGB. Dies ist nicht der Fall. Ein Schadensersatzanspruch des K gegen V nach §§ 437 Nr. 3, 280 Abs. 1 BGB besteht nicht.

2. §§ 437 Nr. 3, 280 Abs. 1 und Abs. 2, 286 BGB
K könnte von V Schadensersatz in Höhe von € 150 nach §§ 437 Nr. 3, 280 Abs. 1 und Abs. 2, 286 BGB verlangen. Voraussetzung ist, dass aufgrund der vom Verkäufer zu vertretenden verzögerten Erfüllung der Pflicht zur Nacherfüllung ein Schaden eingetreten ist.

▶ **Hinweis:** Die Anspruchsvoraussetzungen lassen sich wie folgt aus dem Gesetz ableiten:
1. Gegenstand der Pflichtverletzung i. S. v. §§ 437 Nr. 3, 280 Abs. 1 Satz 1 BGB ist die Verzögerung der gemäß §§ 437 Nr. 1, 439 Abs. 1 BGB geschuldeten Nacherfüllung.
2. Schadensersatz (neben der Leistung) wegen Verzögerung der Nacherfüllung kann aufgrund §§ 437 Nr. 3, 280 Abs. 2 BGB nur unter den Voraussetzungen von § 286 BGB verlangt werden.
3. Schließlich muss die Pflichtverletzung (s. 1. und 2.) vom Schuldner zu vertreten sein, §§ 437 Nr. 3, 280 Abs. 1 Satz 2 BGB.

V müsste zur Nacherfüllung gemäß §§ 437 Nr. 1, 439 Abs. 1 BGB verpflichtet sein. Ein wirksamer Kaufvertrag liegt vor. Voraussetzung für die Entstehung einer Pflicht zur Nacherfüllung ist, dass die Kaufsache bei Gefahrübergang mit einem Mangel behaftet ist (§§ 434 f. BGB). Die Stühle wiesen bei Gefahrübergang nicht die vereinbarte Beschaffenheit auf und sind daher gemäß § 434 Abs. 1 Satz 1 BGB mangelhaft. Es besteht daher eine Pflicht des V zur Nacherfüllung.

Ferner müsste sich V im Verzug mit der Nacherfüllung befunden und dies zu vertreten haben, §§ 280 Abs. 1 und Abs. 2, 286 BGB. Hierzu müsste V auf eine Mahnung des K, die nach dem Eintritt der Fälligkeit erfolgte, seiner fälligen Verpflichtung zur Nacherfüllung nicht nachgekommen sein. Aufgrund der Aufforderung des K, die Stühle zu polstern, ist die Verpflichtung des V zur Mangelbeseitigung nach §§ 437 Nr. 1, 439 Abs. 1 BGB fällig geworden.[214] In der Aufforderung zur Leistung könnte zugleich eine Mahnung gesehen werden. Hiergegen könnte sprechen, dass gemäß dem Wortlaut von § 286 Abs. 1 Satz 1 BGB die Mahnung nach Eintritt der Fälligkeit erfol-

214 Der Anspruch auf die Nacherfüllung ist ein *verhaltener Anspruch*, d. h. der Anspruch wird erst fällig, wenn der Käufer Nacherfüllung verlangt, s. Rn. 587.

gen muss. Allerdings genügt es, wenn die Mahnung zeitgleich mit der Fälligkeit erfolgt.[215] Eine wirksame Mahnung zur Nacherfüllung liegt somit mit der Aufforderung zur Mangelbeseitigung vor.[216] V's Vertretenmüssen des Leistungsverzugs wird nach § 286 Abs. 4 BGB ebenso vermutet wie nach § 280 Abs. 1 Satz 2 BGB.[217] Die Voraussetzungen der §§ 280 Abs. 1 und Abs. 2, 286 BGB sind erfüllt.

K kann von V nach §§ 249 ff. BGB den Schaden in dem Umfang ersetzt verlangen, der durch die Verzögerung der Nacherfüllung entstanden ist. Hätte V nach Verzugseintritt die gepolsterten Stühle geliefert, hätte K keine € 150 aufbringen müssen, um für seine Feier Ersatz zu beschaffen. K kann somit von V Schadensersatz für die Verzögerung der Nacherfüllung in Höhe von € 150 gemäß §§ 437 Nr. 3, 280 Abs. 1 und Abs. 2, 286 BGB verlangen.

3. Ergebnis
K hat gegen V einen Anspruch auf Schadensersatz in Höhe von € 150 gemäß §§ 437 Nr. 3, 280 Abs. 1 und Abs. 2, 286 BGB.

642a Allerdings ist nicht jeder Nutzungsausfallschaden im Rahmen von §§ 437 Nr. 3, 280 Abs. 1 BGB geltend zu machen. Bei der Suche nach der zutreffenden Anspruchsgrundlage ist zu unterscheiden, ob der Nutzungsausfallschaden neben der Leistung (s. Fall 46) oder statt der Leistung (s. Fall 47) verlangt wird.

Fall 47: Miet- statt Unfallwagen

V verkauft K seinen Gebrauchtwagen für 7.900 €. Dabei verschweigt er, dass es sich bei dem Pkw um einen Unfallwagen handelt. Einen Tag nach der Übergabe des Pkw an K beschädigt deren Ehegatte den Wagen durch einen Unfall. Als K die Kosten der Reparatur schätzen lässt, stellt sich heraus, dass die Reparatur 4.000 bis 5.000 € kosten werde und der Pkw zuvor schon einmal einen Unfall hatte, die dabei entstandenen Schäden aber behoben wurden. K verzichtet auf die Reparatur und erklärt V gegenüber den Rücktritt vom Kaufvertrag. Sie verlangt den gezahlten Kaufpreis zurück sowie Schadensersatz in Höhe von € 1.100, da sie bis zum Erwerb eines neuen Pkw einen anderen Wagen anmieten musste. Zu Recht?[218]

Ansprüche K gegen V

1. § 346 Abs. 1 BGB auf Rückzahlung des Kaufpreises
K könnte von V Rückzahlung des Kaufpreises nach § 346 Abs. 1 BGB verlangen. Ein Kaufvertrag ist zwischen den Parteien zustande gekommen. Eine nach § 349 BGB erforderliche Rücktrittserklärung liegt vor. K müsste ein Rücktrittsrecht zustehen. Ein derartiges Rücktrittsrecht könnte sich aus §§ 437 Nr. 2, 326 Abs. 5, 323 BGB ergeben.

Voraussetzung für ein Rücktrittsrecht der K ist, dass die Kaufsache einen Mangel gemäß § 434 Abs. 1 BGB aufweist. In Ermangelung einer Beschaffenheitsvereinbarung oder Abweichung von der im Vertrag vorausgesetzten Verwendung liegt ein Mangel vor, wenn die Kaufsache sich nicht für die gewöhnliche Verwendung eignet oder nicht die Beschaffenheit aufweist, die bei Sachen der gleichen Art üblich ist oder die der Käufer nach Art der Sache erwarten kann, § 434 Abs. 1 Satz 2 Nr. 2 BGB. Für die gewöhnliche Verwendung eignet sich ein Pkw dann nicht, wenn er technische Mängel aufweist, die die Zulassung zum Straßenverkehr hindern oder die Gebrauchsfähigkeit beeinträchtigen.[219] Die durch den Erstunfall verursachten Schäden an dem Pkw wurden behoben, der Wagen weist keine technischen Mängel auf und eignet sich für die gewöhnliche

215 JurisPK/*Seichter*, § 286 Rn. 16.
216 Ebenso Regierungsbegründung, BT-Drs. 14/6040, S. 225; *Ebert*, NJW 2004, 1761.
217 Zum Verhältnis von § 286 Abs. 4 BGB zu § 280 Abs. 1 Satz 2 BGB s. Rn. 444.
218 In Anlehnung an BGH, Urteil vom 28. November 2007, VIII ZR 16/07, BGHZ 174, 290 ff.
219 BGH, Versäumnisurteil vom 10. Oktober 2007, VIII ZR 330/06, NJW 2008, 53 Rn. 18.

Verwendung im Straßenverkehr. Allerdings könnte es an der üblichen oder vom Käufer erwarteten Beschaffenheit fehlen. Gemäß Treu und Glauben muss der Verkäufer eines Gebrauchtwagens einen Unfall, der ihm bekannt ist, auch ungefragt dem Käufer mitteilen, wenn er sich nicht dem Vorwurf arglistigen Verhaltens aussetzen will. Beim Kauf eines Gebrauchtwagens kann der Käufer erwarten, einen unfallfreien Wagen zu erwerben.[220] Der von V an K ohne Hinweis auf einen vorherigen Unfall verkaufte Pkw entspricht nicht der berechtigten Erwartung der Käuferin. Der Pkw weist einen Mangel gemäß § 434 Abs. 1 Satz 2 Nr. 2 BGB auf.

Ferner müsste V von beiden Arten der Nacherfüllung i.S.v. § 439 Abs. 1 BGB nach § 275 Abs. 1 BGB befreit sein. Der Unfallwagen kann nicht durch Reparatur zu einem unfallfreien Wagen werden. Die Mangelbeseitigung ist daher unmöglich. Fraglich ist, ob der Mangel durch Lieferung eines anderen Wagens behoben werden kann. Unabhängig von dem Streit, ob die Möglichkeit zur Nachlieferung bei einem Stückkauf besteht, ist nach einhelliger Ansicht der Verkäufer nicht zur Nachlieferung verpflichtet, wenn es sich bei der mangelhaften Kaufsache um ein Unikat handelt, von dem kein gleichwertiges Exemplar existiert.[221] Der Gebrauchtwagen des V ist aufgrund seiner Eigenschaften einzigartig und kann nicht noch einmal geliefert werden. Die Nachlieferung eines unfallfreien Gebrauchtwagens ist dem V unmöglich. Streng genommen steht dem Anspruch auf Nachlieferung bereits der Vertragsinhalt entgegen, denn die Lieferung eines anderen Wagens ist nicht Gegenstand des Kaufvertrages.[222] V ist daher von beiden Arten der Nacherfüllung befreit. Die Erheblichkeit der Pflichtverletzung wird gemäß §§ 326 Abs. 5, 323 Abs. 5 Satz 2 BGB vermutet. K kann nach §§ 437 Nr. 2, 326 Abs. 5, 323 BGB vom Vertrag zurücktreten, ohne zuvor V eine Frist zur Nacherfüllung gesetzt zu haben.

K kann daher von V Rückzahlung des Kaufpreises nach § 346 Abs. 1 BGB verlangen.

2. §§ 437 Nr. 3, 311a Abs. 2, 281 Abs. 1 Satz 3 BGB auf Schadensersatz statt der ganzen Leistung

▶ **Anmerkung:** Die Wahl der richtigen Anspruchsgrundlage bedarf einiger Vorüberlegungen. Der BGH ordnet den von der Klägerin geltend gemachten Schaden als mangelbedingten Nutzungs- (oder Betriebs-)ausfallschaden ein[223] und sieht darin einen Fall des Schadensersatzes statt der Leistung.[224] Der Begriff „Nutzungsausfallschaden" wird hingegen verbreitet für eine Unterart des Schadensersatzes neben der Leistung verwendet, bei dem der Käufer am Vertrag festhält und Nacherfüllung verlangt. Dieser Schadensersatz umfasst die Verluste, die infolge der Lieferung einer mangelhaften Sache durch deren Gebrauchsuntauglichkeit endgültig eingetreten sind und durch die Leistung (Nacherfüllung) nicht mehr behoben werden können. Er wird nach zutreffender Ansicht über §§ 437 Nr. 3, 280 Abs. 1 BGB[225] neben der Nacherfüllung geltend gemacht. Im vorliegenden Fall entsteht der Schaden (Mietkosten) jedoch nicht durch den Mangel (Unfallwagen), sondern dadurch, dass K vom Vertrag zurückgetreten ist und sie daher die von V ursprünglich geschuldete Leistung (unfallfreien Wagen) nicht erhält. K verlangt keine Nacherfüllung, sondern den Ersatz ihres Erfüllungsinteresses statt der Nacherfüllung. Daher geht es im vorliegenden Fall um einen Schadensersatz statt der (ganzen) Leistung.

K könnte von V Schadensersatz statt der ganzen Leistung nach §§ 437 Nr. 3, 311a Abs. 2, 281 Abs. 1 Satz 3 BGB verlangen. Hierzu müssten dem Verkäufer beide Arten der Nacherfüllung anfänglich unmöglich gewesen sein. Bereits zum Zeitpunkt des Abschlusses des Kaufvertrages war es V nicht möglich, den Mangel des verkauften Unfallwagens entweder durch Mangelbeseitigung oder durch Nachlieferung zu beheben (s. o.). Ferner müsste V den Mangel und dessen Unbehebbarkeit bei Vertragsschluss gekannt haben oder hätte beides kennen müssen. Dies wird zu Lasten von V vermutet. Schließlich müsste die Pflichtverletzung erheblich sein, § 281 Abs. 1 Satz 3 BGB. Es wird vermutet, dass die Lieferung des mit einem anfänglichen unbehebbaren Mangel behafteten Wagens eine erhebliche Pflichtverletzung darstellt. K kann daher den

220 BGH, Versäumnisurteil vom 10. Oktober 2007, VIII ZR 330/06, NJW 2008, 53 Rn. 20.
221 Vgl. Rn. 592.
222 Vgl. Rn. 592.
223 BGH, Urteil vom 28. November 2007, VIII ZR 16/07, BGHZ 174, 290 Rn. 6.
224 BGH, Urteil vom 28. November 2007, VIII ZR 16/07, BGHZ 174, 290 Rn. 11.
225 S. Rn. 641.

Schaden ersetzt verlangen, der ihr aufgrund der Schlechtlieferung entstanden ist. Aufgrund der Schlechtlieferung und der daraus resultierenden Rückabwicklung des Kaufvertrages verfügt K über keinen nutzbaren Wagen mehr. Den aus der fehlenden Nutzungsmöglichkeit entstandenen Schaden kann K grundsätzlich ersetzt verlangen.

Fraglich ist, ob der Anspruch auf Ersatz des Nutzungsausfalls für die Zeit nach der Erklärung des Rücktritts ausgeschlossen ist. Für einen solchen Ausschluss könnte sprechen, dass der Käufer im Falle der Rückabwicklung des Kaufvertrages verpflichtet ist, Wertersatz für die Nutzung der Kaufsache zu zahlen, ihm daher die Nutzungen im Rücktrittsfall nicht zustehen und er sie daher auch nicht im Wege des Schadensersatzes ersetzt verlangen kann.[226] Allerdings stellt § 325 BGB klar, dass das Recht des Gläubigers, Ersatz des Erfüllungsinteresses zu verlangen, nicht durch den Rücktritt ausgeschlossen wird. Der Rücktritt lässt den Vertrag nicht entfallen, sondern wandelt ihn in ein Rückgewährschuldverhältnis um. Dies soll aber nicht dazu führen, dass der schadensersatzberechtigte Gläubiger nun nicht mehr verlangen kann, vermögensmäßig so gestellt zu werden, wie er bei ordnungsgemäßer Erfüllung durch den Schuldner stünde.[227] Der durch den Nutzungsausfall entstandene Schaden wäre bei Lieferung eines mangelfreien Wagens nicht eingetreten und kann daher auch im Falle des Rücktritts ersetzt verlangt werden.

Der Umfang des Schadensersatzanspruchs bemisst sich nach § 249 Abs. 1 BGB. Der Gläubiger ist so zu stellen, wie er bei ordnungsgemäßer Vertragserfüllung gestanden hätte, der Schuldner also seinen Vertragspflichten nachgekommen wäre.[228] Bei Lieferung eines unfallfreien Gebrauchtwagens durch V hätte K den Wagen für € 4000 bis € 5000 reparieren lassen müssen, um ihn nutzen zu können. Diese Ersparnis muss sich K auf den durch die Mietkosten entstandenen Schaden in Höhe von 1100 € anrechnen lassen. Andernfalls würde K besser gestellt, als hätte V keine Pflichtverletzung begangen. K ist folglich kein Schaden entstanden, den sie ersetzt verlangen könnte.

K hat gegen V keinen Anspruch auf Schadensersatz statt der ganzen Leistung nach §§ 437 Nr. 3, 311a Abs. 2, 281 Abs. 1 Satz 3 BGB in Höhe der Mietkosten von 1100 €.

3. Ergebnis
K kann von V nur Rückzahlung des Kaufpreises nach § 346 Abs. 1 BGB verlangen.

▶ **Vertiefung:** Zur Wiederholung und Vertiefung der Schadensersatzansprüche s. Beitragsreihe von *Lorenz*, JuS 2007, 213 ff., 611 ff., 983 ff. und JuS 2008 203 ff. sowie zur Abgrenzung der einzelnen Schadensersatzarten s. *Bredemeyer*, ZGS 2010, 10 ff. und *Gerhardt*, Jura 2012, 251 ff. Die Problematik des Nutzungsausfallschadens wurde zur Klausur aufgearbeitet von *Omlor*, JuS 2011, 897 ff.; eine Übersicht von Lösungsschemata mit Erläuterungen bietet *Czerny*, Jura 2015, 1024 ff., 1157 ff.

ee) Aufwendungsersatz, §§ 437 Nr. 3, 2. Alt., 284 BGB

643 Anstelle des Schadensersatzes statt der Leistung kann der Käufer Aufwendungsersatz verlangen, §§ 437 Nr. 3, 284 BGB. Entgegen dem insoweit missverständlichen Wortlaut von § 437 Nr. 3 BGB schließt sich nur die gleichzeitige Geltendmachung von Schadensersatz statt der Leistung (§§ 281, 283 BGB) und Aufwendungsersatz (§ 284 BGB) aus.[229] Neben dem Aufwendungsersatz kann der Käufer einen sonstigen Schadensersatz („neben der Leistung“) durchaus verlangen.

---

226 So die Argumentation der Vorinstanzen, s. BGH, Urteil vom 28. November 2007, VIII ZR 16/07, BGHZ 174, 290 Rn. 6.
227 BGH, Urteil vom 28. November 2007, VIII ZR 16/07, BGHZ 174, 290 Rn. 9 f.
228 BGH, Urteil vom 28. November 2007, VIII ZR 16/07, BGHZ 174, 290 Rn. 7.
229 S. § 284 BGB „Anstelle des Schadensersatzes statt der Leistung …“.

Zu ersetzen sind nach §§ 437 Nr. 3, 284 BGB vergebliche Aufwendungen, die der Käufer im Vertrauen auf den Erhalt der mangelfreien Kaufsache gemacht hat und billigerweise machen durfte, es sei denn, der mit den Aufwendungen verfolgte Zweck wäre auch ohne die Pflichtverletzung des Verkäufers nicht erreicht worden. **644**

Die Einschränkungen von § 347 Abs. 2 BGB für den Ersatz von Aufwendungen gelten nicht für den Anspruch aus § 284 BGB.[230] Ansonsten würde sich der Käufer durch Erklärung des Rücktritts den weitergehenden Aufwendungsersatzanspruch nach § 284 BGB abschneiden. Diese sog. Rücktrittsfalle wurde durch § 325 BGB überwunden. § 347 Abs. 2 BGB entfaltet nur im Rückabwicklungsverhältnis rechtliche Wirkung. **645**

ff) Unberechtigte Selbstvornahme der Mangelbeseitigung durch den Käufer

Beispiel: K erwirbt von V einen Pkw. Nach einiger Zeit stellt sich heraus, dass der Wagen bereits bei Übergabe an K einen Motorschaden hatte. Statt von V die Reparatur zu verlangen, gibt K den Wagen in die Werkstatt von D. K verlangt von V nunmehr die Reparaturkosten, hilfsweise Ersatz der von V für die Reparatur ersparten Aufwendungen.

Beseitigt der Käufer den Mangel selbst, ohne den Ablauf einer erforderlichen Nacherfüllungsfrist abzuwarten, wird die Nacherfüllung für den Verkäufer aus Gründen, die er nicht zu vertreten hat, in der Regel aufgrund Zweckerreichung (s. Rn. 388a) unmöglich.[231] Der Verkäufer wird von seiner Nacherfüllungspflicht nach § 275 Abs. 1 BGB frei. Dem Käufer steht weder ein Rücktritts- oder Minderungsrecht[232] noch ein Anspruch auf Schadensersatz *statt* der Leistung oder Aufwendungsersatz[233] zu. Der Käufer bleibt weiterhin zur Zahlung des Kaufpreises verpflichtet, § 326 Abs. 1 Satz 2 BGB. Er hat lediglich einen Anspruch auf Schadensersatz *neben* der Leistung gemäß § 437 Nr. 3, 280 Abs. 1 BGB auf Ersatz des Schadens, der ihm aufgrund des Mangels bis zum Zeitpunkt der unberechtigten Mangelbeseitigung entstanden ist, sofern der Verkäufer den Mangel zu vertreten hat.[234] **646**

230 BGH, Urteil vom 20. Juli 2005, VIII ZR 275/04, BGHZ 163, 381, 385.

231 *Lorenz*, NJW 2003, 1417, 1418; *Wall*, ZGS 2011, 166, 168 ff.; a. A. *Oechsler*, NJW 2004, 1825, 1826; der BGH lässt die Frage offen, ob Unmöglichkeit vorliegt, s. Urteil vom 23. Februar 2005, VIII ZR 100/04, BGHZ 162, 219, 225. Anders liegt der Fall, wenn der Käufer sich ein Ersatzteil eigenmächtig beschafft, um es gegen ein defektes Bauteil der Kaufsache auszutauschen (z.B. Ersatzbeschaffung eines neuen Kühlers für den gekauften Gebrauchtwagen mit defektem Kühler, s. BVerfG, Beschluss vom 26. September 2006, 1 BvR 2389/04, ZGS 2006, 470 ff.); hier ist die Mangelbeseitigung durch den Verkäufer weiterhin möglich, dem Käufer ist es freigestellt, über die eigenmächtig beschaffte Sache anderweitig zu verfügen.

232 Der Rücktritt wegen des endgültigen Ausbleibens der mangelfreien Leistung durch den Verkäufer ist ausgeschlossen, weil der Käufer aufgrund seiner unberechtigten Selbstvornahme allein oder zumindest weit überwiegend für den Eintritt der Unmöglichkeit verantwortlich ist, §§ 437 Nr. 2, 326 Abs. 5, 323 Abs. 6 BGB, vgl. *Lorenz*, NJW 2002, 2497, 2499; a. A. *Dauner-Lieb/Arnold*, Festschrift Hadding, 2004, 25, 27 f.

233 Ein Anspruch auf Schadensersatz statt der Leistung nach §§ 437 Nr. 3, 280 Abs. 1 und Abs. 3, 283 Satz 1 BGB wegen des endgültigen Ausbleibens der mangelfreien Leistung ist ausgeschlossen, da der Verkäufer den Eintritt der Unmöglichkeit nicht zu vertreten hat, § 280 Abs. 1 Satz 2 BGB.

234 Vgl. die Ausführungen zum Bezugspunkt des Vertretenmüssens bei nachträglicher Unmöglichkeit, s. Rn. 621.

647 **1. Kein Anspruch auf Ersatz der ersparten Aufwendungen bei unberechtigter Selbstvornahme des Käufers**

Da in § 323 Abs. 6 BGB eine dem § 326 Abs. 2 Satz 2 BGB entsprechende Regelung fehlt, müsste der Verkäufer sich noch nicht einmal die ersparten Aufwendungen anrechnen lassen, wenn der Käufer den Mangel unberechtigterweise selbst behebt. Diese Gesetzeslücke könnte im Wege der analogen Anwendung von § 326 Abs. 2 Satz 2 BGB geschlossen werden. Die Anspruchsgrundlage auf Rückzahlung der vom Verkäufer ersparten Aufwendungen könnte sich aus §§ 326 Abs. 4, 346 Abs. 1 BGB ergeben.[235] Gegen einen Anspruch des Käufers aufgrund § 326 Abs. 2 Satz 2 BGB (unmittelbar oder analog) wendet sich die Rechtsprechung[236] und die wohl herrschende Meinung.[237] Es wird angeführt, dass § 437 Nr. 2 BGB abschließend auf § 326 Abs. 5 BGB verweist.[238] Zwingend ist das Argument jedoch nicht, wenn man von einer unbewussten Gesetzeslücke ausgeht.[239] Allerdings hat der BGH zum Recht der Selbstvornahme im Werkvertragsrecht (§ 633 Abs. 3 BGB a.F., entspricht in etwa § 637 BGB) bereits einen Ersatz von ersparten Aufwendungen verneint, sofern sich der Besteller nicht an die gesetzlichen Vorgaben (Abwarten des Verzugs, nunmehr Fristsetzung) gehalten hat. Da das neue Kaufrecht sich dem Werkvertragsrecht angenähert hat, aber noch nicht einmal ein Recht zur Selbstvornahme vorsieht, ist ein Anspruch auf Ersatz von ersparten Aufwendungen im neuen Kaufrecht erst recht kritisch zu bewerten. Ein Ersatzanspruch würde dazu führen, dass der Käufer im Ergebnis die Nacherfüllung auf Kosten des Verkäufers selbst ausführen dürfte, was dem Vorrang der Nacherfüllung und dem Recht des Verkäufers zur zweiten Andienung widerspräche. Ferner wird durch die unberechtigte Selbstvornahme § 887 ZPO (Beschluss des Prozessgerichts bei Vornahme einer vertretbaren Handlung) ausgehöhlt.[240] Durch seine unberechtigte Selbstvornahme verwirkt der Käufer die Gewährleistungsrechte. Ließe man einen Aufwendungsersatzanspruch zu, verweigere man nicht nur dem Verkäufer das Recht, den Mangel zu prüfen, sondern man nähme ferner erhebliche Beweisschwierigkeiten über das Bestehen des beseitigten Mangels in Kauf.[241]

Angesichts der nunmehr gefestigten Rechtsprechung des BGH, dem Käufer bei unberechtigter Selbstvornahme einen Ersatzanspruch gegen den Verkäufer zu verwehren, wird vereinzelt ein Schadensersatzanspruch wegen Verletzung der Belehrungspflicht des Verkäufers nach § 242 BGB – angelehnt an die Rechtsprechung des BGH zum Versicherungsrecht[242] oder wegen Erfüllungsbetrug aus § 823 Abs. 2 BGB i. V. m. § 263 StGB[243] – gefordert.

235 So *Lorenz*, NJW 2003, 1417 ff.; *ders.*, ZGS 2003, 398, 399; *ders.*, NJW 2005, 1321, 1323; *Herresthal/Riehm*, NJW 2005, 1457, 1460; *Ebert*, NJW 2004, 1761, 1762 ff.; *Ulrici*, Jura 2005, 612, 614 f.; *Gsell*, ZIP 2005, 922, 924 ff.; *Katzenstein*, ZGS 2004, 300, 304 ff. sowie 349, 350 ff.; *ders.*, ZGS 2005, 184 ff. und 305 ff.; *Lamprecht*, ZGS 2005, 266, 269 ff.; *Wall*, ZGS 2011, 166, 171 ff; *Braun*, ZGS 2004, 423, 427 ff. mit Ausdehnung auf die Fälle der Ersatzbeschaffung.

236 BGH, Urteil vom 23. Februar 2005, VIII ZR 100/04, BGHZ 162, 219, 221 ff.; bestätigt durch BGH, Urteil vom 22. Juni 2005, VIII ZR 1/05, ZGS 2005, 433 f. und BGH, Urteil vom 7. Dezember 2005, VIII ZR 126/05, NJW 2006, 988 Rn. 14; LG Gießen, Urteil vom 10. März 2004, 1 S 453/03, ZGS 2004, 238, 239 f.; AG Kempen, Urteil vom 18. August 2003, 11 C 225/02, ZGS 2003, 440; LG Aachen, 23. Oktober 2003, 6 S 99/03, DAR 2004, 452, 453; vgl. auch AG Daun, Urteil vom 15. Januar 2003, 3 C 664/02, ZGS 2003, 397 f.

237 *Dauner-Lieb/Dötsch*, ZGS 2003, 250 ff. und 455 ff.; *dies.*, ZGS 2005, 169 ff.; *Arnold*, ZIP 2004, 2412, 2414 f.; *Dauner-Lieb/Arnold*, ZGS 2005, 10 ff.; *Schroeter*, JR 2004, 441 ff.; *Dötsch*, MDR 2003, 1406, 1407 f.; AnwKo/*Büdenbender*, § 437 Rn. 77; *von Hertzberg*, Festschrift U. Huber, 2006, 339, 342 ff.

238 AG Kempen, Urteil vom 18. August 2003, 11 C 225/02, ZGS 2003, 440.

239 So *Lorenz* NJW 2003, 1417, 1419.

240 *Dauner-Lieb/Dötsch*, ZGS 2003, 250, 253.

241 LG Gießen, Urteil vom 10. März 2004, 1 S 453/03, ZGS 2004, 238, 240.

242 *Brömmelmeyer*, JZ 2006, 493, 498.

243 *Braun*, ZGS 2006, 328, 330 ff.

Ein Ersatzanspruch des Käufers, wie ihn einige aus den Vorschriften zur Geschäftsführung ohne Auftrag (GoA)[244] oder des Bereicherungsrechts[245] herleiten, scheidet aus, da für deren Anwendung neben dem Vertragsrecht kein Raum ist.[246]
Eine vermittelnde Meinung will dem Käufer bei unberechtigter Selbstvornahme zumindest einen um sein Mitverschulden (§ 254 BGB) gekürzten Schadensersatzanspruch nach §§ 437 Nr. 3, 280 Abs. 1 und 3, 283 BGB gegen den Verkäufer zugestehen.[247] Diese Meinung unterscheidet zwischen dem Vertretenmüssen des Verkäufers für den Mangel und für die Unmöglichkeit der Nacherfüllung. Bei Unmöglichkeit der Nacherfüllung bezieht sich das Vertretenmüssen allerdings auf das endgültige Ausbleiben der mangelfreien Leistung.[248] Selbst wenn der Verkäufer den Mangel zu vertreten hat, hat er bei unberechtigter Selbstvornahme des Käufers nicht das endgültige Ausbleiben seiner mangelfreien Leistung zu vertreten. Ein Anspruch auf Schadensersatz statt der Leistung nach §§ 437 Nr. 3, 280 Abs. 1 und 3, 283 BGB scheidet aus. Es besteht lediglich ein Anspruch auf Schadensersatz *neben* der Leistung gemäß §§ 437 Nr. 3, 280 Abs. 1 BGB.[249]
Für den Fall der Selbstvornahme des Käufers *nach* Fristablauf will eine Mindermeinung §§ 634 Nr. 2, 637 BGB analog anwenden mit der Begründung, der Gesetzgeber habe eine entsprechende Vorschrift aus Ignoranz *(sic!)* unterlassen.[250] Jedoch hat sich bereits die Schuldrechtskommission gegen eine Nachbesserungsbefugnis des Käufers ausgesprochen.[251] Eine unbewusste Regelungslücke besteht nicht. Ferner fehlt es an einem Regelungsbedarf. Denn der Käufer ist hinreichend über seinen Schadensersatz- und Minderungsanspruch geschützt, um die Kosten seiner Selbstvornahme *nach* Fristablauf geltend zu machen. Die Mindermeinung ist daher abzulehnen.

2. Schadensersatz bei unberechtigtem Verlangen, den Mangel zu beheben 647a

Das Recht des Verkäufers zur zweiten Andienung kann nicht nur bei der unberechtigten Selbstvornahme (s. Rn. 646 f.) zur Falle für den Käufer werden. Verlangt der Käufer Nacherfüllung, obwohl er erkennt oder hätte erkennen müssen, dass ein Mangel nicht vorliegt und die Ursachen für das Symptom in seinem eigenen Verantwortungsbereich liegen, ist er nach § 280 Abs. 1 BGB verpflichtet, dem Verkäufer die Kosten zu ersetzen, die ihm bei der Beseitigung des Symptoms entstehen.

> **Beispiel:** K erwirbt bei V einen Pkw. Nach einigen Monaten gibt K den Pkw bei V zur Reparatur aufgrund eines merkwürdigen Fahrgeräusches, welches K auf einen Fabrikationsfehler zurückführt. Bei den Reparaturarbeiten stellt sich heraus, dass das Geräusch auf Modifikationen zurück zu führen ist, die der Bastler K am Motor vorgenommen hatte. Das unberechtigte Mangelbeseitigungsverlangen nach § 439 Abs. 1 BGB ist eine Pflichtverletzung i.S.v. § 280 Abs. 1 Satz 1 BGB. Diese Pflichtverletzung hat der Käufer zu vertreten, wenn er erkannt oder fahrlässig nicht erkannt hat, dass ein Mangel nicht vorliegt.[252] Nach § 280 Abs. 1 BGB kann der Verkäufer vom Käufer Schadensersatz wegen seiner Aufwendungen für die Beseitigung des Symptoms verlangen.[253] Folglich muss der Käufer im Rahmen seiner Möglichkeiten sorgfältig überprüfen, ob die beanstandeten Symptome auf eine Ursache zurückzuführen sind, die nicht dem Verantwortungsbereich des Verkäufers zuzuordnen sind. Bleibt dabei ungewiss, ob tatsächlich ein Mangel vorliegt, hat er eine Schadensersatzpflicht nicht zu befürchten, wenn sich herausstellt,

244 *Oechsler*, NJW 2004, 1825, 1826 f.; *Katzenstein*, ZGS 2004, 300, 304 ff.
245 *Katzenstein*, ZGS 2004, 300, 304 ff. sowie 349, 350 ff.; *ders.*, ZGS 2005, 184 ff. und 305 ff.
246 *Von Hertzberg*, Festschrift U. Huber, 2006, 339, 349 f.
247 *Tonner/Wiese*, BB 2005, 903, 907 f.
248 S. Rn. 621.
249 S. Rn. 646.
250 *Peters*, JR 2004, 353, 354.
251 Abschlussbericht der Kommission zur Überarbeitung des Schuldrechts, 1992, 213 f.
252 BGH, Urteil vom 23. Januar 2008, VIII ZR 246/06, NJW 2008, 1147 Rn. 12.
253 BGH, Urteil vom 23. Januar 2008, VIII ZR 246/06, NJW 2008, 1147 Rn. 6; a. A. nur Ersatz der Kosten für die Überprüfung der Kaufsache *Kaiser*, NJW 2008, 1709, 1711 ff.; ebenso *Schollmeyer/Utlu*, Jura 2009, 721, 730 f., welche zudem dem Verkäufer einen Anspruch auf Herausgabe der Mangelbeseitigungskosten nach §§ 818 Abs. 2, 684 Satz 1 BGB (unberechtigte GoA) zubilligen; ähnlich *Lorenz*, Festschrift Medicus, 2009, 265 ff.

dass er Gewährleistung unberechtigt in Anspruch genommen hat.[254] Denn in diesem Fall fehlt es am Vertretenmüssen nach § 280 Abs. 1 Satz 2 BGB.

▶ **Vertiefung:** Das Problem der unberechtigten Selbstvornahme ist als Klausurfall aufgearbeitet von *J. W. Flume*, Jura 2006, 86 ff.; *Jaensch*, Klausurensammlung, Fall 12: Freunde fürs Leben.

Anschaulich zum Vorrang der Nacherfüllung aufgrund des Fristsetzungserfordernisses (Verweigerung der Nacherfüllung, Interessenabwägung sowie Unzumutbarkeit nach § 440 Satz 1 BGB), der Bedeutung der Einrede des Verkäufers nach § 439 Abs. 4 BGB als auch der Beweislastumkehr nach § 477 BGB s. BGH, Urteil vom 21. Dezember 2005, VIII ZR 49/05, BB 2006, 686 ff. (defekter Katalysator eines Gebrauchtwagens).

d) Ausschluss der Gewährleistung

648 Die Gewährleistungsrechte des Käufers können kraft Gesetz oder durch Vertrag ausgeschlossen oder inhaltlich abgeändert sein. Möglich ist auch ein Ausschluss infolge eines einseitigen Verzichts durch den Käufer.

aa) Ausschluss der Gewährleistung kraft Gesetz

i) § 442 BGB

649 Die Rechte des Käufers wegen eines Mangels der Kaufsache sind ausgeschlossen, wenn er bereits bei *Vertragsschluss* (nicht erst bei Gefahrübergang) den Mangel kennt, § 442 Abs. 1 Satz 1 BGB. Denn in diesem Fall wird der Käufer nicht in seinen berechtigten Erwartungen an den Kaufvertrag enttäuscht. Kennt er den Mangel bei Abgabe seiner Willenserklärung zum Vertragsschluss, so kann angenommen werden, dass er den Kaufpreis selbst in Ansehung des Mangels für angemessen hält.[255] Gewährleistung für den Mangel ist daher ausgeschlossen.

Bei grob fahrlässiger Nichtkenntnis des Mangels stehen dem Käufer Gewährleistungsansprüche nur bei arglistigem Verschweigen durch den Verkäufer oder bei Bestehen einer Beschaffenheitsgarantie zu, § 442 Abs. 1 Satz 2 BGB.

ii) § 377 HGB

650 Sofern beide Parteien eines Kaufvertrages Kaufleute sind (beiderseitiger Handelskauf), trifft den Käufer eine Untersuchungs- und Rügeobliegenheit.[256] Er muss die Ware unverzüglich nach der Ablieferung untersuchen und falls sich Mängel zeigen, diese dem Verkäufer unverzüglich mitteilen, § 377 Abs. 1 HGB. Die Untersuchungs- und Rügeobliegenheit gilt auch für die Nacherfüllung gemäß § 439 Abs. 1 BGB.[257] Der Käufer muss die neu gelieferte oder reparierte Ware unverzüglich untersuchen und etwaige Mängel rügen.

---

254 BGH, Urteil vom 23. Januar 2008, VIII ZR 246/06, NJW 2008, 1147 Rn. 13.
255 BGH, Urteil vom 27. Mai 2011, V ZR 122/10, NJW 2011, 2953 Rn. 13.
256 Eine Obliegenheit ist im Gegensatz zu einer Verpflichtung nicht einklagbar. Allerdings verliert derjenige, den die Obliegenheit trifft, sein Recht, sofern er seiner Obliegenheit nicht nachkommt.
257 MüKo/*Grunewald*, HGB, §§ 373–406, 3. Auflage 2013, § 377 Rn. 30; *W.-H. Roth* in: Koller/Kindler/Roth/Morck, HGB, 8. Auflage 2015, § 377 Rn. 18a.

Verletzt der Käufer seine Untersuchungs- und Rügeobliegenheit, verliert er gemäß § 377 Abs. 2 (offener Mangel) oder Abs. 3 (verdeckter Mangel) HGB alle Rechte wegen der mangelhaften Lieferung (§ 437 BGB), es sei denn, der Verkäufer hat den Mangel arglistig verschwiegen, § 377 Abs. 5 HGB.[258] Die Ansprüche des Käufers aus Delikt wegen eines weiterfressenden Mangels (s. im Einzelnen Rn. 919 ff.) bleiben von § 377 HGB unberührt. 651

---

1. Fehlende Rüge und Nacherfüllung 652

Probleme ergeben sich bei erfolgter Nacherfüllung, wenn die Kaufsache mehrere Mängel aufweist und ein Mangel der ursprünglichen Lieferung nicht gerügt wurde. Hier ist zu unterscheiden: Ist der nicht gerügte Mangel bei der Nachlieferung wieder vorhanden, ist der Käufer zur Rüge berechtigt. Hatte er hingegen Nachbesserung verlangt, ist der Käufer mit der Rüge eines Mangels, welcher der Ware bereits eingangs anhaftete, aber seinerzeit nicht gerügt wurde, nach § 377 Abs. 2 HGB ausgeschlossen.[259]

2. *Dual use* Fälle, § 377 HGB und §§ 474 ff. BGB 653

Wenn ein Kaufmann den Kaufgegenstand von einem anderen Kaufmann überwiegend aber nicht ausschließlich zur privaten Nutzung erwirbt, liegt ein sog. *dual use* Fall vor. Der kaufmännische Käufer ist Verbraucher i. S. v. § 13 BGB, da es nach dessen Wortlaut genügt, wenn der Zweck des Kaufs überwiegend im privaten Bereich liegt. Zugleich liegt ein beiderseitiges Handelsgeschäft i. S. v. § 343 HGB vor, da der Kauf nicht rein privater Natur ist. Der Konflikt zwischen der Untersuchungs- und Rügeobliegenheit von § 377 HGB mit den verbraucherschützenden Normen der §§ 474 ff. BGB ist zugunsten des Verbraucherschutzes zu lösen. Eine partielle Einschränkung des Verbraucherbegriffs außerhalb des Anwendungsbereichs der einschlägigen EG-Richtlinien verbietet sich, da der Gesetzgeber sich für eine einheitliche Anwendung auch im überobligatorischen Bereich[260] entschieden hat. Eine Untersuchungs- und Rügeobliegenheit entfällt daher bei überwiegend privat genutzten Wirtschaftsgütern.[261]

---

bb) Ausschluss der Gewährleistung durch Individualvereinbarung, § 444 BGB

Die Parteien können vereinbaren, dass dem Käufer keine Gewährleistungsrechte zustehen. Nach bestätigter Auffassung des BGH[262] ist der Gewährleistungsausschluss dahingegen auszulegen, dass er eine vereinbarte Beschaffenheit (§ 434 Abs. 1 Satz 1 BGB) nicht erfasst, da ansonsten die Beschaffenheitsvereinbarung sinnlos sei, sofern nicht Arglist vorliegt. Hiergegen ist jedoch einzuwenden, dass der Käufer sich auf den Haftungsausschluss nicht einzulassen braucht, sofern ihm die Beschaffenheitsvereinbarung wichtig ist.[263] Zudem steht es ihm frei, statt der Vereinbarung eine Beschaffenheitsgarantie zu verlangen oder sein Kaufangebot anzupassen. 654

---

258 Näheres zu § 377 HGB s. *Bülow/Artz*, Handelsrecht, 7. Auflage 2015, Rn. 501 ff.; *Lettl*, Jura 2006, 721 ff.

259 S. im Einzelnen *Mankowski*, NJW 2006, 865 ff.

260 Zur einheitlichen richtlinienkonformen Auslegung bei überschießender Umsetzung von Richtlinien s. Rn. 558.

261 *Hoffmann*, BB 2005, 2090 ff.

262 BGH, Urteil vom 29. November 2006, VIII ZR 92/06, BGHZ 170, 86 Rn. 31; BGH, Urteil vom 6. November 2015, V ZR 78/14, BGHZ 207, 349 Rn. 9.

263 *Emmert*, NJW 2006, 1765, 1768; *Gutzeit*, NJW 2007, 1350, 1351.

Auf den vereinbarten Gewährleistungsausschluss kann sich der Verkäufer nicht berufen, soweit er den Mangel arglistig verschwiegen oder eine Garantie für die Beschaffenheit der Sache übernommen hat, § 444 BGB. Die Vorschrift verlangt keine Kausalität zwischen Verschweigen und Entschluss des Käufers. Daher kann sich der Verkäufer auch dann nicht auf den Haftungsausschluss berufen, wenn ein arglistig verschwiegener Mangel auf den Willensentschluss des Käufers keinen Einfluss hatte.[264] Beim Verbrauchsgüterkauf ist ein Ausschluss der Gewährleistung in den meisten Fällen erst *nach* Mitteilung des Mangels möglich, § 476 BGB.[265]

cc) Ausschluss der Gewährleistung durch Allgemeine Geschäftsbedingungen (AGB)

655 Einer Einschränkung der gesetzlichen Verjährungsfristen oder pauschal aller Gewährleistungsrechte in den AGB steht das Klauselverbot von § 309 Nr. 7 lit. a) und b) BGB entgegen. Hiernach kann die Schadensersatzhaftung nur sehr begrenzt eingeschränkt werden. Eine Begrenzung der Haftung ist auch die Abkürzung der gesetzlichen Verjährungsfristen. Indem die Klausel die Verjährung sämtlicher in § 437 BGB aufgeführten Gewährleistungsrechte verkürzt, erfasst sie auch die vorgenannten Schadensersatzansprüche und ist daher nichtig.[266] Da die Klausel eine unangemessene Benachteiligung darstellt, ist sie auch bei einer Verwendung gegenüber Unternehmern aufgrund § 307 Abs. 1 BGB nichtig.[267]

Beim Verkauf *neu* hergestellter Sachen und Leistungen können die Gewährleistungsansprüche des Käufers durch AGB nur in den Grenzen des § 309 Nr. 8 b) BGB eingeschränkt werden.

e) Verjährung der Ansprüche aus Gewährleistung, § 438 BGB

656 Gewährleistungsansprüche (§ 437 Nr. 1 und 3 BGB) verjähren gemäß § 438 Abs. 1 BGB, wenn der Mangel

- darin besteht, dass ein Dritter einen dinglichen Anspruch auf Herausgabe der Kaufsache gegen den Käufer hat (Rechtsmangel, z. B. § 985 BGB des Dritten gegen den Käufer), nach 30 Jahren,

  ▶ **Beachte:** Der Dritte kann jedoch seinen Anspruch aus § 985 BGB gegen den Käufer bereits nach zehn Jahren aufgrund Ersitzung verlieren. Der gutgläubige Käufer, bei dem der Eigentumserwerb an § 105 Abs. 1 BGB oder § 935 Abs. 1 BGB scheitert, ersitzt nach zehn Jahren das Eigentum gemäß § 937 BGB, sofern er während der gesamten Ersitzungszeit der Überzeugung ist, er sei Eigentümer der sich in seinem Besitz befindlichen Kaufsache.

- bei einem Bauwerk und Sachen, die bei einem Bauwerk verwendet wurden, besteht, nach fünf Jahren.

Im Übrigen tritt Verjährung nach zwei Jahren ein.

---

264 BGH, Urteil vom 15. Juli 2011, V ZR 171/10, BGHZ 190, 272 Rn. 13.
265 Näheres hierzu s. Rn. 674.
266 BGH, Urteil vom 15. November 2006, VIII ZR 3/06, BB 2007, 177 Rn. 19 ff.; bestätigt durch BGH, Urteil vom 29. Mai 2013, VIII ZR 174/12, BB 2013, 2061 Rn. 15 ff.
267 BGH, Urteil vom 19. Juni 2013, VIII ZR 183/12, NJW 2014, 211 Rn. 30.

Die Verjährung beginnt bei Grundstücken mit der Übergabe, ansonsten mit der Ablieferung der Sache, § 438 Abs. 2 BGB.

Neubeginn (§ 212 Abs. 1 Nr. 1 BGB) und Hemmung (§ 203 BGB) der Verjährung durch Nacherfüllung **657**

Beispiel: V liefert K einen DVD-Spieler, der aufgrund eines Fabrikationsfehlers ein im Laufe der Monate immer intensiveres Laufgeräusch von sich gibt. Nach einem Jahr, als das Geräusch unerträglich störend geworden ist, verlangt K von V die Lieferung eines neuen DVD-Spielers. Nachdem das nachgelieferte Gerät nach eineinhalb Jahren aufgrund eines Fabrikationsfehlers ebenfalls Mängel aufweist, verlangt K dessen Reparatur gemäß §§ 437 Nr. 1, 439 Abs. 1 BGB. Zu Recht?

Fraglich ist, ob die zweijährige Verjährung *neu beginnt*, sofern der Verkäufer nacherfüllt, insbesondere wenn er eine neue Sache liefert, oder ob die Verjährung während der Durchführung der Nacherfüllung nach § 203 BGB lediglich *gehemmt* wird. Nach einer Ansicht, umfasst der Begriff „Ablieferung" i. S. v. § 438 Abs. 2 BGB auch die Übergabe der reparierten oder neu gelieferten Sache.[268] Allerdings bedeutete diese Wertung eine ungerechtfertigte Ungleichbehandlung von beweglichen und unbeweglichen Sachen, denn eine erneute Übergabe eines Grundstücks bei Nacherfüllung erfolgt nicht; diese Ansicht ist daher abzulehnen. Ein Neubeginn der Verjährung könnte durch § 212 Abs. 1 Nr. 1 BGB aufgrund Anerkenntnis eintreten, wenn der Verkäufer aufgrund der Durchführung der Nacherfüllung konkludent anerkennt, dass die Schuld besteht.[269] Ein derartiges Anerkenntnis ist eine geschäftsähnliche Handlung. Es genügt, dass der Schuldner durch sein Verhalten zum Ausdruck bringt, dass er im Bewusstsein der Schuld handelt. So hat die Rechtsprechung zum alten Gewährleistungsrecht ein Anerkenntnis angenommen, wenn der Verkäufer Abhilfe schafft.[270] Ein Anerkenntnis liegt hingegen nicht bei Kulanz vor.[271] Aufgrund dieser Erwägungen wird Verkäufern empfohlen, Nacherfüllung stets nur aus Kulanz vorzunehmen.[272] Es sind jedoch strenge Anforderungen an das Anerkenntnis durch den Verkäufer zu stellen, da eine Verlängerung der zweijährigen Verjährungsfrist vom Gesetzgeber nicht gewollt ist.[273] Aus diesem Grund ist auch ein Neubeginn der Verjährung ab Nacherfüllung, der unabhängig von der Frage des Anerkenntnisses vielfach gefordert wird,[274] abzulehnen.[275] Hingegen besteht die Möglichkeit, durch extensive Auslegung von § 203 BGB für die Zeit zwischen dem Nacherfüllungsverlangen des Käufers und der Beendigung der Nacherfüllung durch den Verkäufer eine Hemmung der Verjährung zu begründen.[276]

Hat der Verkäufer den Mangel arglistig verschwiegen, gilt die längere Regelverjährung nach §§ 195, 199 Abs. 3 Nr. 1, Abs. 4 BGB, die drei bis maximal zehn Jahre betragen kann, § 438 Abs. 3 Satz 1 BGB. Bei Grundstücken tritt die Verjährung frühestens nach fünf Jahren ein, § 438 Abs. 3 Satz 2 BGB (Ablaufhemmung), um den Käufer durch eine mögliche Verjährung vor Ablauf der Fünf-Jahresfrist (s. § 438 Abs. 1 Nr. 2 BGB) nicht schlechter zu stellen. **658**

268 BeckOK/*Faust*, § 438 Rn. 60.
269 BGH, Urteil vom 5. Oktober 2005, VIII ZR 16/05, BGHZ 164, 196, 204 f. ; OLG Celle, Urteil vom 20. Juni 2006, 16 U 287/05, NJW 2006, 2643, 2644.
270 BGH, Urteil vom 8. Juli 1987, VIII ZR 274/86, NJW 1988, 254, 255; vgl. für Werkvertrag BGH, Urteil vom 18. Januar 1990, VII ZR 260/88, BGHZ 110, 99, 102 f.
271 BGH, Beschluss vom 23. August 2012, VII ZR 155/10, NJW 2012, 3229 Rn. 14; bestätigt durch BGH, Beschluss vom 9. Juli 2014, VII ZR 161/13, NJW 2014, 3368 Rn. 15.
272 *Auktor/Mönch*, NJW 2005, 1686, 1688; *Eisenberg*, BB 2011, 2634, 2639.
273 *Schmidt-Räntsch*, ZIP 2000, 1639, 1644.
274 BeckOK/*Faust*, § 438 Rn. 60; Palandt/*Weidenkaff*, § 438 Rn. 16a; *Lorenz*, NJW 2007, 1, 5.
275 *Auktor/Mönch*, NJW 2005, 1686, 1687.
276 OLG Celle, Urteil vom 20. Juni 2006, 16 U 287/05, NJW 2006, 2643, 2644; *Gramer/Thalhofer*, ZGS 2006, 250, 252 ff.; MüKo/*H. P. Westermann*, § 438 Rn. 41; *Reiling/Walz*, BB 2012, 982, 984 f.

659 Ist Verjährung eingetreten, kann der Verkäufer nach § 214 Abs. 1 BGB die Erfüllung der Gewährleistungsrechte verweigern.

▶ **Hinweis:** Klausuraufbau

(...)

c) Anspruch durchsetzbar

Der Verkäufer könnte die Mangelbeseitigung/die Nachlieferung/die Zahlung des Schadensersatzes verweigern, sofern der Anspruch verjährt ist, § 214 Abs. 1 BGB.

660 Für die Gestaltungsrechte nach § 437 Nr. 2 BGB (Rücktritts- und Minderungsrecht) enthält § 438 Abs. 4 und 5 BGB ergänzende Spezialregeln zu § 218 BGB. Gemäß § 218 Abs. 1 BGB ist die Ausübung des Gestaltungsrechts unwirksam, wenn der Nacherfüllungsanspruch verjährt ist und sich der Verkäufer hierauf beruft. Hat der Käufer den Kaufpreis noch nicht entrichtet, ist trotz Verjährung des Nacherfüllungsanspruchs und der hieraus resultierenden Unzulässigkeit des Rücktritts oder der Minderung der Käufer berechtigt, die Zahlung des Kaufpreises zu verweigern, § 438 Abs. 4 Satz 2 BGB. Macht der Käufer von seinem Zahlungsverweigerungsrecht Gebrauch, so ist der Verkäufer berechtigt, vom Kaufvertrag zurückzutreten, § 438 Abs. 4 Satz 3 BGB.

661 **Beispiel:** K erwirbt von V durch Kauf unter Eigentumsvorbehalt eine Waschmaschine. Der Kaufpreis ist über vier Jahre in Raten zu zahlen. Zweieinhalb Jahre nach Übergabe stellt sich heraus, dass die Maschine einen Fabrikationsfehler aufweist. Als K von V die Lieferung einer mangelfreien Waschmaschine binnen eines Monats verlangt, wird sein Ansinnen von V verweigert. K erklärt daraufhin den Rücktritt vom Vertrag und verlangt Rückzahlung des bereits erbrachten Teils des Kaufpreises, zudem verweigert er die Zahlung der restlichen Raten. Wie ist die Rechtslage?

Der Anspruch des K gegen V aus §§ 437 Nr. 1, 439 Abs. 1 BGB auf Nachlieferung ist nicht durchsetzbar, da die Leistung von V aufgrund §§ 214 Abs. 1, 438 Abs. 1 Nr. 3 BGB wegen des Ablaufs der zweijährigen Verjährungsfrist berechtigt verweigert wurde. Sein Anspruch gegen V aus § 346 Abs. 1 BGB auf Rückzahlung der bereits erbrachten Kaufpreisraten scheitert am fehlenden Rücktrittsrecht des K. Denn die Ausübung seines Rücktrittsrechts nach §§ 437 Nr. 2, 323 Abs. 1 BGB ist wegen der von V geltend gemachten Verjährung des Nacherfüllungsanspruchs nach § 218 Abs. 1 Satz 1 BGB unwirksam. Andererseits ist der Anspruch des V gegen K aus § 433 Abs. 2 BGB auf Zahlung der restlichen Kaufpreisraten nicht durchsetzbar, da K sein Leistungsverweigerungsrecht nach § 438 Abs. 4 Satz 2 BGB ausgeübt hat. V hat nun die Möglichkeit, auf die Zahlung der noch ausstehenden Raten zu verzichten und die mangelhafte Maschine bei K zu belassen, oder vom Vertrag nach § 438 Abs. 4 Satz 3 BGB zurückzutreten. In diesem Fall kann er gemäß §§ 346 Abs. 1, 348 BGB Rückgabe der Waschmaschine Zug um Zug gegen Rückzahlung des bereits erbrachten Kaufpreises zzgl. Zinsen verlangen. Ferner steht V ein Anspruch auf Ersatz der aus der mangelhaften Maschine gezogenen Nutzungen nach §§ 439 Abs. 5, 346 Abs. 2 Satz 1 Nr. 1 BGB zu. Sofern K Verbraucher und V Unternehmer ist, ändert dies nichts an der Pflicht des K, Nutzungswertersatz zu zahlen. § 475 Abs. 3 BGB greift nur für den Nutzungswertersatz bei Neulieferung nach § 439 Abs. 5 BGB, nicht hingegen bei Rücktritt (s. Rn. 672a).[277]

---

277 BGH, Urteil vom 16. September 2009, VIII ZR 243/08, ZIP 2009, 2158 Rn. 15; *Artz*, ZJS 2009, 570 f.

Die Lösung des vorangegangenen Beispiels wurde im Urteilsstil skizziert. Zur Übung und Vertiefung ist die Lösung im Gutachtenstil wiederzugeben. Dabei ist davon auszugehen, dass der Verkäufer den Rücktritt vom Kaufvertrag erklärt. Zum ausformulierten Gutachten vgl. *Jaensch*, Klausurensammlung, Fall 15: Die Spülmaschine.

▶ **Hinweis:**

a) Mangel- und Mangelfolgeschäden verjähren einheitlich nach § 438 BGB, da sie beide den Gewährleistungsregeln nach § 437 Nr. 3 BGB unterstehen.[278]

b) Der Rückabwicklungsanspruch aus § 346 Abs. 1 BGB des Käufers, der innerhalb der Verjährungsfrist wirksam den Rücktritt erklärt, verjährt nicht nach § 438 BGB, sondern unterliegt der regelmäßigen Verjährung nach §§ 195, 199 BGB.[279]

f) Abgrenzung: Anfechtung wegen Irrtums, § 119 Abs. 2 BGB

Die Gewährleistungsregeln enthalten eine abschließende Sonderregelung der Rechtsbehelfe des Käufers aufgrund der Schlechtleistung. Nach Gefahrübergang (§§ 446 f. BGB) kann der Käufer wegen des Sachmangels neben den Rechten aus § 437 BGB grundsätzlich nur noch diejenigen aus Delikt (§§ 823 ff. BGB) und Produkthaftung geltend machen. **662**

Dem Käufer einer mangelhaften Sache ist es nach Gefahrübergang verwehrt, seine auf Abschluss des Kaufvertrages gerichtete Willenserklärung wegen eines Eigenschaftsirrtums nach § 119 Abs. 2 BGB anzufechten und Rückabwicklung nach §§ 812 ff. BGB zu verlangen. Denn dies würde den Vorrang der Nacherfüllung sowie die kürzeren Verjährungsregelungen von § 438 BGB aushöhlen. Zudem wäre die Anfechtung auch bei grob fahrlässiger Unkenntnis des Mangels möglich, was dem Gewährleistungsausschluss nach § 442 Abs. 1 Satz 2 BGB widerspräche.

Der Verkäufer hingegen kann den Kaufvertrag nach § 119 Abs. 2 BGB anfechten, es sei denn, er entzieht sich hierdurch seinen Pflichten aus §§ 434 ff. BGB.

Eine Anfechtung des Kaufvertrages aus anderen Gründen (§§ 119 Abs. 1, 123 BGB) bleibt nach Gefahrübergang unverändert möglich.

▶ **Vertiefung:** Einen Überblick über das Problem bieten *Staudinger/Ewert*, JA 2010, 241, 245.

4. Gewährleistung beim Rechtskauf, § 453 BGB

Auf den Rechtskauf finden die Vorschriften über den Kauf von Sachen entsprechende Anwendung, § 453 Abs. 1 BGB. Das bedeutet, dass die §§ 433 ff. BGB nur insoweit für den Rechtskauf herangezogen werden, als sie passend sind. **663**

---

278 *Arnold*, ZGS 2002, 438 f.; a. A. Ersatzansprüche wegen Verletzung des Integritätsinteresses verjähren nach der Regelverjährung, §§ 195, 199 BGB, *Wagner*, JZ 2002, 475, 479 f.; *ders.*, JZ 2002, 1092 ff.; hiergegen *Gsell*, JZ 2002, 1089 ff.

279 H. A., BGH, Urteil vom 15. November 2006, VIII ZR 3/06, BB 2007, 177 Rn. 35 ff.; a. A. Staudinger/*Peters-Jacoby*, § 218 Rn. 6; *Peters*, NJW 2008, 119 ff.

a) Nur Rechtsmängel

664 Rechte können nur Rechtsmängel (§ 435 BGB) aufweisen. Sachmängel eines Rechtes sind regelmäßig undenkbar, der Verweis in § 453 Abs. 1 BGB geht hinsichtlich § 434 BGB ins Leere. Eine Ausnahme besteht lediglich aufgrund § 453 Abs. 3 BGB für ein Recht, das zum Besitz einer Sache berechtigt, z. B. Erbbaurecht. Auf Mängel der Sache, auf die sich das verkaufte Recht bezieht, findet § 434 BGB ansonsten keine Anwendung.[280] Denn nach §§ 433, 434 BGB richtet sich die Sachmängelhaftung nur auf die Sache, die Kaufgegenstand ist, beim Rechtskauf ist der Kaufgegenstand hingegen das Recht an der Sache.

Beispiel: V verkauft K einen Schinken. K verkauft seinen Anspruch gegen V auf Übereignung des Schinkens an Z. K muss gegenüber Z nur für Rechtsmängel – z. B. an dem Anspruch steht G ein Pfandrecht zu – jedoch nicht für Sachmängel des Schinkens – z. B. madenzerfressener Schinken – einstehen; diesbezüglich kann sich Z nur an V wenden.[281]

b) Problemfall: Das verkaufte Recht steht einem Dritten zu

665 Fraglich ist die rechtliche Bewertung, sofern das verkaufte Recht nicht dem Verkäufer, sondern einem Dritten zusteht.

Beispiel: V verkauft K das Recht auf Übereignung eines Gemäldes gegen Y, das tatsächlich dem D zusteht, der das Recht jedoch nicht zu veräußern gedenkt. Zur Erfüllung des Kaufvertrages tritt V das Recht an K nach § 398 BGB ab.

Wird das einem Dritten zustehende Recht vom Verkäufer auf den Käufer übertragen, geht die Abtretung ins Leere, da das Gesetz einen gutgläubigen Erwerb von Forderungen nicht kennt. Der Dritte bleibt unverändert Inhaber des Rechts. Fraglich ist nur, ob durch die Abtretung der Kaufvertrag noch gar nicht erfüllt wurde und der Käufer nach den allgemeinen Regeln[282] vorgehen muss oder, ob ein Gewährleistungsfall vorliegt und dem Käufer die Rechte gemäß § 437 BGB zustehen.

Für die Annahme eines Gewährleistungsfalles spräche die Analogie zum Sachkauf, bei dem der Verkäufer nicht Eigentümer der verkauften Sache ist und der gutgläubige Erwerb des Käufers scheitert. Beim Sachkauf ist das Eigentumsrecht des Dritten als Rechtsmangel i. S. v. § 435 BGB anzusehen.[283] Das Gleiche könnte für den Rechtskauf gelten. In diesem Fall müsste der Käufer über § 437 BGB vorgehen.[284] Aufgrund der anfänglich unmöglichen Nacherfüllung könnte der Käufer unmittelbar vom Vertrag zurücktreten (§§ 437 Nr. 2, 326 Abs. 5 BGB) und Schadensersatz statt der ganzen Leistung (§§ 437 Nr. 3, 311a Abs. 2, 281 Abs. 1 Satz 3 BGB) verlangen. Bei der Verjährung wäre nicht von der kurzen Zweijahresfrist nach § 438 Abs. 1 Nr. 3 BGB, sondern in

---

280 *U. Huber*, AcP 202 (2002), 179, 229 f.; *Lorenz*, Festschrift Heldrich, 2005, 305, 320; *Grigoleit/Herresthal*, JZ 2003, 118, 124 f. a. A. *Zimmermann*, AcP 213 (2013), 652, 659 ff., umfassende Sachmängelgewährleistung im Grundsatz bejaht.

281 Vgl. *U. Huber*, AcP 202 (2002), 179, 230; a. A. *Zimmermann*, AcP 213 (2013), 652, 676.

282 Schadensersatz wegen anfänglich subjektiver Unmöglichkeit, § 311a Abs. 2 BGB und Rückabwicklung des Vertrages, §§ 326 Abs. 4, 346 ff. BGB.

283 Str., s. Rn. 580.

284 So *Jauernig/Berger*, § 453 Rn. 4; *Heerstraßen/Reinhard*, BB 2002, 1429, 1430.

konsequenter Analogie zum Sachkauf von einer 30-Jahresfrist gemäß § 438 Abs. 1 Nr. 1 BGB auszugehen.

Das Rücktrittsrecht ergibt sich aus § 326 Abs. 5 BGB und nicht etwa aus § 326 Abs. 4 BGB.[285] Die bei Rückabwicklung nach §§ 346 Abs. 1, 326 Abs. 5 BGB erforderliche Rücktrittserklärung ist dem Umstand geschuldet, dass der Käufer bei Mängeln die Wahl hat, zu mindern und/oder kleinen Schadensersatz zu verlangen, um die Sache oder das Recht zu behalten, oder vom Vertrag zurückzutreten und/oder großen Schadensersatz zu verlangen, wobei er die Sache oder das Recht zurückzugeben hat.

Gegen die Anwendung der Gewährleistungsregeln spricht jedoch bereits der Wortlaut von § 435 Satz 1 BGB. Denn der Dritte macht gegen den Käufer keine Rechte geltend, sondern das Recht steht dem Käufer *erst gar nicht zu*. Die Abtretung durch den Verkäufer ist rechtlich bedeutungslos und kann keinen Anhaltspunkt für die Anwendbarkeit der Gewährleistungsregeln bieten. Der Kaufvertrag wurde nicht erfüllt. Es liegt ein Fall der anfänglich subjektiven Unmöglichkeit des Verkäufers zur Leistung vor. Der Käufer kann nach den allgemeinen Regeln vorgehen[286] und Schadensersatz statt der Leistung nach § 311a Abs. 2 BGB sowie Rückzahlung des Kaufpreises nach §§ 326 Abs. 4, 346 ff. BGB verlangen. Die Ansprüche unterliegen der Regelverjährung, §§ 195, 199 BGB.

5. Spezielle Ausformungen des Kaufs

a) Handelskauf, §§ 373 ff. HGB

Ist eine oder sind beide Parteien eines Kaufvertrages Kaufmann, liegt ein Handelsgeschäft vor (§§ 343 ff. HGB), für das die §§ 373 ff. HGB spezialgesetzliche Regelungen vorsehen. Diese betreffen insbesondere den Annahmeverzug, den Bestimmungskauf und den Fixhandelskauf.[287] Hervorgehoben wurde bereits die Untersuchungs- und Rügeobliegenheit des Käufers nach § 377 HGB (Rn. 650 ff.) und der Fixhandelskauf nach § 376 HGB (Rn. 512). 666

b) Kauf unter Eigentumsvorbehalt, § 449 BGB

Der Käufer einer beweglichen Sache möchte i. d. R. unmittelbar über den Besitz der Kaufsache verfügen, ist aber nicht immer in der Lage, den Kaufpreis sofort zu bezahlen. Dem Bedürfnis des Verkäufers, zur Absatzförderung dennoch einen Kaufvertrag zu schließen und eine dingliche Sicherheit für den noch ausstehenden Kaufpreis zu erhalten, dient der Eigentumsvorbehalt, vgl. § 449 BGB. 667

aa) Sachenrechtliche Seite, § 449 Abs. 1 BGB

Wurde ein Kaufvertrag unter Eigentumsvorbehalt abgeschlossen, so ist aufgrund der Auslegungsregel des § 449 Abs. 1 BGB davon auszugehen, dass die nach § 929 Satz 1 668

285 Zur Unterscheidung von § 326 Abs. 4 und Abs. 5 BGB s. Rn. 517.
286 H.A., BeckOK/*Faust*, § 453 Rn. 12; MüKo/*Westermann*, § 453 Rn. 10; Staudinger/*Beckmann*, § 453 Rn. 8.
287 Zum Handelskauf s. *Bülow/Artz*, Handelsrecht, 7. Auflage 2015, Rn. 486 ff.

BGB erforderliche Einigung zur Eigentumsübertragung unter der aufschiebenden Bedingung (§ 158 Abs. 1 BGB) der vollständigen Kaufpreiszahlung erfolgt.

Der Verkäufer bleibt bis zur endgültigen Kaufpreiszahlung Eigentümer. Ihm steht im Falle der Insolvenz des Käufers ein Aussonderungsrecht nach § 47 InsO zu.
Da der Verkäufer den Bedingungseintritt nach der bedingten Übereignung nicht mehr verhindern kann (vgl. insbesondere § 162 BGB) und es somit allein der Käufer in der Hand hat, ob er unbedingter Eigentümer wird, erwirbt der Käufer durch die bedingte Übereignung ein Anwartschaftsrecht (s. Rn. 260) an der Kaufsache. Über das Anwartschaftsrecht kann der Käufer nach §§ 929 ff. BGB analog verfügen.[288]

Aufgrund des Abstraktionsprinzips kommt es für den bedingten Eigentumserwerb nur darauf an, dass der Eigentumsvorbehalt vor oder in der Einigungserklärung gemäß § 929 Satz 1 BGB genannt wird. D.h. selbst wenn der Kaufvertrag keinen Eigentumsvorbehalt enthält, kann der Verkäufer bedingt übereignen (nachvertraglicher Eigentumsvorbehalt, zum nachträglichen Eigentumsvorbehalt s. Rn. 786). Unerheblich ist, dass er sich damit vertragsbrüchig verhält, sofern er laut Kaufvertrag die unbedingte Übereignung schuldet. Dem Käufer bleibt jedoch nichts weiter übrig, als sich auf den nachvertraglichen Eigentumsvorbehalt einzulassen. Besteht er auf die unbedingte Übereignung, müsste er Zug um Zug (§ 320 BGB) den Kaufpreis bezahlen, womit sich der Eigentumsvorbehalt erübrigte. Der Verkäufer muss nachvertraglich den Vorbehalt seiner Übereignungserklärung jedoch hinreichend deutlich zum Ausdruck bringen.[289] Es kann z.B. nicht erwartet werden, dass der Käufer eine auf dem Lieferschein enthaltene vertragswidrige Eigentumsvorbehaltsklausel zur Kenntnis nimmt.[290] Hingegen muss der Käufer von einer aufschiebend bedingten Übereignung ausgehen, wenn der Verkäufer den Kfz-Brief nicht aushändigt.[291]

Nach verbreiteter Ansicht ist in der bedingten sachenrechtlichen Einigung regelmäßig eine Abänderung der ursprünglichen kaufvertraglichen Vereinbarung, die keinen Eigentumsvorbehalt enthält, zu sehen, sofern die Parteien nichts Gegenteiliges zum Ausdruck bringen.[292] Diese Auslegung entspricht in der Regel nicht dem übereinstimmenden Parteiwillen. Bei Annahme der Lieferung steht der Kaufvertrag nicht zur Disposition. Nach dem objektiven Empfängerhorizont kann der Verkäufer, der vertragswidrig bedingtes Eigentum leistet, nicht davon ausgehen, dass der Käufer von seiner vorteilhaften Position aus dem Kaufvertrag abrücken will. Anderes kann nur gelten, wenn der übereinstimmende Parteiwille zur Vertragsänderung deutlich zum Ausdruck kommt.[293]

bb) Schuldrechtliche Seite, § 449 Abs. 2 BGB

669 Der Verkäufer tritt in Vorleistung, indem er sich verpflichtet, vor Erhalt der Gegenleistung dem Käufer den Besitz und bedingtes Eigentum an der Kaufsache zu verschaffen. Mit deren Übergabe geht die Gegenleistungsgefahr auf den Käufer über, § 446 BGB.

288 Im Einzelnen hierzu s. *Lorenz*, JuS 2011, 199, 200.
289 BGH, Urteil vom 13. September 2006, VIII ZR 184/05, BB 2006, 2439 Rn. 11.
290 BGH, Urteil vom 30. Mai 1979, VIII ZR 232/78, NJW 1979, 2199, 2200.
291 BGH, Urteil vom 13. September 2006, VIII ZR 184/05, BB 2006, 2439 Rn. 13 f.
292 *Bonin*, JuS 2002, 438 f.; *Heyers*, Jura 2016, 961, 962; zurückhaltender Staudinger/*Beckmann*, § 449 Rn. 33, nur ausnahmsweise bei widerspruchsloser Annahme der Sache in Kenntnis des vertragswidrigen Eigentumsvorbehaltsvermerks.
293 *Larenz*, Schuldrecht II/1, 13. Auflage 1986, 109.

Daher bleibt der Käufer zur vollständigen Zahlung des Kaufpreises verpflichtet, sofern sich die Sache nach Übergabe verschlechtert oder untergeht.

Obwohl der Verkäufer bis zur endgültigen Kaufpreiszahlung Eigentümer der Sache bleibt, kann er die Sache nicht vom Käufer nach § 985 BGB herausverlangen. Denn dem Käufer steht aufgrund des Kaufvertrages und seiner Anwartschaft ein Recht zum Besitz (§ 986 BGB) zu. Zahlt der Käufer den Kaufpreis nicht, muss der Verkäufer unter Fristsetzung vom Vertrag nach § 323 BGB zurücktreten, um die Kaufsache vom Käufer nach § 346 Abs. 1 BGB und § 985 BGB zurückverlangen zu können, § 449 Abs. 2 BGB. Der Rücktritt ist aufgrund § 216 Abs. 2 Satz 2 BGB selbst dann noch möglich, wenn der Käufer die Zahlung des Kaufpreises wegen Verjährung nach § 214 Abs. 1 verweigern könnte. Eigentlich wäre der Rücktritt in diesem Fall infolge § 218 Abs. 1 Satz 1 BGB ausgeschlossen. Für den Eigentumsvorbehalt lassen §§ 216 Abs. 2 Satz 2, 218 Abs. 1 Satz 3 BGB jedoch den Rücktritt zu, wenn der Zahlungsanspruch verjährt ist. **669a**

Fall 48: Niemals ohne Fahrzeugbrief **670**

A verkauft X seinen Pkw für € 10 000, ohne dass im Kaufvertrag von einem Eigentumsvorbehalt die Rede ist. Bei der Übereignung hält A den Fahrzeugbrief („Zulassungsbescheinigung Teil II“) zurück. Da X nicht zahlt, obwohl ihm A hierzu eine angemessene Frist gesetzt hat, erklärt A dem X gegenüber den Rücktritt vom Kaufvertrag. X veräußert daraufhin den Pkw für € 12 000 an B. Bei der Übergabe des Wagens an B zum Zwecke der Übereignung verspricht X dem B, den Fahrzeugbrief nachzureichen. A verlangt von B die Herausgabe des Pkw. Zu Recht?[294]

Anspruch A gegen B

- **§ 985 BGB**

A könnte von B die Herausgabe des Besitzes an dem Pkw nach § 985 BGB verlangen. B ist Besitzer, § 854 Abs. 1 BGB, allerdings müsste A Eigentümer sein. Aufgrund des Besitzes des B könnte nach § 1006 Abs. 1 Satz 1 BGB zu dessen Gunsten vermutet werden, dass B Eigentümer des Pkws ist.

▶ **Hinweis:** Die Vorinstanz der hier dargestellten BGH-Entscheidung hatte aufgrund § 1006 BGB das Eigentum des B bejaht.

Für die Eigentumsvermutung ist jedoch kein Raum, sofern die Eigentümerstellung des A feststeht. A war ursprünglich Eigentümer. Er könnte aber sein Eigentum an X oder B verloren haben.

Ein Eigentumsverlust an X könnte sich nach § 929 Satz 1 BGB durch Einigung und Übergabe des Pkws vollzogen haben. Der Pkw wurde X von A zur Übereignung übergeben. Hierzu ist es grundsätzlich unerheblich, dass der Fahrzeugbrief nicht mit übergeben wurde, da dieser kein Traditionspapier ist. Allerdings könnte die Übereignung unter der aufschiebenden Bedingung der endgültigen Kaufpreiszahlung erklärt worden sein. Dem Kaufvertrag ist zwar kein Eigentumsvorbehalt zu entnehmen, dem steht aber nicht entgegen, dass die dingliche Erklärung (unter Umständen vertragswidrig) aufschiebend bedingt erfolgt, sofern dies dem Erklärungsempfänger hinreichend deutlich ist. Die Einbehaltung des Fahrzeugbriefes könnte im Wege der Auslegung nach dem objektiven Empfängerhorizont (§§ 133, 157 BGB) als Eigentumsvorbehalt verstanden werden. Der Fahrzeugbrief dient zur Sicherung des Eigentums an dem Fahrzeug, da er gemäß §§ 25 Abs. 4 Satz 2, 27 Abs. 3 StVZO bei der Meldung über den Eigentümerwechsel der Zulassungsbehörde vorzulegen ist. X konnte die Einbehaltung des Fahrzeugbriefes somit nur dahingehend verstehen, dass die Übereignung unter Eigentumsvorbehalt erfolgt. A hat X daher den

294 In Anlehnung an BGH, Urteil vom 13. September 2006, VIII ZR 184/05, BB 2006, 2439 ff.; vertiefend hierzu *Frahm/Würdinger*, JuS 2008, 14 ff.

Pkw unter Eigentumsvorbehalt übereignet. X hat den Kaufpreis nicht gezahlt. Die aufschiebende Bedingung ist nicht eingetreten. Daher hat A sein Eigentum an X nicht verloren.

A könnte sein Eigentum an B nach §§ 929, 932 BGB verloren haben. Hierzu müsste B bei der Übergabe des Wagens durch den Nichtberechtigten X und deren Einigung über den Eigentumsübergang im guten Glauben an dessen Eigentümerstellung gewesen sein. Der Erwerber ist nach § 932 Abs. 2 BGB nicht im guten Glauben, wenn ihm bekannt oder infolge grober Fahrlässigkeit unbekannt ist, dass der Veräußerer nicht der Eigentümer ist. B könnte grob fahrlässig die fehlende Eigentümerstellung von X verkannt haben, als er es versäumte, sich von X den Fahrzeugbrief vorlegen zu lassen. Es gehört zu den Mindestvoraussetzungen des gutgläubigen Erwerbs eines gebrauchten Pkws, sich den Fahrzeugbrief vorlegen zu lassen, um die Berechtigung des Veräußerers überprüfen zu können. Indem dies nicht geschehen ist, hat B grob fahrlässig die fehlende Eigentümerstellung des X verkannt. Er hat den Pkw nicht gutgläubig erworben. A ist daher weiterhin Eigentümer des Pkws, für die Eigentumsvermutung nach § 1006 Abs. 1 Satz 1 BGB zugunsten des B ist kein Raum.

B könnte jedoch die Herausgabe des Pkws an A nach § 986 Abs. 1 Satz 1 BGB verweigern, sofern er A gegenüber ein Recht zum Besitz an dem Pkw hat. Ein solches Recht kann sich in entsprechender Anwendung von § 986 Abs. 1 Satz 1 BGB aus dem Besitzrecht des X gegenüber A ergeben, auch wenn X nicht mittelbarer Besitzer und B Eigenbesitzer (§ 872 BGB) ist; oder es könnte aus dem Anwartschaftsrecht des X hergeleitet werden, welches dieser an B übertragen hat. Grundlage des Besitzrechts des X als auch des Anwartschaftsrechts ist jedoch ein wirksamer Kaufvertrag zwischen A und X. Von diesem könnte A wirksam zurückgetreten sein und damit den vorgenannten Besitzrechten die Grundlage entzogen haben. A hat X gegenüber gemäß § 349 BGB den Rücktritt erklärt. Sein Rücktrittsrecht ergibt sich aus dem ergebnislosen Verstreichen der angemessenen Zahlungsfrist nach § 323 Abs. 1 BGB. A ist daher wirksam vom Kaufvertrag mit X zurückgetreten. B ist gegenüber A nicht zum Besitz des Pkws berechtigt. Er kann dessen Herausgabe an A nicht nach § 986 BGB verweigern.

A kann von B Herausgabe des Pkws nach § 985 BGB verlangen.

---

671 **Wertersatz und Schadensersatz beim Kauf unter Eigentumsvorbehalt**

Beim Kauf unter Eigentumsvorbehalt kann es zum Wertungswiderspruch zwischen dem Haftungsprivileg von § 346 Abs. 3 Satz 1 Nr. 3 BGB und § 823 BGB kommen, der im Wege der Analogie zu vermeiden ist.[295]

> **Beispiel:** V verkauft und übereignet K seinen Wagen unter Eigentumsvorbehalt. Nachdem K den Wagen durch eine für ihn typische leichte Unachtsamkeit zerstört hat, wird aufgedeckt, dass der Wagen bereits bei der Übergabe an K mangelhaft war. K erklärt seinen Rücktritt vom Vertrag und verlangt den Kaufpreis zurück. Kann V von K Wertersatz oder Schadensersatz verlangen?

Ansprüche V gegen K

1. § 346 Abs. 2 Satz 1 Nr. 3 BGB

Dem Wertersatzanspruch des V gegen K wegen Untergang des Wagens nach § 346 Abs. 2 Satz 1 Nr. 3 BGB steht der Befreiungstatbestand des § 346 Abs. 3 Satz 1 Nr. 3 BGB entgegen, da K die Sorgfalt in eigenen Angelegenheiten (§ 277 BGB) eingehalten hat.

2. § 823 Abs. 1 BGB

V könnte von K Schadensersatz wegen der fahrlässigen und rechtswidrigen Beschädigung des Wagens nach § 823 Abs. 1 BGB verlangen. Der Wagen stand aufgrund des Eigentumsvorbehalts noch im Eigentum des V, als er von K zerstört wurde. Um den Wertungswiderspruch zu verhindern, dass der Käufer nach § 346 Abs. 3 Satz 1 Nr. 3 BGB vom Wertersatzanspruch befreit, nach § 823 Abs. 1 BGB dennoch Schadensersatz zahlen muss, ist das rücktrittsrechtliche Haftungsprivileg in den deliktischen Verschuldensmaßstab im Wege der Analogie zu übertragen.

---

295 *Sittard/Blattner*, ZGS 2006, 339 ff.

c) Verbrauchsgüterkauf, §§ 474 ff. BGB

Die §§ 474 ff. BGB sehen für den Fall, dass 672

- der Käufer Verbraucher (§ 13 BGB) sowie
- der Verkäufer Unternehmer (§ 14 BGB) ist und
- bewegliche Sachen verkauft werden,

zusätzliche Vorschriften vor.

Täuscht der Käufer vor, die Kaufsache für gewerbliche Zwecke zu erwerben, gilt er nicht als Verbraucher. Die Regeln der §§ 474 ff. BGB finden keine Anwendung.[296]

aa) Nutzungsersatz, §§ 475 Abs. 3 Satz 1, 439 Abs. 5 BGB

Gemäß § 475 Abs. 3 Satz 1 BGB muss der Verbraucher im Falle der Neulieferung nicht 672a
gemäß §§ 439 Abs. 5, 346 Abs. 1 BGB die Nutzungen herausgeben, die er aus dem Gebrauch der mangelhaften Sache gezogen hat. Ebenso wenig muss er den Wert der Nutzungen aufgrund §§ 439 Abs. 5, 346 Abs. 2 BGB ersetzen (s. im Einzelnen Rn. 607). Die Nutzungen darf der Verbraucher jedoch nur bei Neulieferung, nicht jedoch im Falle des Rücktritts behalten.[297] § 475 Abs. 3 Satz 1 BGB gilt bereits gemäß seinem Wortlaut nur für die Neulieferung und nicht für den Rücktritt vom Vertrag. Der Grund hierfür wird verständlich, vergleicht man die gegenseitigen Ansprüche bei Neulieferung und Rücktritt. Anders als bei der Neulieferung, bei der sich der Anspruch der Käufers auf die Übereignung der mangelfreien gegen Rückgabe der mangelhaften Sache beschränkt, steht ihm beim Rücktritt neben der Rückzahlung des Kaufpreises auch ein Nutzungswertersatzanspruch auf dessen Verzinsung zu.[298] Im Gegenzug hat er nicht nur die Kaufsache, sondern auch die gezogenen Nutzungen herauszugeben oder deren Wert zu ersetzen.

bb) Gefahrübergang, § 475 Abs. 2 BGB

Der vorzeitige Übergang der *Gegenleistungs*gefahr nach § 447 BGB beim Versendungs- 673
kauf ist für den Verbrauchsgüterkauf ausgeschlossen, § 475 Abs. 2 BGB, sofern nicht die Sonderkonstellation vorliegt, in der der Verbraucher den Transport der Sache selbst organisiert. Der Übergang der Gegenleistungsgefahr beim Verbrauchsgüterkauf findet daher grundsätzlich nach § 446 BGB statt.[299] Die Gegenansicht, die annimmt, § 475 Abs. 2 BGB habe keinen selbstständigen Anwendungsbereich,[300] verkennt den von der Vorschrift angeordneten Anwendungsausschluss von § 447 BGB für den Regelfall, dass der Unternehmer den Transport der Sache organisiert.

Die Vorschriften zur *Leistungs*gefahr bleiben von § 475 Abs. 2 BGB unberührt.

▶ **Vertiefung:** Zu den Gefahrtragungsregeln s. *Lorenz*, JuS 2004, 105 ff.; *Coester-Waltjen*, Jura 2006, 829 ff. und Jura 2007, 110 ff.

---

296 BGH, Urteil vom 22. Dezember 2004, VIII ZR 91/04, NJW 2005, 1045 ff.
297 BGH, Urteil vom 16. September 2009, VIII ZR 243/08, ZIP 2009, 2158 Rn. 15.
298 *Artz*, ZJS 2009, 570, 571.
299 JurisPK-*Ball*, BGB, § 474 Rn. 63.
300 *Schermaul*, JuS 2014, 781, 782 f.

cc) Weitgehend zwingender Charakter der gesetzlichen Gewährleistungsrechte, § 476 BGB

674 *Vor* Mitteilung des Mangels durch den Käufer an den Verkäufer können keine wirksamen Abreden getroffen werden, die die gesetzlichen Gewährleistungsansprüche auf Nacherfüllung, Rücktritt und Minderung einschränken.

Möglich bleibt daher vor Mitteilung des Mangels lediglich eine Einschränkung oder Abbedingung des Schadensersatzanspruches. Da der Aufwendungsersatzanspruch in § 437 Nr. 3 BGB dem Schadensersatzanspruch gleichgestellt wird, ist auch dieser trotz fehlender Nennung in § 476 Abs. 3 BGB abdingbar. Dem steht nicht der von Art. 7 Abs. 1 der Verbrauchsgüterkaufrichtlinie[301] geforderte zwingende Charakter entgegen, da die Richtlinie nur die Nacherfüllung, den Rücktritt und die Minderung, nicht jedoch Schadensersatz und Aufwendungsersatz regelt.

---

675 **Umgehungsversuche**

In der Praxis wird häufig von der Verkäuferseite versucht, entgegen § 476 Abs. 1 Satz 2 BGB den weitgehend zwingenden Charakter der Gewährleistungsrechte zu umgehen.

676 1. „Gekauft wie gesehen"

Die Klausel „gekauft wie gesehen" ist nicht wie vom Verkäufer beabsichtigt als Beschaffenheitsvereinbarung i. S. v. § 434 Abs. 1 Satz 1 BGB, sondern als Gewährleistungsausschluss auszulegen. Sie ist daher in Verbrauchsgüterkaufverträgen aufgrund § 476 Abs. 1 Satz 2 BGB *gänzlich* nichtig. Eine geltungserhaltende Reduktion auf den Ausschluss von Schadens- und Aufwendungsersatz findet nicht statt.[302]

677 2. Negative Beschaffenheitsvereinbarung

Das Verbot, im Verbrauchsgüterkauf die Gewährleistung vollständig auszuschließen, versuchen Verkäufer häufig über negative Beschaffenheitsvereinbarungen zu umgehen (z. B. Wagen ist defekt, Bastlerwagen etc.). Fraglich ist, ob negative Beschaffenheitsvereinbarungen als Verstoß gegen § 476 Abs. 1 BGB unwirksam sind. Einigkeit herrscht nur bei den Extremfällen: Eine ins Blaue hinein formulierte globale Aussage im Vertrag, die praktisch alle denkbaren Mängel der Kaufsache ohne tatsächliche Grundlage auflistet, ist ein unzulässiger Gewährleistungsausschluss und somit nichtig. Konkret die Kaufsache beschreibende Beschaffenheitsvereinbarungen (z. B. „der Kühler des Wagens ist defekt") sind hingegen wirksame Beschaffenheitsvereinbarungen i. S. v. § 434 Abs. 1 Satz 1 BGB, die *diesbezüglich* die Gewährleistungsfolgen ausschließen. Hinsichtlich der Grenzziehung besteht Uneinigkeit. Eine Ansicht möchte zur Frage der Auslegung, wann eine für den Käufer ungünstige Beschaffenheitsvereinbarung (§ 434 Abs. 1 Satz 1 BGB) vorliegt, das objektive Kriterium der üblichen Beschaffenheit (§ 434 Abs. 1 Satz 2 Nr. 2 BGB) heranziehen.[303] Diese Konstruktion schränkt die Vertragsfreiheit ein, da es die grundsätzliche Möglichkeit der Parteien erschwert, die Beschaffenheit der Kaufsache zu vereinbaren. Vorzugswürdiger erscheint es dagegen, einer negativen Beschaffenheitsvereinbarung über Eigenschaften, die dem Verkäufer ungewiss sind, die Wirksamkeit aufgrund § 476 Abs. 1 BGB abzusprechen.[304] Denn hier wälzt der Verkäufer die Ungewissheit über die Beschaffenheit der Kaufsache auf den Käufer ab, was gegen den Sinn und Zweck der Schutzvorschrift des § 476 Abs. 1 BGB verstößt.[305]

---

301 Richtlinie 1999/44/EG vom 25. Mai 1999, ABl. EG vom 7. Juli 1999, Nr. L 171, S. 12 ff.

302 *Tiedtke/Burgmann*, NJW 2005, 1153, 1154; a. A. *Deckenbrock/Dötsch*, ZGS 2004, 62, 63 f.

303 *Schulte-Nölke*, ZGS 2003, 184, 186 f.

304 *Schinkels*, ZGS 2003, 310, 313 ff.

305 A. A. *Schulze/Ebers*, JuS 2004, 462, 466, welche derartigen Beschaffenheitsvereinbarungen nur ihre Gültigkeit absprechen, wenn sie im Rahmen von AGB erfolgen.

Das OLG Oldenburg[306] hat den Verkauf eines fahrbereiten Autos als „Bastlerauto" als unzulässige Umgehung der Gewährleistungsrechte des Käufers gewertet, da der Verkäufer ein fahrbereites Auto verkaufen, jedoch nicht für die Mängel einstehen wollte.[307] Zur Begründung zog das Gericht die Verkehrserwartung (Objektivierung) und die Höhe des Kaufpreises heran. Da es sich beim Fall des OLG Oldenburg aufgrund der Einlassungen des Verkäufers um einen eindeutigen Fall der Gesetzesumgehung handelt, eignet sich das Urteil nicht uneingeschränkt als Leitfaden für Grenzfälle.

3. Agenturgeschäfte **678**

Bei einem Agenturgeschäft tritt der Gebrauchtwagenhändler als Vermittler auf. Der Kaufvertrag kommt zwischen dem Alteigentümer des Gebrauchtwagens und dem Käufer zustande, typischerweise wird jegliche Gewährleistung ausgeschlossen. Diese Konstruktion stellt nicht bereits *per se* einen Verstoß gegen das Umgehungsverbot von § 476 Abs. 1 Satz 2 BGB dar. Eine unzulässige Gesetzesumgehung kommt dann in Betracht, wenn der Unternehmer den Verbraucher als Verkäufer nur vorschiebt, um die Sache unter Ausschluss der Gewährleistung verkaufen zu können.[308] Dies ist insbesondere dann der Fall, wenn bei *wirtschaftlicher* Betrachtungsweise der Gebrauchtwagenhändler als der Verkäufer des Fahrzeugs anzusehen ist, weil er das wirtschaftliche Vertragsrisiko trägt, z. B. indem er dem Verkäufer einen Mindestpreis garantiert.[309] Liegt ein Verstoß gegen das Umgehungsverbot vor, so wird nicht etwa dem Verbraucherverkäufer die Unternehmereigenschaft zugerechnet mit der Folge, dass er nunmehr für den Mangel einstehen muss.[310] Stattdessen kommt der Kaufvertrag *ohne* Ausschluss der Gewährleistung *zwischen dem Unternehmer (Gebrauchtwagenhändler) und dem Käufe*r zustande.[311] Unabhängig von der Frage der Haftung des Unternehmers ist der Vertrag zwischen dem Unternehmerverkäufer und dem Verbraucherkäufer wirksam, sofern kein Scheingeschäft i.S.v. § 117 BGB vorliegt.[312] Tritt der Gebrauchtwagenhändler im eigenen Namen auf Rechnung eines Verbrauchers auf (sog. mittelbare Stellvertretung, s. hierzu Rn. 205), kommt der Vertrag ohnehin zwischen ihm als Unternehmer[313] und dem Verbraucherkäufer zustande.[314]

▶ **Vertiefung:** Zum Gewährleistungsausschluss bei einem geleasten Wagen s. Fall 52 (Rn. 793); einen Überblick über die gängigen Versuche, die Sachmängelhaftung des Gebrauchtwagenhändlers zu umgehen, bieten *Girkens/Baluch/Mischke*, ZGS 2007, 130 ff.

dd) Beweislastumkehr, § 477 BGB

Gemäß den allgemeinen Regeln obliegt es dem Käufer nachzuweisen, dass der Mangel zum Zeitpunkt des Gefahrübergangs (§ 446 BGB) bestand. **679**

Nach § 477 BGB wird zugunsten des Verbrauchers in den ersten sechs Monaten ab Gefahrübergang vermutet, dass der *Sach*mangel (§ 434 BGB, nicht Rechtsmangel, **680**

306 OLG Oldenburg, Beschluss vom 22. Juli 2003, 9 W 30/03, ZGS 2004, 75 f.
307 Die Absicht, nicht für die Mängel einstehen zu wollen, hatte der Verkäufer in seinem Schriftsatz an das Gericht bestätigt.
308 BGH, Urteil vom 22. November 2006, VIII ZR 72/06, BGHZ 170, 67 Rn. 16.
309 BGH, Urteil vom 26. Januar 2005, VIII ZR 175/04, NJW 2005, 1039, 1040 f.
310 So noch MüKo/*Lorenz*, 6. Auflage 2012, § 475 Rn. 36.
311 OLG Saarbrücken, Urteil vom 4. Januar 2006, 1 U 99/05-34, MDR 2006, 1108 f.; OLG Celle, Urteil vom 15. November 2006, 7 U 176/05, ZGS 2007, 79; *Czaplinski*, ZGS 2007, 92, 96 f.; s. auch BGH, Urteil vom 22. November 2006, VIII ZR 72/06, ZGS 2007, 70, 71, die Haftung des Unternehmers wird bejaht, die Frage nach der konkreten dogmatischen Konstruktion (Schuldnermehrheit oder Unternehmer als alleiniger Vertragspartner) wird jedoch ausdrücklich offen gelassen.
312 BGH, Urteil vom 12. Dezember 2012, VIII ZR 89/12, NJW-RR 2013, 687 Rn. 14 ff.
313 EuGH, Wathelet/Garage Bietheres & Fils, Urteil vom 9. November 2016, Rs. C-149/15, NJW 2017, 874.
314 MüKo/*Lorenz*, § 475 Rn. 36.

§ 435 BGB) bereits bei Gefahrübergang vorlag, es sei denn, diese Vermutung ist mit der Art der Sache oder des Mangels unvereinbar.

681 § 477 BGB enthält eine in zeitlicher Hinsicht wirkende Vermutung, dass ein Mangel im Zeitpunkt des Gefahrübergangs bereits vorlag. Die Vermutung greift, wenn das Vorliegen eines Sachmangels allein davon abhängt, ob er bereits bei Gefahrübergang vorhanden war.[315]

Beispiel: Nach Übergabe des gekauften Vorführwagens macht der Käufer Lackschäden geltend. Der Verkäufer behauptet, die Schäden seien nach Übergabe (Gefahrübergang) entstanden. Der BGH[316] nahm zugunsten des Käufers infolge der Beweislastumkehr nach § 477 BGB an, dass der Mangel bereits bei Gefahrübergang vorlag. Die gesetzliche Vermutung kann auch für äußere Beschädigungen der Kaufsache wie etwa einen Karosserieschaden eines verkauften Kraftfahrzeugs eingreifen. Sie ist nur dann mit der Art des Mangels unvereinbar, wenn es sich um äußerliche Beschädigungen handelt, die auch dem fachlich nicht versierten Käufer auffallen müssen (weiteres Beispiel: defekter Katalysator eines Gebrauchtwagens[317]).

Umstritten war hingegen, ob der Käufer beweisen muss, dass überhaupt ein Mangel vorliegt, oder ob § 477 BGB auch die Vermutung umfasst, dass zum Zeitpunkt des Gefahrübergangs ein Mangel vorlag. Letzteres hatte der BGH ursprünglich verneint,[318] seine Rechtsprechung aber aufgrund der EuGH-Entscheidung Faber[319] revidiert.[320] Zeigt sich innerhalb von sechs Monaten seit Gefahrübergang ein Mangel, so wird aufgrund § 477 BGB vermutet, dass bei Gefahrübergang die Sache mangelhaft war oder der Mangel auf einen bei Gefahrübergang latent angelegten Mangel zurückzuführen ist, es sei denn, diese Vermutung lässt sich mit der Art der Sache oder des Mangels nicht vereinbaren.

Beispiel: Fünf Monate nach Übergabe des gebrauchten Pkw an den Käufer schaltet die Automatikschaltung in der Einstellung „D" nicht mehr selbständig in den Leerlauf, so dass der Motor abstirbt und ein Anfahren nicht mehr möglich ist. Es kann nicht geklärt werden, ob die Schaltung bereits bei Übergabe des Pkw mechanisch verändert war oder deren Fehlfunktion auf einen Bedienungsfehler des Käufers zurückzuführen ist. Aufgrund § 477 BGB wird vermutet, dass die Schaltung bereits bei Übergabe mechanisch verändert und somit mangelhaft war.

ee) Fälligkeit, §§ 475 Abs. 1, 271 BGB

681a § 475 Abs. 1 BGB ordnet einen von den allgemeinen Regeln abweichenden Fälligkeitszeitpunkt an. Wurde keine Zeit für die Leistung vertraglich vereinbart, so kann sie nach § 271 Abs. 1 BGB sofort bewirkt und verlangt werden. Bei Verbrauchsgüterkaufverträgen kann der Gläubiger die Leistung nur *unverzüglich* (statt *sofort*) verlangen. Gemeint ist mit dieser missverständlichen Formulierung in § 475 Abs. 1 Satz 1 BGB, dass der

315 BGH, Urteil vom 2. Juni 2004, VIII ZR 329/03, BGHZ 159, 215, 218; BGH, Urteil vom 14. September 2005, VIII ZR 363/04, NJW 2005, 3490, 3492; BGH, Urteil vom 23. November 2005, VIII ZR 43/05. NJW 2006, 434, 436 Rn. 21; BGH, Urteil vom 21. Dezember 2005, VIII ZR 49/05, BB 2006, 686, 687, Rn. 13; BGH, Urteil vom 18. Juli 2007, VIII ZR 259/06, NJW 2007, 2621 Rn. 15.

316 BGH, Urteil vom 14. September 2005, VIII ZR 363/04, NJW 2005, 3490, 3492 f.

317 BGH, Urteil vom 21. Dezember 2005, VIII ZR 49/05, BB 2006, 686 ff.

318 BGH, Urteil vom 2. Juni 2004, VIII ZR 329/03, BGHZ 159, 215, 218; dagegen *Lorenz*, NJW 2004, 3020, 3021.

319 EuGH, Faber/Hazet, Urteil vom 4. Juni 2015, Rs. C-497/13, NJW 2015, 2237 Eg. 69 ff.

320 BGH, Urteil vom 12. Oktober 2016, VIII ZR 103/15, BGHZ 212, 224 Rn. 14 ff.

Gläubiger sofort verlangen kann, dass die Erfüllung unverzüglich (d.h. ohne schuldhaftes Zögern, § 121 Abs. 1 Satz 1 BGB)[321] stattfindet.[322] Diese Vermischung von Fälligkeit und Verschulden stellt für das BGB ein auf den Verbrauchsgüterkauf beschränkten Paradigmenwechsel dar. Will der Gläubiger Schadensersatz (§§ 280, 286 BGB oder §§ 280, 281 BGB) verlangen oder vom Vertrag zurücktreten (§ 323 Abs. 1 BGB), hat er die Fälligkeit zu beweisen. Dies schließt den Beweis ein, dass die Leistung durch Verschulden des Schuldners unterblieb, was der von §§ 280 Abs. 1 Satz 2, 286 Abs. 4 BGB angeordneten Beweislastumkehr widerspricht, gemäß der die Pflichtverletzung das Vertretenmüssen indiziert. Dem Rücktritt ist ein Verschuldenserfordernis bisher unbekannt. Es wird daher vorgeschlagen, die Umkehr der Beweislast auf den Eintritt der Fälligkeit im Verbrauchsgüterkauf zu übertragen.[323] Dies müsste konsequenterweise nicht nur für den Schadensersatz, sondern auch für das Rücktrittsrecht gelten. Eine Beweislastumkehr kann aber weder dem Gesetzeswortlaut noch den Materialien entnommen werden. Beim Verbrauchsgüterkauf kann der Gläubiger die Leistung daher nur verlangen, sofern er darlegt und beweist, dass der Schuldner das Ausbleiben der Leistung zu verschulden hat. Das Gleiche gilt, wenn er Schadensersatz oder Rückabwicklung des Vertrags aufgrund Rücktritt verlangt.

Verschuldensunabhängig muss der Unternehmer die Sache 30 Tage nach Vertragsschluss übergeben, § 475 Abs. 1 Satz 2 BGB. Somit greift nach diesem Zeitraum zumindest zugunsten des Käufers wieder die gesetzliche Verschuldensvermutung von §§ 280 Abs. 1 Satz 2, 286 Abs. 4 BGB. Zudem kann der Käufer nach den 30 Tagen sein Rücktrittsrecht wieder verschuldensunabhängig ausüben.

▶ Wiederholung und Vertiefung

1. Abgrenzung Leistungs- und Gegenleistungsgefahr 682

> **Beispiel:** V verkauft K einen Camrecorder im Rahmen eines Versendungskaufs. Nach Abgabe des Camrecorders an den Transporteur geht die Ware unauffindbar verloren. Kann K von V erneute Lieferung verlangen?

Es besteht kein Anspruch des K gegen V aus § 433 Abs. 1 Satz 1 BGB, da der Verkäufer nach § 275 Abs. 1 BGB von seiner Leistungspflicht frei geworden ist.[324] Die Gattungsschuld ist durch die Auswahl der Sache und Übergabe an den Transporteur nach § 243 Abs. 2 BGB konkretisiert, da der Schuldner mit Übergabe der Sache an den Transporteur das seinerseits Erforderliche getan hat. In Anwendung von § 269 Abs. 1 und 3 BGB ist aufgrund abweichender Vereinbarungen der Leistungsort der Sitz des Verkäufers. Hingegen geht die Leistungsgefahr *nicht* nach § 447 BGB über.[325] § 447 BGB regelt nur die Gegenleistungsgefahr.

2. Rechtsfolgen des § 105a BGB 683

Umstritten ist, wie sich § 105a BGB auf die *sekundären* vertraglichen Ansprüche des Geschäftsunfähigen auswirkt,[326] insbes. wegen Schadensersatz bei mangelhafter Leistung nach § 437 Nr. 3 BGB.

---

321 RegBegr., BT-Drs. 17/12637, S. 70; kritisch BeckOK/*Faust*, § 474 Rn. 36; *Windorfer*, VuR 2014, 216, 218; *Kohler*, NJW 2014, 2817, 2818 f.; jurisPK-*Ball*, BGB, § 474 Rn. 58.

322 *Kohler*, NJW 2014, 2817.

323 BeckOK/*Faust*, § 474 Rn. 38; aA. *Windorfer*, VuR 2014, 216, 220 f.; jurisPK-*Ball*, BGB, § 474 Rn. 60.

324 Vgl. BGH, Urteil vom 16. Juli 2003, VIII ZR 302/02, NJW 2003, 3341 f. – die Entscheidung erging zum alten Recht.

325 So urteilte fälschlicherweise die Vorinstanz zum BGH Urteil vom 16. Juli 2003, VIII ZR 302/02, NJW 2003, 3341 f.

326 Allgemein zum § 105a BGB s. Rn. 139 ff.

Es wird erwogen, den Vertrag ausschließlich zugunsten des Geschäftsunfähigen als wirksam anzusehen (sog. „halbseitige Wirksamkeit des alltäglichen Vertrages").[327] Der Geschäftsunfähige könnte demnach seine Gewährleistungsrechte geltend machen, würde hierzu jedoch seinen gesetzlichen Vertreter brauchen, da die Ausübung sekundärer Rechtsbehelfe vom Wortlaut des § 105a BGB nicht gedeckt ist. Mit der halbseitigen Wirksamkeit des Vertrages ist damit wenig gewonnen. Es wird daher vorgeschlagen, § 105a BGB dahingehend ergänzend auszulegen, dass die Leistung und Gegenleistung mangelfrei bewirkt werden muss, um die von § 105a BGB vorgesehenen Rechtsfolgen auszulösen.[328] Zum selben Ergebnis führt der Begründungsansatz, mit einer mangelhaften Leistung könne nicht erfüllt, die Leistung also nicht *bewirkt* werden.[329] Nach den beiden letztgenannten Ansichten kommt es bei einer mangelhaften Lieferung nicht zur Wirksamkeit der Leistung und Gegenleistung, es bleibt bei der Rückabwicklung des Vertrages nach § 812 Abs. 1 Satz 1, 1. Alt. BGB. Dem Geschäftsunfähigen stehen keine sekundären vertraglichen Ansprüche zu. Aufgrund des geringfügigeren Eingriffs in die Struktur des BGB ist der letztgenannte Begründungsansatz, mit einer mangelhaften Leistung kann nicht erfüllt werden, vorzugswürdig.

684 **3. Zurückweisungsrecht des Käufers**
Der Käufer kann die mangelhafte Lieferung zurückweisen, sofern er Nachlieferung verlangen oder sich ohne Fristsetzung vom Vertrag lösen könnte. Denn er hätte sie auch bei Geltendmachung der Nachlieferung oder des Rücktritts zurückzugewähren, s. §§ 439 Abs. 5, 346 Abs. 1 BGB.[330] Macht der Käufer von seinem Zurückweisungsrecht Gebrauch, liegt vollständige Nichtleistung vor. Ein Zurückweisungsrecht besteht aber auch dann, wenn ein unerheblicher behebbarer Mangel vorliegt.[331] Der Käufer muss nicht sehenden Auges die Verschlechterung seiner Rechtsposition hinnehmen. Das Zurückweisungsrecht ist insbesondere für den Eintritt von Gläubigerverzug (Annahme der Kaufsache) und Schuldnerverzug (Annahmepflicht und Zahlungspflicht nach § 433 Abs. 2 BGB) von Bedeutung.

II. Der Werkvertrag

685 Der Werkvertrag ist eine gesetzlich typisierte Form eines schuldrechtlichen Vertrages, bei dem der Werkunternehmer dem Besteller die Herstellung eines Werks gegen Vergütung verspricht.

1. Vertragsgegenstand

a) Pflichten des Werkunternehmers, § 631 Abs. 1 BGB

aa) Herbeiführung eines bestimmten Erfolges

686 Der Werkunternehmer[332] schuldet dem Besteller die Herbeiführung eines bestimmten Erfolges, der das Ergebnis einer Arbeitsleistung des Werkunternehmers darstellt. Anders als beim Dienstvertrag kommt es nicht auf die Arbeitsleistung, sondern allein auf den Erfolg an.

327 *Casper*, NJW 2002, 3425, 3427.
328 *Joussen*, ZGS 2003, 101, 104.
329 *Franzen*, JR 2004, 221, 225; *Löhnig/Schärtl*, AcP 204 (2004), 25, 39 f.
330 *Jud*, JuS 2004, 841, 843; *Lorenz*, NJW 2013, 1341 ff.
331 BGH, Urteil vom 26. Oktober 2016, VIII ZR 211/15, ZIP 2016, 2420 Rn. 32 ff.; *Jud*, JuS 2004, 841, 844; *Lorenz*, NJW 2013, 1341, 1343 ff.; ähnlich *Ludwigkeit*, jM 2014, 447 ff., Zurückweisungsrecht ausgeschlossen bei teilweiser Unmöglichkeit.
332 Der *Werkunternehmer* ist nicht gleichzusetzen mit dem Begriff des *Unternehmers* in § 14 BGB.

Beispiel: Einer reinen Spazierfahrt mit einem Taxi liegt ein Dienstvertrag zugrunde. Soll der Gast an ein Ziel befördert werden, wird ein Werkvertrag abgeschlossen.

bb) Regelfall: Erstellung eines Werks

Für die Herbeiführung eines bestimmten Erfolges kommen insbesondere die Herstellung einer Sache (z. B. eines Bauwerks) oder deren Instandsetzung (Reparatur) in Betracht. Gegenstand eines Werkvertrages kann aber auch das Ergebnis einer geistigen Tätigkeit sein, wie etwa die Erstellung eines Gutachtens oder die Anfertigung individueller Software. **687**

b) Pflichten des Bestellers

aa) Abnahme des Werks, § 640 BGB

Nach § 640 Abs. 1 Satz 1 BGB ist der Besteller verpflichtet, das hergestellte Werk abzunehmen, sofern es nicht mit Mängeln behaftet ist. **688**

▶ **Beachte:** § 640 Abs. 1 Satz 1 BGB ist eine Anspruchsgrundlage, gemäß der der Hersteller vom Besteller die Abnahme verlangen kann.

Entgegen der allgemeinen Regelung von § 271 Abs. 1 BGB, wonach der Gegenleistungsanspruch sofort fällig wird, wird der Vergütungsanspruch des Werkunternehmers gegen den Besteller erst durch die Abnahme fällig, sofern nichts anderes vereinbart wurde, § 641 Abs. 1 Satz 1 BGB. **689**

Eine Abnahme ist die körperliche Entgegennahme des Werks verbunden mit der Erklärung, dass das Werk im Wesentlichen als vertragsgemäße Leistung anerkannt werde. Die Anerkennung kann ausdrücklich oder konkludent erfolgen. **690**

Beispiel: B holt den Wagen von der Werkstatt ab und fährt damit eine Strecke (ca. 50 km).

Ist die körperliche Entgegennahme nach der Beschaffenheit des Werks ausgeschlossen, so besteht die Abnahme nur in der Anerkennung des Werks als im Wesentlichen vertragsgemäße Leistung.

Beispiel: Abnahme eines Gebäudes.

Ist die Anerkennung nach der Beschaffenheit des Werks ausgeschlossen, tritt an die Stelle der Abnahme die Vollendung des Werks, § 646 BGB.

Beispiel: Transport von A nach B.

Die Abnahme führt zu den folgenden Rechtsfolgen: **691**

- Fälligkeit der Vergütung, § 641 Abs. 1 Satz 1 BGB, welche ab Abnahme zu verzinsen ist, § 641 Abs. 4 BGB.
- Beginn der Verjährungsfrist für Gewährleistungsansprüche, § 634a Abs. 2 BGB.
- Beweislastumkehr für Mängel.

  Die Beweislastumkehr ergibt sich aus den jeweiligen Anspruchsgrundlagen. Vor Abnahme hat der Werkunternehmer gegen den Besteller einen Anspruch auf Abnahme gemäß § 640 Abs. 1 Satz 1

BGB. Dabei hat er zu beweisen, dass das Werk vertragsmäßig (mangelfrei) hergestellt wurde. Nach Abnahme kann der Besteller seine Gewährleistungsrechte gemäß §§ 634 ff. BGB geltend machen. Nunmehr hat der Besteller zu beweisen, dass das Werk zum Zeitpunkt der Abnahme[333] mit einem Mangel behaftet war.

- Übergang der Gegenleistungsgefahr, §§ 644, 645 BGB.

  Die §§ 644 f. BGB regeln als Spezialnormen zu § 326 Abs. 1 und 2 BGB die *Gegenleistungs*gefahr (Preis- oder Vergütungsgefahr), also die Frage, ob der Unternehmer für sein bisher vergeblich Geleistetes die Vergütung verlangen kann. Die *Leistungs*gefahr, d. h. die Frage, ob der Unternehmer das untergegangene oder verschlechterte Werk noch einmal herstellen muss, richtet sich nach § 275 Abs. 1 BGB.

- Verlust von Gewährleistungsansprüchen bei Kenntnis von Mängeln, § 640 Abs. 3 BGB.

  § 640 Abs. 3 BGB lässt gemäß seinem Wortlaut nur die in § 634 Nr. 1 bis 3 BGB bezeichneten Gewährleistungsrechte entfallen. Schadens- und Aufwendungsersatzansprüche nach § 634 Nr. 4 BGB bleiben unberührt. Umstritten ist, ob der Besteller, der die Kaufsache in Kenntnis des Mangels vorbehaltlos abnimmt, Schadensersatz für die Mangelbeseitigungskosten verlangen kann. Dies wird von der herrschenden Meinung unter Berufung auf das alte Recht bejaht.[334] Die Schuldrechtsreform habe an der bis dahin bestehenden Rechtslage nichts ändern wollen.[335] Allerdings kam bereits nach altem Recht nur der Schadensersatzanspruch zum Tragen, soweit dessen Voraussetzungen gegeben sind.[336] Verliert der Besteller durch die vorbehaltlose Abnahme aufgrund § 640 Abs. 3 BGB seinen Anspruch auf Nacherfüllung gemäß §§ 634 Nr. 1, 635 BGB, so kann er nicht mehr Schadensersatz statt der Leistung (konkret: statt der Nacherfüllung) nach §§ 634 Nr. 4, 280 Abs. 1 und Abs. 3, 281 Abs. 1 Satz 1 BGB verlangen. Es fehlt an einem fälligen Nacherfüllungsanspruch, zu dem der Besteller eine angemessene Frist setzen könnte. Die Voraussetzungen für den Schadensersatz statt der Leistung sind nicht mehr gegeben. Der Besteller kann somit die Mangelbeseitigungskosten nicht ersetzt verlangen. Ihm bleiben nur noch Schadensersatzansprüche neben der Leistung (einfacher Schadensersatz) gemäß §§ 634 Nr. 4, 280 Abs. 1 BGB, wie z.B. der Ersatz von Mangelfolgeschäden.[337]

bb) Zahlung der Vergütung, § 631 Abs. 1 BGB

692 Mit der Abnahme wird die Zahlung der Vergütung fällig, § 641 Abs. 1 Satz 1 BGB.

693 Weigert sich der Besteller, das im Wesentlichen mangelfreie Werk abzunehmen,[338] kann der Werkunternehmer folgendermaßen vorgehen: Naheliegend ist es, dem Besteller eine Frist zur Abnahme zu setzen. Mit Fristablauf gilt das Werk als abgenommen, sofern nicht der Besteller die Abnahme unter Angabe mindestens eines Mangels verweigert, § 640 Abs. 2 Satz 1 BGB.[339] Möglich ist es auch, dass der Unternehmer den

333 BGH, Urteil vom 25. Februar 2016, VII ZR 210/13, NJW 2016, 2183 Rn. 15.

334 MüKo/*Busche*, § 640 Rn. 40; BeckOK/*Voit*, § 640 Rn. 41; je unter Berufung auf BGH, Urteil vom 12. Mai 1980, VII ZR 228/79, BGHZ 77, 134, 137 f.

335 Regierungsbegründung, BT-Drs. 14/6040, 267.

336 BGH, Urteil vom 12. Mai 1980, VII ZR 228/79, BGHZ 77, 134, 137.

337 OLG Schleswig, Urteil vom 18. Dezember 2015, 1 U 125/14, NJW 2016, 1744 Rn. 41, 52; im Ergebnis zustimmend *Schwab*, JuS 2016, 1126, 1127; *Buchwitz*, NJW 2017, 1777, 1779 f.

338 Wegen unwesentlicher Mängel kann die Abnahme nicht verweigert werden, § 640 Abs. 1 Satz 2 BGB.

339 Eine Frist ist zwar nicht entbehrlich, wenn der Besteller die Abnahme des vertragsgemäß hergestellten Werks ernsthaft und endgültig verweigert, allerdings wird in diesem Fall der Werklohn fällig, Palandt/*Sprau*, § 640 Rn. 10, § 641 Rn. 5.

Besteller in Verzug mit der Abnahme setzt und Ersatz des ihm entstanden Verzögerungsschadens verlangt. Dieser besteht regelmäßig darin, dass sein Werklohnanspruch mangels Abnahme noch nicht fällig geworden ist. Als Schadensersatz muss der Besteller in diesem Fall die Werklohnsumme zahlen. Im Ergebnis wird somit der Werklohnbetrag nicht nur durch Abnahme, sondern auch durch deren grundlose Verweigerung fällig.

Fall 49: Gartenbrunnen 694

B beauftragt W mit dem Bau eines Brunnens gegen Zahlung von € 1000. Nachdem W den Brunnen wie vereinbart fertiggestellt hat, verlangt er die Abnahme des Brunnens. Als B untätig bleibt, fordert ihn W noch einmal zur Abnahme auf und verlangt Zahlung der vereinbarten Vergütung. Welche Ansprüche hat W gegen B?

Ansprüche W gegen B

1. § 631 Abs. 1 BGB
W könnte von B die Vergütung in Höhe von € 1000 aus Werkvertrag nach § 631 Abs. 1 BGB verlangen. Ein Werkvertrag ist zwischen den Vertragsparteien zustande gekommen, da sich die Parteien über die Herbeiführung eines Erfolges durch W – Herstellung eines Brunnens – geeinigt haben. Der Vergütungsanspruch ist somit entstanden.

Jedoch müsste der Vergütungsanspruch auch fällig geworden sein. Nach § 641 Abs. 1 Satz 1 BGB ist mangels einer anderweitigen Vereinbarung die Vergütung erst bei der Abnahme fällig. Eine Abnahme des Werks ist aufgrund seiner Beschaffenheit möglich und hat nicht stattgefunden. Der Anspruch auf Vergütung ist nicht fällig.

W kann von B nicht die Vergütung in Höhe von € 1000 aus § 631 Abs. 1 BGB verlangen.

2. § 640 Abs. 1 Satz 1 BGB
W könnte von B die Abnahme des Brunnens nach § 640 Abs. 1 Satz 1 BGB verlangen. Voraussetzung ist, dass der Brunnen vertragsgemäß hergestellt ist und die Abnahme wegen der Beschaffenheit des Werks nicht ausgeschlossen ist.

Was vertragsgemäß ist, richtet sich nach der vertraglichen Vereinbarung. Unwesentliche Mängel hindern nicht die Entstehung der Pflicht zur Abnahme des vollständig hergestellten Werks, § 640 Abs. 1 Satz 2 BGB. Der Brunnen wurde wie mit B vereinbart und somit vertragsgemäß vollständig hergestellt. Die Abnahme des Brunnens ist auch tatsächlich möglich und nicht wegen der Beschaffenheit des Werks ausgeschlossen.

W kann von B die Abnahme des Brunnens verlangen, § 640 Abs. 1 Satz 1 BGB.

3. §§ 280 Abs. 1 und 2, 286 BGB
W könnte von B € 1000 als Verzugsschaden verlangen, §§ 280 Abs. 1 und 2, 286 BGB. Voraussetzung hierfür ist, dass B in Verzug mit der Abnahme des Werks ist.

▶ **Hinweis:** Hingegen ist ein Anspruch auf Schadensersatz statt der Leistung (hier: Abnahme) nach §§ 280 Abs. 1 und Abs. 3, 281 Abs. 1 Satz 1 BGB nicht denkbar. Denn Voraussetzung für den Anspruch ist, dass der Werkunternehmer eine Frist zur Abnahme setzt, § 281 Abs. 1 Satz 1 BGB. Der Fristablauf führt zum Eintritt der Leistung (Abnahme), § 640 Abs. 2 Satz 1 BGB. Die primäre Leistungspflicht ist damit erfüllt, für den Schadensersatz statt der Leistung ist kein Raum.

Ob B in Verzug geraten ist, richtet sich nach § 286 BGB. Der Anspruch des W gegen B auf Abnahme ist mit der vollendeten Herstellung des Brunnens fällig. Durch seine wiederholte Aufforderung, den Brunnen abzunehmen, hat W den B gemahnt. B ist daher in Verzug der Abnahme.

B's Verschulden wird durch seine pflichtwidrige Unterlassung der Abnahme indiziert, §§ 286 Abs. 4, 280 Abs. 1 Satz 2 BGB.

W hat somit einen Anspruch gegen B auf Ersatz des durch den Verzug der Abnahme entstandenen Schadens. Nach § 249 Satz 1 BGB ist W so zu stellen, wie er stehen würde, wäre das Werk abgenommen worden. In diesem Fall wäre der Vergütungsanspruch fällig geworden und könnte erfolgreich durchgesetzt werden. Der Verzugsschaden entspricht somit in seiner Höhe dem Vergütungsanspruch.

W kann von B € 1000 als Verzugsschaden nach §§ 280 Abs. 1 und 2, 286 BGB verlangen.

4. Ergebnis
W kann von B die Abnahme des Brunnens aus § 640 Abs. 1 Satz 1 BGB und Verzugsschaden in Höhe von € 1000 nach §§ 280 Abs. 1 und 2, 286 BGB verlangen.

2. Anwendung des Kaufrechts, § 651 BGB

695 Auf einen Vertrag, der die Lieferung herzustellender oder zu erzeugender beweglicher Sachen zum Gegenstand hat, finden die Vorschriften über den Kauf Anwendung, § 651 Satz 1 BGB. Daher gelten bei einem großen Teil von Werkverträgen nicht die werkvertraglichen, sondern die kaufrechtlichen Vorschriften.[340]

696 Das Werkvertragsrecht beschränkt sich daher im Grunde auf die folgenden drei Fallgruppen:
- Arbeiten an einer unbeweglichen Sache, insbesondere an Bauwerken,
- Herstellung von unkörperlichen Werken sowie
- Arbeiten, die nicht zur Herstellung einer neuen Sache führen, das heißt Reparaturen und Wartungen.

697 Eine Ausnahme von der ausschließlichen Anwendbarkeit der kaufrechtlichen Normen liegt vor, wenn eine *unvertretbare*, d. h. anderweitig nicht leicht absetzbare Sache geschuldet wird, § 651 Satz 3 BGB.

Beispiel: B bestellt bei W einen Maßanzug.

Bei der Bestellung unvertretbarer Sachen ist auch der Vorgang der Herstellung von Bedeutung, und es sind neben den Gewährleistungsregeln des Kaufvertragsrechts die Vorschriften über die Mitwirkung des Bestellers (§ 642 BGB), der Kündigung (§§ 643, 649 BGB), der Haftung des Bestellers (§ 645 BGB) und des Kostenanschlags (§ 650 BGB) anzuwenden. An die Stelle der Abnahme tritt der Zeitpunkt des Gefahrübergangs der bestellten Sache, §§ 651 Satz 3, 446 f. BGB.

3. Gewährleistung beim Werkvertrag

698 Die Gewährleistungsansprüche beim Werkvertrag sind parallel zu denen des Kaufrechts unter der Berücksichtigung ausgestaltet, dass es im Werkvertragsrecht der Abnahme des Werks bedarf.

340 Versuchen der Literatur, § 651 BGB restriktiv auszulegen (s. z.B. *Metzger*, AcP 204 (2004), 231 ff.; *Leistner*, JA 2007, 81 ff.), ist der BGH entgegengetreten, s. Urteil vom 23. Juli 2009, VII ZR 151/08, BGHZ 182, 140, 144 ff. Rn. 13 ff.

Aus historischer Sicht orientiert sich das Werkvertragsrecht nicht am Kaufrecht, sondern umgekehrt. Durch die Schuldrechtsreform wurde zwar auch das Gewährleistungsrecht beim Werkvertrag überarbeitet. Es gab jedoch keine Einschnitte, die mit denen im Kaufrecht vergleichbar wären, da durch die Einführung eines Nacherfüllungsanspruchs das Kaufvertragsrecht dem Werkvertragsrecht angepasst wurde.

a) Begriff des Mangels, § 633 BGB

aa) Sachmangel, § 633 Abs. 2 BGB

Der Begriff des Sachmangels hat dieselbe Bedeutung wie im Kaufrecht. **699**

Grundsätzlich kommt es auf die vertraglich vereinbarte Beschaffenheit des Werks oder **700** auf die im Vertrag vorausgesetzte Verwendung an (subjektiver Mangelbegriff). Zur vereinbarten Beschaffenheit gehören alle Eigenschaften des Werks, die nach der Vereinbarung der Parteien den vertraglich geschuldeten Erfolg herbeiführen sollen. Fehlt es an einer vertraglichen Vereinbarung, so ist auf die Eignung für die gewöhnliche Verwendung oder die übliche Beschaffenheit abzustellen (objektiver Mangelbegriff).

Die Herstellung eines anderen Werks (*aliud*) oder des Werks in zu geringer Menge steht dem Sachmangel gleich, § 633 Abs. 2 Satz 3 BGB.[341]

bb) Rechtsmangel, § 633 Abs. 3 BGB

Ein Rechtsmangel liegt vor, wenn ein Dritter hinsichtlich des Werks Rechte geltend **701** machen kann, es sei denn, diese Rechte sind vom Besteller vertraglich übernommen worden. Zu denken ist an Fälle aus dem Bereich des Urheberrechts- und des Gebrauchsmusterschutzes.

Bis zur Schuldrechtsreform kannte das BGB für das Werkvertragsrecht keine Regelung zum Rechtsmangel. Nunmehr übernimmt § 633 Abs. 3 BGB die entsprechende kaufrechtliche Vorschrift des § 435 BGB.

b) Rechte *vor* der Abnahme

Vor Abnahme hat der Werkunternehmer noch nicht erfüllt. Der Besteller kann vom **702** Werkunternehmer Erfüllung nach § 631 Abs. 1 BGB verlangen. Mängelrechte nach § 634 BGB kann er grundsätzlich erst nach Abnahme geltend machen.[342] Sofern der Unternehmer das Werk als fertiggestellt zur Abnahme anbietet, kann der Besteller jedoch auch ohne Abnahme seine Mängelrechte geltend machen, wenn er nicht mehr (Nach-)Erfüllung verlangen kann und das Vertragsverhältnis in ein Abrechnungsverhältnis übergegangen ist; dies ist der Fall, wenn er den kleinen Schadensersatz (§ 281 Abs. 1 Satz 1 BGB, s. Rn. 461) geltend macht und/oder die Minderung erklärt.[343]

---

341 Im Übrigen vgl. die Ausführungen zu § 434 Abs. 3 BGB, s. Rn. 562 ff.

342 BGH, Urteil vom 19. Januar 2017, VII ZR 193/15, MDR 2017, 390 Rn. 25 (vorgesehen für BGHZ).

343 BGH, Urteil vom 19. Januar 2017, VII ZR 193/15, MDR 2017, 390 Rn. 25 (vorgesehen für BGHZ); BGH, Urteil vom 19. Januar 2017, VII ZR 301/13, NJW 2017, 1604 Rn. 44 (vorgesehen für BGHZ); BGH, Urteil vom 19. Januar 2017, VII ZR 235/15, NJW 2017, 1607 Rn. 44 ff. (vorgesehen für BGHZ).

Beispiel: W errichtet für B ein Gebäude, welches den statischen Anforderungen nicht genügt und übersendet B die Abschlussrechnung. Aufforderungen von B nachzubessern, lehnt W ernsthaft und endgültig ab. B nimmt das Gebäude nicht ab, erklärt die Minderung des Werklohns und Schadensersatz für den teilweisen Rück- und Wiederaufbau des Gebäudes.

Da B Schadensersatz statt der Leistung verlangt, kann sie aufgrund § 281 Abs. 4 BGB nicht mehr (Nach-)Erfüllung beanspruchen. Es geht ihr nur noch um die finanzielle Abwicklung des Vertragsverhältnisses, indem sie Schadensersatz statt der Leistung im Rahmen des kleinen Schadensersatzes geltend macht und den Werklohn mindert. Eine Abnahme ist nicht mehr erforderlich. Ebensowenig bedarf es aufgrund § 281 Abs. 2 BGB einer Fristsetzung, da A ernsthaft und endgültig weitere Arbeiten ablehnt.

c) Rechte *nach* der Abnahme, § 634 BGB

703 Nach der Abnahme stehen dem Besteller Gewährleistungsansprüche ähnlich denen des Kaufvertragsrechts zu.

aa) *Vorrangig*: Nacherfüllung, §§ 634 Nr. 1, 635 BGB

704 Im Gegensatz zum Kaufrecht, wo dem *Käufer* das Wahlrecht zusteht, § 439 Abs. 1 BGB, hat im Werkvertragsrecht der *Werkunternehmer* die Wahl zwischen Mangelbeseitigung oder Neuherstellung, § 635 Abs. 1 BGB. Ursprünglich war auch im Kaufrecht ein Wahlrecht des Verkäufers vorgesehen gewesen.[344] Die Regelung wurde geändert, da der Gesetzgeber die Vorgaben der Verbrauchsgüterkaufrichtlinie[345] überschießend für alle Kaufverträge umsetzen wollte. Ein weiterer Grund für die Abweichung von der kaufvertraglichen Regelung ist der Umstand, dass der Werkunternehmer einen engeren Bezug zu seinem Werk hat und daher in einer besseren Lage ist zu entscheiden, wie der Mangel behoben werden kann.[346]

Der Anspruch des Bestellers richtet sich lediglich auf die Nacherfüllung. Ist nur eine Art der Nacherfüllung unmöglich oder unzumutbar, entfällt das Wahlrecht des Werkunternehmers. Der Anspruch begrenzt sich dann auf die andere Art der Nacherfüllung. Die Nacherfüllung ist in Ermangelung anderweitiger Parteiabsprachen dort zu erbringen, wo das Werk sich vertragsgemäß befindet.[347]

bb) *Nachrangig*: Selbstvornahme, §§ 634 Nr. 2, 637 BGB

705 Abweichend vom Kaufvertragsrecht hat der Besteller, nachdem er erfolglos eine erforderliche Frist zur Nacherfüllung gesetzt hat, das Recht, den Mangel selbst zu beheben und die hierbei entstandenen erforderlichen Aufwendungen vom Werkunternehmer ersetzt zu verlangen, §§ 634 Nr. 2, 637 BGB. Beseitigt der Besteller den Mangel hingegen, ohne eine erforderliche Frist zur Nacherfüllung gesetzt zu haben (unberechtigte

344 S. § 438 BGB-KE, Abschlussbericht der Kommission zu Überarbeitung des Schuldrechts, 1992, 209, 212.

345 Wahlrecht des Verbrauchers, s. Art. 3 Abs. 3 Satz 1 Verbrauchsgüterkaufrichtlinie (Richtlinie 1999/44/EG vom 25. Mai 1999, ABl. EG vom 7. Juli 1999, Nr. L 171, S. 12 ff.).

346 Regierungsbegründung, BT-Drs. 14/6040, S. 265.

347 BGH, Urteil vom 8. Januar 2008, X ZR 97/05, NJW-RR 2008, 724 Rn. 13.

Selbstvornahme), verliert er ebenso wie der Käufer (s. Rn. 647 ff.) seine Gewährleistungs- und Ersatzansprüche.[348] Der Anspruch ist ausgeschlossen, wenn der Unternehmer die Nacherfüllung gemäß §§ 275 Abs. 2 und 3, 635 Abs. 3 BGB berechtigt verweigert hat, weil die Nacherfüllung nur mit unverhältnismäßigen Kosten möglich ist, § 637 Abs. 1 BGB.

cc) Rücktritt, §§ 634 Nr. 3, 1. Alt., 636 BGB

Statt der Selbstvornahme kann der Besteller gemäß § 346 Abs. 1 BGB die Rückabwicklung des Vertrages verlangen. Sein hierzu erforderliches Rücktrittsrecht ergibt sich aus §§ 634 Nr. 3, 323 Abs. 1 BGB. Einer gemäß § 323 Abs. 1 BGB grundsätzlich erforderlichen Frist zur Nacherfüllung bedarf es in den Fällen der §§ 636, 323 Abs. 2, 326 Abs. 5 BGB nicht. **706**

dd) Minderung, §§ 634 Nr. 3, 2. Alt., 638 BGB

Statt zurückzutreten, kann der Besteller die Vergütung gemäß §§ 634 Nr. 3, 638 BGB mindern. Ebenso wie bei § 441 BGB handelt es sich bei § 638 Abs. 1 Satz 1 BGB um ein Gegenrecht (teilweise rechtsvernichtende Einwendung) zu dem Vergütungsanspruch des Unternehmers. §§ 638 Abs. 4, 346 Abs. 1, 347 Abs. 1 BGB bilden die Anspruchsgrundlagen auf Erstattung der zu viel gezahlten Vergütung und der hieraus gezogenen Nutzungen. **707**

ee) Schadensersatz, §§ 634 Nr. 4, 1. Alt., 636 BGB

Zusätzlich zum Rücktritt oder zur Minderung kann der Besteller Schadensersatz nach den §§ 634 Nr. 4, 280 ff. BGB verlangen. Eine nach § 281 Abs. 1 Satz 1 BGB grundsätzlich erforderliche Fristsetzung für einen Anspruch auf Schadensersatz statt der Leistung ist in den Fällen der §§ 636, 281 Abs. 2, 283 BGB nicht erforderlich. Zur Unterscheidung der einzelnen Schadensersatzarten gelten die gleichen Grundsätze wie im Kaufrecht.[349] **708**

ff) Aufwendungsersatz, §§ 634 Nr. 4, 2. Alt., 284 BGB

Statt einem Anspruch auf Schadensersatz statt der Leistung kann der Besteller nach §§ 634 Nr. 4, 284 BGB Aufwendungsersatz geltend machen. **709**

Fall 50: Üble Folgen **710**

B bringt seinen Wagen in die Kfz-Werkstatt des W zum Ölwechsel. W verwendet ein schadhaftes Öl, welches nach 100 km zu einem Motorschaden am Pkw führt.

B beauftragt H mit der Erneuerung eines Heizkörpers. Einige Zeit nach der Abnahme wird das Parkett aufgrund einer Leckage am Heizkörper beschädigt.

B verlangt von H den Einbau eines neuen Heizkörpers sowie Schadensersatz für die Reparatur des Parketts und von W Schadensersatz für die Behebung des Motorschadens. Zu Recht?

348 OLG Düsseldorf, Urteil vom 11. Oktober 2013, I-22 U 81/13, NJW 2014, 1115, 1118.
349 S. Rn. 619 ff.

I. Ansprüche B gegen H

1. §§ 634 Nr. 1, 635 Abs. 1 BGB auf Einbau eines neuen Heizkörpers
B könnte von H den Einbau eines neuen Heizkörpers nach §§ 634 Nr. 1, 635 BGB verlangen. Zwischen B und H wurde ein wirksamer Werkvertrag zur Erneuerung eines Heizkörpers geschlossen. Die Abnahme der Heizungsanlage ist erfolgt. Voraussetzung für den Anspruch auf Nacherfüllung ist, dass ein Mangel i. S. v. § 633 BGB vorliegt. In Ermangelung einer Beschaffenheitsabrede liegt ein Sachmangel nach § 633 Abs. 2 Satz 2 Nr. 2 BGB vor, wenn das Werk nicht die übliche Beschaffenheit aufweist, die der Besteller nach Art des Werks erwarten kann. Der eingebaute Heizkörper ist zu dünnwandig, so dass er leckt. Dies entspricht nicht der üblichen Beschaffenheit eines Heizkörpers, die B erwarten kann. Ein Sachmangel nach § 633 Abs. 2 Satz 2 Nr. 2 BGB liegt vor.

Fraglich ist, ob B den Einbau eines neuen Heizkörpers verlangen kann. Gemäß § 635 Abs. 1 BGB hat der Besteller einen Anspruch auf Nacherfüllung. Die Wahl der Art der Nacherfüllung obliegt jedoch dem Werkunternehmer. Daher kann nicht B, sondern H wählen, ob er auf seine Kosten, § 635 Abs. 2 BGB, den Heizkörper repariert oder einen neuen einbaut. B kann daher von H nur Nacherfüllung und nicht spezifisch den Einbau eines neuen Heizkörpers verlangen.

2. §§ 634 Nr. 4, 280 Abs. 1 BGB auf Schadensersatz für das Parkett (Mangelfolgeschaden)
B könnte von H Schadensersatz für die Reparatur des Parketts nach §§ 634 Nr. 4, 280 Abs. 1 BGB verlangen. Wie bereits festgestellt wurde, ist das hergestellte Werk (der Einbau des Heizkörpers) mangelhaft. Fraglich ist, ob der Schaden am Parkett als sog. Mangelfolgeschaden (Schadensersatz neben der Leistung) zu qualifizieren ist.[350] Von dieser Schadensart sind die Schäden erfasst, die bereits vor dem Zeitpunkt des Wegfalls der Leistungspflicht endgültig eingetreten sind und daher durch die Erbringung der Leistung zum letztmöglichen Zeitpunkt nicht behoben worden wären. Der Schaden am Parkett ist endgültig vor Ablauf der Frist zur Nacherfüllung eingetreten und kann durch die Reparatur des Heizkörpers nicht behoben werden. Der Schaden ist als Schadensersatz neben der Leistung geltend zu machen.

---

711 **Sog. naher und entfernter Mangelfolgeschaden**

Nach dem vor der Schuldrechtsreform geltenden Recht wurden nahe oder enge Mangelfolgeschäden (im Beispiel Motorschaden infolge eines mangelhaften Ölwechsels[351]) nach Gewährleistungsrecht (kurze Verjährung) und entfernte Mangelfolgeschäden (im Beispiel Wasserschaden aufgrund eines zu dünnwandigen Heizkörpers[352]) nach der pVV (30-jährige Regelverjährung) bewertet. Diese im Einzelfall kaum nachvollziehbare Unterscheidung wurde durch die Schuldrechtsreform überwunden. Jegliche Art von sog. Mangelfolgeschäden unterfallen dem Gewährleistungsrecht, §§ 634 Nr. 4, 280 Abs. 1 BGB. Einer Wiederbelebung alter Begrifflichkeiten bedarf es nicht.[353]

---

350 Zum Begriff des Mangelfolgeschadens s. Rn. 634.

351 BGB, Urteil vom 13. Mai 1986, X ZR 35/85, BGHZ 98, 45 ff.

352 BGH, Urteil vom 22. Februar 1962, VI ZR 205/60, VersR 1962, 480 f.

353 Ebenso *Tettinger*, ZGS 2006, 96, 100. Leicht irreführend sind daher die Ausführungen des OLG Naumburg, Urteil vom 19. August 2004, 4 U 66/04, ZGS 2005, 77, mit Anmerkung *Kannowski*, ZGS 2005, 455, 457. *Kannowskis* Einschätzung, die Unterscheidung verschiedener Arten von Mangelfolgeschäden sei nicht passé, kann für den nahen und entfernten Mangelfolgeschaden nicht beigepflichtet werden. Im Grunde geht es im Fall des OLG Naumburg nur um die Abgrenzung zwischen dem Mangelschaden – mit Fristsetzungserfordernis – und dem sog. Mangelfolgeschaden – ohne Fristsetzungserfordernis – und nicht um den nahen und entfernten Mangelfolgeschaden. Das Gericht griff lediglich die noch dem alten Recht verhaftete Begrifflichkeit der Beklagten auf.

Gemäß § 280 Abs. 1 Satz 2 BGB wird vermutet, dass H den Mangel zu vertreten hat.
B kann von H Schadensersatz für die Reparatur des Parketts nach §§ 634 Nr. 4, 280 Abs. 1 BGB verlangen.

3. Zwischenergebnis
B kann von H Nacherfüllung nach §§ 634 Nr. 1, 635 Abs. 1 BGB sowie Schadensersatz für die Reparatur des Parketts nach §§ 634 Nr. 4, 280 Abs. 1 BGB verlangen.

II. Anspruch B gegen W

§§ 634 Nr. 4, 280 Abs. 1 BGB Schadensersatz für den Motorschaden (Mangelfolgeschaden)
B könnte von W Schadensersatz für die Behebung des Motorschadens nach §§ 634 Nr. 4, 280 Abs. 1 BGB verlangen. Ein Mangel liegt nach § 633 Abs. 2 Satz 2 Nr. 2 BGB aufgrund der Schadhaftigkeit des verwendeten Öls vor. Das Vertretenmüssen des W wird nach § 280 Abs. 1 Satz 2 BGB vermutet. Der Motorschaden ist bereits vor Ablauf der Frist zur Nacherfüllung endgültig eingetreten und kann durch die Nacherfüllung des Ölwechsels nicht behoben werden. Der Schaden ist als Schadensersatz neben der Leistung geltend zu machen.[354] Die Tatbestandsvoraussetzungen sind erfüllt. B kann von W Schadensersatz für die Behebung des Motorschadens nach §§ 634 Nr. 4, 280 Abs. 1 BGB verlangen.

III. Gesamtergebnis

B kann von H Nacherfüllung gemäß §§ 643 Nr. 1, 635 Abs. 1 BGB sowie Schadensersatz für die Reparatur des Parketts nach §§ 634 Nr. 4, 280 Abs. 1 BGB verlangen. Von W kann B Schadensersatz für die Behebung des Motorschadens nach §§ 634 Nr. 4, 280 Abs. 1 BGB verlangen.

d) Verjährung der Mängelansprüche, § 634a BGB

Auch die Verjährung der Mängelansprüche ist parallel zum Kaufrecht geregelt. Demnach verjähren die Gewährleistungsansprüche 712

- bei Sachen in zwei Jahren, § 634a Abs. 1 Nr. 1 BGB,
- bei Bauwerken in fünf Jahren, § 634a Abs. 1 Nr. 2 BGB und
- im Übrigen nach der regelmäßigen Verjährungsfrist, §§ 634a Abs. 1 Nr. 3, 195, 199 Abs. 3 Nr. 1, Abs. 4 BGB.

Die Abnahme setzt in den Fällen von § 634a Abs. 1 Nr. 1 und 2 BGB die Verjährung in Gang, § 634a Abs. 2 BGB. § 634a Abs. 3 bis Abs. 5 BGB entspricht § 438 Abs. 3 bis Abs. 5 BGB.[355]

4. Sicherungsrechte des Werkunternehmers, § 647 BGB

Der Werkunternehmer ist nach der Konzeption der §§ 633 ff. BGB zur Vorleistung verpflichtet, eine Vergütung kann er erst nach Abnahme des fertiggestellten Werks verlangen, § 641 Abs. 1 Satz 1 BGB. Zur Sicherung seiner offenen Forderungen aus dem Werkvertrag entsteht an beweglichen Sachen des Bestellers, die in Besitz des Werkunternehmers gelangt sind, ein gesetzliches Pfandrecht (sog. Unternehmerpfandrecht, § 647 BGB). 713

354 Zum Mangelfolgeschaden s. Rn. 634.
355 S. Rn. 658 und Rn. 660.

Sollte der Besteller die Vergütung nicht bezahlen, kann der Werkunternehmer die Herausgabe der Sache an den Besteller verweigern, da das Pfandrecht ein Recht zum Besitz vermittelt, § 986 BGB. Ferner ist der Werkunternehmer berechtigt, das Pfand zu verkaufen, um sich aus dem Erlös zu befriedigen, §§ 1257, 1228 BGB.

Voraussetzung für die Entstehung des Werkunternehmerpfandrechts ist das Eigentum oder zumindest ein Anwartschaftsrecht des Bestellers an der Sache. Ein gutgläubiger Erwerb gesetzlicher Pfandrechte ist nicht möglich.[356]

> **Beispiel:** B bringt die Schuhe des D im eigenen Namen zum Schuster U (d. h. Werkvertrag zwischen B und U). Ein gesetzliches Pfandrecht des U nach § 647 BGB an den Schuhen des D entsteht nicht.

III. Darlehen und Darlehenssicherung

714 **Beispiel:** Ausgangsfall
B plant sich ein Haus zu bauen und möchte den Bau durch S ausführen lassen. Um nicht bei einer möglichen Insolvenz von S auf denkbaren Baumängeln sitzen zu bleiben, verlangt er für seine etwaigen Gewährleistungsansprüche gegen S eine Sicherheit. Die Bank G ist bereit dem Bauherrn B eine Sicherheit gegen S zu stellen. G verlangt hierzu aber von S ihrerseits Sicherheiten, falls sie tatsächlich einmal von B in Anspruch genommen werden sollte. Hierzu kämen in Betracht:

- Der reiche Onkel B des S;
- die Luxuslimousine des S;
- eine Forderung in Höhe von € 200 000, die S gegenüber D zusteht oder zukünftig zustehen wird;
- das Grundstück des S.

715 Das Gesetz unterscheidet zwischen dem Darlehensvertrag (Gelddarlehen), §§ 488 bis 506 BGB, und dem Sachdarlehensvertrag, §§ 607 bis 609 BGB. Der Kreditvertrag ist nach der Begrifflichkeit des BGB ein Darlehensvertrag. Die Bestimmungen des bis zur Schuldrechtsreform als eigenständiges Gesetz bestehenden Verbraucherkreditgesetzes wurden unter Einhaltung der BGB-Terminologie als Verbraucherdarlehensvertrag in das BGB integriert, §§ 491 ff. BGB.

1. Darlehen

716 Gegenstand eines Darlehens ist die Verpflichtung zur Verfügungsstellung oder Überlassung (d. h. im Grundsatz Übereignung)[357] einer vertretbaren Sache gegen Entgelt. Handelt es sich bei der vertretbaren Sache um Geld, so spricht das Gesetz von einem Darlehensvertrag, das Entgelt wird als Zins bezeichnet, § 488 Abs. 1 BGB. In den übrigen Fällen liegt ein Sachdarlehensvertrag vor, § 607 BGB. Bei Fälligkeit des (Sach-) Darlehens ist der Darlehensnehmer verpflichtet, das zur Verfügung gestellte Darlehen

---

356 H. A., im Einzelnen sehr umstr., s. *Schwerdtner*, Jura 1988, 251, 253 ff.; *H. P. Westermann/ Staudinger*, BGB – Sachenrecht, 13. Auflage 2017, Rn. 261.

357 JurisPK/*Schwintowski*, § 488 Rn. 6, § 607 Rn. 21; *Gursky*, Schuldrecht BT, 5. Auflage 2005, 102, 105.

oder Sachen von gleicher Art, Güte und Menge zurückzuerstatten, §§ 488 Abs. 1 Satz 2, 607 Abs. 1 Satz 2 BGB.

Vertretbar sind Sachen, bei denen es auf die Gattung der Sache und nicht auf deren Identität ankommt. Vertretbare Sachen sind somit Kohle, Getreide, Mehl etc.
„Borgt" sich ein Nachbar eine Tasse Mehl, so ist der Sachverhalt nicht etwa als Leihe nach § 598 BGB, sondern als Sachdarlehen einzuordnen. Läge ein Leihvertrag vor, so müsste der Nachbar dieselbe Tasse Mehl zurückgeben. Nach dem Sachdarlehensvertrag ist er lediglich zur Rückgabe einer Tasse Mehl verpflichtet. Wird nach dem objektiven Empfängerhorizont selbst die Rückgabe des Mehls nicht erwartet (was in der Regel der Fall ist), ist mit „borgen" eine Schenkung vereinbart.

2. Personalsicherheiten

Der Darlehensgeber ist regelmäßig bemüht, Sicherheiten für das von ihm ausgereichte Darlehen vom Sicherungsnehmer zu erhalten. Begründen diese Sicherheiten Forderungen gegen Personen, so handelt es sich um Personalsicherheiten. **717**

Hierzu gehören insbesondere die Bürgschaft, der Schuldbeitritt und der Garantievertrag.

a) Die Bürgschaft, §§ 765 ff. BGB

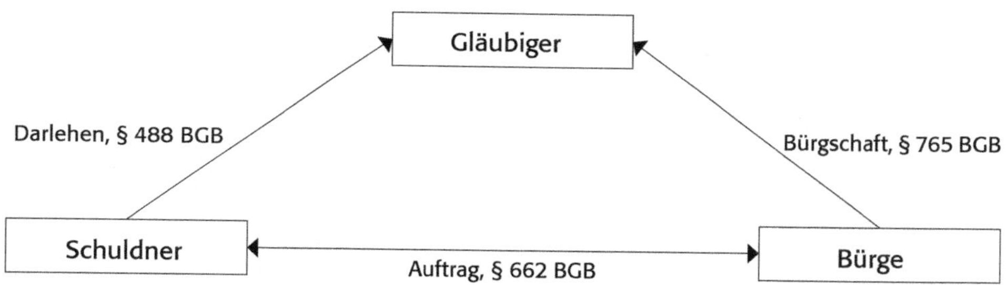

aa) Bürgschaftsvertrag

Durch den Bürgschaftsvertrag verpflichtet sich der Bürge gegenüber dem Gläubiger dafür einzustehen, dass die Verbindlichkeit des Schuldners (Hauptverbindlichkeit) erfüllt wird. Vertragspartner sind daher der Bürge und der Gläubiger. **718**

Der Bürgschaftsvertrag kann auch als Vertrag zwischen Schuldner und Bürge zugunsten des Gläubigers geschlossen werden (Vertrag zugunsten Dritter, § 328 BGB), sofern die Forderung und der Gläubiger hinreichend bestimmt sind. Andernfalls ist die Vereinbarung im Zweifel als Auftrag an den Bürgen dahingehend auszulegen, einen Bürgschaftsvertrag mit dem Gläubiger zu schließen (*Bürgschaftsauftrag*).[358] **719**

Die *Bürgschaftserklärung des Bürgen* (also nicht der gesamte Vertrag) bedarf nach § 766 Satz 1 BGB der Schriftform, § 126 BGB. Die Textform (§ 126b BGB) ist ausgeschlossen, § 766 Satz 2 BGB. In seiner eigenhändig unterzeichneten Erklärung muss **720**

358 MüKo/*Habersack*, § 765 Rn. 11.

der Bürge den Gläubiger, den Hauptschuldner sowie die verbürgte Forderung bezeichnen und seinen Verbürgungswillen zum Ausdruck bringen.[359] Fehlt in der Erklärung des Bürgen mindestens eines der zur Wahrung der Schriftform unabdingbaren Merkmale, kommt ein Bürgschaftsvertrag nicht zustande. Formlos gültig ist die Bürgschaftserklärung des Bürgen nur, sofern er Kaufmann ist und die Bürgschaft für ihn ein Handelsgeschäft darstellt, § 350 HGB. Bei Nichteinhaltung der Form ist der Vertrag nichtig, § 125 BGB. Der Formmangel ist durch Leistung des Bürgen auf die Hauptverbindlichkeit heilbar, § 766 Satz 3 BGB.

bb) Akzessorietät

721 Die Bürgschaft besteht lediglich zu dem Zweck, die Hauptverbindlichkeit zu sichern. Der Bestand der Bürgschaft ist daher von dem Bestand der Hauptverbindlichkeit abhängig („Akzessorietät", § 767 Abs. 1 Satz 1 BGB). Ist die Hauptverbindlichkeit nicht entstanden, entsteht auch keine Forderung des Gläubigers gegen den Bürgen. Der Bürgschaftsvertrag ist bis zur Entstehung der Hauptverbindlichkeit *schwebend unwirksam*.[360] Im Ausgangsfall (Rn. 714) könnte die Bank G dem Bauherrn B für dessen Gewährleistungsansprüche gegen S bürgen. Der Bürgschaftsvertrag ist schwebend unwirksam, bis die Gewährleistungsansprüche des B gegen S entstehen.

722 Eine Verschärfung der Hauptverbindlichkeit *nach* Abschluss des Bürgschaftsvertrages gilt nicht für den Bürgen, § 767 Abs. 1 Satz 3 BGB. Wenn der Gläubiger die Hauptverbindlichkeit abtritt, geht mir ihr gemäß § 401 BGB die Bürgschaft auf den Neugläubiger über. Erlischt die Hauptverbindlichkeit oder vermindert sie sich, erlischt oder vermindert sich auch die Bürgschaftsschuld.

Beispiel: G steht gegen S ein Anspruch auf Zahlung eines Kaufpreises in Höhe von € 100 aus Kaufvertrag zu, für den B dem G bürgt. S ficht den Kaufvertrag erfolgreich an.
Nach § 767 Abs. 1 Satz 1 BGB erlischt mit der Anfechtung des Kaufvertrages nach § 142 Abs. 1 BGB nicht nur die Kaufpreisforderung, sondern auch die Bürgschaft.

---

723 **Einschränkungen der strengen Akzessorietät**

1. Gesetzliche Einschränkung der Akzessorietät der Bürgschaft
Nach § 82 Abs. 2 VglO und § 254 Abs. 2 Satz 1 InsO ist es dem Bürgen verwehrt, sich auf die Herabsetzung der Hauptschuld aufgrund eines Zwangsvergleichs oder Insolvenzplans zu berufen.

2. Einschränkung der Akzessorietät aufgrund des Sicherungszwecks der Bürgschaft
Der Bürge kann sich ferner nicht auf die Akzessorietät berufen, wenn dies dem Sicherungszweck der Bürgschaft widerspräche. Dies ist z. B. der Fall, (i) wenn Gläubiger und Bürge beim Abschluss der Bürgschaft mit der baldigen Verjährung der Hauptschuld rechnen (§ 768 BGB gilt dann nicht),[361] oder (ii) wenn der Hauptschuldner und somit seine Schuld nicht mehr besteht (z. B. weil die verschuldete GmbH liquidiert und im Register gelöscht wurde). Fraglich ist im Fall (ii) nur, ob sich der Bürge auf § 768 BGB berufen kann.[362]

---

359 MüKo/*Habersack*, § 766 Rn. 8 ff.

360 Erman/*Zetzsche*, § 767 Rn. 1.

361 *Tiedtke*, JZ 2003, 1070, 1072; s. jedoch BGH, Urteil vom 28. Januar 2003, XI ZR 243/02, BGHZ 153, 337, 341.

362 Bejahend BGH, Urteil vom 28. Januar 2003, XI ZR 243/02, BGHZ 153, 337, 340 ff.; a. A. die wohl h. L., *Tiedtke*, JZ 2003, 1070, 1072; *ders.*, NJW 2005, 2498, 2500.

cc) Einwendungen des Bürgen

i) Eigene Einwendungen des Bürgen

Der Bürge kann gegen die Inanspruchnahme durch den Gläubiger zunächst seine eigenen (rechtshindernden, rechtsvernichtenden oder rechtshemmenden) Einwendungen[363] geltend machen und sich z. B. auf die Nichtigkeit der Bürgschaft wegen Nichteinhaltung der Form (§ 125 BGB) oder Sittenwidrigkeit (§ 138 BGB) berufen. **724**

ii) Rechtshindernde und rechtsvernichtende Einwendungen des Hauptschuldners, § 767 Abs. 1 Satz 1 BGB

Aufgrund der Akzessorietät nach § 767 Abs. 1 Satz 1 BGB stehen dem Bürgen auch sämtliche rechtshindernden und rechtsvernichtenden Einwendungen des Hauptschuldners gegen das Bestehen der Hauptverbindlichkeit zu. **725**

Der Bürge kann sich z. B. darauf berufen, dass die Hauptverbindlichkeit wirksam angefochten und daher nichtig (§ 142 Abs. 1 BGB), wegen Geschäftsunfähigkeit nichtig (§ 105 Abs. 1 BGB) oder wegen Erfüllung erloschen ist (§ 362 Abs. 1 BGB).

iii) Einreden des Hauptschuldners, § 768 BGB

Rechtshemmende Einwendungen (Einreden), die der Hauptschuldner gegenüber dem Gläubiger geltend machen kann, können dem Gläubiger auch von dem Bürgen aufgrund § 768 BGB entgegengehalten werden. § 768 BGB betrifft nicht Einwendungen des Bürgen aus dem Bürgschaftsvertrag sowie Einwendungen des Hauptschuldners, die keine Einreden sind (z. B. rechtshindernde oder rechtsvernichtende Einwendungen wie wirksame Anfechtung oder Erfüllung der Hauptverbindlichkeit). Letztere stehen dem Bürgen unmittelbar aufgrund der Akzessorietät zu. **726**

Beispiel: G gewährt S ein Darlehen über € 1 000 000, wofür B dem G bürgt. G kündigt das Darlehen ordnungsgemäß. Der Rückforderungsanspruch des G gegen S ist mittlerweile verjährt. S verzichtet darauf, sich auf die Verjährung zu berufen, da bei ihm nichts zu holen ist. G hält sich deshalb an B. Mit Erfolg?

S steht gegen den Rückforderungsanspruch des G aus § 488 Abs. 1 BGB die Verjährungseinrede nach § 214 Abs. 1 BGB zu. Gegen die Inanspruchnahme aus der Bürgschaft gemäß § 765 Abs. 1 BGB kann B nach § 768 Abs. 1 i. V. m. § 214 Abs. 1 BGB ebenfalls die Verjährungseinrede erheben. Der Verzicht des S, sich auf die Verjährung zu berufen, hindert B nicht, die Einrede zu erheben, § 768 Abs. 2 BGB.[364]

Weitere **Beispiele:** Zurückbehaltungsrecht, § 273 BGB; Einrede der ungerechtfertigten Bereicherung, § 821 BGB; Stundung.

Löschung des Hauptschuldners aus dem Handelsregister **727**

Wird der Hauptschuldner aus dem Handelsregister gelöscht (z. B. wegen Vermögenslosigkeit), geht die Bürgschaftsforderung trotz ihrer Akzessorietät nicht mit der Hauptforderung unter, sondern besteht als nunmehr selbständige Forderung fort. Eine Umwandlung in ein selbständiges Schuldversprechen ist damit aber nicht verbunden. Der Umfang der Bürgenhaftung bleibt unverändert. Nach

363 Zum Begriff s. Rn. 345 ff.

364 Im Einzelnen hierzu s. BGH, Urteil vom 18. September 2007, XI ZR 447/06, BB 2007, 2591 f.

Auffassung des BGH kann sich der Bürge daher weiterhin auf die Einrede der Verjährung gemäß § 768 Abs. 1 Satz 1 BGB berufen.[365]

---

iv) Gestaltungsrechte, § 770 BGB

728 Der Bürge kann nicht selbst die Anfechtung der Hauptverbindlichkeit erklären, um z. B. den Ablauf der Anfechtungsfrist zu verhindern. Ebenso kann er nicht selbst die Aufrechnung mit der Hauptverbindlichkeit erklären. *Solange* jedoch der Schuldner das Rechtsgeschäft, auf welchem die Hauptverbindlichkeit beruht, anfechten kann, ist der Bürge berechtigt, die Zahlung zu verweigern, § 770 Abs. 1 BGB. Dem Bürgen steht ferner eine Einrede zu, sofern der Gläubiger sich auch durch Aufrechnung gegen die Hauptverbindlichkeit befriedigen kann, § 770 Abs. 2 BGB. Sinn von § 770 Abs. 2 BGB ist es, den Gläubiger auf die einfachere Art der Befriedigung durch Aufrechnung verweisen zu können, statt gegen den Bürgen vorzugehen.

---

729 **1. Anfechtbare Hauptverbindlichkeit**

Zur Anwendung von § 770 Abs. 1 BGB kommt es nur, wenn die Hauptverbindlichkeit noch anfechtbar ist, d. h. die Anfechtungsfrist (§§ 121, 124 BGB) darf nicht abgelaufen oder die Hauptverbindlichkeit darf nicht durch den Schuldner bestätigt worden sein (§ 144 BGB). Der Bürge ist an die Entscheidung des Schuldners, nicht anzufechten oder das anfechtbare Rechtsgeschäft zu bestätigen, gebunden. Ist hingegen die Hauptverbindlichkeit vom Hauptschuldner wirksam angefochten, kann dies der Bürge dem Gläubiger nach § 767 Abs. 1 Satz 1 BGB aufgrund der Akzessorietät entgegenhalten. Auf § 770 Abs. 1 BGB kommt es in diesem Fall nicht an.

730 **2. Vertraglicher Ausschluss von § 770 BGB**

Die Einreden des Bürgen nach § 770 BGB können einzelvertraglich ausgeschlossen werden; ein umfassender Verzicht durch AGB ist jedoch nach § 307 Abs. 1, Abs. 2 Nr. 1 BGB nichtig.[366] Kein Fall des § 770 (hier: Abs. 2) BGB liegt vor, wenn der Bürge sich darauf beruft, dass die Aufrechnung bereits wirksam erklärt *wurde*. Ein vertraglicher Ausschluss des § 770 BGB geht in diesem Fall ins Leere. Denn der Bürge haftet (anders als bei einer Garantie) für die Hauptschuld nur in dem Umfang, in dem sie besteht, § 767 Abs. 1 BGB (Akzessorietät).[367]

---

731 **Fall 51: Selbst ist der Mann?**

G hat gegen S eine fällige Darlehensforderung in Höhe von € 500, für welche B unter Einhaltung der Schriftform dem G gegenüber bürgt. Da S nicht zahlt, wird er von G verprügelt. Dem S steht in Folge ein Schmerzensgeldanspruch (§§ 823 Abs. 1, 253 Abs. 2 BGB) gegen G in Höhe von € 500 zu. Nunmehr nimmt G den B in Höhe von € 500 aus der Bürgschaft in Anspruch. Zu Recht?

Anspruch G gegen B

§ 765 Abs. 1 BGB
G könnte von B Zahlung von € 500 aus dem unter Wahrung der Schriftform (§ 766 Satz 1 BGB) geschlossenen Bürgschaftsvertrag nach § 765 Abs. 1 BGB verlangen. Voraussetzung hierfür ist, dass die der Bürgschaft zugrunde liegende Hauptforderung des G gegen S besteht, § 767 Abs. 1

365 BGH, Urteil vom 28. Januar 2003, XI ZR 243/02, BGHZ 153, 337, 440 ff.; a. A. die wohl h. L., *Tiedtke*, JZ 2003, 1070, 1072; *ders.*, NJW 2005, 2498, 2500.
366 BGH, Urteil vom 16. Januar 2003, IX ZR 171/00, BGHZ 153, 293, 298 ff.
367 BGH, Urteil vom 25. April 2002, IX ZR 254/00, NJW 2002, 2867, 2869.

Satz 1 BGB. Die Hauptforderung besteht in Höhe des Darlehensrückforderungsanspruchs in Höhe von € 500. Der Anspruch des G gegen B ist entstanden.

Allerdings könnte der Anspruch des G gegen B nach § 770 Abs. 2 BGB nicht durchsetzbar sein. Demnach kann der Bürge die Zahlung an den Gläubiger verweigern, solange sich der Gläubiger durch Aufrechnung gegen eine fällige Forderung des Hauptschuldners befriedigen kann. G könnte seine Darlehensforderung gegen den Schmerzensgeldanspruch des S nach §§ 387, 388 BGB aufrechnen und somit Befriedigung erlangen. Allerdings könnte § 393 BGB der Aufrechnung entgegenstehen. Nach § 393 BGB ist eine Aufrechnung gegen eine Forderung aus einer vorsätzlich begangenen unerlaubten Handlung nicht möglich. Die Forderung des S, gegen die G aufrechnen will, stammt aus einer vorsätzlichen Körperverletzung. Die Voraussetzungen des § 393 BGB sind erfüllt. Eine Aufrechnung ist für G nicht möglich. Fraglich ist nunmehr, ob B sich dennoch gegenüber G auf § 770 Abs. 2 BGB berufen kann. Denn eine Aufrechnungslage besteht; die Aufrechnung ist lediglich zu Lasten des G nach § 393 BGB ausgeschlossen. Nach dem Wortlaut des § 770 Abs. 2 BGB ist eine Berufung auf die Vorschrift nur möglich, wenn sich der Gläubiger durch Aufrechnung befriedigen kann. Dies ist nicht der Fall. Somit scheidet eine direkte Anwendung von § 770 Abs. 2 BGB aus.

In Frage käme eine analoge Anwendung des § 770 Abs. 2 BGB.[368] Hierfür könnte sprechen, dass § 393 BGB den vorsätzlich unerlaubt Handelnden benachteiligen soll, indem er ihm die Aufrechnung untersagt. Würde man dem Bürgen die Berufung auf § 770 Abs. 2 BGB verweigern, könnte der unerlaubt Handelnde auf die Bürgschaftsforderung ausweichen und so den Zweck von § 393 BGB vereiteln. Andererseits ist es der Sinn des § 770 Abs. 2 BGB, den Gläubiger anzuhalten, den Rechtsverkehr zu entlasten, indem er den einfacheren Befriedigungsweg der Aufrechnung wählt. Eine Bestrafungsfunktion kommt § 770 Abs. 2 BGB nicht zu. § 770 Abs. 2 BGB analog anzuwenden, wenn dem Gläubiger die Aufrechnung verwehrt ist, widerspräche dem Sinn und Zweck der Norm und ist daher abzulehnen.

B könnte jedoch die Zahlung in analoger Anwendung von § 770 Abs. 1 BGB verweigern. Nach der h. A. ist § 770 Abs. 1 BGB analog auch auf andere Gestaltungsrechte des Hauptschuldners als die Anfechtung anwendbar. § 770 Abs. 1 BGB liegt der Gedanke zugrunde, dass dem Bürgen aufgrund der Akzessorietät die Befreiungsmöglichkeiten des Schuldners zugutekommen sollen.[369] S hat als Gläubiger des Schadensersatzanspruchs aus unerlaubter Handlung die Möglichkeit, gegenüber G aufzurechnen und sich so von seiner Schuld zu befreien. § 393 BGB lässt das Recht des S zur Aufrechnung unberührt. Aufgrund der analogen Anwendung von § 770 Abs. 1 BGB auf das Gestaltungsrecht des S, gegenüber G aufzurechnen, kann B die Befriedigung des G verweigern.

G kann von B nicht Zahlung von € 500 aus § 765 Abs. 1 BGB verlangen.

v) Vorausklage, § 771 BGB

Dem Bürgen steht die Einrede der Vorausklage zu, denn der Gläubiger soll zunächst Befriedigung beim Schuldner suchen. Ist die Bürgschaft für den Bürgen hingegen ein Handelsgeschäft, kann er die Einrede der Vorausklage nicht erheben, § 349 Satz 1 HGB. **732**

Auf Druck des Gläubigers wird in der Praxis häufig auf die Einrede der Vorausklage durch den Bürgen verzichtet; man spricht dann von einer „selbstschuldnerischen" Bürgschaft, vgl. § 773 Abs. 1 Nr. 1 BGB. Sofern der Bürge darauf verzichtet, keinerlei Einwände gegen die Zahlungspflicht zu erheben, liegt eine Bürgschaft „auf erstes Anfordern" vor. In diesem Fall werden etwaige Einwände erst nach Zahlung durch den Bürgen in einem späteren Rückforderungsprozess geklärt.[370]

---

368 *Zimmermann*, JR 1979, 495 ff., a. A. Staudinger/*Horn*, § 770 Rn. 9; Palandt/*Sprau*, § 770 Rn. 3; *Kiehnle*, AcP 208 (2008), 635, 651.

369 Erman/*Zetzsche*, § 770 Rn. 6; MüKo/*Habersack*, § 770 Rn. 6; a. A. *Kiehnle*, AcP 208 (2008), 635, 652 ff.

370 BGH, Urteil vom 8. Juli 2008, XI ZR 230/07, NJW-RR 2009, 378 Rn. 22.

▶ **Vertiefung:** Einen Überblick zu den abgeleiteten und eigenen Einreden des Bürgen bieten *Tiedtke*, JZ 2006, 940 ff. und *Schreiber*, Jura 2007, 730 ff.

dd) Bürge und Hauptschuldner, §§ 774 ff. BGB

733 Zwischen Bürgen und Schuldner besteht entweder ein bloßes Gefälligkeitsverhältnis oder ein Rechtsverhältnis (z. B. Auftrag). Sofern zwischen Bürge und Schuldner keine abweichenden Vereinbarungen bestehen, regeln die §§ 774 ff. BGB deren Innenverhältnis.

Soweit der Bürge den Gläubiger befriedigt, geht die Forderung des Gläubigers gegen den Schuldner per Gesetz auf den Bürgen über (gesetzlicher Forderungsübergang oder *cessio legis*), § 774 Abs. 1 Satz 1 BGB. In der Höhe, in der im Ausgangsfall (Rn. 714) die Bank G aufgrund ihrer Bürgschaft an den Bauherrn B für dessen Gewährleistungsansprüche gegen S zahlt, gehen die Ansprüche von B auf G über. Um nun für die Ansprüche, die nunmehr der Bank G gegen S zustehen, von S Sicherheiten zu erhalten, bieten sich die im Ausgangsfall aufgezählten Möglichkeiten an, wie z.B. eine Bürgschaft des Onkels von S.

Der Bürge kann die auf ihn übergegangene Forderung gegen den Schuldner jedoch nicht zum Nachteil des Gläubigers geltend machen, § 774 Abs. 1 Satz 2 BGB. Dies ist von Bedeutung, wenn der Bürge den Gläubiger nur teilweise befriedigt. Dann geht die Forderung samt etwaigen Nebenrechten entsprechend teilweise auf ihn über. Diese Nebenrechte treten aber im Verhältnis zum Gläubiger zurück.

▶ **Vertiefung:** Grundfälle zum Bürgschaftsrecht s. *Schmolke*, JuS 2009, 585 ff., 679 ff., 784 ff.

b) Der Schuldbeitritt

734 Während der Bürge nur subsidiär neben dem Hauptschuldner haftet, wird derjenige, der einer Schuld beitritt, zu einem weiteren Schuldner. Für das weitere Schicksal der Schuld besteht keine Akzessorietät. Besondere Regeln für einen Schuldbeitrittsvertrag enthält das BGB nicht. Das Schuldverhältnis entsteht nach den allgemeinen Vorschriften (§§ 241, 311 BGB). Für den Schuldbeitritt gilt somit das Schriftformerfordernis des § 766 BGB nicht.

Der Schuldbeitritt erfolgt in der Regel durch einen Vertrag zwischen dem Beitretenden und dem Gläubiger. Erklärt ein Dritter, dass er für die Schuld des Schuldners einstehe, so ist durch Auslegung zu ermitteln, ob ein Schuldbeitritt (keine Akzessorietät) oder eine Bürgschaft (akzessorische Haftung) beabsichtigt ist. Bestehen Zweifel, ist ein Schuldbeitritt nur anzunehmen, wenn der Beitretende ein eigenes wirtschaftliches Interesse an der Hauptverbindlichkeit hat.

> **Beispiel:** A und B sind Miteigentümer eines Grundstücks. Zur Finanzierung des Grundstückskaufs hatte A ein Darlehen bei C aufgenommen. B erklärt gegenüber C, dass er der Schuld des A beitrete, C stimmt zu.

Durch den Schuldbeitritt entsteht ein Gesamtschuldverhältnis nach §§ 421 ff. BGB. Der Gläubiger kann die Leistung in voller Höhe entweder vom Schuldner oder vom Beitretenden oder auch anteilig, insgesamt jedoch nur einmal verlangen. Im Innenverhältnis haften der Schuldner und der Beitretende entsprechend der zwischen ihnen getroffenen Vereinbarung. Im Zweifel haften sie zu gleichen Teilen und sind einander zur Ausgleichszahlung verpflichtet, § 426 BGB.

c) Garantievertrag

In einem Garantievertrag hinsichtlich einer Forderung verspricht der Garant, eine Leistung zu erbringen (d. h. zu zahlen), z. B. wenn dies der Hauptschuldner nicht tut. Die §§ 765 ff. BGB gelten trotz der Ähnlichkeit zum Bürgschaftsvertrag nicht. D. h. es besteht kein Schriftformerfordernis, eine Akzessorietät gibt es nicht. **735**

Für den Garanten besonders gefährlich ist die *Garantie auf erstes Anfordern*. Der Garant muss auf die bloße Behauptung des Garantienehmers, der Garantiefall sei eingetreten, zahlen, ohne vorab überprüfen zu können, ob der Garantienehmer zur Forderung materiell berechtigt ist. Über die Frage, ob der Garantiefall tatsächlich eingetreten ist, kann erst in einem etwaigen Rückforderungsprozess des Garanten gegen den Garantienehmer befunden werden. Allerdings ist der Garant dabei auf solche Einwendungen beschränkt, die das Garantieverhältnis betreffen, z. B. rechtsmissbräuchliche Inanspruchnahme des Garanten. Grundsätzlich wird der Garant jedoch aus dem Streit zwischen dem Schuldner und dem Garantienehmer, ob der materielle Garantiefall eingetreten ist, herausgehalten. Zahlt der Garant, erwirbt er gemäß §§ 675, 670 BGB einen Rückgriffsanspruch gegen den Schuldner. Der Schuldner kann den Betrag, den er an den Garanten zahlen muss, vom Garantienehmer zurückverlangen, sofern der materielle Garantiefall nicht eingetreten war.[371] **736**

d) Abgrenzung

	Bürgschaft	**Schuldbeitritt**	**Garantie**
Gegenstand	Einstehen für fremde Verbindlichkeit, § 765 BGB	Einigung über Gesamtschuldnerschaft, §§ 311, 241, 421 ff. BGB	Einigung, dass Leistung erbracht wird, §§ 311, 241 BGB
Form	schriftliche Willenserklärung des Bürgen, § 766 BGB	formfrei	formfrei
Akzessorietät	streng akzessorisch, §§ 767, 768, 770 BGB	Akzessorietät nur bei Entstehung, ansonsten § 425 BGB	keine Akzessorietät
Nebenpflichten	subsidiäre Nebenpflichten, §§ 771 ff. BGB	selbständige Verpflichtung	selbständige Verpflichtung
wirtschaftliche Natur	fremdnützig	i. d. R. eigenes wirtschaftliches Interesse	eigenes Interesse

371 Im Einzelnen hierzu MüKo/*Habersack*, Vor § 765 Rn. 27 ff.

e) Patronatserklärung

737 Die Patronatserklärung ist eine Besonderheit des Konzernrechts. Es handelt sich hierbei um eine Erklärung, in der eine Konzerngesellschaft (meist die Muttergesellschaft) für die Verbindlichkeiten einer anderen Gesellschaft (meist eine Tochtergesellschaft) einsteht. Dies kann eine „weiche" Erklärung (z. B. „Wir unterstützen die Gesellschaft nach besten Kräften"), oder eine „harte" Erklärung sein (z. B. Eigenkapitalgarantie, wonach sich die Mutter verpflichtet, der Tochter stets so viel Kapital zur Verfügung zu stellen, dass diese ihre Verbindlichkeiten gegenüber dem Gläubiger erfüllen kann). Eine weiche Patronatserklärung ist als Absichtserklärung gerichtlich nicht durchsetzbar. Aufgrund einer harten Patronatserklärung haftet die Mutter im Ergebnis für die Verbindlichkeiten der Tochter.

3. Realsicherheiten

738 Dem Darlehensgeber können aber auch Sicherheiten an beweglichen und unbeweglichen Sachen als auch an Forderungen gewährt werden. Sicherungsrechte an *beweglichen* Sachen werden durch Pfandrecht, Sicherungsübereignung und Eigentumsvorbehalt erworben. An *Forderungen* kann durch Pfandrecht und Sicherungsabtretung Sicherheit gewährt werden. Sicherheiten an *unbeweglichen* Sachen stellen die Hypothek und die Grundschuld dar.

a) Das Pfandrecht, §§ 1204 ff. BGB

739 Grundtyp des Pfandrechts ist das vertragliche Pfandrecht an beweglichen Sachen. Für vertragliche Pfandrechte an Rechten gelten einige Besonderheiten, §§ 1273 ff. BGB. Für gesetzliche Pfandrechte (z. B. Vermieterpfandrecht, §§ 562 ff. BGB; Unternehmerpfandrecht, § 647 BGB) gelten die §§ 1205 ff. BGB entsprechend, § 1257 BGB.

aa) Bestellung des vertraglichen Pfandrechts an beweglichen Sachen, § 1205 BGB

740 Ein Pfandrecht wird eingeräumt, indem der Eigentümer dem Gläubiger die Sache übergibt und sie sich einig sind, dass der Gläubiger berechtigt ist, Befriedigung aus der Sache zu suchen, sofern seine Forderung gegen den Schuldner nicht erfüllt wird. Das vertragliche Pfandrecht ist somit als Faustpfand konzipiert, § 1205 BGB.

Bei dem handelsüblichen Flaschen- und Dosenpfand handelt es sich um ein irreguläres Pfandrecht. Das Pfand entsteht nicht an dem Geldstück, sondern nur an der Geldsumme. Die Vorschriften der §§ 1204 ff. BGB gelten analog.

741 Voraussetzungen für die Entstehung des Pfandrechts sind:

- *Einigung* über Bestellung des Pfandes an einer beweglichen Sache,
- *Übergabe* der Sache an den Gläubiger,
- Bestand der zu sichernden Forderung (*Akzessorietät*),
- *Berechtigung* des Verpfänders (entweder aufgrund Eigentum oder Zustimmung des Eigentümers, § 185 BGB).

bb) Übertragung eines vertraglichen Pfandrechts, §§ 398, 401, 1250 BGB

Aufgrund der strengen Akzessorietät kann das Pfandrecht nicht unabhängig von der Forderung übertragen werden. Dies stellt § 1250 BGB klar. **742**

i) Abtretung der gesicherten Forderung

Wird die durch das Pfandrecht gesicherte Forderung übertragen (Abtretung, § 398 BGB), geht das Pfandrecht zusammen mit der Forderung auf den Zessionar über, §§ 401 Abs. 1, 1250 Abs. 1 Satz 1 BGB. **743**

ii) Gutgläubiger Erwerb eines vertraglichen Pfandrechts

Problematisch sind die Fälle des gutgläubigen Erwerbs eines Pfandrechts. Aufgrund der Akzessorietät und der Eigentumsvermutung in § 1006 BGB ist zwischen den folgenden Fällen zu unterscheiden: **744**

(i) Zu sichernde Forderung besteht nicht: Kein gutgläubiger Erwerb

Besteht die Forderung nicht, entsteht aufgrund der strengen Akzessorietät auch kein Pfandrecht. Da es einen gutgläubigen Erwerb von Forderungen nicht gibt, kann auch nicht gutgläubig ein Pfandrecht an einer Scheinforderung erworben werden. **745**

(ii) Pfandrechtsbestellung: Gutgläubiger Erwerb, § 1207 BGB

Besteht zwar die Forderung und ist der Verpfänder jedoch nicht Eigentümer der Sache, kann ein Pfandrecht an der Pfandsache nach den Regeln der §§ 932, 934 f. BGB, §§ 366 f. HGB entstehen, wenn die Pfandsache einem gutgläubigen Pfandgläubiger übergeben wird, § 1207 BGB. **746**

(iii) Übertragung eines (nichtbestehenden) Pfandrechts: Kein gutgläubiger Erwerb (h. A.)

Besteht zwar die Forderung jedoch nicht das Pfandrecht, ist es strittig, ob ein Pfandrecht bei der Forderungsabtretung gutgläubig erworben werden kann. **747**

§ 1207 BGB findet keine unmittelbare Anwendung, da er nur für die Pfandrechts*bestellung* gilt. Die herrschende Ansicht lehnt zu Recht eine analoge Anwendung von § 1207 BGB für die *Übertragung* von Pfandrechten ab, da die §§ 398 ff. BGB auch bei bestehender Forderung keinen gutgläubigen Erwerb eines Pfandrechts vorsehen.[372] Die gegenteilige Ansicht[373] stützt sich auf den Rechtsscheintatbestand des Besitzes, an den der gutgläubige Erwerb regelmäßig anknüpfe (vgl. §§ 932 ff., 1207 BGB, hingegen kein gutgläubiger Erwerb von Forderungen, da hier kein Rechtsschein aufgrund Besitz besteht). Dieser Ansicht ist zuzugestehen, dass nach §§ 1227, 1006 BGB aufgrund des Besitzes zugunsten des Pfandgläubigers ein Bestehen des Pfandrechts vermutet wird. Allerdings geht nach § 401 Abs. 1 BGB nur ein *bestehendes* Pfandrecht auf den Zessionar über. Ein gutgläubiger Erwerb eines nichtbestehenden Pfandrechts durch Rechtsgeschäft ist vom Gesetz nicht vorgesehen.

---

372 H. Westermann/*Gursky*, Sachenrecht, 7. Auflage 1998, 930; *Baur/Stürner*, Sachenrecht, 18. Auflage 2009, § 55 Rn. 19; *Reinicke/Tiedtke*, JA 1984, 202, 212; *Mauch*, BWNotZ 1994, 139, 141 f.

373 *Heck*, Grundriß des Sachenrechts, 2. Neudruck 1970, 428 f.

iii) Übertragung per Gesetz, §§ 401, 412, 1250 BGB

748 Das Gesetz schreibt für den Fall, dass die gesicherte Forderung getilgt wird, in bestimmten Fällen einen gesetzlichen Forderungsübergang (*cessio legis*) vor, dem das Pfandrecht aufgrund §§ 401, 412, 1250 BGB folgt.

(i) Ablösung durch den Verpfänder, § 1225 BGB

749 Befriedigt der Verpfänder, der nicht Hauptschuldner ist, den Pfandgläubiger, so geht die Forderung (§ 1225 BGB) und mit ihr das Pfandrecht (§§ 401, 412, 1250 BGB) auf den Verpfänder über.

Da § 1225 BGB auf den Verpfänder und nicht den Eigentümer abstellt, und beide nicht mit dem Hauptschuldner personenidentisch zu sein brauchen, sind für den Fall, dass auf die gesicherte Forderung gezahlt wird, die folgenden Fallgestaltungen zu unterscheiden:

▶ **Hinweis:** Es empfiehlt sich, zum besseren Verständnis der nachfolgenden Unterscheidungen eine Skizze anzufertigen.

750 (a) Verpfänder, Eigentümer und Hauptschuldner sind identisch:
- Die Forderung erlischt, § 362 Abs. 1 BGB.
- Das Pfandrecht erlischt, § 1252 BGB.

751 (b) Nur Verpfänder und Eigentümer sind identisch:
- Die Forderung geht auf Verpfänder/Eigentümer über, § 1225 BGB.
- Das Pfandrecht geht auf Verpfänder/Eigentümer über, §§ 401, 412, 1250 BGB, und erlischt, § 1256 Abs. 1 BGB, es sei denn, dass der Eigentümer ein rechtliches Interesse an dem Fortbestehen des Pfandrechts hat, § 1256 Abs. 2 BGB.

752 (c) Verpfänder, Eigentümer und Hauptschuldner sind verschiedene Personen:

Der Verpfänder, der nicht Eigentümer ist, kann die Sache entweder nach §§ 1205, 1207, 932, 934 f. BGB, §§ 366 f. HGB an einen Gutgläubigen oder mit der Zustimmung des Eigentümers nach § 185 BGB verpfänden.

- Die Forderung geht auf den Verpfänder über, § 1225 BGB.
- Das Pfandrecht geht auf den Verpfänder über, §§ 401, 412, 1250 BGB. Das Pfandrecht erlischt, wenn die Bestellung des Pfandrechts nach § 1207 BGB erfolgte (s. Rn. 759), andernfalls kann der Verpfänder (neuer Pfandgläubiger) vom bisherigen Pfandgläubiger die Herausgabe des Pfandes verlangen, § 1251 BGB.

753 (ii) Ablösung durch Dritte (insbesondere den Eigentümer), §§ 1249, 268 Abs. 3 BGB
Befriedigt hingegen ein Dritter, der durch die Veräußerung des Pfandes bei der Pfandverwertung ein Recht verlieren würde (insbesondere der Eigentümer), den Gläubiger, geht die Forderung nach §§ 1249, 268 Abs. 3 BGB auf den Dritten über. Dem folgt das Pfandrecht gemäß §§ 401, 412, 1250 BGB. Ist der Dritte der Eigentümer, erlischt das Pfandrecht nach § 1256 Abs. 1 BGB.

cc) Erlöschen des Pfandrechts

754 Die Gründe für das Erlöschen eines Pfandrechts gehen insbesondere auf den Grundsatz der Akzessorietät und das Prinzip des Faustpfandes zurück.

i) Erlöschen der Forderung, § 1252 BGB

Zahlt der Verpfänder, der Hauptschuldner ist, auf die Forderung, so erlischt die Forderung und aufgrund der Akzessorietät mit ihr das Pfandrecht, § 1252 BGB. **755**

ii) Rückgabe der Pfandsache, § 1253 BGB

Das Pfandrecht erlischt ferner, wenn der Pfandgläubiger das Pfandrecht dem Verpfänder oder dem Eigentümer zurückgibt, § 1253 Abs. 1 BGB. Unerheblich ist, ob der Pfandgläubiger das Erlöschen des Pfandrechts beabsichtigt, solange er weiß, dass es sich bei dem Empfänger des Pfandes um den Verpfänder oder den Eigentümer handelt. Denn Sinn und Zweck des § 1253 BGB wie auch des § 1205 BGB ist es, das besitzlose Pfandrecht zu verhindern. **756**

iii) Durch Rechtsgeschäft, § 1255 BGB

Durch die einseitige empfangsbedürftige Willenserklärung des Pfandgläubigers gegenüber dem Verpfänder oder dem Eigentümer, er gebe das Pfandrecht auf, erlischt das Pfandrecht nach § 1255 Abs. 1 BGB. Sofern das Pfandrecht mit dem Recht eines Dritten belastet ist, bedarf die Aufgabe des Pfandrechts dessen Zustimmung, § 1255 Abs. 2 Satz 1 BGB. **757**

iv) Zusammentreffen von Pfandrecht und Eigentum, § 1256 BGB

Fällt das Pfandrecht dem Eigentümer zu, so wird er nicht etwa der Pfandgläubiger (verbunden mit dem Herausgabeanspruch auf das Pfand nach § 1251 BGB), sondern das Pfandrecht geht nach § 1256 Abs. 1 Satz 1 BGB unter. Der Eigentümer kann die (ehemalige Pfand-)Sache vom Besitzer (und ehemaligen Pfandgläubiger) nach § 985 BGB herausverlangen. **758**

v) Sonderfall: Pfandrecht aufgrund Verpfändung durch einen Nichtberechtigten, § 1207 BGB

Durch die Verpfändung einer Sache durch einen Nichtberechtigten nach §§ 1207, 932, 934 f. BGB entsteht ein *vollwertiges Pfandrecht*. Wird einem Dritten die Forderung abgetreten, so erwirbt er das Pfandrecht gemäß §§ 401, 1250 BGB, selbst wenn er von der Verpfändung durch den Nichtberechtigten wusste. Ein Rückerwerb des Pfandrechts durch den *Nichtberechtigten* ist hingegen nicht möglich. Denn § 1207 BGB schützt den Rechtsverkehr und nicht den Verpfänder. Der gutgläubige Erwerb setzt ein Verkehrsgeschäft voraus.[374] Hieran fehlt es, wenn es durch den Erwerbstatbestand nicht zum Rechtssubjektwechsel kommt. In diesem Fall bedarf der Rechtsverkehr keines Schutzes. Dies ist beim Rückerwerb durch den Nichtberechtigten der Fall. Zahlt der nichtberechtigte Verpfänder, der nicht Hauptschuldner ist, auf die gesicherte Forderung, geht das Pfandrecht nicht etwa aufgrund §§ 1225, 1250 BGB auf ihn über,[375] sondern es erlischt, da der gutgläubige Erwerb des Pfandrechts nach §§ 1207, 932 BGB mangels Verkehrsgeschäft unwirksam wird.[376] **759**

374 Näheres zum Verkehrsgeschäft s. Rn. 978 f.

375 So jedoch die h. A., Staudinger/*Wiegand*, § 1225 Rn. 4; Palandt/*Wicke*, § 1225 Rn. 1.

376 Gemäß der Gegenmeinung steht dem Eigentümer ein Aufhebungsanspruch nach § 823 oder § 826 BGB gegen den bösgläubigen nichtberechtigten Verpfänder zu, Palandt/*Wicke*, § 1225 Rn. 1.

Beispiel: Zur Sicherung einer Forderung des G gegen S übergibt V dem gutgläubigen G das Fahrrad, das er sich von D geliehen hat. Sodann zahlt V auf die Forderung. Wer kann Herausgabe des Fahrrades von G verlangen?

V erwirbt nicht etwa das nach §§ 1207, 932 BGB entstandene Pfandrecht an dem Rad aufgrund §§ 1225, 1250 BGB, sondern das Pfandrecht erlischt mangels Verkehrsgeschäft. Die Herausgabe des Rades kann somit nicht V als neuer Pfandgläubiger nach § 1251 BGB, sondern D als Eigentümer nach § 985 BGB von G verlangen.

760 **Fall 52: Verleihe niemals etwas!**

G hat gegen S eine fällige Forderung in Höhe von € 10 000. Zur Sicherung der Forderung übergibt S' Vater V dem G die Uhr einer sächsischen Edelmarke, die ihm sein (Noch-)Freund E geliehen hat, als Pfand. G nimmt an, dass die Uhr V gehört. Nach einigen Wochen kommt V überraschend zu Geld. Er löst die Forderung des G gegen S in voller Höhe ab und erhält von G die verpfändete Uhr zurück. Als E von der Sache erfährt, verlangt er empört von V die Uhr zurück. Besteht ein solcher Anspruch des E aus § 985 BGB?

Anspruch E gegen V

- **§ 985 BGB**

E könnte von V die Uhr nach § 985 BGB herausverlangen. Hierzu müsste E der Eigentümer und V der Besitzer der Uhr sein. V ist als Inhaber der tatsächlichen Sachherrschaft Besitzer der Uhr, § 854 Abs. 1 BGB. E müsste Eigentümer sein. Er war Eigentümer der Uhr. Er könnte sein Eigentum zwar nach §§ 929 ff. BGB, hingegen nicht durch die Verpfändung verloren haben. Eine eventuelle Verpfändung der Uhr nach §§ 1205 ff. BGB lässt E's Eigentum unberührt. Eine Übereignung der Uhr hat nicht stattgefunden. E ist weiterhin Eigentümer der Uhr.

V könnte die Herausgabe verweigern, wenn ihm ein Recht zum Besitz zustünde, § 986 Abs. 1 Satz 1 BGB. Ein Besitzrecht aus dem Leihvertrag zwischen E und V kommt aufgrund der konkludenten Kündigung des E, indem er die Uhr herausverlangt, nach § 604 Abs. 3 BGB (oder auch § 605 Nr. 2 BGB) nicht in Betracht.

V könnte aber durch ein ihm zustehendes Pfandrecht an der Uhr zum Besitz berechtigt sein, sofern V das Pfandrecht an der Uhr nach §§ 1225, 1250 BGB erworben hat. Hierzu müsste V Verpfänder sein und auf die gesicherte Forderung des G gegen S gezahlt haben. V wäre Verpfänder, wenn er durch Übergabe der Uhr an G und Einigung über die Pfandbestellung zur Sicherung der Forderung des G gegen S die Uhr nach § 1205 BGB verpfändet hat. V war jedoch nicht Eigentümer der Uhr. Das Pfandrecht könnte nur durch Verpfändung vom Nichtberechtigten nach §§ 1207, 932 BGB entstanden sein. Dafür müsste es dem Pfandgläubiger vom Nichtberechtigten zur Pfandbestellung übergeben worden sein, und der Pfandgläubiger müsste gutgläubig angenommen haben, dass der Verpfänder Eigentümer der Pfandsache ist. V übergab dem gutgläubigen G die Uhr zur Pfandbestellung. Nach §§ 1207, 932 BGB ist somit ein Pfandrecht an der Uhr entstanden, V ist Verpfänder. Ferner hat V auf die gesicherte Forderung gezahlt. Die Forderung ist somit nach § 1225 BGB auf ihn übergegangen.

Fraglich ist, ob auch das Pfandrecht gemäß §§ 401, 412, 1250 BGB auf V übergegangen ist oder ob es stattdessen erloschen ist.

a) Aufgrund dessen, dass V nicht Eigentümer der Uhr ist, kommt ein Erlöschen des Pfandrechts nach § 1256 Abs. 1 Satz 1 BGB nicht in Betracht.

b) Durch Rückgabe des Pfandes an den (nichtberechtigten) Verpfänder V könnte das Pfandrecht nach § 1253 Abs. 1 Satz 1 BGB erloschen sein. Allerdings müsste G im Zeitpunkt der Rückgabe Pfandgläubiger gewesen sein. Zum Zeitpunkt der Übergabe war die Forderung aber bereits getilgt und nach § 1225 BGB auf V übergegangen. Aufgrund der strengen Akzessorietät geht das

Pfandrecht mit der Forderung über, §§ 401, 412, 1250 BGB. Zwar ist das Schicksal des Pfandrechts nach dem Übergang auf V fraglich. Sicher ist jedoch, dass das Pfandrecht nicht mehr dem G zusteht. G ist im Zeitpunkt der Rückgabe kein Pfandgläubiger mehr. Das Pfandrecht erlischt nicht nach § 1253 BGB.

c) Das Pfandrecht könnte aber erloschen sein, weil es vom nichtberechtigten Verpfänder zurück erworben wurde. Eine Ansicht erkennt im Rückerwerb vom Nichtberechtigten keinen besonderen Erlöschensgrund. Richtigerweise mangelt es jedoch bei solchen Geschäften an einem Verkehrsgeschäft. Denn § 1207 BGB soll nur den Rechtsverkehr und nicht den Nichtberechtigten schützen. Das nach §§ 1207, 932 BGB entstandene Pfandrecht erlischt nach zutreffender Ansicht durch den Rückerwerb des Nichtberechtigten.

Das Pfandrecht ist somit durch Zahlung des V an G erloschen. V steht kein Pfandrecht an der Uhr zu. Er ist gegenüber E nicht zum Besitz nach § 986 BGB berechtigt.

E kann von V Herausgabe der Uhr nach § 985 BGB verlangen.

dd) Befriedigung aus dem Pfandrecht, §§ 1228, 1247 BGB

Wird die zu sichernde Forderung fällig und vom Schuldner nicht befriedigt, tritt Pfandreife ein mit der Folge, dass der Gläubiger berechtigt ist, die Pfandsache zu verkaufen und den Erlös in Höhe der Forderung zu behalten, §§ 1228, 1247 BGB. Der überschüssige Erlös ist an den Schuldner auszukehren. **761**

Im Ausgangsfall (Rn. 714) könnte S der Bank G ein Pfandrecht an seiner Luxuslimousine einräumen. Hierzu müsste er den Wagen G übergeben. Zahlt S nach einem Jahr das Darlehen einschließlich der Zinsen nicht zurück, kann G den Wagen versteigern lassen. In Höhe des Erlöses gilt das Darlehen als zurückbezahlt. Ferner könnte S seine Forderung gegen D verpfänden. Allerdings müsste er dies dem D anzeigen, § 1280 BGB. **762**

b) Sicherungsübereignung

Da die verpfändete Sache aufgrund des Faustpfandprinzips nicht beim Schuldner verbleibt, der Schuldner das Sicherungsgut aber in der Regel benötigt (z. B. Maschine für den Produktionsprozess), ist in der Praxis das Pfandrecht durch die Sicherungsübereignung verdrängt worden. Die Sicherungsübereignung ist im BGB nicht gesondert geregelt. Sie ist gewohnheitsrechtlich anerkannt und nicht etwa eine unzulässige Umgehung des Faustpfandes, § 1205 BGB. **763**

Bei der Sicherungsübereignung übereignet der Sicherungsgeber dem Sicherungsnehmer das Sicherungsgut nach §§ 929, 930 BGB mit der folgenden Maßgabe: **764**

- Die Einigungserklärung nach § 929 Satz 1 BGB erfolgt unter der auflösenden Bedingung (§ 158 Abs. 2 BGB), dass das Eigentum an dem Sicherungsgut nach Befriedigung der gesicherten Schuld wieder an den Sicherungsgeber zurückfällt. Der Sicherungsgeber erhält ein Anwartschaftsrecht an dem Sicherungsgut.
- Da in der Regel der Sicherungsgeber im Besitz der Sache bleiben soll, vereinbaren Sicherungsgeber und Sicherungsnehmer statt der Übergabe ein Besitzkonstitut nach § 930 BGB, wonach der Sicherungsnehmer den mittelbaren Besitz (§ 868 BGB) an dem Sicherungsgut erhält.

765 **Fiduziarische Sicherungsübereignung**

In der Praxis findet die fiduziarische Sicherungsübereignung eine weit größere Verbreitung als die auflösend bedingte. Bei der fiduziarischen Sicherungsübereignung wird das Sicherungsgut *unbedingt* an den Sicherungsnehmer übereignet. Die Parteien schließen zusätzlich eine schuldrechtliche Treuhandvereinbarung (fiduziarischen Sicherungsvertrag), wonach der Sicherungsnehmer sich verpflichtet, bei Tilgung der Schuld das Sicherungsgut dem Sicherungsgeber zurück zu übereignen und sich nur dann aus dem Sicherungsgut zu befriedigen, sofern die Schuld nicht vereinbarungsgemäß getilgt wird.
Die Treuhandvereinbarung kann auch stillschweigend geschlossen werden. Häufig nehmen die Gerichte sie im Wege der ergänzenden Vertragsauslegung an. In der Bankenpraxis sind fiduziarische Sicherungen die Regel. Bei einer fiduziarischen Sicherung ist der Sicherungsnehmer dinglich zu mehr berechtigt (konkret: zur unbeschränkten Verfügung über den Sicherungsgegenstand) als er zur Sicherung der Forderung benötigt (konkret: Verfügung nur bei Eintritt des Sicherungsfalles). Diese im Außenverhältnis überschießende dingliche Rechtsmacht wird im Innenverhältnis zwischen Sicherungsgeber und -nehmer über den schuldrechtlichen fiduziarischen Sicherungsvertrag gebunden.
Ein dingliches Anwartschaftsrecht des Sicherungsgebers entsteht bei der fiduziarischen Sicherungsübereignung aufgrund der unbedingten Übereignung und der rein schuldrechtlichen Wirkung der Treuhandabrede nicht.[377]

766 Statt einer Verpfändung könnte S im Ausgangsfall (Rn. 714) G seinen Wagen auch zur Sicherheit unter der auflösenden Bedingung übereignen, dass das Eigentum an dem Wagen mit Rückzahlung des Darlehens einschließlich Zinsen an S zurückfällt. Damit S im Besitz des Wagens verbleiben kann, vereinbaren beide, dass S der Besitz des Wagens solange überlassen wird, wie er seinen Verpflichtungen aus dem Darlehensvertrag nachkommt (Besitzkonstitut).

Einer Mehrfachverfügung des Sicherungsgebers stehen § 933 BGB und ggf. § 366 HGB entgegen, da der Zweiterwerber nicht den unmittelbaren Besitz erwirbt.[378]

c) Sicherungsabtretung

767 Ebenso wie das Pfandrecht an beweglichen Sachen ist das Pfandrecht an Rechten in der Praxis von untergeordneter Bedeutung, da die nach § 1280 BGB erforderliche Mitteilung an den Schuldner der gepfändeten Forderung dem Ansehen des Sicherungsgebers schadet. Stattdessen wird der Weg der Sicherungsabtretung gewählt, die wie die Sicherungsübereignung konzipiert ist mit der Ausnahme, dass statt der Übereignung nach §§ 929, 930 BGB die Abtretung nach § 398 BGB erfolgt:

- Die Abtretung nach § 398 BGB erfolgt unter der auflösenden Bedingung (§ 158 Abs. 2 BGB), dass die abgetretene Forderung nach Befriedigung der gesicherten Schuld wieder an den Sicherungsgeber zurückfällt.

768 **Fiduziarische Sicherungsabtretung**

Statt einer auflösend bedingten Abtretung gehen die Parteien häufig den Weg der fiduziarischen Sicherungsabtretung. Dabei vereinbaren sie eine unbedingte Forderungsabtretung. Zugleich wird eine schuldrechtliche Treuhandvereinbarung abgeschlossen, wonach der Gläubiger sich verpflichtet, bei Tilgung der Schuld die gesicherte Forderung zurück abzutreten und sich nur dann aus der Forderung

377 *Würdinger*, NJW 2008, 1422, 1423; *Lorenz*, JuS 2011, 493, 494.
378 Im Einzelnen hierzu *Giesen*, AcP 203 (2003), 210 ff.

zu befriedigen, wenn die Schuld nicht getilgt wird. Nach dieser Abrede ist dem Sicherungsnehmer eine anderweitige Verfügung über den Sicherungsgegenstand untersagt.[379]

▶ **Vertiefung:** Zum Vergleich der Wirkungsweise der fiduziarischen Sicherungsabrede und des Akzessorietätsprinzips s. *Schur*, Jura 2005, 361 ff.

Möglich ist es auch, *zukünftige* Forderungen abzutreten, solange diese Forderungen bestimmbar sind. **769**

Beispiel: Zur Sicherung des Darlehens tritt S alle seine Forderungen, die er aus Verkäufen an den Kunden K erwerben wird, an G ab.

Handelt es sich wie im Beispiel um eine Abtretung aller Forderungen aus einem bestimmten Geschäft oder eines Geschäftsbetriebs, so liegt eine *Globalzession* vor. **770**

Freigabeklauseln zur Vermeidung von Übersicherung **771**

Bei der Globalzession und der Sicherungsabtretung kommt es aufgrund der fehlenden Akzessorietät leicht zur (nachträglichen) Übersicherung, wenn der Wert der abgetretenen Forderungen oder des übereigneten Warenlagers (sog. revolvierende Globalsicherheiten) den Verkehrswert des Sicherungsgutes um 110 % übersteigt. Um einer treuwidrigen und somit aufgrund § 138 BGB nichtigen Übersicherung vorzubeugen, werden Freigabeklauseln vereinbart (zumeist in den AGB zum *fiduziarischen* Sicherungsvertrag), wonach abgetretene Forderungen, die x % des Verkehrswertes des Sicherungsgutes übersteigen, freigegeben werden.

Über die Notwendigkeit und Ausgestaltung von Freigabeklauseln herrschte über zehn Jahre Uneinigkeit zwischen den Zivilsenaten des BGH. Der VII., VIII. und IX. Zivilsenat hielten es nicht für ausreichend, dass der Gläubiger nicht mehr benötigte Sicherheiten nach freiem Ermessen freigebe, sondern verlangten eine Klausel, die die Freigabeverpflichtung festschrieb, sobald eine Übersicherung von 120 % vorliege.[380] Der XI. Zivilsenat hielt hingegen qualifizierte Freigabeklauseln und konkrete Deckungsgrenzen für nicht erforderlich, da diese faktisch nicht den Sicherungsgeber, sondern dessen ungesicherte Gläubiger schützten.

Zur Klärung der unterschiedlichen Rechtsauffassungen riefen der IX. und XI. Zivilsenat den Großen Senat an, der mit seinem Beschluss[381] für *fiduziarische* Globalsicherheiten entschied, dass (i) der Sicherungsgeber im Falle der Übersicherung auch dann einen ermessensunabhängigen Freigabeanspruch hat, wenn der Sicherungsvertrag keine oder eine ermessensabhängig ausgestaltete Freigabeklausel enthält, da sich der Freigabeanspruch unmittelbar aus dem fiduziarischen Sicherungsvertrag ergäbe, und (ii) es einer ausdrücklichen Deckungsgrenze nicht bedürfe. Die Deckungsgrenze sei abstrakt generell zu bestimmen und betrage 110 % des realisierbaren Wertes des Sicherungsgutes. Den Freigabeanspruch leitet der Große Senat aus der schuldrechtlichen Treuhandvereinbarung ab (*fiduziarische* Sicherungsübereignung) und nimmt daher die *auflösend bedingte* Sicherungsübertragung ausdrücklich von seinem Beschluss aus.[382] Hintergrund dieser Ausnahme ist § 161 Abs. 2 BGB, wonach der Sicherungsgeber vor Verfügungen des Sicherungsnehmers über das Sicherungsgut geschützt ist und es somit keiner Treuhandvereinbarung bedarf.

Der Beschluss des Großen Senats ist nicht für den erweiterten Eigentumsvorbehalt, bei dem es im Gegensatz zu fiduziarischen Sicherungen an einer Vermögensübertragung fehlt, zu übernehmen. Denn beim Eigentumsvorbehalt ist der Sicherungsgeber aufgrund §§ 161 Abs. 1, 936 Abs. 3 BGB vor Verfügungen des Sicherungsnehmers geschützt. Ein Freigabeanspruch (d. h. Verzicht auf die auflö-

---

379 Näheres zum fiduziarischen Sicherungsvertrag s. Rn. 765.

380 Den Anstoß gab der der VIII. Zivilsenat des BGH mit seinem Urteil vom 29. November 1989, VIII ZR 228/88, BGHZ 109, 240 ff.

381 BGH, Beschluss vom 27. November 1997, GSZ 1 und 2/97, BGHZ 137, 212 ff.

382 BGH, Beschluss vom 27. November 1997, GSZ 1 und 2/97, BGHZ 137, 212, 218 f.

sende Bedingung für den übersicherten Anteil) kann aus dem Rechtsmissbrauchsverbot gemäß Treu und Glauben, § 157 BGB, hergeleitet werden.[383]

772 Im Ausgangsfall (Rn. 714) könnte S der Bank G seine Forderung gegen D in Höhe von € 200 000 zur Sicherung des Darlehens abtreten.

d) Eigentumsvorbehalt

773 Der Eigentumsvorbehalt ist das Spiegelbild des Sicherungseigentums. Er dient aufgrund seiner Konstruktion nicht zur Sicherung eines Darlehens, sondern zur Absicherung einer Kaufpreisforderung. Zahlt der Käufer die Ware nicht bei Übergabe, so hat der Verkäufer das Bedürfnis, Sicherheit für seine Kaufpreisforderung gegen den Käufer zu erhalten, die auch im Insolvenzfall des Käufers Bestand hat.

774 Durch den Eigentumsvorbehalt verbleibt das Eigentum an der Kaufsache bis zur vollständigen Kaufpreiszahlung beim Verkäufer. Diesem steht bei Insolvenz des Käufers ein Aussonderungsrecht an der Kaufsache zu, § 47 InsO. Seine Kaufpreisforderung hingegen kann der Verkäufer nur als Gesamtgläubiger anmelden und muss sich insofern auf die Insolvenzquote verweisen lassen.

775 Man unterscheidet zwischen verschiedenen Arten des Eigentumsvorbehalts.

aa) Einfacher Eigentumsvorbehalt

776 Beim einfachen Eigentumsvorbehalt überträgt der Verkäufer dem Käufer das Eigentum an der Kaufsache nach § 929 Satz 1 BGB. Dabei erfolgt die dingliche Einigung unter der aufschiebenden Bedingung (§ 158 Abs. 1 BGB), dass der Käufer erst bei vollständiger Kaufpreiszahlung das unbedingte Eigentum an der Kaufsache erwirbt.

bb) Erweiterter Eigentumsvorbehalt

777 Soll der Eigentumsvorbehalt nicht nur die Kaufpreisforderung, sondern mehrere Forderungen des Verkäufers gegen den Käufer sichern, spricht man vom erweiterten Eigentumsvorbehalt. Die aufschiebende Bedingung der Übereignung tritt also nicht schon mit Bezahlung des Kaufpreises ein, sondern erst, wenn auch weitere Forderungen des Vorbehaltsverkäufers erfüllt werden.

i) Kontokorrentvorbehalt

778 Ein erweiterter Eigentumsvorbehalt steht unter Kontokorrentvorbehalt, wenn für den Bedingungseintritt alle Forderungen, die sich aus der Geschäftsbeziehung ergeben, erfüllt werden müssen.

383 *Berger*, ZIP 2004, 1073, 1075 ff.; a. A. *Bülow*, ZIP 2004, 2420 ff., der den Beschluss des Großen Senats auf den erweiterten Eigentumsvorbehalt und die auflösend bedingte Sicherungsübereignung überträgt.

ii) Konzernvorbehalt, § 449 Abs. 3 BGB

Ein Konzernvorbehalt ist vereinbart, wenn auch die Forderungen gegen konzernverbundene Unternehmen erfüllt sein müssen, bevor die aufschiebende Bedingung für den Eigentumserwerb eintritt. Ein Konzernvorbehalt ist nach § 449 Abs. 3 BGB nichtig, der Erwerber erhält unmittelbar das Volleigentum nach §§ 929 ff. BGB. 779

cc) Verlängerter Eigentumsvorbehalt

Der einfache oder erweiterte Eigentumsvorbehalt nützt dem Gläubiger wenig, wenn es sich bei dem Sicherungsgegenstand nicht um ein Gut handelt, das lange Zeit beim Käufer verbleibt (wie z. B. eine Produktionsmaschine), sondern wenn es weiterveräußert (z. B. Handelsware, Eigentumsverlust nach §§ 929, 185 BGB) oder verarbeitet (z. B. Rohstoffe, Eigentumsverlust nach § 950 BGB) werden soll. 780

i) Weiterveräußerung der Vorbehaltsware, § 185 BGB

Zum Ausgleich des Eigentumsverlustes bei Weiterveräußerung, dem der Vorbehaltseigentümer nach § 185 BGB zustimmt, wird der Eigentumsvorbehalt durch die Vorausabtretung der Kundenforderung „verlängert", so dass an die Stelle des verlorenen Eigentums die Kaufpreisforderung des Käufers gegen seine Kunden tritt. 781

Globalzession und verlängerter Eigentumsvorbehalt 782

Probleme ergeben sich, wenn der Käufer vor dem Kauf unter verlängertem Eigentumsvorbehalt seine Kundenforderungen im Wege der Globalzession z. B. an eine Bank vorab abgetreten hatte. Kauft er nun unter verlängertem Eigentumsvorbehalt Material von seinem Lieferanten, geht diese zweite Abtretung ins Leere, weil der Käufer als Nichtinhaber seine Forderungen nicht mehr wirksam abtreten kann (kein gutgläubiger Erwerb von Forderungen). Will er seinen Lieferanten nicht regelmäßig betrügen, muss er auf Lieferungen unter verlängertem Eigentumsvorbehalt verzichten. Da das in zahlreichen Branchen faktisch unmöglich ist, würde der Käufer wirtschaftlich extrem eingeengt oder praktisch zur Lüge gezwungen. Da dies sittenwidrig wäre, sind derartige Globalzessionen nach § 138 BGB (oder § 307 BGB) unwirksam. Um dies zu vermeiden, muss die Bank in den Abtretungsvertrag eine sog. „dingliche Teilverzichtsklausel" einbauen, wonach die Forderungen bei dem Käufer verbleiben, die üblicherweise im Rahmen eines verlängerten Eigentumsvorbehalts abgetreten werden. Die Rechtsprechung zur Sittenwidrigkeit von Globalzessionen führt letztlich zu einem Vorrang der Warenkreditgeber vor Geldkreditgebern.[384]

---

ii) Verarbeitung der Vorbehaltsware, § 950 BGB

Als Schutz vor dem Eigentumsverlust bei Verarbeitung nach § 950 BGB verwendet der Verkäufer eine Hersteller- oder Verarbeitungsklausel (meist in den AGB), wonach laut Vertrag der Käufer das Sicherungsgut für den Verkäufer verarbeitet, so dass der Verkäufer Hersteller i. S. v. § 950 BGB ist und Vorbehaltseigentümer der hergestellten Sache wird. Der Eigentumsvorbehalt wird auf die neu hergestellte Sache „verlängert". 783

384 Anschaulich BGH, Urteil vom 14. Juli 2004, XII ZR 257/01, NJW 2005, 1192, 1193 f., zu entscheiden war über zwei zeitlich aufeinander folgende Globalzessionen (die zweite Globalzession geht ins Leere), der BGH grenzt den zu entscheidenden Fall von seiner Rechtsprechung zum Zusammentreffen von Globalzession und verlängertem Eigentumsvorbehalt ab.

Die Verarbeitungsklausel ist von der Rechtsprechung und Teilen der Literatur anerkannt,[385] sie wird aber vom überwiegenden Teil der Literatur wegen faktischer Abbedingung des zwingenden § 950 BGB zu Recht abgelehnt.[386] Denn der Herstellerbegriff des § 950 BGB bestimmt sich wegen der absoluten Wirkung sachenrechtlicher Vorgänge nach der objektiven Verkehrsauffassung und nicht nach der Parteivereinbarung. Der Zweck der Verarbeitungsklausel kann mit einer vorweggenommenen (antizipierten) Sicherungsübereignung erreicht werden, indem bei der Übertragung des Eigentums an den Käufer bereits eine bis zur endgültigen Kaufpreiszahlung auflösend bedingte Rückübereignung der hergestellten Sache mit antizipiertem Besitzkonstitut (§§ 929, 930 BGB) vereinbart wird.[387]

dd) Weitergeleiteter Eigentumsvorbehalt

784 Bei einem weitergeleiteten Eigentumsvorbehalt wird der Käufer berechtigt, die Kaufsache unter Offenlegung des Eigentumsvorbehalts zu veräußern. Die Veräußerung kann durch die Übertragung des Anwartschaftsrechts (§§ 929 ff. BGB analog) oder durch die bedingte Übereignung an den Zweitkäufer mit Einwilligung des Vorbehaltseigentümers geschehen.[388] Beim weitergeleiteten Eigentumsvorbehalt wird der Zweitkäufer erst dann Eigentümer, wenn sowohl er als auch der Erstkäufer den Kaufpreis beglichen haben.

Der weitergeleitete Eigentumsvorbehalt ist in der Praxis unüblich. Er regelt das rechtliche *Dürfen* des Käufers und stellt sicher, dass die Veräußerung des Anwartschaftsrechts und die Übergabe der Vorbehaltsware an den Zweitkäufer keine Pflichtverletzung i. S. v. § 280 Abs. 1 BGB darstellen.
Hingegen hat der weitergeleitete Eigentumsvorbehalt keinen Einfluss auf das rechtliche *Können* des Käufers. Denn legt der Käufer sein Anwartschaftsrecht (u.U. vertragswidrig) nicht offen, erwirbt der Zweitkäufer gutgläubig Eigentum nach §§ 929, 932 BGB. Dies kann der Verkäufer durch eine vertragliche Vereinbarung mit dem Käufer nicht verhindern. Er kann sich in diesem Fall nur an den Käufer wenden (etwa nach § 280 Abs. 1 BGB oder § 816 Abs. 1 BGB).[389]

ee) Nachgeschalteter Eigentumsvorbehalt

785 Beim nachgeschalteten Eigentumsvorbehalt ist der Vorbehaltskäufer berechtigt, die Sache unter einem eigenen Eigentumsvorbehalt weiterzuverkaufen, ohne den bestehenden Eigentumsvorbehalt des Erstverkäufers aufdecken zu müssen.[390] Es bestehen folglich zwei selbständige Eigentumsvorbehalte. Zahlt der Zweitkäufer an den Erstkäufer, erlangt der Zweitkäufer (gutgläubig) das Volleigentum am Kaufgegenstand. Da hierdurch der Erstverkäufer das Eigentum an der Vorbehaltsware verliert, tritt der Erstkäufer die durch den Weiterverkauf entstehenden Forderungen i. d. R. im Voraus an den Erstverkäufer ab.

---

385 BGH, Urteil vom 12. Januar 1972, VIII ZR 147/70, BB 1972, 197, 198; *Prütting*, Sachenrecht, 36. Auflage 2017, Rn. 464.

386 H. Westermann/*Gursky/Eickmann*, Sachenrecht, 8. Auflage 2011, § 53 Rn. 21; Palandt/*Herrler*, § 950 Rn. 9.

387 Palandt/*Herrler*, § 950 Rn. 11.

388 BGH, Urteil vom 4. März 1991, II ZR 36/90, BB 1991, 862, 863; Palandt/*Weidenkaff*, § 449 Rn. 16.

389 Palandt/*Weidenkaff*, § 449 Rn. 16.

390 OLG Stuttgart, Urteil vom 11. April 1975, 2 U 161/74, BB 1975, 1131; AnwKo/*Schilken*, § 929 Rn. 97.

ff) Nachträglicher Eigentumsvorbehalt

Den Parteien ist es unbenommen, *nach* erfolgter unbedingter Übereignung zu vereinbaren, dass der Käufer erst bei vollständiger Zahlung des Kaufpreises Eigentümer werden soll. Lediglich die rechtliche Konstruktion ist umstritten. Die Rechtsprechung verlangt, dass der Käufer die Kaufsache zunächst an den Verkäufer zurückübereignen muss, um sie sodann aufschiebend bedingt übereignet zu erhalten.[391] Die herrschende Literaturmeinung deutet den nachträglich vereinbarten Eigentumsvorbehalt als eine Rückübertragung des um die Anwartschaft des Käufers gekürzten Eigentums um.[392] Hiernach wird also auflösend bedingtes Eigentum übertragen. **786**

▶ **Vertiefung:** *Heyers*, Grundstrukturen des Eigentumsvorbehalts, Jura 2016, 961 ff.

e) Hypothek, §§ 1113 ff. BGB

Die in der Praxis wohl verlässlichsten, wenn auch kostenintensiveren Sicherheiten sind Immobiliarsicherheiten. Der gesetzliche Grundtyp der Immobiliarsicherheiten ist die Hypothek. Diese wird gemäß §§ 873, 1113 BGB bestellt, indem sich der Grundstückseigentümer mit dem Forderungsgläubiger über die Bestellung einigt und die Hypothek ins Grundbuch eingetragen wird. Wie beim Pfandrecht ist die zu sichernde Forderung Entstehungs- und Bestehensvoraussetzung (s. §§ 1113, 1153, 1163 BGB). Die Hypothek ist somit ein akzessorisches Sicherungsrecht. **787**

Übertragen wird die Hypothek aufgrund der Akzessorietät durch Abtretung der zu sichernden Forderung (Formerfordernis, § 1154 BGB); mit der Forderung geht die Hypothek auf den neuen Gläubiger über, §§ 398, 401, 412, 1153 BGB.

Wird die zu sichernde Forderung nicht getilgt, muss der Eigentümer die Zwangsvollstreckung durch den Gläubiger in sein Grundstück dulden, § 1147 BGB. Wird die Schuld getilgt, fällt die Hypothek an den Eigentümer zurück, § 1163 BGB, wo sie zur Rangwahrung zur Eigentümergrundschuld wird, § 1177 BGB, und nicht etwa erlischt.

Im Ausgangsfall (Rn. 714) könnte S der Bank G eine Hypothek an seinem Grundstück zur Sicherung der Darlehensforderung einräumen.

f) Grundschuld, §§ 1191 ff. BGB

In der Praxis ist die Grundschuld von einer größeren Bedeutung als die Hypothek, da sie nicht akzessorisch ist, also nicht vom Bestand der zu sichernden Forderung abhängt. **788**

Die Vorschriften zur Hypothek sind gemäß § 1192 BGB entsprechend auf die Grundschuld anwendbar, soweit die jeweiligen Vorschriften nicht die Abhängigkeit von der zu sichernden Forderung voraussetzen.

---

391 BGH, Urteil vom 2. Oktober 1952, IV ZR 2/52, NJW 1953, 217, 218; RG, Urteil vom 15. November 1901, II 234/01, RGZ 49, 170, 172; RG, Urteil vom 28. April 1903, II 461/02, RGZ 54, 396, 397.

392 Palandt/*Herrler*, § 929 Rn. 30; Staudinger/*Beckmann*, § 449 Rn. 34 ff.; *Lorenz*, JuS 2011, 199, 200.

Im Ausgangsfall (Rn. 714) könnte S der Bank G eine Grundschuld in Höhe von € 1 000 000 bestellen.

▶ **Vertiefung:** Zu Grundpfandrechten s. Westermann/*Staudinger*, BGB – Sachenrecht, 13. Auflage 2017, Rn. 536 ff.; zu den gemeinsamen Strukturen von Bürgschaft, Pfandrecht und Hypothek s. *Alexander*, JuS 2012, 481 ff.

IV. Gemischte Verträge

789 In der Praxis entsprechen schuldrechtliche Verträge nicht immer der Reinform, wie sie im BGB typisiert ist, sondern enthalten Elemente mehrerer Vertragstypen.

In diesem Fall sind die einzelnen vertraglichen Regelungen gesondert dem jeweiligen BGB-Typus zuzuordnen. Ist eine Zuordnung zu einem Vertragstypus nicht möglich, liegt ein Vertrag eigener Art (Vertrag *sui generis*) vor, auf den nur die allgemeinen Regeln des Schuldrechts anzuwenden sind.

▶ **Vertiefung:** Anschaulich zur Einordnung von Vertragstypen s. Urteil des BGH vom 23. März 2005, III ZR 338/04, NJW 2005, 2076 f. zum Access Provider Vertrag.

1. Leasing

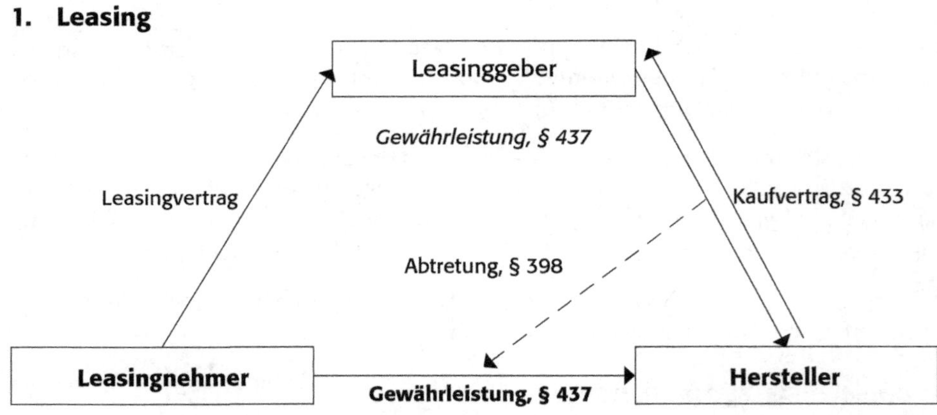

a) Leasingarten

790 Es ist typischerweise zwischen zwei Leasingarten zu unterscheiden:

aa) Operating Leasing

791 Das Operating Leasing zeichnet sich durch eine *kurzfristige*, jederzeit unter Fristeinhaltung kündbare Gebrauchsüberlassung aus. Typischerweise wird der Leasinggegenstand mehrfach verleast. Gegen ein Entgelt wird der Leasinggegenstand vom Leasinggeber überwacht und betreut. Häufig wird auch ein Austauschrecht vereinbart, wenn der Leasinggegenstand technisch überaltert ist. Der wirtschaftliche Zweck des Operating Leasing liegt in der Absatzförderung. Das Operating Leasing lässt sich als Mietvertrag einordnen.

bb) Finanzierungsleasing

Beim Finanzierungsleasing erfolgt die Gebrauchsüberlassung in der Regel durch *langfristige* Verträge, die während der Grundmietzeit unkündbar sind. Daher wird die Leasingsache typischerweise nur einmal verleast. Im Gegensatz zum Operating Leasing wird beim Finanzierungsleasing typischerweise das Verschlechterungs- und Untergangsrisiko auf den Leasingnehmer übertragen. Den Leasinggeber trifft daher keine Einstandspflicht für Mängel, die nach der Überlassung des Leasinggegenstandes eintreten. Im Gegenzug tritt der Leasinggeber seine Gewährleistungsansprüche gegen den Verkäufer an den Leasingnehmer ab. Der wirtschaftliche Zweck des Finanzierungsleasings ist die Finanzierung des Investitionsbedürfnisses des Leasingnehmers. **792**

Aufgrund der Gebrauchsüberlassung lässt sich der Finanzierungsleasingvertrag grundsätzlich als Mietvertrag einordnen.[393] Wurde der Vertrag zwischen einem Verbraucher und einem Unternehmer abgeschlossen, verweist § 506 BGB auf spezielle verbraucherschützende Normen des allgemeinen Verbraucherschutzes (§§ 358 f. BGB) sowie des Verbraucherdarlehens (§§ 492, 495 ff. BGB), da das Finanzierungsleasing Elemente eines fremdfinanzierten Kaufes aufweist.

Fall 53: Gewährleistungsausschluss **793**

Der gewerbliche Leasinggeber G kauft unter Ausschluss sämtlicher Gewährleistung vom Verkäufer V einen Pkw. Diesen verleast er an den Leasingnehmer N, der den Wagen für private Zwecke nutzt. Dabei tritt G seine Gewährleistungsrechte gegen V an N ab. Der Pkw weist einen Fabrikationsmangel auf. N verlangt von V die Reparatur des Wagens, was V unter Verweis auf den vereinbarten Gewährleistungsausschluss verweigert. N erklärt seinen Rücktritt und verlangt von V die Rückzahlung des Kaufpreises an G Zug um Zug gegen Rückgabe des Wagens. Zu Recht?[394]

Anspruch N gegen V

- **§ 346 Abs. 1 BGB**

N könnte von V die Rückzahlung des Kaufpreises an G nach § 346 Abs. 1 BGB verlangen. Dem Anspruch liegt der zwischen G und V geschlossene Kaufvertrag zugrunde. Eine Rücktrittserklärung des N nach § 349 BGB liegt vor. Fraglich ist jedoch, ob N ein Rücktrittsrecht zusteht. Ein derartiges Rücktrittsrecht könnte aufgrund §§ 437 Nr. 2, 323 Abs. 1, Abs. 2 Nr. 1 BGB vorliegen. Ein Sachmangel bei Gefahrübergang gemäß § 434 Abs. 1 Satz 2 Nr. 2 BGB besteht wegen des Fabrikationsmangels, wodurch die Kaufsache von der üblichen Beschaffenheit abweicht.

Weil zwischen N und V kein Kaufvertrag geschlossen wurde, könnte das Rücktrittsrecht dem N nur aus abgetretenem Recht zustehen. Eine entsprechende Vereinbarung zwischen G und N nach § 398 BGB wurde geschlossen. Allerdings könnte die Abtretung ins Leere gegangen sein, sofern G keine Gewährleistungsrechte gegen V zustanden. G hatte mit V den Ausschluss sämtlicher Gewährleistungsrechte vereinbart, was grundsätzlich möglich ist, wie sich aus § 444 BGB folgern lässt.

393 Vgl. BGH, Urteil vom 29. Oktober 2008, VIII ZR 258/07, BGHZ 178, 227 Rn. 31.
394 Angelehnt an BGH, Urteil vom 12. Dezember 2005, VIII ZR 85/05, NJW 2006, 1066 ff.

Dem könnte jedoch § 476 Abs. 1 BGB entgegenstehen. Nach § 476 Abs. 1 Satz 1 BGB kann sich ein Unternehmer bei einem Verbrauchsgüterkauf (§ 474 Abs. 1 BGB) nicht auf eine vor Mitteilung eines Mangels an ihn getroffene Vereinbarung berufen, die zum Nachteil des Verbrauchers von § 437 Nr. 1 und Nr. 2 BGB abweicht. Mithin kann sich der Unternehmer bei einem Verbrauchsgüterkauf auch nicht auf einen im Kaufvertrag vereinbarten Ausschluss der in § 437 Nr. 1 und Nr. 2 BGB genannten Gewährleistungsrechte des Käufers berufen. Zwar liegt hier kein Verbrauchsgüterkaufvertrag vor, da der Kaufvertrag nicht mit dem Verbraucher N, sondern zwischen den Unternehmern G und V abgeschlossen wurde. Allerdings könnte unter wirtschaftlicher Betrachtungsweise aufgrund der Leasingvereinbarung ein Umgehungstatbestand vorliegen, da im Ergebnis N um seine Gewährleistungsrechte gebracht wird. Eine Gesetzesumgehung liegt dann vor, wenn die Gestaltung eines Rechtsgeschäfts objektiv den Zweck hat, den Eintritt einer Rechtsfolge zu verhindern, die das Gesetz für derartige Geschäfte vorsieht; eine Umgehungsabsicht ist nicht erforderlich.[395] Im Fall des § 476 Abs. 1 Satz 2 BGB ist demgemäß eine Umgehung anzunehmen, wenn die gewählte Gestaltung dazu dient, die Anwendung der in Satz 1 aufgeführten Vorschriften entgegen dem damit bezweckten Verbraucherschutz auszuschließen oder einzuschränken. Eine Umgehung unter Einbeziehung eines Dritten kommt demnach nur in Betracht, wenn das Geschäft mangels eines dem Fahrzeugeigentümer verbleibenden wirtschaftlichen Verkaufsrisikos allein den Zweck hat, die für den Verbrauchsgüterkauf geltenden Vorschriften auszuschließen oder einzuschränken.[396] Der Abschluss des Leasingvertrages zwischen G und N hat nicht den Zweck, dem V in dessen Kaufvertrag mit G – zu Lasten des N – den Ausschluss der Gewährleistung für das in Rede stehende Fahrzeug zu ermöglichen. Der Abschluss des Leasingvertrages beruht allein darauf, dass N aus wirtschaftlichen Erwägungen nicht unmittelbar einen Kaufvertrag mit V schließen wollte, sondern als Finanzierungshilfe den Abschluss eines Leasingvertrages mit G vorzog. Die im Rahmen des Leasings vereinbarte Abtretung erfolgt nicht, um dem Leasingnehmer wieder eine ihm eigentlich zukommende Käuferposition zu verschaffen, die ihm durch den Leasingvertrag mit dem Leasinggeber entgangen ist, sondern dient allein dem Zweck, den vom Leasinggeber angestrebten Ausschluss seiner mietrechtlichen Gewährleistung auszugleichen. Eine Umgehung i. S. v. § 476 Abs. 1 Satz 2 BGB liegt somit nicht vor.

Der zwischen G und V vereinbarte Gewährleistungsausschluss ist wirksam. N steht kein Rücktrittsrecht nach § 323 Abs. 1 BGB zu. N kann von V nicht die Rückzahlung des Kaufpreises an G nach § 346 Abs. 1 BGB Zug um Zug gegen Rückgabe des Pkws verlangen.

▶ **Hinweis:** N muss sich wegen des mangelhaften Pkws stattdessen an G halten und seine mietvertraglichen Gewährleistungsrechte geltend machen (Mangelbeseitigung, § 535 Abs. 1 Satz 2 BGB; Minderung, § 536 BGB; Schadens- und Aufwendungsersatz, § 536a BGB; fristlose Kündigung, § 543 Abs. 1, Abs. 2 Satz 1 Nr. 1 BGB).[397] Regelmäßig wird der Leasinggeber zwar seine mietvertraglichen Gewährleistungsansprüche durch AGB ausgeschlossen haben. Der Ausschluss ist jedoch wegen unverhältnismäßiger Benachteiligung des Leasingnehmers nach § 307 Abs. 1 Satz 1 BGB nichtig, wenn die als Ausgleich erfolgte Abtretung der kaufrechtlichen Gewährleistungsansprüche wie im vorliegenden Fall ins Leere geht.[398]

b) Störung des Kaufvertrages

794 Kommt es zur Störung des Kaufvertrages zwischen dem Leasinggeber und dem Verkäufer, z. B. durch Rücktritt des Leasingnehmers nach § 437 Nr. 2 BGB vom Kaufvertrag aus abgetretenem Recht, so liegt für den Leasingvertrag regelmäßig eine Störung der

395 BGH, Urteil vom 9. Februar 1990, V ZR 274/88, BGHZ 110, 230, 233 f.

396 Vgl. die Rechtsprechung zu Agenturgeschäften, s. Rn. 678.

397 Nach anderer Auffassung sind die kaufrechtlichen Normen heranzuziehen, da der Leasingnehmer abschließend die Stellung des Käufers einnimmt, *Graf von Westphalen*, ZIP 2006, 1653, 1655 ff.

398 BGH, Urteil vom 12. Dezember 2005, VIII ZR 85/05, NJW 2006, 1066, 1067 f.; weitergehend Harriehausen, NJW 2013, 3393, 3397; a. A. *Perschel*, JA 2006, 484, 486.

Geschäftsgrundlage nach § 313 BGB vor.[399] Die Rechtsfolgen für den Leasingvertrag hängen dann von der Abwicklung des Kaufvertrages ab. Im Falle eines Rücktritts wegen eines Mangels wird in der Regel auch der Leasingvertrag rückabzuwickeln sein. Wurden dem Leasingnehmer vom Leasinggeber die gegen den Lieferanten bestehenden kaufrechtlichen Gewährleistungsansprüche unter Ausschluss der mietrechtlichen Gewährleistungen abgetreten, kann der Leasingnehmer die Zahlung der Leasingrate wegen Mängel der Leasingsache erst dann einstellen, wenn er die ihm abgetretenen Gewährleistungsansprüche gegen den Lieferanten klageweise geltend macht.[400]

2. Factoring

Beim Factoring unterscheidet man zwischen dem echten und unechten Factoring. Der Unternehmer erhält vom Faktor für die Abtretung seiner Kaufpreisforderung einen abgezinsten Kaufpreis. 795

Beim *echten* Factoring trägt der Faktor das Risiko, ob der Schuldner auf die Forderung zahlt (Delkredererisiko). Daher lässt es sich zwanglos als Forderungskauf einordnen. Beim *unechten* Factoring hingegen kann der Faktor beim Unternehmer im Falle des Forderungsausfalls Rückgriff nehmen. Es überwiegt das Darlehenselement, weshalb das Vertragsverhältnis als Darlehen einzuordnen ist.

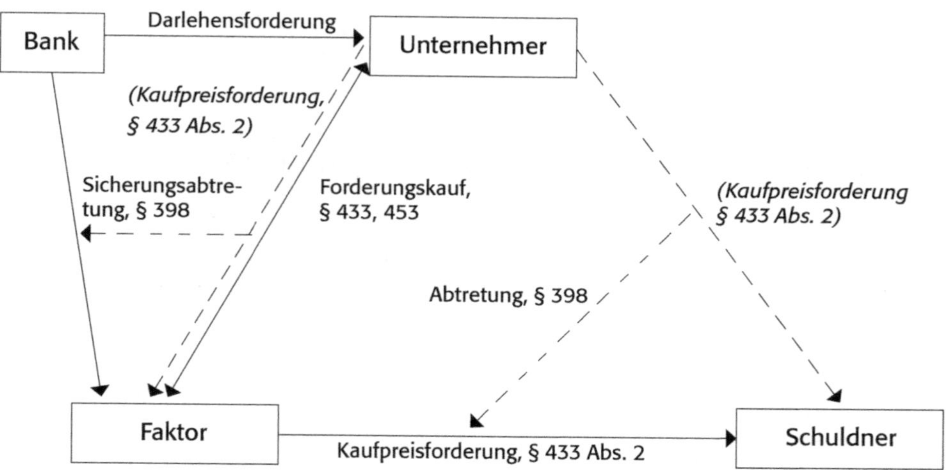

Der wirtschaftliche Zweck des Factoring liegt in der Erhöhung der Liquidität des Unternehmers, der über den abgezinsten Kaufpreis frühzeitiger verfügen kann. Häufig wird dieser im Wege der Abtretung (oder gar Globalzession) an eine darlehensgewährende Bank zur Sicherheit abgetreten.

399 BGH, Urteil vom 16. Juni 2010, VIII ZR 317/09, NJW 2010, 2798 Rn. 21; *Greiner*, NJW 2012, 961, 963 ff.

400 BGH, Urteil vom 13. November 2013, VIII ZR 257/12, NJW 2014, 1583 Rn. 16.

V. Verbraucherschutz u. Ä.

796 In zahlreichen Spezialgesetzen trägt der Gesetzgeber dem Umstand Rechnung, dass sich die Vertragsparteien nicht immer gleichberechtigt gegenüberstehen. Hierzu zählen vor allem das Miet-, Arbeits- und Verbraucherschutzrecht. Im Bereich des Verbraucherschutzes sind ursprünglich mehrere Einzelgesetze erlassen worden, wie das Fernabsatzgesetz, das Haustürwiderrufsgesetz und das Verbraucherkreditgesetz. Die wohl größte Bedeutung kam dem AGB-Gesetz zu, welches nicht nur den Verbraucher, sondern generell die Partei schützt, der gegenüber AGB verwendet werden. Durch die Schuldrechtsreform wurden die vorgenannten Einzelgesetze in das BGB integriert:

- AGB, §§ 305 ff. BGB
- Haustürgeschäfte, §§ 312 f. BGB (a.F., nunmehr außerhalb von Geschäftsräumen geschlossene Verträge, § 312b BGB)
- Fernabsatzverträge, §§ 312b ff. BGB (a.F., nunmehr § 312c BGB)
- Verbraucherdarlehen, §§ 491 ff. BGB

Auf neue europarechtliche Vorgaben gehen die Schutzvorschriften zum elektronischen Geschäftsverkehr (§ 312i BGB) zurück. Allgemeine Vorschriften zum Widerrufs- und Rückgaberecht bei Verbraucherverträgen enthalten die §§ 355 ff. BGB.

Da die vorgenannten Normen dem Schutz einer Vertragspartei dienen, haben sie grundsätzlich zwingenden Charakter und sind nicht abdingbar.

Beispiel: Eine AGB-Klausel, wonach die Anwendung der §§ 305 ff. BGB ausgeschlossen wird, ist nichtig.

1. Die Allgemeinen Geschäftsbedingungen (AGB), §§ 305 ff. BGB

797 Durch Massenproduktion und Massenkonsum hat sich der Ablauf des Güter- und Leistungsverkehrs weitgehend verändert. An die Stelle des gemeinsam ausgehandelten Vertrages, von dem das BGB ausgeht, sind in vielen Bereichen vorformulierte, standardisierte Verträge getreten.

Beispiele: Vermieter V verwendet das Mietvertragsformular des Vermieterbundes.
Die örtlichen Verkehrsbetriebe halten für Kunden ihre Allgemeinen Beförderungsbedingungen bereit, auf deren Geltung sie auf ihren Fahrscheinen hinweisen.

Entweder sind ganze Verträge vorformuliert, oder die ausgehandelten Verträge sind sehr kurz gefasst und werden durch vorformulierte Vertragsbedingungen ergänzt. Die vorformulierten Vertragsteile werden „Allgemeine Geschäftsbedingungen“ oder kurz AGB genannt.

798 Der Vorteil der AGB liegt in einer Rationalisierung und Vereinheitlichung des Geschäftsverkehrs. Nachteilig ist, dass AGB oftmals die Rechtsstellung des Verwenders zu Lasten des Vertragspartners verbessern, dies insbesondere dem nichtkaufmännischen Kunden nicht bewusst wird, da er das Kleingedruckte nicht liest, und der Vertragspartner keine Möglichkeit hat, auf die Formulierung der AGB einzuwirken.

Die §§ 305 ff. BGB gehen über den Verbraucherschutz hinaus, da ihr Anwendungsbereich nicht an die §§ 13 f. BGB anknüpft. Für Verbraucher gelten jedoch verschärfte Vorschriften, s. § 310 Abs. 3 BGB. Die §§ 305 ff. BGB erfassen sogar – wenn auch im eingeschränkten Umfang (s. § 310 Abs. 1 BGB) – AGB, die gegenüber Unternehmern verwendet werden.

Die §§ 305 ff. BGB gehen auf Rechtsprinzipien zurück, die von der Rechtsprechung aus § 242 BGB entwickelt wurden. Sie wollen Missstände beseitigen und einen sachgerechten Ausgleich gewährleisten. **799**

a) Anwendungsbereich, § 310 BGB

aa) Sachlicher Anwendungsbereich, § 310 Abs. 4 BGB

Die §§ 305 ff. BGB finden *keine* Anwendung bei Verträgen auf dem Gebiet des Erb-, Familien- und Gesellschaftsrechts sowie auf Tarifverträge, Betriebs- und Dienstvereinbarungen. Für Arbeitsverträge gelten Einschränkungen, § 310 Abs. 4 Satz 2 BGB. Der Hauptanwendungsbereich liegt im Schuldrecht, aber auch im Sachenrecht (z. B. bei der Übereignung unter Eigentumsvorbehalt). **800**

bb) Persönlicher Anwendungsbereich

i) Unternehmer, § 310 Abs. 1 BGB

§ 305 Abs. 2 und 3 BGB (Einbeziehung von AGB) sowie §§ 308 f. BGB (Inhaltskontrolle mit und ohne Wertungsmöglichkeit) finden *keine* Anwendung u. a. gegenüber Unternehmern (§ 14 BGB), da diese mit den Gepflogenheiten des Rechtsverkehrs vertraut sein sollten und daher ein geringerer Schutz genügt. **801**

ii) Verbraucherverträge, § 310 Abs. 3 BGB

Für Verbraucherverträge gelten die in § 310 Abs. 3 BGB genannten Besonderheiten (Unternehmer gilt grundsätzlich als Verwender, einmalige Verwendung von AGB genügt, für § 307 Abs. 1 und 2 BGB sind auch die Begleitumstände des Vertrages zu berücksichtigen). **802**

b) Begriff der AGB, § 305 Abs. 1 BGB

AGB sind alle für eine Vielzahl von Verträgen vorformulierten Vertragsbedingungen, die von einer Partei (Verwender) bei *Vertragsschluss* gestellt werden, § 305 Abs. 1 BGB. **803**

i) Vielzahl von Verträgen

Eine Vielzahl von Verträgen bedeutet mindestens drei Vertragsschlüsse.[401] Es kommt auf die Verwendungs*absicht*, nicht auf die tatsächlichen Vertragsabschlüsse an. Daher liegen AGB bei vorhandener Absicht, diese mehr als zweimal zu verwenden, bereits bei der ersten Verwendung vor.[402] **804**

401 Palandt/*Grüneberg*, § 305 Rn. 9.
402 Staudinger/*Schlosser*, § 305 Rn. 20.

▶ **Ausnahme:** Bei Verbraucherverträgen gelten die §§ 305c Abs. 2, 306, 307–309 BGB auch bei einmaliger Verwendung der Klauseln; § 310 Abs. 3 Nr. 2 BGB.

ii) vorformulierte Vertragsbedingungen

805 Vorformuliert sind die Vertragsbedingungen, wenn sie *vor* Vertragsschluss bereits schriftlich, elektronisch oder im Kopf des Verwenders fixiert sind.[403] Unerheblich ist, wer die AGB vorformuliert hat, sie müssen daher nicht von dem Verwender verfasst worden sein.[404]

Beispiel: Vermieter V verwendet das vom Bund der Haus- und Grundbesitzer vorformulierte Mietvertragsformular nur einmal. Es liegen AGB vor, da der Bund der Haus- und Grundbesitzer das Formular für eine Vielzahl von Mietverträgen vorformuliert hat. Unerheblich ist, dass der Verwender V es nur einmal benutzt.

iii) von einer Vertragspartei bei Vertragsabschluss gestellt

806 AGB werden von einer Vertragspartei (Verwender) der anderen Vertragspartei einseitig *bei Abschluss* eines Vertrages gestellt, ohne dass die andere auf die Ausgestaltung der Vertragsbedingungen Einfluss nehmen kann („friss oder stirb"). Hieran fehlt es, wenn die Einbeziehung der Klausel sich als das Ergebnis einer freien Entscheidung der anderen Vertragspartei darstellt und sie die effektive Möglichkeit hat, den Inhalt der Vertragsbedingungen auszuhandeln.[405] Das bedeutet, dass nur wenn die Vertragsbedingungen ernsthaft zur Disposition gestellt und im Einzelnen ausgehandelt werden, keine AGB vorliegen. Es handelt sich dann um Individualvereinbarungen, § 305 Abs. 1 Satz 3 BGB. Allerdings sind die Anforderungen zur Annahme einer Individualvereinbarung sehr hoch und werden in der Praxis von AGB-Verwendern regelmäßig verfehlt[406] (s. Rn. 812).

Bei Verbraucherverträgen wird aufgrund § 310 Abs. 3 Nr. 1 BGB widerlegbar vermutet, dass der Unternehmer die AGB gestellt hat.

c) Einbeziehung in den Vertrag, § 305 Abs. 2 BGB

aa) Einbeziehungsvereinbarung

807 AGB werden nur Bestandteil des Vertrages, wenn sich die Vertragsparteien über ihre Einbeziehung in den Vertrag geeinigt haben.

AGB sind keine Rechtsnormen (s. insbesondere AGB Banken, AVB, VOB u. a.). Sie entfalten ihre rechtliche Wirkung nur aufgrund vertraglicher Vereinbarung zwischen den Parteien.

808 Gemäß § 305 Abs. 2 BGB sind die Voraussetzungen für eine wirksame Einbeziehung der AGB in den Vertrag vor oder bei Vertragsschluss:

- Hinweis des Verwenders auf die AGB,
- Mögliche Kenntnisnahme durch den Vertragspartner *und*
- Einverständnis des Vertragspartners.

---

403 MüKo/*Basedow*, § 305 Rn. 13.
404 BGH, Urteil vom 17. Februar 2010, VIII ZR 67/09, BGHZ 184, 259 Rn. 10.
405 BGH, Urteil vom 17. Februar 2010, VIII ZR 67/09, BGHZ 184, 259 Rn. 18.
406 Im Einzelnen hierzu *Kappus*, NJW 2016, 33 ff.

Beispiel: Hinweis auf Geltung der AGB auf Reparaturschein mit sichtbarem Aushang der AGB in den Geschäftsräumen und konkludentes Einverständnis des Kunden durch Vertragsschluss.

Fehlt nur eine Voraussetzung, werden die AGB nicht Bestandteil des Vertrages. Der Vertrag ist sodann nicht etwa nichtig (§ 139 BGB, Teilnichtigkeit), sondern er wird ohne die AGB wirksam, § 306 Abs. 1 BGB.

Für den öffentlichen Nah- und Fernverkehr sowie die Post und Telekom gelten die vereinfachten Einbeziehungsbedingungen des § 305a BGB. **809**

Beispiel: Hinweis auf Geltung der AGB auf dem Fahrschein.

bb) Verwendung gegenüber Unternehmer

Gegenüber einem Unternehmer (§ 14 BGB) gilt § 305 Abs. 2 BGB nicht, § 310 Abs. 1 Satz 1 BGB. Die AGB werden nach den allgemeinen Vorschriften (§§ 145 ff. BGB) Teil des Vertrages, d. h. durch ausdrückliche oder konkludente Vereinbarungen.[407] Bei ständigen Geschäftsbeziehungen kann somit vermutet werden, dass die AGB, die einmal vereinbart wurden, auch bei weiteren Geschäften Vertragsbestandteil geworden sind. **810**

d) Überraschende Klauseln, § 305c Abs. 1 BGB

Klauseln, mit denen der andere Vertragsteil vernünftigerweise nicht zu rechnen braucht, mit denen er sozusagen überrumpelt wurde, werden nicht Bestandteil des Vertrages, § 305c Abs. 1 BGB. **811**

Beispiel: Eine vom Vermieter in einem *gewerblichen* Mietvertrag verwendete AGB, mit der dem Mieter die Kosten der Hausverwaltung überbürdet werden, ist gem. § 305c Abs. 1 BGB unwirksam, wenn diese Kosten im Mietvertrag nicht beziffert sind aber einen so hohen Betrag ausmachen, dass der Mieter nach dem gesamten Inhalt der Nebenkostenregelung des Mietvertrages mit einem solchen Betrag vernünftigerweise nicht zu rechnen brauchte.[408]

e) Vorrang der Individualabreden, §§ 305 Abs. 1 Satz 3, 305b BGB

Sofern die Vertragsparteien individuell Vertragsbedingungen aushandeln, liegen keine AGB vor, § 305 Abs. 1 Satz 3 BGB. Individualabreden gehen den AGB vor, § 305b BGB. Es finden sich aber nur selten Fälle, in denen der BGH eine Individualabrede angenommen hat.[409] Aushandeln bedeutet nach dieser restriktiven Rechtsprechung weit mehr als nur zu verhandeln. Der Verwender muss den „gesetzesfremden Kern" der AGB-Klausel „ernsthaft zur Disposition" stellen und dem anderen Teil einen realen Gestaltungsspielraum einräumen.[410] Eine unterzeichnete Bestätigung des anderen Teils, die Klauseln seien im Einzelnen ausgehandelt, genügt daher nicht, um diese als Individualabrede zu qualifizieren.[411] Ebensowenig liegt eine Individualvereinbarung vor, **812**

407 Palandt/*Grüneberg*, § 310 Rn. 4.
408 OLG Köln, Urteil vom 4. Juli 2006, 22 U 40/06, NJW 2006, 3358 f.
409 Ausführlich hierzu *Miethaner*, NJW 2010, 3121 ff.
410 BGH, Urteil vom 22. Oktober 2015, VII ZR 58/14, NZBau 2016, 213 Rn. 25; BGH, Urteil vom 20. März 2014, VII ZR 248/13, BGHZ 200, 326 Rn. 27.
411 BGH, Urteil vom 20. März 2014, VII ZR 248/13, BGHZ 200, 326 Rn. 27 ff.

wenn eine Klausel lediglich abgeschwächt wird, der gesetzesfremde Kerngehalt aber bestehen bleibt (z.B. Gebühr für fehlende Müllabnahme von 120 € auf 30 € zu senken).[412]

813 **Fall 54: Liefertermin**

K bestellt bei V Stoffe. Als Liefertermin wird verbindlich der 1. Dezember vereinbart. In V's AGB, auf deren Einbeziehung sich die Parteien einigen, sind nach Ziff. 5 alle Liefertermine unverbindlich. Kann K von V Lieferung zum 1. Dezember verlangen?

Anspruch K gegen V

- **§ 433 Abs. 1 Satz 1 BGB**

K könnte von V Lieferung zum 1. Dezember aus § 433 Abs. 1 Satz 1 BGB verlangen, wenn die Parteien den Liefertermin verbindlich vereinbart haben. Laut Ziff. 5 AGB des V, auf deren Einbeziehung sich die Parteien verständigt haben, sind Liefertermine unverbindlich. Jedoch könnte die Regelung durch eine individuelle Vereinbarung zwischen den Parteien nach § 305b BGB verdrängt worden sein. K und V haben miteinander vereinbart, dass die Lieferung verbindlich zum 1. Dezember erfolgen soll. Nach § 305b BGB haben Individualabreden Vorrang vor AGB-Klauseln. Ziff. 5 AGB tritt deshalb zurück. K kann von V Lieferung zum 1. Dezember verlangen.

f) Auslegung, § 305c Abs. 2 BGB

814 AGB-Klauseln sind objektiv auszulegen, §§ 305c Abs. 2, 157 BGB. Es ist somit nicht der tatsächliche Wille des Verwenders nach dem objektiven Empfängerhorizont zu erforschen, §§ 133, 157 BGB. Stattdessen gilt die *objektive* Bedeutung der Klausel. Zweifel bei der Auslegung gehen zu Lasten des Verwenders (sog. Prinzip der kundenfreundlichsten Auslegung). Da er die AGB vorlegt, kann er auf die Formulierung der Klauseln einwirken und Ungenauigkeiten vermeiden.

Beispiel: Verspricht ein Franchisegeber in seinen AGB dem Franchisenehmer, ihm „Vorteile … zur Erreichung optimaler Geschäftserfolge" weiterzuleiten, so hat er ihm auch die Rabatte weiterzuleiten, die er aufgrund von (geheimen) Rahmenvereinbarungen mit Lieferanten erhält.[413]

Da für die andere Partei häufig die Nichtigkeit der Klausel am günstigsten ist, wird die Klausel zunächst in ihrer kundenfeindlichsten Form ausgelegt und überprüft, ob diese wirksam wäre.[414] Kann die Wirksamkeit der Klausel festgestellt werden, ist sie sodann in ihrer kundenfreundlichsten Form anzuwenden.[415]

Allerdings greift die Unklarheitenregel von § 305c Abs. 2 BGB nur, wenn ein Zweifel besteht. Daran fehlt es, wenn nach allen Auslegungsmöglichkeiten nur ein Auslegungsergebnis vertretbar ist.

Beispiel: Die Klausel, gemäß der „spätestens am 30. Juni eines jeden Jahres (…) über die vorangegangene Heizperiode abzurechnen" ist, kann nur als Abrechnungsfrist, nicht hingegen

412 BGH, Urteil vom 22. Oktober 2015, VII ZR 58/14, NZBau 2016, 213 Rn. 26; kritisch *Maier-Reimer*, NJW 2017, 1, 2 f.

413 BGH, Urteil vom 20. Mai 2003, KZR 19/02, BB 2003, 2254, 2255 f.

414 Vgl. BGH, Urteil vom 23. September 2010, III ZR 246/09, BGHZ 187, 86 Rn. 26.

415 *Lorenz/Gärtner*, JuS 2013, 199, 201.

als Ausschlussfrist verstanden werden, gemäß der Nachzahlungen nach Fristablauf ausgeschlossen sein sollen. Denn kein redlicher Mieter würde der Klausel eine solche, den Vermieter grob benachteiligende Bedeutung zumessen.[416]

g) Inhaltskontrolle, §§ 307 ff. BGB

Der Kern der rechtlichen Überprüfung von AGB ist die Inhaltskontrolle gemäß den §§ 307 ff. BGB. Sind AGB-Klauseln Vertragsbestandteil geworden, können sie unwirksam sein, wenn ihr Inhalt gegen die §§ 307 ff. BGB verstößt. **815**

Überprüft wird der *objektive* Gehalt der Klausel und nicht deren Wirkung im konkreten Sachverhalt. Zur Frage, ob eine mietvertragliche Klausel zu Schönheitsreparaturen aufgrund ihres starren Fristenkatalogs unwirksam ist, wird nicht geprüft, ob die Reparaturen im konkret zu entscheidenden Fall notwendig sind, sondern ob der Mieter die Reparaturen im abstrakten Fall auch dann vornehmen müsste, wenn sie an sich noch gar nicht notwendig wären[417] (als weiteres Beispiel s. Fall 55).

Ist eine Klausel nichtig, bleibt der übrige Vertrag grundsätzlich von einer solchen Unwirksamkeit unberührt, § 306 Abs. 1 BGB. Anstelle der unwirksamen Klausel tritt die gesetzliche Regelung, § 306 Abs. 2 BGB. Der Vertrag ist nur unwirksam, wenn das Festhalten an seiner kraft Gesetz geänderten Fassung für eine Vertragspartei eine unzumutbare Härte darstellen würde, § 306 Abs. 3 BGB. **816**

Unwirksame Klauseln können nicht einschränkend ausgelegt werden, so dass sie dem Gesetz noch geradeso entsprechen (keine geltungserhaltende Reduktion). Das vom Verwender zweifelhafter Klauseln zu tragende Nichtigkeitsrisiko soll nicht durch geltungserhaltende Reduktion gemindert werden.

Die Nichtigkeit betrifft die gesamte, nicht trennbare Klausel, auch wenn nur Teile von ihr nichtig sind. Was zu einer nicht trennbaren Klausel gehört, richtet sich nicht etwa nach der Gestaltung des Regelwerks durch den Verwender, sondern nach dem Inhalt der Klausel. Gemäß dem sog. *blue-pencil-test* gehören all die Bestimmungen zu einer nicht trennbaren Klausel, die ohne den nichtigen Teil keinen Sinn ergeben.

Beispiel: Eine Klausel, gemäß der auf eine SIM-Karte ein Pfand erhoben wird, und bei unterlassener Rückgabe der Karte ein pauschalierter Schadensersatz in Höhe des Pfandes erhoben wird, ist eine nicht trennbare Klausel. Denn der Schadensersatz ergibt ohne die Pfandregelung keinen eigenständigen Sinn. Ist die Pfandregelung unwirksam, gilt das gleiche für den pauschalierten Schadensersatz.[418]

Bei der Inhaltskontrolle sollte die Prüfungsreihenfolge stets von der speziellen Norm (§ 309 BGB) zur allgemeineren Norm (§ 308 BGB, dann § 307 BGB) verlaufen. **817**

aa) Klauselverbote ohne Wertungsmöglichkeiten, § 309 BGB

Die Klauselverbote nach § 309 BGB knüpfen an eindeutige Tatbestände, die keiner gerichtlichen Wertung bedürfen. Verstöße führen zur Unwirksamkeit der Klausel. **818**

416 BGH, Urteil vom 20. Januar 2016, VIII ZR 152/15, NJW-RR 2016, 526 Rn. 19, 30 ff.
417 Vgl. BGH, Urteil vom 23. Juni 2004, VIII ZR 361/03, NJW 2004, 2586, 2587.
418 BGH, Urteil vom 9. Oktober 2014, III ZR 32/14, NJW 2015, 328 Rn. 33.

819 **Fall 55: Preiserhöhung**

Privatmann K bestellt bei V Stoffe laut Listenpreis auf einem Bestellschein des V, auf dem auf der Vorderseite auf die Geltung von V's AGB, die auf der Rückseite des Bestellscheins abgedruckt sind, hingewiesen wird. V bestätigt die Bestellung. Der Listenpreis beläuft sich zu dieser Zeit auf 40 €/m². Die Lieferzeit beträgt zwei Monate. Einen Monat nach Bestellung erhöht V den Listenpreis um 5 €/m². Laut Ziff. 6 der AGB des V wird der zum Zeitpunkt der Lieferung geltende Listenpreis berechnet. Als V die Stoffe wie vereinbart sechs Monate nach der Bestellung des K liefert, verlangt er einen Kaufpreis von 45 €/m². Welchen Preis kann V von K verlangen?

Anspruch V gegen K

- **§ 433 Abs. 2 BGB**

V könnte von K Zahlung eines Kaufpreises in Höhe von 45 €/m² aus dem zwischen ihnen geschlossenen Kaufvertrag verlangen, § 433 Abs. 2 BGB. Ein Kaufvertrag zwischen ihnen ist durch die Bestellung des K und die Bestätigung des V zustande gekommen.

Fraglich ist, über welchen Kaufpreis sich die Parteien geeinigt haben. Es ist ursprünglich ein Kaufpreis von 40 €/m² laut Preisliste vereinbart worden. Allerdings gilt gemäß Ziff. 6 der AGB nicht der Listenpreis zum Zeitpunkt der Bestellung, sondern der zum Zeitpunkt der Lieferung. Dieser hatte sich bei Lieferung auf 45 €/m² erhöht. Demnach könnte dieser erhöhte Listenpreis als Kaufpreis vereinbart worden sein. Dazu müsste Ziff. 6 als AGB Vertragsbestandteil geworden sein. Die von V vorgelegten AGB wurden für eine Vielzahl von Verträgen vorformuliert und erfüllen die Voraussetzungen von § 305 Abs. 1 BGB. Die Parteien haben sich über die Einbeziehung von V's AGB nach § 305 Abs. 2 BGB geeinigt, indem diese Bestandteil von K's Bestellung und auf der Rückseite des Bestellscheines abgedruckt waren. Die AGB sind somit Vertragsbestandteil geworden.

Ferner müsste Ziff. 6 der AGB (sog. *Tagespreisklausel*) nach §§ 307 ff. BGB wirksam sein. §§ 308 f. BGB sind anwendbar, denn die AGB wurden nicht gegenüber einem Unternehmer, sondern gegenüber einer Privatperson verwendet, § 310 Abs. 1 Satz 1 BGB. Gemäß § 309 Nr. 1 BGB sind AGB unwirksam, welche eine Kaufpreiserhöhung für Waren vorsehen, die innerhalb von vier Monaten nach Vertragsschluss geliefert wurden. Indem Ziff. 6 nicht auf den Zeitpunkt des Vertragsschlusses, sondern auf den der Lieferung abstellt, kann Ziff. 6 zu Preiserhöhungen nach Vertragsschluss führen, sofern die Lieferung innerhalb von vier Monaten nach Vertragsschluss erfolgt. Ziff. 6 der AGB ist somit nach § 309 Nr. 1 BGB unwirksam. Der Kaufvertrag bleibt im Übrigen in seiner Wirksamkeit unberührt, § 306 Abs. 1 BGB.

▶ **Hinweis:** Die Klausel ist *abstrakt* zu überprüfen. Daher ist sie auch unwirksam, wenn die Lieferzeit im konkreten Fall sechs Monate beträgt[419] oder der Kaufpreis gesenkt wird.

Die Klausel könnte auch im Verfahren nach §§ 1 ff. UKlaG untersagt werden.

Demnach bleibt es bei dem ursprünglich vereinbarten Listenpreis in Höhe von 40 €/m², den V von K verlangen kann.

▶ **Hinweis:** Käme es aufgrund der Nichtigkeit der Klausel zu einer Vertragslücke, so wäre diese durch ergänzende Vertragsauslegung zu schließen.[420]

---

820 **Weitere Beispiele für die abstrakte AGB-Kontrolle**

a) Verkürzung der Verjährungsfristen von Gewährleistungsrechten
Eine AGB-Klausel, gemäß der die Gewährleistungsrechte des Käufers statt nach zwei Jahren (§ 438 Abs. 1 Nr. 3 BGB) bereits nach zwölf Monaten verjähren, verstößt gegen das Klauselverbot von § 309

419 Vgl. BGH, Urteil vom 6. Dezember 1984, VII ZR 227/83, NJW 1985, 855, 856.
420 BGH, Urteil vom 1. Februar 1984, VIII ZR 54/83, BGHZ 90, 69, 73 ff., ergänzende Vertragsauslegung bei unwirksamer Tagespreisklausel.

Nr. 7 lit. a) und b) BGB und ist *insgesamt* nichtig. Nach diesen Bestimmungen kann in AGB die Verschuldenshaftung für Körper- und Gesundheitsschäden nicht, für sonstige Schäden nur für den Fall einfacher Fahrlässigkeit ausgeschlossen oder begrenzt werden. Eine Begrenzung der Haftung im Sinne des § 309 Nr. 7 lit. a) und b) BGB ist auch die zeitliche Begrenzung der Durchsetzbarkeit der Schadensersatzansprüche durch Abkürzung der gesetzlichen Verjährungsfristen. Indem die Klausel die Verjährung sämtlicher in § 437 BGB aufgeführten Gewährleistungsrechte verkürzt, erfasst sie auch die vorgenannten Schadensersatzansprüche.[421]

b) Umfassender Gewährleistungsausschluss
Ein Auktionshaus schließt in seinen AGB Ansprüche wegen Sachmängel aus, wovon es lediglich Schadensersatz für Vermögensschäden ausnimmt, bei denen dem Auktionshaus Vorsatz oder grobe Fahrlässigkeit zur Last fällt. Zwar umschifft die Klausel § 309 Abs. 1 Nr. 7 lit. b) BGB, indem die Haftung für Vorsatz und grobe Fahrlässigkeit nicht ausgeschlossen wird. Da das Auktionshaus aber für Schäden aufgrund der Verletzung von Leben, Körper und Gesundheit, die auf einen Mangel der versteigerten Sache zurückzuführen sind, nicht einzustehen hat, verstößt der in der Klausel vorgesehene Gewährleistungsausschluss gegen § 309 Abs. 1 Nr. 7 lit. a) BGB und ist insgesamt nichtig.[422]

---

bb) Klauselverbote mit Wertungsmöglichkeiten, § 308 BGB

Für die Klauselverbote des § 308 BGB ist kennzeichnend, dass sie unbestimmte Rechtsbegriffe (wie z. B. „unangemessen lang", Nr. 1; „von besonderer Bedeutung", Nr. 6; oder „unangemessen hoch", Nr. 7a)) enthalten und die Feststellung der Unwirksamkeit deshalb von der richterlichen Wertung abhängt. 821

Fall 56: Weinabonnement 822

K bestellt beim Weinhändler V die monatliche Lieferung von vier Flaschen Wein zu 5 €/Flasche für seinen privaten Weinkeller. Der Vertrag soll mit Monatsfrist zum Monatsende durch V kündbar sein. Gemäß Ziff. 4 von V's AGB, die K von V übergeben wurden und auf deren Einbeziehung sich die Parteien geeinigt haben, soll die Kündigung des V bereits durch Aufgabe zur Post wirksam werden. V gibt am 31. August die Kündigung des Vertrages zum Oktober zur Post. Diese erreicht K am 1. September. Kann K von V noch die Lieferung von vier Flaschen Wein im Monat Oktober verlangen?

Anspruch K gegen V

§ 433 Abs. 1 Satz 1 BGB
K könnte von V die Lieferung von vier Flaschen Wein für den Monat Oktober aus dem Kaufvertrag verlangen, § 433 Abs. 1 Satz 1 BGB. Ein Kaufvertrag ist zustande gekommen.

Allerdings könnte der Anspruch aus dem Kaufvertrag erloschen sein, sofern der Kaufvertrag durch V zu Ende September wirksam gekündigt wurde. Voraussetzung hierzu wäre, dass die Kündigung rechtzeitig erfolgt ist. Die Parteien hatten eine Kündigungsfrist von einem Monat vereinbart. Demnach müsste die Kündigung am 31. August wirksam erklärt worden sein.

V hat am 31. August die Kündigungserklärung durch Aufgabe zur Post abgegeben. Fraglich ist, ob die Kündigung damit wirksam wurde. Eine Kündigung ist eine einseitige empfangsbedürftige Willenserklärung. Zu ihrer Wirksamkeit ist demnach grundsätzlich ihr Zugang erforderlich, § 130 Abs. 1 Satz 1 BGB. Dies gilt nicht, wenn die Parteien abweichendes vereinbart haben, vgl. § 151 Satz 1 BGB.

421 BGH, Urteil vom 15. November 2006, VIII ZR 3/06, BB 2007, 177 Rn. 19 ff.
422 BGH, Urteil vom 9. Oktober 2013, VIII ZR 224/12, NJW 2013, 3570 Rn. 16.

Gemäß Ziff. 4 der AGB von V genügt für die Wirksamkeit der Kündigung bereits ihre Aufgabe zur Post. Demnach könnten die Parteien wirksam auf den Zugang der Kündigungserklärung verzichtet haben. Die AGB sind Vertragsbestandteil nach § 305 Abs. 2 BGB geworden, indem sie K von V übergeben wurden und die Parteien sich über die Geltung der AGB geeinigt haben. Allerdings könnte Ziff. 4 der AGB nach den §§ 307 ff. BGB unwirksam sein. Die AGB wurden nicht gegenüber einem Unternehmer, sondern gegenüber einer Privatperson verwendet, daher sind die §§ 308 f. BGB anwendbar, § 310 Abs. 1 Satz 1 BGB. Nach § 308 Nr. 6 BGB sind AGB unwirksam, gemäß denen eine Erklärung des Verwenders von besonderer Bedeutung dem anderen Vertragsteil als zugegangen gilt. Die Kündigung des V, der die AGB verwendet hat, soll das Vertragsverhältnis mit K beenden. Die Erklärung ist somit von besonderer Bedeutung für die Vertragsparteien. Indem nach Ziff. 4 AGB die Aufgabe der Kündigung zur Post zu deren Wirksamkeit genügt, käme es auf den Zugang der Kündigung als Wirksamkeitserfordernis nicht an. Der Zugang wird mit der Abgabe der Willenserklärung zu Lasten des K fingiert. Ziff. 4 AGB ist somit nach § 308 Nr. 6 BGB unwirksam.

Gemäß § 306 Abs. 1 BGB bleibt der übrige Vertrag wirksam. Anstelle der unwirksamen Klausel tritt gemäß § 306 Abs. 2 BGB die gesetzliche Regelung. Die Kündigung wird somit nach § 130 Abs. 1 Satz 1 BGB mit ihrem Zugang bei K am 1. September wirksam. Aufgrund der vereinbarten Kündigungsfrist um einen Monat zum Monatsende ist das Vertragsverhältnis zwischen V und K zum 31. Oktober gekündigt worden. K kann von V für Oktober noch die Lieferung von vier Flaschen Wein verlangen.

cc) Generalklausel, § 307 BGB

823 Der Generalklausel des § 307 Abs. 1 Satz 1 BGB zufolge sind Bestimmungen unwirksam, die den Vertragspartner entgegen dem Gebot von Treu und Glauben unangemessen benachteiligen.

Eine solche unangemessene Benachteiligung kann sich auch daraus ergeben, dass die AGB-Klausel nicht klar und verständlich ist (Transparenzgebot), § 307 Abs. 1 Satz 2 BGB.

Beispiel: Unterschiedliche Verjährung von Gewährleistungsansprüchen
Eine AGB-Regelung, die die Verjährung des Nacherfüllungsanspruchs auf ein Jahr verkürzt, Schadensersatzansprüche hingegen von der Verjährungsverkürzung pauschal ausnimmt, verstößt gegen das Transparenzgebot nach § 307 Abs. 1 Satz 2 BGB und ist demnach nichtig.[423] Denn die Regelung erweckt den Anschein, der Käufer könne zwei Jahre lang Schadensersatz statt der Leistung nach §§ 437 Nr. 3, 280, 281 Abs. 1 Satz 1 BGB geltend machen. Tatsächlich ist der Anspruch aber bereits nach einem Jahr ausgeschlossen, da es ab diesem Zeitpunkt keinen durchsetzbaren Nacherfüllungsanspruch mehr gibt, für den der Käufer nach § 281 Abs. 1 Satz 1 BGB eine Frist setzen könnte. Dieser Zusammenhang ist einem juristischen Laien jedoch nicht klar und verständlich.

Für die unangemessene Benachteiligung des Vertragspartners nennt § 307 Abs. 2 BGB zwei Regelbeispiele.

Die Inhaltskontrolle von AGB, die gegenüber einem Unternehmer verwendet werden, konzentriert sich auf § 307 BGB, da die Anwendung der §§ 308 f. BGB ausgeschlossen ist, § 310 Abs. 1 Satz 1 BGB.

423 BGH, Urteil vom 29. April, 2015, VIII ZR 104/14, NJW 2015, 2244 Rn. 15 ff.

i) Widerspruch zu wesentlichen gesetzlichen Grundgedanken, § 307 Abs. 2 Nr. 1 BGB

Nach § 307 Abs. 2 Nr. 1 BGB ist eine Klausel unwirksam, wenn sie mit wesentlichen **824**
Grundgedanken der gesetzlichen Regelung nicht zu vereinbaren ist. Dabei ist davon auszugehen, dass die Vorschriften des Gesetzes eine Leitbildfunktion haben, an der die Klausel zu messen ist.

Beispiele: Eine verschuldensunabhängige Risikohaftung widerspricht dem Leitbild des § 276 Abs. 1 Satz 1 BGB.[424]

Ein Verfall des Guthabens von Prepaid Telefonkarten nach 365 Tagen widerspricht der Regelverjährung von drei Jahren, §§ 195, 199 BGB.[425]

Darf der Gläubiger ausschließlich nach erfolglosem Ablauf einer Nachfrist Schadensersatz statt der Leistung verlangen oder zurücktreten, widerspricht dies dem Leitbild von §§ 281 Abs. 2, 323 Abs. 2 BGB, gemäß dem die Fristsetzung in bestimmten Fällen entbehrlich ist.[426]

ii) Kardinalpflichten, § 307 Abs. 2 Nr. 2 BGB

Nach dem Regelbeispiel von § 307 Abs. 2 Nr. 2 BGB ist eine Klausel unwirksam, wenn **825**
durch sie aus der Natur des Vertrages sich ergebende wesentliche Rechte oder Pflichten (Kardinalpflichten) soweit eingeschränkt werden, dass die Erreichung des Vertragszwecks gefährdet ist. Dies ist insbesondere der Fall, wenn der Verwender seine Haftung für die Nichterfüllung einer Hauptpflicht ausschließen will.

Beispiele: Die AGB der Bank C enthalten einen Ausschluss der Haftung bei Verletzung der Pflicht zur ordnungsgemäßen Ausführung von Überweisungsaufträgen.

Ein Architekt schließt durch AGB seine Haftung wegen Planungsfehler aus.

Anschaulich zur Kontrolle von allgemeinen Einkaufsbedingungen eines Baumarktbetreibers nach § 307 BGB s. BGH, Urteil vom 5. Oktober 2005, VIII ZR 16/05, BGHZ 164, 196 ff.

2. Außerhalb von Geschäftsräumen geschlossene Verträge und Fernabsatzverträge, §§ 312b ff. BGB

In Umsetzung der EG-Richtlinie 97/7/EG[427] wurde das Fernabsatzgesetz erlassen, **826**
welches im Rahmen der Schuldrechtsreform durch die §§ 312b ff. (a.F.) in das BGB integriert wurde. Das Gesetz soll zum einen die ausreichende Verbraucherinformation sichern und zum anderen einen Ausgleich dafür schaffen, dass Verbraucher im Fernabsatz – etwa beim Teleselling oder bei Internetangeboten – häufiger übereilte Entscheidungen treffen als beim Aufsuchen eines Ladenlokals und die Ware nicht vor dem Kauf überprüfen können.

Ein weiterer Regelungsbereich des Verbraucherschutzes betrifft die sog. Haustürsitua- **827**
tion. Wird der Verbraucher in seiner Privatwohnung, am Arbeitsplatz oder an öffentli-

424 BGH, Urteil vom 18. Oktober 2017, VIII ZR 86/16, ZIP 2017, 2363 Rn. 24.
425 OLG München, Urteil vom 22. Juni 2006, 29 U 2294/06, NJW 2006, 2416, 2717.
426 Entschieden für die Minderung: BGH, Versäumnisurteil vom 6. Juni 2013, VII ZR 355/12, NJW 2013, 3022 Rn. 2.
427 Richtlinie 97/7/EG vom 20. Mai 1997, ABl. EG vom 04. Juni 1997, Nr. L 144, S. 19 ff.

chen Orten angesprochen, ist er aufgrund des Überrumpelungseffekts in einer latent schwächeren Verhandlungsposition. Er hat sich z. B. nicht auf eine Vertragsverhandlung eingestellt wie beim Betreten eines Geschäfts und er kann es nicht einfach verlassen, wenn ihm die Vertragskonditionen nicht zusagen. Um diese Schwäche auszugleichen, gewährte das Haustürwiderrufsgesetz, welches zur Umsetzung der EWG-Richtlinie 85/577[428] erlassen wurde, dem Verbraucher ein Widerrufs- oder Rückgaberecht flankiert durch entsprechende Belehrungspflichten. Mit der Schuldrechtsreform wurde das Gesetz in das BGB integriert, §§ 312 f. BGB (a.F.).

828 Die vorgenannten Richtlinien 97/7/EG und 85/577/EWG wurden durch die Verbraucherrechterichtlinie[429] zugunsten einer einheitlichen Regelung aufgehoben, welche der Gesetzgeber durch Änderung der §§ 312b ff. BGB umgesetzt hat. Anstelle des Hautürgeschäfts wird nunmehr der allgemeinere Begriff „außerhalb von Geschäftsräumen geschlossene Verträge" verwendet, hingegen bleibt es beim Begriff der Fernabsatzverträge. Neu eingeführt wurden mit den §§ 312i, 312j BGB allgemeine und besondere Pflichten gegenüber Verbrauchern im elektronischen Geschäftsverkehr. Diese enthalten mit § 312j Abs. 3 BGB die sog. Button-Lösung, wonach der Verbraucher seine kostenpflichtige Bestellung ausdrücklich bestätigen muss, was zu einer erhöhten Transparenz im Onlinehandel führen soll.

a) Verbraucherverträge

aa) Außerhalb von Geschäftsräumen geschlossene Verträge, § 312b BGB

829 Verträge, die zwischen Unternehmern (§ 14 BGB) und Verbrauchern (§ 13 BGB) abgeschlossen werden, fallen in den Anwendungsbereich der §§ 312b ff. BGB, wenn sie einen der folgenden Tatbestandsmerkmale von § 312b Abs. 1 BGB erfüllen:

Nr. 1 wenn der Vertrag bei gleichzeitiger körperlicher Anwesenheit beider Parteien an einem Ort geschlossen wurde, der kein Geschäftsraum des Unternehmers ist (z.B. Haustürgeschäfte),

Nr. 2 wenn der Verbraucher in der Situation nach Nr. 1 ein Angebot unterbreitet hat (z.B. wenn der Verbraucher in einer Haustürsituation ein Angebot abgibt, welches später in dessen Abwesenheit vom Unternehmer angenommen wird),

Nr. 3 wenn der Unternehmer den Verbraucher außerhalb seiner Geschäftsräume anspricht und der Vertrag später in dessen Geschäftsräumen oder durch Fernkommunikationsmittel zustande kommt, oder

Nr. 4 beim Verkauf von Waren oder Erbringung von Dienstleistungen, für die auf einem vom Unternehmer organisierten Ausflug geworben wird (z.B. sog. Kaffeefahrten).

---

428 Richtlinie 85/577/EWG vom 20. Dezember 1985, ABl. EWG vom 31. Dezember 1985, Nr. L 372, S. 31 ff.

429 Richtlinie 2011/83/EU vom 25. Oktober 2011, ABl. EU vom 22. November 2011, Nr. L 304, S. 64 ff.

bb) Fernabsatzverträge, § 312c BGB

Verträge sind Fernabsatzverträge im Sinne von § 312c BGB, wenn sie die folgenden Tatbestandsmerkmale erfüllen: **830**

- ein Vertrag zwischen Unternehmer (§ 14 BGB) und Verbraucher (§ 13 BGB),
- der Vertragsschluss kommt ausschließlich per Telekommunikationsmittel zustande,
- das Vertriebs- oder Dienstleistungssystem ist für den Fernabsatz organisiert.

Beispiele: Briefangebote mit Antwort-Postkarte, Katalogbestellung, TV-Spots mit Besteller-hotline, Fax- oder E-mail-Bestellung, Internet-Angebote.

cc) Anwendungsbereich und ausgenommene Verträge, § 312 BGB

Dem Verbraucherschutz gemäß den §§ 312 ff. BGB unterliegen nur entgeltliche Verträge zwischen Verbraucher und Unternehmer. Dabei nimmt § 312 Abs. 2 BGB zahlreiche Verträge vom besonderen Verbraucherschutz der §§ 312b ff. BGB aus und unterwirft sie lediglich den allgemeinen Informations- und Schutzpflichten gemäß § 312a Abs. 1, 3, 4 und 6 BGB. Hierzu zählen u.a. Grundstücksverträge (Nr. 2), Personenbeförderungsverträge (Nr. 3), Lebensmittellieferungsverträge (Nr. 8) sowie Bargeschäfte bis zu einem Wert von 40 €, die außerhalb von Geschäftsräumen geschlossen werden (Nr. 12). **830a**

b) Informationspflichten des Unternehmers, § 312d BGB

Nach § 312d BGB i. V. m. Art. 246a EGBGB muss der Unternehmer den Verbraucher insbesondere informieren über **831**

- seine Identität, Art. 246a § 1 Abs. 1 Nr. 2 EGBGB,
- seine geschäftlichen Absichten,
- über das dem Verbraucher nach §§ 312g Abs. 1, 355 Abs. 1 BGB zustehende Widerrufsrecht, Art. 246a § 1 Abs. 2 EGBGB, aber auch, dass dem Verbraucher unter bestimmten Umständen ein Widerrufsrecht nicht zusteht oder das Widerrufsrecht vorzeitig erlischt, Art. 246a Abs. 3 EGBGB, sowie
- Kundendienst und Garantien, Art. 246a § 1 Abs. 1 Nr. 9 EGBGB.

Durch die Informationspflicht soll der Verbraucher die Grundlage für einen überlegten Vertragsschluss und ggf. für die spätere Wahrnehmung seiner Rechte erhalten.

c) Widerrufsrecht des Verbrauchers, §§ 312g, 355 BGB

Dem Verbraucher steht bei außerhalb von Geschäftsräumen geschlossenen Verträgen und bei Fernabsatzverträgen ein Widerrufsrecht nach §§ 355, 356, 357 BGB zu, § 312g Abs. 1 BGB. Das Widerrufsrecht besteht nicht in den in § 312g Abs. 2 und 3 BGB genannten Fällen. **832**

Bei Versteigerungen eines Unternehmers an Verbraucher über Internetauktionshäuser (z.B. eBay) ist das Widerrufsrecht nicht nach § 312g Abs. 2 Nr. 10 BGB ausgeschlossen, da keine Versteigerung i. S. v. § 156 BGB vorliegt. Der Vertrag kommt nach den allgemeinen Vorschriften der §§ 145 ff. BGB zustande (s. Rn. 110).[430]

---

430 BGH, Urteil vom 3. November 2004, VIII ZR 375/03, BB 2005, 235, 236 ff.

aa) Einseitige empfangsbedürftige Willenserklärung

833 Der Widerruf gemäß § 355 Abs. 1 BGB ist eine einseitige empfangsbedürftige Willenserklärung. Er ist formfrei, bedarf keiner Begründung, muss aber eindeutig sein. Daraus folgt, dass der Widerruf nicht konkludent (z.B. durch kommentarloses Zurücksenden der Ware) erfolgen kann.[431]

bb) 14-Tage-Frist

834 Das Widerrufsrecht gibt dem Verbraucher die Möglichkeit, sich vom Vertragsabschluss innerhalb einer Frist von 14 Tagen zu lösen, §§ 355 Abs. 2 BGB; zur Fristwahrung genügt die rechtzeitige Absendung, § 355 Abs. 1 Satz 4 und 5 BGB.

cc) Beginn der Widerrufsfrist

835 Bei einem Verbrauchsgüterkauf beginnt die Widerrufsfrist grundsätzlich erst mit dem Erhalt der Ware, § 356 Abs. 2 Nr. 1 a) BGB. Die nachfolgenden Buchstaben b)-d) enthalten Sonderregelungen für getrennte Lieferungen einer einheitlichen Bestellung, Teilsendungen der Ware und regelmäßige Warenlieferungen. In jedem Fall beginnt die Frist nicht vor Erfüllung der Informationspflichten, § 356 Abs. 3 Satz 1 BGB. Um zu vermeiden, dass der Verbraucher nicht für unbegrenzte Zeit widerrufen kann, sollte ihn der Unternehmer nicht oder unzureichend informiert haben, ordnet § 356 Abs. 3 Satz 2 BGB an, dass das Widerrufsrecht spätestens zwölf Monate und 14 Tage nach Erhalt der Ware erlischt.

---

1. Beginn der Widerrufsfrist bei mangelhafter Leistung

Problematisch ist der Beginn der Widerrufsfrist nach § 356 Abs. 2 Nr. 1 BGB bei Erhalt mangelhafter Ware. Weist die Ware einen erheblichen Mangel auf, so dass der Verbraucher deren Funktionsfähigkeit nicht überprüfen kann, ist der Zweck der Widerrufsfrist nicht gewahrt. Daher wird vorgeschlagen, in diesem Fall die Frist nicht beginnen zu lassen.[432] Ist der Mangel hingegen unerheblich, so dass er die Funktionsfähigkeit der Sache nicht beeinträchtigt, und sendet der Verbraucher im Rahmen der Nacherfüllung die mangelhafte Ware innerhalb der Widerrufsfrist zurück, so sei die Widerrufsfrist für den Zeitraum zwischen Rücksendung der mangelhaften Ware und Erhalt der neuen Ware gehemmt.[433]

2. Beginn der Widerrufsfrist in AGB

Zu Unstimmigkeiten führt der Beginn der Widerrufsfrist bei Warenlieferung im Zusammenhang mit der Ausnahmeregelung von § 308 Nr. 1, 2. Hbs. BGB für außerhalb von Geschäftsräumen geschlossene Verträge und Fernabsatzverträge. Denn nach der Vorschrift kann der Verkäufer in seinen AGB vorsehen, dass er erst nach Ablauf der Widerrufsfrist zu leisten braucht. Jedoch beginnt die Widerrufsfrist aufgrund § 356 Abs. 2 Nr. 1 BGB mit Erhalt der Ware, so dass der Verkäufer den Fristablauf nicht abwarten kann. Demnach greift die Ausnahmeregelung nicht und die AGB-Klausel ist aufgrund § 308 Nr. 1, 1. Hbs. BGB unwirksam, da sie dem Verkäufer eine nicht hinreichend bestimmte Frist für die Erbringung der Leistung vorbehält.

---

431 *Neumann*, jM 2015, 316, 318; a.A. *Hoffmann/Schneider*, NJW 2015, 2529 ff.
432 *Schneider*, ZIP 2016, 1759, 1760 ff.
433 *Schneider*, ZIP 2016, 1759, 1763 f.

dd) Rechtsfolge: Rückabwicklung, § 357 BGB

Der Widerruf i. S. v. § 355 BGB ähnelt in seinen Rechtsfolgen dem Rücktritt und ist nicht mit dem Widerruf einer Willenserklärung i. S. v. § 130 Abs. 1 Satz 2 BGB zu verwechseln. Der Vertrag wandelt sich durch den Widerruf in ein Rückgewährschuldverhältnis, §§ 355 Abs. 3 Satz 1, 357 Abs. 1 BGB. Anders als beim Rücktritt, der einen wirksamen Vertrag voraussetzt, besteht das Widerrufsrecht unabhängig davon, ob der Vertrag ansonsten wirksam ist.[434] Infolge des Widerrufs sind die jeweils empfangenen Leistungen spätestens nach 14 Tagen zurückzugewähren. Im Gegensatz zum Rücktritt erfolgt die Rückabwicklung nicht Zug um Zug (§ 348 BGB). Stattdessen steht dem Unternehmer gemäß § 357 Abs. 4 Satz 1 BGB ein Zurückbehaltungsrecht zu, bis er die Ware zurückerhalten hat oder der Verbraucher nachweist, die Ware abgesandt zu haben. Der Unternehmer hat auch etwaige Lieferkosten zu erstatten, § 357 Abs. 2 BGB. Die Kosten der Rücksendung trägt jedoch der Verbraucher, sofern ihn der Unternehmer hierüber unterrichtet hat, § 357 Abs. 6 BGB. **836**

Ersatz für einen Wertverlust der Ware muss der Verbraucher nach § 357 Abs. 7 BGB nur leisten, soweit der Wertverlust auf einen Umgang mit der Ware zurückzuführen ist, der zur Prüfung der Beschaffenheit, Eigenschaften und Funktionsweise nicht notwendig war, und wenn er über das Widerrufsrecht unterrichtet worden ist. Eine fehlerhafte Widerrufsbelehrung lässt die Wertersatzpflicht nicht entfallen, sofern sie zumindest auf den möglichen Wertersatzanspruch des Unternehmers im Falle des Widerrufs hinweist.[435] Der Verbraucher darf zur Prüfung mit der Ware nur so umgehen, wie er es in einem Geschäft beim stationären Kauf dürfte;[436] eine darüberhinausgehende Prüfung ist nicht notwendig und führt bei Wertverlust der Ware zur Ersatzpflicht. **837**

Beispiele:
a) Verbraucher A befüllt das gelieferte Wasserbett mit Wasser, um es zu prüfen. Im Geschäft hätte A typischerweise ein ausgestelltes Musterstück begutachten können.[437] Die Prüfung ist daher notwendig. Eine Wertersatzpflicht besteht nicht.
b) Verbraucher A baut den gelieferten Katalysator in sein Fahrzeug ein und führt eine Probefahrt durch. Hätte er die Ware in einem Geschäft gekauft, hätte er nicht die Möglichkeit einer Probefahrt mit der eingebauten Ware gehabt.[438] Die Prüfung ist daher nicht notwendig. A muss für den entstandenen Wertverlust Ersatz zahlen.

Fall 57: Mausklick **838**

K bestellt bei V.de per Mausklick einen Anzug zu einem Kaufpreis von € 300. Bevor er die Bestellung abschließt, wird er durch einen Hinweis u. a. darüber belehrt, dass er ein fünftägiges Widerrufsrecht ab Empfang der Ware habe. Er erhält den Anzug am 3. Dezember geliefert. Am 12. Dezember schickt K, dem der Anzug nicht gefällt, eine Postkarte mit einem Widerruf an V.de, die aufgrund der Überlastung der Post zur Weihnachtszeit erst am 4. Januar bei diesem ankommt. Welche Ansprüche hat V.de gegen K?

434 BGH, Urteil vom 25. November 2009, VIII ZR 318/08, BGHZ 183, 235 Rn. 16 ff.
435 *Nordholtz/Bleckwenn*, NJW 2017, 2497 ff.
436 Eg. 47 der Verbraucherrechterichtlinie 2011/83/EU vom 25. Oktober 2011, ABl. EU vom 22. November 2011, L 304, 64 ff.
437 BGH, Urteil vom 3. November 2010, VIII ZR 337/09, BGHZ 187, 268 Rn. 23.
438 BGH, Urteil vom 12. Oktober 2016, VIII ZR 55/15, BGHZ 212, 248 Rn. 25 ff.

Ansprüche V.de gegen K

1. § 433 Abs. 2 BGB
V.de könnte von K Zahlung des Kaufpreises in Höhe von € 300 verlangen, § 433 Abs. 2 BGB. Ein Kaufvertrag ist zwischen den beiden Parteien durch Lieferung des Anzuges zustande gekommen. Demnach ist der Anspruch des V.de gegen K auf Kaufpreiszahlung entstanden.

Der Anspruch könnte jedoch durch den Widerruf des K wieder erloschen sein, § 355 Abs. 1 Satz 1 BGB.

▶ **Hinweis:** Im Gegensatz zu den allgemeinen Regeln zum Rücktritt, bei denen der Untergang der primären Leistungspflicht vom Gesetz schlicht vorausgesetzt wird, regelt § 355 Abs. 1 Satz 1 BGB indirekt auch das Schicksal der primären Leistungspflicht. Indem die Vorschrift bestimmt, dass der Verbraucher infolge des Widerrufs nicht mehr an seine Willenserklärung zum Vertragsschluss gebunden ist, entfällt seine Verpflichtung aus dem Vertrag.

Voraussetzung ist, dass dem K ein Widerrufsrecht zusteht. Der Warenkaufvertrag ist durch Fernkommunikationsmittel zwischen einem Verbraucher und einem Unternehmer zustande gekommen, es liegt ein Fernabsatzvertrag vor. Ein Widerrufsrecht besteht nach § 312g Abs. 1 BGB i. V. m. § 312c BGB im Rahmen des Fernabsatzvertrages. Jedoch müsste der Widerruf wirksam geworden sein. Voraussetzung hierzu ist, dass K den Widerruf fristgerecht erhoben hat. Nach §§ 355 Abs. 2 Satz 1, 356 Abs. 2 Nr. 1 lit a) BGB beträgt die Widerrufsfrist 14 Tage ab Erhalt der Ware. Nach den AGB des V.de soll die Widerrufsfrist nur fünf Tage betragen. Die gesetzliche Widerrufsfrist kann jedoch nicht zulasten des Verbrauchers abbedungen werden, § 312k Abs. 1 Satz 1 BGB. Die Zwei-Wochenfrist, die am 3. Dezember mit dem Erhalt der Ware begann, war am 12. Dezember, am Tage der Aufgabe des Widerrufs zur Post, noch nicht abgelaufen.

Allerdings ging der Widerruf dem V.de erst am 4. Januar nach Ablauf der zweiwöchigen Widerrufsfrist zu. Fraglich ist, ob zur Wahrung der Frist auf die Abgabe oder den Zugang des Widerrufs abzustellen ist. Als empfangsbedürftige Willenserklärung wird sie nach § 130 Abs. 1 Satz 1 BGB grundsätzlich erst mit Zugang wirksam. Dann wäre der Widerruf erst am 4. Januar wirksam geworden und daher verfristet. Allerdings genügt nach § 355 Abs. 1 Satz 5 BGB zur Fristwahrung das rechtzeitige Absenden des Widerrufs. Der Widerruf wurde am 12. Dezember innerhalb der Zwei-Wochenfrist abgeschickt und ist somit rechtzeitig erfolgt. Der Widerruf ist wirksam. Der Anspruch des V.de gegen K auf Zahlung des Kaufpreises ist erloschen.

V.de hat gegen K keinen Anspruch auf Zahlung des Kaufpreises in Höhe von € 300 aus § 433 Abs. 2 BGB.

2. §§ 355 Abs. 3 Satz 1, 357 Abs. 1 BGB
V.de könnte gegen K einen Anspruch auf Rückgabe des Anzuges aus §§ 355 Abs. 3 Satz 1, 357 Abs. 1 BGB haben. Eine nach § 355 Abs. 1 Satz 2 BGB erforderliche Widerrufserklärung liegt vor. K steht ein Widerrufsrecht nach § 312g Abs. 1 BGB i. V. m. § 312c BGB zu (s. o.).

Durch den wirksamen Widerruf des K wurde der Kaufvertrag zwischen V.de und K in ein Rückgewährschuldverhältnis verwandelt, gemäß dem die von den Vertragsparteien erhaltenen Leistungen zurückzugeben sind. K hat in Erfüllung des Kaufvertrages von V.de den Anzug geliefert erhalten. Er ist somit nach § 357 Abs. 1 BGB verpflichtet, diesen an V.de zurückzugeben.

V.de kann somit von K Rückgabe des Anzuges nach §§ 355 Abs. 3 Satz 1, 357 Abs. 1 Satz 1 BGB verlangen.

3. Ergebnis
V.de kann von K nicht den Kaufpreis nach § 433 Abs. 2 BGB, sondern die Rückgabe des Anzuges nach §§ 355 Abs. 3 Satz 1, 357 Abs. 1 BGB verlangen.

3. Verbraucherdarlehen, §§ 491 ff. BGB

a) Übersicht

Eine große Versuchung für den Verbraucher stellt der Kauf von Konsumgütern auf Kredit dar. Der Kauf auf Kredit kann zu schweren finanziellen Belastungen und insbesondere in schweren Zeiten (Arbeitslosigkeit, Scheidung) zur Existenzbedrohung werden. Häufig sind Darlehensverträge auch unübersichtlich gestaltet, so dass dem Verbraucher die effektive Bruttobelastung nicht deutlich wird. Diesen Problemen widmete sich das Verbraucherkreditgesetz. Das Gesetz wurde durch die Schuldrechtsreform in das BGB unter Anpassung an dessen Terminologie integriert, §§ 491 ff. BGB. **839**

b) Anwendungsbereich

Verbraucherdarlehensverträge sind Darlehensverträge zwischen Unternehmern und Verbrauchern, § 491 BGB. Für Darlehensvermittlungsverträge enthalten die §§ 655a ff. BGB Sonderregelungen. § 512 BGB schließt Existenzgründer bei einer Darlehensaufnahme bis zur Höhe von € 75 000 in den Schutzbereich der §§ 491 ff. BGB ein. Ausgenommen sind nach § 491 Abs. 2 BGB u.a. Kleinstdarlehen bis € 200 netto (Nr. 1) und zinsgünstige Arbeitgeberdarlehen (Nr. 4). Für die Gewährung eines Zahlungsaufschubs gelten die §§ 491 ff. BGB nicht unmittelbar, sondern nur nach Maßgabe von § 506 BGB. **840**

c) Verbraucherinformation

aa) Inhalt der Informationspflicht, § 492 BGB

Verbraucherdarlehensverträge bedürfen nach § 492 Abs. 1 Satz 1 BGB der Schriftform sowie aufgrund § 491a Abs. 1 BGB i.V.m. Art. 247 EGBGB besonderer Angaben, insbesondere zum Nettodarlehensbetrag (Art. 247 § 3 Abs. 1 Nr. 4 EGBGB), zum insgesamt zu zahlenden Betrag (Art. 247 § 3 Abs. 1 Nr. 8 EGBGB) und zum effektiven Jahreszins (Art. 247 § 3 Abs. 1 Nr. 3 EGBGB). **841**

bb) Rechtsfolge bei Verstoß gegen Informationspflicht, § 494 BGB

Nach § 494 BGB ist der Vertrag bei Nichtbeachtung der Form, oder wenn eine der in Art. 247 §§ 6 und 9 bis 13 EGBGB vorgeschriebenen Angaben fehlt, grundsätzlich nichtig. Der Formmangel wird durch die Gewährung des Darlehens geheilt, jedoch nur zu den in § 494 Abs. 2 bis 6 BGB aufgeführten verbrauchergünstigen Konditionen. **842**

d) Widerrufsrecht

Nach § 495 Abs. 1 BGB hat der Verbraucher ein zweiwöchiges Widerrufsrecht gemäß § 355 BGB. Wird der Verbraucher nicht ordnungsgemäß nach §§ 495 Abs. 1, 355 Abs. 2, 360 Abs. 1 BGB belehrt, erlischt das Widerrufsrecht nicht, § 355 Abs. 4 Satz 3 BGB.[439] **843**

439 Zur Verjährung s. Rn. 829 (Fußnote).

e) Verbundene Geschäfte, § 358 BGB

844 Die Wirkung des Widerrufs eines Fernabsatzvertrages erstreckt sich auch auf den zu seiner Finanzierung abgeschlossenen Darlehensvertrag, § 358 Abs. 1 BGB, sowie anders herum, § 358 Abs. 2 BGB.

> **Beispiel:** V verkauft K eine Lexikonreihe durch einen Fernabsatzvertrag. Statt einen einfachen Abzahlungskauf zu vereinbaren, wird die B-Kreditbank eingeschaltet, die K ein Darlehen gewährt. K widerruft den Kaufvertrag. Hat dies Auswirkungen auf den Darlehensvertrag?

Kauf- und Darlehensvertrag sind verbundene Geschäfte i. S. d. § 358 Abs. 3 BGB. Wird der Kaufvertrag widerrufen, so ist nicht nur der Kaufvertrag, sondern auch der Darlehensvertrag rückabzuwickeln, § 358 Abs. 1 BGB. Macht K gegenüber V aus dem Kaufvertrag Rechte aus Gewährleistung geltend, muss auch die B-Kreditbank dies gegen sich gelten lassen, s. im Einzelnen § 358 Abs. 4 BGB.

VI. Gesetzliche Schuldverhältnisse

845 Schuldverhältnisse entstehen nicht nur durch den Abschluss schuldrechtlicher Verträge, sondern sie werden auch begründet, wenn ein gesetzlich normierter Tatbestand erfüllt ist. Man spricht dann von einem *gesetzlichen* Schuldverhältnis. Für bestimmte Tatbestände hat der Gesetzgeber gesetzliche Schuldverhältnisse geschaffen, da auch ohne eine schuldrechtliche Vereinbarung aufgrund besonderer Umstände einer Person ein schuldrechtlicher Anspruch gegen einen Anderen zustehen soll. So z. B. wenn

- jemand ein Geschäft für eine andere Person besorgt, ohne von ihr hierzu beauftragt worden zu sein (z. B. A verschafft sich mit Hilfe eines Schlossers Zugang zu B's Wohnung, um den Wasserhahn zuzudrehen, den B versehentlich hat laufen lassen), s. hierzu die Vorschriften zur Geschäftsführung ohne Auftrag (GoA), §§ 677 ff. BGB;
- jemand ohne rechtlichen Grund durch Leistung oder auf sonstige Weise etwas erlangt (z. B. G übereignet S ein Fahrrad, um seine Verpflichtung aus dem Kaufvertrag zu erfüllen, der Kaufvertrag ist jedoch nichtig), s. hierzu die Vorschriften zur ungerechtfertigten Bereicherung, §§ 812 ff. BGB;
- jemand eine andere Person verletzt oder ihr Eigentum beschädigt (z. B. S fährt G mit seinem Auto an), s. hierzu die Vorschriften zur unerlaubten (oder deliktischen) Handlung, §§ 823 ff. BGB;
- jemand durch den Fehler eines Produktes, das er in Verkehr gebracht hat, einen anderen verletzt oder dessen Eigentum beschädigt (z. B. aufgrund mangelhafter Bremsen verursacht G einen Unfall mit seinem Auto), s. hierzu die Vorschriften des Produkthaftungsgesetzes;
- jemand eine fremde Sache besitzt, ohne dass ihm ein Recht zum Besitz zusteht, und Nutzen aus der Sache zieht oder Verwendungen auf sie macht (z. B. ein Schaf des E schließt sich der Herde des B an, welches B füttert und schert), s. hierzu die Vorschriften zum Eigentümer-Besitzer-Verhältnis (EBV), §§ 987 ff. BGB.

1. Geschäftsführung ohne Auftrag (GoA), §§ 677 ff. BGB

Im Rechtsverkehr werden zahlreiche Dienstleistungen und sonstige Tätigkeiten im Interesse eines anderen vorgenommen, ohne dass hierzu die handelnde Person beauftragt wurde oder durch andere vertragliche Vereinbarungen berechtigt ist. In Ermangelung einer derartigen vertraglichen Vereinbarung hält das Gesetz mit den §§ 677 ff. BGB ein Regelwerk von Ansprüchen bereit, die der Geschäftsführer und der Geschäftsherr aufgrund der Tätigkeit gegeneinander haben könnten. **846**

Bei den Tätigkeiten kann es sich z. B. handeln um den Verkauf, die Erhaltung oder die Lagerung fremder Sachen, die Tilgung fremder Schulden, die Weiterleitung von Geldbeträgen, aber auch Maßnahmen zur Bekämpfung von Bränden, Wasser- oder Bodenverschmutzungen oder sonstige Maßnahmen zur Gefahrenabwehr. Die Vorschriften zur GoA regeln je nach Tatbestand, ob der Geschäftsführer für seine Tätigkeit Aufwendungsersatz verlangen kann, sowie ob er dem Geschäftsherrn zur Herausgabe dessen verpflichtet ist, was er durch seine Tätigkeit erlangt hat, und ob er ihm sogar auf Schadensersatz haftet. **847**

Eine gesteigerte Bedeutung kommt der GoA aufgrund zahlreicher Verweisungen durch andere Normen zu. **848**

Beispiele: § 539 Abs. 1 BGB (Aufwendungsersatz des Mieters), § 601 Abs. 2 Satz 1 BGB (Verwendungsersatz des Entleihers), § 775 Abs. 1 BGB (Befreiung des Bürgen), § 994 Abs. 2 BGB (notwendige Verwendungen des unberechtigten Besitzers), § 1049 Abs. 1 BGB (Verwendungen des Nießbrauchers), § 1216 Satz 1 BGB (Verwendungen des Pfandgläubigers).

a) Voraussetzungen der GoA

Die Voraussetzungen der GoA sind: **849**

aa) Besorgung eines fremden Geschäfts

Nach § 677 BGB ist das Geschäft „für einen anderen" zu besorgen, d. h. es muss ein fremdes Geschäft vorliegen. Dies ist der Fall, sofern das Geschäft einem fremden Rechts- oder Interessenkreis zuzuordnen ist. Aber auch ein objektiv neutrales[440] oder eigenes Geschäft wird zum fremden Geschäft, wenn der Geschäftsführer einen entsprechenden Willen (Fremdgeschäftsführungswillen) bildet. **850**

Beispiel: Die Übernahme von Transport- oder Übermittlungsarbeiten für einen Anderen, aber auch die Hilfeleistung in Notfällen.

bb) Fremdgeschäftsführungswille

Aus § 687 Abs. 1 BGB ergibt sich im Umkehrschluss (*e contrario*) das Erfordernis, dass der Geschäftsführer sich bewusst ist, ein fremdes Geschäft zu führen, und dies auch will (Fremdgeschäftsführungswille). Bei einem objektiv fremden Geschäft wird der **851**

---

440 Objektiv neutrale Geschäfte sind solche, die jedermann vornehmen darf, wie z.B. der Erwerb einer Sache.

Fremdgeschäftsführungswille vermutet.[441] Der Geschäftsführer muss seinen Fremdgeschäftsführungswillen nur dann beweisen, wenn objektiv ein neutrales oder ein eigenes Geschäft vorliegt. An einem Fremdgeschäftsführungswillen fehlt es, wenn das Handeln des Leistenden sich als reine Gefälligkeit darstellt und somit kein Rechtsbindungswillen[442] (d.h. konkret kein Erklärungsbewusstsein; zur Begrifflichkeit s. Rn. 86) vorliegt.

Beispiel: Der minderjährige M ist Mitglied eines Sportvereins und wird von seinen Eltern zu einer Sportveranstaltung des Vereins gefahren. Während der Fahrt kommt es zu einem Unfall. Die Eltern verlangen vom Verein als Aufwendungsersatz Ersatz des Verkehrsunfallschadens aus GoA (§§ 677, 683 Satz 1, 670 BGB). Die Übernahme der Fahrt stellt jedoch eine reine Gefälligkeit dar, welche keine Ansprüche aus GoA begründen.[443]

Sofern jemand irrtümlich glaubt, er führe ein eigenes Geschäft (vermeintliche GoA), finden die Regeln der GoA keine Anwendung, § 687 Abs. 1 BGB.

Bei einer vermeintlichen GoA gelten die allgemeinen Regeln (§§ 812 ff., 823 ff. BGB), sofern sie nicht durch die speziellen Vorschriften des EBV ausgeschlossen sind.

Beispiele:
a) Der Bauer B füttert die Kühe seines Nachbarn N, die unbemerkt auf B's Wiese gewechselt sind. Aufgrund des EBV kann B von N den Ersatz der Futterkosten als notwendige Verwendung nach § 994 Abs. 1 Satz 1 BGB verlangen. Ein Anspruch aus § 812 Abs. 1 Satz 1, 2. Alt. BGB (Verwendungskondiktion) tritt vor den speziellen Regeln des EBV zurück, da durch die allgemeinen Regeln der §§ 812 ff. BGB die den gutgläubigen Besitzer schützenden Normen des EBV nicht umgangen werden sollen.
b) Die Nachbarn A und B parken ihre sich gleichenden Pkw stets auf der Straße. A wäscht versehentlich den Pkw des B. Mangels EBV kann A seine Verwendungen von B nach § 812 Abs. 1 Satz 1, 2. Alt. BGB herausverlangen.

---

852 **Das sog. „auch-fremde-Geschäft"**

Nach h. A. und ständiger Rechtsprechung des BGH, finden die Vorschriften der GoA auch dann Anwendung, wenn der Geschäftsführer neben der Besorgung eines eigenen Geschäfts, *auch* ein fremdes Geschäft führt. Der Eigengeschäftsführungswille schließe einen Fremdgeschäftsführungswillen nicht aus.[444]

Beispiele:
a) Die Gemeinde D schließt mit der Hausverwaltung GF einen Vertrag, gemäß dem GF das Haus des GH verwaltet. GF verlangt von GH Aufwendungsersatz (Verpflichtung des Geschäftsführers zur Tätigkeit).[445]

---

441 BGH, Urteil vom 23. Februar 1978, VII ZR 11/76, BGHZ 70, 389, 396.

442 BeckOK/*Gehrlein*, § 677 Rn. 1; im Ergebnis ebenso, wenn auch in der Wertung offengelassen BGH, Urteil vom 23. Juli 2015, III ZR 346/14, BGHZ 206, 254 Rn. 9.

443 BGH, Urteil vom 23. Juli 2015, III ZR 346/14, BGHZ 206, 254 Rn. 9; abweichend in der Begründung *Staake*, Jura 2016, 651, 656, wonach es am Fremdgeschäftsführungswillen fehle.

444 BGH, Urteil 8. März 1990, III ZR 81/88, BGHZ 110, 313, 314 f.; Palandt/*Sprau*, § 677 Rn. 6.

445 BGH, Urteil vom 21. Oktober 1999, III ZR 319/98, BGHZ 143, 9, s. insbes. 13 ff.; andererseits hingegen BGH, Urteil vom 15. April 2004, VII ZR 212/03, NJW-RR 2004, 956, wenn der Unternehmer (GF) mit einem Generalunternehmer einen Werkvertrag abgeschlossen hat, die Arbeiten aber dem Auftraggeber (GH) des Generalunternehmers zugutekommen, hat der Unternehmer keinen Anspruch auf Aufwendungsersatz gegen den Auftraggeber aus GoA gemäß §§ 683, 670 BGB. Er kann sich nur an den Generalunternehmer halten und trägt dessen Insolvenzrisiko. Die vertragliche Regelung hat Vorrang vor einem außervertraglichen Ausgleichsanspruch.

b) Die Feuerwehr der Gemeinde GF löscht einen Brand, der von GH verursacht wurde und verlangt von GH Aufwendungsersatz (Tätigkeit der öffentlichen Hand im eigenen Zuständigkeitsbereich).[446]
c) GF weicht GH aus, der plötzlich auf die Fahrbahn tritt, um ihn nicht zu überfahren und gerät auf einen Acker, wo der Wagen sich überschlägt und GF verletzt wird. GF verlangt von dem verschonten GH eine Entschädigung (Selbstaufopferungsfälle).[447]
d) GF entfernt im Auftrag des Eigentümers den auf dessen Grundstück ohne seine Zustimmung abgestellten Pkw des GH. GF verlangt vom GH die Zahlung der Abschleppkosten.[448]
e) GF erreicht für GH bei D Schuldennachlässe, wozu sich GF dem GH gegenüber vertraglich verpflichtet hatte. Der Vertrag ist aufgrund des Rechtsberatungsgesetzes nichtig. GF verlangt von GH Aufwendungsersatz (Tätigkeit aufgrund nichtigen Vertrages).[449]

Für GF stellt die Verwaltungstätigkeit im Fall a) nicht nur ein eigenes Geschäft dar (Erfüllung seines Vertrages mit D), sondern auch ein fremdes (Verwaltung des Hauses des GH). Aufgrund der h. A. finden die Vorschriften der GoA Anwendung, wonach GF von GH nach §§ 683 Satz 1, 670 BGB Aufwendungsersatz verlangen kann. Entsprechend verhält es sich in den weiteren Beispielen. Nur wenn die Tätigkeit wie im Fall e) aufgrund eines im Verhältnis zwischen GF und GH nichtigen Vertrages erfolgt, nimmt die herrschende Ansicht entgegen der ständigen Rechtsprechung des BGH einen Vorrang der §§ 812 ff. BGB an (s. Rn. 854).
Gegen das „auch-fremde-Geschäft" ist einzuwenden, dass § 683 BGB zu einem ergebnisorientierten Mittel des Lastenausgleichs aus Billigkeitsgründen ausgeweitet wird.[450] Bei der Geschäftsführung aufgrund nichtigem Vertrag ist der Ausgleich gemäß § 683 BGB zugunsten des fremdnützig handelnden Geschäftsführers weiter als der nach §§ 812 ff. BGB gefasst, da er auch Ersatz für nutzlose Aufwendungen bietet, sofern der Geschäftsführer sie für erforderlich halten durfte. Im Rahmen der §§ 812 ff. BGB stünde dem § 818 Abs. 3 BGB entgegen. Gegen die h. A. kann ferner angeführt werden, dass mit der Annahme eines (Auch-)Fremdgeschäfts ein Fremdgeschäftsführungswille grundsätzlich vermutet wird; in den Fällen des „auch-fremden-Geschäfts" ist eine Fremdgeschäftsführung jedoch in den meisten Fällen gerade nicht vorhanden, da der Geschäftsführer eigene Zwecke verfolgt. Zudem fehlt es typischerweise an der grundsätzlichen Unterordnung des Geschäftsführers unter den Willen des Geschäftsherrn (vgl. §§ 678, 681, 683 BGB). Die Vorschriften der GoA passen nicht auf das „auch-fremde-Geschäft". Als Folge der ausgedehnten Rechtsprechung des BGH[451] bildeten sich z. B. Abmahnungsvereine,[452] deren Unwesen erst durch § 13 Abs. 5 UWG a.F. (nunmehr § 8 Abs. 4 UWG) Einhalt geboten werden konnte.
Die Fälle a) bis e) sind nach zutreffender Meinung nicht nach den Grundsätzen der GoA, sondern wie folgt zu lösen:
a) Der GF muss sich an seinen Vertragspartner D halten.
b) Der Ausgleichsanspruch richtet sich nach öffentlichem Recht (Landesrecht).[453]
c) GoA ist denkbar, wenn im konkreten Fall festgestellt werden kann, dass die Handlung altruistisch motiviert ist und somit ein Fremdgeschäftsführungswille vorliegt.

446 BGH, Urteil vom 20. Juni 1963, VII ZR 263/61, BGHZ 40, 28 ff.; vgl. ferner BGH, Urteil vom 4. Dezember 1975, VII ZR 218/73, BGHZ 65, 354, 356 ff.
447 BGH, Urteil vom 27. November 1962, VI ZR 217/61, BGHZ 38, 270 ff.
448 BGH, Urteil vom 11. März 2016, V ZR 102/15, NJW 2016, 2407 ff.
449 Zur Geschäftsführung aufgrund nichtigen Vertrages s. Rn. 854.
450 *Medicus/Petersen*, Bürgerliches Recht, 26. Auflage 2017, Rn. 412; *Emmerich*, BGB – Schuldrecht BT, 14. Auflage 2015, § 13 Rn. 8; vgl. auch *Giesen*, Jura 1996, 225, 229 f.; *Gursky*, Schuldrecht BT, 5. Auflage 2005, 160.
451 S. insbesondere BGH, Urteil vom 15. Oktober 1969, I ZR 3/68, BGHZ 52, 393, 399 f.
452 Abmahnungsvereine mahnten die Unterlassung von Wettbewerbsverstößen an, nur um die durch die Abmahnung entstandenen Aufwendungen ersetzt verlangen zu können.
453 *Thole*, NJW 2010, 1243, 1245, 1247.

d) Der Ausgleich erfolgt „über Eck" (s. Rn. 896). Dem Eigentümer steht aufgrund der verbotenen Eigenmacht ein Schadensersatzanspruch gegen den GH aus §§ 823 Abs. 2, 858 Abs. 1 BGB zu. Der GF hat einen Anspruch gegen den Eigentümer aufgrund Vertrag.[454]
e) Dem GF steht nur ein Anspruch gegen GH gemäß § 812 Abs. 1 Satz 1 BGB zu.

▪ Fehlende vertragliche Berechtigung zur Geschäftsführung

853 Nach § 677 BGB liegt eine GoA nur vor, sofern der Geschäftsführer zur Besorgung des fremden Geschäfts nicht beauftragt oder sonst dazu berechtigt ist.[455] Sofern vertragliche Rechtsbeziehungen zwischen Geschäftsführer und Geschäftsherrn die Geschäftsführung betreffend vorliegen, ist der Sachverhalt ausschließlich nach diesen Rechtsbeziehungen zu beurteilen. Wurde der Geschäftsführer z. B. zur Geschäftsbesorgung beauftragt, so finden die §§ 662 ff. BGB Anwendung; erfolgt die Geschäftsbesorgung entgeltlich, so gelten die §§ 675 ff. BGB.

854 **Geschäftsführung aufgrund nichtigen Vertrages**

Strittig ist, ob eine Geschäftsführung aufgrund eines nichtigen Vertrages vorrangig über die Regeln der GoA statt ausschließlich gemäß §§ 812 ff. BGB abzuwickeln ist.

Beispiel: GF erreicht für GH bei D Schuldennachlässe, wozu sich GF dem GH gegenüber vertraglich verpflichtet hatte. Der Vertrag ist aufgrund § 134 BGB wegen eines Verstoßes gegen das Rechtsdienstleistungsgesetz nichtig. GF verlangt von GH eine Vergütung.

Die Anwendung der Regeln der GoA wird vom BGH mit der Begründung bejaht, der Wille zur Erfüllung einer vertraglichen Verpflichtung tätig zu werden, schließe nicht den Willen aus, auch ein Geschäft des Vertragspartners mitzubesorgen (sog. „auch-fremde-Geschäft"[456]). Einen Aufwendungsersatzanspruch nach §§ 683 Satz 1, 670 BGB verneint der BGH jedoch, sofern der Geschäftsführer seine Aufwendungen aufgrund eines gesetzlichen Verbots nicht „den Umständen nach für erforderlich halten" durfte.[457] Der ganz überwiegende Teil der Literatur[458] steht der Berufung auf die Grundsätze zum „auch-fremden-Geschäft" bei der Ausführung von Tätigkeiten aufgrund eines nichtigen Vertrages zu Recht ablehnend gegenüber, da durch die Anwendung der Vorschriften der GoA die Einschränkungen der §§ 814, 817 Satz 2, 818 Abs. 3 BGB umgangen werden. Durch den Rückgriff auf die Regeln der GoA wird, statt wie bei nichtigen Verträgen nach §§ 812 ff. BGB geboten, nicht auf die Bereicherung des Leistungsempfängers, sondern auf die Aufwendungen des Geschäftsführers (Leistender) abgestellt, ohne Rücksicht darauf, ob die von ihm erbrachte Leistung zum Erfolg beim Leistungsempfänger geführt hat. Der Kunstgriff des BGH, über das Tatbestandsmerkmal des § 670 BGB („den Umständen nach für erforderlich halten darf") im Einzelfall einen Aufwendungsanspruch abzulehnen, führt zu einer am Ergebnis orientierten Billigkeitsrechtsprechung.

454 Vgl. BGH, Urteil vom 5. Juni 2009, V ZR 144/08, BGHZ 181, 233 Rn. 11.
455 § 323c StGB (Strafbarkeit wegen unterlassener Hilfeleistung) führt nicht zu einer Berechtigung des Geschäftsherrn i. S. v. § 677 BGB zur Gefahrenabwendung, weil die Hilfspflicht der Allgemeinheit und nicht speziell dem Geschäftsherrn gegenüber besteht, *Brox/Walker*, Besonderes Schuldrecht, 41. Auflage 2017, § 36 Rn. 20. Es kommt daher zur Anwendung der Regeln der GoA.
456 Einzelheiten zum „auch-fremden-Geschäft", welches von der h. A. anerkannt ist, s. Rn. 852.
457 BGH, Urteil vom 25. Juni 1962, VII ZR 120/61, BGHZ 37, 258, 263 f.
458 *Larenz/Canaris*, Schuldrecht II/2, 13. Auflage 1994, 348; *Lorenz*, NJW 1996, 883, 885 f.; *ders.* NJW 2009, 2576.

b) Rechtsfolgen

aa) Die berechtigte GoA

Ein Fall der berechtigten GoA liegt vor, wenn die Geschäftsführung dem Interesse *und* dem wirklichen oder mutmaßlichen Willen des Geschäftsherrn entspricht, § 683 Satz 1 BGB. Ein entgegenstehender wirklicher Wille des Geschäftsherrn ist nur nach Maßgabe von § 679 BGB, welcher ein öffentliches Interesse an der Geschäftsführung voraussetzt, unerheblich. Der Geschäftsherr kann die Geschäftsführung auch nachträglich genehmigen, § 684 Satz 2 BGB; dies geschieht konkludent, wenn der Geschäftsherr vom Geschäftsführer das bei der Geschäftsführung Erlangte herausverlangt, §§ 681 Satz 2, 667 BGB.[459] **855**

Interesse und wirklicher oder mutmaßlicher Wille des Geschäftsherrn, § 683 Satz 1 BGB **856**

1. Begriffsbestimmungen

Die Geschäftsführung entspricht dem Interesse des Geschäftsherrn, wenn sie ihm *objektiv* nützlich ist. Für den Willen des Geschäftsherrn ist vorrangig sein wirklicher Wille entscheidend. Dabei ist es unerheblich, ob der wirkliche Wille dem Geschäftsführer gegenüber geäußert wurde, sofern er irgendwie erkennbar zum Ausdruck gebracht wurde. Denn Sinn und Zweck von § 683 Satz 1 BGB ist es, ungewollte Einmischungen zu verhindern. Hat der Geschäftsherr seinen Willen nicht erkennbar zum Ausdruck gebracht, ist auf seinen mutmaßlichen Willen abzustellen. Dieser wird i. d. R. aus dem *objektiven* Interesse ermittelt.

2. Verhältnis von Wille und Interesse

Fraglich sind die Rechtsfolgen, wenn sich Interesse und Wille des Geschäftsherrn widersprechen. Der Wortlaut von § 683 Satz 1 BGB führt die beiden Tatbestandsvoraussetzungen kumulativ auf. Daher wird davon ausgegangen, dass sich Wille und Interesse entsprechen müssen, um zu den Rechtsfolgen der berechtigten GoA zu führen.[460] Wie jedoch der Umkehrschluss zu § 116 Satz 1 BGB zeigt, gilt im Zivilrecht beim tatsächlich geäußerten und erkennbaren Willen die Willenstheorie. Demnach geht der tatsächlich geäußerte Wille dem objektiven Interesse des Geschäftsherrn vor.[461] § 683 Satz 1 BGB ist entsprechend teleologisch zu reduzieren, sofern der geäußerte Wille nicht dem Interesse der Allgemeinheit, dem Gesetz oder den guten Sitten (§§ 679, 134, 138 BGB) widerspricht.[462] Umstritten ist dabei jedoch, ob bei der Rettung eines Selbstmörders dessen geäußerter Wille zu sterben das öffentliche Interesse der Lebensbewahrung entgegensteht.[463]

Bei der berechtigten GoA entsteht ein gesetzliches Schuldverhältnis zwischen dem Geschäftsführer und dem Geschäftsherrn. **857**

> **Beispiel:** Ausgangsfall
> GF rettet den ertrinkenden GH. Für die Rettungsfahrt verbraucht er Benzin im Wert von € 5. Ferner beschädigt GF, als er GH aus dem Wasser zieht, durch leichte Unachtsamkeit sein Ruder sowie das Hemd des GH. Wie ist die Rechtslage?

---

459 MüKo/*Schäfer*, § 684 Rn. 14.
460 MüKo/*Schäfer*, § 683 Rn. 12.
461 *Medicus/Lorenz*, Schuldrecht II, 17. Auflage 2014, Rn. 1116.
462 *Giesen*, Jura 1996, 288, 289.
463 Dafür etwa Staudinger/*Bergmann*, § 683 Rn. 18; dagegen z.B. MüKo/*Schäfer*, § 679 Rn. 13; *Medicus/Lorenz*, Schuldrecht II, 17. Auflage 2014, Rn. 1117, dem Retter stehen jedoch Ansprüche aus § 823 Abs. 1 BGB und § 2 Abs. 1 Nr. 13 SGB VII zu.

i) Anspruch des Geschäftsführers gegen den Geschäftsherrn: Aufwendungsersatzanspruch, § 683 i. V. m. § 670 BGB

859 Sofern die Übernahme der Geschäftsführung dem Interesse und dem wirklichen oder dem mutmaßlichen Willen des Geschäftsherrn dient, kann der Geschäftsführer vom Geschäftsherrn die von ihm erbrachten Aufwendungen nach §§ 683, 670 BGB ersetzt verlangen, die er den Umständen nach für erforderlich halten durfte.

Aufwendungen sind im Gegensatz zum Schaden *freiwillige* Vermögensopfer.

Beispiel: Im Ausgangsfall (Rn. 858) verbraucht GF sein Benzin, um GH zu retten.

Sofern die Tätigkeit zum Gewerbe oder Beruf des Geschäftsführers gehört, kann in analoger Anwendung von § 1835 Abs. 3 BGB im Rahmen des Aufwendungsersatzes eine Vergütung verlangt werden.[464]

Einen Schadensersatzanspruch des Geschäftsführers sehen die Vorschriften zur GoA nicht vor. Nach zutreffender h. A. unterfallen aber auch Schäden des Geschäftsführers dem Aufwendungsbegriff des § 683 BGB, die bei der konkreten Gefahrenlage typischerweise entstehen (risikotypische Begleitschäden),[465] da der Geschäftsführer keinen Nachteil erleiden soll. Bezweckt der Geschäftsführer mit seiner Handlung die Abwendung einer dem Geschäftsherrn drohenden dringenden Gefahr, kommt sein etwaiges Mitverschulden (§ 254 BGB) nur bei Vorsatz oder grober Fahrlässigkeit in Betracht, § 680 BGB.

Beispiel: Im Ausgangsfall (Rn. 858) beschädigt GF sein Ruder, als er GH rettet, und erleidet aufgrund dieses unfreiwilligen Vermögensopfers einen Schaden. Da leichte Beschädigungen der Ausrüstung bei der Lebensrettung typischerweise entstehen können, kann der Schaden im Rahmen des Aufwendungsersatzes liquidiert werden. Die leichte Fahrlässigkeit des GF wird ihm aufgrund § 680 BGB nicht als Mitverschulden (§ 254 BGB) auf seinen Aufwendungsersatzanspruch nach §§ 683 Satz 1, 670 BGB angerechnet.

---

860 **§ 680 BGB**

1. Berechtigte und unberechtigte GoA
§ 680 BGB gilt für die berechtigte und unberechtigte GoA. Die Haftungsbeschränkung des § 680 BGB kommt auch im Rahmen der §§ 823 ff. BGB zur Anwendung.[466] Denn durch das Deliktsrecht, welches neben der unberechtigten GoA anwendbar ist,[467] soll nicht die Haftungserleichterung für altruistische Handlungen ausgehebelt werden.

2. Vermeintliche Gefahr
§ 680 BGB setzt keine objektiv bestehende Gefahr voraus; es genügt, wenn der Geschäftsführer die Gefahr annimmt, ohne dass ihm grobe Fahrlässigkeit zur Last fällt.[468] Für diese Auslegung spricht

---

464 Erman/*Dornis*, § 683 Rn. 14 f.; MüKo/*Schäfer*, § 683 Rn. 28; abweichend Staudinger/*Bergmann*, § 683 Rn. 59 ff.

465 *Giesen*, Jura 1996, 288, 291 f.; *Emmerich*, BGB – Schuldrecht BT, 14. Auflage 2015, § 13 Rn. 16.

466 BGH, Urteil vom 30. November 1971, VI ZR 100/70, NJW 1972, 475; Soergel/*Beuthien*, § 680 Rn. 2.

467 Bei der berechtigten GoA sind die §§ 823 ff. BGB ausgeschlossen, da es an der Rechtswidrigkeit fehlt, s. Rn. 864.

468 Soergel/*Beuthien*, § 680 Rn. 8; Jauernig/*Mansel*, § 680 Rn. 2; abweichend *Batsch*, AcP 171 (1971), 218, 225 f.; *Dietrich*, JZ 1974, 535, 539, nur wenn Gefahr schuldlos verkannt wird; gegen die Anwendung von § 680 BGB bei vermeintlicher Gefahr OLG Frankfurt, Urteil vom 6. April 1976, 8 U 195/75, MDR 1976, 1021; MüKo/*Schäfer*, § 680 Rn. 7; Staudinger/*Bergmann*, § 680 Rn. 13.

neben dem Wortlaut der Norm („Bezweckt") deren Zweck, eine schnelle Hilfeleistung in Notlagen zu fördern. Andernfalls würde der Nothelfer sogar verschärft haften, wenn er leicht fahrlässig verkennt, dass der Geschäftsherr nicht gerettet werden wollte, s. § 678 BGB.

---

ii) Ansprüche des Geschäftsherrn gegen den Geschäftsführer

(i) Herausgabe, § 681 Satz 2 i. V. m. § 667 BGB

Erlangt der Geschäftsführer bei der Geschäftsführung etwas, so hat er dies nach §§ 681 Satz 2, 667 BGB an den Geschäftsherrn herauszugeben. **861**

Beispiel: GF verkauft GHs leicht verderbliche Ware, da dieser nicht rechtzeitig von einer Geschäftsreise zurückkommt. GF muss den Erlös des Verkaufs nach §§ 681 Satz 2, 667 BGB an GH herausgeben.

(ii) Anzeige- und sonstige Nebenpflichten, § 681 BGB

Der Geschäftsführer muss die GoA dem Geschäftsherrn anzeigen, § 681 Satz 1 BGB. Ferner treffen ihn die Verpflichtungen des Geschäftsführers im Auftragsverhältnis nach den §§ 666 bis 668 BGB (Auskunfts- und Rechenschaftspflicht, Verzinsung des verwendeten Geldes, Herausgabepflicht s. o.), § 681 Satz 2 BGB. **862**

(iii) Schadensersatz, §§ 280 ff. BGB

Die *berechtigte* GoA ist ein (gesetzliches) Schuldverhältnis. Der Geschäftsführer ist verpflichtet, das Geschäft so zu führen, wie es das Interesse des Geschäftsherrn mit Rücksicht auf dessen wirklichen oder mutmaßlichen Willen erfordert, § 677 BGB. Ferner gelten für ihn die Nebenpflichten des Auftragnehmers, §§ 681 Satz 1, 666 ff. BGB. Schließlich leiten sich aus der berechtigten GoA auch die nicht leistungsbezogenen Nebenpflichten des Geschäftsführers im Sinne des § 241 Abs. 2 BGB ab. Verletzt der Geschäftsführer diese Pflichten schuldhaft, so ist er dem Geschäftsherrn zum Ersatz des hieraus entstandenen Schadens verpflichtet, §§ 280 ff. BGB. Allerdings hat der Geschäftsführer, der zur Abwendung einer dringenden Gefahr handelt, nach § 680 BGB nur Vorsatz und grobe Fahrlässigkeit zu vertreten. **863**

Beispiel: Im Ausgangsfall (Rn. 858) könnte GH von GF Schadensersatz für sein Hemd nach § 280 Abs. 1 BGB verlangen, sofern GF seine Rücksichtspflicht aus § 241 Abs. 2 BGB verletzt hat. Indem GF GHs Hemd zerreißt, verletzt GF diese Verpflichtung. Allerdings hat er nach § 680 BGB entgegen § 276 BGB nur Vorsatz und grobe Fahrlässigkeit zu vertreten, da er GH vor dem Ertrinken rettet. Ein Schadensersatzanspruch des GH gegen GF besteht nicht.

iii) Konkurrenzen

Die *berechtigte* GoA ist ein gesetzliches Schuldverhältnis. Hieraus ergibt sich der Vorrang der Ansprüche aus der berechtigten GoA gegenüber den Ansprüchen anderer gesetzlicher Schuldverhältnisse. **864**

(i) Ansprüche nach den §§ 812 ff. BGB (ungerechtfertigte Bereicherung) sind bei berechtigter GoA ausgeschlossen, da diese einen Rechtsgrund für die Vermögensverschiebung bildet.

(ii) Die Geschäftsführung führt nicht zu Schadensersatzansprüchen nach §§ 823 ff. BGB (deliktische Handlung), da aufgrund der berechtigten GoA die Rechtswidrigkeit der schädigenden Handlung entfällt.

(iii) Wird im Rahmen der berechtigten GoA ein Gegenstand in Besitz genommen, hat der Geschäftsführer ein Recht zum Besitz i. S. v. § 986 BGB; mangels Vindikationslage sind Ansprüche nach den §§ 987 ff. BGB (EBV) ausgeschlossen.

▶ **Hinweis:** Aufgrund des Vorrangs der berechtigten GoA sind in der Klausur Ansprüche aus berechtigter GoA vor den sonstigen gesetzlichen Schuldverhältnissen zu prüfen.

bb) Die unberechtigte GoA

865 Ein Fall der unberechtigten GoA liegt vor, wenn die Geschäftsführung dem Interesse oder dem Willen des Geschäftsherrn gemäß § 683 Satz 1 BGB widerspricht, ohne dass § 679 BGB zur Anwendung kommt und ohne dass der Geschäftsherr die Geschäftsführung nachträglich genehmigt, § 684 Satz 2 BGB.

Durch die Genehmigung wird die unberechtigte GoA zur berechtigten. Der Verweis in § 684 BGB auf § 683 BGB allein greift demnach zu kurz. Da der Geschäftsherr bei der Genehmigung nicht schlechter gestellt werden darf, stehen ihm auch die Ansprüche aus § 681 BGB zu.

866 Die unberechtigte GoA ist kein gesetzliches Schuldverhältnis.[469]

Beispiele:
a) In Abwandlung des Ausgangsfalls (Rn. 858) droht GH nicht zu ertrinken, sondern planscht nur wild herum. Er will nicht „gerettet" werden. Dies hat GF leicht fahrlässig verkannt. Hingegen beschädigt er GHs Hemd schuldlos.
b) GF übernimmt Malerarbeiten des GH, der sich im Urlaub befindet, in der irrtümlichen Annahme, GH sei D hierzu vertraglich verpflichtet. Tatsächlich will GH aufgrund schlechter Erfahrungen keine weiteren Geschäfte mehr mit dem unzuverlässigen D tätigen. Dies hatte GH in seinen Geschäftsakten vermerkt. GH erhält Zahlung für diese Arbeiten von D, denkt aber, es handele sich um die Vergütung anderer Arbeiten. GH verschleudert das Geld.

i) Ansprüche des Geschäftsführers gegen den Geschäftsherrn

(i) Kein Aufwendungsersatz

867 Dem unberechtigten Geschäftsführer steht kein Aufwendungsersatzanspruch zu. § 683 BGB setzt eine berechtigte GoA voraus. Der über eine bestehende Gefahrenlage (§ 680 BGB) irrende Geschäftsführer kann keinen Aufwendungsersatzanspruch nach §§ 683, 670 BGB geltend machen, wenn der Geschäftsherr nicht den Eindruck des Bestehens einer Notsituation hervorgerufen hat, die die Rettung objektiv in seinem Interesse erscheinen lässt.[470]

Im Beispiel a) (Rn. 866) ruft GH nicht objektiv den Eindruck des Bestehens einer Gefahrenlage hervor, die Rettung entspricht auch nicht seinem tatsächlichen Willen.
Im Beispiel b) (Rn. 866) widerspricht die Geschäftsführung dem tatsächlichen Willen des GH. Durch den Aktenvermerk ist der Wille geäußert worden; unerheblich ist, dass die Willensäußerung nicht gegenüber GF erfolgte.
In beiden Beispielen liegt ein Fall der unberechtigten GoA vor. Dem GF steht kein Aufwendungsersatz zu.

(ii) Herausgabe, § 684 i. V. m. §§ 812 ff. BGB

469 Wohl noch h.A., zum Meinungsstand s. *Loyal*, AcP 212 (2012), 364, 365 ff.
470 Zur Bestimmung von Interesse und Wille des Geschäftsherrn i. S. v. § 683 Satz 1 BGB s. Rn. 856.

Im Falle der unberechtigten GoA kann der Geschäftsführer vom Geschäftsherrn nach §§ 812 ff. BGB verlangen, all das herauszugeben, was der Geschäftsherr durch die GoA erlangt hat. Dies bedeutet, dass der Geschäftsherr einem Herausgabeanspruch nur ausgesetzt ist, sofern er durch die GoA bereichert ist, § 818 Abs. 3 BGB. **868**

Bei dem Verweis von § 684 Satz 1 auf §§ 812 ff. BGB handelt es sich nach zutreffender h. A. um einen *Rechtsfolgenverweis*, den fehlenden Rechtsgrund für den Anspruch enthält § 684 Satz 1 BGB selbst.[471] D.h. es sind die Tatbestandsvoraussetzungen der §§ 812 ff. BGB nicht zu prüfen. Der Herausgabeanspruch nach §§ 684 Satz 1, 812, 818 BGB beschränkt sich auf die vom Geschäftsführer getätigten Aufwendungen, um die der Geschäftsherr bereichert ist und umfasst nicht den Gewinn aus der Geschäftsführung. Andernfalls käme es insbesondere bei §§ 687 Abs. 2, 681 Satz 2, 667 BGB (angemaßte Geschäftsführung) zum sog. juristischen Karussell.[472] **869**

Im Beispiel b) (Rn. 866) könnte GF von GH die von D gezahlte Vergütung nur nach §§ 684 Satz 1, 818 BGB in Höhe seiner getätigten Aufwendungen herausverlangen. Dem steht jedoch entgegen, dass GH das Geld verschleudert hat und somit entreichert ist, § 818 Abs. 3 BGB. GF hat daher gegen GH keinen Herausgabeanspruch.

Rechtsgrund- und Rechtsfolgenverweis **870**

Man unterscheidet zwischen zwei Verweisungsformen:
a) Beim Rechtsgrundverweis wird auf den Rechtsgrund *und* die Rechtsfolgen einer Norm verwiesen. Es sind deshalb (auch) die Voraussetzungen der Norm, auf die verwiesen wird, zu prüfen; z. B. § 951 BGB verweist auf den Rechtsgrund des § 812 Abs. 1 Satz 1, 2. Alt. BGB, daher ist u. a. der fehlende Rechtsgrund für die Leistungsverschiebung zu prüfen.
b) Beim Rechtsfolgenverweis enthält die verweisende Norm bereits sämtliche Anspruchsvoraussetzungen. Verwiesen wird nur auf die Rechtsfolgen einer Norm; z. B. § 684 Satz 1 BGB verweist auf die Rechtsfolgen von § 812 BGB,[473] daher ist nur der Umfang des Herausgabeanspruchs nach §§ 812, 818 BGB zu prüfen. Der fehlende Rechtsgrund liegt bereits durch § 684 Satz 1 BGB aufgrund der unberechtigten GoA vor (ein weiteres Beispiel für einen Rechtsfolgenverweis ist § 346 Abs. 3 Satz 2 BGB).

Eingehend zum Rechtsgrund- und Rechtsfolgenverweis s. *Wörlen/Leinhas*, JA 2006, 22 ff.

---

ii) Ansprüche des Geschäftsherrn gegen den Geschäftsführer

(i) Schadensersatz, § 678 BGB

Der Geschäftsherr ist gegen unerwünschte Einmischung zu schützen. Ihm haftet der unberechtigte Geschäftsführer bei verschuldeter Übernahme der Geschäftsführung (d. h. weil er den entgegenstehenden Willen des Geschäftsherrn hätte erkennen müssen) verschuldensunabhängig für jegliche Schäden, die durch die Geschäftsführung entstehen, § 678 BGB. **871**

Im Beispiel a) (Rn. 866) hätte GF erkennen können, dass GH nicht gerettet werden wollte. GH könnte daher von GF Schadensersatz für das zerrissene Hemd nach § 678 BGB verlangen, obwohl

---

471 BGH, Urteil vom 14. Juni 1976, III ZR 81/74, WM 1976, 1056, 1060; Palandt/*Sprau*, § 684 Rn. 1.
472 *Medicus/Petersen*, Bürgerliches Recht, 26. Auflage 2017, Rn. 419.
473 Erman/*Dornis*, BGB, § 684 Rn. 2; Palandt/*Sprau*, BGB, § 684 Rn. 1; a.A. MüKo/*Seiler*, BGB, § 684 Rn. 4.

GF die Beschädigung des Hemds nicht zu vertreten hat. Allerdings greift die Haftungserleichterung von § 680 BGB, der auch auf die unberechtigte GoA anwendbar ist. Weil GF nur leicht fahrlässig den tatsächlichen Willen des GH verkennt, besteht kein Schadensersatzanspruch nach § 678 BGB.[474] Durch die unberechtigte GoA entsteht kein gesetzliches Schuldverhältnis. Für die Anwendung von § 280 Abs. 1 BGB ist kein Raum. Jedoch kann der Geschäftsherr auch gemäß §§ 823 ff. BGB gegen den unberechtigten Geschäftsführer vorgehen, dabei gilt die Haftungserleichterung von § 680 BGB analog.

(ii) Ansprüche aus § 681 BGB

872 Gemäß der heute h. A. ist § 681 BGB auch für die unberechtigte GoA anzuwenden,[475] u. a. weil der unberechtigte Geschäftsführer nicht besser gestellt werden soll als der berechtigte. Nach der vormals h. A. gelten die Ansprüche aus § 681 BGB nur für die berechtigte GoA, da der unberechtigte Geschäftsführer die Geschäftsführung zu unterlassen hat.[476]

Folgt man der heute h. A. ist hinsichtlich der Herausgabeansprüche des Geschäftsführers gegen den Geschäftsherrn aus §§ 684, 812 BGB und des Geschäftsherrn gegen den Geschäftsführer aus §§ 681 Satz 2, 667 BGB ein „juristisches Karussell" zu verhindern. Der Geschäftsherr kann deshalb vom Geschäftsführer zwar den Gewinn aus der Geschäftsführung herausverlangen, hat ihm aber nur seine Aufwendungen zu ersetzen. Das gleiche Problem stellt sich bei § 687 Abs. 2 BGB.

c) Geschäftsanmaßung, § 687 Abs. 2 BGB

873 Die Geschäftsanmaßung ist kein Fall der GoA, sondern der unechten Geschäftsführung. Sie liegt vor, wenn jemand ein fremdes Geschäft als sein eigenes führt, obwohl er weiß, hierzu nicht berechtigt zu sein, § 687 Abs. 2 BGB. Im Falle der Geschäftsanmaßung hat der Geschäftsherr die Wahl, neben seinen Ansprüchen nach §§ 823 ff. BGB und §§ 812 ff. BGB auch nach § 687 Abs. 2 BGB gegen den Geschäftsführer vorzugehen. Hierbei sind insbesondere der Herausgabeanspruch nach §§ 681 Satz 2, 667 BGB sowie der Schadensersatzanspruch nach § 678 BGB für den Geschäftsherrn von Vorteil. Bei § 687 Abs. 2 Satz 1 BGB handelt es sich nach allgemeiner Ansicht um einen Rechtsfolgenverweis.[477] Beide Parteien werden so gestellt, als läge eine unberechtigte GoA vor.

874 **Fall 58: Vermietung mit Folgen**

GF vermietet wissentlich unberechtigt das Wochenendhaus des GH an D. Das Haus brennt ab, weil D's fünfjähriges Kind trotz hinreichender Beaufsichtigung mit Streichhölzern gespielt hat. Kann GH von GF Schadensersatz aus GoA verlangen?[478]

474 Vgl. Ausführungen zu § 680 BGB, s. Rn. 860.
475 Soergel/*Beuthien*, § 681 Rn. 1; MüKo/*Schäfer*, § 681 Rn. 3; Erman/*Dornis*, § 681 Rn. 2; Staudinger/*Bergmann*, § 681 Rn. 2; Palandt/*Sprau*, § 681 Rn. 1; JurisPK/*Gregor*, § 681 Rn. 3.
476 Staudinger/*Wittmann*, 1995 (Vorauflage), § 681 Rn. 2.
477 Staudinger/*Bergmann*, § 687 Rn. 42; BeckOK/*Gehrlein*, § 687 Rn. 1; vgl. hingegen *Medicus/Petersen*, Bürgerliches Recht, 26. Auflage 2017, Rn. 417, die dennoch das Übernahmeverschulden in § 678 BGB prüfen.
478 Nach *Medicus/Petersen*, Bürgerliches Recht, 26. Auflage 2017, Rn. 417.

Anspruch GH gegen GF

§§ 687 Abs. 2 Satz 1, 678 BGB
GH könnte von GF Schadensersatz nach §§ 687 Abs. 2 Satz 1, 678 BGB aufgrund Geschäftsanmaßung verlangen. Anspruchsvoraussetzung ist, dass GF ein fremdes Geschäft als sein eigenes führt, obwohl er weiß, dass er nicht dazu berechtigt ist. GF vermietet das Haus des GH an D, obwohl er weiß, hierzu nicht berechtigt zu sein. Es liegt ein Fall der Geschäftsanmaßung nach § 687 Abs. 2 Satz 1 BGB vor. Die Norm verweist auf die Rechtsfolgen von § 678 BGB. Demnach muss der Geschäftsführer auch für die aus der Geschäftsführung entstandenen Schäden aufkommen, für die ihm ein Verschulden nicht zur Last fällt. Für den Brand, der durch das hinreichend beaufsichtigte Kind des D, welches sich aufgrund der unberechtigten Vermietung an D im Haus aufhielt, verursacht wurde, haftet GF, obwohl ihn für den Brand selbst kein Verschulden trifft. GH kann von GF Schadensersatz nach §§ 687 Abs. 2, 678 BGB verlangen.

Neben einem Schadenersatzanspruch aus §§ 687 Abs. 2, 678 BGB könnte GH auch einen Anspruch aus § 823 Abs. 1 BGB geltend machen. Allerdings scheitert dieser Schadensersatzanspruch daran, dass GF den durch das ordnungsgemäß beaufsichtigte Kind verursachten Schaden nicht verschuldet hat.

Wenn der Geschäftsherr die besonderen Ansprüche aus § 687 Abs. 2 Satz 1 BGB erhebt, ist er nach Satz 2 seinerseits dem Geschäftsführer nach § 684 Satz 1 BGB verpflichtet. Der Verweis in § 687 Abs. 2 BGB auf § 681 BGB und § 684 Satz 1 BGB ist missglückt, da er in wörtlicher Anwendung zu einem „juristischen Karussell" führt. Der Verweis ist dahingehend zu verstehen, dass der Geschäftsherr vom Geschäftsführer zwar den Gewinn aus der Geschäftsführung herausverlangen kann (§§ 687 Abs. 2, 681 Satz 2, 667 BGB), ihm aber seine Aufwendungen zu ersetzen hat (§§ 687 Abs. 2, 684 Satz 1, 812 ff. BGB).

Für Fall 57 bedeutet dies, dass GH von GF Schadenersatz (§§ 687 Abs. 2 Satz 1, 678 BGB) sowie die Herausgabe der von D gezahlten Miete (§§ 687 Abs. 2 Satz 1, 681 Satz 2, 667 BGB) abzüglich der von GF gemachten Aufwendungen für die Vermietung (§§ 687 Abs. 2 Satz 2, 684 Satz 1, 812 ff. BGB) verlangen kann.

d) Nicht voll geschäftsfähiger Geschäftsführer, § 682 BGB

Ist der Geschäftsführer nicht voll geschäftsfähig, so sind Ansprüche aus GoA *gegen* ihn 875
aufgrund § 682 BGB ausgeschlossen. Die Schadensersatzhaftung des Geschäftsführers beschränkt sich auf die §§ 823 ff. BGB und §§ 812 ff. BGB.[479] Bei der deliktischen Haftung greift der Minderjährigenschutz nach §§ 827 bis 829 BGB. Für die Herausgabepflicht des Geschäftsführers gelten die §§ 812 ff. BGB; hierbei sind § 819 BGB und die dort streitige Frage der Bedeutung der Kenntnis des nicht voll Geschäftsfähigen zu beachten.[480]

Für Ansprüche des nicht voll geschäftsfähigen Geschäftsführers gelten die Vorschriften 876
der GoA unverändert, die §§ 104 ff. BGB sind nicht analog heranzuziehen. Hierfür spricht nicht nur der Wortlaut von § 682 BGB, der sich lediglich auf die *Haftung* des

479 Nach zutreffender h. A. handelt es sich bei § 682 BGB um einen *Rechtsgrundverweis*, d. h. die Tatbestandsvoraussetzungen der deliktischen und bereicherungsrechtlichen Ansprüche müssen erfüllt sein, *Hassold*, JR 1989, 358, 360 ff.

480 S. Rn. 907.

nicht voll Geschäftsfähigen bezieht, sondern auch der Zweck der §§ 677 ff. BGB, altruistische Tätigkeiten zu fördern.[481]

877 Für die Anwendung der Vorschriften der GoA ist unerheblich, ob der Geschäfts*herr* geschäftsunfähig oder in seiner Geschäftsfähigkeit beschränkt ist. Kommt es auf den Willen des nicht voll geschäftsfähigen Geschäftsherrn an (§§ 677, 683 Satz 1, 684 Satz 2 BGB), ist auf den Willen des gesetzlichen Vertreters abzustellen.

▶ **Vertiefung:** Zur Vertiefung der Vorschriften zur GoA s. die Aufsatzreihe von *Giesen*, Jura 1996, 225 ff., 288 ff., 344 ff.; *Hey*, JuS 2009, 400 ff.

2. Ungerechtfertigte Bereicherung, §§ 812 ff. BGB

878 Die Rückforderung *rechtsgrundloser* Vermögensvorteile erfolgt nach den Vorschriften der ungerechtfertigten Bereicherung, §§ 812 ff. BGB. Danach entsteht ein schuldrechtlicher Anspruch auf die Rückgängigmachung der Vermögensverschiebung, wenn jemand ohne rechtlichen Grund etwas erlangt. Hierzu umfasst § 812 Abs. 1 BGB insgesamt vier Kondiktionsarten (und somit vier eigenständige Anspruchsgrundlagen), die sich grob in Leistungs- und Nichtleistungskondiktion unterscheiden lassen, wobei § 816 BGB weitere Unterfälle der Nichtleistungskondiktion enthält.

a) Kondiktionsarten

aa) Leistungskondiktion (*condictio sine causa und condictio indebiti*), § 812 Abs. 1 Satz 1, 1. Alt. BGB

879 Ist der schuldrechtliche Vertrag unwirksam und bleibt jedoch der diesbezügliche dingliche Verfügungs- oder Erfüllungsvertrag aufgrund des Abstraktionsprinzips wirksam, kann nach § 812 Abs. 1 Satz 1, 1. Alt. BGB die Rückübereignung verlangt werden. Ist ausnahmsweise auch das Verfügungsgeschäft nichtig (Fehleridentität), besteht ein Anspruch auf Herausgabe des Besitzes (*condictio sine causa*).

Beispiel: V schließt mit dem siebenjährigen K einen Kaufvertrag ohne Zustimmung seiner Eltern. Aufgrund des (wegen §§ 107 f. BGB nichtigen) Kaufvertrages übereignet V an K (wegen § 107 BGB wirksam) die Kaufsache.

880 Ein Anspruch nach § 812 Abs. 1 Satz 1, 1. Alt. BGB besteht ferner, wenn die Leistung zum Zwecke der Erfüllung einer Verbindlichkeit erfolgt, die in Wirklichkeit überhaupt nicht besteht (*condictio indebiti*). Wesensmerkmal dieser Art der Leistungskondiktion ist, dass die Beteiligten sich über den Erfüllungszweck der Leistung einig sind, der Leistende sich als Schuldner empfand und der Empfänger dies auch so verstand.

481 H. A., *Giesen*, Jura 1996, 288, 290 f.; a. A. LG Aachen, Urteil vom 25. April 1963, 6 S 17/63, NJW 1963, 1252 f.

Beispiel: V meint mit K einen Vertrag geschlossen zu haben, der jedoch aufgrund eines wesentlichen versteckten Einigungsmangels nicht zustande gekommen ist (vgl. § 155 BGB). K nimmt die Leistung in der vermeintlichen Erfüllung des Vertrages an.

Zudem werden die Fälle von der *condictio indebiti* erfasst, in denen die Verbindlichkeit zwar besteht, jedoch mit einer dauernden Einrede behaftet ist (§ 812 Abs. 1 Satz 1, 1. Alt i. V. m. § 813 BGB), dabei bleibt die Regelung von § 214 Abs. 2 BGB unberührt. **881**

Beispiele:

a) § 853 BGB (Arglisteinrede gegen durch Delikt erlangte Forderung)
A gaukelt B vor, B schulde ihm € 100, daher unterschreibt B ein Schuldanerkenntnis (§ 781 BGB) zugunsten des A (unerlaubte Handlung wegen § 823 Abs. 2 BGB i. V. m. § 263 StGB). Sofern B von A aufgrund der Verjährungseinrede (§ 214 Abs. 1 BGB) als Schadensersatz (Naturalrestitution, § 249 Abs. 1 BGB) nicht die Aufhebung des Schuldanerkenntnisses verlangen kann, so kann er wegen § 853 BGB dennoch die Leistung dauerhaft verweigern. Leistet B dennoch, kann er die Leistung nach § 812 Abs. 1 Satz 1, 1. Alt i. V. m. § 813 BGB zurückverlangen.

b) Nicht jedoch Verjährung
Leistet der Schuldner, obwohl er nach § 214 Abs. 1 BGB *wegen Verjährung* die Leistung hätte verweigern können, ist die Rückforderung nach § 812 Abs. 1 Satz 1, 1. Alt BGB wegen § 214 Abs. 2 Satz 1 BGB nicht möglich, wie § 813 Satz 2 BGB ausdrücklich klarstellt.

Ferner unterfallen der *condictio indebiti* die Fälle, in denen die Leistung auf die einredefrei bestehende Verbindlichkeit nicht zur beabsichtigten Erfüllungswirkung führt. **882**

Beispiele:

a) Leistung an einen Minderjährigen
V schließt mit dem siebenjährigen K mit Zustimmung dessen Eltern einen Kaufvertrag. V übereignet K daraufhin ohne Zustimmung der Eltern die Kaufsache (wirksam wegen § 107 BGB); aufgrund der fehlenden Empfangszuständigkeit des K (h. A.; a. A. §§ 106 ff. BGB)[482] tritt die bezweckte Erfüllungswirkung jedoch nicht ein.

b) Aliudlieferung
Sofern bei Lieferung einer anderen Sache (Aliudlieferung, § 434 Abs. 3 BGB) die Tilgungsbestimmung fehlt oder der Verkäufer die Tilgungsbestimmung wirksam anficht, liegt ein Fall der Nichterfüllung vor.[483] Die gelieferte Sache kann der Verkäufer nach § 812 Abs. 1 Satz 1, 1. Alt. BGB zurückfordern.

Das Wesensmerkmal der *condictio indebiti* ist daher der Nichteintritt des mit der Leistung bezweckten Erfolgs, von einer einredefreien (vermeintlichen) Forderung befreit zu werden. **883**

Die rechtsgrundlos erbrachte Leistung kann unter den nachfolgenden Voraussetzungen der Leistungskondiktion zurückgefordert werden: **884**

i) Leistung

Die Vermögensverschiebung muss durch eine Leistung erfolgt sein. Eine Leistung ist jede bewusste und zweckgerichtete Vermehrung fremden Vermögens. In aller Regel handelt es sich hierbei um die Erfüllungshandlung, z. B. Übereignung des Kaufgegenstandes. **885**

---

482 S. Rn. 158.
483 Im Einzelnen str., s. Rn. 562 ff.

ii) Etwas erlangt

886 Durch die Leistung muss der Anspruchsgegner etwas erlangt haben. Hierunter fallen jegliche Vermögensvorteile. An dieser Stelle ist in der Regel zu prüfen, ob der Anspruchsgegner das Eigentum oder nur den Besitz an einer Sache erlangt hat.

---

887 **Gebrauchsvorteil als „etwas" i. S. v. § 812 Abs. 1 Satz 1 BGB**

Gebrauchsvorteile, Nutzungsmöglichkeiten, sonstige Nutzungen oder Tätigkeiten sind Vermögensvorteile und daher „etwas" i. S. v. § 812 Abs. 1 Satz 1 BGB.[484] Nach einer Gegenansicht liege ein Vermögensvorteil nur dann vor, wenn der Bereicherte eine echte Vermögensvermehrung erfahren hat.[485] Dies wäre z.B. der Fall, wenn er durch den Gebrauchsvorteil Aufwendungen erspart hat, welches z. B. bei einer Luxusfahrt ohne Fahrticket nicht gegeben wäre. Richtigerweise ist das Problem, ob durch den Gebrauchsvorteil eine Bereicherung beim Bereicherungsschuldner eingetreten ist, nicht bei den Tatbestandsvoraussetzungen von § 812 Abs. 1 Satz 1 BGB, sondern beim Umfang der Bereicherung nach §§ 818 f. BGB zu verorten.[486] Auf diese Weise erübrigt sich die analoge Anwendung der in §§ 818 f. BGB niedergelegten Grundsätze, auf die die Gegenmeinung angewiesen ist.

---

iii) Fehlender Rechtsgrund

888 Die Vermögensverschiebung muss ohne rechtlichen Grund (*causa*) erfolgt sein, um einen Anspruch aus § 812 Abs. 1 Satz 1, 1. Alt. BGB zu begründen. Typischerweise wird hier geprüft, ob der schuldrechtliche Vertrag, aufgrund dessen die Leistung erbracht wurde, unwirksam ist – etwa weil er erfolgreich angefochten wurde.

---

889 **Abstraktionsprinzip**

Bei den Tatbestandsmerkmalen von § 812 Abs. 1 Satz 1 BGB zeigt sich anschaulich die Wirkungsweise des Abstraktionsprinzips. Wurde etwa aufgrund eines nichtigen Kaufvertrages eine Sache übereignet, deren Herausgabe der Gläubiger mit § 812 Abs. 1 Satz 1 BGB fordert, ist unter dem Tatbestandsmerkmal „etwas erlangt" die dingliche Rechtslage der Übereignung und unter „fehlender rechtlicher Grund" der schuldrechtliche Kaufvertrag zu prüfen.

---

bb) Leistungskondiktion beim späteren Wegfall des Rechtsgrundes (*condictio ob causam finitam*), § 812 Abs. 1 Satz 2, 1. Alt. BGB

890 § 812 Abs. 1 Satz 2, 1. Alt. BGB ist ein besonderer Fall der Leistungskondiktion. Es sind dieselben Voraussetzungen wie in § 812 Abs. 1 Satz 1, 1. Alt. BGB zu prüfen mit der Abwandlung, dass der Rechtsgrund erst *nach* der Leistungserbringung entfällt.

Beispiele:

a) Die Leistung wird aufgrund eines Vertrages erbracht, der unter einer auflösenden Bedingung steht. Tritt die auflösende Bedingung ein, wird der Vertrag unwirksam. Der rechtliche Grund für die bereits erbrachte Leistung entfällt. Es entsteht der Herausgabeanspruch.

b) Die Versicherung zahlt für eine gestohlene Sache, die sich später wiederfindet. Die Versicherung verlangt die erbrachte Zahlung zurück.

---

484 BeckOK/*Wendehorst*, § 812 Rn. 57, § 818 Rn. 18; Staudinger/*Lorenz*, § 818 Rn. 13.

485 BGH, Urteil vom 7. Januar 1971, VII ZR 9/70, BGHZ 55, 128, 131 (Flugreisenfall); bestätigt durch BGH, Urteil vom 7. März 2013, III ZR 231/12, BGHZ 196, 285 Rn. 27.

486 *Fervers/Gsell*, NJW 2013, 3607, 3610.

c) Entfällt der Rechtsgrund aufgrund einer nach Leistungserbringung erfolgreich erklärten Anfechtung, zieht eine Meinung § 812 Abs. 1 Satz 2, 1. Alt. BGB heran.[487] Aufgrund der Rückwirkung der Anfechtung (§ 142 Abs. 1 BGB) ist richtigerweise § 812 Abs. 1 Satz 1, 1. Alt. BGB einschlägig.[488] Der Streit ist jedoch dogmatisch folgenlos.[489]

cc) Leistungskondiktion bei Zweckverfehlung (*condictio ob rem*), § 812 Abs. 1 Satz 2, 2. Alt. BGB

Der Grund für den Anspruch aus der Leistungskondiktion nach § 812 Abs. 1 Satz 2, 2. Alt. BGB liegt im Nichteintritt des mit der Leistung bezweckten Erfolgs. Der Anwendungsbereich dieses Bereicherungsanspruchs ist im Einzelnen umstritten. Da der Nichteintritt der Erfüllungswirkung bereits von der *condictio indebiti* erfasst ist, unterfallen § 812 Abs. 1 Satz 2, 2. Alt. BGB in erster Linie die Fälle, in denen die Leistung infolge einer Parteiabrede einen Zweck erfüllen soll, der über den der Erfüllung hinausgeht.[490] 891

Beispiele:

a) Verfehlung eines Schenkungszwecks,[491] Vermögensvermehrung innerhalb einer nichtehelichen Lebensgemeinschaft, die später aufgelöst wird.[492]

b) Der berechtigte Besitzer, der in der begründeten Erwartung künftigen Eigentumserwerbs auf einem Grundstück eine bauliche Veränderung vornimmt, kann den Wert abschöpfen, den das Grundstück durch die bauliche Veränderung gewinnt, sofern seine Erwartungen enttäuscht werden.[493] So etwa wenn A einen Pferdestall auf dem Grundstück errichtet, welches er von B gepachtet hat, in der Erwartung, B werde sein Versprechen einlösen, ihm das Grundstück zu übereignen. Sofern sich B später weigert, A das Grundstück zu übertragen, kann dieser von B aus § 812 Abs. 1 Satz 2, 2. Alt. BGB den Betrag verlangen, um den das Grundstück durch die Bebauung an Wert gewonnen hat, nicht hingegen den Wert des errichteten Gebäudes.

dd) Leistungskondiktion bei Verstoß gegen Gesetz oder gute Sitten (*condictio ob turpem vel iniustam causam*), § 817 Satz 1 BGB

Verstößt (nur) der Empfänger durch die Annahme der Leistung gegen ein gesetzliches Verbot oder gegen die guten Sitten, so ist er dem Leistenden gegenüber zur Herausgabe verpflichtet, § 817 Satz 1 BGB. Die Norm regelt somit einen Unterfall der Leistungskondiktion. Ihre Bedeutung ist aber begrenzt. Denn in den meisten Fällen ist nicht nur die Annahme der Leistung, sondern bereits das Grundgeschäft nichtig (z. B. Bestechung, Erpressung, Abkaufen von Strafanzeigen), so dass § 812 Abs. 1 Satz 1, 1. Alt. BGB oder § 812 Abs. 1 Satz 2, 2. Alt. BGB einschlägig ist. Im Wesentlichen greift § 817 892

487 Palandt/*Sprau*, § 812 Rn. 26 (bis zur 75. Auflage); RGRK/*Heimann-Trosien*, § 812 Rn. 82.
488 *Larenz/Canaris*, Schuldrecht II/2, 13. Auflage 1994, 146; *Reuter/Martinek*, Ungerechtfertigte Bereicherung, 1983, 132.
489 *Reuter/Martinek*, Ungerechtfertigte Bereicherung, 1983, 132 f.; der BGH hat den Streit ausdrücklich offengelassen, s. Teilversäumnis- und Schlussurteil vom 13. Februar 2008, VIII ZR 208/07, NJW 2008, 1878, 1879 Rn. 15.
490 BGH, Urteil vom 29. November 1965, VII ZR 214/63, BGHZ 44, 321, 323.
491 BGH, Urteil vom 23. September 1983, V ZR 67/82, NJW 1984, 233.
492 Zu den spezifischen Voraussetzungen s. BGH, Urteil vom 9. Juli 2008, XII ZR 179/05, BGHZ 177, 193 Rn. 34 ff.
493 BGH, Urteil vom 19. Juli 2013, V ZR 93/12, NJW 2013, 3364 Rn. 6, 13.

Satz 1 BGB dann, wenn den anderen Leistungskondiktionen die Sperren nach §§ 814 f. BGB entgegenstehen.[494]

893 Die Rückforderung ist ausgeschlossen, wenn dem Leistenden gleichfalls ein Gesetzes- oder Sittenverstoß zur Last fällt, § 817 Satz 2, 1. Teilsatz BGB.[495] Dieser Ausschluss gilt nicht, wenn die Leistung in der Eingehung einer Verbindlichkeit bestand (z. B. konstitutives Schuldanerkenntnis); das in Erfüllung einer solchen Verbindlichkeit Geleistete kann nicht zurückgefordert werden, § 817 Satz 2, 2. und 3. Teilsatz BGB. Der Rückforderungsausschluss von § 817 Satz 2, 1. Teilsatz BGB findet auch dann keine Anwendung, wenn nach dem Zweck der Verbotsvorschrift eine Rückforderung der Leistung möglich sein muss.[496]

894 **Beispiele:**

1. Schwarzarbeit
Besteller B und Unternehmer U vereinbaren einen Werkvertrag, gemäß dem U das Bad des B gegen Barzahlung von 10 000 € erneuert, ohne dass von U Umsatzsteuer abgeführt wird. Der Werkvertrag ist wegen Verstoßes gegen des in § 1 Abs. 1, Abs. 2 Nr. 2 SchwarzArbG enthaltenen gesetzlichen Verbots der Schwarzarbeit nach § 134 BGB nichtig. Aufgrund § 817 Satz 2, 1. Teilsatz BGB kann der Besteller nicht den gezahlten Werklohn nach § 812 Abs. 1 Satz 1, 1. Alt. BGB zurückverlangen, da er gegen das Verbot der Schwarzarbeit verstoßen hat.[497] B kann von U somit nicht die Rückzahlung des Werklohns verlangen.

2. „Schenkkreis"
„Schenkkreise" sind nach Art einer Pyramide organisiert. Die an der Spitze stehenden Mitglieder des „Empfängerkreises" erhalten von nachgeordneten „Geberkreisen" bestimmte Geldbeträge. Darauf scheiden die „Beschenkten" aus. An ihre Stelle treten die Mitglieder der nächsten Ebene, die nunmehr die Empfängerposition einnehmen und genügend Teilnehmer für neu zu bildende „Geberkreise" finden müssen, um ihren Einsatz zurückzuerhalten und darüber hinaus einen Gewinn zu erzielen. Der Schenkkreis ist somit nach dem „Schneeballsystem" organisiert, bei dem diejenigen, die ganz unten in der Pyramide stehen, ihren Einsatz verlieren. Die Rechtsprechung hält Schenkkreise für sittenwidrig und somit gemäß § 138 Abs. 1 BGB für nichtig, da sie darauf abzielen, leichtgläubige und unerfahrene Personen auszunutzen.[498]

Wenn der „Geber" das Geleistete von dem „Empfänger" zurückfordert, ist der Tatbestand von § 817 Satz 2, 1. Teilsatz BGB erfüllt, da nicht nur der Empfänger, sondern auch der Geber aufgrund seiner Teilnahme an dem „Spiel" gegen die guten Sitten verstoßen hat. Die Nichtigkeitsanordnung von § 138 Abs. 1 BGB würde aber im Ergebnis konterkariert, wenn die „Empfänger" die mit sittenwidrigen Methoden erlangten Gelder behalten dürften, was die Initiatoren solcher „Spiele" zum Weitermachen geradezu einladen würde.[499] Daher kommt § 817 Satz 2, 1. Teilsatz BGB nicht zur Anwendung. Der „Geber" kann seine Leistung zurückfordern.

494 *Emmerich*, BGB – Schuldrecht BT, 14. Auflage 2015, § 16 Rn. 33.

495 Nach der h.L. schließt § 817 Satz 2 BGB auch die Leistungskondiktionen gemäß § 812 Abs. 1 BGB aus, s. BGH, Urteil vom 23. Februar 2005, VIII ZR 129/04, NJW 2005, 1490, 1491; MüKo/*M. Schwab*, § 817 Rn. 11 ff.; a. A. *Wazlawik*, ZGS 2007, 336, 339 ff.

496 Vgl. BGH, Urteil vom 10. November 2005, III ZR 72/05, NJW, 2006, 45 Rn. 11.

497 BGH, Urteil vom 11. Juni 2015, VII ZR 216/14, BGHZ 206, 69 Rn. 14 ff.

498 BGH, Urteil vom 10. November 2005, III ZR 72/05, NJW, 2006, 45 Rn. 12.

499 BGH, Urteil vom 10. November 2005, III ZR 72/05, NJW, 2006, 45 Rn. 12; bestätigt durch BGH, Urteil vom 13. März 2008, III ZR 282/07, NJW 2008, 1942 Rn. 8 ff.

ee) Eingriffskondiktion, § 812 Abs. 1 Satz 1, 2. Alt. BGB

Eine Eingriffskondiktion (Unterfall der Nichtleistungskondiktion) gemäß § 812 Abs. 1 Satz 1, 2. Alt. BGB liegt vor, wenn die Vermögensverschiebung nicht durch eine Leistung, sondern durch einen Eingriff in den Zuweisungsgehalt eines fremden Rechts erfolgt. **895**

Beispiel: Die Kühe des A durchbrechen den Zaun und weiden auf der Wiese des Bauern B.

A erhält auf Kosten des B Futter für seine Tiere (Eingriff), ohne dass B dem A das Futter zuwenden wollte (keine Leistung).

Beispiel: A erstellt Raubkopien eines Computerprogramms und veräußert diese entgeltlich.

A erhält einen unberechtigten Vermögensvorteil auf Kosten des Softwareherstellers, dem wegen der Raubkopien Lizenzeinnahmen entgehen.

- Vorrang der Leistungskondiktion

Der Vorrang der Leistungskondiktion besagt, dass eine Rückabwicklung nach der Eingriffskondiktion nur dann möglich ist, wenn die Vermögensverschiebung nicht im Rahmen einer bestehenden Leistungsbeziehung erbracht wurde. Haben die Beteiligten bewusst und zweckgerichtet das Vermögen einer anderen Person vermehrt, dann sollen sie sich vorrangig an diese von ihnen gewählte Person wenden, wenn sie die Vermögensverschiebung rückabwickeln wollen.[500] **896**

Beispiele:

a) Handwerker H baut aufgrund seines Werkvertrages mit dem Generalunternehmer U in das Haus des Eigentümers E eine Heizungsanlage ein (Eigentumsverlust des H nach § 946 BGB). Ist der Vertrag zwischen H und U unwirksam, besteht kein Anspruch des H gegen E nach §§ 951, 812 Abs. 1 Satz 1, 2. Alt. BGB, da der Einbau für Rechnung des U erfolgte. H leistet durch den Einbau an U, welcher wiederum im Rahmen seiner Vertragsbindung mit E an diesen leistet. Die Rückabwicklung muss daher innerhalb der jeweiligen Leistungsbeziehungen zwischen H und U sowie U und E erfolgen.

b) A schuldet dem C aus Vertrag die Zahlung von € 100. A weist seine Bank B an, dem Konto des C einen Betrag von € 100 gutzuschreiben. Irrtümlich schreibt B auf dem Konto des C € 200 gut (fehlerhaft ausgeführte Anweisung). Es bestehen zwei Leistungsbeziehungen: (i) A leistet an C, um seine Zahlungsverpflichtung zu erfüllen, und (ii) B leistet an A, um ihrer Verpflichtung aus dem Kontoführungsvertrag nachzukommen. B kann von C den zu viel überwiesenen Betrag nicht nach § 812 Abs. 1 Satz 1, 1. Alt. BGB zurück verlangen.[501] Die bereicherungsrechtliche Rückabwicklung erfolgt im Verhältnis zwischen B und A sowie A und C.

c) S parkt unbefugt auf dem Privatgrundstück des G, der den Wagen des S von D abschleppen lässt. Zug um Zug gegen Herausgabe des Wagens zahlt S an D die „Abschleppgebühr". Es bestehen zwei Leistungsbeziehungen: (i) S leistet an G, um den Schadensersatzanspruch des G gegen ihn aus §§ 823 Abs. 2, 858 Abs. 1 BGB zu erfüllen und (ii) G leistet an D, indem er ihm gestattet, die Zahlung des S zu behalten, um seine Vergütungspflicht aus dem Dienstvertrag mit D zu er-

500 BGH, Urteil vom 29. April 2008, XI ZR 371/07, BGHZ 176, 234 Rn. 9.

501 Vgl. BGH, Urteil vom 29. April 2008, XI ZR 371/07, BGHZ 176, 234 Rn. 9; ausführlich zu Fehlüberweisungen s. *Fornasier*, AcP 212 (2012), 410 ff.; *Kiehnle*, Jura 2012, 895 ff.; *Hauck*, JuS 2014, 1066, 1069 f.

füllen. Der Schadensersatzanspruch besteht in Höhe der Abschleppkosten, deren Begleichung der G dem D schuldet. D nimmt die Zahlung des S nur für G entgegen.[502]

▶ **Vertiefung:** Als weitere Unterfälle der Nichtleistungskondiktion (§ 812 Abs. 1 Satz 1, 2. Alt. BGB) werden ferner unterschieden die Verwendungskondiktion und die Rückgriffskondiktion, s. *Lorenz/Cziupka*, JuS 2012, 777 ff.

---

897 **Durchgriffskondiktion im Dreipersonenverhältnis**

In besonderen Fallgestaltungen werden Ausnahmen vom Vorrang der Leistungskondiktion gebilligt und eine Durchgriffskondiktion gestattet.

Zu der Problematik der Mehrpersonenverhältnisse im Bereicherungsrecht s. eingehend *Lorenz*, JuS 2003, 729 ff., 839 ff.; *Böckmann/Kluth*, ZIP 2003, 656 (zugleich Besprechung von OLG Hamm, ZIP 2003, 662); *Beuthien*, JuS 1987, 841 ff.; *Brauer/Roßmann*, JA 2001, 114 ff.; *Schreiber*, Jura 1986, 539 ff.; *Langenbucher*, Festschrift Heldrich, 2005, 285 ff.; zur Durchgriffskondiktion bei fehlender Zahlungsanweisung s. BGH, Urteil vom 16. Juni 2015, XI ZR 243/13, BGHZ 205, 377 Rn. 19 ff.

---

ff) Verfügung eines Nichtberechtigten, § 816 BGB

898 Bei den Ansprüchen nach § 816 BGB handelt es sich um besondere Formen der Eingriffskondiktion. Durch seine Verfügung greift der Nichtberechtigte in das Recht des Berechtigten ein. Das Gleiche gilt, wenn eine Leistung an einen Nichtberechtigten zu Lasten des Berechtigten erfolgt.

i) § 816 Abs. 1 BGB

899 Trifft ein Nichtberechtigter eine Verfügung, die dem Berechtigten gegenüber wirksam ist, so ist er dem Berechtigten zur Herausgabe des durch die Verfügung Erlangten verpflichtet, § 816 Abs. 1 Satz 1 BGB.

Beispiele: §§ 932 ff. BGB, gutgläubiger Erwerb beweglicher Sachen aufgrund guten Glaubens an die Eigentümerstellung.
§ 366 HGB, gutgläubiger Erwerb beweglicher Sachen aufgrund guten Glaubens an die Verfügungsberechtigung.[503]
§ 892 BGB, öffentlicher Glaube des Grundbuchs.
§ 936 BGB Erlöschen von Rechten Dritter aufgrund Gutglaubenserwerbs.

900 **Fall 59: Das aufgearbeitete Buch**

A verleiht B ein altes Buch. B veräußert es an C für € 100 mit der Versicherung, A sei mit dem Verkauf einverstanden. C lässt das Buch für € 50 aufarbeiten. Ihm gelingt es – insbesondere wegen seiner geschickten Verhandlungsführung – das Buch für € 300 an D zu veräußern. Kann A von C Zahlung aus § 816 Abs. 1 Satz 1 BGB verlangen?[504]

Anspruch A gegen C

§ 816 Abs. 1 Satz 1 BGB
A könnte von C Herausgabe der € 300 nach § 816 Abs. 1 Satz 1 BGB verlangen, sofern C als Nichtberechtigter eine Verfügung zulasten des Berechtigten A getätigt hat. Indem C das Buch an D übereignet, verfügt er über das Buch.

---

502 Vgl. BGH, Urteil vom 5. Juni 2009, V ZR 144/08, BGHZ 181, 233 Rn. 11.
503 Näheres zu § 366 HGB s. Rn. 993; *Bülow/Artz*, Handelsrecht, 7. Auflage 2015, Rn. 436 ff.
504 Vgl. auch die Fallgestaltung von *Witt*, JuS 2003, 1091 ff.

1. Nichtberechtigter
Fraglich ist, ob C Nichtberechtigter im Sinne der Norm ist, denn er könnte Eigentümer des Buches geworden sein und somit als Berechtigter darüber verfügt haben. Ein gutgläubiger Erwerb des C von B nach § 932 BGB scheitert daran, dass C wusste, dass B nicht Eigentümer des Buches ist. § 932 Abs. 2 BGB schützt nur den guten Glauben an die Eigentümerstellung und nicht an die Verfügungsberechtigung. Diesen schützt zwar § 366 HGB, seine Anwendung scheidet aber aufgrund der fehlenden Kaufmannseigenschaft des B aus. C hat nicht gutgläubig Eigentum an dem Buch von B erworben. Ein Eigentumserwerb des C aufgrund Verarbeitung durch die Aufarbeitung des Buches nach § 950 BGB kommt nicht in Betracht, weil durch die Aufarbeitung keine neue Sache entsteht. C ist nicht Eigentümer des Buches und somit Nichtberechtigter.

▶ **Hinweis:** Allerdings würde der Erwerb nach § 950 BGB nicht am geringen Wert der Verarbeitung scheitern. Wäre durch die Verarbeitung eine neue Sache hergestellt worden und § 950 BGB daher einschlägig, wäre der Verkehrswert der neu hergestellten Sache (z. B. das neu hergestellte Buch im Wert von € 300) mit dem Verkehrswert des Ausgangsstoffes (z. B. das ursprüngliche Buch im Wert von € 100) zu vergleichen. Sofern der Wert der Ausgangssache mehr als die Hälfte des Wertes der neuen Sache ausmacht, scheitert ein Eigentumserwerb nach § 950 BGB (im Beispiel ist der Wert der Verarbeitung allerdings dreimal so hoch wie der der Ausgangssache).

2. Wirksame Verfügung, die gegenüber dem Berechtigten wirksam ist
Ferner müsste die Verfügung des C gegenüber dem Berechtigten A wirksam sein. D erwirbt von C gutgläubig nach §§ 929, 932 BGB das Eigentum an dem Buch, wodurch A sein Eigentum verliert. Die Verfügung ist gegen den Berechtigten A wirksam. Die Tatbestandsvoraussetzungen von § 816 Abs. 1 Satz 1 BGB sind erfüllt. A kann von C Herausgabe des Erlangten verlangen.

3. Umfang des Herausgabeanspruchs
Umstritten ist der Gegenstand des Herausgabeanspruchs.

a) Das durch die Verfügung Erlangte
Nach der h. A. ist im Einklang mit dem Wortlaut von § 816 Abs. 1 Satz 1 BGB der gesamte Gegenwert einschließlich dem Gewinn herauszugeben, der dem Nichtberechtigten aufgrund des Rechtsgeschäfts, das seiner Verfügung zugrunde liegt, zugeflossen ist[505] (hier: der Verfügungserlös), denn die Verwertung des Eigentums ist das Privileg des Eigentümers, ihm steht der gesamte Erlös zu.

Nach der h. A. bleibt jedoch unberücksichtigt, dass (i) A ein nicht aufgearbeitetes Buch verloren hat und (ii) der von C erzielte Erlös insbesondere auf dessen geschickte Verhandlungsführung zurückzuführen ist. Nach der Gegenansicht erlangt der Nichtberechtigte die Befreiung von der gegen ihn gerichteten Forderung, die dem Erwerber aus dem Kausalgeschäft zusteht.[506] Da die Befreiung von der Verbindlichkeit nicht herausgegeben werden kann, ist gemäß § 818 Abs. 2 BGB deren Wert zu ersetzen. Daher darf der nichtberechtigte Verfügende den Gewinn behalten. Im Anschluss an die Gegenansicht erlangt C die Befreiung vom Anspruch des D, ihm das Buch zu übereignen. C muss aufgrund § 818 Abs. 2 BGB den Wert des Buches ersetzen, weil er die Befreiung selbst nicht herausgeben kann. Der Herausgabeanspruch beläuft sich demnach nur auf € 150. Der Vorzug der Betrachtungsweise der Gegenansicht ist, dass sie eine Abgrenzung zur Geschäftsanmaßung ermöglicht, wonach der bösgläubig Verfügende nach §§ 687 Abs. 2, 681 Satz 2, 670 BGB auch den Gewinn herauszugeben hat (im Fall beliefe sich der Herausgabeanspruch dann auf insgesamt € 300). Allerdings fügt sich die Gegenansicht nicht in das Gesamtbild von § 816 Abs. 1 BGB ein. Gemäß § 816 Abs. 1 Satz 2 BGB richtet sich der Herausgabeanspruch nicht gegen den unentgeltlich Verfügenden, obwohl er durch die Verfügung die Befreiung von der Verpflichtung aus dem Schenkungsvertrag erlangt hat.[507] Rechtfertigen lässt sich diese Regelung nur, wenn mit „Erlangten" das tatsächlich als Gegenleistung für die Verfü-

505 BGH, Urteil vom 8. Januar 1959, VII ZR 26/58, BGHZ 29, 157, 159 ff.; BGH, Urteil vom 24. September 1996, XI ZR 227/95, NJW 1997, 190, 191; Palandt/*Sprau*, § 816 Rn. 10; Erman/*Buck-Heeb*, § 816 Rn. 20; *Röthel*, Jura 2012, 844, 848.
506 *Medicus/Petersen*, Bürgerliches Recht, 26. Auflage 2017, Rn. 723; *Ebers*, ZIP 2002, 2296, 2300.
507 So dann auch *Medicus/Petersen*, Bürgerliches Recht, 26. Auflage 2017, Rn. 723.

gung Erlangte verstanden wird. Nichts anderes kann dann für § 816 Abs. 1 Satz 1 BGB gelten. Die Gegenmeinung ist daher abzulehnen.

Nach der h. A. kann A von C den gesamten Erlös in Höhe von € 300 herausverlangen.

b) Entreicherung, § 818 Abs. 3 BGB
Der Umfang des Herausgabeanspruchs richtet sich nach §§ 818 f. BGB. Fraglich ist, inwiefern C sich gegenüber A auf Entreicherung nach § 818 Abs. 3 BGB berufen kann. C könnte den Kaufpreis in Höhe von € 100, den er an B zahlte, um an das Buch zu gelangen, als Entreicherung geltend machen. Ferner könnte C in Höhe seiner Aufwendungen von € 50 entreichert sein, da er sie von seinem Erlös in Abzug bringen muss, um seinen Nettogewinn zu bestimmen. Beides wäre hingegen zu verneinen, sofern C die Beträge von B zurückverlangen könnte.[508]

C und B haben einen Kaufvertrag über das Buch geschlossen. C könnte von B einen Anspruch auf Zahlung von € 100 entweder aus § 985 BGB und § 812 Abs. 1 Satz 1, 1. Alt. BGB oder im Rahmen der Gewährleistung als Schadensersatz statt der ganzen Leistung (§§ 437 Nr. 3, 311a Abs. 2, 281 Abs. 1 Satz 3 BGB) oder aufgrund Rücktritt (§§ 346 Abs. 1, 437 Nr. 2, 326 Abs. 5 BGB) verlangen. Um die € 100 aus § 985 und § 812 Abs. 1 Satz 1, 1. Alt. BGB herausverlangen zu können, müsste die Übereignung des Geldes nach § 929 Satz 1 BGB wie auch der Kaufvertrag ex tunc aufgrund Anfechtung nichtig sein, § 142 Abs. 1 BGB. Ein Anfechtungsrecht könnte wegen arglistiger Täuschung nach § 123 Abs. 1 BGB bestehen. B wurde von C vorsätzlich und somit arglistig darüber getäuscht, dass A mit dem Verkauf und der Übereignung des Buches einverstanden ist, weshalb C sich auf diese beiden Rechtsgeschäfte eingelassen hat. C kann beide Rechtsgeschäfte anfechten (Fehleridentität). Er ist Eigentümer der € 100 geblieben und kann den Besitz an dem Geld von B nach § 985 BGB herausverlangen. Zudem hat er den Besitz an den € 100 ohne rechtlichen Grund an B geleistet und kann ihn nach § 812 Abs. 1 Satz 1, 1. Alt. BGB von B herausverlangen. Ficht C nicht an, könnte er seine Gewährleistungsrechte geltend machen. Voraussetzung hierzu ist, dass die Leistung des B mangelhaft ist und beide Arten der Nacherfüllung anfänglich unmöglich sind. Als Mangel käme ein Rechtsmangel nach § 435 BGB in Betracht. B hat C nicht das Eigentum an dem Buch verschafft, welches nach Übergabe an C weiterhin im Eigentum des A stand. Die Leistung des B war daher nach zutreffender Ansicht (s. Rn. 580) mit einem Rechtsmangel nach § 435 Satz 1 BGB behaftet. Bei dem Buch handelte es sich um eine Stückschuld (Unikat),[509] so dass der Rechtsmangel bereits zum Zeitpunkt des Vertragsschlusses weder durch Nachlieferung noch durch Mangelbeseitigung behoben werden konnte. Der Rechtsmangel ist auch erheblich (§§ 281 Abs. 1 Satz 3, 323 Abs. 5 Satz 2 BGB), denn C kann aufgrund des Eigentumsrechts des A, den Erlös, den er aufgrund der Weiterveräußerung der Kaufsache erwarb, nicht behalten. Die Voraussetzungen für den Anspruch des C gegen B auf Schadensersatz statt der ganzen Leistung und auf Herausgabe des Geldes aufgrund Rücktritts in Höhe von € 100 sind erfüllt. Demnach wäre C um den Kaufpreis nicht entreichert, es sei denn, dass er Zug um Zug gegen Geltendmachung seiner Gewährleistungsansprüche B Wertersatz für das gekaufte Buch leisten müsste, §§ 281 Abs. 5, 346 Abs. 2 Satz 1 Nr. 2 BGB. Allerdings hat C bei der Weiterveräußerung des Buches die Sorgfalt, die er in eigenen Angelegenheiten beobachtet, eingehalten, indem er es unwissentlich als Nichtberechtigter an D weiterveräußerte. Er ist daher nach § 346 Abs. 3 Satz 1 Nr. 3 BGB von der Wertersatzpflicht befreit. C kann daher, ohne Wertersatz leisten zu müssen, den Kaufpreis von B zurückverlangen und ist nicht in Höhe von € 100 entreichert.

Ferner könnte C von B seine vergeblichen Aufwendungen in Höhe von € 50, die er für die Aufarbeitung des Buches aufgebracht hat, um es gewinnbringend weiterzuveräußern, nach §§ 437 Nr. 3, 284 BGB ersetzt verlangen, sofern er lediglich vom Kaufvertrag mit B zurücktritt und nicht zugleich Schadensersatz statt der ganzen Leistung fordert. Ein Aufwendungsersatzanspruch des Käufers besteht grundsätzlich auch dann, wenn er vom Vertrag wegen des Mangels zurückgetreten ist. Dabei ist der Aufwendungsersatzanspruch aus § 284 BGB nicht gemäß § 347 Abs. 2 BGB auf den Ersatz notwendiger Verwendungen oder solcher Aufwendungen beschränkt, durch die der Verkäufer bereichert wird. Wegen § 325 BGB können die Rechtsbehelfe Rücktritt und Auf-

508 Vgl. *Emmerich*, BGB – Schuldrecht BT, 14. Auflage 2017, § 17 Rn. 27, der Nichtberechtigte darf den Kaufpreis nicht abziehen, sondern muss sich mit seinem Vormann auseinandersetzen.

509 Zum Meinungsstreit über die Nachlieferung bei Stückschuld s. Rn. 592.

wendungsersatz kumuliert werden.[510] Demnach stünde dem C grundsätzlich auch ein Anspruch auf die vergeblichen Aufwendungen in Höhe von € 50 zu. Allerdings kann der Anspruch nur Zug um Zug gegen die Rückgabe des durch die Aufwendung Erlangten geltend gemacht werden, um eine Bereicherung des Gläubigers zu vermeiden.[511] C könnte demnach nur dann von B Ersatz seiner Aufwendungen in Höhe von € 50 verlangen, wenn er ihm dafür das aufgearbeitete Buch übergibt. Dies ist ihm nicht möglich, weil sich das Buch mittlerweile im Besitz und Eigentum des D befindet. C kann seinen Aufwendungsersatzanspruch gegen B daher nicht geltend machen und ist in Höhe von € 50 nach § 818 Abs. 3 BGB entreichert.

A kann von C Zahlung von € 250 nach § 816 Abs. 1 Satz 1 BGB verlangen.

Erfolgt die Verfügung unentgeltlich, ginge der Anspruch gegen den Nichtberechtigten auf Herausgabe des Erlangten ins Leere. Stattdessen gestattet § 816 Abs. 1 Satz 2 BGB dem ursprünglich Berechtigten die Herausgabe des Erlangten unmittelbar vom Erwerber zu verlangen. **900a**

Beispiel: E verleiht seine Uhr an N, der sie dem gutgläubigen G schenkt und übereignet. G erwirbt zwar gemäß §§ 929, 932 BGB das Eigentum an der Uhr. Der Erwerb ist aber nicht kondiktionsfest. Denn G muss die Uhr aufgrund § 816 Abs. 1 Satz 2 BGB an E übereignen.

Nach Auffassung des BGH ist die rechtsgrundlose Verfügung der unentgeltlichen gleichzustellen und dem ursprünglich Berechtigten ein Direktanspruch gegen den Erwerber in analoger Anwendung von § 816 Abs. 1 Satz 2 BGB zu gewähren (Einheitskondiktion).[512] Gegen die Analogie wendet sich die h.A., die eine Abwicklung über's Eck (Doppelkondiktion) befürwortet.[513]

Beispiel: E verleiht seine Uhr an N. Dieser verkauft und übereignet sie an die 16-jährige G. Die Übereignung ist für G lediglich rechtlich vorteilhaft, der Kaufvertrag hingegen nicht. Daher wird sie ohne Zustimmung der Eltern zwar Eigentümerin, der dem zugrundeliegende Kaufvertrag (Rechtsgrund) ist hingegen unwirksam. Folgt man der Auffassung des BGH, kann E das Eigentum an der Uhr nach § 816 Abs. 1 Satz 2 BGB analog unmittelbar von G herausverlangen. Nach der Gegenauffassung muss sich E nach § 816 Abs. 1 Satz 1 BGB an N wenden, dem wiederum ein Herausgabeanspruch gegen E aus § 812 Abs. 1 Satz 1, 1. Alt. BGB zusteht.

ii) § 816 Abs. 2 BGB

Wird an einen Nichtberechtigten eine Leistung bewirkt, die dem Berechtigten gegenüber wirksam ist, so ist er dem Berechtigten zur Herausgabe des Geleisteten verpflichtet, § 816 Abs. 2 BGB.

Fall 60: Diskrete Abtretung **901**

S schuldet dem G die Zahlung von € 100. G tritt die Forderung an Z ab, ohne S hiervon zu unterrichten. S zahlt darauf an G. Welche Ansprüche hat Z?

510 BGH, Urteil vom 20. Juli 2005, VIII ZR 275/04, BGHZ 163, 381, 385.

511 BGH, Urteil vom 20. Juli 2005, VIII ZR 275/04, 15 (nicht abgedruckt in BGHZ 163, 381, 390); zustimmend *Gsell*, NJW 2006, 125, 127.

512 BGH, Urteil vom 12. Juli 1962, VII ZR 28/61, BGHZ 37, 363, 368 ff; bestätigt durch BGH, Beschluss vom 18. Juni 2014, III ZR 537/13, Rn. 4.

513 Staudinger/*Lorenz*, § 816 Rn. 27; Palandt/*Sprau*, § 816 Rn. 15.

1. Anspruch von Z gegen S aus der Forderung
Z könnte von S Zahlung auf die an ihn von G nach § 398 BGB abgetretene Forderung verlangen. Dem könnte § 407 Abs. 1 BGB entgegenstehen. Demnach muss der Zessionar die Zahlung des Schuldners an den Zedenten gegen sich gelten lassen, wenn dem Schuldner die Abtretung nicht bekannt war. S war die Abtretung der gegen ihn gerichteten Forderung von G an Z nicht bekannt, als er an G zahlte. Nach § 407 Abs. 1 BGB muss Z die Zahlung gegen sich gelten lassen. Z kann von S nicht nochmalige Zahlung verlangen.

2. Anspruch von Z gegen G aus § 816 Abs. 2 BGB
Z könnte von G Zahlung von € 100 nach § 816 Abs. 2 BGB verlangen. Die Zahlung wurde an G als Nichtberechtigten bewirkt, weil er seit der Abtretung an Z nicht mehr Inhaber der Forderung war. Aufgrund § 407 Abs. 1 BGB ist diese Zahlung gegenüber dem Berechtigten Z wirksam. Z kann somit von G Zahlung von € 100 aus § 816 Abs. 2 BGB verlangen.

▶ **Hinweis:** Die Regelung von § 851 BGB ist neben § 407 Abs. 1 BGB und 409 Abs. 1 BGB ein weiterer Anwendungsfall für § 816 Abs. 2 BGB. Leistet jemand, der aufgrund der Beschädigung einer Sache nach § 823 Abs. 1 BGB zum Schadensersatz verpflichtet ist, an denjenigen Ersatz, der die Sache zum Zeitpunkt der Entschädigung in Besitz hatte, so wird der Schädiger von seiner Schadensersatzpflicht zu Lasten des Eigentümers befreit, es sei denn, ihm war das Recht des Eigentümers bekannt. Der Eigentümer muss sich nach § 816 Abs. 2 BGB an den Besitzer wenden.

Beispiel: B leiht sich von E dessen Wagen und macht eine Spritztour. Dabei gerät der Wagen in einen von S verschuldeten Unfall. In der irrigen Annahme, der Wagen gehöre B, zahlt ihm S Schadensersatz. Der Anspruch des E gegen S aus § 823 Abs. 1 BGB ist wegen § 851 BGB durch die Zahlung des S an B erloschen. E hat nunmehr gegen B einen Anspruch aus § 816 Abs. 2 BGB auf Herausgabe der von S an B geleisteten Schadensersatzzahlung.

▶ **Vertiefung:** *Petersen*, Die Leistung an den Nichtberechtigten, Jura 2010, 281 ff.; *Jaensch*, Klausurensammlung, Fall 20: Energiewende; *Röthel*, Bereicherungsausgleich wegen Verfügungen eines Nichtberechtigten (§ 816 BGB), Jura 2015, 574 ff.

b) Umfang des Bereicherungsanspruchs, § 818 BGB

aa) § 818 Abs. 1 und Abs. 2 BGB

902 In erster Linie hat der Anspruchsgegner das Erlangte, §§ 812, 816 Abs. 1 BGB, oder das Geleistete, § 816 Abs. 2 BGB, herauszugeben. Die Herausgabepflicht erstreckt sich auch auf die tatsächlich gezogenen Nutzungen (z. B. Mieteinnahme für ein ungerechtfertigt erlangtes Grundstück) und das Surrogat, sofern die Sache zerstört, beschädigt oder entzogen wurde, § 818 Abs. 1 BGB.

903 Ist die Herausgabe nicht möglich (z. B. weil die Sache verbraucht, verkauft und übereignet oder eine Dienstleistung erlangt wurde), so ist Wertersatz zu leisten, § 818 Abs. 2 BGB.

bb) Einwand der Entreicherung, § 818 Abs. 3 BGB

904 Der Herausgabe- oder Wertersatzanspruch erlischt, sofern der Anspruchsgegner nicht mehr bereichert ist, § 818 Abs. 3 BGB.

Hintergrund der Regelung des § 818 Abs. 3 BGB ist das Bestreben der §§ 812 ff. BGB, eine ungerechtfertigte Vermögensverschiebung rückgängig zu machen. Das eigene Vermögen des gutgläubigen Bereicherten bleibt dabei unberührt. Entfällt der Vermögensvorteil beim gutgläubigen Bereicherten, z. B. weil ihm die erlangte Sache gestohlen wird oder er das erlangte Geld verspielt, geht der Bereicherungsanspruch ins Leere.

cc) Verschärfte Haftung, §§ 818 Abs. 4, 819 BGB

Auf § 818 Abs. 3 BGB kann sich niemand berufen, der den Mangel des rechtlichen Grundes kennt. Nach §§ 818 Abs. 4, 819 Abs. 1 BGB haftet der bösgläubige Empfänger wie ein Empfänger ab Eintritt der Rechtshängigkeit (d. h. Zustellung der Klage über den Anspruch) nach den allgemeinen Vorschriften. 905

---

1. Die Haftung nach den allgemeinen Vorschriften gemäß § 818 Abs. 4 BGB bedeutet konkret: 906

a) Der Bereicherungsschuldner kann sich nicht nach § 818 Abs. 3 BGB auf die Entreicherung berufen.[514]

b) Der Herausgabeanspruch ist seiner Höhe nach mit dem gesetzlichen Zinssatz von 4 % zu verzinsen, §§ 291, 246 BGB.

c) Umfasst der Herausgabeanspruch einen Gegenstand, besteht eine Haftung nach EBV (§§ 292, 987 ff. BGB). Demnach sind die gezogenen Nutzungen zu ersetzen, § 987 BGB. Es besteht ein verschuldensabhängiger Schadensersatzanspruch, sofern die Sache beschädigt wird oder nicht herausgegeben werden kann, § 989 BGB. Ist der Bereicherungsschuldner im Verzug mit der Herausgabe, haftet er verschärft, §§ 990 Abs. 2, 287 BGB.

d) Die Haftung auf Wertersatz nach § 818 Abs. 2 BGB bleibt bestehen, da die allgemeinen Vorschriften hierzu keine Sonderregeln vorsehen.[515]

2. Bösgläubigkeit Minderjähriger, §§ 819 Abs. 1, 818 Abs. 4 BGB 907

Es ist umstritten, wie ein bösgläubiger Minderjähriger nach §§ 812 ff. BGB haften soll. Im Gegensatz zum Recht der Willenserklärungen (§§ 104 ff. BGB), den Vorschriften der GoA (§ 682 BGB) oder dem Deliktsrecht (§§ 827 f. BGB) enthalten die §§ 812 ff. BGB keine Sonderregeln für nicht voll Geschäftsfähige.
Nach der wohl h. A. ist für sämtliche Ansprüche gegen einen nicht voll Geschäftsfähigen entsprechend §§ 166 Abs. 1, 104 ff. BGB auf die Kenntnis des gesetzlichen Vertreters abzustellen.[516] Richtigerweise ist aber nach Art der Kondiktion zu differenzieren. Wegen ihres vertragsähnlichen Charakters ist im Rahmen der Leistungskondiktion auf §§ 166 Abs. 1, 104 ff. BGB analog, bei der Eingriffskondiktion wegen ihres deliktsähnlichen Charakters auf § 828 Abs. 3 BGB analog abzustellen.[517] Da die Grenzen zwischen der Leistungs- und der Eingriffskondiktion fließend seien, will eine dritte Ansicht grundsätzlich auf die Kenntnis des gesetzlichen Vertreters abstellen, es sei denn, die Handlung des Minderjährigen stelle eine Straftat dar.[518] Allerdings erscheint zweifelhaft, ob die Wertungen des Strafrechts ohne weiteres auf das Zivilrecht übertragbar sind. Zudem liefert die Leistungsdefinition eine hinreichende Abgrenzung zwischen Leistungs- und Nichtleistungskondiktion. Der vorgenannten dritten Ansicht kann daher nicht zugestimmt werden.

---

dd) Saldotheorie

Soll ein bereits vollzogener gegenseitiger Vertrag nach §§ 812 ff. BGB rückabgewickelt werden, entsteht ein Problem, wenn die Leistung beim Empfänger untergegangen ist. 908

> **Beispiel:** V übereignet K aufgrund eines unwirksamen Kaufvertrages einen Lkw, K zahlt den Kaufpreis an V in Höhe von € 50 000. Der Lkw (Wert € 60 000) wird zerstört, noch bevor K von der Nichtigkeit des Kaufvertrags erfährt. Wie ist die Rechtslage?

---

514 *Larenz/Canaris*, Schuldrecht II/2, 13. Auflage 1994, 319 f.
515 MüKo/*Schwab*, § 818 Rn. 317; abweichend *Prütting*, AcP 216 (2016), 459, 479 ff.
516 Staudinger/*Lorenz*, § 819 Rn. 9 f.; *Larenz/Canaris*, Schuldrecht II/2, 13. Auflage 1994, 312 ff.
517 Palandt/*Sprau*, § 819 Rn. 4; *Medicus/Petersen*, Bürgerliches Recht, 23. Auflage 2011, Rn. 176; MüKo/*M. Schwab*, § 819 Rn. 9; *Staudinger/Steinrötter*, JuS 2012, 97, 104.
518 *Hombrecher*, Jura 2004, 250, 253 f.

909 Nach der *strengen Zweikondiktionentheorie*, wonach die beiden Kondiktionsansprüche getrennt voneinander betrachtet werden, könnte K von V den Kaufpreis nach § 812 Abs. 1 Satz 1, 1. Alt. BGB herausverlangen. V's Herausgabeanspruch gegen K auf Wertersatz nach § 818 Abs. 2 BGB entfällt aufgrund § 818 Abs. 3 BGB unabhängig davon, ob K den Untergang des Lkws zu vertreten hat. Bei der Rückabwicklung eines nichtigen gegenseitigen Vertrages geht eine Vertragspartei leer aus, obwohl ihr beim Rücktritt ein Wertersatzanspruch zugestanden hätte, § 346 Abs. 2 Satz 1 Nr. 3 BGB. Das Ergebnis der strengen Zweikondiktionentheorie ist unbillig. Um diesem entgegenzuwirken, ist das im Vertrag angelegte Synallagma auf die Rückabwicklung nach den §§ 812 ff. BGB zu übertragen. Hierzu gibt es im Wesentlichen zwei Lösungsansätze.

910 Die Vertreter der *modifizierten Zweikondiktionentheorie* (Theorie der Gegenleistungskondiktion) wollen im Wege der teleologischen Reduktion dem Entreicherten (im obigen Beispiel wäre dies K) die Berufung auf § 818 Abs. 3 BGB verwehren; stattdessen ist Wertersatz nach § 818 Abs. 2 BGB zu leisten. § 818 Abs. 3 BGB ist nur dann anwendbar, wenn sich dem Gesetz eine entsprechende Wertung entnehmen lässt (z. B. wenn der Gläubiger minderjährig ist oder getäuscht wurde, s. Rn. 914).[519]

911 Nach der herrschenden *Saldotheorie*[520] soll dem Entreicherten (im obigen Beispiel wäre dies K) kein Vermögensnachteil entstehen. Daher werden die beiden Herausgabeansprüche im Rahmen des Synallagmas miteinander verrechnet. Es entsteht nur ein einziger Anspruch zugunsten der Person, für die sich ein positiver Saldo ergibt (im obigen Beispiel verbliebe durch Verrechnung ein Anspruch des V gegen K auf Herausgabe von 10 000 €). Nach der Zweikondiktionentheorie unter Anwendung von § 818 Abs. 3 BGB wird nur rückabgewickelt, wenn das Gesetz eine entsprechende Wertung enthält (s. Rn. 914).

---

912 **1. Saldotheorie im materiell-rechtlichen Sinne (sog. „faktisches Synallagma")**

Der Bereicherungsschuldner, der die untergegangene Gegenleistung für die Erbringung der eigenen Leistung erhalten hat, darf sich bei der Rückabwicklung des gegenseitigen Vertrages nach Untergang der erhaltenen Gegenleistung nicht auf Entreicherung nach § 818 Abs. 3 BGB berufen und seinerseits das von ihm Geleistete kondizieren. Stattdessen muss der Bereicherungsschuldner Wertersatz nach § 818 Abs. 2 BGB für die untergegangene Gegenleistung zahlen. Dies entspricht im Ergebnis der Aufrechterhaltung des Synallagmas in der Rückabwicklung.[521]

519 *Brox/Walker*, Besonderes Schuldrecht, 41. Auflage 2017, § 43 Rn. 11; ähnlich *Larenz/Canaris*, Schuldrecht II/2, 13. Auflage 1994, 323 ff., welche auf die Zurechenbarkeit der Entreicherung abstellen; *Medicus/Lorenz*, Schuldrecht II, 17. Auflage 2014, Rn. 1188 sowie *Lorenz*, JuS 2015, 109, 111 f., die als Korrektiv den Schutzzweck der Norm heranziehen, die zur Unwirksamkeit des Kausalgeschäfts führt; *Bockholdt*, AcP 206 (2006), 769, 776 ff. unter weitgehender Übertragung der rücktrittsrechtlichen Vorschriften auf die bereicherungsrechtliche Rückabwicklung.

520 Entwickelt vom RG, Urteil vom 14. März 1903, V 458/02, RGZ 54, *137, 140* ff.; fortgeführt vom BGH, Urteil vom 8. Januar 1970, VII ZR 130/68, BGHZ 53, *144,* 145 f.; von der Geltung der Saldotheorie ging auch der Gesetzgeber der Schuldrechtsreform aus, s. Regierungsbegründung, BT-Drs. 14/6040, 194 f.; hierzu *Thier*, Festschrift Heldrich, 2005, 439, 450 ff.; a. A. *Bockholdt*, AcP 206 (2006), 769, 777 f., „formales Bekenntnis zur Saldotheorie".

521 *Finkenauer*, NJW 2004, 1704, 1704 f.

2. Saldotheorie im verfahrensrechtlichen Sinne

913 Bei der bereicherungsrechtlichen Rückabwicklung gibt es nur einen einheitlichen Anspruch des Bereicherungsgläubigers auf den Saldo. Es wird ein einziger Saldo aus allen Vor- und Nachteilen, die sich aus dem rückabzuwickelnden Geschäft für beide Seiten ergeben haben, gebildet. Nur der Überschuss der vermögenswerten Vorteile über die Nachteile kann eingeklagt werden. Der Kläger hat daher die von ihm erbrachte Leistung, die empfangene Gegenleistung, die von beiden Seiten gezogenen Nutzungen, Verwendungen und eventuell Schadensersatz in Ansatz zu bringen. Bei ungleichartigen Leistungen erfolgt eine Rückabwicklung Zug um Zug, ohne dass es der Erhebung der Einrede nach § 273 BGB bedarf.[522]

▶ **Vertiefung:** S. hierzu im Einzelnen *Finkenauer*, NJW 2004, 1704 f.; kritisch zur automatischen Verknüpfung von Leistung und Gegenleistung im Rahmen der Saldotheorie *Schur*, JuS 2006, 673, 677 ff.

Im Fallbeispiel (Rn. 908) darf sich K in Anwendung der Saldotheorie wegen Zerstörung des Lkws nicht auf § 818 Abs. 3 BGB berufen. Stattdessen muss er Wertersatz nach § 818 Abs. 2 BGB in Höhe von € 50 000 zahlen. Dafür erhält er den Kaufpreis von V in Höhe von € 60 000 zurück erstattet (materiell-rechtliche Saldotheorie). Einklagbar ist jedoch nur das Saldo (verfahrensrechtliche Saldotheorie), demnach kann K gegen V auf Zahlung von € 10 000 klagen.

Einschränkungen

914 Unabhängig von der Frage, ob der modifizierten Zweikondiktionen- oder der Saldotheorie gefolgt wird, wird dem entreicherten Bereicherungsschuldner die Berufung auf § 818 Abs. 3 BGB ohne Bildung eines Saldos gestattet, sofern er besonders schützenswert ist. Dies ist insbesondere der Fall, wenn

- der Bereicherungsschuldner nicht voll geschäftsfähig ist (Schutzgedanke der §§ 104 ff. BGB);[523]
- der Bereicherungsschuldner das Rechtsgeschäft gemäß § 123 Abs. 1 BGB wegen arglistiger Täuschung oder widerrechtlicher Drohung angefochten hat;[524]
- der Vertrag zugunsten des Bereicherungsschuldners aufgrund § 138 BGB (sittenwidriges Rechtsgeschäft, Wucher) nichtig ist;[525]
- die untergegangene Sache mit einem wesentlichen Mangel (§§ 434 f., 633 BGB) behaftet war, was den Bereicherungsschuldner (Käufer, Besteller) bei Gültigkeit des Kauf- oder Werkvertrages zur Rückforderung des Kaufpreises oder der Vergütung ohne Pflicht zum Wertersatz (§ 346 Abs. 3 Satz 1, insbesondere Nr. 3 BGB) berechtigt hätte; lag ein unwesentlicher Mangel vor, gilt die Einschränkung nur in Höhe einer fingiert möglichen Minderung (§ 441 Abs. 3 BGB);[526]
- der Bereicherungsgläubiger seinerseits verschärft nach §§ 819 Abs. 1, 818 Abs. 4 BGB haftet, und sich daher nicht auf § 818 Abs. 3 BGB berufen könnte;
- die Insolvenzmasse zu schützen ist.[527]

▶ **Vertiefung:** Zur Saldotheorie s. *Röthel*, Jura 2015, 1287 ff.

---

522 *Finkenauer*, NJW 2004, 1704, 1705.

523 BGH, Urteil vom 4. Mai 1994, VIII ZR 309/93, BGHZ 126, 105, 107 ff.; *Staudinger/Steinrötter*, JuS 2012, 97, 105.

524 BGH, Urteil vom 14. Oktober 1971, VII ZR 313/69, BGHZ 57, 137, 147 ff.

525 BGH, Urteil vom 19. Januar 2001, V ZR 437/99, BGHZ 146, 298, 307 ff.

526 Vgl. *Lorenz*, JuS 2015, 109, 111.

527 BGH, Urteil vom 2. Dezember 2004, IX ZR 200/03, NJW 2005, 884, 887.

3. Unerlaubte Handlung, §§ 823 ff. BGB

915 Das Recht der unerlaubten Handlung (auch „deliktische Handlung" genannt), betrifft die Haftung des Schädigers gegenüber dem Geschädigten für materielle und immaterielle Schäden, die infolge rechtswidriger und schuldhafter Verletzung eines absoluten Rechts entstehen, §§ 823 ff. BGB.

a) Voraussetzungen des § 823 Abs. 1 BGB

916 Voraussetzungen für eine Haftung des Schädigers nach § 823 Abs. 1 BGB sind:

aa) Verletzung eines absoluten Rechts

917 Die Rechtsgutverletzung muss ein in § 823 Abs. 1 BGB genanntes *absolutes* Rechtsgut (Körper, Gesundheit, Freiheit, Eigentum) betreffen. Die Rechtsgüter werden als absolut bezeichnet, da sie nicht nur im Rechtsverhältnis zu einem bestimmten Vertragspartner beachtet werden müssen (relative Rechte, vgl. § 241 BGB), sondern auch vor jeder Person und deshalb absolut geschützt sind.

> **Beispiel:** S verletzt G körperlich bei einem Verkehrsunfall. G's körperliche Unversehrtheit ist gegenüber jedermann geschützt, auch wenn er mit der Person des Schädigers nicht in vertraglicher Bindung steht. G kann von S Schadensersatz nach § 823 Abs. 1 BGB wegen Körperverletzung verlangen.

918 Ein vertragliches Rechtsverhältnis zum Schädiger schließt einen deliktischen Schadensersatzanspruch nicht aus. Es besteht Anspruchskonkurrenz zu etwaigen vertraglichen Schadensersatzansprüchen.

bb) Der sog. weiterfressende Mangel

919 Sachbeschädigungen sind grundsätzlich von § 823 Abs. 1 BGB gedeckt. Werden durch die Sachbeschädigung vertragliche Pflichten verletzt, besteht echte Anspruchskonkurrenz zwischen dem vertraglichen (insbesondere gewährleistungsrechtlichen) und dem deliktischen Schadensersatzanspruch. Um insbesondere den kürzeren Verjährungsfristen im Kaufrecht auszuweichen, werden unter bestimmten Voraussetzungen Schäden an der mangelhaften Sache selbst als Eigentumsverletzung i. S. v. § 823 Abs. 1 BGB qualifiziert und der längeren Regelverjährung unterstellt (sog. weiterfressender Mangel).

920 Die Rechtsfigur des weiterfressenden Mangels geht auf den Schwimmschalter-Fall[528] zurück, bei dem das Versagen eines kleinen Teils der gekauften Maschine (nämlich des Schwimmschalters einer Reinigungsanlage) zu erheblichen weiteren Schäden (Brand, der die gesamte Reinigungsanlage zerstörte) geführt hatte. Der BGH bejahte im Grundsatz die Möglichkeit eines deliktischen Schadensersatzanspruchs für den über den Schwimmschalter hinausreichenden Schaden an der Reinigungsanlage.

528 BGH, Urteil vom 24. November 1976, VIII ZR 137/75, BGHZ 67, 359 ff.

Fall 60: Gaszug 921

Infolge eines defekten Gaszuges verursacht G mit seinem Wagen einen Unfall. G verlangt vom Hersteller S Ersatz der Reparaturkosten. Welche Schadensersatzansprüche des G bestehen gegen S nach den Regeln des BGB? Ansprüche nach dem Produkthaftungsgesetz sind nicht zu prüfen.[529]

Ansprüche G gegen S

1. §§ 437 Nr. 3, 280 ff. BGB

G und S haben keinen Kaufvertrag geschlossen. Daher stehen dem G keine Ansprüche nach §§ 437 Nr. 3, 280 ff. BGB gegen S zu.

2. § 823 Abs. 1 BGB

G könnte von S Schadensersatz nach § 823 Abs. 1 BGB verlangen, sofern S das Eigentum des G rechtswidrig und schuldhaft verletzt hat. Die Lieferung des defekten Gaszuges stellt keine Sachbeschädigung dar, denn G hat nie einen intakten Gaszug besessen, der hätte beschädigt werden können.

Eine Sachbeschädigung könnte aber wegen eines weiterfressenden Mangels vorliegen, sofern der beschädigte Gesamtgegenstand und die mangelhafte Sache nicht *stoffgleich* sind. Denn dann hätte G zwar einen defekten Gaszug, aufgrund der fehlenden Stoffgleichheit jedoch einen ansonsten intakten Pkw erhalten. Der intakte Pkw, welcher Eigentum des G geworden ist, wäre dann infolge des defekten Gaszuges beschädigt worden. Hierin wäre die Eigentumsverletzung zu sehen.

▶ **Hinweis:** Bei Stoffgleichheit ist lediglich das Nutzungs- und Äquivalenzinteresse berührt, welches vertraglich – nicht hingegen deliktisch – geschützt ist. Nur bei fehlender Stoffgleichheit wird nach Ansicht des BGH das deliktisch geschützte Integritätsinteresse verletzt.

Stoffgleichheit liegt vor, wenn die Sache wegen des Mangels von vornherein wertlos war, das fehlerhafte Einzelteil nur schwer vom Gesamtgegenstand zu trennen ist und der Mangel nicht in wirtschaftlich vertretbarer Weise behoben werden kann.

▶ **Hinweis:** Anders gesagt, an der Stoffgleichheit fehlt es, wenn die fehlerhafte Sache in Beziehung zum Gesamtgegenstand bedeutungslos ist. Als Anhaltspunkt mögen die §§ 281 Abs. 1 Satz 3, 323 Abs. 5 Satz 2 BGB dienen; demnach ist der Mangel stoffungleich, wenn er unerheblich ist.

Der Wagen war aufgrund des defekten Gaszuges nicht von vornherein wertlos, der fehlerhafte Gaszug hätte leicht vom Wagen getrennt und in wirtschaftlich vertretbarer Weise ersetzt werden können. Der Gaszug ist daher nicht stoffgleich mit dem Wagen. Aufgrund der fehlenden Stoffgleichheit wurde durch den mangelhaften Gaszug das Integritätsinteresse verletzt. Eine deliktische Sachbeschädigung liegt vor. Rechtfertigungs- oder Entschuldigungsgründe liegen nicht vor. G kann von S Schadensersatz nach § 823 Abs. 1 BGB verlangen.

---

1. Weitere Rechtsprechung zum weiterfressenden Mangel 922

Die Rechtsprechung zum weiterfressenden Mangel hat der BGH in den folgenden Fällen ausgedehnt:

a) Kondensatoren-Fall[530]

Der BGH bejaht die Eigentumsverletzung von mit mangelhaften Kondensatoren verbundenen elektronischen Reglern des Käufers, weil letztere infolge des notwendigen Ausbaus der mangelhaften Kondensatoren beschädigt werden mussten.

---

529 In Anlehnung an den Gaszug-Fall des BGH, Urteil vom 18. Januar 1983, VI ZR 310/79, BGHZ 86, 256 ff.

530 BGH, Urteil vom 12. Februar 1992, VIII ZR 276/90, BGHZ 117, 183 ff.

b) Transistoren Fall[531]
Der BGH bejaht eine Eigentumsverletzung an den im Eigentum des Geschädigten stehenden Bauteilen bereits in der bloßen Verbindung mit den gelieferten mangelhaften Teilen. Das Urteil wird in der Literatur als zu weitgehend kritisiert, da die Grenze zum nicht ersatzfähigen reinen Vermögensschaden verwischt werde.[532]

c) Neuere Entscheidungen
In letzter Zeit hat der BGH die Gelegenheit genutzt, seine Rechtsprechung zum weiterfressenden Mangel zu bekräftigen.[533] Im Ferrari-Fall[534] erwähnt der BGH den Begriff der Stoffgleicheit in seiner Entscheidung nur deshalb nicht, weil das Fehlen der Stoffgleichheit (überalterter Reifen, der zum Totalschaden des Sportwagens führte) offensichtlich war, so dass es Ausführungen hierzu nicht bedurfte.

923 **2. Einflüsse der Schuldrechtsreform auf die Rechtsfigur des weiterfressenden Mangels**

An der Rechtsfigur des weiterfressenden Mangels hat die Schuldrechtsreform im Grundsatz nichts geändert. Modifikationen sind aber wegen des Rechts der zweiten Andienung erforderlich.[535]

a) Verjährung
Die Unterschiede der Verjährungsregeln waren nach altem Recht erheblich. Gewährleistungsansprüche verjährten in sechs Monaten, § 477 Abs. 1 BGB a.F., deliktische Ansprüche hingegen nach drei bis 30 Jahren, § 852 BGB a.F. Im neuen Recht besteht der Unterschied (zwei Jahre nach § 438 BGB, drei bis 30 Jahre nach §§ 195, 199 BGB) in abgeschwächter Form fort.[536]

b) Recht der zweiten Andienung
Der zu § 823 Abs. 1 BGB konkurrierende gewährleistungsrechtliche Anspruch auf Schadensersatz statt der Leistung setzt im Gegensatz zum Deliktsrecht voraus, dass eine Frist zur Nacherfüllung gesetzt wird (§ 281 Abs. 1 Satz 1 BGB). Die Rechtsfigur des weiterfressenden Mangels darf nicht zur Umgehung des Vorrangs der Nacherfüllung dienen. Daher ist der Anspruch aus § 823 Abs. 1 BGB wegen Weiterfresserschäden für die Zeit der zulässigen Nacherfüllung gesperrt.[537]

c) Mangelfolgeschäden
Die Fallgruppe des weiterfressenden Mangels ist vom sog. Mangelfolgeschaden zu unterscheiden. Sog. Mangelfolgeschäden sind Schäden, die nicht binnen einer angemessenen Frist zur Nacherfüllung behoben werden können und daher eine Fristsetzung zwecklos wäre (s. Rn. 633 f.). Mangelfolgeschäden werden über den Schadensersatz neben der Leistung (§§ 437 Nr. 3, 280 Abs. 1 BGB) ersetzt. Weiterfressende Mängel betreffen Schäden, die aufgrund des Mangels an der Kaufsache selbst entstanden sind. Sie können grundsätzlich durch Nacherfüllung behoben und über den Schadensersatz statt der ganzen Leistung (§§ 437 Nr. 3, 280 Abs. 1 und Abs. 3, 281 Abs. 1 Satz 1 und Satz 3 BGB) ersetzt werden.[538] Hierzu steht der Schadensersatzanspruch aus § 823 Abs. 1 BGB in Anspruchskonkurrenz.

▶ **Vertiefung:** Anschauliche Falllösungen zum weiterfressenden Mangel bieten *Heinemann/Ramsauer*, Jura 2004, 198 ff. und *Rubner/Dötsch*, JuS 2004, 798 ff.; s. ferner *Jaensch*, Klausurensammlung, Fall 19: Rund ums Auto.

---

531 BGH, Urteil vom 13. März 1998, VI ZR 109/97, BGHZ 138, 230 ff.

532 *Timme*, JuS 2000, 1154, 1155 f.

533 BGH, Urteil vom 12. Dezember 2000, VI ZR 242/99, BGHZ 146, 144, 147 ff. (Schlacke-Fall); BGH, Urteil vom 27. Januar 2005, VII ZR 158/03, BGHZ 162, 86, 94 (Architektenhaftung).

534 BGH, 11. Februar 2004, VIII ZR 386/02, NJW 2004, 1032 ff., mit kritischen Anmerkungen zum Begriff der Stoffgleicheit *Gsell*, NJW 2004, 1913 ff.

535 *Masch/Herwig*, ZGS 2005, 24, 26 ff.; für die Aufgabe der Figur des weiterfressenden Mangels hingegen *Tettinger*, JZ 2006, 641 ff.

536 In der Literatur wird vertreten, den Unterschied aufzuheben und deliktische Ansprüche wegen Weiterfresserschäden den vertraglichen Gewährleistungsregeln zu unterwerfen, s. *Mansel*, NJW 2002, 89, 95.

537 *Schulze/Ebers*, JuS 2004, 462, 465; *Masch/Herwig*, ZGS 2005, 24, 30.

538 *Heßeler/Kleinhenz*, JuS 2007, 706 ff.; a. A. für Weiterfresserschäden, die mit dem Mangel nicht stoffgleich sind *Schollmeyer*, NJW 2009, 2724.

cc) Verletzung eines sonstigen Rechts

Ferner unterliegen dem Schutz des § 823 Abs. 1 BGB auch sonstige Rechte. Sonstige Rechte sind diejenigen Rechte, die derartig hochrangig sind, dass sie den absoluten Rechten in ihrer Schutzwürdigkeit gleichstehen. Zu den sonstigen Rechten gehören: **924**

- das allgemeine Persönlichkeitsrecht,
- die dem Eigentum gleichgestellten Rechte wie z.B. das Pfandrecht, die Hypothek, die beschränkte persönliche Dienstbarkeit und das Besitzrecht,

  Vom Schutzbereich des § 823 Abs. 1 BGB ist nur der rechtmäßige Besitz erfasst; beim unrechtmäßigen Besitz verdrängen die spezielleren Vorschriften des EBV (§§ 987 ff. BGB) die §§ 823 ff. BGB (s. Rn. 1023).

- das Namens- und das Firmenrecht,
- das Urheberrecht und gewerbliche Schutzrechte,
- Eingriff in das *Recht am eingerichteten und ausgeübten Gewerbebetrieb.*

Das Recht am eingerichteten und ausgeübten Gewerbebetrieb wurde als Auffangtatbestand zu dem lückenhaften Unternehmensschutz gemäß § 823 Abs. 2 BGB i. V. m. UWG/GWB, § 824 BGB und § 826 BGB geschaffen. Voraussetzung für einen Schadensersatzanspruch ist, dass ein *betriebsbezogener* (d. h. unmittelbarer) Eingriff in den Gewerbebetrieb vorliegt. **925**

Beispiele:

a) Durch Bauarbeiten im Straßenkörper wird versehentlich ein Stromkabel gekappt. Hierdurch fällt in der Produktionsstätte des G für einen Tag die Produktion aus.[539]

b) Der Haftpflichtversicherer S rät dem X, der einen Wagen von G gemietet hat, lieber einen Wagen von G's Konkurrenten Y zu mieten, da es mit G häufiger Probleme gäbe. Tatsächlich jedoch führt G sein Geschäft korrekt.[540]

c) In einem veröffentlichten Interview bemerkt der Vertreter S der Gläubigerbank B zutreffend, der Finanzsektor wäre nicht mehr bereit, dem Schuldner G weitere Kredite zu gewähren. Daraufhin verschärfen sich die Liquidationsschwierigkeiten des G, welcher deshalb Insolvenz anmelden muss.[541] G nimmt unter anderem S in Anspruch.

d) Die S-GmbH sendet G (einmalig) unaufgefordert einen von ihr erstellten Newsletter mit Anlegerinformationen (Werbung) per Email zu. G verlangt von S die Unterlassung nach §§ 823 Abs. 1, 1004 Abs. 1 Satz 2 BGB.[542]

e) Die S GmbH vertreibt Magneten, die an die Brennstoffleitung einer Heizungsanlage geklemmt angeblich Energieeinsparungen bewirken. Wirtschaftsjournalist B bezeichnete gegenüber Kunden die Vermarktung der Magneten als groß angelegten Schwindel, sie seien Scharlatanerieprodukte ohne die geringste Wirkung. Tatsächlich belegen zwei Gutachten die Wirkungslosigkeit der Magneten. Die S GmbH verlangt von B die Unterlassung seiner Äußerungen nach §§ 823 Abs. 1, 1004 Abs. 1 Satz 2 BGB.[543]

f) Der Verlag A sendet ohne Einwilligung des Handelsvertreters B eine Werbe-E-Mail an dessen geschäftliche E-Mail-Adresse. B verlangt von A die Unterlassung nach §§ 823 Abs. 1, 1004 Abs. 1 Satz 2 BGB.[544]

539 BGH, Urteil vom 9. Dezember 1958, VI ZR 199/57, BGHZ 29, 65 ff.
540 BGH, Urteil vom 13. Oktober 1993, VI ZR 357/97, NJW 1999, 279 ff.
541 BGH, Urteil vom 24. Januar 2006, XI ZR 384/03, BGHZ 166, 84 Rn. 89 ff. (Kirch-Urteil).
542 BGH, Beschluss vom 20. Mai 2009, I ZR 218/07, NJW 2009, 2958 f.
543 BGH, Urteil vom 16. Dezember 2014, VI ZR 39/14, NJW 2015, 773 Rn. 16 ff.
544 BGH, Urteil vom 14. März 2017, VI ZR 721/15, NJW 2017, 2119 Rn. 14 ff.

Im Beispiel a) scheitert der Anspruch gemäß § 823 Abs. 1 BGB, da der Eingriff nicht betriebsbezogen ist.[545] In den Beispielen b),[546] c)[547], d)[548] und f)[549] hat der BGH die Betriebsbezogenheit bejaht, im Beispiel e) wurde die Betriebsbezogenheit stillschweigend vorausgesetzt.

Im oben genannten Beispiel e) verneinte der BGH hingegen die Rechtswidrigkeit des Eingriffs in den eingerichteten und ausgeübten Gewerbebetrieb. Im Gegensatz zur Verletzung der übrigen durch § 823 Abs. 1 BGB geschützten Rechte wird die Rechtswidrigkeit *nicht* durch den schädigenden Eingriff *indiziert*, sondern muss im Rahmen einer umfassenden Güter- u. Interessenabwägung positiv festgestellt werden. Dabei sind insbesondere zu berücksichtigen die Schwere des Eingriffs, das vorangegangene Verhalten des Verletzten, Motive und Zweck des Eingriffs, Grundrechte (insbesondere Art. 5 GG), Wahrheitsgehalt der behaupteten Tatsachen, Art und Weise des Eingriffs sowie Rechtfertigungsgründe (z. B. § 193 StGB).[550]

926 *Kein* absolutes oder sonstiges Recht i. S. v. § 823 Abs. 1 BGB ist das Vermögen. Ein reiner Vermögensschaden führt daher nicht zu einem Schadensersatzanspruch des Geschädigten.

Beispiel: Wirtschaftsprüfer S erstellt ein Gutachten, indem fälschlicherweise behauptet wird, die börsennotierte D AG hätte Verluste in beträchtlicher Höhe in ihrem Jahresabschluss unterschlagen. Als das Gutachten mit Genehmigung von S veröffentlicht wird, stürzt der Kurs der D AG ab. Durch den Kursverlust entsteht dem Aktionär G ein Schaden in Höhe von € 10 000.

Im vorstehenden Beispiel liegt ein reiner Vermögensschaden vor, ein Anspruch aus § 823 Abs. 1 BGB scheidet aus. In Betracht käme ein Schadensersatzanspruch nach § 826 BGB, der jedoch eine vorsätzliche sittenwidrige Schädigung voraussetzt.[551]

dd) Schädigung durch Unterlassen

927 Die Schädigung kann auch in einem Unterlassen bestehen, sofern den Schädiger eine Garantenpflicht trifft.

Beispiele: Schutzpflichten (z. B. Eltern-Kind-Verhältnis), Ingerenz (Garantenpflicht aus vorangehendem gefährlichem Tun, z. B. S gräbt eine Grube, die er nicht ausreichend sichert. G fällt daher in die Grube und verletzt sich).

ee) Kausalität

928 Ein Schadensersatzanspruch nach § 823 Abs. 1 BGB setzt voraus, dass die schädigende Handlung für die Rechtsgutverletzung ursächlich ist (haftungs*begründende* Kausalität).

---

545 BGH, Urteil vom 9. Dezember 1958, VI ZR 199/57, BGHZ 29, 65, 74 f.; kritisch *Emmerich*, BGB – Schuldrecht BT, 14. Auflage 2015, § 22 Rn. 11.

546 BGH, Urteil vom 13. Oktober 1993, VI ZR 357/97, NJW 1999, 279, 281.

547 BGH, Urteil vom 24. Januar 2006, XI ZR 384/03, BGHZ 166, 84 Rn. 123 (Kirch-Urteil).

548 BGH, Beschluss vom 20. Mai 2009, I ZR 218/07, NJW 2009, 2958 Rn. 12.

549 BGH, Urteil vom 14. März 2017, VI ZR 721/15, NJW 2017, 2119 Rn. 15.

550 Anschaulich zur Interessenabwägung BGH, Urteil vom 24. Januar 2006, XI ZR 384/03, BGHZ 166, 84 Rn. 96 ff., Rn. 124 ff. (Kirch-Urteil); BGH, Urteil vom 15. Mai 2012, VI ZR 117/11, NJW 2012, 2579 Rn. 27 ff. (Ingo Steuer); BGH, Urteil vom 16. Dezember 2014, VI ZR 39/14, NJW 2015, 773 Rn. 16 ff. (Energiesparmagnet).

551 Vgl. die Vorstandshaftung für fehlerhafte Ad-hoc-Mitteilungen, BGH, Urteile vom 19. Juli 2004, II ZR 402/02, BGHZ 160, 149, 152 ff. (Infomatec); BGH, Urteil vom 9. Mai 2005, II ZR 287/02, BB 2005, 1644, 1645 ff. (EM.TV).

Beispiel: S fährt den Fußgänger G schuldhaft mit seinem Pkw an. Kurze Zeit darauf klagt G über Schmerzen im Kniegelenk. Die Frage, ob der Unfall ursächlich für die Gelenkschmerzen ist, betrifft die haftungsbegründende Kausalität.

Zudem muss die Rechtsgutverletzung ursächlich für den eingetretenen Schaden sein (haftungs*ausfüllende* Kausalität).

Beispiel: Aufgrund der Gelenkschmerzen des G, die auf den Unfall mit S zurückzuführen sind (s. o.), kann G nicht mehr an Wettbewerbsläufen teilnehmen und verliert daraufhin seine Werbeverträge. Die Frage, ob die Gelenkschmerzen ursächlich für den entgangenen Gewinn sind, betrifft die haftungsausfüllende Kausalität.

Hintergrund der Unterscheidung zwischen der haftungsbegründenden und haftungsausfüllenden Kausalität **929**

Die Bedeutung der Unterscheidung zwischen der haftungsbegründenden Kausalität und der haftungsausfüllenden Kausalität liegt vor allem in der Regelung der Beweislast. Der Geschädigte muss die haftungsbegründende Kausalität zur vollen Überzeugung des Gerichts beweisen, § 286 ZPO. Für die haftungsausfüllende Kausalität wird die Beweisführung durch § 287 ZPO erleichtert. Demnach entscheidet das Gericht unter Würdigung aller Umstände nach freier Überzeugung. Dabei darf der Richter letzte Zweifel an der Kausalität zwischen Pflichtverletzung und dem Schaden beiseiteschieben.[552] Betrifft der Schaden einen entgangenen Gewinn, wird § 287 ZPO durch die Beweiserleichterungsregelung des § 252 BGB ergänzt.

Die Handlung ist für die Rechtsgutverletzung kausal, sofern sie nicht hinweggedacht werden kann, ohne dass gleichzeitig auch die Rechtsgutverletzung entfällt (*condicio sine qua non* – notwendige Bedingung für den Schadenseintritt). Gleiches gilt für die haftungsausfüllende Kausalität zwischen Rechtsgutverletzung und eingetretenem Schaden. **930**

Beispiel: Der Wasserkocher, den A angeschaltet hatte, pfeift. Durch das geöffnete Fenster bemerkt der Straßenbahnfahrer B das Pfeifen, dreht seinen Kopf zur Seite und übersieht daher ein rotes Haltesignal. Daraufhin kommt es zum Unfall der Straßenbahn mit dem Autofahrer C.

In Anwendung der *condicio-sine-qua-non*-Regel ist die Inbetriebnahme des Wasserkochers durch A die notwendige Bedingung für den Unfall zwischen B und C.

Um entfernte Kausalzusammenhänge auszuschließen, werden im Wesentlichen zwei Theorien diskutiert. Nach der sog. *„Adäquanztheorie"* wird eine notwendige Bedingung dem Schädiger nur zugerechnet, wenn das Ereignis im Allgemeinen und nicht nur unter besonders eigenartigen, unwahrscheinlichen und nach dem gewöhnlichen Verlauf der Dinge außer Betracht zu lassenden Umständen geeignet ist, einen Erfolg dieser Art herbeizuführen.[553] Nach der *„Lehre vom Schutzzweck der Norm"* wird ein Zurechnungszusammenhang nur hergestellt, wenn die Norm, gegen die der Schädiger verstößt, bezweckt, die eingetretene Rechtsgutverletzung oder den eingetretenen Schaden zu verhindern.[554] Im Ergebnis liegt eine kumulative Anwendung beider Theorien **931**

552 Eingehend *M. Schwab*, Grundzüge des Zivilprozessrechts, 2005, 209 f.
553 BGH, Urteil vom 14. Oktober 1971, VII ZR 313/69, BGHZ 57, 137, 141.
554 BGH, Urteil vom 21. Oktober 2014, II ZR 113/13, NZG 2015, 227 Rn. 21; *Michalski*, Jura 1996, 393, 394.

nahe, indem zunächst unwahrscheinliche Umstände herausgefiltert werden (Adäquanztheorie), um in einem zweiten Schritt die Zurechenbarkeit positiv anhand des Schutzzwecks der Norm zu begründen.[555]

Im Beispiel kommt es aufgrund des Anschaltens des Wasserkochers durch A aufgrund eines ungewöhnlichen Verlaufs der Dinge zum Unfall zwischen B und C. In Anwendung der Adäquanztheorie wird die Handlung, die nach der *condicio-sine-qua-non*-Regel kausal für das schädigende Ereignis ist, dem A nicht zugerechnet.

▶ **Vertiefung:** Zu Problemfällen der haftungsbegründenden und haftungsausfüllenden Kausalität s. *Michalski*, Jura 1996, 393, 394 ff.; einen generellen Überblick über Probleme der Kausalität und Schadenszurechnung gibt *Musielak*, JA 2013, 241 ff.

ff) Rechtswidrigkeit

932 Die Schädigungshandlung indiziert die Rechtswidrigkeit. Daher ist die Rechtswidrigkeit nur gesondert zu prüfen, sofern Rechtfertigungsgründe in Betracht kommen. Lediglich beim Eingriff in den eingerichteten und ausgeübten Gewerbebetrieb ist die Rechtswidrigkeit positiv festzustellen.[556]

Rechtfertigungsgründe sind z. B. Notwehr, § 227 BGB, Notstand, § 228 BGB, oder die Einwilligung des Geschädigten in die Rechtsgutverletzung.

> **Beispiel:** S verletzt G mit einem Faustschlag. Aufgrund der schädigenden Handlung des S (Faustschlag) wird vermutet, dass die Handlung rechtswidrig erfolgte. In der Klausur kann die Rechtswidrigkeit daher schlicht festgestellt werden. Enthält der Sachverhalt hingegen Anhaltspunkte für einen Rechtfertigungsgrund, z. B. der Faustschlag des S erfolgt, um einen gegenwärtigen rechtswidrigen Angriff des G abzuwehren (Notwehr), ist auf die Rechtswidrigkeit im Gutachtenstil einzugehen.

gg) Verschulden

933 Verschulden liegt nur bei Vorsatz oder Fahrlässigkeit vor.

934 Ein Verschulden ist ausgeschlossen, sofern der Schädiger nicht deliktsfähig ist, § 828 BGB. Wer das siebente Lebensjahr noch nicht vollendet hat, ist nicht deliktsfähig, § 828 BGB Abs. 1 BGB. Ebenso verhält es sich für Schäden, die ein Sieben- bis Zehnjähriger fahrlässig mit Kraft- oder Schienenfahrzeugen verursacht hat, § 828 Abs. 2 BGB. Ansonsten ist bei Minderjährigen zwischen dem siebenten und dem 18. Lebensjahr auf die Einsichtsfähigkeit abzustellen, § 828 Abs. 3 BGB.

b) Wesentliche Rechtsfolgen des Deliktsrechts

935 Infolge einer unerlaubten Handlung kann es im Wesentlichen zu folgenden Ansprüchen kommen:

555 JurisPK/*J. Lange*, § 823 Rn. 52; vgl. BGH, Urteil vom 25. Januar 2018, VII ZR 74/15, Rn. 14 ff.
556 Zum Recht am eingerichteten und ausgeübten Gewerbebetrieb s. Rn. 925.

aa) Schadensersatzansprüche

i) Schadensersatzanspruch, § 823 Abs. 1 BGB

Der Schadensersatzanspruch nach § 823 Abs. 1 BGB entsteht aufgrund der Verletzung eines absoluten oder sonstigen Rechts. **936**

ii) Schadensersatzanspruch, § 823 Abs. 2 BGB

Die Verletzung von Schutzgesetzen (z. B. Betrug, § 263 StGB) führt zu einem Schadensersatzanspruch nach § 823 Abs. 2 BGB. **937**

iii) Haftung für den Verrichtungsgehilfen, § 831 BGB

Sofern eine weisungsunterworfene Person (z. B. Arbeitnehmer) einem anderen einen Schaden zufügt, ist derjenige, der diese Person zur Verrichtung bestellt hat (z. B. Arbeitgeber), dem Geschädigten zum Schadensersatz verpflichtet, sofern er den Verrichtungsgehilfen nicht mit der im Verkehr erforderlichen Sorgfalt ausgesucht und beaufsichtigt hat (Exculpationsmöglichkeit). Wegen der Exculpationsmöglichkeit ist der Anspruch aus § 831 BGB in der Praxis ein sehr schwacher. **938**

§ 831 BGB ist im Gegensatz zu § 278 BGB keine Zuweisungsnorm, sondern eine selbständige Anspruchsgrundlage. Die Norm knüpft an die Rechtsgüter von § 823 Abs. 1 BGB an,[557] setzt aber keine schuldhafte Schädigungshandlung des Anspruchsgegners voraus. Der Haftungsgrund ist nicht die Rechtsgutverletzung durch den Verrichtungsgehilfen, sondern dessen unsorgfältige Auswahl oder unzureichende Überwachung durch den Anspruchsgegner. Aus diesem Grund besteht für den Anspruchsgegner die Möglichkeit, sich zu exculpieren.

iv) Umfang des Schadensersatzanspruchs, §§ 249 ff. BGB

Der Umfang des Schadensersatzanspruchs richtet sich nach den §§ 249 ff. BGB. Gemäß § 253 Abs. 2 BGB umfasst der Schadensersatzanspruch auch Schmerzensgeld im Falle der Verletzung des Körpers, der Gesundheit, der sexuellen Selbstbestimmung oder bei Freiheitsentziehung. **939**

bb) Beseitigungs- und Unterlassungsanspruch, §§ 1004, 823 BGB

Bei einer dauernden oder drohenden künftigen rechtswidrigen Rechtsgutverletzung besteht in (analoger) Anwendung von § 1004 BGB ein Beseitigungs- oder Unterlassungsanspruch gegen den (drohenden) Schädiger. Der Wortlaut des § 1004 BGB nennt lediglich das Eigentum als geschütztes Rechtsgut (*negatorischer* Unterlassungs- oder Beseitigungsanspruch), sofern das Eigentum in anderer Weise als durch Entziehung oder Vorenthaltung des Besitzes rechtswidrig beeinträchtigt wird. **940**

> **Beispiel:** Die Katze des Nachbarn S streunt regelmäßig auf dem Grundstück des G, auf dem sie zahlreiche Singvögel reißt. G verlangt von S, die Katze vom Grundstück fernzuhalten und dafür Sorge zu tragen, dass sie künftig sein Grundstück nicht mehr betritt.

Wird das Eigentum durch rechtswidrige Entziehung oder Vorenthaltung des Besitzes beeinträchtigt, greifen die §§ 985 ff. BGB.

557 MüKo/*Wagner*, § 831 Rn. 29.

941 Darüber hinaus besteht für die rechtswidrige Beeinträchtigung der übrigen von § 823 Abs. 1 BGB erfassten Rechtsgüter ein Anspruch nach § 1004 BGB analog (*quasinegatorischer* Unterlassungs- oder Beseitigungsanspruch).[558]

Beispiel: In seinen Publikationen pflegt S übelste unwahre Unterstellungen zu Lasten des G zu verbreiten (Verletzung der Ehre als sonstiges Recht i. S. v. § 823 Abs. 1 BGB). G verlangt von S, die von ihm verbreiteten unwahren Tatsachen zu widerrufen und künftig derartige Unterstellungen zu unterlassen.

4. Das Produkthaftungsgesetz

942 Die deliktische Haftung setzt ein Verschulden voraus. Hingegen haftet der Hersteller eines Produktes nach § 1 ProdHaftG auch ohne Verschulden für alle Schäden, die durch einen Fehler des Produktes entstehen.

Der Haftungstatbestand ist das Inverkehrbringen des fehlerhaften Produktes, s. § 1 Abs. 2 Nr. 1 ProdHaftG. Ein Produkt ist fehlerhaft, wenn es nicht die Sicherheit bietet, die unter Berücksichtigung seiner Darbietung und seines Gebrauchs im Zeitpunkt des Inverkehrbringens erwartet werden kann, § 3 ProdHaftG. Hersteller ist, wer das Endprodukt, einen Grundstoff oder ein Teilprodukt hergestellt hat, § 4 ProdHaftG. Die Vorschrift enthält weitere Definitionen des Herstellers.

Ein Haftungsausschluss für den Hersteller ergibt sich aus § 1 Abs. 2 ProdHaftG. Eine Haftungsbegrenzung des Herstellers folgt aus §§ 10 f. ProdHaftG (Personenschäden bis zu € 85 Mio., Sachschäden unbegrenzt ab einem Mindestschaden i. H. v. € 500).

558 Jauernig/*Berger*, § 1004 Rn. 2.

G. Grundzüge des Sachenrechts

Das Sachenrecht regelt die Rechte an unbeweglichen Sachen (Immobilien) und an beweglichen Sachen. Der zentrale Begriff des Sachenrechts ist das Eigentum. Das Eigentum ist die Zuordnung einer Sache zu einem Rechtssubjekt (Eigentümer). Dem Eigentümer steht ein absolutes Recht an der Sache zu. Während im Schuldrecht relative Rechte entstehen, die nur im Rechtsverhältnis zwischen den Vertragspartnern gelten, kann der Eigentümer als Inhaber eines absoluten Rechts gegenüber jeder anderen Person sein Recht durchsetzen. **943**

Ein wesentlicher Unterschied zwischen dem Schuldrecht und dem Sachenrecht liegt ferner im *numerus clausus* des Sachenrechts. Im Schuldrecht sind die Vertragsparteien in der Gestaltung ihrer Vertragsverhältnisse grundsätzlich frei (Vertragsfreiheit). Das Gesetz beschränkt sich weitgehend auf die Normierung typischer Vertragsverhältnisse. Im Sachenrecht sind die Parteien bei der Ausgestaltung und Durchsetzung ihrer dinglichen Rechte an die gesetzlichen Vorgaben gebunden. Als Grundsatz gilt daher, dass schuldrechtliche Vorschriften abdingbar und sachenrechtliche Vorschriften zwingend sind. **944**

Gewiss gibt es auch im Schuldrecht zwingende Vorschriften, insbesondere im Verbraucherschutz-, Miet- und Arbeitsrecht. Grenzen werden der Vertragsfreiheit zudem durch die §§ 305 ff. BGB (AGB), § 242 BGB (Treu und Glauben) und § 138 BGB (gute Sitten) gesetzt. Hingegen gewährt auch das Sachenrecht den Beteiligten einen gewissen Spielraum. So können sie nach einer dogmatisch bedenklichen Rechtsprechung vereinbaren, wer Hersteller i. S. v. § 950 BGB ist.[1] Die gewohnheitsrechtlich anerkannte Sicherungsübereignung kann zur Umgehung des Faustpfandes (vgl. § 1205 BGB) eingesetzt werden.

Der Eigentümer einer Sache kann mit dieser innerhalb der Gesetze nach Belieben verfahren und andere von jeder Einwirkung ausschließen, § 903 BGB. Er hat die Verfügungsbefugnis über sein Eigentum, d. h. er kann es übertragen, belasten, vererben oder aufgeben. Eine dingliche Verfügung ist nur wirksam, wenn sie inhaltlich bestimmt ist (Bestimmtheitsgrundsatz). Jeder Dritte muss allein aufgrund der Einigung feststellen können, über welche konkrete Sache verfügt wird. **945**

> **Beispiel:** V übereignet E sämtliche Waren aus seinem Lager mit Ausnahme derjenigen, die er unter Eigentumsvorbehalt erworben hat.

Die Einigungserklärung würde dem Bestimmtheitsgrundsatz entsprechen, sofern sämtliche Waren aus dem Lager übereignet werden. Denn durch Auslegung (§§ 133, 157 BGB) wäre die Einigung dahingehend zu verstehen, dass jede einzelne Sache übereignet wird. Jedoch ist die Einschränkung, alle Waren auszunehmen, die unter Eigentumsvorbehalt geliefert wurden, nur mit Hilfe der kaufmännischen Unterlagen des V nachvollziehbar. Aus der Einigung allein kann ein Dritter nicht entnehmen, welche konkreten Sachen übereignet werden sollen. Eine solche Einigung entspricht nicht dem Bestimmtheitsgrundsatz und ist daher nichtig. Die Übereignung scheitert.

▶ **Vertiefung und Wiederholung:** *Schreiber*, Grundprinzipien des Sachenrechts, Jura 2010, 272 ff.

---

1 Zur Vereinbarung der Herstellereigenschaft, s. Rn. 783 und Rn. 963.

I. Eigentum und Besitz

1. Eigentum

946 Eigentümer ist derjenige, dem die Sache rechtlich zugeordnet wird und der infolgedessen das absolute Herrschaftsrecht über die Sache ausüben kann.

2. Besitz

947 Besitzer ist derjenige, der die tatsächliche Gewalt über die Sache ausübt, § 854 BGB.

a) Unmittelbarer und mittelbarer Besitz, § 868 BGB

948 Es gibt den unmittelbaren und den mittelbaren Besitzer. Hat jemand aufgrund eines Besitzrechts

– sei es dinglicher Natur wie Nießbrauch oder Pfandrecht oder schuldrechtlicher Natur wie Miete, Pacht, Verwahrung oder ein ähnliches Rechtsverhältnis wie Leihe aber auch Sicherungsübereignung oder Eigentumsvorbehalt –

den Besitz an einer Sache inne, so ist nicht nur diese Person, sondern auch die Person, von der sie ihr Besitzrecht ableitet, Besitzer. Das Gesetz unterscheidet zwischen dem unmittelbaren Besitzer (z. B. Pfandgläubiger, Mieter, Pächter, aber auch Käufer unter Eigentumsvorbehalt und Sicherungsgeber bei Sicherungsübereignung) und dem mittelbaren Besitzer (z. B. Pfandgeber, Vermieter, Verpächter, aber auch Verkäufer unter Eigentumsvorbehalt und Sicherungsnehmer bei Sicherungsübereignung).

Bedeutung hat die Figur des mittelbaren Besitzes insbesondere für die Übereignungsform nach § 930 BGB.

b) Besitzdiener, § 855 BGB

949 Übt jemand für einen Anderen aufgrund eines Rechtsverhältnisses, gemäß dem er den Weisungen des Anderen zu folgen hat, die tatsächliche Gewalt über eine Sache aus, so ist nicht dieser, sondern ausschließlich der Andere Besitzer, § 855 BGB.

Beispiele: Haushälterin, Arbeitnehmer.

§ 855 BGB erläutert im Grunde nur, wer Inhaber der tatsächlichen Gewalt i. S. v. § 854 BGB ist; denn da der Andere aufgrund seiner Weisungsbefugnis bestimmt, wie mit der Sache zu verfahren ist, übt dieser die tatsächliche Sachherrschaft aus und ist Besitzer.

950 Sofern zwischen dem Geschäftsherrn und seinem Vertreter kein Besitzmittlungsverhältnis besteht, könnte der Stellvertreter (§ 164 BGB) Besitzdiener sein, § 855 BGB.

Beispiele: Der Eigentumsübergang bei der Übereignung einer beweglichen Sache von einem Dritten über einen Vertreter unmittelbar an den Geschäftsherrn vollzieht sich aufgrund §§ 929 Satz 1, 164 Abs. 1, 855 BGB.

a) Die Einigungserklärung des Vertreters wirkt aufgrund § 164 Abs. 1 BGB unmittelbar für den Geschäftsherrn.

b) Durch die Besitzübergabe an den Vertreter wird nicht dieser, sondern aufgrund § 855 BGB der Geschäftsherr Besitzer.

Liegt ein Besitzmittlungsverhältnis zwischen dem Vertreter und dem Geschäftsherrn vor, wird auch der Geschäftsherr durch die Besitzübergabe an den Vertreter Besitzer (mittelbarer Besitzer, § 868 BGB).
Eine Mindermeinung spricht sich entgegen der ganz h. A. für die analoge Anwendung von § 164 BGB auf den Besitzerwerb aus, da der Besitzerwerb einen rechtsgeschäftsähnlichen Charakter habe.[2]

▶ **Vertiefung:** Einen Überblick der Besitzformen liefert *Schreiber*, Jura 2012, 514 ff.

c) Besitzschutz

Selbst der unrechtmäßige Besitzer ist in seinem Besitz gegen widerrechtliche Entziehung oder Störung geschützt. Gegen eine widerrechtliche Besitzstörung oder -entziehung (*verbotene Eigenmacht*, § 858 Abs. 1 BGB) darf sich der Besitzer zur Wehr setzen, § 859 Abs. 1 BGB. Diese Vorschrift normiert eine der wenigen Ausnahmen vom Gewaltmonopol des Staates.[3] Ferner stehen dem Besitzer die Besitzschutzansprüche nach §§ 861 f. BGB (possessorische Ansprüche) zu. **951**

Der teleologische Hintergrund der dem Besitzschutz dienenden Vorschriften ist die Wahrung des Rechtsfriedens. Verlangt jemand den Besitz aufgrund einer Rechtsposition (z. B. Eigentum) heraus, so darf dies nicht mit Gewalt (verbotene Eigenmacht), sondern nur auf dem Rechtsweg geschehen. Der Besitzschutz erlischt erst mit Ablauf eines Jahres nach Ausübung der verbotenen Eigenmacht, § 864 Abs. 1 BGB, oder nach rechtskräftiger Feststellung des Herausgabeanspruchs des Täters (z. B. aus § 985 BGB), § 864 Abs. 2 BGB.

▶ **Vertiefung:** Ausführlich zum Besitzschutz *Omlor/Gies*, JuS 2013, 12 ff.

d) Eigentumsvermutung, § 1006 BGB

Zugunsten des Besitzers einer *beweglichen* Sache wird vermutet, dass er Eigentümer der Sache ist, § 1006 Abs. 1 Satz 1 BGB. **952**

Beispiel: Der Anspruchsinhaber eines Beseitigungs- oder Unterlassungsanspruchs nach § 1004 Abs. 1 BGB braucht aufgrund der Eigentumsvermutung im Prozess nicht darzulegen und zu beweisen, dass er Eigentümer der Sache ist.

3. Auseinanderfallen von Eigentum und Besitz

Eigentum und Besitz fallen häufig auseinander. Das Rechtsverhältnis zwischen Eigentümer und unrechtmäßigem Besitzer regeln die §§ 985 ff. BGB. **953**

Beispiel: E ist Eigentümer eines Pkws. Er vermietet den Pkw für einen Monat an B. B erlangt durch die Übergabe des Pkws an ihn den unmittelbaren Besitz an dem Fahrzeug, ohne Eigentümer zu werden. Das Eigentum verbleibt bei E.

2 *Klinck*, AcP 205 (2005), 487 ff.
3 Weitere Ausnahmen vom staatlichen Gewaltmonopol sind § 227 BGB (Notwehr), § 228 BGB (Notstand), §§ 229 ff. BGB (Selbsthilfe), § 127 Abs. 1 StPO (sog. Jedermann-Paragraph).

954 Nach Ablauf der Mietzeit hat E gegen B einen *schuldrechtlichen* Rückgabeanspruch aus dem Mietvertrag nach § 546 BGB und einen *sachenrechtlichen* (dinglichen) Herausgabeanspruch nach § 985 BGB. Die beiden Anspruchsgrundlagen haben unterschiedliche Tatbestandsvoraussetzungen und stehen in Anspruchskonkurrenz zueinander. Die Ansprüche aus § 546 BGB stehen dem Vermieter gegen den Mieter (Abs. 1) oder einen Dritten zu, dem der Mieter den Gebrauch der Sache überlassen hat (Abs. 2, z. B. nicht einem Dieb). § 985 BGB gewährt dem Eigentümer gegenüber jedem (unberechtigten, s. § 986 BGB) Besitzer einen Herausgabeanspruch.

II. Eigentumserwerb

955 Der Erwerb des Eigentums an einer Sache kann sowohl kraft Gesetz als auch durch Rechtsgeschäft erfolgen.

1. Eigentumserwerb kraft Gesetz

956 Die wesentlichen Formen des Eigentumserwerbs kraft Gesetz vollziehen sich durch Verbindung, Vermischung oder Verarbeitung, §§ 946 ff. BGB.

a) Verbindung mit einem Grundstück, § 946 BGB

957 Wird eine bewegliche Sache zu einem dauerhaften Zweck (§ 95 BGB) mit einem Grundstück dergestalt verbunden, dass sie wesentlicher Bestandteil des Grundstücks (§ 94 BGB) wird, erstreckt sich das Eigentum an dem Grundstück auch auf diese Sache, § 946 BGB.

Beispiel: Bauleistungen, insbes. Einbau von Fenster, Türen, Heizungsanlagen, Sanitäreinrichtungen in ein Gebäude.

958 § 946 BGB ist zwingend, d. h. eine entgegenstehende Vereinbarung der Parteien ist unwirksam. Daher erlischt ein Eigentumsvorbehalt des Werkunternehmers mit dem Einbau. Zur Sicherung seiner Ansprüche kann er die Einräumung einer Sicherungshypothek verlangen, § 648 BGB.

b) Verbindung beweglicher Sachen, § 947 BGB

959 Werden bewegliche Sachen dergestalt miteinander verbunden, dass sie wesentliche Bestandteile (§ 93 BGB) einer einheitlichen Sache sind, so werden die bisherigen Eigentümer Miteigentümer im Verhältnis des Wertes der ursprünglichen Sachen. Ist eine Sache als Hauptsache anzusehen, werden die Eigentümer der übrigen Sachen ihres Eigentums verlustig und der Eigentümer der Hauptsache erwirbt Alleineigentum, § 947 BGB.

Die Miteigentümerschaft ist näher in den §§ 1008 ff. BGB geregelt.
Was als Hauptsache im Sinne von § 947 Abs. 2 BGB anzusehen ist, entscheidet sich nach der Verkehrsauffassung und steht nicht zur Disposition der Parteien.

960 Aufgrund des zwingenden Charakters von § 947 BGB geht ein Eigentumsvorbehalt z. B. eines Zulieferbetriebes in Anwendung des § 947 BGB verloren.

> **Beispiel:** L liefert Autoradios an H unter Eigentumsvorbehalt. Mit dem Einbau der Autoradios in die Kraftfahrzeuge erwirbt H kraft § 947 Abs. 2 BGB das Alleineigentum. Der Eigentumsvorbehalt des L erlischt.

c) Vermischung oder Vermengung, § 948 BGB

961 Die gleichen Rechtsfolgen wie bei § 947 BGB treten ein, wenn bewegliche Sachen miteinander vermengt oder vermischt werden, § 948 BGB.

> **Beispiele:** Herstellung von chemischen Verbindungen, die sich materiell nicht mehr trennen lassen, oder wenn die Trennung unverhältnismäßig hohe Kosten verursachen würde.

Entsprechend § 947 Abs. 2 BGB entsteht Alleineigentum, wenn eine Sache als die Hauptsache anzusehen ist. Dies gilt jedoch nur, wenn ungleichartige Sachen miteinander vermengt oder vermischt werden.

> **Beispiele:** Beim Gerben von Leder vermengt sich der Gerbstoff mit dem Leder; der Eigentümer des Leders erwirbt Alleineigentum. Bei der Herstellung von Hefeteig vermischt sich die Hefe mit dem Teig; der Eigentümer des Teigs erwirbt Alleineigentum.[4]

Werden gleichartige Sachen miteinander vermengt oder vermischt, findet § 947 Abs. 2 BGB keine Anwendung,[5] denn eine Realteilung ist ohne weiteres möglich. Die beteiligten Eigentümer erwerben Miteigentum.

> **Beispiele:**
>
> a) Werden gleichartige Geldmünzen und Geldscheine in der Kasse vermischt, so erwerben die Beteiligten Miteigentum.[6] Der Eigentümer der Kasse wird nicht etwa Alleineigentümer. Denn der Kassenbestand kann nicht als Hauptsache angesehen werden, selbst wenn eine 1-Euro-Münze in einer Kasse mit 100 1-Euro-Münzen vermengt wird. Eine Hauptsache liegt nur vor, wenn die vermengten Sachen ungleichartig sind; die 1-Euro-Münzen sind hingegen gleichartig.
>
> b) Beim Betanken eines Pkw, dessen Tank nicht restlos leer war, erhält der Verkäufer stets Miteigentum am Tankinhalt. Selbst wenn der Tank vor Beginn des Tankvorgangs fast voll war, ist der ursprüngliche Tankinhalt nicht als Hauptsache anzusehen, so dass der Käufer nie Alleineigentümer wird.[7]

d) Verarbeitung, § 950 BGB

962 Wer durch Verarbeitung oder Umbildung eines oder mehrerer Stoffe eine *neue* bewegliche Sache herstellt, erwirbt das Eigentum an der neuen Sache, sofern nicht der Wert der Verarbeitung erheblich geringer ist als der Wert des Stoffes, § 950 Abs. 1 Satz 1 BGB.

> **Beispiel:** A baut aus mehreren Einzelteilen, die er von B, C und D geliefert bekommt, ein Fahrzeug.

---

4 MüKo/*Füller*, § 948 Rn. 6; BeckOK/*Kindl*, § 948 Rn. 6.

5 BGH, Urteil vom 23. September 2010, IX ZR 212/09, NJW 2010, 3578 Rn. 13; MüKo/*Füller*, § 948 Rn. 6 f.; BeckOK/*Kindl*, § 948 Rn. 6 f.; *Gehrlein*, NJW 2010, 3543 f.; a. A. Palandt/*Herrler*, § 948 Rn. 4.

6 BGH, Urteil vom 23. September 2010, IX ZR 212/09, NJW 2010, 3578 Rn. 13; ausführlich *Gehrlein*, NJW 2010, 3543 ff.

7 A. A. *Faust*, JuS 2011, 929, 931.

963 **Herstellerbegriff**

Hersteller ist der, der das wirtschaftliche Risiko der Herstellung trägt.[8] Nach der Rechtsprechung des BGH besteht für einen Lieferanten ein Spielraum, sein dingliches Sicherungsrecht zu bewahren, indem er mit dem tatsächlichen Hersteller vereinbart, dass er (der Lieferant) als Hersteller der neuen Sache i. S. v. § 950 BGB gilt. Die Frage wer Hersteller ist, richtet sich jedoch aufgrund der absoluten Wirkung dinglicher Rechte nach der *objektiven Verkehrsauffassung* und steht nicht zur Disposition der Parteien. Nach zutreffender Ansicht kann das Sicherungsinteresse des Lieferanten stattdessen über eine antizipierte Sicherungsübereignung erreicht werden.[9]

e) Entschädigung bei Rechtsverlust, § 951 BGB

964 Wer infolge der §§ 946 bis 950 BGB einen Rechtsverlust erleidet, kann von dem Begünstigten Geldersatz nach §§ 812 ff. BGB verlangen, § 951 Abs. 1 Satz 1 BGB. Die Wiederherstellung des früheren Zustands kann nicht gefordert werden, § 951 Abs. 1 Satz 2 BGB.

aa) Rechtsgrundverweis

965 Der Verweis in § 951 BGB auf die §§ 812 ff. BGB ist ein Rechts*grund*verweis. Das bedeutet, dass neben den Tatbestandsvoraussetzungen von § 951 BGB zusätzlich die Tatbestandsvoraussetzungen von § 812 Abs. 1 Satz 1, 2. Alt. BGB geprüft werden müssen. Ein Anspruch besteht demnach nur, wenn der gesetzliche Eigentumsverlust ohne einen rechtlichen Grund erfolgt. Denn ebenso wenig wie die §§ 929 ff. BGB enthalten die §§ 946 ff. BGB den rechtlichen Grund (*causa*) für den Eigentumsübergang. Dieser ist in § 812 Abs. 1 Satz 1 BGB zu prüfen.

966 **Eingriffskondiktion, § 812 Abs. 1 Satz 1, 2. Alt. BGB**

Nach zutreffender herrschender Ansicht in der Literatur verweist § 951 Abs. 1 BGB nur auf die Nichtleistungskondiktion, meist Eingriffskondiktion (§ 812 Abs. 1 Satz 1, 2. Alt. BGB), und nicht auch auf die Leistungskondiktion (§ 812 Abs. 1 Satz 1, 1. Alt. BGB).[10] Letztere ist unmittelbar und unabhängig von § 951 BGB zu prüfen. Der entgegengesetzten Auffassung des BGH[11] kann nicht gefolgt werden, da ansonsten durch Ausübung des Wegnahmerechts des Besitzers (§ 951 Abs. 2 Satz 2 BGB) die Kondiktionssperre von § 814 BGB umgangen werden könnte.

Der Eingriff in den Zuordnungsgehalt eines fremden Rechts (Eingriffskondiktion, § 812 Abs. 1 Satz 1, 2. Alt. BGB) besteht durch die Verbindung, Vermischung oder Verarbeitung (§§ 946 bis 950 BGB). Aufgrund des Eingriffs erhält der Bereicherungsschuldner das Eigentum kraft Gesetz. Zu prüfen ist regelmäßig, ob der Eigentumserwerb ohne rechtlichen Grund erfolgt.

8 Zur Neubewertung des Herstellerbegriffs aufgrund § 651 BGB n.F. s. *Röthel*, NJW 2005, 625, 629, Hersteller i. S. v. § 950 BGB ist derjenige, der die werteschaffende Arbeit leistet und zwar unabhängig davon, ob er eine neue Sache kraft vertraglichen Auftrags oder aus Stoffen des Bestellers herstellt.

9 Im Einzelnen hierzu s. Rn. 783.

10 Staudinger/*Wiegand-Gursky*, § 951 Rn. 2; BeckOK/*Kindl*, § 951 Rn. 2; Soergel/*Henssler*, § 951 Rn. 4.

11 BGH, Urteil vom 12. Juli 1989, VIII ZR 286/88, BGHZ 108, 256, 263, ein Anspruch aus § 951 Abs. 1 Satz 1 BGB kann sich auch in Verbindung mit der Leistungskondiktion aus § 812 BGB ergeben.

Fall 62: Schneiderei 967

D verarbeitet dem E gestohlene Stoffe zu Kleidungsstücken. Dabei ist sich D über den Diebstahl im Klaren. Welche Ansprüche hat E gegen D?

Ansprüche E gegen D

1. § 985 BGB
E könnte von D die Herausgabe der Stoffe nach § 985 BGB verlangen. Hierzu müsste D Besitzer und E Eigentümer der Stoffe sein. D ist aufgrund seiner tatsächlichen Sachherrschaft über die Stoffe der Besitzer, § 854 Abs. 1 BGB. Es ist fraglich, ob E Eigentümer der Stoffe ist, ursprünglich war er es. Er könnte jedoch sein Eigentum nach §§ 946 ff. BGB verloren haben. Durch die Verarbeitung der Stoffe durch D hat E sein Eigentum nach § 950 BGB verloren. Ein Herausgabeanspruch des E gegen D nach § 985 BGB besteht nicht.

2. § 812 Abs. 1 Satz 1, 1. Alt. BGB
E könnte von D aufgrund § 812 Abs. 1 Satz 1, 1. Alt. BGB die Herausgabe des Erlangten verlangen, sofern eine Leistung von E an D vorliegt. E hat die Stoffe nicht bewusst und zweckgerichtet dem D zugewendet. In Ermangelung einer Leistungsbeziehung besteht kein Anspruch aus § 812 Abs. 1 Satz 1, 1. Alt. BGB.

3. §§ 951, 812 Abs. 1 Satz 1, 2. Alt. BGB
E könnte von D nach § 812 Abs. 1 Satz 1, 2. Alt. BGB die Herausgabe des Erlangten aufgrund Eingriffskondiktion verlangen. Durch die Verarbeitung hat D nach § 950 BGB in den Zuweisungsgehalt des Eigentumsrechts des E eingegriffen und Eigentum („etwas") an den Stoffen erworben. Der Eigentumserwerb erfolgte ohne Rechtsgrund. Die Herausgabe des Stoffes ist wegen der Verarbeitung nicht mehr möglich. D hat daher nach § 818 Abs. 2 BGB dem E Wertersatz zu leisten. E kann von D nach §§ 812 Abs. 1 Satz 1, 2. Alt., 818 Abs. 2 BGB Wertersatz für die Stoffe verlangen.

4. §§ 990 Abs. 1, 989 BGB
Zum Zeitpunkt der Verarbeitung besteht aufgrund der Eigentümerstellung des E und des fehlenden Besitzrechts des D ein Herausgabeanspruch des E gegen D nach §§ 985 f. BGB (Eigentümerbesitzerverhältnis). Der bösgläubige D haftet E daher auf Schadensersatz nach §§ 990 Abs. 1, 989 BGB, weil aufgrund der Verarbeitung die Stoffe nicht mehr herausgegeben werden können.

5. § 823 Abs. 1 BGB
E kann von D aufgrund der rechtswidrigen und schuldhaften Beschädigung seines Eigentums durch die Verarbeitung Schadensersatz nach § 823 Abs. 1 BGB verlangen.

6. Ergebnis
Der Schadensersatzanspruch aus § 823 Abs. 1 BGB tritt aufgrund der spezielleren Regelungen der §§ 987 ff. BGB (Schadensersatz, § 989 BGB; Nutzungsersatz, §§ 987 f. BGB; Verzugshaftung, §§ 990 Abs. 2, 287 BGB) vor dem Anspruch aus §§ 990 Abs. 1, 989 BGB zurück.

E kann von D nach §§ 812 Abs. 1 Satz 1, 2. Alt., 818 Abs. 2 BGB Wertersatz und nach §§ 990 Abs. 1, 989 BGB Schadensersatz für die Stoffe verlangen. Die Ansprüche stehen in Anspruchskonkurrenz zueinander.

bb) Vorrang der Leistungskondiktion

Aufgrund des Rechtsgrundverweises in § 951 BGB ist stets auf den Vorrang der Leistungskondiktion zu achten. 968

969 **Fall 63: Zugelieferte Schrauben**

a) L liefert unter Eigentumsvorbehalt Schrauben an H. Sodann ficht er den Kaufvertrag wirksam an. In Unkenntnis der Anfechtung baut H die Schrauben in seine Autos ein. Welche Ansprüche hat L gegen H?
b) Welche Ansprüche stehen L zu, falls H die Schrauben statt in seine Autos in die Autos des D im Rahmen eines mit diesem geschlossenen Werkvertrages einbaut?

Variante a)

Ansprüche L gegen H

1. § 433 Abs. 2 BGB, Zahlung des Kaufpreises
L könnte von H Zahlung des vereinbarten Kaufpreises nach § 433 Abs. 2 BGB verlangen. Der Anspruch des L gegen H ist aufgrund der wirksamen Anfechtung nach § 142 Abs. 1 BGB ex tunc erloschen. Ein Anspruch des L gegen H auf Kaufpreiszahlung besteht nicht.

2. § 985 BGB, Herausgabe der Schrauben
L könnte von H Herausgabe der Schrauben nach § 985 BGB verlangen. Voraussetzung ist, dass L Eigentümer und H Besitzer der Schrauben ist. H ist als Inhaber der tatsächlichen Sachherrschaft über die Schrauben deren Besitzer, § 854 Abs. 1 BGB.

L müsste Eigentümer der Schrauben sein. Er könnte sein Eigentum an H nach § 929 Satz 1 BGB verloren haben. Allerdings erklärte er seine Einigungserklärung unter der aufschiebenden Bedingung der vollständigen Kaufpreiszahlung, § 158 Abs. 1 BGB. Die Bedingung ist nicht eingetreten. Die Einigungserklärung ist nicht wirksam geworden. L hat sein Eigentum an H nicht durch § 929 Satz 1 BGB verloren.

L könnte sein Eigentum nach § 947 Abs. 2 BGB verloren haben. Hierzu müssten die Schrauben durch den Einbau in H's Autos wesentlicher Bestandteil (§ 93 BGB) der Autos geworden sein, und die Autos müssten als Hauptsache angesehen werden. Die Schrauben können nicht von den hergestellten Autos getrennt werden, ohne diese zu zerstören. Nach § 93 BGB sind sie somit wesentlicher Bestandteil der Autos geworden. Nach der Verkehrsanschauung sind diese als Hauptsache anzusehen. H erwirbt durch den Einbau der Schrauben somit Alleineigentum an jeweils dem gesamten Auto einschließlich der Schrauben. L hat daher sein Eigentum an den Schrauben nach § 947 Abs. 2 BGB verloren.

L kann von H nicht Herausgabe der Schrauben nach § 985 BGB verlangen.

3. §§ 812 Abs. 1 Satz 1, 1. Alt., 818 Abs. 2 BGB, Wertersatz für die Schrauben
L könnte von H Wertersatz für den Eigentumsverlust an den Schrauben nach §§ 812 Abs. 1 Satz 1, 1. Alt., 818 Abs. 2 BGB verlangen. Hierzu müsste H durch Leistung des L etwas ohne rechtlichen Grund erlangt haben. Durch Lieferung der Schrauben hat L die Schrauben an H geleistet. Durch die bedingte Übereignung hat H den Besitz sowie ein Anwartschaftsrecht an den Schrauben erlangt. Ein rechtlicher Grund für die Vermögensverschiebung liegt aufgrund der Anfechtung des Kaufvertrages nicht vor, § 142 Abs. 1 BGB. Der Anspruch nach § 812 Abs. 1 Satz 1, 1. Alt. BGB besteht. Wegen der Verarbeitung ist die Herausgabe der Schrauben nicht mehr möglich. Daher ist nach § 818 Abs. 2 BGB Wertersatz zu leisten. L kann von H Wertersatz für die Schrauben nach §§ 812 Abs. 1 Satz 1, 1. Alt., 818 Abs. 2 BGB verlangen.

4. §§ 951 Abs. 1, 812 Abs. 1 Satz 1, 2. Alt., 818 Abs. 2 BGB, Wertersatz für die Schrauben
L könnte von H Wertersatz für die Schrauben nach §§ 951, 812 Abs. 1 Satz 1, 2. Alt., 818 Abs. 2 BGB verlangen. Voraussetzung für den Anspruch ist, dass H gemäß §§ 946 ff. BGB ohne rechtlichen Grund etwas von L auf dessen Kosten erlangt hat. Durch den Einbau der Schrauben hat H kraft § 947 Abs. 2 BGB Eigentum an L's Schrauben auf dessen Kosten erlangt. Ein Rechtsgrund für den Eingriff besteht aufgrund des nichtigen Kaufvertrages nicht. Allerdings geht der Anspruch aus der Leistungskondiktion dem der Eingriffskondiktion vor. Ein Anspruch nach §§ 951, 812 Abs. 1 Satz 1, 2. Alt., 818 Abs. 2 BGB besteht nicht.

5. Ergebnis
L kann von H Wertersatz für den Eigentumsverlust an den Schrauben nach §§ 812 Abs. 1 Satz 1, 1. Alt., 818 Abs. 2 BGB verlangen.

Ihre praktische Relevanz hat die Fallgestaltung in Fall 62 im Mehrpersonenverhältnis (s. Variante b)). Aufgrund des Vorrangs der Leistungskondiktion erfolgt die Rückabwicklung grundsätzlich nur innerhalb der jeweiligen Leistungsbeziehungen. Denn jeder Beteiligte soll sich an seinen Vertragspartner halten, die vertraglichen Vereinbarungen gehen dem gesetzlichen Schuldverhältnis vor. Nur im Einzelfall kann es infolge einer Interessenabwägung zur Durchbrechung des Vorrangs der Leistungskondiktion kommen (*Durchgriffskondiktion*). Eine schematische Darstellung solcher Ausnahmefälle gestaltet sich jedoch schwierig.[12] **970**

In der Variante b) erfolgt eine evtl. Rückabwicklung nur innerhalb der jeweiligen Leistungsbeziehungen (L und H sowie H und D). Gemäß § 812 Abs. 1 Satz 1, 1. Alt., 818 Abs. 2 BGB kann L von H Wertersatz verlangen. Die Leistungskondiktion von H gegen D scheitert am bestehenden rechtlichen Grund (Werkvertrag) für die Leistung.[13] Ein (Durchgriffs-)Anspruch aus §§ 951 Abs. 1, 812 Abs. 1 Satz 1, 2. Alt. BGB von L gegen D ist zwar tatbestandlich erfüllt. Denn für den Eingriff in L's Eigentum an den Schrauben aufgrund des Einbaus in D's Autos erwirbt D das Eigentum auf L's Kosten, ohne dass im Verhältnis L zu D hierzu ein rechtlicher Grund besteht. Die Durchgriffskondiktion ist jedoch wegen des Vorrangs der Leistungskondiktion (H gegen D) ausgeschlossen.[14]

2. Eigentumserwerb durch Rechtsgeschäft

Die Eigentumsübertragung erfolgt nicht mit dem Abschluss des schuldrechtlichen Verpflichtungsgeschäfts (z. B. Kaufvertrag), sondern durch das hiervon abstrakte dingliche Verfügungsgeschäft. Dessen Wirksamkeit ist vom Verpflichtungsgeschäft unabhängig (Abstraktionsprinzip). **971**

a) Übertragung von Grundstücken, §§ 873, 925 BGB

Zur Übertragung des Eigentums an einem Grundstück ist nach § 873 Abs. 1 BGB die Einigung zwischen Eigentümer (Berechtigten) und Erwerber über den Eigentumsübergang (Auflassung, § 925 BGB) und die Eintragung ins Grundbuch erforderlich. **972**

b) Übertragung von beweglichen Sachen, §§ 929 ff. BGB

Die Eigentumsübertragung von beweglichen Sachen erfolgt grundsätzlich durch die Einigung über den Eigentumsübergang zwischen Eigentümer und Erwerber sowie die Übergabe des Besitzes an der Sache, § 929 Satz 1 BGB. Der Eigentumsübergang nach § 929 BGB ist an drei Voraussetzungen gebunden: **973**

- Einigung;
- Übergabe, sofern der andere Teil nicht bereits im Besitz der Sache ist, § 929 Satz 2 BGB;

12 Zur Durchgriffskondiktion s. Rn. 897.
13 Stattdessen erhält H von D die im Werkvertrag vereinbarte Vergütung.
14 Im Ergebnis zahlt D an H die vertraglich vereinbarte Vergütung und H zahlt an L Wertersatz.

- Berechtigung des Veräußerers (entweder aufgrund Eigentum oder Zustimmung des Eigentümers gemäß § 185 BGB).

974 Statt der Übergabe können die Beteiligten auch ein Besitzkonstitut (Besitzmittlungsverhältnis, § 868 BGB) vereinbaren und die Sache nach § 930 BGB übereignen.

Beispiele:
a) A und B einigen sich, dass B das Eigentum an A's Schreibmaschine erhalten soll. Da A die Schreibmaschine aber weitere zwei Wochen nutzen will, vereinbaren beide ein Besitzkonstitut, wonach A die Schreibmaschine noch zwei Wochen nutzen darf (entweder Leih- oder Mietvertrag).
b) Zur Sicherung einer Darlehensforderung übereignet A dem B (ggf. auflösend bedingt) eine Maschine mit der Vereinbarung, dass A den Besitz an der Maschine bis zum eventuellen Eintritt des Sicherungsfalles behalten darf (Sicherungsübereignung).

cc) Einigung und Abtretung des Herausgabeanspruchs, § 931 BGB

975 Statt der Übergabe kann der Eigentümer dem Erwerber auch seinen Anspruch auf Herausgabe der Sache nach § 398 BGB abtreten und so das Eigentum an der Sache gemäß § 931 BGB übertragen.

Beispiel: A und B einigen sich, dass B das Eigentum an dem Wagen des A erwirbt. Da A den Wagen zur Zeit an C vermietet hat, einigen sich A und B ferner darüber, dass A's Herausgabeanspruch gegen C auf B übergeht (Abtretung, § 398 BGB).

dd) Gutgläubiger Erwerb, §§ 932 ff. BGB

976 Zum Schutz des Rechtsverkehrs sehen §§ 932 ff. BGB die Möglichkeit des gutgläubigen Erwerbs des Eigentums an einer beweglichen Sache von einem Nichtberechtigten vor, sofern der Erwerber gutgläubig die *Eigentümerstellung* des Nichtberechtigten annimmt. Der tatsächliche Eigentümer verliert sein Eigentum. Er erwirbt zum Ausgleich einen Bereicherungsanspruch gegen den Nichtberechtigten gemäß § 816 Abs. 1 Satz 1 BGB. An den gutgläubigen Erwerber kann sich der tatsächliche Eigentümer nur halten, wenn die Verfügung unentgeltlich erfolgt, § 816 Abs. 1 Satz 2 BGB.

977 Den §§ 932 ff. BGB liegen bestimmte Rechtsscheingrundsätze zugrunde, mit deren Hilfe sich die Systematik der gesetzlichen Regelungen erklären lässt.[15]

i) Prinzipien des gutgläubigen Erwerbs

(i) Vorliegen eines Verkehrsgeschäfts

978 Der gutgläubige Erwerb verlangt einen Rechtssubjektwechsel (Verkehrsgeschäft). Dabei muss auf der Erwerberseite eine andere Person stehen als auf der Veräußererseite.[16] Denn Sinn des gutgläubigen Erwerbs ist der Schutz des Rechtsverkehrs. Findet kein Wechsel des Rechtssubjekts statt, ist der Rechtsverkehr vom Rechtsgeschäft nicht betroffen und bedarf keines Schutzes.

---

15 Im Einzelnen hierzu s. *Zeranski*, JuS 2002, 340 ff.
16 *H. P. Westermann/Staudinger*, BGB – Sachenrecht, 13. Auflage 2017, Rn. 225 ff.

An einem Verkehrsgeschäft fehlt es z. B. **979**
- wenn die Veräußerung von einer Gesamthand (z. B. Miterbengemeinschaft) auf eine andere Gesamthand (z. B. OHG) übertragen wird, die jeweilige Gesamthand jedoch aus denselben Personen besteht;
- bei wirtschaftlicher Identität, z. B. einer Übertragung aus dem Vermögen einer Ein-Mann-GmbH auf den alleinigen Gesellschafter;
- beim Rückerwerb durch den Nichtberechtigten,[17] so dass der gutgläubige Erwerb nur vorläufiger Natur war; dies ist z. B. der Fall bei Rückabwicklung eines Kaufvertrages nach §§ 437 Nr. 2, 346 BGB oder eines angefochtenen Kausalgeschäfts nach § 812 BGB, bei Rückfall der zur Sicherheit übereigneten Sache zum Zeitpunkt des Eintritts einer auflösenden Bedingung[18] oder beim Rückerwerb eines Pfandrechts durch den nichtberechtigten Verpfänder;[19]
- bei öffentlicher Versteigerung im Rahmen der Zwangsvollstreckung nach § 814 ZPO, hier vollzieht sich der Erwerb kraft Hoheitsakt.

(ii) Vorliegen eines Rechtsscheintatbestandes

Der Besitz vermittelt aufgrund der Eigentumsvermutung nach § 1006 BGB den Rechtsschein der Eigentümerstellung. Dies gilt für den unmittelbaren wie für den mittelbaren Besitz. Der Besitzdiener ist nicht Besitzer, § 855 BGB, und kann daher nicht Rechtsscheinträger sein. Zudem muss sich der Veräußerer den Rechtsschein des Besitzes zu Eigen gemacht haben. Dies geschieht dadurch, dass der Veräußerer – und nicht etwa ein Dritter – den Besitz übergibt. Daher verlangen z. B. §§ 932 Abs. 1 Satz 2, 933 BGB, dass der Erwerber den Besitz vom Veräußerer erlangt haben muss. **980**

(iii) Besitzerlangung auf Erwerberseite bei vollständigem Besitzverlust auf Veräußererseite

Der gutgläubige Erwerb ist nur möglich, wenn der Erwerber den (unmittelbaren oder mittelbaren) Besitz erlangt und der Veräußerer seinen Besitz *vollständig* verliert (Traditionsprinzip). Vom Besitz darf kein Rest auf der Veräußererseite verbleiben.[20] Dies zeigt sich insbesondere bei § 933 BGB, der die Beendigung des Besitzmittlungsverhältnisses für den gutgläubigen Erwerb voraussetzt. **981**

(iv) Gutgläubigkeit des Erwerbers

Der Erwerber muss hinsichtlich der *Eigentümerstellung* des Veräußerers gutgläubig sein, § 932 Abs. 2 BGB. Aufgrund der negativen Formulierung in Absatz 1 („es sei denn, … nicht im guten Glauben ist.") wird die Gutgläubigkeit vermutet. Bösgläubig ist der Erwerber, wenn ihm bekannt oder infolge grober Fahrlässigkeit unbekannt ist, dass die Sache nicht dem Veräußerer gehört. Den Erwerber trifft grundsätzlich keine Pflicht zum **982**

17 Str., wie hier *Baur/Stürner*, Sachenrecht, 18. Auflage 2009, § 52 Rn. 34; *Wilhelm*, Sachenrecht, 5. Auflage 2016, Rn. 729, 1017 ff.; *Braun*, ZIP 1998, 1469, 1471 ff.; *Kindler/Paulus*, JuS 2013, 393, 395; a. A. *Hoffmann*, AcP 215 (2015), 795, 806 f., den fehlenden Rückerwerb begründet er mit einer teleologischen Reduktion des Abstraktionsgrundsatzes (809 ff.); nach der h.A. erwirbt der Nichtberechtigte Eigentum, s. BGH, Urteil vom 21. Oktober 2002, II ZR 118/02, BB 2003, 14, 15; *Musielak*, JuS 2010, 377, 379 ff.; Palandt/*Herrler*, § 932 Rn. 17.

18 *Baur/Stürner*, Sachenrecht, 18. Auflage 2009, § 52 Rn. 34; a. A. *Petersen*, Jura 2004, 98, 102.

19 S. Rn. 759 f.

20 BGH, Urteil vom 5. Mai 1971, VIII ZR 217/69, BGHZ 56, 123, 129 f.

Erkunden der Eigentümerstellung des Veräußerers; diese besteht nur dann, wenn die äußeren Umstände hierzu Anlass geben (z.B. Veräußerung eines Kfz ohne Fahrzeugbrief, s. Rn. 670).

Es genügt hingegen nicht, wenn der Erwerber die Nichteigentümerstellung des Veräußerers kennt, jedoch gutgläubig von seiner Verfügungsberechtigung ausgeht. Der gute Glaube an die *Verfügungsberechtigung* ist nur durch § 366 HGB geschützt, sofern der Veräußerer Kaufmann ist.

(v) Verantwortlichkeit des Eigentümers für den Rechtsschein

983 Hat der Eigentümer seinen unmittelbaren Besitz freiwillig aufgegeben, so hat er den Rechtsschein zu verantworten. Ging ihm sein unmittelbarer Besitz gegen seinen Willen verloren, ist ihm der Rechtsschein nicht zurechenbar. Ein gutgläubiger Erwerb ist nicht möglich. Daher schließt § 935 Abs. 1 BGB den gutgläubigen Erwerb von abhanden gekommenen Sachen aus.

(vi) Der Gutgläubige darf nicht besser gestellt werden, als wenn seine Annahme zuträfe

984 Da die §§ 932 ff. BGB lediglich dem Schutz des Rechtsverkehrs dienen, darf der Gutgläubige nicht besser gestellt werden, als wenn seine Annahme zuträfe, der Verfügende sei der Eigentümer.[21] Ansonsten erhielte er einen unberechtigten Vorteil. Dieser Grundsatz führt insbesondere beim gutgläubigen Erwerb von einem minderjährigen Nichtberechtigten zur Unwirksamkeit des Verfügungsgeschäfts (s. Rn. 174). Wäre der minderjährige Veräußerer tatsächlich der Eigentümer, wie es der Gutgläubige annimmt, könnte der Minderjährige ohne Zustimmung seines gesetzlichen Vertreters aufgrund §§ 107 f. BGB nicht wirksam verfügen.

Dieser Grundsatz bleibt von der h. A. unbeachtet, die die Verfügung eines nichtberechtigten Minderjährigen an einen gutgläubigen Erwerber als rechtlich neutrales Rechtsgeschäft nach § 107 BGB für wirksam erachtet.[22]

ii) Systematik der §§ 932 ff. BGB

985 Anhand der dargestellten Rechtsprinzipien lassen sich die Fälle der §§ 932 ff. BGB erklären. Dabei bauen die Normen auf die unterschiedlichen Formen des Eigentumserwerbs nach §§ 929 ff. BGB auf.

(i) §§ 929, 932 Abs. 1 BGB

986 § 932 Abs. 1 BGB ersetzt lediglich die fehlende Eigentümerstellung des Veräußerers. Einigung und Übergabe sind weiterhin erforderlich. Da sich der Veräußerer den Rechtsschein des Besitzes zu Eigen machen muss, verlangt § 932 Abs. 1 Satz 2 BGB, dass im Fall des § 929 Satz 2 BGB der Erwerber den Besitz vom Veräußerer erlangt haben muss.

---

21 *Chiusi*, AcP 202 (2002), 494, 495 f.; vgl. ferner BGH, Urteil vom 31. Juli 2012, X ZR 154/11, NJW 2012, 3368 Rn. 20.

22 Im Einzelnen hierzu s. Rn. 174.

(ii) §§ 930, 933 BGB

Wird die Sache aufgrund eines Besitzkonstituts übereignet (z. B. bei der Sicherungsübereignung), behält der Veräußerer den unmittelbaren Besitz der Sache. Da beim gutgläubigen Erwerb der Veräußerer jeglichen Besitz verloren haben muss, verlangt § 933 BGB für die Vollendung des Erwerbs, dass die Sache dem Erwerber vom Veräußerer übergeben wird und dieser zu diesem Zeitpunkt gutgläubig ist. **987**

Beispiel: Bei einer Sicherungsübereignung durch einen nichtberechtigten Sicherungsgeber erlangt der Sicherungsnehmer (i. d. R. die Bank) das Eigentum erst, wenn der Sicherungsgeber dem Sicherungsnehmer die Sache (zur Verwertung) übergibt und der Sicherungsnehmer zu diesem Zeitpunkt hinsichtlich der Eigentümerstellung des Sicherungsgebers gutgläubig ist.

(iii) §§ 931, 934 1. Fall BGB

Ist der Nichtberechtigte mittelbarer Besitzer, genügt für den gutgläubigen Erwerb die Abtretung des Herausgabeanspruchs, § 934 1. Fall BGB. Denn hierdurch verliert der Veräußerer endgültig jeglichen Besitz. Voraussetzung ist jedoch, dass der unmittelbare Besitzer zum Zeitpunkt der Veräußerung noch den Willen hat, für den mittelbaren Besitzer zu besitzen und dessen Herausgabeanspruch anerkennt (*Besitzmittlungswille*). Denn das Besitzmittlungsverhältnis setzt voraus, dass der unmittelbare Besitzer die Sache für den mittelbaren Besitzer tatsächlich besitzen *will*.[23] Andernfalls liegt kein mittelbarer Besitz des Nichtberechtigten vor. **988**

Beispiel: A vermietet das Fahrrad des B an C. C besitzt das Fahrrad für A und erkennt an, dass er es an A nach Beendigung des Mietverhältnisses zurückzugeben hat. Sodann einigt sich A mit dem gutgläubigen D über die Übereignung des Fahrrads und tritt diesem seinen mietrechtlichen Herausgabeanspruch gegen C aus § 546 Abs. 1 BGB zwecks Eigentumsübertragung ab.

Wertungswiderspruch zwischen § 933 BGB und § 934 1. Fall BGB **989**

Nach § 933 BGB reicht es zum Eigentumserwerb nicht, dass der Erwerber nur den mittelbaren Besitz erhält. Hingegen lässt § 934 1. Fall BGB dies genügen. Die Möglichkeit des gutgläubigen Erwerbs verstärkt sich demnach, je weiter der Verfügende von der Sache entfernt ist.

Der Gesetzgeber hat die entgegengesetzte Wertentscheidung jedoch bewusst getroffen. In den Fällen des § 934 1. Fall BGB genügt die Übertragung des mittelbaren Besitzes, da der Erwerber auf diese Weise mit der Abtretung des Herausgabeanspruchs die rechtliche Herrschaft über die Sache erlangt und der Veräußerer seinen Besitz vollständig aufgibt. In § 933 BGB reicht der Erwerb des mittelbaren Besitzes hingegen nicht, da der Veräußerer *nicht* jede besitzrechtliche Beziehung zur Sache aufgibt.

Im Einzelnen hierzu *Lohsse*, AcP 206 (2006), 527 ff.

(iv) §§ 931, 934 2. Fall BGB

Ist der Nichtberechtigte nicht mittelbarer Besitzer, hat er keinen Herausgabeanspruch, den er abtreten könnte. Die Abtretung nach § 931 BGB geht ins Leere. Der Eigentumserwerb erfolgt erst, wenn der gutgläubige Erwerber den Besitz an der Sache erlangt. Daher verlangt § 934 2. Fall BGB die Übergabe des Besitzes an den Erwerber durch den Dritten. **990**

23 BGH, Urteil vom 10. November 2004, VIII ZR 186/03, BGHZ 161, 90, 112; kritisch hierzu MüKo/*Oechsler*, § 934 Rn. 6 ff.

Beispiel: A ist Eigentümer eines Fahrrads, welches er B geliehen hat. C behauptet dem gutgläubigen D gegenüber, er sei der Eigentümer des Rades und hätte es B geliehen. C einigt sich mit D über den Eigentumsübergang an dem Rad, zugleich tritt C seinen (angeblichen) Herausgabeanspruch gegen B aus dem (vermeintlichen) Leihvertrag an D ab. D wird erst Eigentümer nach §§ 931, 934 2. Fall BGB, wenn B das Rad dem gutgläubigen D übergibt.

(v) § 935 BGB

991 Der gutgläubige Erwerb ist ausgeschlossen, wenn der wahre Eigentümer seinen unmittelbaren Besitz ohne seinen Willen verloren und somit den Rechtsschein nicht zu vertreten hat. Daher schließt § 935 Abs. 1 BGB den gutgläubigen Erwerb aus, wenn die Sache dem Eigentümer gestohlen wurde oder sonst wie abhanden gekommen ist.

Eine Ausnahme macht § 935 Abs. 2 BGB nur für Geld, Inhaberpapiere und öffentliche Versteigerungen i. S. v. § 383 Abs. 3 BGB. Münzen fallen unter den Begriff Geld i.S.v. § 935 Abs. 2 BGB, sofern sie als offizielles Zahlungsmittel zugelassen sind und zum Umlauf im öffentlichen Zahlungsverkehr bestimmt und geeignet sind.[24] Sammlermünzen gehören daher nicht zum Ausnahmetatbestand.[25] Ein gutgläubiger Erwerb gestohlener Sammlermünzen ist aufgrund § 935 Abs. 1 BGB ausgeschlossen.

---

992 **Öffentliche Versteigerung bei Zwangsvollstreckung**

Bei der öffentlichen Versteigerung gepfändeter körperlicher Sachen im Rahmen der Zwangsvollstreckung nach § 814 ZPO sind die §§ 932 ff. BGB nicht anwendbar, da der Erwerb nicht durch ein Verkehrsgeschäft, sondern originär kraft Hoheitsakt zustande kommt. Auf das Vorstellungsbild des Erwerbers kommt es nicht an. Daher erwirbt jemand in einer öffentlichen Versteigerung nach § 814 ZPO auch dann Eigentum, wenn er positiv weiß, dass die versteigerte Sache nicht dem Vollstreckungsschuldner gehört. Geschieht dies nur, um den Vollstreckungsschuldner zu schädigen, käme jedoch ein Schadensersatzanspruch gegen den Erwerber nach § 826 BGB in Betracht.[26]

993 **Gutgläubiger Erwerb von einem vermeintlich Verfügungsberechtigten, § 366 Abs. 1 HGB**

Während nach §§ 932 ff. BGB nur der gute Glaube an das *Eigentum* geschützt wird, erstreckt § 366 HGB den Schutz auf den guten Glauben an die *Verfügungsmacht* des Veräußerers, da Kaufleute häufig zu Verfügungen über fremde Gegenstände berechtigt sind, z. B. Verkaufskommissionäre (§§ 383 ff. HGB), aber auch verlängerter Eigentumsvorbehalt und Sicherungsübereignung mit Veräußerungsermächtigung. Zum Besitz kommen also die Berufsstellung des Veräußerers und die Betriebsbezogenheit des Geschäfts als zusätzliche Rechtsscheingrundlage.
Nach wohl h. A. ist auch der gute Glaube an die *Vertretungsmacht* des Veräußerers geschützt, da zwischen Handeln im eigenen Namen (aufgrund von Verfügungsmacht gemäß § 185 BGB) und Handeln im fremden Namen (aufgrund von Vertretungsmacht gemäß § 164 BGB) in der Praxis schwer zu unterscheiden sei.[27] Dagegen spricht allerdings, dass § 366 HGB lediglich das Handeln im eigenen Namen betrifft. Vertraut der Erwerber nur auf den Bestand der Vertretungsmacht, ist er durch §§ 54 ff. HGB, §§ 170 ff. BGB und die Grundsätze zur Duldungs- und Anscheinsvollmacht hinreichend geschützt. Schließlich wäre ein solcher gutgläubiger Erwerb nicht kondiktionsfest und damit zwecklos. Denn folgte man der h. A., wirkte das *dingliche* Rechtsgeschäft zwischen dem vermeintlichen Vertreter und dem Erwerber, der auf die Vertretungsmacht vertraut, kraft § 164 Abs. 1 BGB i. V. m. § 366 HGB für und gegen den Geschäftsherrn; d. h. es läge eine Leistung des Geschäftsherrn an den Erwerber vor. Das *Kausal*geschäft zwischen Geschäftsherrn und Erwerber ist jedoch wegen § 177 BGB unwirksam; d. h. es fehlt der rechtliche Grund für die Leistung. Es bestünde daher ein Anspruch

---

24 BGH, Urteil vom 14. Juni 2013, V ZR 108/12, NJW 2013, 2888 Rn. 7.
25 BGH, Urteil vom 14. Juni 2013, V ZR 108/12, NJW 2013, 2888 Rn. 11 ff.
26 *Brox/Walker*, Zwangsvollstreckungsrecht, 11. Auflage 2018, Rn. 411.
27 *K. Schmidt*, JuS 1987, 936, 937 ff.

des Geschäftsherrn gegen den Erwerber nach § 812 Abs. 1 Satz 1, 1. Alt. BGB auf Rückübereignung[28] und nicht ein Rückgriffsanspruch des Berechtigten (Geschäftsherr) gegen den unberechtigten Verfügenden (vermeintlicher Vertreter) nach § 816 Abs. 1 Satz 1 BGB. Die herrschende Ansicht ist somit abzulehnen. § 366 HGB schützt nicht den guten Glauben an die Vertretungsmacht.

Vertiefung

1. Zu den Prinzipien und der Systematik des gutgläubigen Erwerbs beweglicher Sachen s. *Zeranski*, JuS 2002, 340 ff.; *Kindler/Paulus*, JuS 2013, 393 ff. und 490 ff.
2. Eine Mischung von Forderungskauf und gutgläubigen Erwerb von Sicherungseigentum bietet das *FlowTex*-Urteil des BGH,[29] aufgearbeitet von *Hey*, JuS 2005, 402 ff.

3. Exkurs: Abtretung, §§ 398 ff. BGB

Obwohl die Abtretung im BGB systematisch in das Schuldrecht eingeordnet ist, handelt es sich bei ihr um ein Verfügungsgeschäft, welches aufgrund des Trennungs- und Abstraktionsprinzips von dem ihr zugrundeliegenden Kausalgeschäft (Verpflichtungsgeschäft) unabhängig wirksam ist. 994

Die Abtretung war in den bisherigen Ausführungen in zahlreichen Fällen von Bedeutung. Sie soll nun als weiteres Verfügungsgeschäft noch einmal zusammenhängend dargestellt werden.

a) Voraussetzungen

aa) Einigung, § 398 BGB

Die Abtretung setzt die Einigung zwischen dem Abtretenden (Zedent) und dem Abtretungsempfänger (Zessionar) voraus, dass die Forderung übergehen soll. 995

Merksatz: Der Zed*ent* ist abtret*end*.

Der Rechtsgrund der Abtretung ist für § 398 BGB unerheblich.

Beachte: Der Begriff „Vertrag" in § 398 BGB bezieht sich auf den verfügungsrechtlichen Einigungsvertrag über die Abtretung und nicht auf den Rechtsgrund (*causa*) der Abtretung (Verpflichtungsgeschäft, z. B. ein Forderungskaufvertrag, §§ 453, 433 BGB).

bb) Berechtigung

i) Kein gutgläubiger Erwerb, Ausnahme § 405 BGB

Der Zedent muss Inhaber der Forderung sein. Da es grundsätzlich an einem Rechtsscheintatbestand fehlt (z. B. Besitz oder Grundbucheintragung), ist ein gutgläubiger Erwerb von Forderungen nicht möglich. 996

28 *Petersen*, Jura 2004, 247, 249 f.; *Bülow/Artz*, Handelsrecht, 7. Auflage 2015, Rn. 441.
29 BGH, Urteil vom 10. November 2004, VIII ZR 186/03, BGHZ 161, 90 ff.

997 Eine eng begrenzte Ausnahme hierzu macht (neben § 893 Var. 1 und § 2366 BGB) § 405 BGB, sofern der Schuldner eine Urkunde über die Schuld ausgestellt hat, welche einen Rechtsschein der Forderung begründet. In diesem Fall ist der Einwand des Schuldners aus § 117 BGB (Scheingeschäft) und der Unabtretbarkeit der Forderung (§ 399 BGB) ausgeschlossen.[30]

ii) Keine Verfügungsbeschränkung, §§ 399 f. BGB

998 Eine Abtretung ist insbesondere dann nicht möglich, wenn der ursprüngliche Gläubiger und der Schuldner die Abtretbarkeit ausgeschlossen haben, § 399, 2. Alt. BGB.

999 In Abweichung von § 399, 2 Alt. BGB bestimmt § 354a Satz 1 HGB, dass bei einem im Rahmen eines beiderseitigen Handelsgeschäfts vereinbarten Abtretungsausschluss eine vom Forderungsinhaber gleichwohl vorgenommene Abtretung wirksam ist. Der Schuldner kann jedoch mit befreiender Wirkung an den Zedenten leisten; abweichende Vereinbarungen sind unwirksam, § 354a Satz 2 und 3 HGB.

1000 **1. Regelungszweck von § 354a HGB**

Angesichts der weiten Verbreitung von Abtretungsverboten im Handelsverkehr sahen sich viele Unternehmer der Möglichkeit beraubt, ihre Forderungen als Kreditsicherheit oder zum Zwecke der Einziehung abzutreten. Durch § 354a HGB kann nun auch eine mit einem Abtretungsverbot belegte Forderung zur Erlangung von Warenkredit (durch Vereinbarung eines verlängerten Eigentumsvorbehalts) oder Liquidität (durch Zession an einen Factor) eingesetzt werden. Allerdings sollen dem Schuldner aufgrund der eingeräumten Möglichkeit der Abtretung trotz eines vereinbarten Verbots keine Nachteile entstehen. Daher kann der Schuldner trotz Abtretung weiterhin mit befreiender Wirkung an den Zedenten leisten.

1001 **2. Weitergehender Schuldnerschutz durch § 354a Satz 2 HGB**

Nach dem Wortlaut von § 354a Satz 2 HGB kann der Schuldner auch dann befreiend an den Zedenten leisten, wenn er die Abtretung kannte. Der Schuldnerschutz geht daher weiter, als nach § 407 BGB vorgesehen.

---

b) Rechtsfolgen

1002 Der Zessionar wird Gläubiger der Forderung.

Beispiel: Der Verkäufer tritt der Bank seinen Kaufpreisanspruch gegen den Käufer ab. Die Bank kann nunmehr vom Käufer Zahlung des Kaufpreises verlangen.

1003 Mit der abgetretenen Forderung gehen die akzessorischen Sicherungsrechte (Hypothek, Pfandrecht, Bürgschaft) auf den Zessionar über, § 401 Abs. 1 BGB. Allerdings bleibt das zwischen dem Zedenten und dem Schuldner bestehende Vertragsverhältnis unverändert bestehen. Der Zedent ist weiterhin der Vertragspartner.

Beispiel: Will im obigen Beispiel der Käufer nach § 437 Nr. 2 BGB vom Kaufvertrag zurücktreten, so muss er den Rücktritt dem Verkäufer und nicht etwa der Bank gegenüber erklären.

30 Näher hierzu *Thomale*, JuS 2010, 857 ff.

Eine Abtretung führt nicht zum Wechsel der Vertragsparteien. Letzteres ist eine Vertragsänderung und daher nur mit Zustimmung des Schuldners (hier: Käufer) möglich. Eine *Schuld*übernahme (hier: Übernahme der Verkäufer*pflichten* durch die Bank) bedarf der Zustimmung des Gläubigers (hier: Käufer), §§ 414 f. BGB.

c) Schuldnerschutz

Die Abtretung ist ohne Zustimmung des Schuldners möglich. Da er die Abtretung nicht verhindern kann, darf sich der Gläubigerwechsel nicht zu seinem Nachteil auswirken. Dem Schutz des Schuldners dienen die §§ 404 ff. BGB. **1004**

aa) Einwendungen des Schuldners, § 404 BGB

Da die Abtretung den Inhalt der Forderung nicht verändert, kann der Schuldner dem Zessionar die Einwendungen entgegenhalten, die zur Zeit der Abtretung dem Grunde nach gegenüber dem Zedenten bestanden, § 404 BGB. Der Begriff der Einwendung ist weit auszulegen und umfasst alle rechtshindernden und rechtsvernichtenden Einwendungen sowie Einreden.[31] **1005**

Beispiele: Rechtshindernde Einwendungen: fehlende Geschäftsfähigkeit (§§ 104 ff. BGB), Anfechtung (§ 142 Abs. 1 BGB); aufgrund der Rückwirkung der Anfechtung kann der Schuldner dem Zessionar die Anfechtung auch dann entgegenhalten, wenn der Schuldner sie *nach* der Abtretung gegenüber dem Zedenten (§ 143 Abs. 1 bis Abs. 3 BGB) erklärt hat.

Rechtsvernichtende Einwendungen: Widerruf, Kündigung, Rücktritt, Aufrechnung (beachte aber § 406 BGB).

Einreden: Verjährung (§ 214 Abs. 1 BGB) und Zurückbehaltungsrechte (§§ 273, 320 BGB, § 369 HGB).

Da die Einwendung nur dem Grunde nach bestehen muss, genügt es zur Anwendung von § 404 BGB, dass ein Gestaltungsrecht (z. B. Widerrufs-, Rücktritts-, Kündigungs- oder Aufrechnungsrecht) zum Zeitpunkt der Abtretung *begründet* war.[32] Denn § 404 BGB dient dem Zweck, eine Verschlechterung der Verteidigungsmöglichkeiten des Schuldners infolge der Forderungsabtretung zu verhindern.[33] Daher erfasst die Vorschrift alle Einwendungen des Schuldners, die im Schuldverhältnis, so wie es zur Zeit der Forderungsabtretung bestand, angelegt sind, selbst wenn die Tatsachen, auf die die Einwendungen sich gründen, erst nach der Abtretung *entstanden* sind.[34] Das gilt auch dann, wenn die Einwendung dadurch entstanden ist, dass der Schuldner erst nach der Abtretung ein im Schuldverhältnis angelegtes Gestaltungsrecht ausgeübt hat.[35] **1006**

Beispiel: Tritt der Käufer nach Abtretung des Kaufpreisanspruchs durch den Verkäufer an die Bank durch Erklärung gegenüber dem Verkäufer vom Kaufvertrag zurück, kann er den aus dem

---

31 Palandt/*Grüneberg*, § 404 Rn. 2.

32 Für die Kündigung durch den Schuldner nach Abtretung, BGH, Urteil vom 23. März 2004, XI ZR 14/03, NJW-RR 2004, 1347, 1348.

33 MüKo/*G. H. Roth-Kieninger*, § 404 Rn. 11.

34 BGH, Urteil vom 26. Juni 1957, V ZR 148/55, BGHZ 25, 27, 29; BGH, Urteil vom 16. März 1994, VIII ZR 246/92, NJW-RR 1994, 880, 881.

35 Palandt/*Grüneberg*, § 404 Rn. 4; s. auch BGH, Urteil vom 5. Dezember 2003, V ZR 341/02, NJW-RR 2004, 1135, 1136.

Rücktritt folgenden Untergang der Kaufpreisforderung gegen ihn auch gegenüber der Bank geltend machen. Unerheblich ist, ob der Käufer bei Erklärung des Rücktritts von der Abtretung Kenntnis hat. § 407 BGB gilt nicht.

bb) Aufrechnung gegenüber dem Zessionar, § 406 BGB

1007 Der Schuldner soll in der Aussicht geschützt werden, er könne sich in einer Aufrechnungslage von der Schuld befreien. § 406 BGB ist nur für die Fälle der Kenntnis der Abtretung anwendbar, bei Unkenntnis gilt § 407 BGB. Einen darüber hinausgehenden Schutz gewährt das Gesetz dem Schuldner nicht.

Daher ist zu unterscheiden:

1008 (i) Der Schuldner hat *vor* der Abtretung die Aufrechnung erklärt.

Die Forderung ist vor Abtretung durch die Aufrechnung ganz oder teilweise erloschen. Der Schuldner kann sich hierauf gegenüber dem Zessionar aufgrund § 404 BGB berufen.[36]

1009 (ii) Der Schuldner hat *nach* der Abtretung die Aufrechnung in *Unkenntnis* der Abtretung erklärt.

Der Zessionar muss die Aufrechnung nach § 407 Abs. 1 BGB gegen sich gelten lassen. Der Ausgleich zwischen dem Zessionar und dem Zedenten erfolgt über § 816 Abs. 2 BGB.

1010 (iii) Der Schuldner hat *nach* der Abtretung die Aufrechnung in *Kenntnis* der Abtretung gegenüber dem *Zessionar* erklärt.

Der Anwendungsbereich von § 406 BGB ist eröffnet. Nach § 406 BGB besteht ein Recht des Schuldners gegenüber dem Zessionar die Aufrechnung zu erklären, es sei denn,

1011 ▪ der Schuldner hatte beim Erwerb der Forderung, mit der er aufrechnen möchte, von der Abtretung Kenntnis, oder

Beispiel: Am 15.09. tritt der Verkäufer seine Kaufpreisforderung gegen den Käufer an die Bank ab und teilt dies dem Käufer noch am selben Tage mit. Am 01.10. erwirbt der Käufer gegen den Verkäufer eine Forderung. Der Käufer kann nunmehr gegenüber der Bank nicht die Aufrechnung erklären. Der Käufer ist nicht schutzbedürftig, da er von vornherein wusste, dass nie eine Aufrechnungslage zwischen ihm und dem Verkäufer entstanden ist, auf die er hätte vertrauen können.

1012 ▪ die Forderung des Schuldners ist erst nach Erlangung der Kenntnis über die Abtretung und später als die abgetretene Forderung fällig geworden.

Beispiel: Laut dem Kaufvertrag ist die Zahlung des Kaufpreises am 31.08. fällig. Die Forderung des Käufers gegen den Verkäufer wird am 31.10. fällig. Am 15.09. tritt der Verkäufer die Kaufpreisforderung an die Bank ab und teilt dies dem Käufer noch am selben Tage mit. Auch hier bestand nie eine Aufrechnungslage, auf die der Käufer hätte vertrauen können. Denn als die Aufrechnungslage am 31.10. hätte entstehen können, kennt der Käufer die Abtretung bereits. Der Käufer kann gegenüber der Bank nicht die Aufrechnung erklären.

▶ **Vertiefung:** Die verschiedenen Fallkonstellationen der Aufrechnung bei Abtretung beleuchtet *Coester-Waltjen*, Jura 2004, 391 ff.; ausführlich zu § 406 BGB s. *Schwarz*, AcP 203 (2003), 241 ff.

36 BGH, Urteil vom 26. Juni 2002, VIII ZR 327/00, NJW 2002, 2865.

cc) Rechtshandlung gegenüber dem Zedenten, § 407 BGB

Jegliche Rechtshandlung des Schuldners gegenüber dem Zedenten in *Unkenntnis* der Abtretung muss der Zessionar gegen sich gelten lassen, § 407 Abs. 1 BGB. Der Schuldner wird in dem Umfang seiner Leistung von der Leistungspflicht befreit. Ein Ausgleich zwischen Zedent und Zessionar erfolgt über § 816 Abs. 2 BGB. **1013**

Zwar setzt die Abtretung keine Anzeige an den Schuldner voraus, wegen § 407 BGB ist eine solche Anzeige aber in der Regel im Interesse des Zessionars. **1014**

dd) Mehrfachabtretung, § 408 BGB

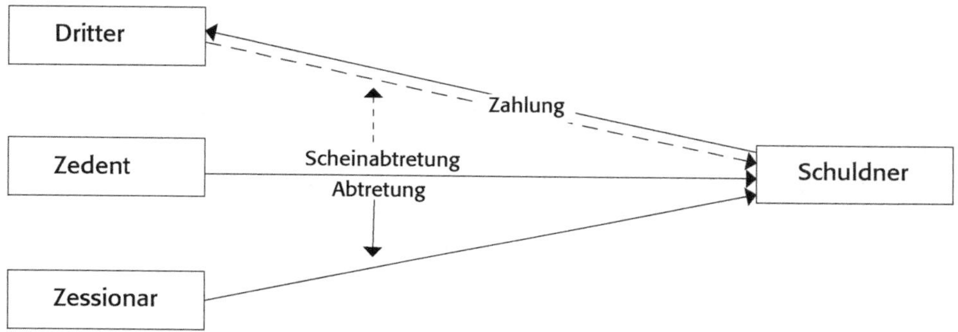

Der Schuldner, der die zeitlich vorangegangene Abtretung an den Zessionar nicht kennt, hingegen er Kenntnis von der (vermeintlichen) späteren Abtretung hat, kann an den Dritten aufgrund §§ 408 Abs. 1, 407 Abs. 1 BGB befreiend leisten. **1015**

Fall 64: Aus eins mach zwei **1016**

V verkauft K einen Wagen für € 10 000. Zur Sicherung eines Darlehens tritt V daraufhin seine Kaufpreisforderung gegen K an B ab, worüber er K nicht in Kenntnis setzt. Um L weiterhin zur Lieferung an V zu bewegen, obwohl V nicht zahlen kann, tritt V seine Forderung gegen K noch einmal und zwar diesmal an L ab und zeigt die Abtretung K auf Drängen des L an. K zahlt nach Aufforderung des L an diesen € 10 000. Welche Ansprüche hat B?

I. Anspruch B gegen K

Kaufpreisforderung

B könnte K aufgrund der abgetretenen Kaufpreisforderung in Höhe von € 10 000 in Anspruch nehmen. Die Forderung ist durch Kaufvertrag zwischen V und K entstanden und gemäß § 398 BGB durch Einigung von B und V an B abgetreten worden. B ist somit Gläubiger der Kaufpreisforderung. Die weitere spätere Abtretung derselben Forderung von V an L geht ins Leere, da ein gutgläubiger Erwerb von Forderungen gesetzlich nicht vorgesehen ist. Die spätere Abtretung hat daher auf die Gläubigerstellung des B keinen Einfluss.

Allerdings könnte K an L mit Wirkung gegen B befreiend geleistet haben, §§ 408 Abs. 1, 407 Abs. 1 BGB. Nach den vorgenannten Vorschriften kann der Schuldner, sofern die Forderung noch einmal abgetreten wurde und er nur von der zweiten Abtretung weiß, an den Scheingläubiger entsprechend § 407 Abs. 1 BGB befreiend leisten. K kannte nur die Abtretung an L, die aufgrund der Vorabtretung an B ins Leere ging. Nach §§ 408 Abs. 1, 407 Abs. 1 BGB kann er daher an L befreiend leisten, was er B entgegenhalten kann. B hat keinen Zahlungsanspruch gegen K.

II. Anspruch B gegen L

§ 816 Abs. 2 BGB
B könnte von L Zahlung in Höhe von € 10 000 nach § 816 Abs. 2 BGB verlangen. Hierzu müsste L den Betrag als Nichtberechtigter erhalten haben, welches dem B als Berechtigten gegenüber wirksam war. L ist aufgrund der unwirksamen Mehrfachabtretung nicht Gläubiger der Kaufpreisforderung geworden. Durch Zahlung an ihn hat K an einen Nichtberechtigten geleistet. Der tatsächliche Gläubiger der Forderung war aufgrund der vorangegangenen Abtretung B. Er ist somit berechtigt, die Zahlung des K zu erhalten. Aufgrund §§ 408 Abs. 1, 407 Abs. 1 BGB wirkt die Zahlung des K an den nichtberechtigten L gegen den berechtigten B. L ist demnach dem B gegenüber zur Herausgabe der Zahlung verpflichtet. B kann von L Zahlung von € 10 000 nach § 816 Abs. 2 BGB verlangen.

III. Ergebnis
B hat keinen Zahlungsanspruch gegen K. Er kann aber von L Zahlung von € 10 000 nach § 816 Abs. 2 BGB verlangen.

ee) Abtretungsanzeige, § 409 BGB

1017 Der Zedent muss eine von ihm unterbreitete Abtretungsanzeige an den Schuldner gegen sich gelten lassen, § 409 Abs. 1 Satz 1 BGB. Der Schuldner kann bis zur Grenze der Sittenwidrigkeit befreiend an den in der Anzeige angegebenen Zessionar leisten, obwohl er positiv weiß, dass keine Abtretung erfolgt ist. Der Ausgleich zwischen dem Gläubiger und dem angeblichen Zessionar erfolgt über § 816 Abs. 2 BGB. Wenn der Schuldner die Grenze der Sittenwidrigkeit übersteigt, hat der Gläubiger einen Schadensersatzanspruch gegenüber dem Schuldner nach § 826 BGB.

ff) Abtretungsurkunde, § 410 BGB

1018 Der Schuldner ist nur gegen Aushändigung einer vom Zedenten ausgestellten Abtretungsurkunde gegenüber dem Zessionar zur Leistung verpflichtet, § 410 Abs. 1 BGB, es sei denn, ihm ist die Abtretung vom Zedenten schriftlich angezeigt worden, § 410 Abs. 2 BGB. Sinn der Vorschrift ist, dem Schuldner seine Rechte aus § 409 BGB zu gewährleisten, indem er davor geschützt wird, an einen Nichtgläubiger zu leisten und ein zweites Mal vom wahren Gläubiger in Anspruch genommen zu werden. Daher besteht das Leistungsverweigerungsrecht nach § 410 BGB aufgrund Treu und Glauben nicht, wenn ausgeschlossen ist, dass der Schuldner durch den Zedenten in Anspruch genommen werden kann.[37]

▶ **Vertiefung:** Zur Forderungsabtretung s. *Schreiber*, Jura 2007, 266 ff.; *Lorenz*, JuS 2009, 891 ff. und zum Schuldnerschutz (Sukzessionsschutz) anschaulich zusammengefasst s. *Petersen*, Jura 2012, 279.

37 BGH, Urteil vom 23. August 2012, VII ZR 242/11, NJW 2012, 3426 Rn. 18.

III. Ansprüche aufgrund des Eigentums

1. Herausgabeanspruch, §§ 985, 986 BGB

Der Eigentümer hat gegen den Besitzer einen Anspruch auf Herausgabe des Eigentums, § 985 BGB (Vindikationsanspruch). Dem Herausgabeanspruch kann der Besitzer jedoch sein Recht zum Besitz einwenden, § 986 BGB. 1019

Beispiel: E verlangt von B die Herausgabe seines Fahrzeugs. B wendet ein, dass E ihm das Fahrzeug noch für weitere zwei Wochen vermietet/verliehen hat.

Der Miet- oder der Leihvertrag (§§ 535, 598 BGB) vermittelt dem B gegenüber E ein Recht zum Besitz. Erst nach dem Erlöschen des Miet- oder Leihverhältnisses kann der E von B sein Fahrzeug herausverlangen. 1020

▶ **Vertiefung:** Umfassend zu §§ 985, 986 BGB s. *Schreiber*, Jura 2005, 30 ff.

2. Beseitigungs- und Unterlassungsanspruch, § 1004 BGB

Wird das Eigentum in einer anderen Weise als durch Entziehung oder Vorenthaltung des Besitzes beeinträchtigt, kann der Eigentümer vom Störer die Beseitigung der Beeinträchtigung verlangen, § 1004 Abs. 1 Satz 1 BGB. 1021

Beispiel: Äste von S's Baum sind über das Grundstück des E gewachsen. Statt die Äste nach fruchtlosem Ablauf einer angemessenen Frist selbst abzuschneiden (vgl. § 910 Abs. 1 Satz 2 BGB), kann E von S die Beseitigung der Äste nach § 1004 Abs. 1 Satz 1 BGB verlangen.

Besteht die Gefahr einer zukünftigen Beeinträchtigung oder weiterer Beeinträchtigungen, besteht ein Unterlassungsanspruch des Eigentümers gegen den Störer nach § 1004 Abs. 1 Satz 2 BGB. 1022

3. Schadensersatzanspruch, § 823 Abs. 1 BGB

Bei rechtswidriger und schuldhafter Verletzung des Eigentums (z. B. Sachbeschädigung oder Sachentziehung) kann der Eigentümer vom Schädiger Schadensersatz verlangen, § 823 Abs. 1 BGB. Allerdings haben die spezielleren Vorschriften des EBV Vorrang vor den §§ 823 ff. BGB (s. Rn. 924). 1023

Beispiel: Deliktische Haftung beim Selbsttanken
Verlässt der Käufer beim Tanken an einer Selbstbedienungstankstelle die Tankstelle, ohne zu zahlen (zum Vertragsschluss s. Rn. 110), ist fraglich, ob er das Eigentum des Verkäufers am Benzin verletzt. Rechtsgeschäftlich hat der Käufer das Eigentum an dem Benzin nicht erlangt, da die Übereignung unter Eigentumsvorhalt erfolgte. Aufgrund §§ 947, 948 Abs. 1 BGB hat der Verkäufer kraft Gesetz wegen Vermischung ein Miteigentumsanteil behalten, selbst wenn der Tank der Käufers vor dem Tanken bereits fast voll war (str., s. Rn. 961). Entfernt sich nun der Käufer von der Tankstelle, ohne zu zahlen, verletzt er das Eigentum des Verkäufers. § 823 Abs. 1 BGB würde von den Regeln der EBV verdrängt, sofern eine Vindikationslage bestünde (zum Begriff s. Rn. 1024). Aufgrund des Kaufvertrages ist der Käufer jedoch zum Besitz des Benzins berechtigt

(§ 986 Abs. 1 Satz 1 BGB). Mangels Vindikationslage kommen die Vorschriften der EBV nicht zu Anwendung. Es besteht ein Schadensersatzanspruch nach § 823 Abs. 1 BGB.

▶ **Vertiefung:** Ausführlich zur Rechtslage beim Selbsttanken *Faust*, JuS 2011, 929 ff.

4. Eigentümer-Besitzer-Verhältnis (EBV)

1024 Sofern dem Eigentümer ein Herausgabeanspruch gegen den unberechtigten Besitzer nach §§ 985 f. BGB zusteht (Vindikationslage), bestehen aufgrund des fehlenden Besitzrechts keine speziellen Regelungen für die Zeit des Auseinanderfallens von Besitz und Eigentum. Daher regeln die Vorschriften des EBV in den §§ 987 ff. BGB was geschieht, wenn während der Vindikationslage Nutzungen aus der Sache gezogen werden, die Sache beschädigt wird oder auf sie Verwendungen gemacht werden.

1025 Sinn der Normen des EBV ist es insbesondere, den gutgläubigen unberechtigten Besitzer zu schützen (§ 993 BGB), den bösgläubigen unberechtigten Besitzer hingegen einer strengen Haftung zu unterwerfen (§§ 990, 287 BGB).

1026 Eine gesteigerte Bedeutung kommt dem EBV aufgrund Verweisungen anderer Normen zu.

Beispiele: § 292 BGB (Haftung bei Herausgabepflicht); §§ 818 Abs. 4, 819 Abs. 1, 292 BGB (Haftung des Leistungsempfängers bei Bösgläubigkeit oder ab Rechtshängigkeit); § 1007 Abs. 3 Satz 2 BGB (Ansprüche des früheren Besitzers); § 1065 BGB (Beeinträchtigung des Nießbrauchrechts); § 1227 BGB (Schutz des Pfandrechts).

▶ **Vertiefung:** Zum EBV s. Lorenz, JuS 2013, 495 ff.

a) Nutzungen, §§ 987 f., 993 BGB

1027 Der unberechtigte Besitzer hat unter den Voraussetzungen der §§ 987 f., 993 BGB dem Eigentümer auch die Nutzungen herauszugeben, die er aus der Sache gezogen hat (z. B. Mieteinnahmen).

b) Schadensersatz, § 989 BGB

1028 Ferner können sich Schadensersatzansprüche des Eigentümers gegen den unberechtigten Besitzer nach §§ 989 ff. BGB ergeben, weil die Sache beschädigt, untergegangen oder nicht herausgegeben werden kann.

Umstritten ist hingegen, ob der Eigentümer vom Besitzer statt der Herausgabe Schadensersatz nach §§ 280 Abs. 1 und 3, 281 BGB verlangen kann mit der Folge, dass der Herausgabeanspruch aufgrund § 281 Abs. 4 BGB untergeht, der Besitzer nicht mehr durch die Herausgabe seine Verpflichtung erfüllen kann und stattdessen Schadensersatz zu leisten hat. Das wird abgelehnt, da § 985 BGB und §§ 280 f. BGB unterschiedliche Funktionen hätten und das Eigentum nicht wie schuldrechtliche Erfüllungsansprüche nach § 281 Abs. 4 BGB wegfallen könne.[38] Die h.A.[39] und der BGH[40] hingegen

38 *Katzenstein*, AcP 206 (2006), 96 ff.
39 BeckOK/*Fritzsche*, § 985 Rn. 30; Palandt/*Herrler*, § 985 Rn. 14.
40 BGH, Urteil vom 18. März 2016, V ZR 89/15, BGHZ 209, 270 Rn. 16 ff.

halten §§ 280 f. BGB grundsätzlich auf § 985 BGB anwendbar. Um jedoch die Wertung der §§ 987 ff. BGB nicht zu umgehen, die den redlichen Besitzer schützen, darf der Eigentümer nach §§ 280 f. BGB nur gegen den verschärft haftenden Besitzer vorgehen.

c) Verwendungsersatz, §§ 994 ff. BGB

Aus dem EBV können sich auch Ansprüche des Besitzers gegen den Eigentümer erge- **1029**
ben. Sofern der Besitzer Verwendungen auf die Sache gemacht hat (z. B. um sie zu erhalten), kann er diese vom Eigentümer unter den Voraussetzungen der §§ 994 ff. BGB ersetzt verlangen.

▶ **Vertiefung:** Einen Überblick über das Zusammenspiel von Werkvertragsrecht, Pfandrecht und EBV unter kritischer Würdigung der in der Literatur und Rechtsprechung vertretenen Meinungen bietet *Völzmann*, JA 2005, 264 ff. Umfassend zu den Ansprüchen wegen Eigentumsverletzung s. *Mylich*, JuS 2014, 298 ff., 398 ff.

Stichwortverzeichnis

Die Zahlen verweisen auf die Randnummern.
Die **fetten Zahlen** kennzeichnen die Hauptfundstellen.